低碳、安全、耐久、经济——青岛胶州湾隧道工程建设系列丛书

青岛胶州湾隧道工程
科研与实践

青岛国信胶州湾交通有限公司　编著

人民交通出版社

内 容 提 要

本书对青岛胶州湾隧道工程建设中的各项科研成果进行了系统总结，全面展现了该隧道建设的理论水平和建设技术，全书共分5篇22章。

本书可供隧道及地下工程建设勘察、设计、施工、运营管理人员参考使用。

图书在版编目(CIP)数据

青岛胶州湾隧道工程科研与实践 / 青岛国信胶州湾交通有限公司编著. — 北京 : 人民交通出版社, 2011.6

ISBN 978-7-114-09178-0

Ⅰ. ①青… Ⅱ. ①青… Ⅲ. ①水下隧道－隧道工程－青岛市 Ⅳ. ①U459.5

中国版本图书馆 CIP 数据核字(2011)第104652号

书　　名：**青岛胶州湾隧道工程科研与实践**
著 作 者：青岛国信胶州湾交通有限公司
责任编辑：王　霞　付宇斌
出版发行：人民交通出版社
地　　址：(100011)北京市朝阳区安定门外外馆斜街3号
网　　址：http://www.ccpress.com.cn
销售电话：(010)59757969,59757973
总 经 销：人民交通出版社发行部
经　　销：各地新华书店
印　　刷：中国电影出版社印刷厂
开　　本：880×1230　1/16
印　　张：29.5
字　　数：851千
版　　次：2011年6月　第1版
印　　次：2011年6月　第1次印刷
书　　号：ISBN 978-7-114-09178-0
定　　价：140.00元

写在青岛胶州湾隧道通车时

“青黄不接”这个词,人们都很熟悉,但在青岛却具有特殊的含义。青岛老城区与黄岛开发区,近在咫尺,却隔湾相望,绕湾而行,故被形容为“青黄不接”。

1984年10月,国务院批准在黄岛设立青岛经济技术开发区,至今已有27年。这期间,相继开通了海上轮渡,修建了胶州湾高速公路,改善了“青黄”两地的通达条件,但年均50多天的浓雾大风气候,时常造成“盈盈一水间,脉脉不得语”的无奈。

我来青岛工作已有九个年头。九年间,青岛建设了一大批基础设施项目。唯有青岛胶州湾隧道项目,从论证决策到竣工通车整整用了八年,是时间跨度最长、施工难度最大、社会关注最高的一个项目。由于方案选择科学、技术设计规范、施工组织缜密,有效化解了人们担忧的海水渗漏、断裂层密集等项目风险。今天,看到这条隧道终于建成通车,“青黄不接”将成为历史,作为直接参与项目决策和组织建设的一员,心情非常激动,感到十分欣慰。

在这项青岛城市建设史上最具风险的项目推进中,广大技术人员、管理人员和建设者攻艰克难,创造了整体规模、建设进度、单位造价、施工技术等多项全新的记录,成为青岛基础设施建设的里程碑。

青岛胶州湾隧道的设计建设体现了集思广益、科学决策。从黄岛开发区建设之初,胶州湾湾口的通道问题一直在酝酿。2003年,经听取专家意见,在反复权衡利弊的基础上,确定采用海底隧道方案。在随后的两年多时间里,坚持科学民主决策,多次组织论证会、听证会和国内外考察,广泛征求了社会各界的意见。2006年1月,国家发改委批准了《关于报请核准青岛胶州湾湾口海底隧道项目的请示》。2007年8月正式开工建设,青岛市民的多年期盼由蓝图变为现实。

青岛胶州湾隧道的设计建设体现了高点定位、自然和谐。重大基础设施是百年大计,也往往是城市重要的标志性工程。青岛胶州湾隧道的设计建设,坚持“瞄准世界一流,打造精品工程”的原则,确立了“科技隧道、环保隧道、人文隧道”的目标。隧道设计方案面向全球公开招标,景观设计突出了自然过渡、海洋元素,建筑设计体现了节能环保、人文和谐。可以说,整个隧道的设计建设,凝聚了广大科技人员和施工建设者的心血,凝聚了社会各界的智慧。

青岛胶州湾隧道的设计建设体现了创新管理、安全第一。青岛胶州湾隧道全长7.8km,跨海区域4km,最深处距离海平面82m,地质断层多达18条,地质水文条件异常复杂。在近四年的建设中,实行了建设、管理、运营“三合一”的项目法人制度,坚持进度服从质量,强化风险控制,加强施工监理,建立了严格的责任追究制度。特别是注重从源头上防范各种风险,从细节上确保安全质量。这一点非常难得,成为青岛工程建设领域的样板,值得很好地借鉴。

今天，人们可以快速便捷地往返于胶州湾两岸。此时，我们不会忘记为隧道设计建设贡献智慧的专家，不会忘记恪尽职守的管理人员，不会忘记不畏险阻的建设者。整个决策、设计、施工的全过程，值得认真回顾总结，特别是来自各地的专家学者，对隧道工程22个关键课题的研究，是理论和实践紧密结合的成功范例。将这些科研成果汇集成册，既是推动我国隧道工程发展的宝贵财富，也是青岛胶州湾隧道建设的永久纪念。

青岛市市长 夏耕

二〇一一年六月

圆　梦

120年前，青岛开启了正式建市的辉煌历史，眺望胶州湾，对岸那片美丽富饶的土地始终让我们挂怀，但千百年来青黄不接的历史始终没有改变。时光变迁，随着青岛轮渡、胶州湾高速路的开通，逐渐缩短了与黄岛的距离，方便了市民的出行，但气候对青黄交通的影响却仍然存在，我们没有真正圆一个青黄24小时全天候相连接的梦想，这是全市人民的热切期盼。

市委、市政府经过20多年的研究论证，终于在2007年8月开启了建设青岛胶州湾隧道的辉煌篇章。青岛国信有幸承担起青岛胶州湾隧道建设的光荣任务，这是市委市政府对我们的充分信任，也是全市人民交给我们的千钧重担。青岛胶州湾隧道建设规模宏大，地质、水文条件复杂多变，施工技术难度与围岩开挖和防排水等风险极高，国内尚无类似经验可资借鉴。三年多来，我们兢兢业业、精心施工，从隧道的前期筹备、开工建设到正式通车运营，我们付出了心血，奉献了智慧，收获了感动。

在隧道工程建设过程中，相继遇到了地质地貌复杂，覆盖层薄，开挖断面大等世界性难题，但我们攻克了一个个技术难题，展示了勇于争先、追求卓越、铸造精品的精神和风采，在多项技术运用上创造了世界海底隧道施工史上的先例；在隧道工程建设过程中，各参建单位的建设者们坚持以人为本、精益求精，牢固树立安全至上、质量第一的责任意识，精心筹划、科学组织、文明施工、阳光操作，努力把隧道建成人民满意的放心工程、经得起历史检验的精品工程。可以说，我们没有辜负市委、市政府对我们的期望，没有辜负全市人民对我们的重托。

今天，经过三年多的努力，我们终于迎来了青岛胶州湾隧道开通的荣耀时刻，这是我们献给党90岁生日的一份珍贵礼物。隧道的开通，凝聚着八百多万青岛人民的智慧和心血，实现了几代青岛人连接青黄的梦想，是百年青岛建设史上新的里程碑。隧道的开通，对拉动青岛、黄岛两地经济协调发展、缓解交通压力、进一步优化城市布局和产业结构、把青岛建设成国际化大都市具有重要意义。

在青岛胶州湾隧道建成通车之际，我们将在隧道建设中的课题研究成果结集出版，本书较为系统的介绍了整个隧道建设过程中，我们紧紧的把科研、设计、监理、施工结合在一起的经验做法，把科研与全工程风险控制紧紧结合起来，并确保各种预案缜密、细致、可行，向广大读者和世界展示了青岛胶州湾隧道建设的宏伟画卷。通过这本书，大家可以感受到青岛国信对于工程慎之又慎、细之又细的工作作风，感受到青岛国信尊重科学、精益求精的精品意识，还可以感受到青岛国信在隧道建设中，所体现的快捷、安全、人本、环保的现代建设理念，所展现的建设人文隧道、科技隧道、环保隧道的追求。真心希望此书的结集出版能为我国沿海地区隧道建设的发展提供一些有益借鉴。

三载风雨百年大计筑伟业，今朝卧龙双孔隧道连青黄。站在新的起点，迈向新的高度，青岛国信将深入贯彻落实科学发展观，以世界眼光谋划未来，以国际标准提升工作，以本土优势彰显特色，解放思想、抢抓机遇、乘势而上、锐意进取，切实做好隧道的运营管理工作，为建设富强文明和谐的现代化国际城市做出新的贡献！

青岛国信发展（集团）有限责任公司董事长

青岛国信发展（集团）有限责任公司总经理
青岛国信胶州湾交通有限公司董事长 王建辉

二〇一一年六月

序

历经20余年的充分论证，将近4年的施工建设，依靠各级领导的关怀支持以及数千建设者的辛勤辛劳，青岛胶州湾隧道工程于2011年6月底竣工通车，这是一件为民造福、惠泽后代的世界级伟大工程，它的建成标志着我国走出了由隧道大国迈向隧道强国最坚实的一大步。与此同时，这本内容丰硕、曾对本海底隧道工程建设提供理论依据与科学支撑，汇集了一大批研究成果，并作为该隧道建设系列丛书中的第一册——《科研与实践》一书，今天也已付梓问世，实在可喜可贺！

青岛胶州湾隧道建设规模宏大，地质、水文条件复杂多变，施工技术难度与围岩开挖和防排水等风险极高，国内尚无类似经验可资借鉴。2010年4月底，隧道主体安全顺利地实现了全线贯通，在安全、质量、工期、投资等各主要方面全面实现了预定目标，这与参建各方和科研课题承担单位的卓越努力是密不可分的。青岛胶州湾隧道建设在科研与实践相结合方面，体现了思路明确、信念坚定的特点，在新理念、新方法、新材料和新工艺等方面都有不少创新，将其汇编成册，供今后同类工程参考借鉴，意义重大，也有非常好的工程实用价值。

忆想当年，青岛国信作为业主单位，组织国内外专家多次研讨并结合国内外隧道建设的研究现状，认真考虑比选，把握各有关勘测、设计、施工的重点难点，择优立项了贯穿本海底隧道工程建设全过程的近20项研究课题。课题内容全面涵盖了海床地质、设计、防排水、安全快速施工等许多关键技术，以及对大断面洞室各种修建方案的研究，对重点关键技术细化深化，每项课题的设立与研究都进行了慎重而周全的考虑。随着土建施工取得阶段性进展，根据实际情况和工作需要又补充立项探讨了有关机电系统运营与管理方面的若干研究课题，有针对性地指导了通风设计参数和施工、运营不同通风方式的选定以及如何保证隧道运营的有效实施等等。以上各项课题对项目设计、施工提供了的有力支撑，也是本海底隧道快速、安全、高质量地稳步推进的重要保障。青岛胶州湾隧道的科研工作贯穿于隧道建设的始终。建设单位对各项课题进行了精细化管理，在对课题进行深入研究的基础上，指派专人对课题研究情况全程跟踪并参与到研究过程之中，定期召开会议与各方沟通，并按时进行定期检查和最终的评审与鉴定，确保了课题成果能够切实应用到设计、施工之中，对设计、施工进行指导和优化，并始终紧紧把科研、设计、施工、监理、监测各单位结合在一起，确保了科研不偏离实践，而工程实践又反馈给科研，坚持科研、生产一体化，走自主创新之路。建设方还在此基础上组织编制了《青岛胶州湾隧道工程土建施工技术规范》，在每道新工序开展前均先做试验段，在现场进行交流指导，为此，各项课题均已先后取得了富有成效的成果。

据我了解，隧道的设计、施工单位对各项课题研究成果的消化吸收都很好，并能有针对性地应用于工程实践中；同时，一些课题组还在实践应用之后反馈于研究，进一步对课题成果进行完善和提升。有如：由山东大学承担的超前地质预报和中铁西南院承担的监控量测研究，课

孙钧：我国岩土力学与工程、隧道与地下工程界的知名学者和专家，长期从事该领域的教学和科学研究，同济大学地下建筑与工程系名誉系主任、校务委员，资深荣誉一级终生教授，中国科学院院士，前国际岩石力学学会副主席，中国土木工程学会副理事长，中国岩石力学与工程学会理事长、名誉理事长。

题组均常驻现场，将预报及监控量测成果及时与设计施工单位相沟通，指导围岩类别实时变更，同时，将预报成果与围岩开挖后揭示的监测结果进行对比修正，进一步提高了预报和监测工作的准确性和可靠性。又如：业主部门要求超前地质预报及监控量测单位都需按时参加每周和每月召开的现场监理工作例会，更好地沟通各家承担单位，使课题研究成果能更好地为设计、施工服务；由中铁隧道局科研所承担的围岩施工注浆课题，在自第一次超前预注浆开始的整个注浆过程中都能做到全程跟踪监测并参与到设计、施工全过程，从注浆参数确定、注浆实施方法选择和优化、注浆结束标准判据，一直到注浆效果的检验等全盘工作，课题成果都在设计、施工实践中得到了成功采用。众所周知，海底隧道超前预注浆问题属国内外科研前沿，在科研过程中还不断进行了许多有益的探索，这些对后续的同类工段具有很大的参考借鉴价值。正是建设单位、课题研究单位以及设计、施工、监测、监理各单位的共同合作、相互协调一致，克服了隧道建设施工过程中的各种困难，取得了青岛胶州湾隧道的今日辉煌。目前，青岛胶州湾隧道日排水量约4000m^3/d，显著优于同类隧道；隧道C50高标号耐久性混凝土、C35高性能喷射混凝土、多重防腐锚杆、可维护式排水系统等等一批先进技术在国内都是首次采用，取得了很好的应用效果。

青岛胶州湾隧道的顺利建成，对我国隧道工程的全面发展和提高起到了极大的推动作用，本书中涉及到的科研课题设置和管理方式也值得向其他工程推广，以实现更大的社会效益。在此谨向隧道建设、设计、科研、施工、监测和监理等各部门广大同仁的辛勤劳动和集体智慧致以崇高的敬意，并祝贺本书的出版使我国隧道工程界深受教益。

我在对该书粗读一遍后，高兴地写了上面的一点文字，是为序。

孙钧

二〇一一年六月

编撰委员会

主任委员： 王建辉

副主任委员： 张哲军　张先锋　曲立清　邓友成　周书明　赵晋友

顾　　问： 孙　钧　王梦恕　轩辕啸雯　王建宇　关宝树

朱维申　吕　明　王星华　华南基

委　　员：（按姓氏拼音排序）

才庆祥　段悟哲　黄宏伟　姜　飞　金若翃　李德才

李立功　李术才　李晓昭　李永宽　林　立　林　志

刘木青　刘卫国　刘永中　罗朝廷　倪　健　齐　杰

石辛杨　孙　立　王　乾　王希浩　严金秀　杨　健

曾洪贤　张顶立　张东海　张和平　张建阳　张　晋

张曙光　张　宇　赵继增　赵守民　赵铁军　郑生春

周长斌　卓　越

主　　编： 曲立清　周书明

编撰人员：（按姓氏拼音排序）

毕经东　才庆祥　段悟哲　郝增恒　金若翃　金祖权

李德才　李　浩　李立功　李　奇　李秋义　李术才

李树忱　李晓昭　林　立　林　志　刘木青　刘　鹏

刘卫国　罗朝廷　马若飞　潘国栋　曲立清　孙晓科

唐　健　田　峰　王全胜　王　星　王星华　薛亚东

薛翊国　严金秀　袁　博　曾洪贤　张顶立　张和平

张　晋　张　宇　张先锋　赵晋友　赵铁军　郑生春

周长斌　周金忠　周　鲁　周书明　卓　越　朱祝龙

主　　审： 张先锋

前　言

青岛胶州湾隧道是连接主城与辅城的重要通道，南接薛家岛，北连团岛，下穿胶州湾湾口海域，海域宽度约4.1km，最大水深42m。隧道使用功能为城市快速道路，双向六车道，设计车速80km/h，设计使用年限100年。该隧道的建设将从根本上解决“青黄不接”，是实现青岛市发展成为现代化国际大都市的有力支撑和重大工程措施。

隧道起点位于四川路、云南路与东平路路口向北约50m，向南至黄岛收费站端头止，线路全长约9850m，隧道长7800m，其中海域段隧道长4095m，黄岛端路基段长约950m，团岛端设置约530m的进出匝道。纵断面采用“V”形坡，海域段隧道最小埋深25m，最大坡度3.9%。主隧道断面为椭圆形断面，内净空高8.218m，宽14.426m。匝道与主隧道交叉口大断面最大跨度约29m。主隧道为左右线分离设置，隧道海域段线间距约55m，中间设服务隧道。隧道工程地质条件复杂，穿越地层陆域为花岗岩，海域为花岗斑岩、石英正长岩、含晶屑火山角砾凝灰岩、英安砂岩、粗安质火山角砾岩、流纹斑岩、流纹质火山角砾岩、凝灰岩、辉绿岩等火山岩，岩性复杂多变。隧址区地质构造主要为断裂构造，穿越18条断裂带，其中海域段4组14条，断裂带大部分为高角度、中新代脆性断裂构造，压扭性和张拉性断层，其宽度在数米至数十米不等，断层内以压碎岩、碎裂岩、糜棱岩为主。

胶州湾跨海通道早在1984年国务院批准在黄岛设立青岛经济技术开发区之日就提出建设构想，开始前期勘察论证工作，2001年2月青岛市把跨海通道列入“青岛市第十个五年计划”后，开始可行性研究工作，内容涵盖勘察及资料收集、社会经济、交通、规划、建设方案、工程筹划、环境保护、地质灾害评估、建设资金筹措、经济评价等内容。长期以来，社会各界及专家一直围绕着是建桥还是建隧展开热烈讨论，在综合各方面意见的基础上市领导明确提出了深化隧道方案论证的要求，2003年起先后三次邀请国内著名的隧道和城市规划等方面的专家进行了深度论证，最终确定了海底隧道的建设方案。可研编制过程中，共完成交通量预测报告、地质勘察报告、地震安全评价报告、环境影响评价报告、海域使用论证报告、海洋环境影响评价报告、地质灾害评估报告、矿产压覆评价报告、安全生产预评价等9个专项评价报告，并经国家各个主管部门的批复。2006年1月18日项目核准立项，开始勘察设计，2007年8月开工，从宏伟构想到开工建设，历时23年。

从方案论证到开展设计，我国都没有建成的海底隧道和成熟规范，设计、施工、运营管理难点多，如海上地质勘察方法和手段、海底隧道埋深、结构力学模型、结构耐久性、过断层破碎带防突水措施、风险分析与控制、防排水标准、长大隧道通风防灾和救援、节能减排、隧道运行管理等都需要研究。青岛国信在立项之初就提出了依靠技术创新，建设“科技隧道、环保隧道、人文隧道”的目标，在充分掌握国内外隧道相关领域的技术现状和发展趋势，结合本工程的环境、特点、难点，经国内外多位知名院士、专家、设计人员等多次论证研究，确定投入科研经费4500多万元，自主立项24个科研课题，聘请国内外院士、国际隧协、国内外20多家科研机构进行科技攻关和咨询。结合本工程申请国家“863计划”课题2项。根据工程筹划和建设进展，分批次开展研究和成果审查完善，并及时将研究成果应用于设计、新材料生产、新设备开发和施工，根据科研成果编制了《青岛胶州湾隧道工程土建施工技术规范》，指导施工和质量控制，保证了施工安全和质量。

中铁隧道勘测设计院有限公司和挪威新泰福(SINTEF)集团合作完成"青岛胶州湾海底隧道服务隧道锚喷永久支护和海域II、III级围岩结构形式优化研究"，和同济大学合作完成了"青岛胶州湾隧道工程风险评估及控制技术研究"，同时完成了"青岛胶州湾隧道工程防排水设计和可维护式排水盲管系统研究"；国家海洋局第一研究所完成了"青岛胶州湾湾口海底隧道的物探报告"；中铁大桥勘测设计院有限公司完成了海上钻探，编制了"青岛胶州湾隧道详勘工程地质报告"；南京大学完成了"青岛胶州湾隧道围岩岩体质量、工程特性与参数研究"；青岛勘察测绘院完成了"青岛胶州湾工程首级测量控制网"；中铁隧道勘测设计院有限公司完成了首级控制网复测、施工测量监理和贯通测量，保证了隧道高精度贯通，完成了"青岛胶州湾隧道第三方测量报告"；山东大学完成了"胶州湾隧道最小岩石覆盖厚度研究"和"第三方超前地质预报"；青岛理工大学完成了"青岛胶州湾隧道混凝土材料与结构耐久性研究及开发"和"青岛胶州湾隧道结构耐久性监测"；北京交通大学完成了"胶州湾隧道合理断面、结构形式及支护可靠性研究"；中铁西南科学研究院有限公司完成了"青岛胶州湾隧道高性能初期支护与检验手段的试验研究"、"胶州湾隧道防排水系统、防排水结构及其施工质量控制"和"第三方监控量测"；中铁隧道集团有限公司洛阳科学技术研究所完成了"胶州湾隧道超前预注浆堵水方案和技术、设备及施工突发涌水情况下应急预案及防治技术研究"；中国矿业大学完成了"青岛胶州湾隧道工程的爆破技术研究"；重庆交通科研设计院完成了"青岛胶州湾隧道通风技术及防灾救援系统研究"和"胶州湾隧道工程路面结构及施工质量控制研究"；瑞士贝利(POYRY)公司完成了"青岛胶州湾海底隧道运营安全与风险评估"；北京中科思孚公共安全科技发展有限公司完成了"青岛胶州湾隧道工程火灾风险评估及消防性能化设计"；复旦大学完成了"胶州湾隧道节能照明系统比选研究"；北京中安质环技术评价中心有限公司完成了"青岛胶州湾隧道工程安全预评价"；成都中铁城市轨道交通工程咨询公司完成了"青岛胶州湾隧道工程建设实施大纲研究"；南京地铁科技咨询公司完成了"胶州湾隧道经营管理模式和运行系统研究"。以本工程为依托，中南大学和中铁隧道勘测设计院有限公司完成了"863计划"课题(课题编号:2007AA11Z134)"地下工程承压地下水的控制与防治技术研究"；北京交通大学完成了"863计划"课题(课题编号:2007AA11Z167)"复杂条件下隧道施工地质预警"。

青岛胶州湾隧道2006年1月18日经国家发展和改革委员会(发改投资[2006]95号)文件核准立项，同年6月开始勘察，11月17日开始设计，2007年8月22日开工，2010年4月28日实现洞通，2011年6月底通车，历时46个月。隧道的通车缩短了青岛和黄岛间的交通距离，节约了交通能源和时间；采用合理最小岩石覆盖层厚度，缩短了隧道长度；隧道建设中采用双掺技术，减少了水泥用量；依据科研成果，编制了施工技术规范和安全生产应急预案；采用大型机械配套施工，降低了作业工人人数和劳动强度，保证了施工安全和质量，实现安全生产1408天，零死亡和零事故；采用多重防腐锚杆、C35高性能喷射混凝土、C50耐久性混凝土等科研成果，提高了隧道的耐久性；科研成果、设计方案经济合理，工程总投资41.02亿元。隧道的建设体现了"低碳、安全、耐久、经济"的理念。以上成绩的取得，离不开科研人员的辛勤劳动和科技成果的支撑，是科研与工程实践紧密结合的良好体现。在青岛胶州湾隧道通车之际，将隧道建设中的研究成果进行总结出版，希望能促进我国沿海地区海底隧道的建设发展，为琼州海峡、台湾海峡、渤海湾等大型海底隧道的建设积累工程经验，为隧道的理论研究和技术进步提供工程案例，提升我国隧道的理论水平和建设技术。

在青岛市政府的领导下，经过政府领导的科学决策、设计人员的精心设计、技术人员的研究论证、知名专家的高端指导、项目业主的规范管理、建设人员的精心施工、岛城群众的支持监督，青岛胶州湾隧道经历了漫漫论证路，创造了辉煌建设史，建成了宏伟大通道。建设成果的取得，参建各单位的领导、建设者都付出了辛勤的劳动，对所有参加工程建设的单位领导、科技人员、建设工人表示感谢！轩辕晓雯、关宝树、王建宇、朱维申四位专家百忙中审阅了本书的部分稿件，向四位专家学者表示衷心的感谢！

青岛胶州湾隧道工程建设系列丛书包括以下各分册：

《青岛胶州湾隧道工程科研与实践》

《青岛胶州湾隧道工程修建技术》

《青岛胶州湾隧道工程建设》

《青岛胶州湾隧道工程关键技术》

《青岛胶州湾隧道工程论文集》

青岛胶州湾隧道工程的参建单位如下：

业主单位：青岛国信胶州湾交通有限公司

设计单位：中铁隧道勘测设计院有限公司

勘察单位：中铁大桥勘测设计院有限公司
国家海洋局第一研究所

设计监理：中铁二院工程集团有限公司

施工单位：中铁十六局集团有限公司
中铁二局股份有限公司
中铁十八局集团有限公司
中铁隧道集团有限公司
青岛路桥建设集团有限公司
中铁三局集团有限公司
中铁十九局集团有限公司
中铁电气化局集团有限公司
青岛海信网络科技股份有限公司

施工监理：四川铁科建设监理公司
重庆中宇工程咨询监理有限责任公司
甘肃铁一院工程监理有限责任公司

编　者

二〇一一年五月

目录

Contents

第一篇 工程概况和地质勘察

第 1 章 工程概况

第 2 章 工程水文地质勘察

第 3 章 围岩岩体质量和工程特性与参数研究

第 4 章 首级测量控制网

第五篇
安全与建设理论

第一篇　工程概况和地质勘察

第1章 工程概况

1.1 概述

胶州湾隧道是连接青岛市主城与辅城的重要通道，起自四川路、云南路与东平路路口向北约50m，向南至薛家岛收费站端头止，线路全长约9850m，下穿胶州湾湾口海域，隧道长约7800m，海底段隧道长4095m。如图1-1。隧道为城市快速道路隧道，设双向六车道，设计车速80km/h，设计使用年限100年。海域宽度约4.1km，最大水深42m。纵断面采用“V”字坡，隧道最小埋深30m，最大坡度3.9%。主隧道断面为椭圆形断面，内净空高8.218m，宽14.426m。隧道主要数据见表1-1。隧道建设可以从根本上解决“青黄不接”，是实现青岛市发展成为现代化国际大城市的有力支撑和重大工程措施。

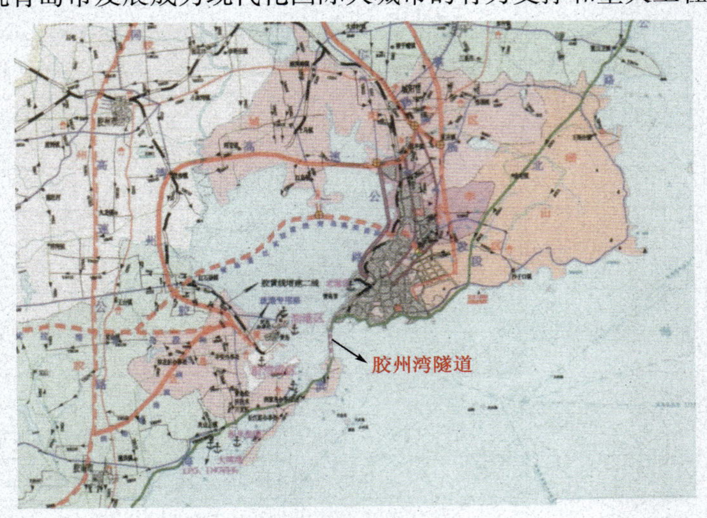

图1-1 隧道地理位置图

主线隧道为左右线分离设置，隧道海域段线间距约55m，主隧道间每250～300m设置人行横洞，每750m设置车行横洞，中间平行设置服务隧道。如图1-2。服务隧道作为施工运输、日常维护检修、过海管线和紧急救援通道，长约5940m。隧道设置3个地下泵站，靠海岸两端地面设置2座风井。隧道进口（团岛端）出地面设置有进、出地下匝道。隧道出口（薛家岛）附近设置管理中心，出口外625m处设置收费站。同步配套建设标志、标线、通风、给排水与消防、供电与照明、监控系统和管理中心等设施。

隧道地质条件整体良好，穿越地层多为中风化和微风化花岗岩与火山岩，岩质坚硬，完整性好，节理裂隙不甚发育。隧址区地质构造主要为断裂构造，所发现18条断裂大部分为高角度、中新代脆性断裂构造，以压扭性为主，其宽度在数米至数十米不等。其中海域段穿越4组14条断裂带，断层内以压碎岩、碎裂岩、糜棱岩为主。主隧道Ⅱ～Ⅲ级围岩约占52.5%。服务隧道作为施工运输、日常维护检修、过海管线和紧急救援通道，Ⅱ～Ⅲ级围岩约占72.3%，Ⅳ级约占26.4%，Ⅴ级约占1.3%。

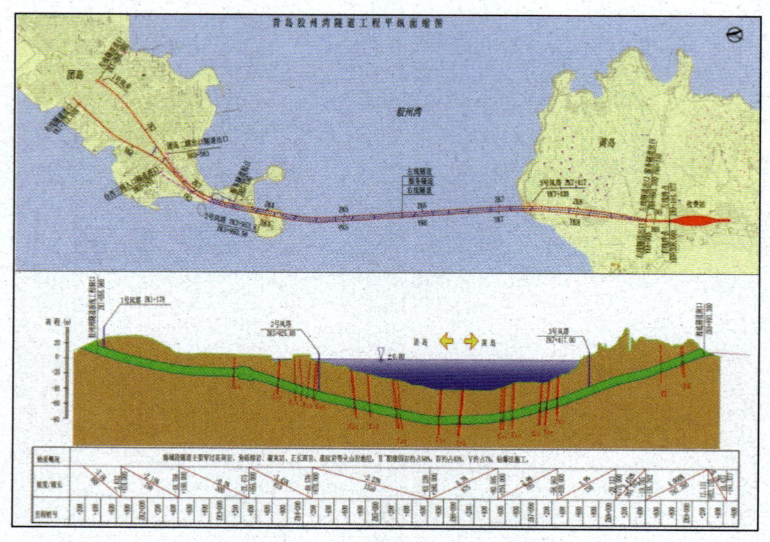

图 1-2　隧道平纵断面缩图

青岛胶州湾海底隧道工程的主要特征数据　　表 1-1

工 程 名 称	青 岛 胶 州 湾 隧 道 工 程
青岛隧道命名	胶州湾隧道
区间	左线进口 ZK1 +095.98,出口 ZK8 +893.3;右线进口 YK1 +092,出口 K8 +900 K8 +900 ~ K9 +850 路基段
隧道总长	左线隧道全长 7797m,海域段 3950m;右线隧道全长 7808m,海域段 4095m 右线匝道(进口匝道)全长 530.4m;左线匝道(出口匝道)全长 524.6m 服务隧道全长 5932m,其中海域段 4030m。路基段 950m
设计速度	80km/h
线路等级	城市快速路
使用功能	城市道路交通
设计荷载	城 A 级
设计使用期	100 年
设计安全等级	一级
耐火等级	一级
宽度、车道数	2 × (3.75m + 3.5m × 2) 车道,双洞,单洞三车道
海水深与埋深	最大海水深 42m,最小岩石覆盖层厚度 25m
坡型与坡度	"V"形坡,最大坡度 3.9%
地震设防	基本烈度为 VI 度区,按 VII 度地震烈度进行设防
施工方法	钻爆法
工程项目	隧道、路堑、路基、收费站、桥涵。胶州湾隧道开挖土石方约 253.8 万 m^3,喷射混凝土 12.4 万 m^3,模筑混凝土(含模筑、铺底及仰拱填充)约 61.3 万 m^3,使用水泥约 31.5 万 t,使用钢材约 8.7 万 t,使用锚杆 38 万根约 115 万 m
工程费用	约 41.08 亿元
施工期限	开工:2007 年 8 月 22 日,洞通时间:2010 年 4 月 28 日。 通车:2011 年 6 月 30 日,正式向市民开放。 总工期:约 46 个月,土建工期 36 个月,设备安装 10 个月
计划交通量	竣工后 20 年内每天通行 101250 辆标准车(高峰小时 8100 辆标准车)

1.2　主要设计原则和标准

1.2.1　设计原则

本工程是一项综合性的大工程，以满足交通功能要求、确保工程质量和安全，以人为本、以科技为依托、以可持续发展为基础、以建设节约型工程为总体设计的指导思想。根据工程在城市路网中的地位、作用、功能、服务水平，结合地形、地质、水文等自然条件，确定总体设计原则为：

(1)应满足城市总体规划，保证隧道通行能力，满足交通功能需求，方便运营管理和维修。

(2)根据隧道建设方案和地质条件，安全、合理确定隧道埋置深度与隧道间距，确保隧道施工安全、保证隧道使用功能、节约投资。

(3)科学合理布置服务隧道与两主线隧道三者位置，使之能满足施工期间和运营期间各项要求。

(4)结合两端接线道路规划，经济合理选择行车道宽度和布置道路横断面，达到既满足交通功能要求，又连接平顺、节约投资。

(5)根据青岛端团岛路、四川路及云南路规划走向和功能以及黄岛端规划路的走向，协调接线方案与本工程衔接顺畅、对路线周围建(构)筑物影响小、对居民区干扰少，保证工程有较好的社会效益、环境效益和经济效益。

(6)在满足线形要求条件下，协调好地上、地下建(构)筑物之间的关系，一次性实施，不留后患。

(7)合理处理本工程与东西快速路三期工程的衔接，与团岛、前海一线、火车站等区域的联系，以形成有机的路网骨架，充分发挥其城市快速干道的功能。

(8)工程总体布置要符合城市总体规划，满足功能要求，减少拆迁，布局紧凑、便于管理，并与周边环境协调一致。

(9)考虑城市景观的需要，道路与隧道结构的布局，结合绿化，均采用外形和谐的结构线条，以达到改善城市环境，美化城市的目的。

(10)尽可能采用成熟技术、降低施工难度、加快施工进度，合理组织施工及施工期交通组织。

(11)采用新技术、新工艺和新材料，既要经济合理，安全可靠，又要适合本工程的建设特点。

1.2.2　主要技术标准

(1)设计使用年限:100 年。

(2)使用功能:城市道路交通。

(3)路线等级:城市快速路。

(4)主线设计车速:80km/h。

(5)车道数:双向六车道。

(6)地震设防:按 VII 度设防。

(7)最小平曲线半径:1000m。

(8)隧道最大纵坡:3.9%;隧道最小纵坡:0.3%。

(9)主线隧道限界高度:5.0m;检修道高度:2.5m。

左侧侧向宽度:0.5m,右侧侧向宽度:0.75m;左、右侧检修道宽度:0.75m。

(10)主线行车道宽度:$2\times3.5m+3.75m$。

(11)主线路面类型:水泥混凝土复合式路面。

(12)设计荷载:城—A 级;汽车超 20 级,挂车—120 级检算。

(13)设计安全等级:一级。

(14)防水等级:一级。

(15)隧道交通工程分级:A 级。

1.3 隧道交通量

根据综合分析四步骤模型预测结果可以作为最终预测结果(表1-2)。即建成年通道越江流量为37500pcu/d,最终规模为101250pcu/d。最终规模通道高峰小时交通流量为双向8100标准小汽车。根据交通需求预测,2030年海底隧道交通流量达到10万pcu/d左右。因此建议海底通道建设规模双向6车道,这样既能保证车辆通行要求,也能便于今后交通管理。

海底隧道交通量综合分析(单位:pcu/d)　　表1-2

年份		2009年	2015年	2020年	2025年	2030年
“四步骤”模型		37500	62500	87500	96250	101250
弹性系数法	经济发展高态势	14912	40666	75590	103080	119498
	经济发展中态势	12747	30105	50273	66017	74692
	经济发展低态势	10850	22114	33099	41843	45077
类比法		80000～100000				
综合分析		37500	62500	87500	96250	101250

1.4 工程地质与水文地质

1.4.1 地形地貌

胶州湾是山东半岛东南沿海的一个深入内陆的半封闭海湾,东西宽27.8km,南北长33.3km,岸线长210km,平均水深7m左右,最大水深65m,如图1-3。隧址区地貌上可分为湾口海床及两岸滨海低山丘陵区。隧道轴线处海面宽约3.5km,最大水深约42m。团岛岸为滨海缓丘地貌,经人工改造,地形较平坦,地面建筑物众多。薛家岛岸为低山丘陵地貌,地面起伏不平,并有较多采石陡坎,局部发育冲沟,局部地表民房密集。

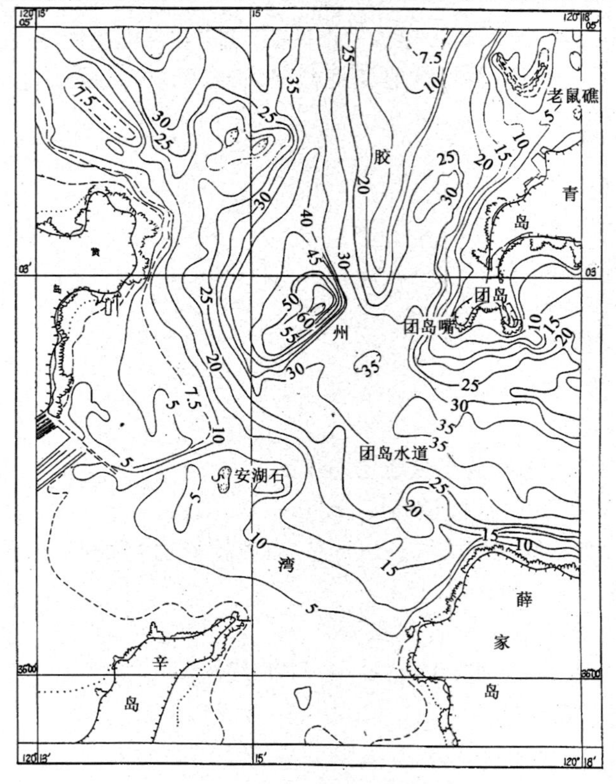

图1-3　水深等值线图

1.4.2 地质构造

胶州湾在新构造分区上属于胶南弱隆起的边缘部位，主要为中生界分布区，新构造时期以来表现为缓慢稳定的抬升，经长期剥蚀、夷平作用，地貌上呈现为低平、波状起伏和准平原。

隧址区地质构造以中、新生代脆性断裂构造最为醒目，韧性断裂及褶皱不甚发育。场区内断裂分为北东向和北西向两组（图1-4）。北东向主要有三条，它们分别是沧口断裂、辛岛断裂、李沧区政府—汇泉角断裂在海湾的延伸，规模较大。北西向断裂包括团岛南断裂和薛家岛北断裂。断裂均未见晚更新世以来活动迹象。隧址处断裂构造不大，所发现18条断裂大部分为高角度、中新代脆性断裂构造，以压扭性为主，其宽度在数米至数十米不等。其中隧道海域段穿越4组14条断裂带。隧道场地稳定性较好，岩体不会发生断裂错动，工程地质条件一般，未来地质环境不会明显改变，适合修建海底隧道。

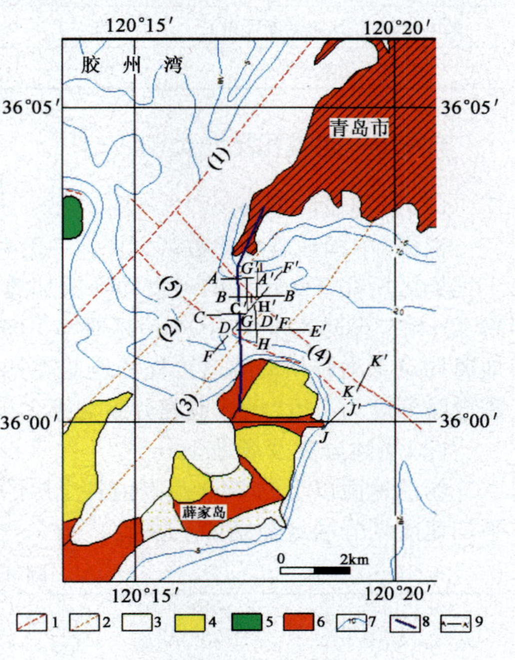

图1-4 场区地质构造图

1-早、中更新世隐伏断裂；2-前第四纪隐伏断裂；3-第四系；4-中生界；5-元古界；6-中生代侵入岩（中酸性）；7-海水等深线（m）；8-隧道路由；9-物探测线；（1）-沧口断裂；（2）-辛岛断裂；（3）-李沧区政府—汇泉角断裂；（4）-团岛南断裂；（5）-薛家岛北断裂

1.4.3 岩土工程地质

隧址区所经主要地层为第四系覆盖层和基岩。第四系覆盖层不甚发育，最厚处不足10m，许多部位基岩裸露；基岩主要为下白垩纪青山群火山岩及燕山晚期崂山超单元侵入岩（中风化和微风化花岗岩与火山岩），中风化层很薄，其单轴饱和抗压强度系数在60MPa以上属坚硬岩，部分在30～60MPa属较坚硬岩，局部为20MPa（破碎带）属较软岩，总体来讲是岩质坚硬，完整性好，节理裂隙不甚发育，渗透系数值较小，透水性能不强。断层内以压碎岩、碎裂岩、糜棱岩为主。主隧道左线Ⅱ～Ⅲ级围岩约占51.3%，Ⅳ级约占41.7%，Ⅴ级约占7%；右线隧道Ⅱ～Ⅲ级围岩约占48.2%，Ⅳ级约占43.4%，Ⅴ级约占8.4%。

1.4.4 水文地质

根据地下水补给贮藏条件及水化学类型等特征，两岸高程约5m以上基岩出露区为低山丘陵基裂隙水分布区，薛家岛岸低山丘陵坡麓和沟谷洼地残坡积区为低山丘陵松散岩类孔隙水分布区，滨海地带海蚀洼地沉积层或人工填土属滨海松散岩类孔隙水分布区，滨海地带低于高潮位的基岩分布带为滨海基岩裂隙水分布区，被海水淹没地带为海域基岩裂隙水分布区。

地下水的埋藏深度受地形控制较明显，从丘顶到海边渐次变浅。在丘陵之山坡上，地下水埋深可以几米到十几米；在坡脚、山谷或洼地，埋深常小于1m或接近地表。

根据《公路工程地质勘察规范》及《岩土工程勘察规范》判定，海域及距海较近处的地下水的化学成分与海水相似，在Ⅲ类环境下，对混凝土具中等结晶分解复合类腐蚀和弱结晶类腐蚀，对钢结构具中等腐蚀性，对钢筋混凝土结构中的钢筋有弱腐蚀性；薛家岛距海边300m外的丘陵区地下水对混凝土和混凝土中的钢筋无侵蚀性，对钢结构有弱腐蚀性。在Ⅱ类环境下，海水对混凝土具强结晶分解复合类腐蚀和中等结晶类腐蚀，对钢结构具中等腐蚀性，对钢筋混凝土中的钢筋有弱腐蚀性。

基岩弱风化带多为中等透水性、少数弱透水性，微风化破碎岩体和断裂带大部为弱透水性、部分为中等渗透性，绝大多数微风化岩体为微～弱透水性、局部为中等渗透性（表1-3）。

岩土体渗透系数统计成果表　　表 1-3

含水岩组	试验段数	渗透系数(m/d)		透水率(Lu)		渗透性等级
		范围值	平均值	范围值	平均值	
人工填土	1	26.31	26.31			强透水
基岩弱风化带	7	0.036 ~ 0.150	0.108	3.77 ~ 18.04	11.50	弱 ~ 中等透水
微风化破碎岩(包括断裂带)	23	0.003 ~ 0.144	0.039	0.33 ~ 13.45	3.25	微 ~ 中等透水
基岩微风化带	60	0.001 ~ 0.134	0.032	0.31 ~ 14.77	3.59	微 ~ 中等透水

1.4.5 地震和场地类别

(1)抗震设防烈度

根据《中国地震动参数区划图》(GB 18306—2001)之附录 A(“中国地震动峰值加速度区划图”),工程场区所在青岛市区的地震动峰值加速度为 0.05g,该地震动峰值加速度所对应的地震基本烈度为 VI 度,相应设防水准为 50 年超越概率 10%;根据《建筑抗震设计规范》(GB 50011—2001)之附录 A 和地震局对青岛胶州湾隧道工程场地地震安全性评价报告的批复(中震函[2005]93 号),拟建场地的抗震设防烈度为 7 度,设计地震分组为第 2 组。

(2)场地分类及场地土分类

场地地面以下约 20m 范围内各土层的剪切波速值范围为 163 ~ 403.0m/s。根据陆域各测试孔横波平均速度划分场地类别如下表 1-4。

陆域场地类别和场地卓越周期　　表 1-4

钻孔编号	位置	横波速度 V_s (m/s)	场地类别	场地卓越周期 (s)	覆盖层厚度
NDZ13	ZK0 + 036.99 右 28.74	403	II	0.059	5.9m
NDZ11	ZK2 + 949.33 左 49.10	200	II	0.118	5.8m
NDZ9	ZK3 + 130.72 左 30.12	290	II	0.152	11.0m
NDZ8	ZK3 + 179.61 左 33.81	220	II	0.082	4.5m
NDZ5	ZK3 + 451.05 左 24.29	188	II	0.132	6.2m
SDZ2	YK7 + 648.4 右 13.49	163	II	0.233	9.5m
SDZ7	YK8 + 476.96 右 6.34	243	II	0.104	6.3m

根据《公路工程抗震设计规范》(JTJ 004—89)和《建筑抗震设计规范》(GB 50011—2001)规定,判别拟建场地陆域场地类别为 II 类。场区采石陡崖为地震危险地带,断裂带为抗震不利位置,其他地段为一般性场地。

1.5 工程特点及难点

1.5.1 工程特点

(1)胶州湾隧道工程为目前世界第三长海底公路隧道,也是我国同期开工建设的最早的两条海底隧道之一,还是目前国内最长的海底隧道。

(2)海底隧道作为地下工程,最大的特点就是具有水文地质的不可知性。

(3)隧道海域段穿越四组 14 条断裂,断裂破碎带宽度几米到几十米不等。施工风险高,难度大。

胶州湾隧道地层有广泛的代表性。

(4)隧道穿越海域海水水深最深处42m,最小岩石覆盖层厚度30m,埋深小。

(5)隧道处于海水腐蚀环境,结构的耐久性要求高。

(6)隧道设置出入匝道,开挖断面大,最大跨度29m。

(7)本工程纵坡呈"V"形,施工中需采用机械排水。

(8)长大海底隧道运营、通风、排水、防灾、救援系统复杂。

(9)陆域段隧道下穿老城区,地面建(构)筑物多,环保要求高。

1.5.2　工程难点和重点

(1)目前我国尚无建成的海底隧道,缺乏成熟的标准规范和工程经验。

(2)海上勘察难度大,海底地形、构造等无法直接踏勘,工程水文地质是隧道建设的基础,海水深、流速大,勘察难度很大。必须研究可靠的物探、钻探方法查明地质。

(3)海底隧道的合理岩层覆盖层厚度和纵坡涉及到工程投资和施工安全,没有成熟的规范和理论,标准确定难度大。

(4)隧道穿越海域段4.1km,最大水深为42m,海底基岩裸露,隧道海域段穿越四组14条断裂,断裂破碎带宽度几米到几十米不等,地质情况复杂,堵水加固注浆、防坍塌难度大,施工风险大。

(5)海水和地下水对混凝土有中等结晶分解复合类腐蚀和弱结晶类腐蚀,对钢筋混凝土中的钢筋有弱腐蚀性,耐久性要求高。

(6)隧道采用"V"形纵坡,施工和运营期需采用机械排水,防排水设计原则、排放标准确定困难,隧道堵水施工和施工防突水难度大。

(7)隧道受力复杂,涉及岩石力学、结构力学、渗流力学等,尤其是地下水的作用效应和荷载取值尤其复杂,几种力学的共同作用和影响是研究的重点。

(8)围岩是隧道的最好承载结构,尤其是海底隧道,尽可能减少围岩损伤,保护围岩,充分利用围岩的自稳能力。因此对爆破要求高,对围岩的损伤分析尤为重要。

(9)服务于运输需求和交通组织,隧道设置出入匝道,开挖断面大,最大跨度29m,埋深浅,结构断面多,交叉口受力复杂,施工工序转换多。这是本工程的难点。

(10)隧道两端均处于城市中心区,需要下穿大量建筑物,施工难度大、风险高。本工程陆域段洞顶岩体覆盖厚度较小,局部地段隧道之间净距也较小,地面建筑物、道路、管线密集,故设计中应选择振动弱的爆破施工工法,以减少振动对岩体和环境的扰动。施工方案要避免扰民,注意建筑物和管线的保护。

(11)防灾救援方案。隧道是一个相对封闭的交通工程,必须设计安全可靠、反应迅速的人员逃生系统和救援系统。

(12)运营管理。本工程是一项综合性的大工程,土建结构、运营设备系统很多,必须设计完善、先进、可靠的运营管理系统,如交通监控、设备监控、电力监控、火灾报警、闭路电视多媒体监视、隧道结构体健康监测、收费等系统,并配置中央计算机信息系统及中控室系统整合各系统功能。保证隧道安全、可靠地运营。

1.6　隧道平纵断面概况

1.6.1　主要技术指标

路线主要技术指标见表1-5。

主要技术指标　　表1-5

技术指标	单位	团岛端接线	左线隧道	右线隧道	黄岛端接线
公路等级	级	城市道路	城市道路	城市道路	城市道路
计算行车速度	km/h	60	80	80	80
路基宽度	m	26	13.5	13.5	26
行车道宽度	m	2×10.75	10.75	10.75	2×10.75
平曲线最小半径	m	160	2000	2500	直线
最小缓和曲线长度	m	35	70	70	—
同向平曲线间最短直线	m	—	739.440	684.445	1267.68
反向平曲线间最短直线	m	—	300.829	160.534	314.209
最大纵坡及坡长	%	3.5/751	4.0/797	3.9/830	1.0/150
最短坡长	m	512	383.5	380	150
凸形竖曲线最小半径	m	4500	4800	6000	12000
凹形竖曲线最小半径	m	20000	10000	12000	12000
竖曲线最小长度	m	140	161	155	150

1.6.2　平面设计概况

双线各设平曲线6个，平曲线占路线长度的38.92%，最小平曲线半径为1000m，最大平曲线半径左线为6500m，右线为4945m。两曲线间最大直线长度，左线为2215.45m，右线为2131.128m。纵断面设计根据匝道接线、海底段埋深等因素确定，设变坡点13个，平均坡长746m，最大纵坡为4.0%，最小竖曲线半径：凸形为4500m，凹形为8000m，竖曲线占路线长度的26%。

(1)路线走向

路线北接莘县路立交快速路三期山西路路口，左右线分行。右线线位沿四川路向西南延伸，在东平路与观城路之间设置隧道进口(YK1+092)，之后隧道沿四川路行进，过贵州路路口后，隧道沿团岛一路向西南前行，并在台西三路设置入口匝道与右线合流。在YK2+730后左右线平行设置，通过一半径为1200m的曲线后(右线为半径1000~1500m的复曲线)，以直线向南延伸在YK3+281进入海底，进入海底后又通过一半径为2000m的曲线拐向薛家岛方向，在接近薛家岛时，通过一半径为6500m的圆曲线在YK7+373上岸(右线半径为4945m)，然后以直线段直达薛家岛，于北庄村和后岔湾村之间出洞(YK8+900=ZK8+893.3)。而后左线通过一半径为2000m(右线为2500m)曲线合并前行，穿过北庄村后在北庄村和瓦屋庄之间设置收费站(中心里程K9+525)后至本工程终点(K9+850)，接规划的黄岛端海底隧道接线工程。

左线线位沿云南路向南偏西延伸，在东平路与观城路之间设置隧道进口(ZK1+095.98)，之后隧道沿云南路行进，过磁山路后，路线沿台西三路布设；为了避让团岛一路与团岛二路交叉口东南的一栋27层高层建筑，路线在贵州路路口前，偏离台西三路行进在建筑物下并横穿过青岛智荣中学，向西南延伸，并设置团岛二路出口匝道与左线分流，接出地面至贵州路。隧道在ZK3+331进入海底，在ZK7+342上岸。

(2)隧道左右线的线间距

本隧道海域段线间距一般采用55m(图1-5)；青岛端接线线位分修，线间距在400m以上，由于地形受限，部分路段隧道线间距为26m(K2+500-K2+800段)；黄岛端接线线位通过曲线合并为整体式路基。

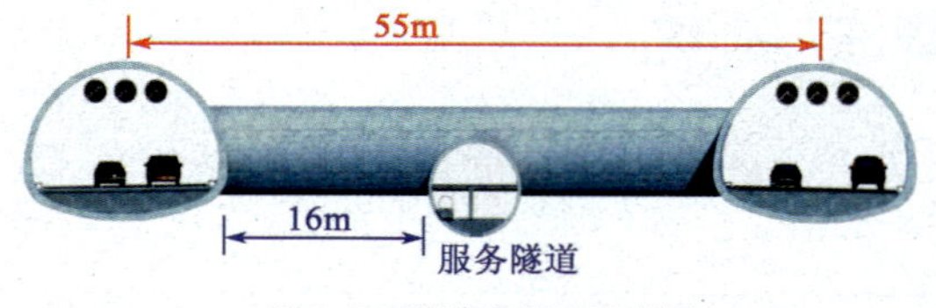

图1-5　隧道线间距示意图

(3)平面设计情况

右线隧道路线平面线形顺直，设置曲线进入海底，曲线半径特征为*R*-1000/1500，1-70；*R*-2055，1-0。YK3+032~

YK3 +366.16 段为匝道与主隧道交叉口大断面部分。黄岛端设置2处曲线上岸后下穿后岔完村出洞，曲线半径特征为 *R*-4945，*l*-0；*R*-2500，*l*-0。左线隧道路线平面线形顺直，设置2处曲线进入海底，曲线半径特征为 *R*-1200，*l*-100；*R*-2000，*l*-0。ZK2 +895 ~ ZK3 +106.96 段为匝道与主隧道交叉口大断面部分。黄岛端设置2处曲线上岸后下穿后岔完村出洞，曲线半径特征为 *R*-6500，*l*-0；*R*-2000，*l*-0。收费站布设在北庄村与瓦屋庄村之间（K9 +525），收费站中心距隧道洞口550m。

1.6.3　纵断面设计概况

（1）纵断面设计的关键因素

1）海域段最小岩石覆盖层厚度：综合考虑经济、安全、技术因素，根据隧址工程与水文地质、海底地形、海水深度、结构稳定性和注浆压力等方面综合分析，确定海域段合理最小岩石覆盖层厚度水深在20 ~40m 的为30m，水深小于20m 的为25m。

2）坡形：在满足规范"最大限制坡度"的基础上，隧道内纵坡采用"V"形坡设计。

3）最大纵坡：工程为城市快速路，计算车行速度80km/h，控制最大纵坡不大于4%，设计最大纵坡采用3.9%（坡长830m），中间设2.5%的缓坡段（坡长大于300m）。

（2）隧道纵断面设计

左线（云南路）：左线隧道北接莘县路快速路三期高架桥，云南路采用0.5%的下坡顺接高架桥，然后以3.5%/488m 的下坡转入地下，在东平路与观城路之间设置进出海底隧道的洞口，下穿东平路。然后以2.15%/750m、0.3%/895m 的缓下坡进入海底隧道（目的是为了使台西三路进隧道匝道能顺利接上地面道路）。进入海底隧道后左线以 -3.5%/815m、-2.14%/560m、-2.28%/950m 的下坡，下至海底最低点，而后以0.3%/875、2.88%/765m、3.9%/750m、2.47%/385.762m、4.0%/797.393m 的上坡上到薛家岛岸地面，设置隧道口，最后以 -0.703%/238.222 至左线终点（ZK9 +191.377）= 接线起点（JK9 +200）。

右线（四川路）：右线隧道北接莘县路快速路三期高架桥，采用0.5%/325.76m、-3.5%/751.484m、-0.8%/637.516m 的下坡转入地下，东平路与观城路之间设置进出海底隧道的洞口，下穿东平路。再以 -0.4%/945m 的缓下坡进入海底隧道（目的是为了使团岛二路出隧道匝道能顺利接上地面道路）。进入海底隧道后右线先以 -3.5%/755，-2.2%/1600m 的下坡，下至海底最低点，而后以0.3%/800m、2.5%/700m、3.9%/845m、2.61%/385m、3.9%/830m 的上坡上到薛家岛岸地面，设置隧道口，最后以 -0.70%/240m 的下坡至右线终点（ZK9 +200）= 接线起点（JK9 +200）。

黄岛端接线部分：接线接左、右线终点 -0.7%的下坡，而后以0.55%/500m 的上坡至收费广场（中心桩号 K9 +525），最后接 -1.0%的下坡至终点 K9 +850。

1.7　隧道结构设计

1.7.1　隧道内净空设计

（1）主隧道内净空设计

依据国内外相关规范，综合考虑本隧道道路性质、功能定位、服务车型、设计车速、通行能力和交通安全，建筑限界如下：

限界高度	5.0m
主隧道行车道宽度	2 ×3.5 +3.75 =10.75m
侧向宽度	左侧0.5m 右侧0.75m
检修道宽度（包括安全带宽度）	2 ×0.75 =1.5m
总宽	13.5m（每条隧道）

主隧道内轮廓是依据建筑限界加上设备安装空间及必需的安全间距设置，本工程按两侧预留0.1m

的装修空间，隧道通风设施、照明、监控等放在上部建筑限界以外，各种管线、电缆设在下部沟槽之中，或设在服务隧道之内，设计中考虑结构受力条件等因素，采用拱形隧道内轮廓形式（图1-6）。

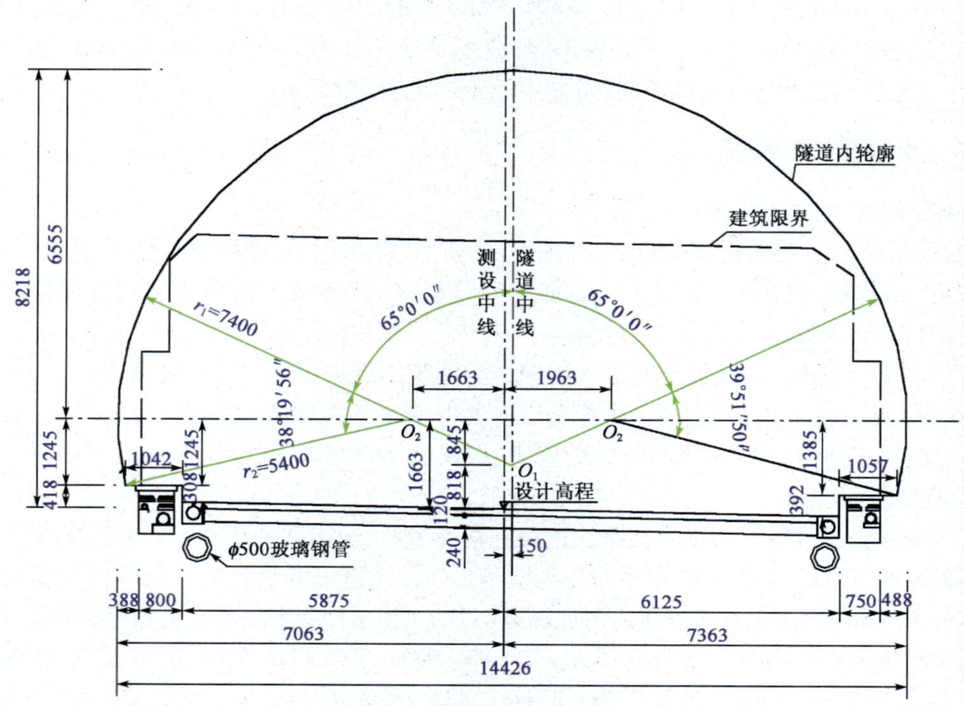

图1-6　主隧道净空限界图（尺寸单位：mm）

（2）服务隧道内净空设计

服务隧道作为施工运输、日常维护检修、过海管线通道。根据功能需要服务隧道分两层：上层为检修车辆兼救援小车空间3.0m（宽）×2.5m（高），两侧预留照明、供电、监控、通信等设施空间；根据协调结果服务隧道下层分为两部分，左侧设置高压输电缆预留空间2.0m（宽）×2.0m（高），右侧设置给水管和通信管道等预留空间。

服务隧道内轮廓设计考虑两种方案，分别为拱形隧道内轮廓曲墙接圆拱形式和直墙接圆拱形式（图1-7）。

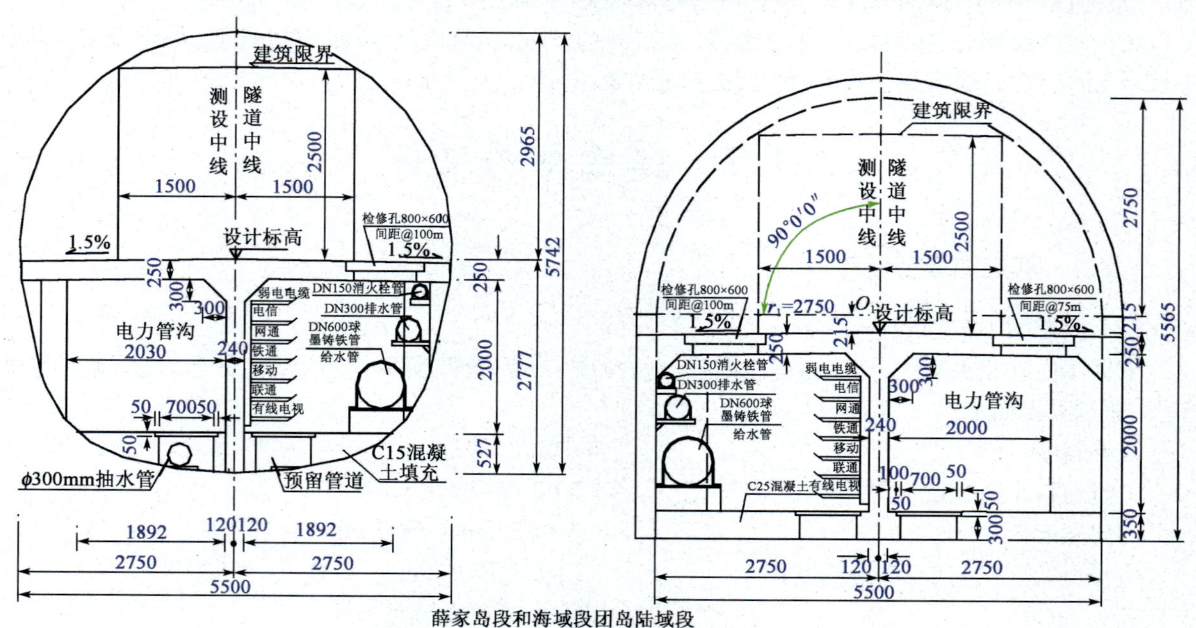

图1-7　服务隧道断面布置图（尺寸单位：mm）

1.7.2 结构设计

主隧道结构采用复合式衬砌结构，海域段断面采用三心圆拱形断面，设置仰拱；陆域段采用三心圆拱形断面，IV、V级断面设置仰拱（部分底部较好围岩处不设仰拱），II、III级围岩不设仰拱（图1-8、图1-9）。行车道以上净空断面面积为96.35m²，设置仰拱段隧道断面内轮廓面积有120.1m²和125.8m²两种。服务隧道断面II、III、IV级围岩地段采用喷锚永久支护，直墙接拱形断面；V级围岩段采用复合式衬砌，曲墙接圆拱形结构，设置仰拱（具体结构形式和参数根据施工开挖后围岩的实际状况进行调整）。匝道断面采用复合式衬砌，三心圆拱形结构；行车横通道断面采用复合式衬砌，曲墙接圆拱形结构；行人横通道断面采用复合式衬砌，直墙接圆拱形结构。隧道衬砌支护参数见表1-6。

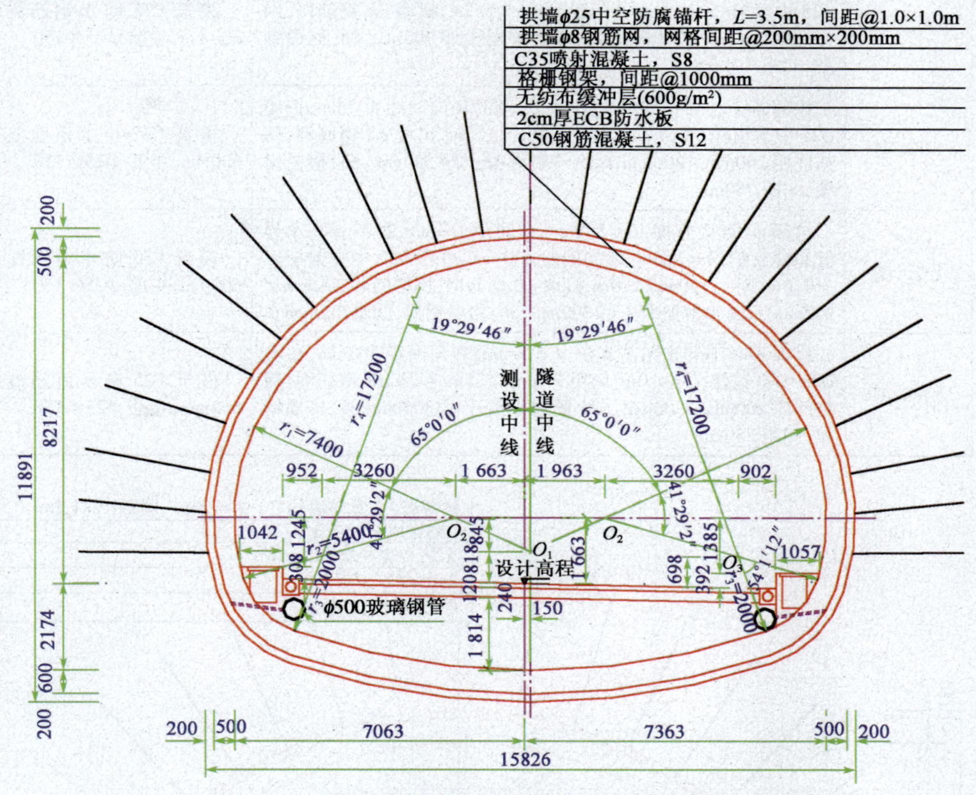

图1-8　主隧道V级围岩有仰拱结构断面（尺寸单位：mm）

主隧道衬砌结构参数表　　表1-6

围岩级别	衬砌类型	初期支护	二次衬砌
II	II型	局部Φ25中空注浆锚杆L=3.0m，局部ϕ8钢筋网，网格间距200mm×200mm，C25喷射混凝土厚80mm	模筑C35素混凝土S10厚400mm
III	III-II型	拱部Φ25中空注浆锚杆L=3.5m，间距1.5m×1.5m梅花形布置，拱部ϕ8钢筋网，网格间距200mm×200mm，C25喷射混凝土厚150mm	模筑C35素混凝土S10厚450mm
IV	IV-II型	拱部Φ25中空注浆锚杆L=3.5m，间距1.0m×1.0m梅花形布置，拱墙ϕ8钢筋网，网格间距200mm×200mm，C25喷射混凝土厚200mm，Φ22格栅钢架，间距1.0m	模筑C35防水钢筋混凝土S10厚500mm，主筋Φ22@150
IV	IV-III型	拱墙Φ25中空注浆锚杆L=3.5m，间距1.0m×1.0m梅花形布置，拱墙ϕ8钢筋网，网格间距200mm×200mm，C25喷射混凝土厚200mm，Φ22格栅钢架，间距1.0m	模筑C35防水钢筋混凝土S10厚500mm，主筋Φ22@150
IV	IV型	拱墙Φ25中空注浆锚杆L=4.0m，间距1.0m×1.0m梅花形布置，拱墙ϕ8钢筋网，网格间距200mm×200mm，C25喷射混凝土厚250mm，Φ22格栅钢架，间距0.75m	模筑C35防水钢筋混凝土S10厚500mm，主筋Φ22@150

续上表

围岩级别	衬砌类型	初 期 支 护	二 次 衬 砌
V	V 型	拱部 Φ42 小导管超前支护，L = 3.5m，环向间距 0.4m，两榀钢架打设一环，边墙 Φ25 中空注浆锚杆 L = 4m，间距 1.0m × 0.75m，拱墙 ϕ8 钢筋网，网格间距 200mm × 200mm，C25 喷射混凝土厚 300mm，Φ25 格栅钢架，间距 0.5m	模筑 C35 防水钢筋混凝土 S10 厚 600mm，主筋 Φ25@150
V	SJK1 型	拱部 ϕ108 大管棚，L = 30m，环向间距 400mm，拱部 ϕ42 小导管超前支护，L = 3.5m，环向间距 400mm，边墙 ϕ25 中空锚杆，L = 4.0m，间距 1.0m × 1.0m，拱墙 ϕ8 钢筋网，网格间距 200mm × 200mm，C25 喷射混凝土厚 300mm，S6，格栅钢架，间距@500mm	模筑 C35 防水钢筋混凝土 S10，厚 600mm，主筋 Φ25@150
	SJK2 型	拱部 ϕ42 小导管超前支护，L = 3.0m，环向间距 400mm，边墙 ϕ25 中空锚杆，L = 4.0m，间距 1.0m × 1.5m，拱墙 ϕ8 钢筋网，网格间距 200mm × 200mm，C25 喷射混凝土厚 300mm，S6，格栅钢架，间距 750mm	模筑 C35 防水钢筋混凝土 S10，厚 600mm，主筋 Φ25@150
	SJK3 型	拱部 ϕ42 小导管超前支护，L = 3.0m，环向间距 400mm，边墙 ϕ25 中空锚杆，L = 4.0m，间距 1.0m × 1.5m，拱墙 ϕ8 钢筋网，网格间距 200mm × 200mm，C25 喷射混凝土厚 300mm，S6，格栅钢架，间距 750mm	模筑 C35 防水钢筋混凝土 S10，厚 600mm，主筋 Φ25@150
	YJK1 型	拱部 ϕ108 大管棚，L = 30m，环向间距 400mm，拱部 ϕ42 小导管超前支护，L = 3.5m，环向间距 400mm，边墙 ϕ25 中空锚杆，L = 4.0m，间距 1.0m × 1.0m，拱墙 ϕ8 钢筋网，网格间距 200mm × 200mm，C25 喷射混凝土厚 300mm，S6，格栅钢架，间距 500mm	模筑 C35 防水钢筋混凝土 S10，厚 600mm，主筋 Φ25@150
	YJK2 型	拱部 ϕ42 小导管超前支护，L = 3.0m，环向间距 400mm，边墙 ϕ25 中空锚杆，L = 4.0m，间距 1.0m × 1.5m，拱墙 ϕ8 钢筋网，网格间距 200mm × 200mm，C25 喷射混凝土厚 300mm，S6，格栅钢架，间距 750mm	模筑 C35 防水钢筋混凝土 S10，厚 600mm，主筋 Φ25@150

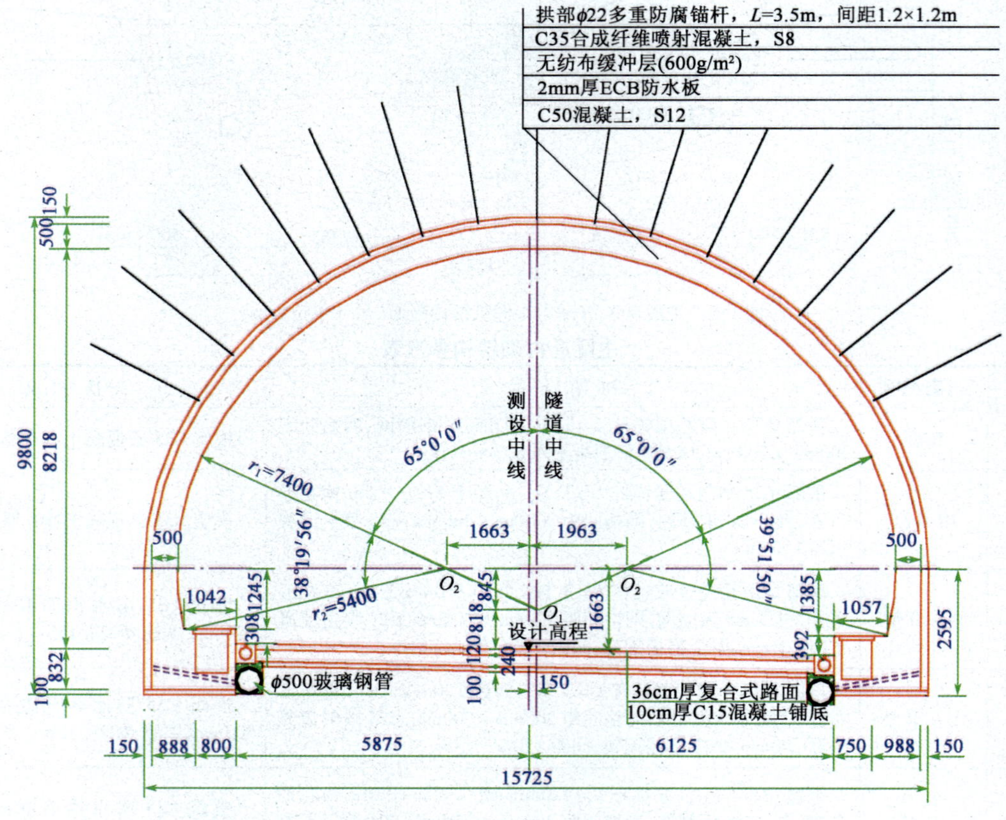

图 1-9 主隧道 III 级围岩无仰拱结构断面图(尺寸单位：mm)

1.8　隧道防排水设计

1.8.1　防排水设计标准

（1）根据结构所处的工程环境和使用要求，设计结构防水标准：一级防水。不允许渗水，结构表面无湿渍。

（2）对断层破碎带，采用预注浆方式，将隧道开挖断面周围的涌水或渗水封堵于结构外，隧道注浆堵水后排水量主隧道不得大于0.4m^3/d·m，服务隧道不得大于0.2m^3/d·m。

（3）隧道二次衬砌采用混凝土结构自防水体系，以结构自防水为根本，加强混凝土结构的抗裂防渗能力，其抗渗等级≥S12。初期支护设计采用抗海水侵蚀高性能防渗喷射混凝土，并采用湿喷混凝土工艺，其抗渗等级≥S8。

（4）防水混凝土结构厚度不小于300mm。严格控制混凝土入模坍落度和入模温度，混凝土产生的裂缝宽度不大于0.2mm，不允许出现贯穿性裂缝。

（5）除结构自防水外，在喷射混凝土初期支护和模筑混凝土二次衬砌之间铺设隧道防水层，应选用抗老化能力较强、拉伸强度和断裂拉伸率较高的防水卷材，防水板要求有良好的抗腐蚀性及耐菌性，防水板的厚度不得小于2mm，幅宽不小于2m，尽量减少焊缝。

1.8.2　防水设计

防水措施包括超前地质预报系统分析前方地质破碎带；超前注浆改善围岩的渗透系数，控制渗透量；初期支护和二次衬砌之间设排水系统和防水板，将结构渗水直接排入隧底排水沟内，防水层防止水渗透到二次衬砌内，二次衬砌采用防水混凝土。通过这些防水措施保证防水系统的可靠性，具体措施如下：

（1）初期支护防渗喷射混凝土

初期支护设计采用抗海水侵蚀高性能防渗喷射混凝土、湿喷混凝土工艺，喷射混凝土应密实、饱满、表面平顺，其强度应达到设计要求。湿喷混凝土强度等级C35，抗渗等级≥S8。

（2）防水层设计

半包限量排放设计：隧道初期支护与二次衬砌之间拱墙设600g/m^2 无纺布+2mm厚ECB防水卷材，仰拱设置1.2mm厚凹凸排水板，拱墙设置0.5m宽1.2mm厚凹凸排水板带。

无仰拱隧道防水设计：拱墙设600g/m^2 无纺布+2mm厚ECB防水卷材+0.5m宽1.2mm厚凹凸排水板带。

全包限量排放设计：拱墙设600g/m^2 无纺布+2mm厚ECB防水卷材，仰拱设置600g/m^2 无纺布+2mm厚ECB防水卷材+50mm细石混凝土保护层，拱墙设置0.5m宽1.2mm厚凹凸排水板带（图1-10）。

防水板的搭接采用双缝焊接工艺，防水板铺挂采用同材质垫片焊接固定以保证防水板的施工质量。

（3）加强结构的自防水功能，封闭少量渗水在初期支护和二次衬砌的流动

二次衬砌混凝土采用耐久性防水混凝土，防水混凝土抗渗等级≥S12级，结构厚度不小于300mm。严格控制混凝土入模坍落度和入模温度，以减少温差收缩和干燥收缩带来的不良影响。混凝土产生的裂缝宽度不大于0.2mm，不允许出现贯穿性裂缝。

1.8.3　排水设计

运营期间隧道内的主要水来源为围岩裂隙水、清洗用水和消防用水，排水系统由环向排水板、纵向排

水管、横向泄水管和玻璃钢管水沟组成。为了维护方便和施工方便，排水沟设在路面两侧下方。施工期间隧道内产生的水主要为围岩渗水和施工用水，要求根据实际施工情况设置集水坑，并进行逐级抽水。

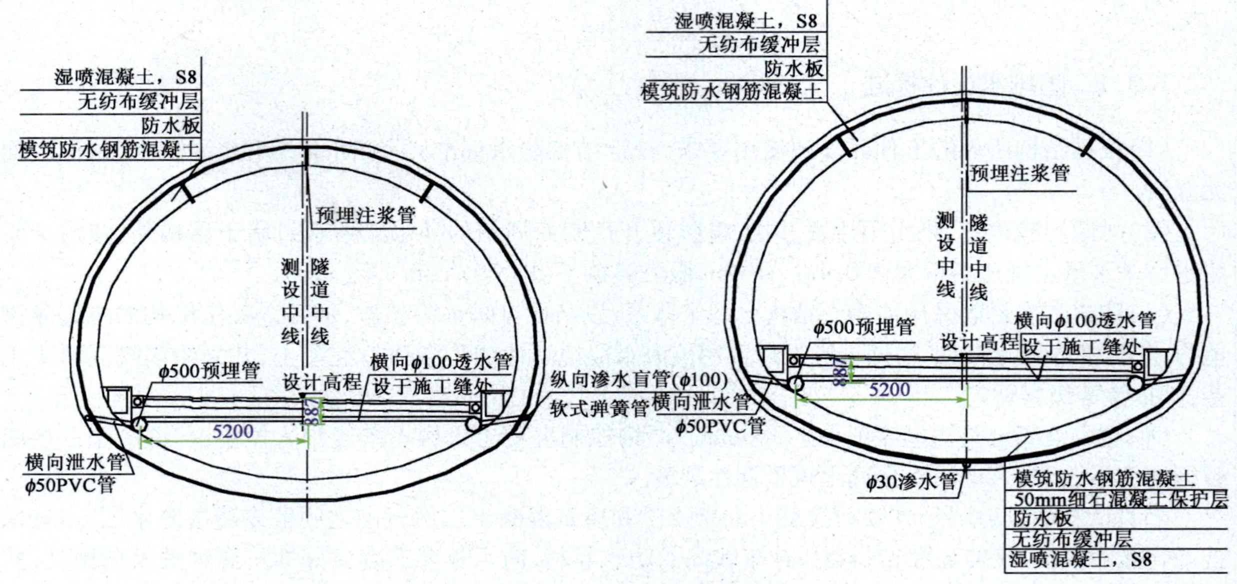

图1-10　主隧道防排水图(尺寸单位:mm)

在隧道初期支护与二次衬砌之间拱墙防水卷材、无纺布和凹凸排水板等渗水层，结构渗水通过可清洗的DN100双壁波纹纵向排水盲管汇集，然后通过 ϕ100mm 的横向 PVC 泄水管汇到路面两侧的 ϕ500mm 玻璃钢管水沟，两玻璃钢管水沟通过 DN100 双壁波纹横向透水管连通。围岩水通过 Φ500mm 玻璃钢管水沟，清洗和消防水通过路面两侧的排水边沟，一起汇入隧道内设置的三个废水池，通过泵送排出洞外。

1.9　超前地质预报

地质超前预报：为了了解掌子面前方一定长度范围内的地质情况，为施工方法和安全提供依据，必须对隧道开挖进行地质预报，地质预报采用地质素描，超前钻孔和超前地质预报仪器等综合方法进行。

(1)TSP超前探测：

对全隧道进行TSP超前探测，对断层破碎带、裂隙发育带、岩性界面处进行重点探测。

(2)超前探孔：全隧道施工中，在每开挖循环，通过加深炮孔，对隧道掌子面前方进行超前探测(图1-11)。

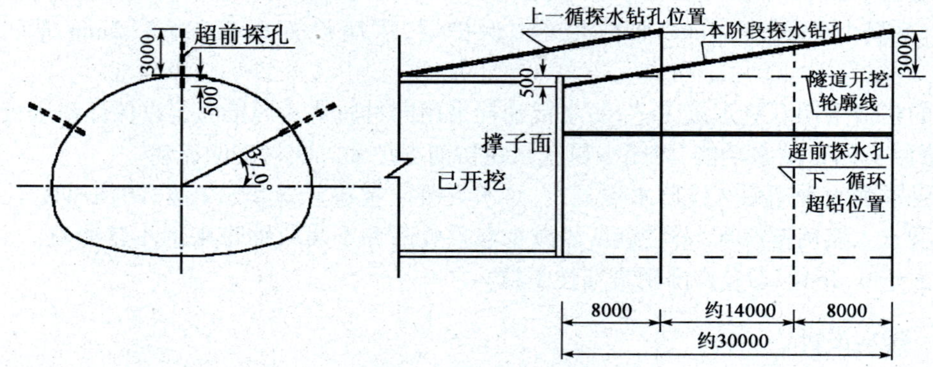

图1-11　超前探孔概念图(尺寸单位:mm)

(3)超前地质钻孔：通过在掌子面打超前水平钻孔，可以了解前方的地质条件和地下水，为制定施工措施提供依据。对勘察期间发现的断层破碎带、裂隙发育带、侵入岩与喷出岩接触带、岩埋出露带及其他预报手段探测到的异常地段，采用地质超前钻孔，进行超前探测。水平超前钻孔的工法的概要示于图1-12。

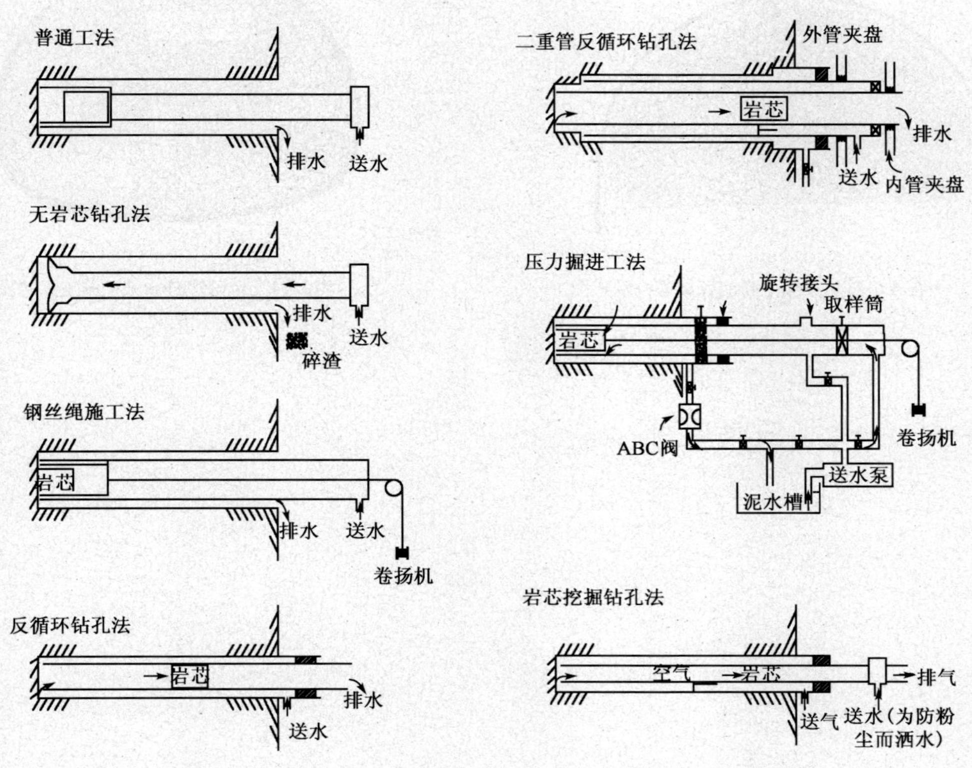

图1-12　超前钻孔工法概念图

(4)高分辨直流电法超前探测及红外探水：采用高分辨直流电法超前探测及红外探水仪探测，对全隧道进行水文探测，两种方法相互验证和补充。

(5)地质分析：对全隧道进行地质素描，记录现场揭露的地质信息，并综合上述各种探测方法获得的地质信息，通过综合分析，预测预报前方工程地质及水文地质条件。

1.10　隧道施工方法

隧道施工除团岛端服务隧道洞口和黄岛端洞口端采用明挖法以外，其余均采用钻爆法施工。施工的核心是充分利用围岩自身强度和施作支护一道抵抗围岩压力，施工地质预报超前，认真执行及时检测、及时反馈、及时修改。破碎带施工应严格按照“管超前、严注浆、短进尺、弱爆破、强支护、快封闭、勤量测”的方针进行。

洞身段各级围岩的主要施工方法如下：胶州湾隧道工程采用钻爆法施工，光面控制爆破。Ⅱ、Ⅲ级围岩施工方法采用下导洞超前减振全断面爆破开挖(图1-13)。Ⅳ级围岩台阶法开挖。Ⅴ级围岩陆域段和挤压型海底破碎带采用自进式管棚超前支护，“CD”工法施工。Ⅴ级围岩张拉性断层破碎带和过房屋段管棚超前注浆加固地层，海域段并形成止水帷幕，采用“双侧壁导坑法”施工。隧道穿越房屋段必要时采用隔离桩、房屋基础加固等施，加强施工监测，保证房屋安全。

洞口施工方法如下(图1-14)：自上而下逐段分层开挖，分层厚度2～3m，土层采用挖掘机开挖，岩层控制爆破分层开挖，装载机装渣，自卸汽车运输。开挖时预留 20～40cm 厚的边坡和路基底用人工刷坡或清理。刷坡时严格按放线开挖，严禁超欠挖。

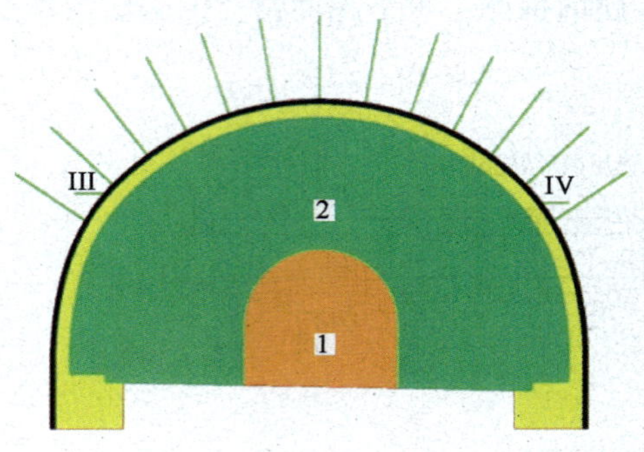

图 1-13　下导洞超前减振全断面爆破开挖示意图

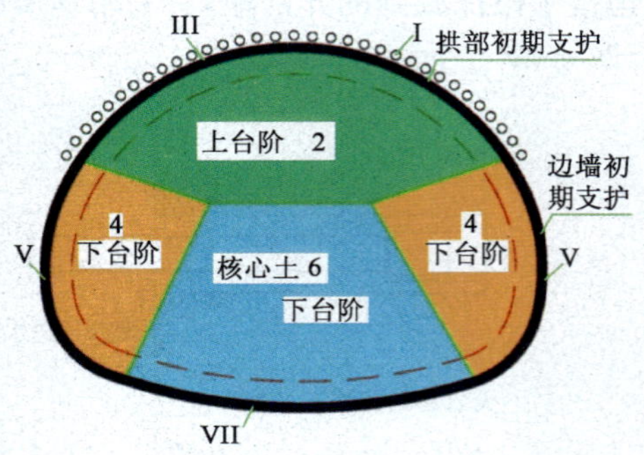

图 1-14　台阶法分步开挖施工示意图

第 2 章 | 工程水文地质勘察

2.1 勘察目的与任务

为隧道的初步设计、施工图设计和施工方案的确定提供地质依据，根据工程推荐的海底隧道位置和设计方案，在分析研究区域地质资料和前期勘察资料及相关专题报告的基础上，进行工程地质勘察，划分土岩地层和岩性分界线、岩层强弱风化层分界线、确定基岩界面和埋深、确定区域稳定性、确定隧道通过部位的断层及其他构造的存在、断层展布规律方向、断层带宽度和性质、岩土工程性质、水文地质等。主要工作内容如下：

(1)全面系统收集隧道所在区域的气象、潮汐、区域地质、水文地质及工程地质资料。

(2)通过钻探、物探、孔内测试和抽(压)水等试验工作，详细查明场区地形地貌、地层岩性、地质构造、基岩风化程度、岩土体透水性等工程地质和水文地质条件。

(3)采用综合勘探手段，重点查明海底隧道工程场区断裂构造、风化深槽等不良地质的分布范围、性质；分析评价对洞体稳定性的影响，并对施工方法、支护方案及施工可能遇到的工程地质问题提出建议。

(4)开展水文地质试验及地下水动态观测工作，重点查明断裂带、断裂影响带破碎岩体和风化深槽的渗透性、涌水量、含水情况等水文地质参数，进行涌水量预测，分析评价地下水对隧道施工影响，并对隧道施工采取的排水措施提出建议，对施工可能引起的海水入侵等影响施工和隧道稳定性工程问题作出预测和评估。

地质勘察完成工作量统计表　　表 2-1

序号	勘察项目	勘 察 内 容	单　位	工 作 量
1	搜集资料	前期勘察报告等	份	6
2	地质测绘	工程地质水文地质调查	km^2	1.5
3	物探	单道地震探测	km	100
		多道地震探测	km	90
		磁力测量	km	188
		多波束地形测量	km^2	7.4
		侧扫声纳测量	km^2	3.9
		浅剖测量	km	77
		水上地震反射法	m	13729
		陆地地震折射法	m	4432
		陆地面波勘探	点	20
4	钻探	海域钻探	m/孔	1528.15/36
		陆域钻探	m/孔	832.05/25

续上表

<table>
<tr><th>序号</th><th colspan="2">勘察项目</th><th>勘察内容</th><th>单 位</th><th>工 作 量</th></tr>
<tr><td rowspan="6">5</td><td colspan="2" rowspan="6">原位测试</td><td>标准贯入试验</td><td>次</td><td>29</td></tr>
<tr><td>纵波波速试验</td><td>m/孔</td><td>1721.30/49</td></tr>
<tr><td>横波波速试验</td><td>m/孔</td><td>1721.30/49</td></tr>
<tr><td>电测井</td><td>m/孔</td><td>1410.15/34</td></tr>
<tr><td>井温</td><td>m/孔</td><td>1273.00/27</td></tr>
<tr><td>孔内摄像</td><td>m/孔</td><td>473.10/10</td></tr>
<tr><td rowspan="2">6</td><td colspan="2" rowspan="2">水文试验</td><td>抽水试验</td><td>次/孔</td><td>19/19</td></tr>
<tr><td>压水试验</td><td>段/孔</td><td>51/15</td></tr>
<tr><td rowspan="10">7</td><td rowspan="10">室内试验</td><td rowspan="4">土工试验</td><td>常规土工试验</td><td>件</td><td>37</td></tr>
<tr><td>颗粒分析试验</td><td>件</td><td>17</td></tr>
<tr><td>渗透试验</td><td>件</td><td>7</td></tr>
<tr><td>直剪试验</td><td>件</td><td>11</td></tr>
<tr><td colspan="2">水质分析</td><td>件</td><td>16</td></tr>
<tr><td rowspan="5">岩石试验</td><td>单轴抗压强度试验</td><td>件</td><td>171</td></tr>
<tr><td>抗剪(直剪、三轴)试验</td><td>组</td><td>11</td></tr>
<tr><td>单轴压缩变形试验</td><td>组</td><td>12</td></tr>
<tr><td>岩石放射性试验</td><td>件</td><td>6</td></tr>
<tr><td>岩石薄片鉴定</td><td>块</td><td>35</td></tr>
</table>

(5)进行钻孔纵、横波测试,分析评价岩体的完整和破碎程度;根据海底隧道工程场区不同区段的岩土工程地质特征,分段划分围岩类别,对隧道围岩稳定性作出评价。

(6)提供详细的工程地质勘察报告,全面论述、评价海底隧道工程地质和水文地质条件,提供岩石抗压强度、抗剪强度、弹性模量、泊松比、基床系数等设计参数,为编制施工图设计和选择合理的施工工艺提供可靠的地质依据。

工程水文地质勘察主要历经2003年国家海洋局第一海洋研究所物探勘察、2004年F3断层勘察(国家海洋局第一海洋研究所物探和中铁大桥勘测设计院钻探)、2006年详勘等三次勘察工作阶段。完成的主要工作量如表2-1。

2.2 勘察方法

2.2.1 工程地质调查与测绘

收集区域地质资料和前期勘察成果,在原有成果的基础上,通过现场调查、加密观察点、并结合物探、钻孔和抽压水试验资料,丰富图件的信息量,并提高测绘精度,测绘重点为隧道通过地带及两侧200m的范围。测绘时以1:2000地形图为底图进行填图,在基岩出露区,采用界线追踪法和垂直界线法确定岩性界线,观测点间距小于20m;对一般地质观测点和地质界线,以明显的地形、地物和其他测点作控制点;对有特殊意义和对工程有重要影响的地质观测点,用仪器法定位。在人工填土分布区,以地貌形态结合钻孔揭示的地层进行岩性分区。绘制图件为1:2000工程地质综合图,工作内容和精度满足《公路工程地质勘察规范》相关要求,满足设计和施工的需要。

2.2.2 物探(磁力测量)

(1)仪器

1)SeaSPY海洋质子旋进磁力仪:本系统为加拿大Marine Magnetics公司生产的质子旋进磁力仪,如

图2-1。整个系统由磁力探头、漂浮电缆、采集计算机和甲板电缆组成。实测磁力值为磁力总场值。系统技术指标：分辨率0.001nT；灵敏度0.01nT；采样时间0.25～10s；电缆长度400m；测量精度0.2nT。

数据记录方式：由计算机实时采集磁力数据及定位数据。

2）G880海洋铯光泵磁力仪：本系统为加拿大Geometrics公司生产的铯光泵磁力仪，如图2-2。整个系统由磁力探头、漂浮电缆、采集计算机和甲板电缆组成。实测磁力值为磁力总场值。系统技术指标：分辨率0.001nT；灵敏度0.01nT；采样时间0.1～10s；电缆长度450m；测量精度±2nT。

记录方式：由计算机实时采集磁力数据及定位数据。

图2-1 SEASPY海洋质子旋进磁力仪

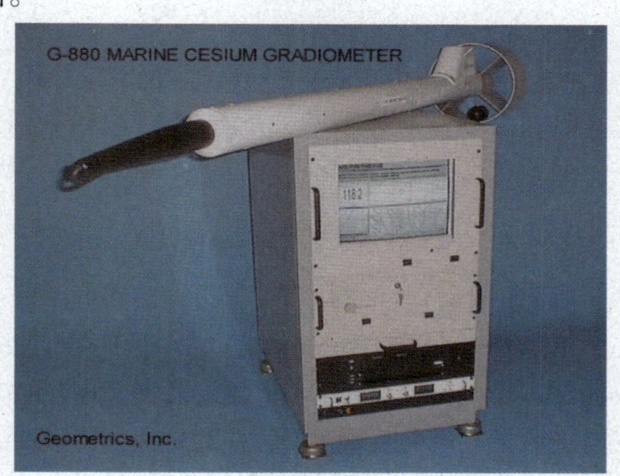

图2-2 G880海洋铯光泵磁力仪

（2）采集参数

在磁力测量中SeaSPY磁力仪的探头拖放在离船尾50m处，船尾到探头的距离大于船长的3倍。磁力数据采样频率为2Hz，即每秒采样2次，采样间隔约为2m。

（3）资料处理

1）原始磁力、定位数据的预处理

原始数据预处理主要包括对因调查船的航向和航速突然变化而引起的磁力数据异常突跳及GPS定位信息在传输和接收过程中出现的偶然的误差造成定位数据的突跳等错点进行剔除。

2）正常场计算

根据国际地磁参考场（IGRF2000）进行正常场改正。它包括2000年基本场模式和基本场延续到2004年的长期变化模式两部分。基本场是用勒让德球谐函数展开式给出，有120个系数（10阶10级），长期变化模式有80个系数。计算公式：

$$U = a\sum_{n=1}^{\infty}\sum_{m=0}^{n}(a/r)^{n+1}\cdot[g_n^m\cos m\lambda + h_n^m\sin m\lambda]P_n^m(\cos\theta) \tag{2-1}$$

地磁场三分量分别为：

$$\begin{aligned} X &= \sum_{n=1}^{10}\sum_{m=0}^{n}(a/r)^{n+2}\cdot[g_n^m\cos m\lambda + h_n^m\sin m\lambda]\cdot\frac{\mathrm{d}}{\mathrm{d}\theta}P_n^m(\cos\theta) \\ Y &= \sum_{n=1}^{10}\sum_{m=0}^{n}(a/r)^{n+2}\cdot\frac{m}{\sin\theta}\cdot(g_n^m\sin m\lambda - h_n^m\cos m\lambda)P_n^m(\cos\theta) \\ Z &= \sum_{n=1}^{10}\sum_{m=0}^{n}-(n+1)\cdot(a/r)^{n+2}(g_n^m\cos m\lambda + h_n^m\sin m\lambda)\cdot P_n^m(\cos\theta) \end{aligned} \tag{2-2}$$

式中：a——地球平均半径；

r——球心到计算点的径向距离；

θ——余纬，$\theta=90°-\varphi$；

φ——纬度；

λ——经度；

A——赤道半径；$A=6378.160\text{km}$；

B——极半径；$B=6356.775$km；

f——扁率，$f=\frac{1}{298.75}$；

$g_n^m h_n^m$——球谐系数；

$P_n^m(\cos\theta)$——n 阶 m 级缔合勒让德函数：

$$P_n^m(u)=\frac{1}{2^n n!}\left[\frac{E_m(n-m)!(1-u^2)^m}{(n+m)!}\right]^{\frac{1}{2}}\cdot\frac{d^{m+n}(u^2-1)^m}{du^{m+n}} \tag{2-3}$$

$u=\cos\theta$，$m=0$ 时，$E_m=1$；$m\geqslant1$ 时，$E_m=2$。

时间与球谐系数值的关系为，$C_n^m(t)=C_n^m(t_0)+C_n^m(t-t_0)$，$C_n^m$ 为长期变化系数，用 nT/年表示。

日变改正：由于测线较短（船只航行时间 10min 左右），未做日变改正。

2.2.3 物探（单道地震探测）

（1）单道地震仪系统

单道地震仪采用单道高分辨率接收电缆同步接收 GEOSPARKER 震源系统激发的地震信号，用 Geopulse 接收仪和 DelphWin 系统采集。Delph 软件系统对以上设备在海上作业时所采集到的地震反射波均进行了实时数字化记录，并对地震作业实时监视（图 2-3）。软件系统包括下述功能，室内回放处理时可进一步提高地震反射剖面质量。

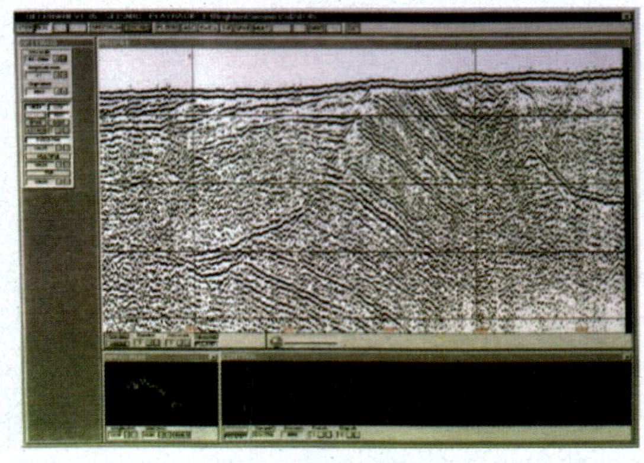

图 2-3 Delph 单道地震资料后处理系统

涌浪滤波：去除由于涌浪波动引起接收电缆上下起伏形成的地震反射波到达时间的误差。

带通滤波：选择反映反射波频率的波段。

时变滤波：浅层反射波频率相对较高，深层反射波频率相对较低，按时间变化选择地震反射波的波通带。

自动增益：具有 ADL_1、ADD、ADG 和 TVG 四种增益方式。

水平叠加：将相邻炮地震反射波资料叠加，以提高信噪比。

预测反褶积：去除多次反射波。

脉冲反褶积：在海况差的情况用标准地震子波对接收到的地震反射波进行整形，以提高信噪比。

（2）采集参数

在单道地震探测中，使用了 Geopulse 地震接收仪和 GEOSPARK－100 电火花震源。数据采集使用 Delphwin 系统，地震剖面为数字记录，数据采集系统同时实时接收导航定位系统传送的定位数据。具体采集参数如表 2-2。

单道地震探测采集参数设置　表 2-2

参　数	设　置	参　数	设　置
震源能量	400J	采样频率	6000Hz
剖面记录长度	200ms	震源释放长度	20m
震源激发间隔	1s	接收电缆释放长度	20m

（3）资料处理

在室内对海上采集资料进行了回放处理，处理方法包括带通滤波、涌浪滤波、水平叠加和 ADL 自动增益控制等。具体处理流程如图 2-4 所示。

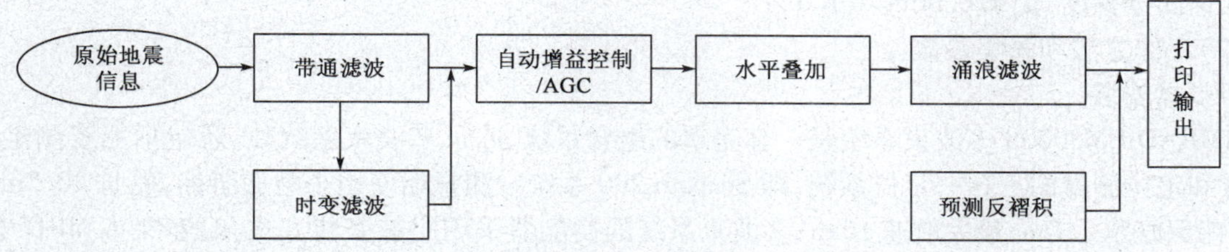

图 2-4　单道地震资料处理流程(Delph 处理软件)

2.2.4　物探(多道地震探测)

震源系统:GEOSPARKER 震源系统包括 GEOSPARKER 1000 震源箱,GEOSPARKER 200 发射阵,发射电缆等部分,发射电压 3200 ~ 5600V,发射能量 100 ~ 1000J,充电速率 1250J/sec。

海上地震数据采集系统(图 2-5):包括 24 道高分辨率海洋地震勘探接收电缆和近海工程 24 道地震接收仪,均为国家 863 技术新成果。其中 24 道高分辨率海洋地震勘探接收电缆由国家海洋局第一海洋研究所研制,分辨率 -90db,频率响应范围 10Hz ~ 3kHz。近海工程 24 道地震接收仪由吉林大学工程技术研究所研制,通道数 24 道,最小采样率 0.1ms,记录长度 512 ~ 16k/道,动态范围 144db,频带范围 0.1 ~ 10kHz,噪声水平≤1μV。

多道地震GEO-SPARK震源近海工程

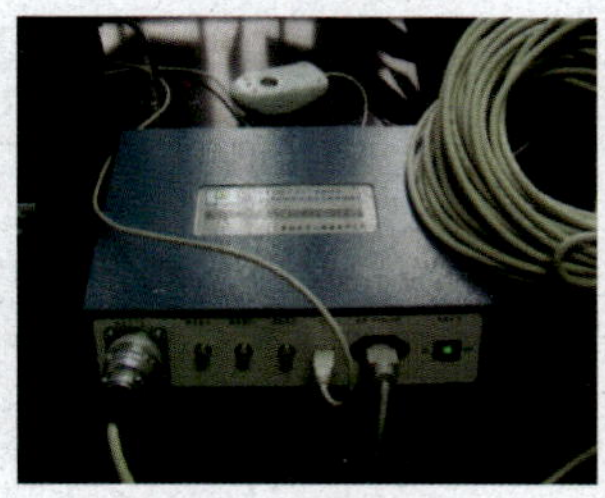

24道地震接收仪

24道高分辨率海洋地震勘探接收电缆

图 2-5　多道地震仪器

2.2.5　物探(多波束水深测量)

(1)仪器

型号:SIMRAD　EM3000S(单探头)。

具体性能及主要技术指标如下:

测深范围:0.5 ~ 250m(探头以下);

最大脉冲发射率:25Hz;

波束宽度:1.5°×1.5°;

每次接收波束数:>100;

工作频率:292 或 308kHz;

最大扫描宽度:200m;

深度分辨率:1cm;

深度精度:10cm(RMS,不包括外围设备)。

多波束地形勘测时使用的声速剖面仪型号:SV Plus 3208。

具体性能及主要技术指标如下:

可感压力范围:5000dbars;

声速量程:1400 ~ 1550m/s;

声速分辨率:0.015m/s;

声速测量精度:优于 0.06m/s(RMS)。

(2)工作方法和采集参数

1)仪器安装

SIMRAD EM3000S 多波束系统是一套完整的组合系统,除了多波束系统外,还包括船姿测量、船艏向测量和定位测量的三合一定位系统,即 Seapath 200 系统。测量船使用小型旅游船,船长 20.3m,船宽 4.6m,船只吃水 1.0m,最大航速 10kn;多波束系统的换能器采用船舷安装方式,船姿探头 MRU 安装在船的重心上,GPS 双天线横向固定在船前的顶部。安装后精确测量了各个传感器之间的三维距离,确定传感器之间的位置关系,以便使 Seapath 200 系统为 EM 3000S 系统提供精确的横摇、纵摇、起伏、船艏向和位置资料,这些相对位置的数据都输入到 Seapath 200 系统中去。该系统是 EM3000D 多波束系统的配套设备,主要为多波束系统实时提供船艏向、船只横摇、纵摇、上下起伏和定位数据,以用于多波束测量的实时改正。该系统的定位数据由系统内置的 2 台 GPS(双天线)提供,而 GPS 差分数据由临近的 RBN/DGPS 发射站(交通运输部安全监督局设)提供,本次调查接受的是青岛大麦岛信标站播发的差分信号。图 2-6 和图 2-7 表示了安装示意图。

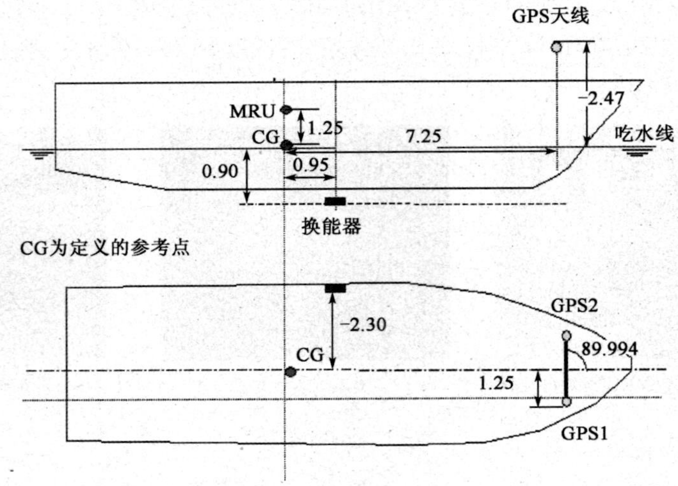

图 2-6 各传感器之间的位置关系图(尺寸单位:m)

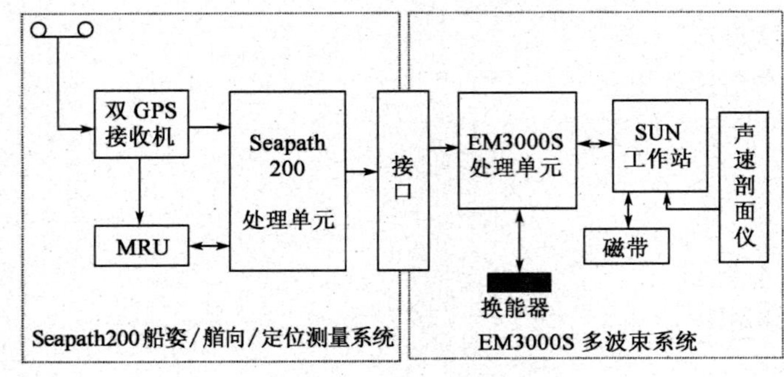

图 2-7 EM3000S 多波束系统组成示意图

2)仪器校准

多波束系统安装完成后,将测得的各传感器之间的三维位置关系参数输入到对应的主机;并进行联机调试,一切正常后进行校准。

①Seapath200 校准

校准包括 GPS 基线与测量船的轴线夹角的测定以及 MRU 三轴之间的夹角测定。首先测量出码头的方位，然后把测量船用缆绳固定在码头上，使之于码头方向相互平行，记录了 Seapath200 专门配备的能测量出精确方位角的测量数据，静态测量共采集数据 120min，通过平均统计计算，并与码头的方位相比较，误差只有 0.06°，完全符合精度要求。

②横摇校准

该项校准的目的是确定多波束探头安装后在水下的横摇偏差，校准测线布设原则是：要在一海底比较平坦的海区布设测线，以保证横摇的敏感度。该项校准在测区进行的，校准测线为东西方向，测量船沿测线以相同的速度进行了一个来回的往返测量，分别记录往、返的测量数据，船速均为 4kn。将测量的结果用系统的校准功能处理后，确定出横摇偏差角度，输入到多波束工作站中。图 2-8 是本次横摇校准前和校准后的比较，横摇校准角度为 -2.157°，从校准后的 ROLL 角度可以看出。

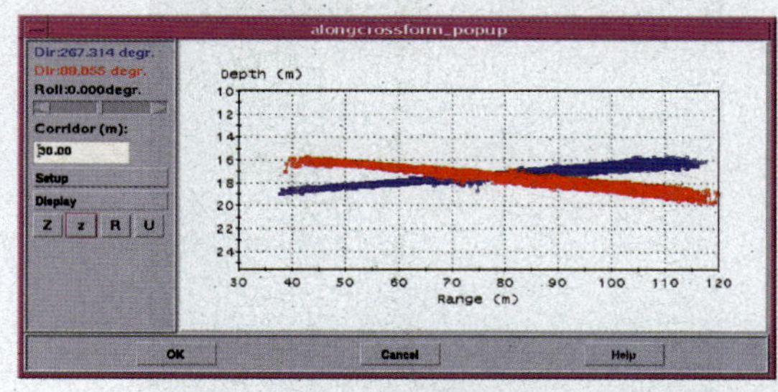

横摇校准之前相同地形的复合图

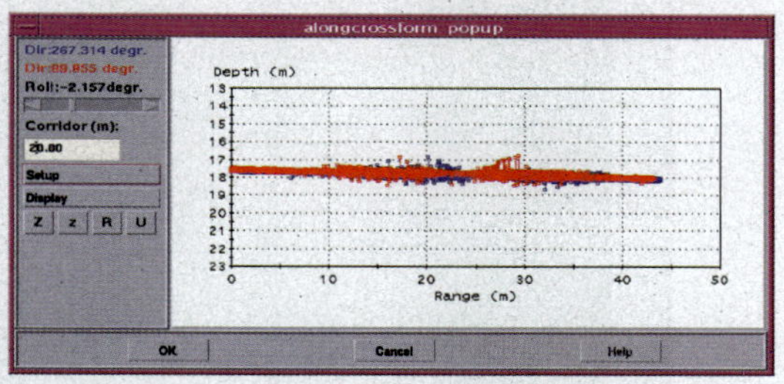

横摇校准之后相同地形的复合图

图 2-8　横摇校准相同地形的复合图

③多波束的纵摇校准

该项工作必须在水深变化较大的地方进行，用于检测换能器的前倾或后倾角度。校准测线为东北西南方向，测量船沿测线以相同的速度进行了一个来回的往返测量，船速分别为 4kn。将测量的结果用系统的专门软件校准处理后，确定出横摇偏差，输入到多波束工作站中。图 2-9 为本次纵摇校准之后，海底突变起伏地形复合效果图。

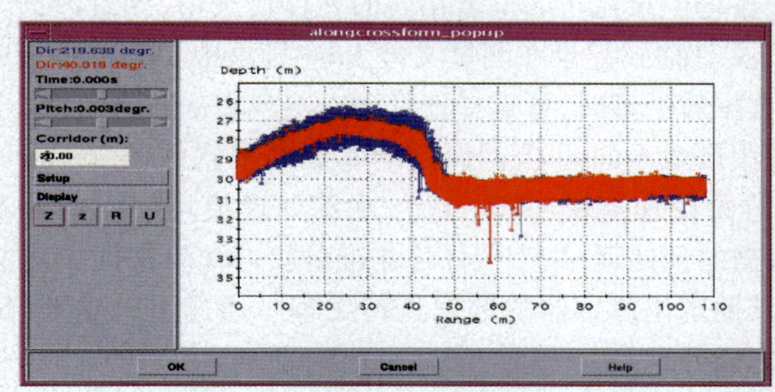

图 2-9　纵摇校准之后的突变地形复合效果图

(3)声速剖面测量

声速在水体中不同水层的变化可导致传播声线的弯曲，特别是对多波束发射和接收的外缘波束数据影响更大，是多波束测量的主要误差源之一，因此必须现场精确测定测区内的声速剖面。外业测量前，将声速剖面仪电源关闭，放入海水中感温 10min，然后提上甲板，打开电源，放至海底，再收回到甲板，将采集的数据从声速剖面仪中取出编辑后输入到多波束数据采集工作站，用于实时改正，本次测量共做了 3 个声速剖面，仪器校准时一个，测量时浅水和深水各做一个。

(4)水位观测

为了保证水深数据起算于同一个基准面，特设专人在有已知高程点的旅游码头上进行同步水位观测，用以记录水位变化，每隔 10min 记录一次当前水位值，提供给多波束数据后处理。

(5)地形测量

多波束水深测量是一种条带式全覆盖测量，它的测量宽度是水深的4倍（单探头）左右，本次测量水深在5～56m范围内，根据技术要求测线的布设垂直于等深线，根据测线的覆盖宽度，工作中对测线间距进行了调整，并保证相邻测线重叠约1/5，对海底完成了无遗漏的全覆盖测量，见实际测量图2-10。

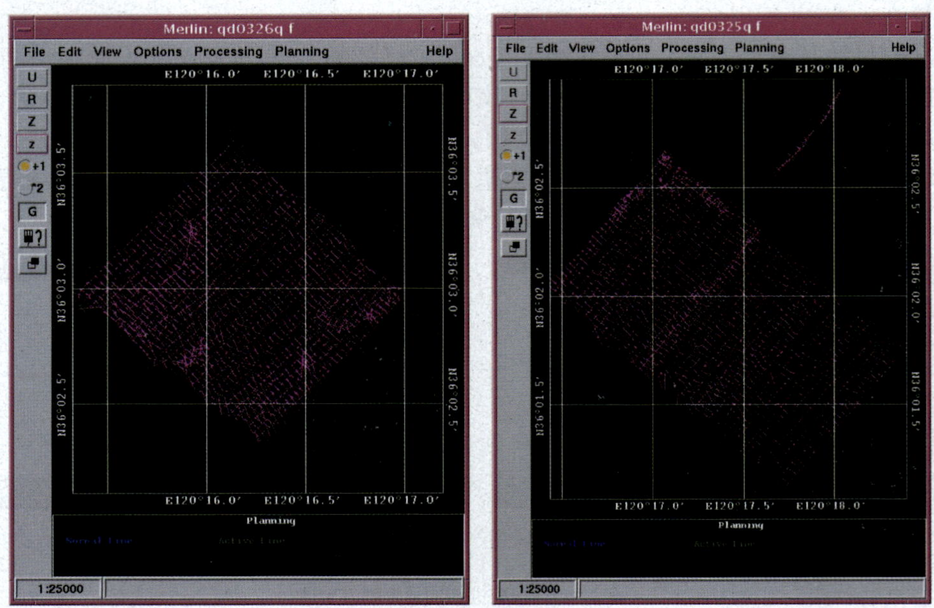

F3与沧口断裂交汇海域探测区隧道路由处与F3断裂交汇海域

图2-10　隧址区多波束探测测线

（6）数据采集与处理

多波束数据采集主要由Merlin（包括Mermaid）软件来完成，该软件基于工作站平台并具有良好的人机界面。所有的测量数据均记录在与测量名相同的文件目录中，测量数据分别以压缩格式记录在原始文件Raw目录和以展开文件格式记录在测量文件Proc目录中。Raw目录中的压缩文件可以解压成Proc目录中的文件，便于数据后处理时，可选择地处理一次或多次测量数据。

多波束数据后处理使用挪威Simrad公司研制的专业商用软件包Neptune。Neptune软件主要由三个主要模块组成，分别是位置处理模块（Prosproc）、水深处理模块（Depth proc）和数据清除模块（Binstat）。用其进行多波束数据的预处理，并为图件绘制准备块（XYZ）文件。其主要功能有：

①位置处理，包括对其他定位传感器的数据进行处理。通过引入规则（Rule）的概念，对定位数据进行假信号剔除、平滑和内插处理。

②吃水和潮位改正。

③声速剖面的编辑和重新处理。

④对横摇、纵摇和时间延迟、船艏向的补偿值进行再改正（如需要）。

⑤利用数据清除模块（Binstat）对坏的波束和水深数据进行清理（Data cleaning）。

数据输出：由于测量覆盖较多，在数据处理过程中去掉了一些边缘波束，从而保证数据的精度和质量。多波束数据经过改正和数据清理最后输出数据用于成图。成果图的绘制是利用处理好的数据绘制地形图、阴影图、三维立体图。本次的成图软件主要是专业的多波束成图软件Cfloor，它是Simrad公司专门针对多波束数据庞大的特点研制的软件，能够生成高精度的地形模型，用于地形分析和成图。

2.2.6　物探（侧扫声纳测量）

（1）美国产的Klein2000

参数指标如下：

拖鱼工作深度：最大1000m；

工作频率：100/500kHz；

旁扫垂直波束角：40°；

旁扫水平波束角：1.0°(100kHz)和0.2°(500kHz)；

旁扫工作量程：12.5/25/37.5/50/75/100/150/200/250/300/400/500/600m(单侧)。

(2)工作方法和采集参数

进行侧扫声纳测量时船速4~5kn。地貌仪拖鱼后拖于船尾，为保证获得较好的资料，拖鱼距海底面保持在10m左右，实际测量中通过调节缆长来满足上述要求。测量过程中系统实时接收定位导航系统传输的定位信号，并将其定位数据校正到拖鱼的实际位置上。

工作过程中海水的声速取1500m/s，单侧扫描量程为150m，获得的模拟地貌数据经放大校正由热敏绘图记录仪打印在热敏纸上，仪器同时记录了原始的地貌数据，以XTF格式备份在MO光盘上以便进行后处理，数字地貌数据包含自FIX标注以及定位数据。

2.2.7　物探(浅剖测量)

使用C-Boom浅剖面仪系统进行浅剖测量，与磁力测量同时进行，震源发射电缆置于船的右舷放出10m，接收电缆置于船的左舷放出10m，有效地避免了调查船尾流对浅地层剖面仪的干扰，同时也避免了震源与接收电缆间的相互干扰。浅剖探测要求调查船速度较低，船速一般4kn左右。测量过程中震源激发速率为每秒一次，并实时接收记录导航计算机传送的GPS定位信息，定位数据已实时校正到接收电缆的实际位置。另外，浅剖探测过程中，同时用单道接收电缆接收C-Boom震源激发的地震信息，所采集的数据用DelphWin系统实时数字化记录。

图2-11　C-Boom浅剖面仪系统

C-Boom浅剖面仪系统(图2-11)由英国C-products公司引进，由震源箱、发射器、发射电缆、接收电缆和接收机组成，主频1.7kHz，发射电压600V，发射能量100J，分辨率好于30cm，最大穿投深度120m。

2.2.8　钻探

(1)孔口平面及高程测量

本次测量所使用的仪器为三台套南方9800型RTK动态GPS测量系统，此种测量方法所获取的基线解算精度为1cm+2ppm，高程精度为2cm+4ppm，此次定位基线长度小于5km，仪器可达到的基线解算精度为2cm，高程精度为5cm。

本次测量所使用的已知控制点号为：东海饭店3084点($X=101129.754$，$Y=230618.323$，$h=5.064$m)和八大峡广场G78点($X=101411.317$，$Y=227493.859$，$h=4.469$m)，由青岛勘察测绘研究院技术质量科提供。其坐标系统为青岛96城市坐标，中央子午线120°，高程系统为1985年国家高程基准。

参考站设立在已知的G78点，通过流动站在3084点上检查，位置校差在2cm内，高程校差在3cm内。将流动站移至孔位，利用放样程序指挥钻船移动，孔位与设计位置偏差控制在1m以内。等钻船稳定后，测定钻孔位置，并在钻孔达到一定深度后复核孔位。

孔口高程采用二套测量方法相互验证：①水面高程传递法：在八大峡广场及团岛码头海边设立水尺，测定水尺零点高程，利用平潮时的海水面进行高程传递，测定孔位水深，换算孔口高程。②实测法：利用GPS测量钻孔平台高程，通过水深，换算为孔口高程。孔位水深测量方法是在钻孔定位完成后，下入ϕ180mm套管，利用测绳在套管内测量水深。在施钻过程中，每一钻进回次的孔深，均根据固定套管的出水高度确定停钻时的水深，进行水深修正，以消除潮位变化对孔深计算的影响。

钻孔平面位置实测精度误差小于1m，高程精度误差小于10cm，满足工程对勘探点定位精度要求。

(2)钻探

钻探采用泥浆护壁、回转钻进工艺。开孔直径150mm，终孔直径不小于91mm。松散岩类及软岩采用合金钻头钻进，硬质岩采用金刚石钻头钻进，破碎岩体段采用双管单动金刚石钻头钻进。土类地层多采取无泵干钻，回次进尺控制在1.5m以内，用带活塞样管全孔段取芯。各类岩体的平均岩芯采取率见表2-3，取芯率满足《岩土工程勘察规范》(GB 50021—2001)的要求。本次勘察钻孔岩芯全部装箱保留，并逐箱进行拍照。

岩芯采取率统计表

表2-3

岩土类型	平均采用率(%)	岩土类型	平均采用率(%)
填筑土	80	强风化基岩及断裂破碎带	65
黏性土	90	弱风化岩	75
砂类土	70	微风化岩	85

(3)取试件

取土试件钻孔数约占所有钻孔的一半，取样间距一般为1.5~2.0m。层厚10m以上时，取样间距放宽到3.0m左右，对于厚度较小的重要地层，则还要在相邻钻孔中加取试件。所有揭示弱~微风化岩体的钻孔均要求取岩石试件，原则上每个钻孔对每种岩石取一组试件。I~II级土试件及软岩试件取出后立即进行蜡封，运送过程中采取了严格的防震措施。

水样均从抽水试验孔采集，并且是在抽水试验临近结束前装入密封瓶中并及时送检，采集和保护措施符合《公路工程地质勘察规范》有关水样采集的相关规定。

2.2.9 原位测试

(1)标准贯入试验：试验操作方法符合《岩土工程勘察规范》(GB 50021—2001)相关规定。

本次勘察半数钻孔进行标准贯入试验，试件间距1.5~2.0m，试验对象为第四系地层及全~强风化岩体。为保证孔底干净，成孔采用泥浆护壁、回转钻进工艺。钻至试验高程以上15cm处，清除孔内残土后进行试验，遇孔底沉渣超过15cm时，进行二次清孔后再作试验。贯入器打入土中15cm后，开始记录每打入10cm的锤击数，累计打入30cm的锤击数为标准贯入击数N。当锤击数已达到50击，而贯入深度未达到30cm时，记录50击时的贯入度ΔS，并据下式换算标准贯入击数：

$$N = \frac{50}{\Delta S} \times 30$$

(2)P-S波测井：声波测井采用RSY-SY5型波速仪，测试前在套管内进行时差和对零检查。采用一发双收测井探头，测试点距为0.25m。数据处理采用RSY-5声波测试仪软件，自动计算出各测点纵波速度、绘制PS波成果图。横波测井采用R-24地震仪，采用剪切波激发源、剪切波测试探头，测点间距2m。

测试手段和操作方法符合《铁路工程物理勘探规程》(TB 10013—98)的相关规定，测试结果与前期勘察结果及本地区经验值基本一致。测试孔在勘察区段分布均匀并涵盖所有代表性岩土。

(3)电测井：电测井采用LZSD—C型自动直流数字电测仪，实测电阻率、电导率、自然电位。测井前先用清水洗孔，使井壁孔隙畅通，同时对仪器的绝缘性进行检查，使测量线路与供电线路之间、线路与外壳之间、集流环的各环之间、各环与地之间的绝缘电阻大于10MΩ。测量使用的电位电极系统为B0.9A0.2M，测量点距2m，电阻率测量误差小于4%，电缆标记误差小于4%。

(4)井温测井：采用CW—3型深水温度仪，测量精度为0.1℃，测试点距为5m。

(5)孔内摄影：本次孔内基岩摄影采用数字式全景钻孔摄像系统来完成，该系统具有全景观察能力,不仅可同时观测到360°的孔壁情况,还能保存下来进行结构面的量测和分析。本次勘察在海域的10个有代表性钻孔中进行了孔内摄像。

2.2.10　水文试验

(1)简易水文地质抽水试验

本次勘察抽水试验均属单孔稳定流抽水,每个抽水孔安排一个抽水试验段。采用螺杆潜水泵抽水,计量工具为旋翼式水表计,水位测量工具为万用表。

覆盖层抽水:开孔直径150mm,钻穿试验段后,将混有海带丝的风干黏土球送至孔底封堵,再将包网花管下入孔内,然后大降深提水洗孔,待提出的水中基本不含砂粒时,观测恢复水位,待水位恢复稳定后,再下入潜水泵正式开始抽水试验。

弱~微风化基岩段抽水:用大于130mm钻头钻至强风化底界以下1~2m,将混有海带丝的风干黏土球送入孔底并击实,填堵厚度大于2m。下入直径127mm套管,套管接头缠生胶带,用锤击法使套管底端到达原钻进深度,使套管发挥隔水作用,然后继续钻进至试验段底部;成孔后,先进行孔内水位和潮位的同步观察,观察时间不少于一个涨落潮周期,在掌握了孔内水位与潮水位的时间关系曲线后,再进行抽水试验,确定稳定水位时考虑潮水的影响。

试验方法为单孔稳定流抽水试验,采用二次降深,最大降深取决于试验段透水性(满泵量抽水,最大抽水量为$3m^3/h$),稳定时间一般不少于8h,水位量测精确至厘米。根据试样结果绘制Q-t、S-t关系曲线,计算出单位流量、影响半径、渗透系数等参数。

本次勘察共在海域13个钻孔、陆域6个钻孔进行了抽水试验,试验结果与前期勘察结果及经验值接近,未出现异常现象。

(2)压水试验

压水试验采用机械压水法,自上而下分层分段进行,即钻入基岩后每5m左右采用单栓塞法隔离进行压水试验,止水栓塞由6~8个穿心橡胶囊组成,总长度0.8~1.0m,通过钻机加压使栓塞膨胀止水。采用水压表和水表量测注水压力和注水量。每段试验采用三级压力、五个阶段(先逐级加压,再逐级减压),最大试验水压为1MPa。压力和流量同时观测,每1min观测一次,当流量无持续增大趋势,最后五次读数的最大值与最小值之差小于最终值的10%或小于1ML/min时,视为稳定。试验过程中观测孔内水位升降情况并作详细记录,发现栓塞止水效果不理想时,则采取移塞或紧塞等措施重新止水和重做试验。

本次勘察共在海域15个钻孔的弱~微风化段进行了50段次压水试验,试验效果较为理想。根据试验结果绘制了P-Q曲线并求出试验段透水率和渗透系数。

(3)钻孔封堵

此次勘察,所有钻孔均实行了封堵。每个钻孔都用425号水泥按水灰比1∶1.5制成的水泥浆液通过钻具自下而上进行压浆封堵;封孔分两次完成,两次压浆间隔时间不少于2h,第二次压浆结束3h后起出外层保护套管;每个钻孔灌入水泥量根据孔深确定,每米不少于15kg。根据水泥浆液固化观察,混凝土固结面与经过1h沉淀的水泥浆液面接近,固结体的体积与水灰比为1∶1.5的水泥浆液体积之比大于80%,实际封孔所用水泥量换算固结体的体积远大于钻孔容积,封孔质量应是有保证的。

2.2.11　室内试验和资料整理

本次勘察试验有:常规岩土试验、岩石三轴剪切、单轴压缩试验、岩矿鉴定和放射性测试验。

勘察过程中,现场地质技术人员跟班编录,对所有原始资料进行认真检查和复核,及时将数据输入计算机。待单孔岩土试验报告提供后,即绘制正式柱状图。在参考已有资料的基础上,充分利用外业勘察及室内试验取得的成果,分析整理,编制勘察报告和图件。

2.3 勘察的成果

2.3.1 气象与水文

(1)气象

青岛地处东亚季风较发达的黄海之滨,受季风和海洋的影响,四季变化十分明显。夏半年(4~9月),东南季风从海上吹来,受海洋环境的直接影响,使青岛地区空气湿润,雨量充沛,日湿差较小,具有明显的海洋气候特征。4~7月,南方来的暖湿气流常导致本区海雾连绵,7~8月为雨季,降水量占全年一半以上,本地区有记录的4h最大暴雨量358mm(2006.8.26)。冬半年(10~翌年3月),季风从欧亚大陆吹来,青岛处在南下冷高压控制之下,干冷的西北风使海洋对区域的影响大大减弱,气候干燥,温度偏低,充分表现为大陆性气候的特点。

年平均气温为12.2℃,年平均最高气温为15.9℃,年平均最低气温为9.1℃。最热月出现在8月,月平均气温为25℃,月平均最高气温为28℃,有记录以来,极端最高气温达36.2℃(1939.7.31);最冷月出现在1月,月平均气温为-1.2℃,月平均最低气温为-4.5℃,极端最低气温达-16.9℃,(1931.1.10)。日最高气温高于30℃天数,累年平均为12d,最多为39d,最少为2d,多出现在7月下旬至8月下旬;日最低气温低于-5℃天数,累年平均为28d,最多为58d,最少为11d,多出现在12月中旬至翌年2月下旬。

历年平均风速5.5m/s,11月至第二年2月最大,平均6.1m/s,7、8两月最小,为4.7m/s。团岛气象台1959~1998年中记录到的最大风速为38m/s(ENE)。风向以SE、NNW、N向频率最高,分别为12.5%、10.8%、9.9%,而ENE、NE、WSW和W向出现很少,分别为1.2%、1.8%、1.6%、2.0%。累计各月的常、次常风向:3~8月为ESE—SE向,频率为11.1%~27.3%,9~12月和1、2月为N—NNW向,频率为11.2%~20.1%。

(2)水文

1)波浪:胶州湾是一个深入内陆半封闭性的海湾,它以团岛、薛家岛连线为界与黄海相通。湾口小,只有东南角有一条宽约3km的海峡,把湾内水域与黄海连接起来。湾腹大、湾内水域阔,四周多山丘,岸线曲折,地形复杂,水深变化较大,流速、流向随地而异,因此本海区的波浪状况比较复杂。从海区的地理位置、地形分布和气象条件可以看出波浪主要是经胶州湾口从外海传入的涌浪和北向风在湾内形成的风浪。

2)潮汐:大港验潮站位于胶州湾口内侧东岸大港5号码头处,为一长期正规验潮站(1949~今),资料完整可靠,基本反映湾内潮汐长期的变化规律。

①潮汐特征值:根据潮汐类型指数的计算,胶州湾属于正规半日潮,潮汐周期约为12时25分,经统计分析计算大港验潮站观测资料,其潮汐特征值如表2-4所示。

胶州湾各站潮汐特征值(大港潮高基准面) 表2-4

特 征 值	大港(m)	特 征 值	大港(m)
平均海平面	2.42	最大潮差	4.75
最高高潮高	5.51(1997.08)	平均潮差	2.78
平均高潮高	3.80	平均涨潮历时	5:39
最低低潮高	-0.70(1980.10)	平均落潮历时	6:46
平均低潮高	1.02		

②潮流:胶州湾潮流属正规半日潮流。根据1980年7月至9月和1981年7月至9月胶州湾团岛、黄岛和海西半岛所包围海域的海流观测和大面流路观测资料,该区潮流总的特点是涨潮流速大于落潮流速,胶州湾底部流速略小于表层,其余各层流速基本一致。涨潮历时小于落潮历时1~2h;一般最大涨潮流速比最大落潮流速大15cm/s以上,湾口附近涨落潮流速差最大超过57cm/s。最大涨、落潮流都出现在高潮前2~3h和高潮后2~3h,最小潮流发生时刻在高潮时左右。胶州湾在落潮期间,海水流动方向与涨潮期间相反,内湾分三股:一股偏西方向南下,一股由内湾顶沿中央水道南下,一股由湾内西部沿南偏东向从中沙礁西侧南下。这三股在内湾逐步汇合到内湾口后,绕过团岛嘴向东南与由黄岛前湾和海西湾而来的北偏东向的一股汇合从外湾口流出胶州湾。

③隧址潮流流速、流向:湾口隧道断面,最大涨潮流速1.60m/s,流向226°。湾口团岛的岬角处和天然航槽处,最大涨潮流速1.38m/s,流向272°,最大落潮流速1.32m/s,流向94°。

2.3.2 区域地质概况

(1)区域地形地貌

胶州湾是山东半岛东南沿海的一个深入内陆的半封闭海湾,东西宽27.8km,南北长33.3km,岸线长210km,平均水深7m左右,最大水深65m。湾口朝向东南,通过一条宽约3km、深30~40m的深水槽与黄海相通。

胶州湾的地形,从总的形式看,水深西北浅、东南深,海底地势自北向南倾斜,腹大口小。其西北部有7~8km宽的潮间滩地和宽阔的浅水区。5m水深以内的面积占总面积的66.44%,分布在西北和北部。湾口一条深30~40m的深水槽呈北北西向伸入湾内。该深水槽在黄岛、团岛之间转向朝北,转折处形成水深达64m的深水潭,其东南侧受沧口断层影响形成陡坎,坡度达11°18′,是湾内最深的地区。在中沙礁西北侧也有一个40m深的洼地。湾内自东向西有5条(东西向)水道向湾口汇集,而后通向外海(这5条水道分别是沧口水道、中央水道、大沽河水道、岛耳河水道和黄岛水道),水道之间为凸起的正地形。这些水道是胶州湾内潮水涨落的主要通道,其水深由30m逐渐变浅,水道形态消失。其中以沧口水道延伸最远,7.5m等深线圈定的长度为9km,宽约0.7~1.1km。湾内其他地方地势较平坦。海湾北部因沉积物的淤积,海床平坦。在水深小于10m的区域,形成大片浅水滩地,地形坡度一般较小。黄岛前湾和海西湾的绝大部分海域水深小于5m,水下地形平缓,平均坡降在1.0%~1.25%之间。

胶州湾内侵蚀深槽自湾口地区呈带状向湾内延伸,进入湾内后,沿前述5条水道呈指状散开,往北北东、北和北西向延伸,其中以北北东向的沧口水道延伸最远。湾内有两处侵蚀尘洼地:一是中沙礁西北的侵蚀洼地,呈椭圆形,水深30~40m;另一处位于黄岛和团岛之间的侵蚀洼地,也呈椭圆形,最大水深64m,底部为花岗岩。湾内礁石大多分布在近岸海区,有的位于冲蚀海槽内。湾内有许多大大小小的礁石和水下侵蚀平台,如马蹄礁、安湖石、黑孤石、大孤石等。最大的侵蚀平台是中沙礁,位于黄岛东北部,中沙礁20m水深以浅的面积为1.05km^2,它原是黄岛岩体的一部分,由崂山期花岗岩组成。

胶州湾西部近岸浅水地带分布有水下堆积平原,北部及黄岛前湾和海西湾内分布有水下浅滩,海底地势平坦。沿海岸有低山丘陵分布,地形起伏不平,西北及东北部兼有海积、冲积平原。

(2)区域地质构造

胶州湾在新构造分区上属于胶南弱隆起的边缘部位,地质构造复杂(见图2-12)。本区域主要断裂构造活动性见表2-5。其中,沧口断裂(15)、劈石口断裂(16)、王哥庄断裂(17)、朝连岛南断裂(38)为本工程近场区断裂。近场区四条主要断层有如下特征:

1)沧口断裂(15):为牟平-青岛断裂带中的一条主要断裂,北自牟平以西,经崖子、朱关、远洪、夏庄,穿过胶州湾后到达灵山卫以西,长达140km,其南端一部分位于近场区,长约51km。总体走向北东45°,倾向不一,倾角较陡,本区倾向北西为主。拟建隧道距断裂最近处约2km。该断裂的最新活动年代为中更新世,晚更新世以来未再活动。

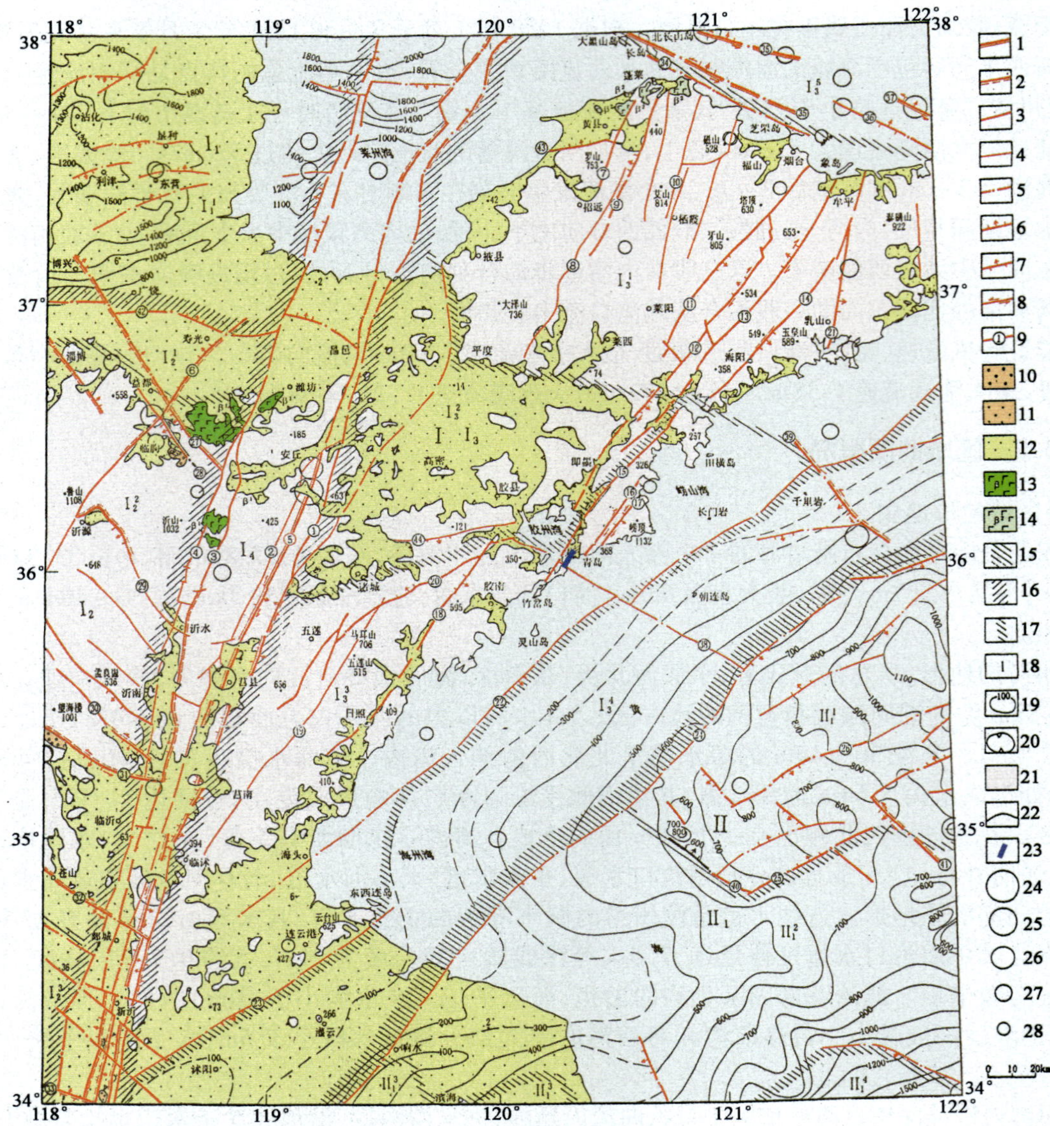

图 2-12　区域地震构造图(摘自地壳应力研究所报告)

1-全新世活动断裂;2-晚更新世活动断裂;3-早、中更新世活动断裂;4-前第四纪断裂;5-隐伏断裂;6-正断层;7-逆断层;8-走滑断层;9-主要断裂编号;10-下第三系;11-上第三系;12-第四系;13-中新世玄武岩;14-晚第三纪-第四纪玄武岩;15-一级新构造分区界线;16-二级新构造分区界线;17-三级新构造分区界线;18-新构造分区编号;19-上第三系和第四系等厚线;20-盆地边界;21-前新生界基岩;22-地质界线;23-场址;24-震中 $M=8.5$;25-震中 $M=7$;26-震中 $M=6.0 \sim 6.9$;27-震中 $M=5.0 \sim 5.9$;28-震中 $M=4.7 \sim 4.9$

新构造分区名称:

I-华北新构造区:I_1-华北平原断坳区:I_1^1- 济阳断陷;I_2-鲁西－皖北断块隆起区:I_2^1-东阿－寿光断陷，I_2^2-鲁中南较强烈隆起，I_2^3-徐淮弱隆起;I_3-鲁东断块隆起区:I_3^1-胶东较强烈隆起区，I_3^2-胶莱稳定弱隆起，I_3^3-胶南弱隆起，I_3^4-灌云-于里岩断陷，I_3^5-刘公岛断陷;I_4-郯庐断裂带活动区;II 扬子新构造区:II_1-苏北一南黄海断坳区:II_1^1-南黄海北部断陷，II_1^2-南黄海中部断隆，II_1^3-苏北断陷，II_1^4-南黄海南部断陷

主要断裂名称:

(1)昌邑一大店断裂;(2)白芬子-浮来山断裂;(3)沂水-汤头断裂;(4)鄌郚-葛沟断裂;(5)安丘-莒县断裂;(6)上五井断裂;(7)北沟镇-玲珑断裂;(8)招远-平度断裂;(9)风仪店断裂;(10)二十里铺-紫现头断裂;(11)桃村断裂;(12)郭城一即墨断裂;(13)朱吴断裂;(14)海阳断裂;(15)沧口断裂;(16)劈石口断裂;(17)王哥庄断裂;(18)胶南－日照断裂;(19)相坻一高阁庄断裂;(20)山相家－郝戈庄断裂;(21)乳山断裂;(22)海头-长门岛断裂;(23)邵店-桑墟断裂;(24)响水-千里岩断裂;(25)北部拗陷南侧断裂;(26)北部拗陷中部断裂;(27)益都断裂;(28)双山-李家庄断裂;(29)沂源-沂水断裂;(30)新泰一蒙阴断裂;(31)蒙山山前断裂;(32)苍山-尼山断裂;(33)宿迁闸一皂河断裂;(34)长岛-芝罘岛断裂;(35)长岛一芝罘岛北海域断裂;(36)神道口断裂;(37)神道口断裂北侧海域断裂;(38)朝连岛南断裂;(39)千里岩东断裂;(40)北部拗陷西侧断裂;(41)北部拗陷东侧断裂;(42)齐河-广饶断裂;(43)黄县断裂;(44)百尺河－廿五里夼断裂

2）劈石口断裂（16）：该断裂北起即墨峦山卫东侧，向西南延伸，经马山后、黄泥崖、劈石口、书院至青岛浮山所一带，总体走向48°左右，全长约47km。该断裂北与海阳断裂相接，可视为海阳断裂的南段，后者向北东经鳌山卫过北湾，经王村、海阳、午极，最后至牟平以东，长约100余公里。劈石口断裂规模在中段相对较大，劈石口一带破碎带宽度可达10～13m，向断裂两端破碎带宽度减小，至青岛浮山所附近宽仅1m左右。断层面倾向北西为主，倾角多在70°以上，近场区范围内长25km，距隧道最近距离约10km。该断裂最新活动年代为中更新世。

3）王哥庄断裂（17）：该断裂北起峦山卫乡前马连沟，向西南延伸经马头涧、河东、小巴豆、彭家庄，到王家村南海边，全长37km，总体走向40°左右。该断裂位于劈石口断裂东侧，基本上与之平行。该断裂带中强烈挤压破碎带宽度一般为2～4m，断层面以倾向南东为主，除北端前马连沟倾角为50°外，其余多在70°以上。距隧道最近距离16km。该断裂出露于燕山花岗岩中，北段局部地段切割元古界胶南群，切错了更老的NEE向断层和岩脉，形成一系列碎裂岩和挤压扁豆体带。该断裂最新活动为中更新世晚期，晚更新世以来没有发生断错地表的活动。

4）朝连岛南断裂（38）：局部称红石崖断裂，该断裂为前人推测的一条北西西向隐伏断裂，位置在胶州湾南岸红石崖一线。在重力异常图上表现为一梯度带，梯度值较高，同时又是胶南隆起与胶州湾凹陷的分界。推测该断裂就从湾口一带通过，晚中更新世晚期以来未活动。

区域主要断裂特征一览表　　表2-5

断裂编号	断裂名称		区内长度（km）	产状			断裂性质	最新活动时代	地震活动
				走向	倾向	倾角			
1	郯庐断裂带	昌邑—大店断裂	460	NNE	W	70°～80°	右旋逆断	Q_3 局部段落	
2	郯庐断裂带	白芬子—浮来山断裂	280	NNE	E	60°～80°	逆断	Q_3 局部段落	
3	郯庐断裂带	沂水—汤头断裂	460	NNE	W	70°～80°	右旋正断	Q_3	
4	郯庐断裂带	鄌郚—葛沟断裂	280	NNE	E	70°～80°	右旋逆断	$Q_{1\text{-}2}$	
5	郯庐断裂带	安丘—莒县断裂	460	NNE	W或E	25°～80°	右旋逆断	Q_4	前70年7级，1668年级$8\frac{1}{2}$级
6	上五井断裂		130	NE	SE	60°～80°	右旋正断	Q_3	1668年$5\frac{3}{4}$级，1829年$6\frac{1}{4}$级
7	北沟镇—玲珑断裂		50	NNE	W	41°～77°	正断	Q_2	
8	招远—平度断裂		90	NNE	NW			前Q	
9	凤仪店断裂		80	NNE	NW、SE	70°～80°	正断	$Q_{1\text{-}2}$	
10	二十里堡—紫现头断裂		85	NNE	SE			前Q	
11	牟平—日照断裂带	桃村断裂	100	NE	SE	60°～80°	正断	Q_2 中晚期	
12	牟平—日照断裂带	郭城—即墨断裂	170	NE	NW、SE		右旋正断	Q_2 晚期	
13	牟平—日照断裂带	朱吴断裂	145	NE	NW、SE	>70°	右旋正断	Q_2 晚期	
14	牟平—日照断裂带	海阳断裂	115	NE	NW	>70°	右旋正断	Q_3 晚期	
15	牟平—日照断裂带	沧口断裂	90	NE	SE	>70°	右旋正断	Q_2 中晚期	
16	牟平—日照断裂带	劈石口断裂	47	NE	NW	>70°	右旋	Q_2 中晚期	
17	牟平—日照断裂带	王哥庄断裂	37	NE	SE	>70°	右旋逆断	Q_2晚期	
18	牟平—日照断裂带	胶南－日照断裂	110	NE	SE	65°～75°	右旋逆断	Q_2晚期	
19	相邸—高阁庄断裂		120	NE	NW	80°		前Q	
20	山相家－郝戈庄断裂		115	NEE	N	60°～70°	正断	Q_2 中、晚期	

续上表

断裂编号	断裂名称	区内长度（km）	产状			断裂性质	最新活动时代	地震活动
			走向	倾向	倾角			
21	乳山断裂	55	NNE	NE	>70°	正断	Q_2 晚期	
22	海头—长门岛断裂	350	NE	SE			前 Q	
23	邵店—桑墟断裂	140	NE	SE	50°~70°	正断	前 Q	
24	响水—千里岩断裂	340	NE	SE	>60°	正断	Q 早期 局部段落	
25	北部拗陷南侧断裂	55	NEE	N		正断	前 Q	
26	北部拗陷中部断裂	95	NEE	S		正断	Q 早期 局部段落	1992 年 5.3 级
27	益都断裂	110	NW	NE	70°~80°	正断 左旋逆断	$Q_{3\text{-}4}$	前 70 年 7 级 1668 年 $6\frac{3}{4}$ 级
28	双山—李家庄断裂	45	NW	SW	60°~80°	左旋正断	Q_4	1668 年 $5\frac{3}{4}$ 级 1829 年 $6\frac{1}{4}$ 级
29	沂源—沂水断裂	70	NW	SW	60°~80°	左旋正断	$Q_{2\text{-}3}$	
30	新泰—蒙阴断裂	65	NW	SW	60°~80°	左旋正断	$Q_{2\text{-}3}$	1831 年 $4\frac{3}{4}$ 级
31	蒙山山前断裂	55	NWW	SW	45°~85°	左旋正断	Q_3 末期	1670、1671、1485 年 5 级、1859 年 $5\frac{1}{2}$ 级
32	苍山—尼山断裂	55	NW	SW	70°~83°	左旋正断	Q_3 末期	1447 年 $4\frac{3}{4}$ 级 1995 年 5.2 级
33	宿迁闸—皂河断裂	25	NWW	NE	68°	左旋正断	Q_3	
34	胶东半岛北缘断裂带：长岛—芝罘岛断裂	70	NWW				$Q_{1\text{-}2}$	1687 年 $4\frac{3}{4}$ 级
35	胶东半岛北缘断裂带：长岛—芝罘岛北海域断裂	75	NWW	NE		左旋正断	$Q_{3\text{-}4}$	1548 年 7 级
36	胶东半岛北缘断裂带：神道口断裂	45	NWW	NE		逆断	Q_2 中晚期	1597 年 $5\frac{1}{4}$ 级
37	胶东半岛北缘断裂带：神道口断裂北侧海域断裂	20	NWW	NE		左旋正断	$Q_{3\text{-}4}$	1948 年 6 级
38	朝连岛南断裂	90	NWW				前 Q	
39	千里岩东断裂	55	WW				Q_3	1932 年 $6\frac{1}{4}$ 级
40	北部拗陷西侧断裂	44	NW	E		正断	Q 早期	
41	北部拗陷东侧断裂	>40	NW	SW		左旋正断	$Q_{3\text{-}4}$	1910 年 $6\frac{3}{4}$ 级
42	齐河—广饶断裂	70	近 EW	N	40°~60°	正断	Q_2	
43	黄县断裂	30	EW	N	60°	正断	Q_2	
44	百尺河－廿五里夼断裂	50	EW	S		正断	Q_2	

(3)本区新构造运动特征

本区域处于华北断块与扬子断块交界地带,新构造运动以断裂和断块活动为主,并具有大面积间歇性升降及差异性特点。鲁中南和鲁东地区晚第三纪以来存在大面积间歇性抬升,但在强度上存在差异。鲁中南抬升较强烈,以高达千米的泰山、蒙山、沂山等山体为中心形成中低山,发育早第三纪、上新世及早更新世夷平面和三级河流阶地;鲁东区抬升较弱,也普遍发育三级夷平面;此外,沿海地区发育五级海蚀台地,最高一级海蚀台地在青岛小珠山,海拔 200m。近期,鲁西、鲁东隆起部位仍以上升为主,上升速率一般为 1 ~2mm/年,胶东半岛荣城—青岛间上升速率约为 3mm/年。

胶州湾所处的胶莱稳定弱隆起亚区(I_3^2)主要为中生界分布区,新构造时期以来表现为缓慢稳定的抬升,经长期剥蚀、夷平作用,地貌上呈现为低平、波状起伏和准平原,海拔一般为 10 多米,残丘高数十至数百米,相当临城期夷平面。沿胶莱河下游一带为侵蚀堆积平原,有厚达 20m 左右的第四系沉积物。

(4)区域地层岩性

1)第四纪地层:区内第四纪地层主要分布于河流两侧、山间凹地、近海岸边、山麓等地,分布面积广,厚度变化大。主要为第四纪早期河流相冲洪积、残坡积物,第四纪中期湖沼相沉积物,第四纪晚期海陆交互相、浅海相沉积物及沿海大面积人工填海堆积物。

2)基岩:胶州湾内的基岩类型总体上可分为变质岩类、火山岩类、沉积岩类及侵入岩四大类。

①变质岩类:属胶南群,主要为变粒岩、片麻岩、斜长角闪岩,主要分布于红石崖以东,张戈庄以北海域。

②沉积岩类:主要为一套中生代陆源碎屑岩——火山岩沉积建造,自下而上划分为莱阳群、青山群及王氏群。

莱阳群($K_1 1$):莱阳群为一套河湖相沉积碎屑岩组合,主要分布于红石崖镇、营海镇、城阳区及王哥庄等地,在海岛上也有零星分布。

青山群($K_1 q$):为区域出露较广的地层之一。时代为下白垩,自下而上分为后夼组(KqH)、石前庄组(KqS)、八亩地组(KqB)、南龙埠组(KqN)、方戈庄组(KqF)。主要岩性为凝灰岩、流纹岩、安山岩、少量玄武岩、火山角砾岩、火山集块岩,夹有黏土岩和粉砂岩。

王氏群($K_2 w$):王氏群以一套河湖相沉积的砖红色——紫红色细 ~ 粉砂岩、粉砂质页岩夹橄榄玄武岩为特征。

③侵入岩类:区内侵入岩十分发育,大面积分布于胶州湾周边地区。岩石类型从超基性 ~ 基性 ~ 中性 ~ 酸性均有出露,形成年代自中元古代至新生代,其中以新元古代晋宁期、震旦期和中生代燕山晚期的中酸性侵入岩最为发育。

①中元古代变质深成岩(γ_2^2):中元古代变质深成侵入岩是测区内最古老的侵入岩,呈 NE 向带状分布,规模小,分布零星。

②新元古代变质深成岩(γ_2^3)

②$_{-1}$晋宁期:

分布于石灰山——红石崖一线及王哥庄镇东侧,呈 NE 向展布,岩石变质变形强烈,片麻状及片状构造发育,岩性以片麻状二长花岗岩等为主。

②$_{-2}$震旦期:

集中分布于龙雀山——陡楼山及王哥庄镇北部,岩石韧性变形强烈,岩性有肉红色眼球状中粗粒正长花岗岩、肉红色弱片麻状中粒二长岩、灰白色眼球状中粒石英二长岩等。

③中生代侵入岩

分布集中,常构成陡峻的山峰,如大顶和崂顶。中生代早期印支期及燕山晚期侵入岩是本区内最为重要的构造岩浆活动事件。

③$_{-1}$印支期侵入岩(γ_5^1)

分布零星岩体规模小,是中生代早期的一次重要岩浆岩活动事件。主要岩性以细粒辉石闪长岩、细粒含角闪闪长岩等幔源岩石类型为代表。

③$_{-2}$中生代燕山晚期侵入岩(γ_5^3)

集中分布于小珠山——崂山两地,总体呈 NE 向展布,出露面积广。

④喜马拉雅期侵入岩

零星分布呈脉状产出,主要岩性有辉绿正长岩及玻基辉橄玢岩。

⑤崂山——大珠山脉岩带

呈近直立的脉岩群分布。主要岩性有闪斜煌斑岩、辉绿玢岩、闪长玢岩、正长斑岩、石英正长斑岩、石英二长斑岩、花岗斑岩及流纹斑岩等。

⑥火山岩类

喷出岩:区内火山岩较发育,以白垩纪青山群中基性至酸性火山岩组合为主,主要岩性有流纹质岩屑熔岩、球粒流纹岩、流纹岩等。

潜火山岩体:潜火山岩体是区内最为重要的岩浆——火山事件之一,主要岩性有潜流纹斑岩、潜英安玢岩、潜粗面斑岩等。

(5)地震地质条件

根据前人研究资料记载,本区域地震活动有如下特征:

1)区域涉及长江下游—南黄海地震带和郯庐地震带,现代地震活动较频繁。

2)区域内共记录到 $M_S \geq 4.7$ 级地震 44 次,其中 4.7~4.9 级地震 12 次、5.0~5.9 级地震 22 次、6.0~6.9 级地震 7 次、7.0~7.9 级地震 2 次,8 级以上地震 1 次,即 1668 年山东郯城 8.5 级地震,最早一次地震是公元前 70 年山东诸城西 7.0 级地震。区域内 97% 的地震震源深度在 1~30km 深度范围内,震源的优势分布深度为 5~25km 震源集中分布在中上地壳。

3)区域内历史地震的空间分布是不均匀的,主要表现在中强地震沿活动断裂呈条带状分布,在区域内呈东强西弱的地震活动格局,而 6 级以上强震分布与晚更新世以来活动断裂分布一致性较好,强震多发生在断裂上,或位于断裂附近。现代地震呈条带状、团簇状分布特点更明显,小震与活动断裂分布的关系密切,与历史强震分布特征相比,具有继承性,在发生过强震的位置,小震分布密集。

4)区内地震具有与华北地震区一致的平静期、活跃期,本区域未来 100 年可能发生 6~7 级地震,最大震级可达 7.5 级。

5)近场区遭受最大地震影响烈度为Ⅸ度,是由 1668 年郯城地震引起的,另外还可能遭受过多次Ⅴ~Ⅵ度的影响。

6)近场区有史以来无 4.0 级以上地震记录,共发生 3.0 级地震 1 次,2.0 级地震 3 次,地震活动水平弱,未来不具备发生 6 级以上地震的构造条件。

据《建筑抗震设计规范》(GB 50011—2001)规定,青岛市抗震设防烈度为Ⅵ度,设计的震动加速度值为 0.05g,所属的设计地震分组为第二组。

2.3.3 隧址工程地质条件

(1)隧址地形地貌特征

隧址区地貌上可分为湾口海床及两岸滨海低山丘陵区(图 2-13、图 2-14)。隧道轴线处海面宽约 3.5km,最大水深约 42m;最深处靠近水域中央,在中部形成宽阔的海底面,为主要通航区,向两侧分别成两个较陡的斜坡,斜坡间发育宽窄不一的缓坡平台,潮间带多为礁石。团岛岸为滨海缓丘地貌,经人工改造,地形较平坦,地面高程多在 5~10m 之间,地面建筑物众多。薛家岛岸为低山丘陵地貌,隧道通过处地面高程多在 5~40m 之间,地面起伏不平,并有较多采石陡坎,局部发育冲沟,K8+050~K8+480

段为村庄,地表民房密集。

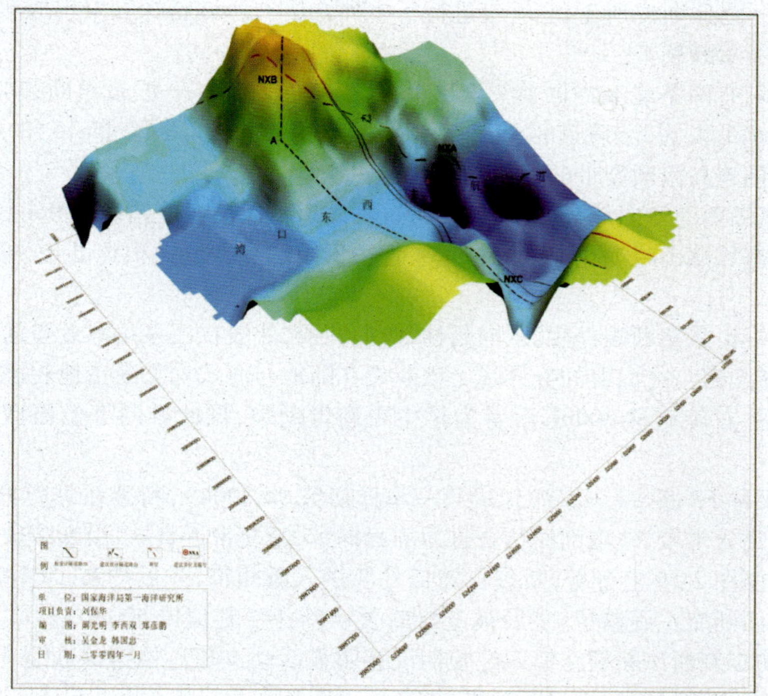

图 2-13　海底隧道基岩面深度立体图

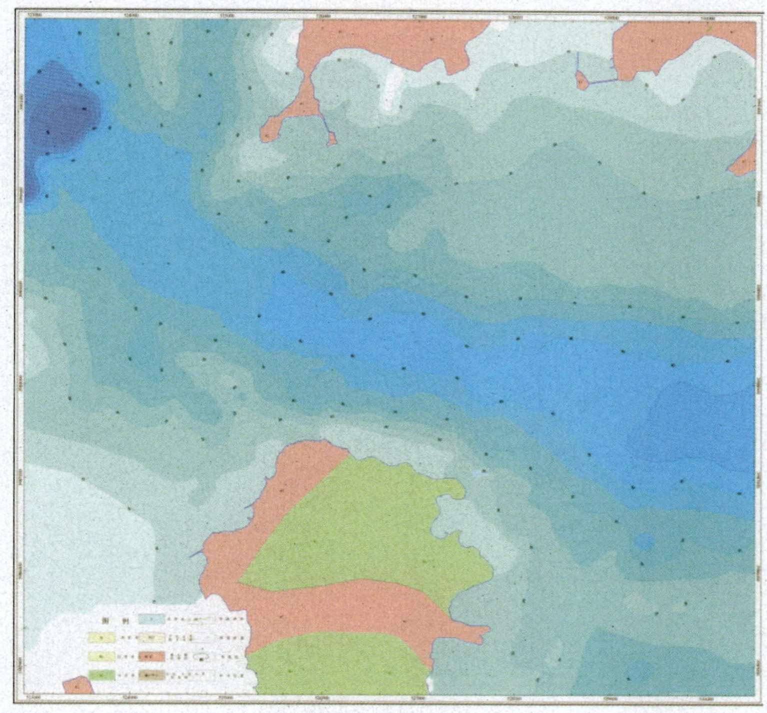

图 2-14　湾口海底地形图

(2)隧址地质构造

隧址区地质构造以中、新生代脆性断裂构造最为醒目,韧性断裂及褶皱不甚发育。

区域地质图显示,区域性的朝连岛断裂(38)从湾口通过,与隧线呈大角度相交,另外,隧址还夹于北东向仓口断裂(15)和劈石口断裂(16)之间,隧址处必定存在上述区域性断裂的组成部分或次级断裂。国家海洋局第一海洋研究所于2004年进行了多种方法的海域物探和资料收集、分析工作,判断隧址区存在如图1-4所示断裂带。

该单位认为海域有两条北东向断裂(辛岛断裂、李沧区政府——汇泉角断裂)及二条北西向断裂(团岛南断裂、薛家岛北断裂)与隧道相交,前两条断裂可视为劈石口断裂带(16)的组成部分,而后两条北西向断裂可能为朝连岛南断裂带(38)的组成部分。

辛岛断裂:从辛岛西北侧向北东方向延伸,跨过团岛南断裂被右旋错断300m后从团岛附近延至陆地。推测该断裂是海域燕山晚期花岗岩和白垩系青山群组的分界线。根据陆地研究资料,该断裂为前四纪断裂。

李沧区政府——汇泉角断裂:呈北东向延伸,倾向北西,北段在汇泉角附近登陆,南段在黄岛前湾登陆,在海域为崂山花岗岩与青山群的分界线。该断裂在陆地与海域均无断错地貌表现,在海域内被北西向团岛南断裂切割并右旋错移800m,后者为早中更新世断裂,据此推断李沧区政府断裂为前第四纪断裂。

团岛南断裂:又称F3断裂(国家海洋局第一海洋研究所,2004),断裂在磁力异常平面上表现为北西向分布串珠状正高异常带,地震剖面结合磁力剖面揭示,断裂带近直立,沿断裂破碎带,宽度数百米不等。从磁力异常平面图2-15上分析,断裂自湾口外侧进入胶州湾,先后切割了李沧区政府——汇泉角断裂、辛岛断裂,将两断裂左旋错位,之后被沧口断裂切割并左旋位错500m左右。根据地震剖面上沉积层未受到错动,初步判断该断裂在第四纪晚期没有明显活动迹象。根据该断裂与沧口断裂之间的交切关系可以推测其形成时间要比沧口断裂早,推断团岛南断裂为早中更新世断裂,未见晚更新世以来活动迹象。

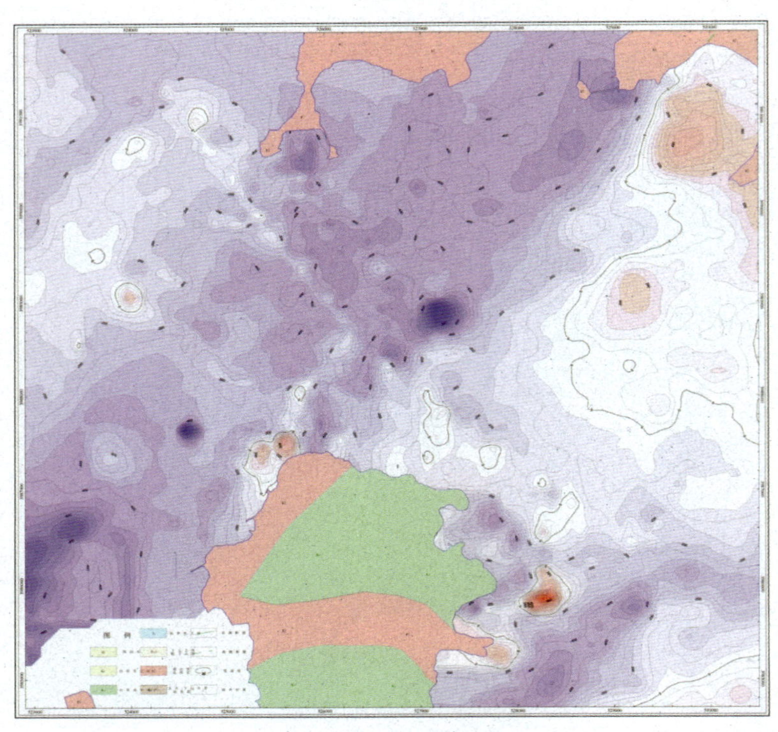

图2-15　湾口磁力异常图

薛家岛北断裂:呈北西向延伸,倾向北东。在地震和磁力剖面上可以看出,沿该断裂有岩脉侵入。根据其与北东向辛岛断裂、李沧区政府——汇泉角断裂的延伸情况,可以初步判断该断裂不具平移性质,其北端被沧口断裂截断,推断其为早中更新世断裂,晚更新世以来没有活动。

地质勘探揭示,隧址处主要有6条断裂及构造破碎带,分布位置见图2-16。

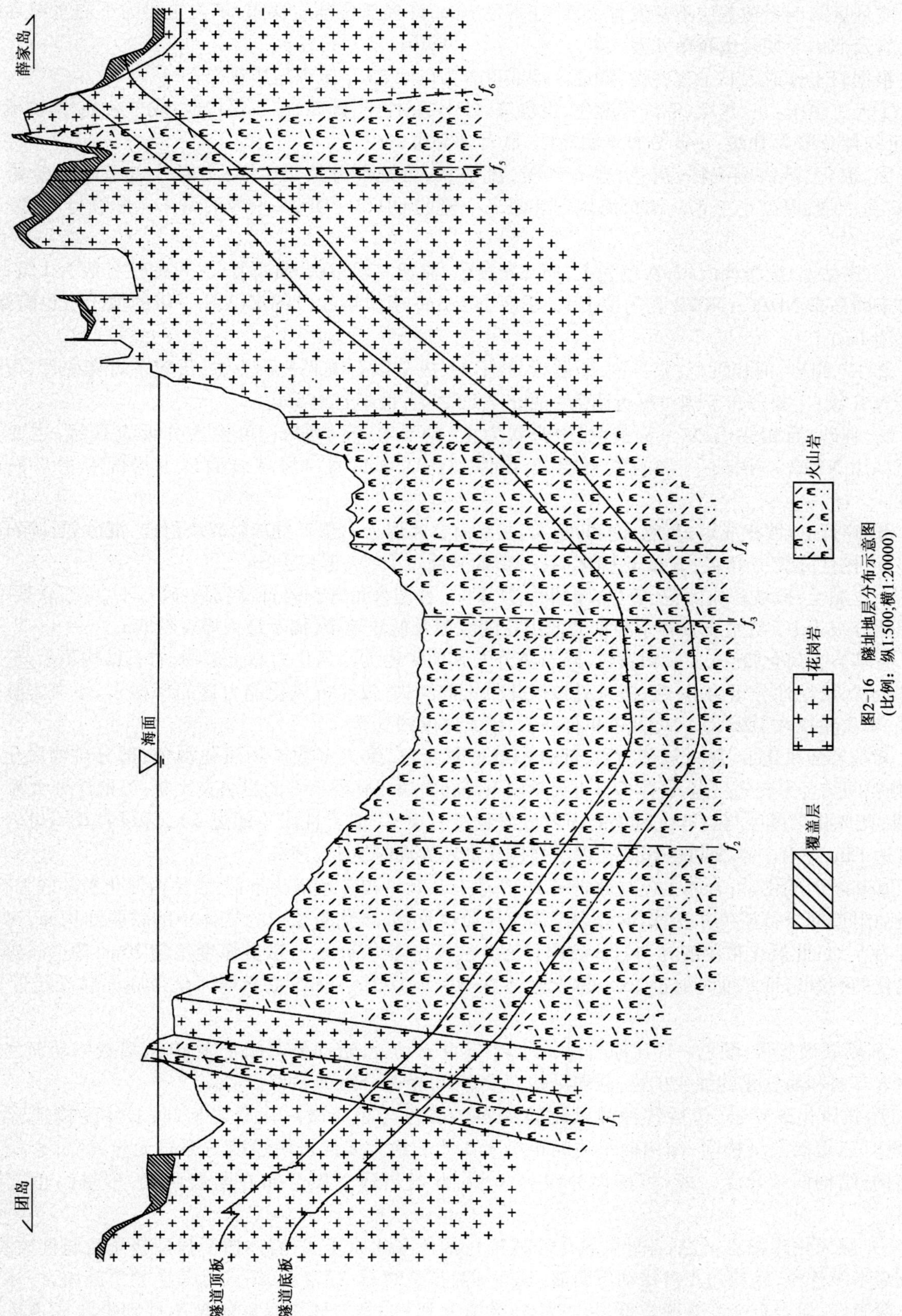

图2-16　隧址地层分布示意图
(比例：纵1:500;横1:20000)

(3)隧址岩土体工程特性

隧址区第四系覆盖层不甚发育,最厚处不足10m,许多部位基岩裸露,基岩主要为下白垩纪青山群火山岩及燕山晚期崂山超单元侵入岩。

根据岩土体成因和工程特性,隧址区地层可分为以下33个工程地质亚层:

①人工填土:灰、灰黑、棕红等颜色,由煤渣、砂土、黏性土、碎砖、碎石等构成,成分杂乱,结构疏密不匀,可挖性分级为II级;主要分布于团岛岸,最大厚度约6m。

$②_1$ 淤泥:滨海相沉积;灰色,含有砂粒,流塑状,可挖性分级为I级;主要分布于西团岛鼻北侧DZ26孔一带,厚度小于5m,湾口海域偏薛家岛一侧的QDZ3~QDZ5一带的海床上断续分布,厚度小于2m。

$②_2$亚黏土:滨海相沉积;灰色为主,局部灰黄色,流塑~软塑状,质不甚匀,可挖性分级为I级;主要分布于团岛岸NDZ1~NDZ2孔的填土下,厚度小于3m,南岸接线段SDZ12孔一带的填土下也有揭示,厚度约1m。

$②_3$中、粗砂:海相沉积;灰黄色,松散状,粒不匀,成分以石英和长石为主,含较多贝壳碎片,可挖性分级为II级;主要分布于湾口靠近团岛一侧的岩面之上,最厚处约5m。

$②_4$砾砂:海相沉积;灰~褐黄色,中密状为主,粒不均,混小卵石,可挖性分级为II级;主要分布于团岛岸NDZ2~NDZ3一带的填土层下,最厚处约3.5m,湾口海域岩面以上局部有少量松散状砾砂。

$②_5$碎石土:坡积成因;灰色,饱和,密实,主要由含晶屑火山角砾凝灰岩碎块组成,混砂粒,碎石软硬不等,可挖性分级为II级;分布于QDZ3孔一带的岩面之上,厚度不足2m。

③亚黏土:残坡积成因;灰黄色,硬塑状,质不匀,普遍含角砾和碎石,局部夹碎石土,碎石软硬不等,可挖性分级为II级;主要分布于薛家岛低山丘陵坡麓及低洼地带,揭示最大厚度约6m。

④基岩全风化带:灰黄~褐黄色,除石英外的其他矿物均已风化为黏土矿物,岩石结构不易辨,岩体已呈土状,可挖性分级为III级;隧址处该风化带大部缺失,仅在抗风化能力差的辉绿岩、煌斑岩脉顶部出现;本次钻探在DZ6、QDZ9、QDZ10孔揭示,最大厚度约6.5m。

⑤基岩强风化带:灰~灰黄为主,部分棕红~灰紫色,绝大多数矿物风化褪色,部分矿物风化为黏土,颗粒间结合力丧失严重,岩体多呈土夹软硬不等的岩块或软硬不等的岩块夹土状,可挖性分级为III~IV级;此风化带厚度与岩体抗风化能力及破碎程度有关,一般岩性段不超过5m,辉绿岩及煌斑岩发育段可达15m左右。本次勘察DZ6孔揭示强风化带底界埋深达17.15m。

⑥基岩弱风化带:岩体主色与原岩有关,一般有灰黄~褐黄色风化条带;岩体内风化裂隙较发育,风化裂隙附近的岩石褪色并变软,部分裂隙内有泥质风化物,风化裂隙成为岩体中的软弱结构面,可挖性分级为V级;此风化带厚度亦与岩体破碎程度及抗风化能力有关,一般其厚度不超10m,构造破碎带或易风化的辉绿岩带厚度可超过15m;本次勘察在NDZ2、DZ25、QDZ5揭示弱风化带底界埋深接近23~24m。

$⑦_1$断裂破碎带:颜色一般比原岩浅,岩体中发育错动带,错动带两侧岩体破碎,多数错动面之间夹有原岩碎屑和易软化的蚀变矿物,软弱结构面发育,可挖性分级为V级。

$⑦_2$微风化破碎岩(包括各种微风化破碎岩):颜色与相应微风化原岩相同,岩体受构造影响严重,发育三组以上结构面,结构面平均间距小于0.2m,绝大多数岩块强度与原岩无异,局部岩块具碎裂结构,结构面结合度一般,可挖性分级为V级;此类岩体一般分布在断层两侧,多呈高角度带状产出。

$⑦_3$ 微风化碎裂岩(包括各种微风化碎裂岩):颜色多比原岩浅,岩体遭受强烈挤压后脆性破裂,多形成毫米级碎粒,碎粒间相对错动不明显,其间一般被方解石、绿帘石,绢云母等矿物重新胶,岩体完整性一般尚好,但岩石强度普遍较低,可挖性分级为V级;此类岩体多呈陡倾角不规则带状或透镜状产出,可挖性分级为V级。

⑦$_4$微风化辉绿岩：灰～灰绿色，辉绿结构，块状构造，岩体较完整～完整，岩质较硬。呈岩脉状产出，走向多为近东西向和北西向，宽度一般几米至十几米，个别达 80m 左右，与围岩呈侵入接触，此类岩体抗风化能力差，其上往往有较厚的强～弱风化带，主要分布在团岛岸 NDZ1～NDZ25、海域 QDZ10～QDZ7 和 DZ14～DZ20 一带。

⑦$_5$微风化闪长岩：灰绿～暗灰色，细晶结构，块状构造，岩体完整，岩质坚硬，可挖性分级为 VI 级；呈小的脉状产出，在 Z-3 和 Z-5 孔深部有所揭示，与围岩呈侵入接触。

⑦$_6$微风化石英正长岩：肉红色为主，局部紫色，细晶～微晶结构，块状构造为主，局部显假流纹构造，岩体多较完整，局部较破碎，岩质坚硬，多呈近直立脉状产出，走向为近东西向或北东向。主要分布于团岛和薛家岛接近花岗岩地带，可挖性分级为 VI 级。

⑦$_7$微风化正长斑岩：灰～暗灰色为主，局部浅肉红色，斑状结构，块状构造，岩体较完整～完整，岩质坚硬，可挖性分级为 VI 级；主要分布于海域 Z-1B～DZ7 孔一带，大致呈北东东向展布，与相邻岩体呈高角度侵入接触。

⑦$_8$ 微风化花岗斑岩：肉红或浅肉红色，斑状结构，块状构造，岩体较完整，岩质坚硬，可挖性分级为 VI 级；呈脉状侵入到青山群火山岩或出现在花岗岩边缘，与围岩呈侵入接触，宽度数厘米～数十米均会出现。

⑦$_9$ 微风化花岗岩：肉红色为主，局部浅肉红或暗红色，中细粒花岗结构，块状构造，较完整～完整，岩质较硬～坚硬，可挖性分级为 VI 级；分布于团岛岸和薛家岛岸。

⑦$_{10}$微风化流纹斑岩：紫红或灰紫色，斑状结构，块状或假流纹状构造，岩体完整，岩质坚硬，可挖性分级为 VI 级；主要分布于海域 DZ8～DZ10 孔一带，属次火山岩。

⑦$_{11}$微风化英安玢岩：灰～灰紫色，斑状结构，块状构造，岩体较完整～完整，岩质较硬～坚硬，可挖性分级为 VI 级；属次火山岩，大致呈北东东向带状产出，分布于海域 Z-4～DZ8 一带。

⑦$_{12}$微风化粗安玢岩：深灰色，斑状结构，块状构造，岩体较完整，岩质坚硬，可挖性分级为 VI 级；属次火山岩，多呈近东西向带状产出，形成时代早于崂山超单元，其内有花岗斑岩侵入；分布于薛家岛后岔湾村以北采石场一带。

⑦$_{13}$微风化石英粗安岩：灰～浅肉红色，斑状结构，块状构造，岩体完整，岩质坚硬，可挖性分级为 VI 级；属喷溢相火山岩，分布于薛家岛 SDZ8、SDZ10 一带。

⑦$_{14}$微风化粗安岩：青灰杂紫红斑块，交织结构为主，局部呈斑杂构造，岩体完整，岩质坚硬，可挖性分级为 VI 级；属火山喷溢相岩体，产状不详，仅在海域 DZ3 孔有所揭示。

⑦$_{15}$微风化流纹岩：浅肉红～淡紫色，斑状～隐晶质结构，流纹状构造；岩体较完整～完整，岩质较硬～坚硬，可挖性分级为 VI 级；属喷溢相火山岩，主要分布于海域 DZ13～DZ16 段，产状不详。

⑦$_{16}$微风化流纹质火山角砾岩：浅肉红～紫红色，火山角砾结构，块状构造，岩体较完整，岩质较硬，可挖性分级为 V 级；属喷发相火山岩，主要分布在团岛岸 NDZ2 孔一带，海域 DZ13 也有所揭示。

⑦$_{17}$微风化粗安质火山角砾岩：浅灰～紫红色，火山角砾结构，块状构造，大部较完整～完整，局部较破碎，岩质较硬～坚硬，可挖性分级为 VI 级；分布于海域靠近团岛一侧的 DZ22～DZ2 一带，属喷发相火山岩，产状不详。

⑦$_{18}$微风化安山质火山角砾岩：棕红～紫红色，火山角砾结构，块状构造，大部较完整，局部较破碎，岩质较硬～坚硬，可挖性分级为 V 级；分布于海域 DZ10～D13 一带，属喷发相火山岩，产状不详。

⑦$_{19}$微风化含晶屑火山角砾凝灰岩：灰～紫灰色，火山角砾结构或火山凝灰结构，块状构造，岩体较完整～完整，岩质坚硬，可挖性分级为 VI 级；属喷发相火山岩，在海域 DZ2～DZ5、DZ16～DZ21 及薛家岛岸 SDZ6～SDZ7 一带均有分布，产状不详。

⑦$_{20}$微风化流纹质凝灰岩：紫灰色，凝灰结构，块状构造，岩体较完整，岩质较硬～坚硬，可挖性分级为 VI 级；属喷发相火山岩，仅在海域 DZ5 孔有所揭示，其上、下均为含火山角砾凝灰岩。

⑦$_{21}$微风化凝灰岩：紫红色，凝灰结构为主，局部含砾凝灰结构，巨厚层状构造，岩体完整，岩质较硬～坚硬，可挖性分级为Ⅴ级；局部夹厚度20cm左右软质凝灰质泥岩，分界面倾角50°左右；属喷发相火山岩，此类岩体仅在海域DZ20孔35.0m以下揭示，产状不详。

⑦$_{22}$微风化沉凝灰岩：灰～紫灰色，凝灰结构为主，局部为含火山角砾凝灰结构，粒序层理状构造，层理倾角60°左右；岩体完整，岩质较硬～坚硬，可挖性分级为Ⅵ级；属火山喷发～正常沉积过渡相岩体，仅在海域DZ4孔有所揭示，产状不详。

⑦$_{23}$微风化凝灰质粉砂岩：砖红杂灰绿色斑点，含砾粉砂状结构，不显层理，岩体较完整，岩质较硬～坚硬，可挖性分级为Ⅴ级；属陆相正常沉积岩体，仅在DZ13孔43.70～48.20m有所揭示。

隧址区岩石形成序次为：火山爆发及喷溢相岩类（如含火山角砾凝灰岩、流纹岩、安山岩、粗安岩等）→次火山岩类（如流纹斑岩、粗安斑岩、英安玢岩等）→中深成相侵入岩（如花岗岩）→脉岩（如正长斑岩、花岗斑岩、石英正长岩、辉绿岩等）→动力变质岩（如构造角砾岩、碎裂岩等）。

次火山岩、中深成相侵入岩、脉岩与火山爆发及喷溢相岩体多为侵入接触，极少数界面为断层接触。

2.3.4 隧址水文地质条件

（1）水文地质单元

根据地下水补给贮藏条件及水化学类型等特征，可将隧区水文地质单元划分为低山丘陵基岩裂隙水分布区、低山丘陵松散岩类孔隙水分布区、滨海基岩裂隙水分布区、滨海松散岩类孔隙水分布区和海域基岩裂隙水分布区。

两岸高程约5m以上基岩出露区为低山丘陵基裂隙水分布区，薛家岛岸低山丘陵坡麓和沟谷洼地残坡积区为低山丘陵松散岩类孔隙水分布区，滨海地带海蚀洼地沉积层或人工填土属滨海松散岩类孔隙水分布区，滨海地带低于高潮位的基岩分布带为滨海基岩裂隙水分布区，被海水淹没地带为海域基岩裂隙水分布区。

（2）地下水径、补、排关系

地下水运动主要受地形、地貌的控制。在低山丘陵区，基岩裂隙水在降雨补给下，形成强烈的交替作用，地下水沿裂隙向低洼处汇流，常在冲沟、山脚、陡坎处露出地表或渗流补给邻近含水层。

低山丘陵松散岩类孔隙水除接受大气降雨补给外，主要接受基岩裂隙水的侧向和顶托补给，并从高处向低处汇流，排泄于沟口。

滨海松散岩类孔隙水主要接受海水侧向补给，流向随海水涨落往复改变。

滨海基岩裂隙水既接受低山丘陵基岩裂隙水的侧向补给，也可接受海水补给，地下水运动缓慢。

海域基岩裂隙水接受海水垂直补给，地下水在自然状态下基本不运动。

（3）地下水埋藏深度

地下水的埋藏深度受地形控制较明显，从丘顶到海边渐次变浅。在丘陵之山坡上，地下水埋深可以几米到十几米；在坡脚、山谷或洼地，埋深常小于1m或接近地表。

（4）地下水动态变化特征

低山丘陵区地下水的动态受气象因素控制，其变化幅度又受地形、含水层的不同而异。低山丘陵基岩地下水位随降雨变化较剧，变幅可在1～5m左右，残坡积层地下水变幅一般在1～3m左右。滨海地带地下水位主要受海潮影响产生周期性变化，变幅一般在2～4m。

（5）岩土体渗透性

从抽、压水试验成果分析，基岩弱风化带多为中等透水性、少数弱透水性，微风化破碎岩体和断裂带大部为弱透水性、部分为中等渗透性，绝大多数微风化岩体为微～弱透水性、局部为中等渗透性。

（6）环境水腐蚀性

海域及距海较近处的地下水的化学成分与海水相似，在Ⅲ类环境下，对混凝土具中等结晶分解复合类腐蚀和弱结晶类腐蚀，对钢结构具中等腐蚀性，对钢筋混凝土结构中的钢筋有弱腐蚀性；薛家岛距海边 300m 外的丘陵区地下水对混凝土和混凝土中的钢筋无侵蚀性，对钢结构有弱腐蚀性。在 II 类环境下，海水对混凝土具强结晶分解复合类腐蚀和中等结晶类腐蚀，对钢结构具中等腐蚀性，对钢筋混凝土中的钢筋有弱腐蚀性。水质分析见表 2-6 所示。

水质分析成果表　　表 2-6

地点		NO_3^-	HCO_3^-	SO_4^{2-}	Cl^-	NH_4^+	Ca^{2+}	Mg^{2+}	侵蚀性 CO_2	固形物	pH 值
		mg/l									
团岛岸	NDZ12	2.90	236.46	105.90	90	2.69	44.50	28.16	7.68	497.17	7.43
	NDZ9	7.96	233.34	166.57	139	0.72	118.98	26.98	7.60	680.66	7.38
	NDZ6	0.00	214.68	2032.38	15012	0.07	411.12	1023.58	4.82	26718.63	7.50
海域	DZ1	1.15	248.90	2092.18	18895.71	0.07	599.75	1149.69	18.50	33078.12	6.64
	DZ3	47.05	143.12	2200.68	18679.05	0.06	996.35	1179.02	36.08	32690.80	6.71
	DZ5	0.00	199.12	2367.98	18404.32	0.08	928.64	1231.81	51.72	32557.37	6.57
	Z-1B	12.37	148.33	2067.28	17400	<0.04	773.18	1223.03	11.62	31735	6.74
	Z-2	2.5	156	2657	17500	2.1	718	1226	6.0	34410	7.4
	DZ6	0.00	164.90	2277.65	18930.54	0.07	793.21	1237.68	29.74	33068.94	6.80
	Z-3	11.7	161.2	2033.5	15944.1	0.04	1748.2	1366.7	1.16	29058	6.2
	Z-5	11.86	180.55	2176.13	16785.70	0.65	849.65	1249.52	1.16	29537	7.23
	DZ10	0.00	186.68	3788.01	14357.33	0.07	1712.18	997.18	16.80	28206.42	7.23
	DZ13	0.00	196.01	1868.10	18749.08	0.06	512.69	1243.54	1.84	32349.99	7.39
	DZ14	0.00	189.79	2441.88	18703.72	0.39	444.97	1214.21	9.68	33773.42	7.33
	DZ19	142.03	161.79	2560.97	18844.86	0.08	744.84	1173.15	27.66	33767.89	6.65
	DZ21	0.00	186.68	2119.89	14944.86	0.06	1625.12	1096.90	9.40	27139.70	7.27
	DZ25	0.00	186.68	2541.27	16738.29	0.06	1866.95	1120.36	23.20	30045.56	6.94
薛家岛	SDZ1	23.41	149.34	1577.13	11876.00	0.83	395.64	681.60	5.84	21352.51	7.20
	SDZ3	12.92	258.23	58.40	147.00	0.28	63.84	17.01	0.00	575.73	7.54
	SDZ8	29.34	183.56	82.41	90.00	0.19	63.84	13.49	21.12	500.77	7.03
海水		0.00	118.23	1660.76	17798.70	0.07	367.59	1296.34	0.00	30800.99	8.30
海水（低潮）		12.6	177.3	2359.9	17587.40	0.04	258.9	1204.4	0.00	32543	6.90
海水（高潮）		12.76	161.29	2176.12	17533.33	<0.04	407.83	1177.38	4.65	32284	6.98

2.3.5　隧道围岩分级及岩土设计参数

根据设计推荐的隧道埋深方案，综合地质调查、物探、钻探、水文试验等勘探手段获得地质信息，重点考虑隧道周围一倍直径范围内岩体的工程特性，对隧道围岩进行推断分级，隧道围岩分级情况见附表 2-7；本勘察段 II ~ III 级围岩约占 59%，IV 级围岩约占 34.6%，V 级围岩约占 6.4%。主要岩土设计参数见表 2-8。

2.3.6　不良地质现象和地质灾害

青岛市没有发生严重自然地质灾害的历史记录。近场区除薛家岛岸环岛路局部填土路段出现不均匀沉降及部分采石陡崖出现小型崩塌外，未发现其他不良地质现象。

场区地震活动较弱，存在的断裂全新世以来均未发生明显错动，不会发生对本工程有严重影响的自然地质灾害。

隧道围岩分级表

表 2-7

起讫里程		围岩分级	起讫里程		围岩分级	起讫里程		围岩分级
左洞	ZK2 +755 ~ ZK2 +775	IV	右洞	YK2 +273 ~ YK2 +830	III	服务隧道	FK0 +200 ~ FK0 +350	VI
	ZK2 +775 ~ ZK2 +905	V		YK2 +830 ~ YK2 +855	IV		FK0 +350 ~ FK0 +424	IV
	ZK2 +905 ~ ZK3 +055	III		YK2 +855 ~ YK2 +880	V		FK0 +424 ~ FK0 +635	II ~ III
	ZK3 +055 ~ ZK3 +125	IV		YK2 +880 ~ YK2 +990	IV		FK0 +635 ~ FK0 +835	IV
	ZK3 +125 ~ ZK3 +325	II ~ III		YK2 +990 ~ YK3 +310	II ~ III		FK0 +835 ~ FK0 +925	III
	ZK3 +325 ~ ZK3 +932	IV		YK3 +310 ~ YK3 +460	IV		FK0 +925 ~ FK1 +145	IV
	ZK3 +392 ~ ZK4 +362	II ~ III		YK3 +460 ~ YK3 +655	V		FK1 +145 ~ FK1 +645	II ~ III
	ZK4 +362 ~ ZK4 +422	IV		YK3 +655 ~ YK3 +920	IV		FK1 +645 ~ FK1 +725	IV
	ZK4 +422 ~ ZK4 +562	II ~ III		YK3 +920 ~ YK4 +450	II ~ III		FK1 +725 ~ FK1 +855	II ~ III
	ZK4 +562 ~ ZK4 +627	IV		YK4 +450 ~ YK4 +500	IV		FK1 +855 ~ FK1 +875	IV
	ZK4 +927 ~ ZK4 +937	II ~ III		YK4 +500 ~ YK4 +615	III		FK1 +875 ~ FK2 +075	II ~ III
	ZK4 +937 ~ ZK4 +977	V		YK4 +615 ~ YK4 +645	IV		FK2 +075 ~ FK2 +125	IV
	ZK4 +977 ~ ZK5 +022	IV		YK4 +645 ~ YK4 +750	III		FK2 +125 ~ FK2 +190	III
	ZK5 +022 ~ ZK5 +122	III		YK4 +750 ~ YK4 +825	IV		FK2 +190 ~ FK2 +225	IV
	ZK5 +122 ~ ZK5 +482	IV		YK4 +825 ~ YK4 +845	V		FK2 +225 ~ FK2 +505	II ~ III
	ZK5 +482 ~ ZK6 +082	IV		YK4 +845 ~ YK4 +885	IV		FK2 +505 ~ FK2 +645	IV
	ZK6 +082 ~ ZK6 +287	II ~ III		YK4 +885 ~ YK5 +010	III		FK2 +645 ~ FK2 +925	IV
	ZK6 +287 ~ ZK6 +327	V		YK5 +010 ~ YK5 +080	IV		FK2 +925 ~ FK2 +995	III
	ZK6 +327 ~ ZK6 +352	IV		YK5 +080 ~ YK5 +170	III		FK2 +995 ~ FK3 +355	IV
	ZK6 +352 ~ ZK6 +442	III		YK5 +170 ~ YK5 +940	IV		FK3 +355 ~ FK3 +505	II ~ III
	ZK6 +442 ~ ZK6 +462	IV		YK5 +940 ~ YK5 +975	V		FK3 +505 ~ FK3 +540	IV

续上表

洞别	起讫里程	围岩分级	洞别	起讫里程	围岩分级	洞别	起讫里程	围岩分级
左洞	ZK6 +462 ~ ZK6 +602	II ~ III	右洞	YK5 +975 ~ YK6 +130	IV	服务隧道	FK3 +540 ~ FK3 +565	V
	ZK6 +602 ~ ZK6 +702	IV		YK6 +130 ~ YK6 +230	II ~ III		FK3 +565 ~ FK3 +695	III
	ZK6 +702 ~ ZK6 +742	III		YK6 +230 ~ YK6 +280	V		FK3 +695 ~ FK3 +725	IV
	ZK6 +742 ~ ZK6 +762	IV		YK6 +28 ~ YK6 +475	II ~ III		FK3 +725 ~ FK3 +845	II ~ III
	ZK6 +762 ~ ZK6 +822	V		YK6 +475 ~ YK6 +530	IV		FK3 +845 ~ FK3 +865	IV
	ZK6 +822 ~ ZK7 +152	IV		YK6 +530 ~ YK6 +623	III		FK3 +865 ~ FK3 +915	III
	ZK7 +152 ~ ZK7 +222	III		YK6 +623 ~ YK6 +717	IV		FK3 +915 ~ FK3 +940	IV
	ZK7 +222 ~ ZK8 +342	II ~ III 级为主,局部 IV 级		YK6 +717 ~ YK6 +762	II		FK3 +940 ~ FK4 +015	III
	ZK8 +342 ~ ZK8 +472	IV		YK6 +762 ~ YK6 +813	IV		FK4 +015 ~ FK4 +085	IV
	ZK8 +472 ~ ZK8 +642	V		YK6 +813 ~ YK6 +850	V		FK4 +085 ~ FK4 +165	III
	ZK8 +642 ~ ZK8 +662	IV		YK6 +850 ~ YK6 +920	IV		FK4 +165 ~ FK4 +215	IV
	ZK8 +662 ~ ZK8 +757	II ~ III		YK6 +920 ~ YK6 +956	V		FK4 +215 ~ FK4 +295	III
	ZK8 +757 ~ ZK8 +812	IV		YK6 +956 ~ YK7 +010	IV		FK4 +295 ~ FK4 +345	IV
				YK7 +010 ~ YK7 +135	III		FK4 +345 ~ FK4 +465	III
				YK7 +135 ~ YK7 +385	II ~ III		FK4 +465 ~ FK5 +575	II ~ III 级为主,局部 IV 级
				YK7 +385 ~ YK8 +360	II ~ III 级为主,局部 IV 级		FK5 +575 ~ FK5 +655	III
				YK8 +360 ~ YK8 +400	IV		FK5 +655 ~ FK5 +760	IV
				YK8 +400 ~ YK8 +520	V		FK5 +760 ~ FK5 +801	III
				YK8 +520 ~ YK8 +630	IV		FK5 +801 ~ FK5 +875	IV
				YK8 +630 ~ YK8 +675	V		FK5 +875 ~ FK5 +925	V
				YK8 +675 ~ YK8 +770	III		FK5 +925 ~ FK6 +055	II ~ III
				YK8 +770 ~ YK8 +900	IV ~ VI		FK6 +055 ~ FK6 +150	II ~ III
注:II ~ III 级约占 51.3%,IV 级约占 41.7%,V 级约占 7%			注:II ~ III 级约占 54.1%,IV 级约占 35.4%,V 级约占 10.5%			注:II ~ III 级约占 72.3%,IV 级约占 26.4%,V 级约占 1.3%		

岩土设计指标建议值

表 2-8

地层编号	岩土名称	容重 γ	黏聚力 c	内摩擦角 φ	计算摩擦角 φ_c	容许承载力 $[\sigma_0]$	压缩模量 $Es_{(0.1\sim0.2)}$	侧压力系数 ξ	侧向基系数 K^x	垂向基系数 K^v	动泊松比 V	动弹性模量 E_d	静弹性模量 E	动剪切模量 E_d	渗透系数 K	岩石饱和单轴抗压强度 R_c
		kN/m³	kPa	°		kPa	MPa		MPa/m	MPa/m		MPa	MPa	MPa	m/d	MPa
①	杂填土	20	5	20	20	150	4.0	0.35	20	25	0.48				30	
$②_1$	淤泥	18	15	5	10			0.80							0.001	
$②_2$	亚黏土	20	10	15	30	80	3.0	0.60	8	10	0.50				0.005	
$②_3$	中、粗砂	20	0	30	30	200	6.0	0.40	20	25	0.48				50	
$②_4$	砾砂、角砾土	20	0	30	30	300	6.0	0.40	30	40	0.48				50	
$②_5$	碎石土	20	5	30	30	300	7.0	0.40	30	40	0.48				50	
③	亚黏土	20	30	20	30	200	5.0	0.50	30	40	0.48	300	30		0.01	
④	基岩全风化带	20	10	20	30	300	6.0	0.45	50	60	0.45	400	80		0.02	
⑤	基岩强风化带	20	10	25	40	400		0.40	80	100	0.40	1500	150	2000	0.02 ~ 0.05	
⑥	基岩弱风化带	26			50	1500		0.20	150	200	0.33	15000	20000	7000	0.05 ~ 0.20	
$⑦_1$	断裂破碎带	26			50	1500		0.20	150	200	0.33	15000	20000	7000	0.01 ~ 0.15	
$⑦_2$	微风化破碎岩	27			55	2000			200	300	0.30	25000	30000	10000	0.02 ~ 0.15	50
$⑦_3$	微风化碎裂岩	27			60	2000			250	300	0.30	25000	30000	12000	0.01 ~ 0.05	30
$⑦_4$ ~ $⑦_{26}$	基岩微风化带	27			70	>2000			300	400	0.28	30000	45000	15000	0.005 ~ 0.05	70

2.4　岩土工程评价结论和建议

(1)工程场区位于鲁东断块隆起的胶南稳定弱隆起边缘,区内无区域性晚第四系活动性断裂,近场区历史上无 4.0 级以上地震记录,地震活动水平弱,场地稳定性较好,适宜修建隧道。

(2)场区地震活动弱,规定设防烈度为 VI 度,设计地震动加速度值为 0.05g,陆域隧址处场地类别为 II 类。

(3)隧道通过区主要岩性为侵入岩及火山岩,岩质坚硬、脆,属硬质岩石,完整性好,节理较发育,在构造带附近岩体破碎,节理密集,岩石呈碎石、角砾状,部分断裂带内呈角砾或土加石散状结构。无大型不良地质和特殊岩土,仅有分布范围小、厚度薄、对工程影响小的人工填土和淤泥。

(4)隧道通过区的构造主要是高角度的断层,走向为北东和北西,断层带内多为压碎岩、角砾碎石,是地下水径流的通道。在断层带及两侧影响带内地下水量较大。

(5)在场区侵入岩、火山岩中有辉绿岩脉,辉绿岩抗风化能力差,风化深度大,常在海底形成风化深槽。

(6)断层附近因岩体破碎,风化也相对严重,部分地段弱风化岩层底面在海底 20m 以下,已进入隧道内部,岩体自稳能力差,极易产生坍方和大量涌水,施工中宜做好超前地质预报,多点超前探水,注浆堵水,困难地段宜采用管棚法施工。施工中以堵水为主,少量排水为辅。

(7)海域及距海较近处地下水的化学成分与海水相似,在 III 类环境下,对混凝土具有强结晶分解复合类腐蚀性及中等结晶类腐蚀性,对混凝土中的钢筋有弱腐蚀性,对钢结构具中等腐蚀性。

(8)隧道通过区的断裂一般均为高倾角断裂,现有地质勘探很难查清海域断裂,应在施工阶段继续开展施工地质工作。

2.5　关键技术与应用

(1)水下地质调查困难,采用磁力测量、多道地震探测、单道地震探测、多波速水深测量、侧扫声纳测量和浅剖测量,很好地完成了水下地质调查工作。

(2)在充分收集、分析区域地质及工程前期勘察资料的基础上,根据初步判定的场区地质条件和海底隧道工程特点,有针对性地采用了多种勘探手段相结合的综合勘探方法,有效地解决了复杂场地勘察精度不高的常见性难题。

(3)为克服作业海域流向多变、海床坚硬、流速及风浪较大等影响勘探船稳固的众多不利因素,选择大小适中、具密封舱结构、自带动力的钢质平底驳船作为浮动钻探平台,同时配以不同类型锚体组合的连环锚具,解决了胶州湾湾口海域恶劣环境条件下钻探船的强适应性问题。

(4)针对作业区海床坚硬、外层保护套管不易固定的难点,开创新地采用了锯齿状管靴并结合多道保护绳加以解决,效果理想。

(5)由于潮汐和海域风浪影响,勘探船起伏较大,为了消除固定保护套管容易顶穿船体的隐患,采取了在固定套管外设置大直径的活动套管的措施,不仅保护了船体,而且减少了随潮汐频繁接、卸套管的操作步骤,提高了钻探工作效率。

(6)湾口海域的海床为硬质岩体,由于缺少隔水层,海上抽压水试验时,套管与岩体之间止水成为一大难题;通过多次试验,探索出适合该场地的以干黏土球和海带丝混合物为隔水材料的止水工艺,不仅操作简便、而且效果很好,为抽压水试验的顺利实施奠定了基础。

(7)由于受潮汐影响,海上抽压水试验难度很大,在实施过程中,对试验设备和方法作了适当改进,提高了可操作性和成果精度。压水试验采取在稳潮时间段实施、用钻机通过钻杆给压使止水栓塞膨胀的试验设备,操作简单、试验过程短、效果良好,证明是类似环境下较理想的压水试验方法;抽水试验进行了孔内水位与潮汐的同步观察，在掌握了地下水位与潮汐的关联程度后，对抽水试验中采用的稳定水位进潮汐影响修正，试验结果更加合理。

(8)本次勘察应用了先进的孔内数字摄像技术，对查明岩体结构面特征和提高围岩分级准确性很有裨益。

(9)本项目采用了先进勘察设备、进行了多项特殊试验、多种试验结果相互验证，保证了勘察成果的可靠性。

采用以上关键技术高效、高精度地完成了工程水文地质勘察工作，经过隧道工程实践检验，隧道开挖揭示工程地质和勘察的情况基本相符。控制了工程投资和工程风险。

第 3 章 围岩岩体质量和工程特性与参数研究

3.1 研究目的与意义

海底隧道勘察难度大、受多种条件限制，勘察钻孔往往数量有限，地质模型具有较大的不确定性。在地质与力学模型中表征这种不确定性，目前最主要的做法是基于统计规律的随机模拟。大量研究表明，具有某些成因和地质特性的断裂与软弱破碎带，对围岩稳定性具有控制作用。因此，岩体质量分级的风险分析、控制性结构面的识别与控稳机制研究十分重要。

在综合分析区域地质与前期工程勘察资料的基础上，通过岩芯的鉴别与编录、野外地质调查、节理裂隙的量测与统计分析、关键工程地质层组岩体特性的实验测试、国内外的工程类比与计算分析，结合国内外先进、可行的评价体系与研究方法，进一步明确隧道围岩工程特性，确定岩体质量的控制因素与评价指标，进行工程地质岩组的划分、岩体质量的综合分级评价与风险分析，系统研究工程岩体的特性参数，以期弥补前期勘察工作的不足，提高岩体质量分级与工程地质条件评价的可靠性，为工程设计方案与参数选取的类比、计算与优化提供依据，并为后续的施工组织、技术变更和工程技术成果总结与推广打下基础。

3.2 主要研究内容

(1)工程地质岩组的划分与分区、分段评价。

(2)隧道围岩工程特性、岩体质量控制因素与评价指标研究。

(3)结合国内外多种分级体系的隧道围岩质量综合分级评价。

(4)岩体质量风险分析。

(5)隧道围岩工程岩体特性参数的多方法综合研究。

(6)典型地段和岩体质量条件围岩稳定性初步评价。

(7)岩体质量与参数的反馈分析，典型围岩条件和敏感岩组工程对策研究。

3.3 岩体质量综合分级评价方法

岩体质量分级系统都是有一定的局限性的，任何一个分级系统的合理应用，都必须考虑具体的场地条件，并作修正处理。BQ 分级体系是我国现行的国家标准；国际上用的比较多的是 Q 分类，RMR 系统为国际岩石力学学会所推荐。本项研究采用上述三种分类体系，分别进行了深入的研究，并进行了对比分析。

3.3.1 Q分级方法

Q分级体系可以通过现场观测，也可以通过对地质岩芯取样的描述计算得到对应的Q值，借此来评价围岩质量，并给出支护建议。Q分类方法是一种多参数的定量岩体分类方法，它采用6个参数来评价岩体质量。分类指标Q的定义为：

$$Q = \left(\frac{RQD}{J_n}\right) \times \left(\frac{J_r}{J_a}\right) \times \left(\frac{J_w}{SRF}\right) \tag{3-1}$$

式中：RQD——岩石质量指标；

J_n——节理组数；

J_r——节理粗糙度；

J_a——节理蚀变系数；

J_w——节理水折减系数；

SRF——应力折减系数。

该指标反映了岩体结构，表示了岩石块度；反映了节理壁面或充填物的粗糙度和摩擦特性，表征了节理抗剪强度；反映了岩体的有效应力。上述6个参数的取值范围见表3-1～表3-6。

岩石质量指标(*RQD*)评分值 表3-1

岩石质量指标(*RQD*)	*RQD* 评分值	岩石质量指标(*RQD*)	*RQD* 评分值
A. 极差(Very Poor)	0～25	D. 好(Good)	75～90
B. 差(Poor)	25～50	E. 极好(Excellent)	90～100
C. 一般(Fair)	50～75		

注：1. 当记录或量测得到的 $RQD<10$(包括0)时，评分值取10；

2. RQD 以5为间隔就可满足精确要求，即100,95,90等。

节理组数(J_n)评分值 表3-2

节 理 组 数 (J_n)	J_n 评分值
A. 整体、没有或几乎没有节理	0.5～1.0
B. 一组节理	2
C. 一组节理加上随机裂隙	3
D. 两组节理	4
E. 两组节理加上随机裂隙	6
F. 三组节理	9
G. 三组节理加上随机裂隙	12
H. 四组或四组以上节理，随机裂隙，严重节理化，呈糖块状等	15
I. 挤压破碎岩石、土状岩石	20

注：1. 对于巷硐交叉点，用($3.0\times J_n$)；

2. 对于硐口，用($2.0\times J_n$)

节理粗糙度(J_r)评分值 表3-3

节理粗糙度(J_r)	J_r 评分值
(a)节理面接触	
(b)节理面在剪切变形10cm前仍接触	
A. 不连续节理	4
B. 粗糙或不规则，起伏	3
C. 光滑，起伏	2

续上表

节理粗糙度(J_r)	J_r 评分值
D. 表面光滑，起伏	1.5
E. 粗糙或不规则，平面	1.5
F. 光滑，表面	1.0
G. 表面光滑，平面	0.5
注：以上描述适用于小规模特征和中规模特征	
(c)剪切时节理面不接触	
H. 节理面间含有黏土矿物厚度足以阻止节理面接触	1.0
I. 砾质、砾石或破碎带的厚度足以阻止节理面接触	1.0

注：1. 如果相应节理组的平均间距大于3m时，评分值加10；
　　2. 如果线理方向对强度影响很小，则对有线理的平面磨光节理可取 $J_r=0.5$。

节理蚀变系数(J_a)评分值　　表3-4

节理蚀变系数(J_a)		J_a 评分值
(a)节理面接触		
A. 紧密结合，坚硬，非软化，不透水充填物，如石英、绿帘石		0.75
B. 节理壁未蚀变，仅表面稍有污染		1.0
C. 节理壁轻度蚀变，非软化矿物被覆盖，有砂质颗粒和无黏土的碎裂岩石等		2.0
D. 粉砂或砂质黏土被覆层，小部分黏土(非软化)		3.0
E. 软化或低摩擦阻力黏土矿物被覆层，即高岭石或云母，也有绿泥石、滑石、石膏、石墨等，以及少量的膨胀黏土		4.0
(b)节理面在剪切变形10cm前仍接触		
F. 砂质颗粒，无黏土碎裂岩石等		4.0
G. 高超固结非软化黏土矿物充填物(连续，但厚度<5 mm)		6.0
H. 中等或低超固结，软化，黏土矿物充填物(连续，厚度<5mm)		8.0
I. 膨胀黏土充填物，即蒙脱石(连续，但厚度<5mm)，J_a决于膨胀黏土颗粒的百分率和浸水程度等		8~12
(c)剪切变形时节理面不接触		
K. L. M.	碎裂带或碎裂层，或破碎岩石和黏土(见G、H、J的黏土条件描述)	6，8 或 8~12
N.	粉砂，或砂质黏土带或层，小部分黏土(非软化)	5.0
O. P. R.	厚的、连续的黏土带或黏土层(见G、H、J的黏土条件描述)	10，13 或 13~20

节理水的折减系数(J_w)评分值　　表3-5

节理水折减系数(J_w)	水压(MPa)	J_w 评分值
A. 开挖时干燥或有微量渗水，即局部<5L/min	<0.1	1.0
B. 中等渗水或中等水压，偶尔有节理充填物被水冲刷出	0.1~0.25	0.66
C. 无充填节理岩石中大涌水或高水压	0.25~1.0	0.5
D. 大涌水或高水压，大量节理充填物被水冲刷出	0.25~1.0	0.33
E. 异常的大量涌水或高水压，呈爆发状，并随时间而衰减	>1.0	0.2~0.1
F. 无明显衰减的持续异常大涌水或高水压	>1.0	0.1~0.05

注：1. 因素C到F是粗略估计，如果装有排水设施应增大 J_w；
　　2. 由于冰冻引起的特殊问题未加考虑。

应力折减系数(*SRF*)评分值　　表 3-6

应力折减系数(*SRF*)			*SRF* 评分值
(a)软弱带与开挖的隧道相交,开挖时可能造成岩体松脱			
A. 含黏土的软弱带或化学分解的岩石频繁出现,围岩非常松散(处于任何深度)			10
B. 单个含黏土软弱带,或化学分解的岩石(隧道深度≤50m)			5
C. 单个含黏土软弱带,或化学分解的岩石(隧道深度>50m)			2.5
D. 坚硬岩石中含多个剪切带(无黏土),松散围岩(处于任何深度)			7.5
E. 坚硬岩石中含单一剪切带(无黏土,隧道深度≤50m)			5.0
F. 坚硬岩石中含单一剪切带(无黏土,隧道深度>50m)			2.5
G. 松散张开裂隙,严重节理化或成“糖块”状等(处于任何深度)			5.0
(b)坚固岩石,岩石应力问题	$\sum c_f/\sigma_1$	σ_{T_f}/σ_1	*SRF*
H. 低应力,接近地表	>200	>13	2.5
I. 中等应力	200~10	13~0.66	1.0
J. 高应力,结构非常紧密(通常有利于稳定,但可能对岩帮的稳定不利)	10~5	0.66~0.33	0.5~2
K. 轻微的岩爆(整体岩石)	5~2.5	0.33~0.16	5~10
L. 严重的岩爆(整体岩石)	<2.5	<0.16	10~20
(c)岩石在高压力下受挤压,不坚硬岩石塑性流动			
M. 不大的岩石挤压力			5~10
N. 强烈的岩石挤压力			10~20
(d)与水压有关的膨胀岩石,化学膨胀活动			
O. 不大的岩石膨胀压力			5~10
P. 强烈的岩石膨胀压力			10~20

注:1. 如果剪切带仅仅影响隧道而没有与之相交,*SRF* 值应降低 25%~50%;

2. 如果(测得)原岩应力场明显各向异性,当 $5\leq\sigma_1/\sigma_3\leq10$ 时,σc_f 和 σ_{T_f} 分别降到 $0.8\sigma_{c_f}$ 和 $0.8\sigma_{T_f}$;当 $\sigma_1/\sigma_3>10$ 时,σ_{c_f} 和 σ_{T_f} 分别降到 $0.6\sigma_{c_f}$ 和 $0.6\sigma_{T_f}$。σ_{c_f} 为无侧压抗压强度,σ_{T_f} 为抗拉强度(点荷载),σ_1 和 σ_3 是最大和最小主应力;

3. 当拱顶距地表的距离小于拱的跨度时,可参考的记录相当少。对于这种情况建议将 *SRF* 从 2.5 增加到 5。

根据上述表中所给出的 Q 分类参数评分值即可确定 Q 分类中的 6 个参数,再据式(3-1)就可计算得到相应的 Q 值。根据 Q 值的大小,Q 分类法将岩体分为 A~G 共 7 级,如表 3-7 所列。对应 Q 值的取值范围为 0.001~1000。

Q 系统的岩体质量分级表　　表 3-7

Q　值	岩 体 类 别	岩体质量描述
1000~400	A	异常好
400~100	A	极好
100~40	A	很好
40~10	B	好
10~4	C	一般
4~1	D	差
1~0.1	E	极差
1~0.01	F	很差
0.01~0.001	G	异常差

Q 系统隧道支护设计如图 3-1 所示。

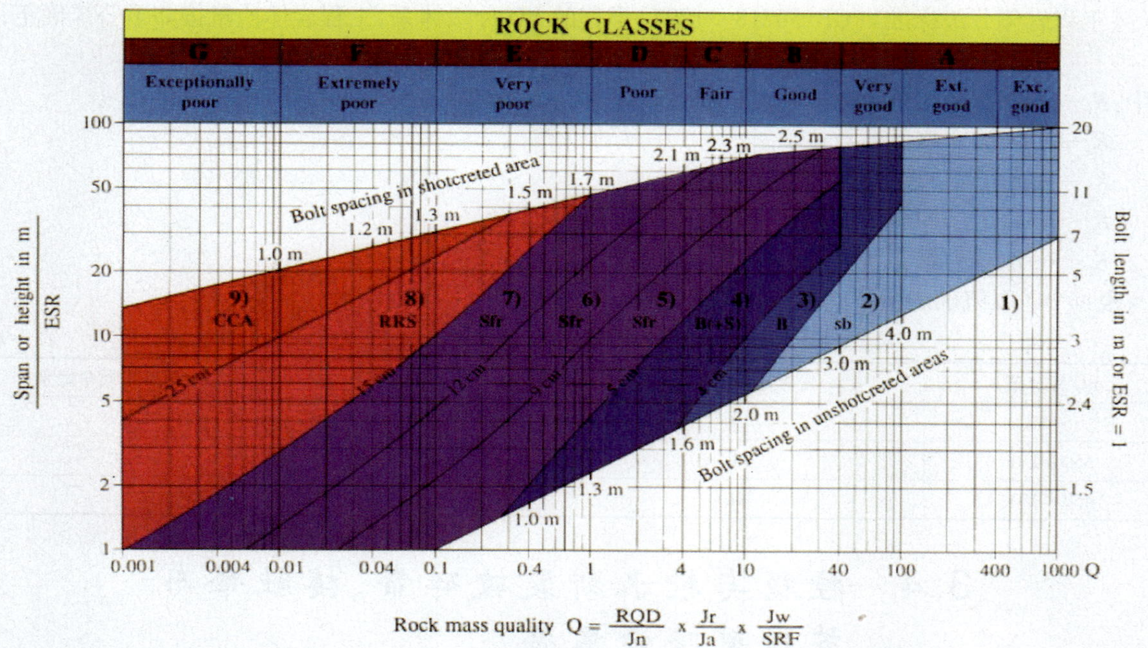

REINFORCEMENT CATEGORIES
1) Unsupported
2) Spot bolting, **sb**
3) Systematic bolting, **B**
4) Systematic bolting, (and unreinforced shotcrete, 4-10 cm), **B(+S)**
5) Fibre reinforced shotcrete and bolting, 5-9 cm, **Sfr+B**
6) Fibre reinforced shotcrete and bolting, 9-12 cm, **Sfr+B**
7) Fibre reinforced shotcrete and bolting, 12-15 cm, **Sfr+B**
8) Fibre reinforced shotcrete, >15 cm, reinforced ribs of shotcrete and bolting, **Sfr, RRS+B**
9) Cast concrete lining, **CCA**

图 3-1　Q 系统隧道支护设计

3.3.2　RMR 分级方法

RMR 岩体质量分级体系(也称为地质力学分类法)。RMR 体系采用 6 个参数进行岩体分级,即:

(1)岩块单轴抗压强度(R_1);

(2)岩体质量指标(RQD)(R_2);

(3)不连续面间距(R_3);

(4)不连续面状态(R_4);

(5)地下水条件(R_5);

(6)不连续面方位(R_6)。RMR 评分值按照如下公式给出:

$$RMR = R_1 + R_2 + R_3 + R_4 + R_5 - R_6 \tag{3-2}$$

根据 RMR 取值确定相应的围岩体质量类级别,见表 3-8。

RMR 取值及相应的围岩体质量类别　　表 3-8

RMR 评分值	岩体基本质量级别	RMR 评分值	岩体基本质量级别
100 ~ 80	I	40 ~ 20	IV
80 ~ 60	II	<20	V
60 ~ 40	III		

3.3.3 BQ 分级方法

《工程岩体分级标准》(GB 50218—1994)推荐的 BQ 分级体系,工程岩体质量按如下公式确定:

$$BQ = 90 + 3R_c + 270K_v - 100(K_1 + K_2 + K_3) \tag{3-3}$$

式中:R_c——岩石饱和单轴抗压强度(MPa);

K_v——岩体完整性系数;

K_1——地下水修正系数;

K_2——软弱结构面修正系数;

K_3——地应力修正系数。

根据 BQ 取值确定相应的围岩体质量级别,见表 3-9。

BQ 取值及相应的岩体基本质量级别 表 3-9

BQ 评分值	岩体基本质量级别	BQ 评分值	岩体基本质量级别
>550	I	350 ~ 250	IV
550 ~ 450	II	<250	V
450 ~ 350	III		

3.4 控稳与控水断裂破碎带、接触带与节理裂隙密集带

本研究通过对前期区域地质资料的分析,进一步对钻孔岩芯进行了鉴别,对地表揭露的断裂带特征进行了较详细的工程地质调查,深入研究了隧址处各断裂带的性质、分布规模及对隧道围岩稳定性的影响,并对其进行了分类。

3.4.1 4 类断裂破碎带及其对围岩稳定性的影响

(1)具绿泥石化错碎物的破碎带

具绿泥石化错碎物的破碎带,走向 NE(或 NEE)及 NW 向均有分布,以压扭为主,也见有张扭性质,绿泥石化错碎物表面和内部发育很多擦痕、镜面,裂面光滑,沿内部裂面能剥开,但结合紧密。压扭性断裂带中的绿泥石化错碎物中的擦痕以近上下方向为主,显示错碎物成因为以压为主的压扭成因,而张扭性破碎带中也发育这种类似的错碎物,则可能是以扭为主的。岩石抗压、抗剪强度低,遇水易崩解。绿泥石化错碎物一般厚度不大,但由于它夹在破碎岩带中,形成一强度更低的软弱带,因此对隧道围岩稳定性有重要影响;绿泥石化错碎物本身透水性不好,但周围破碎带透水性较高,这进一步降低绿泥石化错碎物的强度。

具绿泥石化错碎物的破碎带一般宽度较大,岩体成碎裂状,如处于顶拱易塌落,侧壁则能基本保持稳定,但收敛变形相对较大。裂隙大多细小、但整体成连通状,因此其渗透性中等。注浆对破碎岩效果较好,但对绿泥石化错碎物效果可能不好。这是影响该类破碎带加固整体效果的关键。

(2)具辉绿岩脉强风化加深带的破碎带

具辉绿岩脉强风化加深带的破碎带,走向 NW 及 NE(或 NEE)向均有分布,以张扭为主,也见有压扭性质,大多数辉绿岩脉中及周围岩体张裂隙发育,加上辉绿岩本身容易风化,造成辉绿岩脉强风化带深达十多米,强风化进一步显著降低破碎带或辉绿岩脉的强度。风化对辉绿岩脉的影响最为显著,从薛家岛地表有关露头可见,辉绿岩脉风化明显强于岩脉两侧其他岩石,特别是如果岩脉形成后又经过后期构造挤压破碎时,在地表露头(包括人工新近采石开挖出的陡坡上)所见的辉绿岩脉,基本上都呈强风化,强风化上部呈近似土状,指甲易划动;下部以原岩结构及矿物颗粒间联结遭到严重破坏的强风化残块为主,整体易用铁锤撬动,这类经过挤压破碎后辉绿岩脉强风化加深带以 NE 及 NEE 向为典型;而

NW 及 NWW 向破碎带中的辉绿岩脉后期构造作用的影响主要是形成张裂隙，岩脉在近地表（可达 10m 左右）为全岩强风化，其下往往以沿裂隙面强风化～弱风化为主，从而岩体强度也较低。

f_5：环岛路边坡上和采石场出露；整体倾向为北北西（局部南南东），压扭性，高倾角，主面呈弧形状，走向 30°～55°/倾 NWW～NNW∠80°～90°，带内主要为碎裂化火山岩及碎裂化花岗岩为主，沿主面及带内见多条辉绿岩脉，岩脉单条宽度 0.2～1.0m 不等，辉绿岩脉挤压破碎严重，风化较周围岩石严重。但岩脉未被错断，显示该断裂在辉绿岩侵入后该断裂基本未活动。物探显示，在 SDZ6、SDZ7 孔附近有 2 条宽 20m 左右的低速带，推测为该断裂组成部分。

f_6：在人工开挖边坡上出露，显示为张性断裂，倾向南南西，倾角 85°左右；带内以构造角砾和碎裂化次火山岩及碎裂化花岗岩为主，带内见多条已强烈风化的辉绿岩脉，岩体完整性及岩体质量不均，以破碎～较破碎岩石为主，局部夹有较完整坚硬岩石。洞内揭露该带内辉绿岩脉被错碎，形成较宽的绿泥石化错碎带，其特征与有关钻孔取得的岩芯完全相同。f_6 显示以上划分的两类有一定共性。具辉绿岩脉强风化加深带的破碎带一般宽度也较大，沿破碎带往往有多条辉绿岩脉。带内岩体破碎，顶拱易塌落，侧壁能保持稳定。裂隙微张开状、整体成连通状，因此其渗透性中等偏大，风化使岩石强度减弱，沿裂隙面风化较重，降低了岩体的整体强度。在海域段该类破碎带渗水的可能性大，应加强对其处理。注浆对破碎岩效果较好，但对相应的辉绿岩脉处理时，较强风化裂隙面会降低其与浆液的结合能力，从而对处理效果会有所降低。在海域段该类破碎带渗水的可能性大，应加强对其处理。注浆对破碎岩效果较好，但对相应的辉绿岩脉处理时，较强风化裂隙面会降低其与浆液的结合能力，从而对处理效果会有所降低。

（3）未胶结～弱胶结压碎～碎裂岩带

未胶结～弱胶结压碎～碎裂岩带，岩石受构造影响形成压碎～碎裂岩带，破碎带岩体风化严重，破碎物软硬不等，以紧密镶嵌结构为主。顶拱易塌落，侧壁能保持稳定。裂隙闭合、整体成连通状。结构面为硬性结构面。在海域底段该类破碎带渗水中等偏弱，可对其进行注浆处理。注浆对该类碎裂岩效果较好。

（4）胶结破碎岩组成的破碎带

由于构造角砾间胶结较牢固，作为隧道围岩稳定性高于一般破碎带，一般在开挖施工和初期支护适当加强即可。渗透性较弱，少量渗水可采取排水处理。

3.4.2　粗粒花岗岩强风化加深带及其对围岩稳定性的影响

薛家岛环岛路路边及采石场见到粗粒花岗岩强风化明显加深带。

（1）薛家岛环岛路路边废弃采坑处，f_6 南边。由于岩石结晶颗粒粗，抗风化能力较弱，岩石强烈风化，颗粒间结合力丧失严重，表面出露岩石用手能抠动，宽度约 10～20m。尽管这种粗粒花岗岩空间分布呈团块状或囊状，但由于该观测点离隧道轴线很近，所以隧道通过时遇到该强风化带的可能性很大，由于这类强风化岩的强度和围岩稳定性都较差（低于破碎带中的碎裂镶嵌岩体，局部稳定性较具泥石错碎物的破碎带更低），但如果隧道中遇到，则范围大于绿泥石错碎物，后者单条一般仅为很窄的带状，因此在隧道通过该范围时，应采取相应措施，如应采取超前管棚等有效措施，加强初期支护。

（2）f_5 破碎带主面北边，尽管分布在破碎带内。但因所见点离隧道较远，向隧道方向追溯未见向东边延伸，因此隧道穿越时遇到的可能性不大。

3.4.3　不同性质接触带的控稳控水作用

经调查研究，认为隧址区不同岩性接触带可分为 3 类：

（1）风化蚀变接触带

在挤压破碎带附近的接触带。当接触带在挤压破碎带之前形成，经后期构造挤压作用，接触带两侧岩体更易受构造影响而破碎，接触带处于 f_5 的北缘，接触带两侧岩石受到一定程度破碎，岩石结构及矿物成分不均一，当石英含量高时岩石坚硬、完整，而长石含量高的岩石则风化破碎严重，呈灰白色，已风化成高岭土，强度低，接触带呈不规则状。地表附近采石场陡坡处揭露带内岩体总体质量较差，Q 分级属很差的岩体，透水性较弱。推测至隧道通过的深度这类接触带风化程度弱于近地表揭露的风化程度，设计施工可按 V 级围岩处理。

(2)同化或胶结良好接触带

后期侵入的花岗岩同化粗安玢岩，其接触大多紧密，不形成明显接触界面。受后期构造作用，也见有部分接触面呈微张开状，则归为下一类。大部分正长斑岩岩脉与围岩接触关系呈良好胶结状态。由这两种关系形成的接触带，均对围岩稳定性及岩体透水特征无不利影响。

(3)微张～张开的接触带

有一些接触带的接触面局部比较粗糙，风化不重，两侧岩石坚硬，接触面呈微张～张开状态，尚有一部分花岗岩同化粗安玢岩的边界及正长斑岩岩脉与围岩接触面，受后期构造等作用，呈微张～张开状态。这类接触边界对隧道围岩稳定性有一定影响，其影响作用可与构造裂隙一起分析。由于这类接触带具有一定的张开度，当延伸性较大时，透水性可达弱～中等。

3.4.4 导水裂隙特征与围岩渗透性

从地表裂隙渗水特征和钻孔岩芯走水迹象对导水裂隙特征与围岩渗透性进行了研究。

薛家岛边坡露头显示，NNE 向裂隙较发育，其次为 NW～NNW 向裂隙。局部陡倾张性裂隙具导水性，NW～NNW 向裂隙也具导水性，特别是裂隙密集和多组节理交叉时，透水性增强，出水特征以线流或雨淋状为主(局部可能喷涌)；从风化程度看，弱风化带透水性相对最大，多为中等透水性；岩芯走水迹象表明，20m 地下水仍可能较活跃。

综合地表调查、压水试验及岩芯观测来看，基岩弱风化带透水性相对最大，多为中等透水性、少数弱透水性；从弱风化带分布相对位置看，大多未达到隧道周围，只需对达到隧道开挖面附近的弱风化破碎岩体进行合理处理；绝大多数微风化岩体为微～弱透水性、局部(主要为微风化破碎岩体)为中等渗透性，具中等渗透性的微风化岩体主要出现在 DZ2、DZ4、Z-1B、Z-2、DZ14、DZ18、DZ20 钻孔中，对微风化岩体地下水的处理，并不一定要采用堵塞的方式，也可采用疏排方式。断裂带大部为弱透水性、部分为中等渗透性，对于具绿泥石化错碎物的破碎带，其渗透性并不大。对于具张性裂隙、并有辉绿岩脉的破碎带，由于张裂隙的存在以及辉绿岩强风化，一方面渗透性较大，另一方面辉绿岩浸水后强度会有较大幅度降低，因此该类破碎带是处理的重点，可结合围岩稳定措施综合考虑。

3.5 隧道工程区地表及洞内岩体质量调查

3.5.1 隧道附近地表岩体质量调查研究

破碎带的分布及性质是影响隧道开挖稳定性的关键因素之一。本次地表调查利用采石场对 f_5、f_6 的分布及特征进行了较详细的分析研究。并对 f_6 断裂带范围内的岩体质量进行了细致的划分。

f_6 破碎带内岩体大多为破碎～较破碎岩(图 3-2)，但岩块镶嵌较紧密，地表采石场开挖边坡具较大的稳定自立高度。但岩块之间仅一部分具胶结，另一部分是微张开的。所以可以推测，在这类岩体中开挖大直径隧道，拱顶容易塌落，隧道侧壁能维持自稳。带中见多条辉绿岩脉及软弱破碎带(图 3-3)，是 f_6 中岩体质量最差的部分，研究给出了各段分布情况及岩体质量 Q 指标评分。

较破碎，一组优势节理(245° <77°)，
间距9~15cm,次要节理(358° <66°)

图3-2　节理

灰白色，风化严重，裂隙表面已部分高岭土化，
表面用指甲能划动，表层岩石易用手掰碎

图3-3　构造破碎带

3.5.2　隧道开挖段岩体质量及稳定性

利用已开挖的隧道掌子面能更清楚地了解围岩分布、岩体质量及围岩的稳定性。图3-4显示该处隧道左上角局部岩体较破碎，一组优势节理间距小，10~20cm，走向与洞轴线相交约10°，倾角70°。岩块镶嵌紧密，节理面无充填，也未胶结。侧壁上部及左上部顶拱局部岩块易掉落，管棚保持了其稳定性。图中右下角可见一中等蚀变的结构面（灰白色），但在掌子面范围内两端即渐变消失。该处岩体属弱风化较破碎岩体。岩体质量Q评分在1~5，属质量一般到质量差。

图3-4　上半部掌子面的左上角（较破碎岩体）

图3-5则显示该处上半部隧道掌子面的右下角岩体为块状完整岩体。该处岩体裂隙少，裂隙间距达0.8~1.0m以上。图中A面为一平直贯通性好的结构面，与隧道轴线50°左右相交，倾角70°，倾向洞里，结构面未见明显蚀变，沿结构面中等风化。图中B面为另一呈阶梯状贯通性好的结构面，与隧道轴线30°左右相交，倾角45°，倾向洞外，结构面未见明显蚀变，沿结构面中等风化。该类岩体质量好，属弱风化完整岩体，岩体质量Q评分在10~18，属质量好的岩体。其围岩稳定性好，但应注意控制爆破，以免沿结构面岩块大块脱离原岩。达到有效控制洞形的目的。

图3-6为薛家岛左线隧道距入口0.7m处则显示该处上半部隧道掌子面的中下部，发育一组优势结构面，走向与洞轴线交角很小，倾角65°左右，间距0.20~0.40m。结构面未见明显蚀变，沿结构面中等风化。岩石镶嵌紧密，岩体稳定性较好。

图3-7为薛家岛左线隧道入口处上半部掌子面岩体全貌，岩体总体较破碎，总体上可用一种岩体质量代表。发育多组节理，间距都在0.1~0.5m，其中与洞轴线近于平行的一组大倾角节理占优势，在洞顶附近及右下角最明显。发育两组节理加一组偶见裂隙，裂隙密集，岩体较破碎，岩石易掉落。结构面未见明显蚀变，沿结构面中等风化。岩石镶嵌较紧密，局部岩石易掉块。

图3-8为左洞入口西侧壁，显示岩体破碎，见3组以上裂隙。其中主要由一组与洞轴线大角度相交的优势密集裂隙及另一组与洞轴线小角度相交的较密集裂隙共同切割所致。易掉块，管棚保持了其稳定性。

图 3-5 上半部掌子面的右下角(完整块状岩体)

图 3-6 上半部隧道掌子面的中下部:一组优势结构面

图 3-7 薛家岛左洞口处上半部掌子面岩体全貌

图 3-8 左洞入口西侧壁破碎岩

3.6 隧道围岩岩体质量的综合分级评价

本项研究的基本流程为:场区地质结构→场区工程地质岩组类型划分→具体工程部位或钻孔工程地质岩组划分→岩体质量影响因素分析与评价指标确定→评价指标的统计分析与取值→岩体质量分级评价→工程岩体的力学参数与设计参数研究。

3.6.1 岩芯鉴别、编录与补充实验

(1)岩芯鉴别、编录

1)钻孔岩芯鉴别及编录内容

为了提高研究质量,借鉴国内外的编录方法,并根据本次青岛海底隧道围岩岩体质量的研究内容,进行了钻孔岩芯的工程地质现场鉴别、编录。具体包括:分回次对岩芯进行鉴别、编录;岩石强度、风化程度、岩体完整性的现场判定。岩体的完整性的判定,对岩体质量评价至关重要,也容易出现偏差,因此,现场的定性判别极为重要。现场判定,主要考察工程地质岩组内的节理组数、间距、结构面结合程度、岩芯块度等特征。

结构面的特征描述。结构面的深度的确定主要通过先按回次确定其相对位置,最后换算成结构面的绝对深度。结构面的状态也是影响岩体质量的重要指标。其确定方法主要是依据国际上现在用得比较多的描述方法,参照了国内的一些描述方法,描述的内容有:结构面类型、所属组系、结构面方位、结构面形态、结构面粗糙度、结构面两壁接触情况、结构面张开度、结构面间距、结构面蚀变程度及结构面填充物。

2）钻孔岩芯工程地质岩组的现场定性分段

根据钻孔的现场编录内容，结合本次研究的重点内容，在现场根据岩性、风化程度、完整性、结构面发育频率、结构面组数、结构面特征等6大因素，首先进行定性的岩组划分。

3）编录资料的现场整理与反馈

为了更好的研究岩体质量，本次野外研究过程中，课题组遵循边编录、整理，遇到不易确定的指标，立即进行现场会商确定；发现资料不准确和有遗漏，立即在现场进行补充鉴别、编录。

（2）补充试验

本着充分利用前期勘察资料，立足需要、结合实际、突出重点的指导思想，进行补充试验。

补充测试工作，主要包括在现场对岩芯和洞内岩样的系统实验测试、实验室岩样实验，并视现场条件考虑开展原位实验。岩芯的现场实验主要包括点荷载、密度、回弹实验，逐孔、逐岩组进行，测试对象既包括岩块，还包括代表性结构面。室内实验主要包括：密度、多波参数、回弹、点荷载、单轴压缩等。

3.6.2　工程地质岩组的垂直分段

工程地质岩组划分，主要依据其工程地质特性。工程地质层组的划分，是岩体质量评价、参数确定和变形稳定分析的基础。

目前国内勘察工作中，岩组划分一般主要考虑岩石的风化差异，未能全面反映控制岩体质量和岩组的基本因素。本项研究中，岩组划分考虑如下因素：

（1）以岩性和I、II类结构面划分大类。

（2）以风化级别和III类结构面划分亚组。

岩组组数的确定，不能过少，也不宜过多。过少不能满足组内的参数的变异性要求，过多则使用起来过于复杂。

综合考虑多种因素后，岩组划分结果在部分位置与原勘察报告有所差异。

3.6.3　岩体质量综合分级评价

BQ分级体系是我国现行的国家标准；国际上用的比较多的是Q分类，RMR系统为国际岩石力学学会所推荐；在应用Hoek-Brown准则进行工程岩体参数研究时，还使用了GSI分级体系。因此，本项研究采用上述4种分类体系，分别进行了深入的研究，并进行了对比分析。本项研究中，采用了Q，RMR，BQ三类方法进行了分孔岩体质量评价，见表3-10。

DZ4孔不同方法岩体质量评价比较　　表3-10

孔号	岩组名称	位置（m）				围岩质量分级方法	评分值	围岩类别	主要特征及岩体质量影响因素
		层顶深度	层底深度	层底标高	厚度（m）				
DZ4	第1段：碎石状弱风化破碎含晶屑火山角砾凝灰岩岩组	0	11.4	-35.40	11.4	Q	0.21	E	三种方法结果差异不大，特征及岩体质量影响因素详见附表
						RMR	31	IV	
						BQ	179	V	
	第2段：大块状微风化含晶屑火山角砾凝灰岩岩组	11.4	17.1	-41.10	5.7	Q	80.00	A	三种方法结果差异不大，特征及岩体质量影响因素详见附表
						RMR	75	II	
						BQ	483	II	
	第3段：块状微风化含晶屑火山角砾凝灰岩岩组	17.1	29.2	-53.20	12.1	Q	29.70	B	三种方法结果差异不大，特征及岩体质量影响因素详见附表
						RMR	67	II	
						BQ	426	III	

续上表

孔号	岩组名称	位置(m)				围岩质量分级方法	评分值	围岩类别	主要特征及岩体质量影响因素
		层顶深度	层底深度	层底标高	厚度(m)				
DZ4	第4段:块状微风化含晶屑火山角砾凝灰岩岩组	29.2	34.3	-58.30	5.1	Q	0.47	E	坚硬程度:坚硬;风化程度:微风化;完整性:岩体较完整;岩体完整性系数 K_v 为0.65;结构面特征:主要发育两组节理,倾角40°~50°、70°~90°;沿70°~90°裂隙形成宽3~5cm的挤压破碎带;带内岩石呈碎裂状;局部见有绿泥石等蚀变矿物和近水平擦痕;结合度差,该组节理对洞室侧壁稳定性具有一定影响;该组结构面蚀变强,强度低,在洞顶受40°~50°节理切割时,也构成不稳定性因素,在岩体质量评价中应有所体现。优势节理(40°~50°)间距为20~60cm;结构面呈平面光滑状;张开<1mm;壁面未蚀变
						RMR	35	IV	
						BQ	468	II	
	第5段:块状微风化含晶屑火山角砾凝灰岩岩组	34.3	40	-64.00	5.7	Q	5.78	C	坚硬程度:坚硬;风化程度:微风化;完整性:岩体较完整;岩体完整性系数 K_v 为0.70;结构面特征:主要发育两组节理,倾角50°~60°、70°~80°;裂隙闭合,局部充填方解石,结合度较好。优势节理为倾角50°~60°,其间距为20~60cm,结构面呈平面光滑状,张开<1mm,壁面未蚀变,仅表面锈染
						RMR	58	III	
						BQ	514	II	
	第6段:碎石状微风化含晶屑火山角砾凝灰岩岩组	40	41.4	-65.40	1.4	Q	0.31	E	坚硬程度:坚硬;风化程度:微风化;完整性:岩体完整;岩体完整性系数 K_v 为0.80;结构面特征:主要发育两组节理,倾角50°~60°、70°~90°;沿70°~90°裂隙形成宽3~5cm的挤压破碎带;带内岩石呈碎裂状~粉末状;见有绿泥石等蚀变矿物和近水平擦痕;遇水易软化,结合度差,极易裂开。该组节理对洞室侧壁稳定性具有较大影响;在洞顶受50°~60°节理切割时,构成不稳定性因素,所以在岩体质量评价中应有所体现。倾角50°~60°节理间距为20~60cm;结构面呈平面光滑状;张开1~5mm;充填软化或黏土等蚀变矿物
						RMR	37	IV	
						BQ	566	I	
	第7段:块状微风化沉凝灰岩岩组	41.4	50.6	-74.60	9.2	Q	3.71	D	坚硬程度:坚硬;风化程度:微风化;完整性:岩体完整;岩体完整性系数 K_v 为0.80;结构面特征:主要发育两组节理,倾角30°~40°、60°~70°,另有一组偶见节理,倾角50°左右;优势节理间距为6~20cm;结构面呈平面粗糙状;张开<1mm;壁面轻微蚀变

3.6.4　岩体质量变异特征与岩体质量取值风险分析

（1）隧道围岩岩体质量的非均匀性特征

1）钻孔编录显示岩体质量随深度变化较大，过细的分段虽能更精细地区分岩体质量，但不利于工程应用。即使在合理的尺度范围内，岩体质量仍达不到均一的程度。

2）地表露头岩体质量调查显示，即使在同一断裂破碎带内，岩体质量也在一定范围内变化。

3）隧道开挖段也显示大多数情况下隧道掌子面范围内会同时存在不同级别岩体质量的围岩。

以上 3 方面充分说明，在岩体质量评价、隧道设计和施工管理等环节中在一定范围内，采用一固定的岩体质量取值的做法虽然带来方便，但是也给工程带来一定的风险。因此对岩体质量取值的合理性及其风险性进行评价是非常重要的。

（2）基于 Q 指标岩体质量分级系统的风险分析原理方法

由于条件的限制，有时只能够依靠钻孔岩芯来对钻孔附近的岩体进行质量等级的判定。然而钻孔岩芯上获取的数据只能代表整个岩体在某一点上的数据。对于岩体来说，其本身是复杂多变的，其各种指标值（如节理间距、岩体纵波波速等）都是随机变量，由这些指标值组合而得的评价结果也必然是随机变量。所以，依靠钻孔岩芯来对这个岩体进行质量评价就存在着一个可靠度的问题。

Q 系统风险分析基于 Q 系统对钻孔各段岩芯进行统计分析，建立各段岩芯的 RQD、J_n、J_r、J_a、J_w、SRF 概率模型，利用 Monte-Carlo 原理对这 6 个概率模型进行抽样，用式（3-1）对抽样值进行组合计算，可获取大量 Q 值样本。获取钻孔各段岩芯附近岩体质量分布概率情况。对钻孔各段岩芯附近岩体质量分布概率结果进行权重分配，得出整个钻孔附近岩体的质量等级分布概率情况。

（3）岩体质量变异特征与初步的风险分析

1）RQD 计算模型的建立方法

采用节理间距间接计算 RQD 值：首先建立结构面间距的概率模型，利用 Monte-Carlo 原理对该模型进行抽样，形成 n 个间距样本；再将间距样本按照生成顺序排列，形成一条总测线，在总测线上以均匀分布的方式布置 m 个长为 2m 的测线；最后在每个测线上可得到一个 RQD 值。

2）J_n 计算模型的建立方法

建立 J_n 概率模型需要把原表中的单一值改为区间值。通过区间值的设定把不同节理组数状态评分值之间的差异减小，实现平稳过渡。区间值的范围代表了岩体节理组数可能取得的状态值的范围。确定了每一种节理组数状态的取值区间后，便可在取值区间内以一定的分布方式进行抽样。如表 3-11 所示。

J_n 的风险分析变量模型表　　表 3-11

节 理 组 评 分	J_n
A. 岩层，无或很少节理	0.5～1.0
B. 一组节理	1.5～2.5
C. 一组节理加偶见节理	2.5～3.5
D. 两组节理	3～5
E. 三组节理加偶见节理	4.5～7.5
F. 三组节理	7.5～10.5
G. 三组节理加偶见节理	10.5～13.5
H. 四组节理以上节理，节理分布不规则，极发达，成小方块状等	12.5～17.5
J. 粉碎如土壤般的岩石	17.5～22.5

注：在交叉段采用（$3\times J_n$）；在洞口采用（$2\times J_n$）。

3) J_r、J_a、J_w、SRF 计算模型的建立方法

J_r、J_a、J_w、SRF 的概率模型建立原则与 J_n 一致,如表 3-12 ~ 表 3-15 所示。

J_r 的风险分析变量模型表 表 3-12

节理粗糙度		J_r
(a)岩层是接触的情况或(b)10cm 剪切位移时接触的情况	A. 不连续节理	3.5 ~ 4.5
	B. 粗糙的或不规则的、波纹状的	2.5 ~ 3.5
	C. 平滑、波纹状	1.5 ~ 2.5
	D. 滑面波纹状	1.25 ~ 1.75
	E. 粗糙或不规则、平坦	1.25 ~ 1.75
	F. 平滑、平坦	0.75 ~ 1.25
	G. 滑面、平坦	0.25 ~ 0.75
(c)岩层不接触的情况	H. 岩层完全不接触,有厚的黏土夹层	0.75 ~ 1.25
	I. 岩层完全不接触,有后的砂砾状或破碎状夹层	0.75 ~ 1.25

注:如节理的平均单位间距大于 3.0m 以上时,加 1.0

J_a 的风险分析变量模型表 表 3-13

节理面	变质度	J_a
(a)岩层面接触的情况	A. 十分坚硬,强度大,无软化,不透水性物质如石英等	0.625 ~ 0.875
	B. 只有表面污染,性质不变的节理面	0.5 ~ 1.5
	C. 稍变质的节理面,无软质矿物覆盖,有些砂状物质等	1.5 ~ 2.5
	D. 有砂质黏土覆盖、黏土的小破片	2.5 ~ 3.5
(b)10cm 剪切位移时的接触情况	E. 为软质或低摩擦系数的黏土矿物覆盖,如云母等	3.5 ~ 4.5
	F. 分解为砂状物质,游离黏土的岩石	3.5 ~ 4.5
	G. 为固结充分,无软化的黏土矿物充填(连续的,厚度在 5mm 以下	5 ~ 7
	H. 为中 ~ 弱固结,软质、黏土矿物充填	7 ~ 9
	J. 为膨胀性黏土、黏土充填	8 ~ 12
(c)岩层面不接触的情况	K、L、M. 夹崩解或粉碎岩石与黏土(黏土情况描述见 G、H、J)	5 ~ 7
		7 ~ 9
		11.5 ~ 12.5
	N. 夹粉质砂质黏土,小量黏土成分(不软化)	4.5 ~ 5.5
	O、P、R. 夹厚且连续之黏土(黏土情况描述见 G、H、J)	9 ~ 11
		12.5 ~ 13.5
		13 ~ 20

J_w 风险分析变量模型表 表 3-14

节理内水的状态	水压(kgf/cm^2)	J_w
A. 挖或微小涌水,如小于 5L/min 以下	<1.0	0.83 ~ 1.17
B. 有可能使节理充填冲出的中涌水或水压	1 ~ 1.25	0.49 ~ 0.83
C. 涌水大,但节理无充填物强度充分	2.5 ~ 10	0.415 ~ 0.585
D. 有冲出节理充填物的大量涌水或水压	2.5 ~ 10	0.245 ~ 0.415
E. 爆破时发生大量涌水或产生预计不到的高水压	>10	0.2 ~ 0.1
F. 岩层显著劣化,产生预计不到的大量涌水或高水压	>10	0.1 ~ 0.05

SRF 风险分析变量模型表　　表 3-15

应力状态系数	R_C/σ_j	SRF
(a)软弱层交叉，并引发松弛的情况	A. 含有黏土或化学分级的软弱层，周边围岩极度松弛	8.75～11.25
	B. 有单一黏土软弱层或化学分解的软弱层，开挖深度 50m 以下	3.75～6.25
	C. 有单一黏土软弱层或化学分解的软弱层，开挖深度 50m 以上	1.25～3.75
	D. 在有充分强度的围岩中有一些破碎带、周边围岩松弛	6.25～8.75
	E. 在有充分强度的围岩中有单一的破碎带(开挖深度 50m 以下)	3.75～6.25
	F. 在有充分强度的围岩中有单一的破碎带(开挖深度 50m 以上)	1.25～3.75
	G. 松弛的张开节理，裂隙或成"角砂糖"状	3.75～6.25
(b)围岩强度充分，但有地应力问题的情况	H. 低地应力、地表附近	3.75～6.25
	J. 中等地应力	0.25～1.75
	K. 高地应力	0.5～2
	L. 微弱的岩爆	5～50
	M. 强烈岩爆	50～200
	N. 强烈岩爆，急剧大变形	5～10
(c)高地应力，有挤出和塑性流动的情况	Q. 缓慢挤出	5～10
	P. 急剧挤出	10～20
(d)膨胀性围岩	R. 缓慢吸水膨胀	5～10
	S. 急剧吸水膨胀	10～15

(4)围岩岩体质量风险评价实例

例如隧道左线从里程 ZK3＋125 到里程 ZK8＋750 以南共分为 12 段，风险评价的样本来自各段钻孔岩芯。在综合推荐质量的等级时从风险系数与分布两个方面同时考虑，做出判断。风险评价对隧道沿线各段内岩体质量等级进行了整体性概率分布描述，岩体质量具体特征及应用情况，可参考隧道各段岩体质量评价汇总结果。

隧道左线第四段(里程为 ZK4＋355～ZK5＋015)围岩岩体风险分析结果见表 3-16、质量分布概率图如图 3-9 所示。

隧道左线第四段(里程为 ZK4＋355～ZK5＋015)围岩岩体风险分析结果表　　表 3-16

质量等级	异常差	极差	很差	差	一般	好	很好	极好	异常好	综合推荐质量等级
风险系数(%)	0	0	0	6.23	14.62	58.73	79.04	91.91	100	差～一般

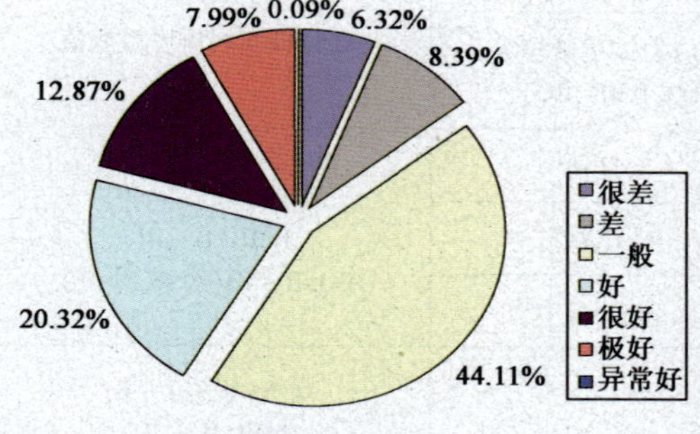

图 3-9　隧道左线第 4 段(里程为 ZK4＋355～KZ5＋015)围岩岩体质量分布概率图

3.6.5 隧道分段岩体质量评价汇总

隧道分段岩体质量评价汇总(节选)见表3-17。

隧道分段岩体质量汇总表(节选) 表3-17

(1)分段里程:ZK3+125~ZK3+325(YK2+992.5~YK3+312)段

位置	钻孔分孔岩体质量评价		综合推荐岩体质量取值	勘察报告(对比):BQ分级
	钻孔编号	围岩岩体质量等级(Q,RMR,BQ)		
左线	NDZ9	D,Ⅲ,Ⅲ	Q:C~D; RMR:Ⅲ; BQ:Ⅱ~Ⅲ	Ⅱ~Ⅲ
	NDZ8	D,Ⅲ,Ⅱ		
	NDZ6	C,Ⅲ,Ⅱ		
右线	NDZ10		Q:B~D; RMR:Ⅲ; BQ:Ⅱ~Ⅲ	Ⅱ~Ⅲ
	NDZ7	B,Ⅱ,Ⅱ		

(2)分段里程:ZK3+325~ZK3+925(YK3+312~YK3+922)段

位置	钻孔分孔岩体质量评价		综合推荐岩体质量取值	勘察报告(对比):BQ分级
	钻孔编号	围岩岩体质量等级(Q,RMR,BQ)		
左线	NDZ5	B,Ⅱ,Ⅱ	Q:D(夹A、B); RMR:Ⅲ; BQ:Ⅲ(局部少量Ⅴ级, 可按Ⅳ级处理, 夹一定量的Ⅱ~Ⅲ)	Ⅳ
	NDZ4	C,Ⅲ,Ⅱ		
	NDZ3	A,Ⅱ,Ⅲ		
	NDZ2	未打到		
右线	DZ26	D,Ⅲ,Ⅱ	(1)YK3+312~YK3+462: Q:D;RMR:Ⅲ;BQ:Ⅲ (2)YK3+462~YK3+640: Q:E;RMR:Ⅲ;BQ:Ⅴ (3)YK3+640~YK3+750: Q:D;RMR:Ⅲ;BQ:Ⅲ (4)YK3+750~YK3+922: Q:E;RMR:Ⅲ;BQ:Ⅳ	(1)YK3+312~YK3+462: Ⅳ (2)YK3+462~YK3+657: Ⅴ (3)YK3+657~YK3+922: Ⅳ
	DZ25	D,Ⅲ,Ⅲ		
	DZ24	D,Ⅲ,Ⅲ		
	NDZ1	未打到		

(3)分段里程:ZK3+925~ZK4+355(YK3+922~YK4+218)段

位置	钻孔分孔岩体质量评价		综合推荐岩体质量取值	勘察报告(对比):BQ分级
	钻孔编号	围岩岩体质量等级(Q,RMR,BQ)		
左线	DZ23	未打到	Q:A(很好)~B; RMR:Ⅱ~Ⅲ; BQ:Ⅱ~Ⅲ(少量Ⅳ级)	Ⅱ~Ⅲ
	DZ22	A,Ⅱ,Ⅳ		
	DZ1	B,Ⅱ,Ⅱ		
右线	无		Q:A(很好)~B; RMR:Ⅱ~Ⅲ; BQ:Ⅱ~Ⅲ(少量Ⅳ级)	Ⅱ~Ⅲ

3.7　隧道围岩岩体力学设计参数的建议值

本研究中在详细的岩体质量分级评价及岩体质量变异性分析的基础上，采用多种方法给出了岩体力学设计参数的建议值。

重点研究了工程岩体的单轴抗压强度 σ_{cm}、变形模量 E_m、泊松比 ν、内摩擦角 φ、内聚力 c、弹性抗力系数 K 等参数。下面将确定各主要指标的方法概述如下。

3.7.1　岩体单轴抗压强度

岩体单轴抗压强度可以通过岩块单轴抗压强度折减计算得到。Barton(2000)推荐了基于 Q 分级体系的岩体单轴抗压强度计算公式：

$$\sigma_{cm} = 5 \cdot \rho \cdot \left(Q \cdot \frac{\sigma_{ci}}{100}\right)^{\frac{1}{3}} \tag{3-4}$$

式中：σ_{cm}——岩体饱和单轴抗压强度(MPa)；

σ_{ci}——岩块饱和单轴抗压强度(MPa)；

ρ——密度(g/m^3)。

Kalamaris 和 Bieniawski(1993 年)推荐了基于 RMR 分级体系的岩体单轴抗压强度计算公式为：

$$\sigma_{cm} = \sigma_{ci} \cdot \exp((RMR - 100)/24) \tag{3-5}$$

Sheorey(1997 年)则推荐了如下计算公式：

$$\sigma_{cm} = \sigma_{ci} \cdot \exp((RMR - 100)/20) \tag{3-6}$$

Aydan and Dalgic(1998 年)则推荐如下的计算公式：

$$\sigma_{cm} = \sigma_{ci} \frac{RMR}{RMR + 6(100 - RMR)} \tag{3-7}$$

考虑各向同性假设，可利用 Hoek-Brown 准则计算岩体单轴抗压强度：

$$\sigma_{cm} = \sigma_{ci} s^{a} \tag{3-8}$$

式中：s——与岩体特性有关的材料常数；

a——表征节理岩体的常数。

3.7.2　岩体变形模量

通过岩体质量分级体系确定岩体模量，目前已经有很多针对各向同性岩体的经验关系。这些经验关系主要基于 Serafim、Pereira(1983 年)和 Bieniawski(1978 年)所报道的原位试验数据。Bieniawski(1978 年)通过原位测量岩体模量，并给出了 RMR 和岩体模量之间的相关关系如下：

$$E_m = 2RMR - 100 \tag{3-9}$$

式中：E_m——岩体变形模量(GPa)。

式(3-9)关系仅适合于 $RMR > 50$ 的情况。

Serafim、Pereira(1983 年)基于大坝基础的岩体变形模量的实测资料，给出了如下的经验公式：

$$E_m = 10^{\frac{RMR-10}{40}} \tag{3-10}$$

Hoek(2002 年)认为对于质量差的岩体，公式(3-10)估算的岩体变形模量过高了。对于质量相对较好的情况，岩体变形主要由结构面控制，而对于质量较差的岩体，完整岩块的强度对于岩体的变形有很重要的影响。他针对 $\sigma_{ci} < 100$MPa，提出了如下的修正公式：

$$E_m = \sqrt{\frac{\sigma_{ci}}{100}} \cdot 10^{(RMR-10)/40} \tag{3-11}$$

对于块状岩体,指数函数关系式不能很好的预测岩体的变形模量。因此 Read、Richards 和 Perrin (1999 年)推荐如下公式:

$$E_m = 0.1 \times (\frac{\mathrm{RMR}}{10})^3 \tag{3-12}$$

采用式(3-12)为附录中确定岩体变形模量方法 2。

公式(3-12)对块状岩体的变形模量做了限定,避免了质量较好岩体模量的过高估算。基于同样的原因,Barton(2000)也推荐了基于 Q 分级体系的岩体变形模量的计算公式:

$$E_m = 10 \times \left(Q \times \frac{\sigma_{ci}}{100}\right)^{\frac{1}{3}} \tag{3-13}$$

Barton(2002 年)指出:当 $\sigma_{ci} < 100\mathrm{MPa}$ 时,对于 $RMR < 50$ 或者 $Q < 1.0$,公式(3-10)和公式(3-13)所给出的岩体模量十分接近;对于 $RMR > 50$ 或者 $Q > 1.0$ 的情况,按公式(3-13)估算的岩体变形模量比公式(3-10)要保守。

此外,岩体模量也可以通过岩块模量来估算。Nicholson、Bieniawski(1990 年)推荐了如下公式:

$$E_m = \frac{0.0028RMR^2 + 0.9\exp(RMR/22.82)}{100}E_i \tag{3-14}$$

而 Mitri et. al. (1994 年) 则给出推荐了如下公式:

$$E_m = 0.5\left(1 - \cos\left(\pi \frac{RMR}{100}\right)\right)E_i \tag{3-15}$$

根据《工程岩体分级标准》(GB 50218—1994),也推荐了相应的岩体变形模量取值范围。在同一等级中,考虑到岩体质量的差异,可给出了岩体变形模量具体的推荐值。

3.7.3 岩体的内摩擦角

Barton(2002 年)推荐了基于 Q 分级体系的岩体内摩擦角的计算公式为:

$$\varphi = \tan^{-1}\left(\frac{J_r}{J_a} \times J_w\right) \tag{3-16}$$

由于 J_r/J_a 在评分时考虑到了加载方向,按公式(3-16)计算出的内摩擦角对于节理各向异性十分敏感,该公式给出了内摩擦角的最小估算值。

3.7.4 岩体的内聚力

Barton(2002 年)推荐了基于 Q 分级体系的岩体的内聚力计算公式:

$$c = \frac{RQD}{J_n} \times \frac{1}{SRF} \times \frac{\sigma_{ci}}{100} \tag{3-17}$$

式中:c——岩体内聚力(MPa);

J_n——节理组数;

SRF——应力折减系数。

对于各向异性很高的岩体,其 σ_{ci}/I_{50} 比值远大于一般岩体,Barton 建议将公式(3-17)中的 $\frac{\sigma_{ci}}{100}$ 用 $I_{50}/4$ 代替,将得到更为准确的预测结果。

Bieniawski(1989 年)也根据 RMR 分级体系,推荐了相应的岩体的内聚力经验取值范围。

Barton(2002 年)认为:对于坚硬岩石,RMR 在 81 ~ 100 时,RMR 分级体系推荐的岩体内摩擦角和内聚力偏低。

根据《工程岩体分级标准》(GB 50218—1994)中,也推荐了岩体内聚力经验值。

3.7.5 岩体的泊松比和弹性抗力系数

根据《工程岩体分级标准》(GB 50218—1994)推荐了岩体的泊松比经验值。

围岩弹性抗力系数 K 是表征围岩抵抗衬砌向围岩方向变形能力的指标，定义为使洞壁围岩产生一个单位径向变形所需要的压力，其计算公式为：

$$K = \frac{E_m}{(1+v)\cdot R_0} \tag{3-18}$$

式中：R_0——隧道半径；

v——围岩的泊松比。

围岩弹性抗力系数不是一个常数，它随洞室尺寸而变化，洞室半径越大，K 值越小。为便于应用，特提出单位抗力系数的概念。单位抗力系数 K_0 是指洞室半径为 1m 时的抗力系数值。K_0 与 K 的关系为：

$$K_0 = KR_0 \tag{3-19}$$

公式(3-18)假定岩体为均匀连续弹性体。而这个假定通常不满足，所以该公式的估计值有些偏高。对于隧洞开挖后围岩出现环形塑性开裂区时，根据塑性理论，需对公式作修正：

$$K = \frac{E_m}{\left(1+v+\ln\frac{R_P}{R_0}\right)R_0} \tag{3-20}$$

式中：R_P——塑性开裂区半径(m)；

其余符号含义同前。

综合运用上述方法，估算出的隧道围岩力学指标与设计参数值。按围岩级别统计及推荐的岩体力学参数见表3-18。

岩体力学参数汇总表　　表3-18

参数值			岩体质量级别(以BQ分级进行统计分析)					
			破碎带	V	IV	III	II	I
岩体抗剪断峰值强度指标——黏聚力(MPa)	BQ分级方法	平均值	0.14	0.18	0.44	1.18	1.80	2.20
		标准差	0.05	0.04	0.15	0.19	0.14	0.03
		变异系数	0.35	0.20	0.33	0.16	0.08	0.02
		变异性	中等	中等	高	低	很低	很低
	Q分级方法	平均值	0.55	0.56	2.64	8.11	15.21	28.65
		标准差	0.64	0.87	2.30	5.88	8.94	15.95
		变异系数	1.15	1.54	0.87	0.72	0.59	0.56
		变异性	很高	很高	很高	很高	很高	很高
	RMR分级方法	平均值	0.13	0.20	0.23	0.28	0.31	0.32
		标准差	0.04	0.04	0.05	0.05	0.04	0.06
		变异系数	0.35	0.20	0.21	0.17	0.13	0.18
		变异性	中等	中等	中等	低	低	低
	推荐值		0.15	0.20	0.44	1.18	1.80	2.20
岩体抗剪断峰值强度指标——内摩擦角(°)	BQ分级方法	平均值	17.41	22.62	32.70	45.57	55.30	61.33
		标准差	4.56	2.44	3.75	3.07	2.73	0.67
		变异系数	0.26	0.11	0.11	0.67	0.05	0.01
		变异性	中等	低	低	很高	很低	很低
	Q分级方法	平均值	18.40	20.23	29.20	43.59	47.32	37.62
		标准差	3.67	12.08	14.84	16.33	17.29	25.73
		变异系数	0.20	0.60	0.51	0.37	0.37	0.68
		变异性	低	很高	很高	高	高	很高

续上表

参数值			岩体质量级别(以BQ分级进行统计分析)					
			破碎带	V	IV	III	II	I
岩体抗剪断峰值强度指标——内摩擦角(°)	RMR分级方法	平均值	8.09	23.03	41.43	32.36	35.37	36.25
		标准差	4.42	3.38	4.91	5.59	5.19	7.49
		变异系数	0.55	0.15	0.12	0.17	0.15	0.21
		变异性	很高	低	低	低	低	中等
	推荐值		17.0	23.0	33.0	45.0	55.0	60.0
弹性模量E	方法1	平均值	3.85	5.62	10.26	19.06	25.26	28.54
		标准差	1.71	2.65	5.71	9.82	11.35	15.61
		变异系数	0.44	0.47	0.56	0.52	0.45	0.55
		变异性	很高	很高	很高	很高	很高	很高
	方法2	平均值	2.25	5.22	10.02	18.47	23.81	28.56
		标准差	2.96	3.47	12.11	11.27	11.77	18.24
		变异系数	1.32	0.66	1.21	0.61	0.49	0.64
		变异性	很高	很高	很高	很高	很高	很高
	方法3	平均值	2.01	4.38	8.4	16.75	23.19	26.35
		标准差	1	2	4.97	10.54	11.76	18.47
		变异系数	0.5	0.46	0.59	0.63	0.51	0.7
		变异性	很高	很高	很高	很高	很高	很高
	方法4	平均值	0.89	1.08	3.53	18.47	29.04	34.75
		标准差	0.17	0.11	1.48	4.18	2.07	0.86
		变异系数	0.19	0.1	0.42	0.23	0.07	0.02
		变异性	低	很低	很高	中等	很低	很低
	推荐值		0.9	1.1	3.6	18	29	34
泊松比	BQ分级方法	平均值	0.39	0.37	0.33	0.27	0.23	0.2
		标准差	0.02	0.01	0.02	0.01	0.01	0.01
		变异系数	0.04	0.03	0.05	0.05	0.06	0.03
		变异性	很低	很低	很低	很低	很低	很低
	推荐值		0.39	0.37	0.33	0.27	0.23	0.2

3.8 岩体质量综合分级评价结果

根据上述方法,结合青岛胶州湾隧道地质详勘报告和国标BQ分级以及国际上权威的分级体系Q、RMR、GSI等,对胶州湾隧道隧址处岩体质量进行了综合分级评价,分级结果见图3-10~图3-15。

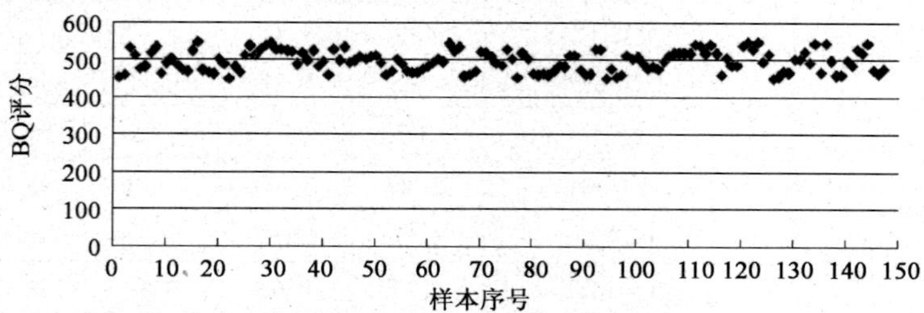

图3-10 II级围岩BQ分析系统评分:$BQ_{max}=550$, $BQ_{min}=452$, $BQ_{AVERAGE}=498.48$

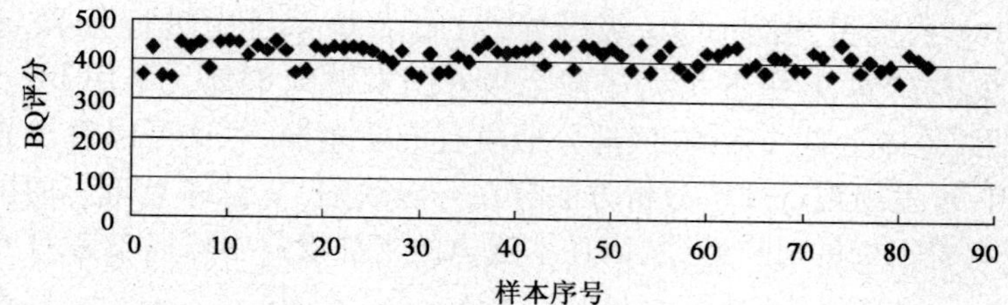

图3-11　III级围岩BQ分析系统评分：$BQ_{max}=448$，$BQ_{min}=353$，$BQ_{AVERAGE}=411.31$

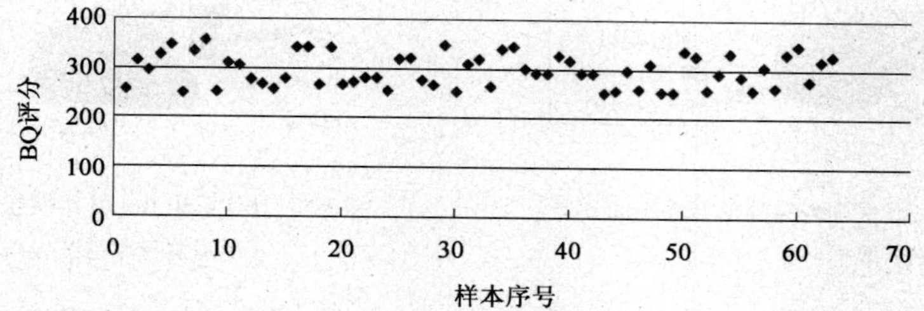

图3-12　IV级围岩BQ分析系统评分：$BQ_{max}=357$，$BQ_{min}=251$，$BQ_{AVERAGE}=297.71$

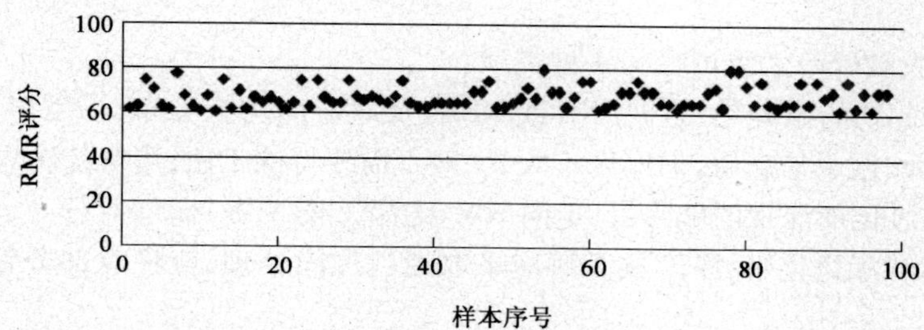

图3-13　II级围岩RMR分析系统评分：$RMR_{max}=80$，$RMR_{min}=61$，$RMR_{AVERAGE}=67.73$

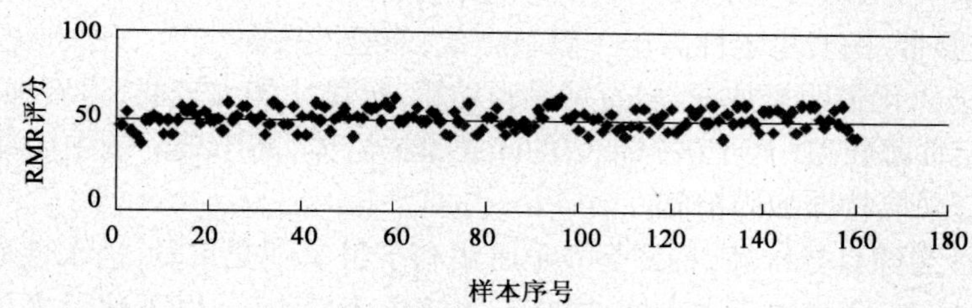

图3-14　III级围岩RMR分析系统评分：$RMR_{max}=64$，$RMR_{min}=37$，$RMR_{AVERAGE}=42$

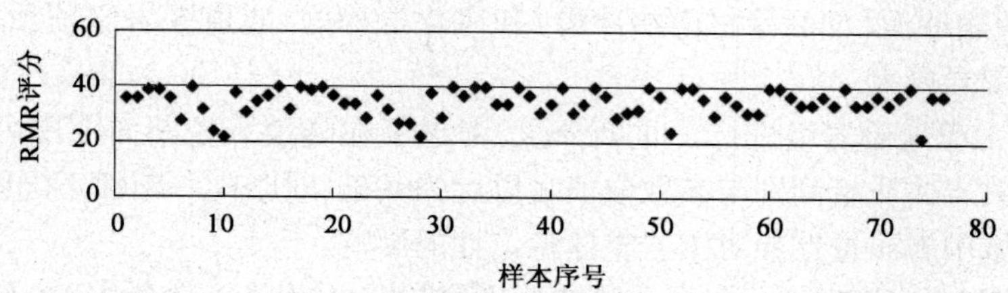

图3-15　IV级围岩RMR分析系统评分：$RMR_{max}=40$，$RMR_{min}=22$，$RMR_{AVERAGE}=34.73$

从上述的分析系统统计结果可以看出，根据BQ、RMR分析系统得到的评分和围岩的分类基本相符，数值离散性较小，且按照BQ分析系统和RMR分析系统得出的结果有着很好的一致性。地勘报告给出的围岩分级是根据岩石的坚硬程度和岩体完整性程度两个基本因素的定性特征和定量的岩体基本质量指标BQ，同时考虑修正因素的影响综合进行确定的。对上述按照BQ分析系统得到的II、III级围岩的位置，求得其Q，按照Q系统进行分类，结果见图3-16和图3-17。从图中可以看出，在隧道洞身穿越围岩范围的，采用 BQ 系统得到的 II、III 级围岩，对应于 Q 系统中进行分类，A 级占 12%，B 级占 43%，C 级占 28%，D 级占 12%，E 级占 5%，一般至极好围岩占到 83%。采用 BQ、Q、RMR 分级体系得到的岩体质量评价结果，总体上是一致的，但部分地段有一定差异，对比可以看出某些因素对岩体质量的控制作用（分析原因，可发现现行规范分析方法存在一定缺陷）。总体上现有的围岩分级方法与国际上权威的 Q 系统分级有着很好的对应性，从而在本隧道的支护设计中可以参考 Q 系统分级确定的支护方式。

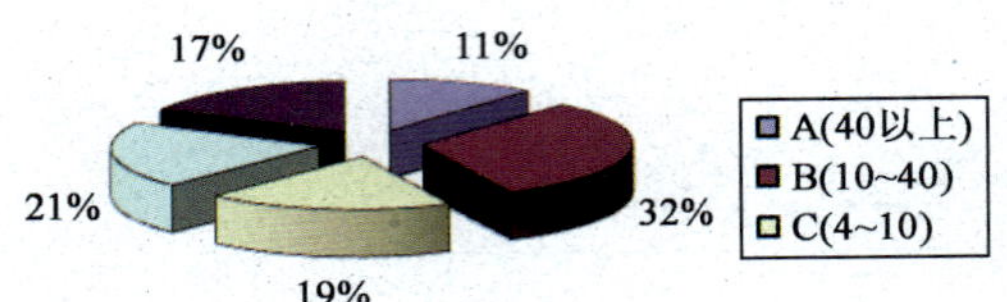

图 3-16 BQ 系统 II ~ III 级围岩对应于 Q 系统的分类（钻孔全部围岩取样）

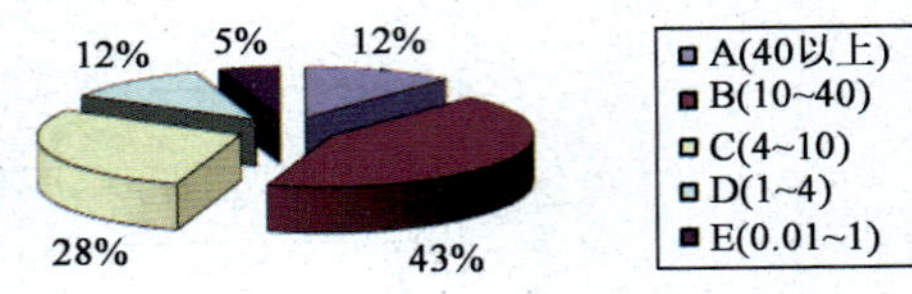

图 3-17 BQ 系统 II ~ III 级围岩对应于 Q 系统的分类（隧道洞身穿越围岩）

3.9 结论与建议

（1）隧道穿越断裂破碎带大致可分为 4 种类型：

①具绿泥石化错碎物的破碎带，走向 NE（或 NEE）及 NW 向均有分布，以压扭为主（也见有张扭性质）。岩石抗剪强度低、遇水易崩解，但厚度不大，一般不需要特殊工法，可视情况局部加固。

②具辉绿岩脉强风化加深带的破碎带，走向 NW 及 NE（或 NEE）向均有分布，以张扭为主（也见有压扭性质），多形成脉状深风化带，厚度较大时应采取专门加固处理，应注意部分钻孔并未能控制辉绿岩脉风化深度。

③未胶结 ~ 弱胶结压碎 ~ 碎裂岩带，破碎物软硬不等，以紧密镶嵌结构为主，多为硬性结构面，局部风化严重，海底段渗水中等偏弱，注浆处理效果较好。

④胶结较好的破碎带，围岩稳定性高于一般破碎带，渗透性较弱。

（2）粗粒花岗岩强风化带明显加深，岩石结晶颗粒粗，抗风化能力较弱，岩石强烈风化，颗粒间结合力丧失严重，围岩稳定性都较差（低于破碎带中的碎裂镶嵌岩体，高于破碎带中的绿泥石错碎物），易塌落，穿越范围较大时应采取特殊加固措施。

（3）局部陡倾张性裂隙具导水性，特别是裂隙密集和多组节理交叉时，透水性增强；从风化程度看，弱风化带透水性相对最大，多为中等透水性；岩芯走水迹象表明，20m 以下地下水仍可能较活跃。断裂构造控水规律仍有待进一步研究。

（4）局部地段，地表冲沟（如后岔村南端冲沟）和风化深槽处，隧道围岩坚硬顶板减薄，稳定性要差一些，渗水量较同类围岩要大。

（5）对钻孔岩芯工程地质岩组进行了重新分段，考虑了在隧道开挖断面范围内从洞顶到侧壁岩体质量的分布差异，有关岩体质量判别与参数取值宜以此为基础；对于同一断面不同区域出现不同岩组的情况，宜考虑不同区域围岩质量差异对围岩整体稳定性的影响。

（6）对岩体质量控制因素进行了全面系统的鉴别、描述，并补充了部分实验，有关指标和实验数据为岩体质量评价提供了有益的补充。

（7）采用 BQ 体系的岩体质量分级结果，在部分地段与原勘察报告有所不同（分析原因，可发现现行规范分析方法存在一定缺陷）；采用 BQ、Q、RMR 分级体系得到的岩体质量评价结果，总体上是一致的，但部分地段有一定差异，对比可以看出某些因素对岩体质量的控制作用。建议对分级结果出入的地段应引起重视，并加强施工地质工作，并根据实际地质情况的变化及时调整工程方案。

（8）根据多种方法，通过综合分析，得到了较系统的工程岩体力学参数估算值。

(9)系统地给出了各分段岩体质量Q指标分级的风险分析结果,为设计岩体质量合理取值提供了依据。

(10)对设计分段,在综合分析多种分级结果的基础上,结合基于岩体质量Q分级评价风险分析结果,给出了各段岩体质量建议值及主要岩体力学参数的建议值。根据这些指标值,可对隧道开挖与支护方案作进一步的计算分析与优化。

(11)通过3个典型地段(洞口段、薛家岛破碎带、薛家岛临近入海处II-III级围岩地段)的隧道围岩特征、岩体质量评价反馈分析可得以下认识:

①在隧道开挖断面范围内,岩体质量往往具有非均匀性,由于隧道埋深较浅,受风化影响,往往洞顶岩体质量较隧道底部和边帮岩体质量差。

②好于III级(包括III级)的岩体具有较好的自稳能力。该类岩体即使局部夹有小型破碎带(分布宽度小于0.5m),也能在一定时间内保持稳定。

③隧址区破碎带中绿泥石化错碎物可能分布较为广泛,分布宽度有时可较大,岩体强度低,易失稳。在通过海域段有关破碎带时应加强超前地质预报。

④在薛家岛临近入海处II-III级围岩地段,依据洞内观察的岩体质量评价结果较依据钻孔资料评价的岩体质量更好一些,原因主要有两个:一是钻孔岩芯RQD普遍不高,而据洞内岩体节理推算的RQD明显要高得多,差异由岩体不均及钻探方法造成;二是据洞内揭露,岩体中大部分节理可定为不连续节理,仅通过钻孔岩芯则难以作出此判断。所以开挖显示,该段围岩稳定性好。研究认为对同类岩性(花岗岩类)组成的岩体洞内实际岩体质量大多较依钻孔岩芯评价的岩体质量有一定的提高。

根据岩性及结构面特征,对海域的火山角砾凝灰岩岩组则不具上述洞内实际岩体质量明显提高的可能。例如ZD4孔所揭露的蚀变结构面如果分布较多,则对围岩稳定性不利。

(12)通过采用本研究得出的岩体质量及岩体力学参数,对隧道通过3个典型地段(薛家岛破碎带、薛家岛临近入海处II-III级围岩地段、海底最深处IV级围岩地段)进行了有限元仿真数值模拟分析,前两段结果显示与实际情况具有较好的一致性;在此基础上给出的海域段预测计算结果具有一定的意义。

第4章 首级测量控制网

4.1 项目意义与工作内容

为确保隧道顺利贯通和施工提供可靠的测量基准，并为隧道建成后运营期的健康监测提供依据，需布设隧道首级测量控制网。测区覆盖青岛市南部区域，包括部分市区及胶州市、胶南市、黄岛区等区县。测区范围：东经120°15′～120°18′，北纬36°00′～36°05′。首级平面控制网测量采用现代大地测量GPS卫星定位技术，全网由27个（含4个起算点）GPS点组成，沿隧道线路呈带状布设，点位的选取充分考虑隧道施工放样要求，参照国家B级网的布设要求进行设计，但GPS数据观测时间远高于B级网（4个时段，每时段4h）的要求，每点观测2个时段，每时段23.5h。基线精处理采用目前国际公认的精度最高的GAMIT软件，网平差采用Cosa GPS软件。从控制网的布设到数据采集，以及数据处理，都充分考虑隧道施工的各种因素，并采用最好的设备和软件，从而保证成果的可靠性，最终GPS网平面点位精度±2.3mm，远优于设计要求。

首级高程控制网按一等水准施测，一等水准路线沿胶州湾双线布设，构成8个闭合环，路线长313.4km，采用国家水准原点网点作为起算点，充分保证了起算数据的可靠性。采用高精度数字水准仪及光学自动安平水准仪观测，精度达到每公里水准测量偶然中误差±0.42 mm。

为确保控制网精度高、可靠性强，按照国家B级GPS网要求建立了满足胶州湾隧道施工平面贯通要求的隧道工程首级平面控制网。引入国家水准原点网一等环线点，按照国家一等水准等级建立了满足胶州湾隧道施工的隧道工程首级高程控制网，具体工作内容如下：

（1）首级平面控制网，即B级GPS网24点的踏勘、选点、埋石、观测、计算。

（2）6条GPS基线边的检测。

（3）首级高程控制网313.4km一等水准路线的踏勘、选点、埋石、观测、计算。

从2007年4月20日历时160d，按时完成了各项测量工作。“青岛胶州湾隧道工程首级测量控制网”的建立，为隧道的施工建设提供精确的、关键性的施工定位、定向服务，对于隧道的顺利实施起着基础性保障作用。2007年9月30日，成果通过了专家组验收，专家组一致认为该项目设计方案科学，施测质量高，数据处理精确，在限差制定、GPS网模拟计算和隧道贯通误差影响值估算等方面有创新，满足了隧道工程建设的要求，达到国内同类项目的先进水平，为按期开工和隧道贯通提供了保障。

4.2 技术标准

4.2.1 主要作业规范

（1）《全球定位系统（GPS）测量规范》（GB/T 18314—2009）。

(2)《国家一、二等水准测量规范》(GB/T 12897—2006)。

(3)《精密工程测量规范》(GB/T 15314—1994)。

(4)《公路勘测规范》(JTG C10—2007)。

(5)《地下铁道、轻轨交通工程测量规范》(GB 50307—1999)。

4.2.2　精度指标

参照规范要求,并结合工程实际情况,确定控制网各项精度指标如下:

(1)首级 GPS 网独立坐标系最弱点点位中误差≤±12mm。控制网最终成果的点位中误差达到了±2.3mm,优于设计的精度要求。

(2)最弱边(大于500m 边)相对中误差≤1/160000。隧道独立坐标系成果最弱边相对中误差为1/203000,优于1/160000 的设计值。

(3)每千米水准测量偶然中误差按一等水准规范要求为±0.45mm。实际高程控制网成果精度达到了±0.42 mm,优于规范要求;

(4)每千米水准测量全中误差±1.0mm。此项目因水准环未超过20 个,未进行每千米水准测量全中误差的计算。

4.2.3　基准选取

建立隧道首级控制网的目的是为海底隧道施工提供高精度可靠的工程控制网,为提高控制网的精度,在基准选择中,考虑建立工程独立坐标系,并采用“一点一方向”作为起算数据,且投影面选择为正常高 -40m,因为隧道施工面地处的大地高为 -31.3m,高程异常为8.7m,这样确定的青岛胶州湾隧道工程独立坐标系的各项参数如下:

(1)1980 西安坐标系参考椭球。

(2)中央子午线 120°16′。

(3)高斯投影面正常高 -40m。

为了给隧道地面施工部分提供控制基准,同时提供了青岛市城市坐标系统青岛 96 城市坐标系成果,青岛96 城市坐标系的参数为:

(1)1980 西安坐标系参考椭球。

(2)中央子午线 120°。

(3)高程基准采用1985 国家高程基准。

4.2.4　隧道贯通误差指标

建立首级高精度控制网首要目的就是确保隧道顺利贯通,经过多次分析讨论,利用专业软件进行了贯通精度估算,并参照相关规范,确定隧道贯通误差指标,如表4-1 所示。

隧道贯通误差指标　　表4-1

精度＼项目	洞外测量	洞内测量	总贯通中误差	限差(2倍中误差)
横向贯通中误差	≤±45mm	≤±60mm	≤±75mm	≤±150mm
高程贯通中误差	≤±25mm	≤±18mm	≤±35mm	≤±70mm

4.3　已有资料利用分析

(1)平面控制点资料

青岛城市坐标系统的起算数据采用的是青岛 96 城市二等 GPS 控制点成果,是青岛市最高等级的控制点,保证了起算数据的精度要求,所利用的点见表4-2。

平面控制网起算点 表4-2

序号	点名	等级
1	午山	城市二等
2	水清沟	城市二等
3	显浪	城市二等
4	顾家岛	城市二等

(2)高程控制点资料

高程控制网布设充分利用青岛的有利条件,采用国家青岛水准原点网一等水准环线的两个控制点,作为本项目高程控制网的起算点(表4-3),水准原点网是全国等级最高的水准网,充分保证了起算数据的高精度性和高可靠性。为充分利用已有的控制资源,高程控制网利用了青岛海湾大桥控制网部分水准点的标石和黄岛区三、四等水准网的部分水准点标石。

高程控制网起算点 表4-3

序号	点名	等级
1	原参1号	国家水准原点网
2	原参2号	国家水准原点网

(3)地形图资料

前期的踏勘和设计利用了隧道线路设计图和测区2000多km^2的1:10000、1:2000地形图资料。

4.4 首级平面控制网观测

首级平面控制网采用GPS方法观测。GPS外业观测于2007年7月21日开始,8月12日结束,共观测平面控制点24点,其中联测青岛96城市二等GPS点4点。先后投入Trimble 5700型GPS接收机10台套,由于隧道的北端为老城区,房屋密集,GPS观察条件极其恶劣,GPS观测天线全部采用扼流圈天线,有效地提高了观测数据质量。另外还投入Leica TCA2003全站仪1台、便携式微机4台、台式微机2台,数码相机8台,手持GPS接收机8部,罗盘8个。

4.4.1 选点埋石

经过现场踏勘和多次选点设计,根据设计书及相关规范要求,布设了20个平面控制点,其中7个地面浅层岩石点、3个地面深层岩石点、1个地面深层土层点、9个楼顶点。并确保每个洞口都能直接进行放样观测,南端在洞口处埋设了基岩观测墩,稳定可靠。为了减小对中误差的影响,每个观测墩均安装了不锈钢强制对中标志。点位概略情况详见表4-4。

平面控制网观测墩统计表 表4-4

序号	点号	标石类型	墩高	开挖深度	所在地	备注
1	SD01	地面浅层岩石点	1.3m	0.6m	薛家岛北庄二	
2	SD02	地面浅层岩石点	1.3m	1.2m	薛家岛北庄二	
3	SD03	地面深层土层点	2.5m	4.6m	薛家岛北庄二	
4	SD04	地面浅层岩石点	1.3m	1.4m	薛家岛北庄二	
5	SD05	地面浅层岩石点	1.3m	0.7m	薛家岛后岔湾	
6	SD06	地面浅层岩石点	1.3m	1.3m	薛家岛后岔湾	
7	SD07	地面浅层岩石点	1.1m	1.4m	团岛海军基地	

续上表

序　号	点　号	标石类型	墩　高	开挖深度	所在地	备　注
8	SD08	地面深层岩石点	1.2m	0.8m	西陵峡路	桩深18.0m
9	SD09	地面深层岩石点	1.2m	1.0m	鲁检宾馆旁	桩深18.2m
10	SD10	地面深层岩石点	2.4m		团岛三路	桩深4.0m
11	SD11	楼顶点	1.2m		团岛一路	
12	SD12	楼顶点	1.2m		台西纬五路口	
13	SD13	楼顶点	1.2m		四川路	
14	SD14	楼顶点	1.2m		云南路	
15	SD15	楼顶点	1.2m		四川路	
16	SD16	楼顶点	1.2m		枣庄路	
17	SD17	楼顶点	1.2m		云南路	
18	SD18	楼顶点	1.2m		菏泽四路	
19	SD19	楼顶点	1.2m		莘县路	
20	KH01	地面浅层岩石点	1.2m	1.55m	薛家岛后岔湾	

4.4.2　GPS观测的基本参数

平面控制网按B级网的要求施测，但观测时间远高于B级网的要求，观测时段数为2，且每个时段的长度大于23.5h。GPS观测时采用Trimble 5700仪器，标称精度5mm + 1ppm，配置扼流圈天线，观测时主要参数如下：

(1)卫星高度角：15°

(2)观测时间长度：≥23.5h

(3)观测时段数：2个

(4)采样间隔：15s

(5)观测时间(UTC)：00:05～23:50

(6)最少同步仪器数：≥4台

(7)连接方式：边连式

(8)GPS外业观测历时8d，形成8个同步环。

4.4.3　GPS观测数据下载、保存与检查

每点观测结束后，使用随机软件TGO进行数据下载，并将原始观测数据转换成标准数据交换格式(RINEX)。

观测数据按照四级目录备份：

GPS观测数据/年积日/控制点点号/RAW(原始观测数据)

RINEX(标准数据交换格式)

S(TEQC数据质量检查结果)

每测站的GPS观测结束后，现场用TEQC软件对GPS数据进行了检查，形成了每日检查记录，每个时段的数据有效率均高于80%，满足规范要求。

4.4.4　GPS控制网数据处理

对GPS观测数据质量、外业观测记录手簿及观测图形等进行了全面检查，经检查合格后，即进行数据处理。

(1)GPS 控制网基线解算

GPS 基线采用美国麻省理工学院编制的 Gamit 软件解算。

1)数据的准备

①精密星历(IGS)数据。

②北京房山(BJFS)、武汉(WUHN)、釜山(SUWN)等连续运行跟踪站观测数据和相应的坐标及其速度场数据。

③GAMIT10.32 版软件所需的表文件(如:UT1、跳秒、极移、章动、太阳及月亮表)。

以上数据通过 Internet 获取。

2)基线解算主要技术参数

①卫星轨道:采用 IGS 精密星历。

②解算模式:采用 LC-HELP 观测值,以 RELAX 解作为基线结果。

③卫星截止高度角:15°。

④天顶方向对流层延迟参数估计:对流层延迟作为待定参数解算,每 2h 估计一个参数,每天每站估计一次对流层梯度。

⑤大气折射模型:Saastamoinen。

⑥海潮模型:Scherneck。

⑦周跳剔除:采用 AUTCLN 自动修复周跳。

⑧坐标约束:IGS 站的坐标水平方向给予 5cm 的约束,垂直方向给予 10cm 的约束。

⑨基线解算的 Nrms 值均小于 0.3 周。

(2)GPS 控制网基线检验

基线检验采用武汉大学研制的 Cosa GPS 软件包,按照国家 B 级 GPS 控制网限差要求对基线进行重复基线、独立环和 WGS-84 坐标系统下的三维无约束平差检验。Gamit 软件解算基线时,闭合差已经配赋,其值为 0,故不做同步环检验。

基线各项检验指标满足设计和相关规范要求(注:由于本项目 GPS 网的边长相对于规范中 B 级网的边长短,因此,基线的相对精度指标一般不作为最终的成果评定指标),检验情况如下:

1)重复基线检验

基线观测值重复边长检核,应满足下式要求:

$$d_s \leqslant 2\sqrt{2}\sigma \tag{4-1}$$

式中:d_s——重复基线较差。

全网 958 条重复基线参加检验,均检验合格。其中位于 0~1/3 限差区间的重复基线 868 条,位于 1/3~1/2 限差区间的重复基线 70 条,位于 1/2~3/4 限差区间的重复基线 16 条,位于 3/4~1 限差区间的基线 3 条。可以看出,基线解算精度完全满足规范要求。

2)独立环检验

独立环的坐标分量闭合差精度应满足:

$$\left.\begin{aligned} W_x &\leqslant 3\sqrt{n}\sigma \\ W_y &\leqslant 3\sqrt{n}\sigma \\ W_z &\leqslant 3\sqrt{n}\sigma \\ W &\leqslant 3\sqrt{n}\sigma \end{aligned}\right\} \tag{4-2}$$

式中:n——独立环的边数。

$$\sigma = \sqrt{a^2 + (bd)^2} \tag{4-3}$$

参照 B 级 GPS 控制网要求,上式中 $a = 5\text{mm}$,$b = 1\text{ppm}$。

本网共形成209个三边环，经检验合格，其中位于0～0.8ppm区间的闭合环205个，0.8～2ppm的闭合环3个，0.8～1ppm的闭合环3个，2.5ppm的闭合环1个。

3）无约束平差计算

无约束平差是检验GPS基线及控制网精度的重要方法，本次无约束平差采用了整网所有958条基线平差，基线分量残差均满足B级GPS控制网的精度要求。

无约束平差中，基线向量的改正数绝对值均满足下式要求：

$$\left.\begin{array}{l} V_{\Delta x} \leqslant 3\sigma \\ V_{\Delta y} \leqslant 3\sigma \\ V_{\Delta z} \leqslant 3\sigma \end{array}\right\} \tag{4-4}$$

式中：$V_{\Delta x}$、$V_{\Delta y}$、$V_{\Delta z}$——x、y、z三个分量残差；

σ——意义同式（4-3）。

平差结果中x分量最大残差1.76cm，限差2.41cm；y分量最大残差1.26cm，限差2.41cm；z分量最大残差0.85cm，限差7.40cm，三个方向的坐标分量改正数均小于限差要求，满足规范要求。

（3）GPS控制网平差计算

平差计算采用武汉大学Cosa GPS软件包，分别在WGS-84坐标系、青岛96城市坐标系和胶州湾隧道独立坐标系下平差。

（4）WGS-84坐标系

以北京房山（BJFS）、武汉（WUHN）、釜山（SUWN）三个GPS连续运行站为WGS-84坐标系起算点（ITRF2000框架），按照各站的运动速率，将坐标归算至瞬时历元2007.5507。平差计算时，提取独立基线作为平差元素。平差计算共采用80条独立基线。

在WGS-84坐标系下评查后，最弱点0009，x分量误差1.37 cm，y分量误差2.17 cm，z分量误差1.86 cm，点为中误差3.17cm。

最弱边0005-0091，边长222.626m，边长误差0.69 cm，相对中误差1/32000。

（5）青岛96城市坐标系

在青岛96城市坐标系下，对午山、清水沟、显浪、顾家岛4个已知点成果的现势性、稳定性进行检查分析，选择兼容性较好的已知点作为起算点进行平差，得到GPS网在青岛96城市坐标系下的成果。平差时，中央子午线为120°，参考椭球为1980西安椭球，选取合格独立基线60条进行平差。

分别采用了4个固定点、3个固定点、2个固定点进行平差计算，进行起算点坐标兼容性检验。

1）二维约束平差精度（4个起算点为2001、2003、2016、2017）

最弱点0010，x分量误差0.55cm，y分量误差0.56cm，点位中误差0.78 cm。

最弱边0005-0091，边长214.0492m，边长误差0.42cm，相对中误差1/50000。边长相对误差大于1/160000，边长中误差小于接收机标称精度5mm。

2）二维约束平差精度（3起算点2001、2003、2016）

最弱点0010，x分量误差0.14cm，y分量误差0.14cm，点位中误差0.20cm。

最弱边0005-0091，边长214.0509m，边长误差0.11cm，相对中误差1/203000。边长相对误差小于1/160000，边长中误差小于接收机标称精度5mm。

注：剔除2017固定点，是因为2017在钢标上观测，太阳不均匀照射容易使钢标产生旋转和扭曲。

3）二维约束平差精度（两个起算点为2003、2016）

最弱点0010，x分量误差0.11cm，y分量误差0.11cm，点位中误差0.15cm。

最弱边0005-0091，边长214.0508m，边长误差0.07cm，相对中误差1/290000。边长相对误差小于1/160000，边长中误差小于接收机标称精度5mm。

从以上三组平差结果可以看出：用4个起算点进行平差后，控制网精度略差，但仍然可以满足隧道工程要求；剔除2017点后进行评差，控制网精度有明显提高；2个起算点平差结果与3个起算点平差结果没有较大差异。

隧道工程青岛城市坐标系成果最终采用2001、2003、2016三点作为起算的平差结果。平差成果最弱点点位中误差为点位中误差2.0mm，远小于12mm的限差要求；最弱边相对中误差1/203000，小于1/160000，边长中误差小于接收机标称精度5mm。

(6)隧道独立坐标系

为保证工程独立坐标系的成果不受起算数据的影响，平差采用"一点一方向"法。起算点为SD05，起算方向为SD05至SD08，SD05至SD08的方向大致平行隧道主轴方向。起算点及起算方向均采用青岛96城市坐标系平差结果。

为减小投影变形影响，平差时选取中央子午线120°16′，把GPS基线投影至正常高-40米高斯平面进行平差，平差计算采用独立基线。

平差结果中，最弱点0010，x分量误差1.6mm，y分量误差1.6mm，点位中误差2.3mm，小于限差12mm；最弱边0005-0091，边长214.0478m，边长误差1.1mm（小于限差5mm），边长相对中误差1/194000（小于限差1/160000）。

4.5 高程控制网观测

海底隧道穿越胶州湾，南端位于黄岛区薛家岛，由于发展不平衡，黄岛区控制较薄弱，没有高等级的水准点，故高程网的布设只能绕胶州湾，采用一等水准将高程传递至隧道南端薛家岛，以保证工程高程基准的统一。先后投入Ni002A型水准仪1台套、DiNi12型数字水准仪2台套、Leica TCA2003全站仪1台、便携式微机4台、台式微机2台，水准电子记录器3台，数码相机8台，手持GPS接收机8部，罗盘8个。2007年6月27日至7月19日，完成一等水准外业观测313.4km；7月19日至7月23日完成电磁波测距三角高程测量外业工作，共联测楼顶控制点9点；8月10日至8月30日，完成了平面与高程控制网平差计算及精密测距边观测计算工作。

4.5.1 选点埋石

根据本项目所在测区的实际情况，高程控制网共选埋高程控制网点20个，其中基岩水准点2个、普通水准点6个（墙角标志）、地面GPS/水准共用点12个。详见表4-5。

高程控制点统计表　　表4-5

序　号	点　号	标石类型	所在地	备　注
1	SD01	地面浅层岩石点	薛家岛北庄二	GPS、水准共用
2	SD02	地面浅层岩石点	薛家岛北庄二	GPS、水准共用
3	SD03	地面深层土层点	薛家岛北庄二	GPS、水准共用
4	SD04	地面浅层岩石点	薛家岛北庄二	GPS、水准共用
5	SD05	地面浅层岩石点	薛家岛后岔湾	GPS、水准共用
6	SD06	地面浅层岩石点	薛家岛后岔湾	GPS、水准共用
7	SD07	地面浅层岩石点	团岛海军基地	GPS、水准共用
8	SD08	地面深层岩石点	西陵峡路	GPS、水准共用
9	SD09	地面深层岩石点	鲁检宾馆旁	GPS、水准共用
10	SD10	地面深层岩石点	团岛三路22号团岛山	GPS、水准共用
11	KH01	地面浅层岩石点	薛家岛后岔湾	GPS、水准共用
12	KH02	地面浅层岩石点	薛家岛后岔湾	GPS、水准共用
13	基1	地面浅层岩石点	薛家岛后岔湾	

表4-5

序　号	点　号	标石类型	所　在　地	备　注
14	基2	地面浅层岩石点	薛家岛甘水湾	
15	洞口1	墙脚水准点	团岛二路24号市南区少年宫	
16	洞口2	墙脚水准点	团岛二路9号	
17	洞口3	墙脚水准点	朝城路22号2号楼	
18	洞口4	墙脚水准点	观城路53号	
19	洞口5	墙脚水准点	枣庄路61号观城花园	
20	洞口6	墙脚水准点	四川路12号围墙外	

在标石埋设过程中，使用数码照相机进行埋设过程记录。埋设照片包括标石坑照片、基座建造照片及标石位置环境照片等。每个点埋石工作结束后，均现场绘制控制点点之记，并用手持GPS接收机野外采集了点位的概略坐标。内业使用Autocad软件绘制了电子版控制点点之记。

4.5.2　一等水准观测

（1）一等水准网观测工作于2007年4月27日开始，至7月21日结束。共投入3个观测组，其中一个组采用蔡司Ni002A自动安平水准仪和线条式铟瓦标尺观测，另外两个组采用蔡司DiNi12数字水准仪和条码式标尺，观测用兰德掌上电脑进行野外记录。共完成一等水准观测路线9条，全长313.4km，具体情况见表4-6。

水准路线观测统计表

表4-6

序　号	路线编号	路线起始点名	路线结束点名	路线距离(km)
1	1001内环	I胶州湾01J	III崖象21	117.6
2	1002青岛	I胶州湾01J	QD13	30.7
3	1003黄岛	III崖象21	III崖象21	13.4
4	1004外环-1	I胶州湾18J	I胶州湾01J	99.3
5	1005外环-2	QD02	SD01下	28.7
6	1006团岛	原参2号	原参1号	13.0
7	2001	I胶州湾05	II新王02	7.1
8	2002	II新勘06	I胶州湾11	1.7
9	2003	I胶州湾14	II胶日3	1.9
合计	—	—	—	313.4

（2）水准外业观测方法及限差按照《国家一、二等水准测量规范》(GB/T 12897—2006)及《青岛胶州湾隧道工程首级测量控制网设计书》要求执行。

（3）仪器i角和标尺名义米长及弯曲差的检查：Ni002A型光学水准仪i角作业前检查一次，作业开始后一周内每天检查一次，若i角稳定，之后每隔15d检查一次，作业完成后再检查一次；DiNi12数字水准仪i角在每天作业前采用仪器本身的i角程序观测一次，每天测量的i角都作了记录。每三个月，作业人员对线条式铟瓦标尺进行一次名义米长及弯曲差的检查，条码式铟瓦标尺只检查弯曲差。

（4）水准观测记录软件：水准观测采用电子记录方式，使用经国家测绘局批准的“一、二等水准记录程序”，观测过程中，作业人员按照电子记录规定输入每测段的原始观测信息（包括天气情况、道路土质以及测段中每站的原始读数）。观测原始记录数据为加密文件，小组作业人员无法接触到原始数据，只能得到测段的观测高差结果，保证了外业数据记录的真实、可靠。

（5）对外业观测数据采用经国家测绘局批准的“水准测量外业记录软件包”进行数据检查统计。对观测成果进行100%检查，确保成果无误后，利用水准观测原始记录文件，生成外业高差表。

水准观测手簿及外业高差表由“水准测量外业记录软件包”后处理程序编辑生成。

4.5.3 电磁波测距三角高程测量

平面控制网的部分控制点位于楼顶，其高程测量采用三角高程方式。

(1)外业施测

电磁波测距三角高程测量工作于2007年7月19日开始，至7月23日结束。共联测楼顶控制点9个，观测方法按《国家三、四等水准测量规范》中四等水准精度要求进行作业。

观测采用LeicaTCA-2003全站仪，测距标称精度1mm+1ppm，测角标称精度0.5″。

观测时采用对向观测，手工记簿；垂直角观测4测回，测回差和指标差互差均不超过5″。

测距边(斜距)观测2测回(每测回4次读数)，读数互差和测回中数之间的互差分别为10mm和15mm。

观测中读取温度、气压，测前、测后精确量取仪器高和镜高各一次，读数至1mm，两次互差不超过2mm，取中数采用。

(2)高差计算

计算时采用《国家三、四等水准测量规范》中的公式：

$$H = S \times \sin\alpha + (S \times \cos\alpha)^2/2R + i_a - v_b \tag{4-5}$$

式中：H——两点间的高差；

S——两点间斜距；

α——两点间垂直角；

R——地球平均曲率半径，采用6369000m；

i_a——A点的仪器高；

v_b——B处的目标高(镜高)。

气象改正公式：

$$\Delta D_1 = 281.80 - 0.29065 \times p/(1 + \alpha \times t) \times 10^{-6}\text{ppm} \tag{4-6}$$

式中：$\alpha = 1/273.16$。

对向观测高差限差均小于$\pm 45\sqrt{D}$mm(D为平距，单位为km)。

4.5.4 水准检测

本次水准观测对起算点原参1号和原参2号水准点进行了检测，检测距离为2.9km，高差不符值的限差要求为±5.14mm，实际检测的不符值为0.72mm，小于限差要求，具体检测结果见表4-7。

水准起算点检测　表4-7

检测测段	高差(m)		不符值(mm)		距离(km)	检测等级
	原测	检测	实测	允许		
原参2号~原参1号	-12.35240	-12.35168	0.72	±5.14	2.9	一等

4.5.5 外业概算

(1)水准标尺改正系数

水准标尺改正系数采用标尺检定部门检定结果，水准标尺改正系数见表4-8：

水准标尺改正系数　表4-8

序号	标尺编号	标尺改正系数
1	58039、58040	-0.014
2	11972、11983	-0.004
3	11961、12092	+0.003

(2)与外部测段高差比较

为进一步检验本次水准测量成果的可靠性,将本项目部分测段与海湾大桥一等水准共用点进行了测段高差比较,其中海湾大桥的高差数为 2007 年 4 月复测成果。比较路段为 I 胶州湾 01J 到 I 胶州湾 18J 共 14 个测段的高差,测段高差之间的差值均在限差范围之内,最大的为限差的 82.95%,最小为限差的 3.21%。具体数据见表 4-9。

I 胶州湾 01J 到 I 胶州湾 18J 路段测段高差比较表　　表 4-9

测段起始点名	测段结束点名	测段距离(km)	本次测段高差(m)	大桥测段高差(m)	高差之差(mm)	限差(mm)
I 胶州湾 01J	I 胶州湾 02J	0.1	2.09804	2.09796	0.08	0.95
I 胶州湾 02J	I 胶州湾 03	12.4	-38.24090	-38.23695	-3.95	10.56
I 胶州湾 03	I 胶州湾 04	7.9	-0.31659	-0.31828	1.70	8.43
I 胶州湾 04	I 胶州湾 05	6.9	4.68960	4.69052	-0.92	7.88
I 胶州湾 05	I 胶州湾 06	7.0	-5.55730	-5.55854	1.24	7.94
I 胶州湾 06	I 胶州湾 07	6.4	8.95071	8.94962	1.09	7.59
I 胶州湾 07	I 胶州湾 11	2.6	0.25827	0.25842	-0.16	4.84
I 胶州湾 11	I 胶州湾 12	7.7	8.80627	8.80506	1.21	8.33
I 胶州湾 12	I 胶州湾 13	7.7	-8.70245	-8.69554	-6.91	8.33
I 胶州湾 13	I 胶州湾 14	8.1	4.16901	4.17432	-5.32	8.54
I 胶州湾 14	I 胶州湾 15	10.6	-13.36264	-13.3644	1.77	9.77
I 胶州湾 15	I 胶州湾 16	6.5	10.14588	10.14499	0.89	7.65
I 胶州湾 16	I 胶州湾 17J	5.0	30.51777	30.51801	-0.24	6.71
I 胶州湾 17J	I 胶州湾 18J	0.1	-1.08104	-1.08067	-0.37	0.95

(3)一等水准路线观测闭合差计算

共观测水准路线 9 条,对每条水准路线均计算路线闭合差,闭合差均小于限差要求,精度统计情况如表 4-10。

水准路线闭合差精度统计　　表 4-10

项　目	水准路线往返不符值△		
限差区间	Δ≤1/2 限差	1/2 < Δ≤2/3 限差	2/3 < Δ≤限差
路线数	4	3	2
比率	44.4%	33.3%	22.2%

(4)一等水准测段往返观测高差不符值及每公里水准测量的偶然中误差计算

共观测 99 个水准测段,测段往返不符值均满足限差要求,按照测段往返观测不符值进行了精度统计,情况见表 4-11。

测段往返高差不符值统计　　表 4-11

项　目	测段往返不符值△		
限差区间	Δ≤1/3 限差	1/3 < Δ≤3/4 限差	3/4 < Δ≤限差
测段数	46	41	12
比率	46.5%	41.4%	12.1%

根据测段往返不符值计算每千米水准测量偶然中误差为,$M_{\Delta} = \pm 0.42$ mm,小于设计 ±0.45mm 的要求。

4.5.6 平差计算

(1)起算点选取

高程基准:采用1985国家高程基准。

起算点:采用国家青岛水准原点环点,原参1号。

(2)各项改正计算

水准标尺长度误差改正δ:

$$\delta = f \cdot h \tag{4-7}$$

式中:f——一副标尺1m长度改正系数(mm/m);

h——往测或返测观测高差(m)。

正常水准面不平行改正ε:

$$\varepsilon = -(\gamma_{i+1} - \gamma_i) \cdot \frac{H_m}{\gamma_m}$$

$$\gamma_m = \frac{(\gamma_{i+1} + \gamma_i)}{2} - 0.1543H_m \tag{4-8}$$

式中:γ_m——两水准点正常重力平均值(10^{-5}m/s^2);

γ_i、γ_{i+1}——第i点、$i+1$点在椭球面上的正常重力值(10^{-5}m/s^2);

H_m——两水准点的概略高程平均值(m)。

正常重力值的计算采用IAG-75参考椭球,公式为:

$$\gamma = 978031.751(1 + 0.00530245\sin^2\varphi - 0.00000585\sin^2 2\varphi) \tag{4-9}$$

式中:φ——水准点纬度。

重力异常改正λ:

$$\lambda = (g - \gamma)^m_{空} \cdot \frac{h}{\gamma_m} \tag{4-10}$$

式中:$(g-\gamma)^m_{空}$——两水准点空间重力异常平均值(10^{-5}m/s^2)。

$(g-\gamma)_{空}$由下式计算:

$$(g - \gamma)_{空} = (g - \gamma)_{布} + 0.1119H$$

$(g-\gamma)_{布}$是水准点的布格异常,由拟合法从《国家重力测量数据库》中获取,该布格异常值属波茨坦系统,正常重力采用1901-1909赫尔默特正常重力公式,通过转换将得到$(g-\gamma)^{85}_{布}$,公式为:

$$(g - \gamma)^{85}_{布} = (g - \gamma)^{57}_{布} - 13.58 - (\gamma' - \gamma) \tag{4-11}$$

式中:对于克氏椭球:$\gamma = 978030(1 + 0.005302\sin^2\varphi - 0.000007\sin^2 2\varphi)$;

对于75椭球:$\gamma = 978031.751(1 + 0.00530245\sin^2\varphi - 0.00000585\sin^2 2\varphi)$;

H——水准点概略高程(m)。

日月引力改正U:

$$U = (\theta^m_{南} \cdot \cos\alpha + \theta^s_{南} \cdot \cos\alpha + \theta^s_{西} \cdot \sin\alpha) \cdot \gamma \cdot R \tag{4-12}$$

式中:α——观测路线方位角,正南方向起算;

γ——潮汐因子,取0.68;

R——测段长度;

$\theta^m_{南}$——月亮引起垂线向南偏离的积分平均值;

$\theta^s_{南}$——太阳引起垂线向南偏离的积分平均值;

$\theta^s_{西}$——太阳引起垂线向西偏离的积分平均值。

(3)平差

水准网平差采用间接平差法,观测高差值总个数$M=99$,已知点总个数$NA=1$,水准点总个数$NB=92$,未知数总个数$N=91$,水准路线条数$NC=99$。为了评定每个点的精度,观测路线按测段数划分为99条平差路线。以加过标尺长度误差改正、正常水准面不平行改正、重力异常改正、日月引力改正的观测高差为元素，平差按测段距离定权，等权平差。

(4)精度统计

水准网构成 8 个闭合环，环闭合差平差计算结果见表 4-12。

环闭合差统计　　表 4-12

环　号	环长(km)	环闭合差(mm)	限差 ±(mm)
1	16.0	1.32	8.00
2	35.8	-0.67	11.97
3	53.7	0.60	14.66
4	48.9	-1.60	13.99
5	57.4	-6.56	15.15
6	49.7	0.31	14.10
7	58,1	-5.13	15.24
8	13.4	2.89	7.32

平差后单位权中误差：$M_o = \pm 0.498$ mm。

最弱点中误差：±4.17mm(57 号点：SD06 下)。

4.6　隧道贯通误差估算及与实际贯通误差比较

隧道贯通误差估算以胶州湾隧道独立坐标系成果为依据，采用 Cosa GPS 软件包计算。根据控制网的洞口点和定向点精度、贯通点的位置以及贯通面的方向，在完成控制网平差之后，直接估算隧道贯通误差的影响值。

4.6.1　首级 GPS 控制网的平面模拟计算

贯通误差的模拟计算需要控制网的模拟坐标和协方差阵，故首先需根据布设的控制网进行模拟平差计算，平面控制网的模拟计算采用 3 种方案进行，并比较各种方案下模拟计算的最弱点位精度和最弱边精度的情况。3 种方案分别叙述如下：

方案一：用 4 个已知点做为起算点，做四点约束平差；

方案二：用隧道 GPS 平面控制网中的点 SD05 为起算点，以 SD05 到 SD09 的方向为起算方向，对包括已知点在内的所有网点做一点一方位约束平差；

方案三：用隧道 GPS 平面控制网中的点 SD05 为起算点，以 SD05 到 SD09 的方向为起算方向，对除 4 个已知点外的网点做一点一方位约束平差。

3 种方案平差后，综合比较如表 4-13 所示。

对三种模拟方案的综合比较　　表 4-13

位置 \ 方案		方案一	方案二	方案三
最弱点	点名	SD15	顾家岛	SD19
	x 中误差(cm)	0.675	4.175	0.627
	y 中误差(cm)	0.691	7.051	0.762
	点位中误差(cm)	0.966	8.195	0.987
最弱边	起点—始点	SD03—SD04	SD03—SD04	SD03—SD04
	边长(m)	255.03288	255.03304	255.03318
	边长中误差(cm)	0.180	0.192	0.183
	相对中误差	1/141000	1/133000	1/140000

方案一用于将GPS网连接到青岛城市96坐标系，方案二和方案三为隧道独立坐标系，所不同的是方案二将4个已知点作为未知点处理，但方案三不包括已知点。它们的精度都是相对于各自的基准，其结果仅供参考。模拟计算表明：网的最弱点的精度可以达到10mm，大于500m的边的相对精度可达到1:200000。

方案一的最长边为37.4km，方案二的最长边为21.7km，方案三的最长边为5.4km；3个方案的最短边都为255m，小于500m的边14条，500～1000m的边22条；方案三大于3000m的边仅9条。

最长边及其精度：午山到SD06，边长为21710.0269m，边长相对精度为1:1901000；

要求的短边及其精度：SD02到SD04，边长491.4886m，边长相对精度1:273000。

4.6.2 首级GPS控制网的隧道贯通误差影响值估算

GPS网的误差对隧道贯通误差的影响，采用广义协方差传播律进行，隧道贯通误差的大小与进出口点及其定向点有关。通过精度对比分析，选取第三方案进行贯通误差影响估算，设定隧道两端首级平面控制网洞口点为精密导线两端的起算点、定向点，计算隧道中点处横向贯通误差和纵向贯通误差。贯通误差见表4-14。

隧道贯通误差估算表　　表4-14

序号	团岛洞口控制点		薛家岛洞口控制点		横向贯通误差	纵向贯通误差
	起算点	定向点	起算点	定向点	(mm)	(mm)
1	SD03	SD01	SD10	SD13	9.23	2.04
2	SD03	SD01	SD10	SD11	14.85	3.04
3	SD03	SD02	SD10	SD13	9.66	2.03
4	SD03	SD02	SD10	SD11	15.07	3.03
5	SD03	SD04	SD10	SD13	12.39	2.05
6	SD03	SD04	SD10	SD11	17.00	3.04
7	SD03	SD01	SD12	SD11	7.59	2.17
8	SD03	SD01	SD12	SD13	5.34	1.34
9	SD03	SD02	SD12	SD11	7.94	2.16
10	SD03	SD02	SD12	SD13	5.96	1.33
11	SD03	SD04	SD12	SD11	11.15	2.17
12	SD03	SD04	SD12	SD13	9.89	1.35

从上表可以看出，GPS网误差引起的隧道贯通横向误差小于17mm，大大小于规定的43mm，达到隧道贯通要求。

4.7 精密测距边检测

2007年7月29日至8月6日进行了平面GPS控制网的检核边测量。根据本项目所在测区的实际情况和设计书的要求，在南北两岸分别选择了3条GPS基线边，采用了Leica TCA-2003全站仪进行了检测。

4.7.1 精密测距边观测

每条精密测距边采用Leica TCA-2003全站仪对向观测，往返观测各4个测回，每测回读取4个读数，取中数作为一个测回的观测值；每测回观测前后分别读取仪器站和镜站的干温、湿温、气压、气压计附温各一次。

观测时采用的限差标准如下：

(1)一测回读数间互差:2mm 。

(2)测回间互差为3mm。

(3)往返测较差：$\sqrt{2}(a+b\cdot D\cdot 10^{-6})$(mm)。上式中的$a$、$b$分别为测距仪加常数和乘常数，$D$为边长(单位为m)。

4.7.2 精密测距边边长计算

测距边经过加、乘常数改正和温度、气压改正后，成果取中数采用。计算过程和主要计算公式如下：

(1)加、乘常数改正

$$\Delta s = a + b \cdot s \tag{4-13}$$

式中：Δs——加乘常数改正数(mm)；

a——加常数(mm)；

b——乘常数(ppm)；

s——距离观测值(m)。

(2)气象改正

$$DD = 281.8 - \frac{0.29065 \cdot p}{1 + t/273.16} + \frac{4.126^{-4} \cdot h}{1 + t/273.16} \cdot 10^{x} \tag{4-14}$$

$$x = \frac{7.5t}{237.3 + t} + 0.7857$$

式中：DD——改正系数(ppm)；

h——相对湿度；

p——气压(mba)；

t——温度(℃)。

(3)观测斜距化算至标志间斜距

$$s = \sqrt{s_0^2 - [(H_i + i) - (H_v + v)]^2 + (H_i - H_v)^2} \tag{4-15}$$

式中：s——标志间斜距(m)；

s_0——加、乘常数改正和气象改正后斜距(m)；

H_i——测距仪所在点位的大地高(m)；

H_v——棱镜高所在点位的大地高(m)；

i——测距仪高度(m)；

v——棱镜高度(m)。

4.7.3 测距边与GPS基线边比较

(1)精密测距边(标志间斜距)与GPS基线实测边比较

精密测距边与GPS基线边均换算为标志间斜距，两者之差应不大于GPS基线标准差σ，标准差计算公式如下：

$$\sigma = \pm\sqrt{a^2 + (bd)^2} \tag{4-16}$$

按照B级GPS控制网要求，上式中$a=5$mm，$b=1$ppm。

精密测距边与GPS基线边比较结果见表4-15。

精密测距边与 GPS 基线边比较结果　　表 4-15

序　号	边　名	精密测距边（m）	GPS 基线（m）	较差（mm）	限差（mm）
1	SD09-SD08	573.2548	573.2586	-3.8	±5.0
2	SD13-SD11	472.7696	472.7675	+2.1	±5.0
3	SD17-SD16	432.3038	432.3078	-4.0	±5.0
4	KH01-SD06	561.8134	561.8146	-1.2	±5.0
5	SD02-SD03	536.6661	536.6687	-2.5	±5.0
6	SD03-SD01	661.9836	661.9836	0.0	±5.0

从上表可以看出，精密测距边长度与 GPS 基线长度较差均小于限差，从而证明 GPS 观测可靠，基线解算准确，平差计算。

(2)精密测距边投影至独立坐标系的比较

精密测距边投影至 -40m 高程面的平距与隧道工程独立坐标系坐标反算的平距比较见表 4-16。

测距边投影后边长与独立坐标系坐标反算距离比较结果　　表 4-16

边　名	测距边投影至 -40m 高程面上的距离（m）	独立坐标系坐标反算距离（m）	较差（mm）	限差（mm）
SD09-SD08	573.24988	573.2543	-4.4	±5.0
SD13-SD11	471.93806	471.9369	+1.2	±5.0
SD17-SD16	432.24612	432.2506	-4.5	±5.0
KH01-SD06	561.80269	561.8044	-1.8	±5.0
SD02-SD03	535.17420	535.1768	2.6	±5.0
SD03-SD01	661.27299	661.2730	0.0	±5.0

从表 4-16 中可以看出，6 条基线基线投影后与反算的边长误差均小于 5mm，证明 GPS 边长在投影计算过程中计算无误。

4.8 控制网复测与贯通测量

4.8.1 首级平面控制网复测

首级控制网首级GPS网需按原测精度定期进行全面复测。GPS网复测内外业作业及成果，需满足国家规定的有关要求，需对控制网现状进行评价并明确每个控制点的取值。首级平面控制网复测频率为每年一次，共计 3 次。复测时间分别为：2008 年 7 月、2009 年 3 月、2009 年 11 月。青岛胶州湾隧道工程控制网沿线路共布设 11 个 GPS 点，测量控制网如图 4-1 所示。

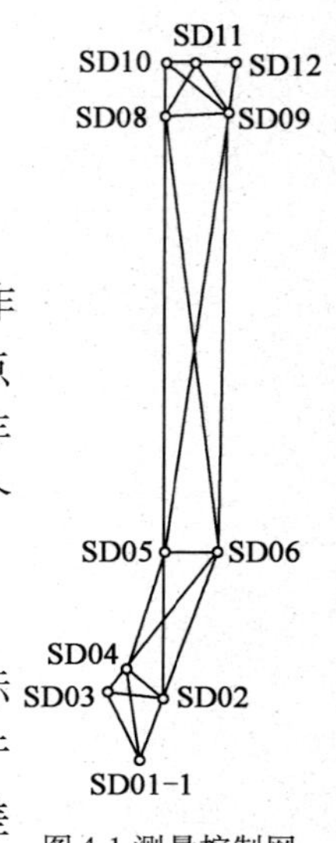

图 4-1 测量控制网

(1) GPS 网复测精度指标

复测时按 GPS B 级网精度进行复测，严格按照规范中要求的 GPS 控制网技术指标控制精度。GPS 网最弱点位中误差不大于 12mm，最弱边的相对中误差不大于 1/100000，相邻点的相对点位中误差不大于 10mm，与原有城市控制点坐标较差 ≤50mm。表 4-17 为 GPS 控制网主要指标。

GPS控制网主要技术指标　　表4-17

平均边长（km）	最弱点的点位中误差（mm）	相邻点的相对点位中误差（mm）	最弱边的相对中误差	与现有城市控制点的坐标较差（mm）	不同线路控制网重合点坐标较差（mm）
2	±12	±10	1/100000	≤50	≤25

复测时采用Trimble GPS双频接收机5700（4台套），仪器精度为：5mm+1ppm×s，在每次使用前均进行检定和常规检测。对中、整平、量测天线高，测出信号、测段数以及天线高的输入等均严格按规范进行。

（2）使用仪器

（3）GPS网布设原则

1）复测时，根据原GPS点的分布情况，参照原网并结合复测时的环境条件，采用边连接形式构网，由多个多边形、同步大地四边形或单三角形组成。

2）每次布设GPS网时都由非同步独立观测边构成闭合环或附合路线，每个闭合环或附合路线中的边数均应符合表4-18的规定。

GPS测量的主要技术要求　　表4-18

项　目	要　求
接收机类型	双频或单频
观测量	载波相位
接收机标称精度	≤（10mm+2×10^{-6}×D
卫星高度角（°）	≥15
有效观测卫星数	≥4
观测时段长度（min）	短边≥60，长边≥90
数据采样间隔（s）	10~60
点位几何图形强度因子（PDOP）	≤6
重复设站数	≥2
闭合环或附合路线中的边数（条）	≤6
同步观测接收机台数	≥3

（4）每次观测前首先编制出GPS卫星可见性预报表，其内容包括可见卫星号、卫星高度角和方位角、最佳观测卫星组的最佳观测时间、点位几何图形强度因子（PDOP）等。

（5）每次GPS控制网观测时操作均符合下列要求：

1）天线整平、对中，对中误差不大于1mm。

2）每时段观测前后各量取天线高一次，两次互差小于3mm时，应取两次平均值作为最后结果。

3）按照《城市轨道交通工程测量规范》附录A表A.0.1的规定逐项填写外业观测手簿。

4）每一时段观测结束及时将存储介质数据进行备份。每日观测结束及时进行数据处理。

5）每次作业前编制作业计划表。

（6）数据处理

1）预处理：每天外业观测结束立即将采集的数据传输到计算机中进行基线解算。基线向量采用Trimble的随机商品化软件TGO解算。基线解算后，网平差前，应按规范对同步环、异步环闭合差和复测边的相对闭合差、相对较差进行检算，合格后方可选取独立边参与平差计算。否则应分析原因，采取人工干预方法重新进行基线解算或重测。GPS控制网外业观测的数据校核应满足下列要求：

①同步环各坐标分量及全长闭合差应满足下列各式要求：

$$w_x \leqslant \frac{\sqrt{N}}{5}\sigma$$

$$w_y \leqslant \frac{\sqrt{N}}{5}\sigma$$

$$w_z \leqslant \frac{\sqrt{N}}{5}\sigma$$

$$w = \sqrt{w_x^2 + w_y^2 + w_z^2}$$

$$w \leqslant \frac{\sqrt{3N}}{5}\sigma$$

$$\sigma = \sqrt{a^2 + (b \times d \times 10^{-6})^2}$$

式中：N——同步环中基线边的个数；

w——环闭合差；

σ——标准差，即基线向量的弦长中误差（mm）；

a——固定误差（mm）；

b——比例误差（mm）；

d——GPS 控制网中相邻点的平均距离（km）。

②独立基线构成的独立环各坐标分量及全长闭合差应满足下列各式要求：

$$w_x \leqslant 2\sqrt{n}\sigma$$

$$w_y \leqslant 2\sqrt{n}\sigma$$

$$w_z \leqslant 2\sqrt{n}\sigma$$

$$w = 2\sqrt{3n}\sigma$$

式中：n——独立环中基线边的个数。

③复测基线的长度较差应满足下式的要求：

$$d_s \leqslant 2\sqrt{n}\sigma$$

式中：n——同一边复测的次数，通常等于 2。

2）GPS 控制网数据处理及平差计算

成果处理采用随机软件和武测商用科傻 GPS 处理软件两种版本进行平差处理分析比较。

①将全部独立基线构成闭合图形，以三维基线向量及其相应方差协方差阵作为观测信息，以一个点的 WGS-84 系的三维坐标作为起算数据，在 WGS-84 坐标系中进行三维无约束平差，并提供 WGS-84 的三维坐标、坐标差观测值的总改正数、基线边长及点位和边长的精度信息。基线向量改正数的绝对值应满足下列各式的要求：

$$V_{\Delta x} \leqslant 3\sigma, V_{\Delta y} \leqslant 3\sigma, V_{\Delta z} \leqslant 3\sigma$$

②约束平差及精度评定，并应输出相应坐标系中的坐标、基线向量改正数、基线边长和方位角、边长和方位的精度信息、转换参数及其精度信息等。基线向量的改正数与同名基线无约束平差相应改正数的较差应满足下列各式要求：

$$dV_{\Delta x} \leqslant 2\sigma, dV_{\Delta y} \leqslant 2\sigma, dV_{\Delta z} \leqslant 2\sigma$$

③通过检测，对于原测点位的精度、可靠性和稳定性进行全面评价，提出使用意见，并根据原测和检测成果的比较，对于较差超限的点位分析原因，提出处理措施。GPS 原测网与复测网平差坐标比较见表 4-19 ~ 表 4-21。

GPS 原测网与复测网平差坐标比较表（第一次复测） 表 4-19

点号	测绘原坐标		本次复测坐标		Δx (mm)	Δy (mm)	d (mm)
	x(m)	y(m)	x(m)	y(m)			
SD02	95703.904	226032.013	95703.904	226032.013	0.0	0.0	0.0
SD03	95767.535	225500.625	95767.533	225500.624	0.0	0.0	0.0
SD04	95974.520	225686.574	95974.515	225686.571	-5.0	-3.0	5.8
SD05	97163.314	226040.165	97163.306	226040.161	-8.0	-4.0	8.9
SD06	97183.696	226542.272	97183.693	226542.269	-3.0	-3.0	4.2
SD08	101524.993	226035.716	101524.995	226035.715	2.0	-1.0	2.2

续上表

点号	测绘原坐标		本次复测坐标		Δx (mm)	Δy (mm)	d (mm)
	x(m)	y(m)	x(m)	y(m)			
SD09	101554.175	226608.236	101554.174	226608.232	0.0	0.0	0.0
SD10	102058.871	226013.363	102058.869	226013.358	-2.0	-5.0	5.4
SD11	102041.919	226301.792	102041.919	226301.792	0.0	0.0	0.0
SD12	102028.758	226690.189	102028.755	226690.191	-3.0	2.0	3.6

GPS 原测网与复测网平差坐标比较表(第二次复测)　表 4-20

点号	测绘原坐标		本次复测坐标		Δx (mm)	Δy (mm)	d (mm)
	x(m)	y(m)	x(m)	y(m)			
SD02	95703.9245	226032.0155	95703.924	226032.016	0.0	0.0	0.0
SD03	95767.5534	225500.6347	95767.553	225500.635	0.0	0.0	0.0
SD04	95974.5361	225686.5808	95974.531	225686.581	-5.1	0.2	5.1
SD05	97163.3143	226040.1650	97163.311	226040.164	-3.3	-1.0	3.4
SD06	97183.6960	226542.2649	97183.698	226542.265	2.0	0.1	2.0
SD07	100814.9696	225442.8371	100814.973	225442.836	3.4	-1.1	3.6
SD08	101524.9322	226035.7159	101524.935	226035.715	2.8	-0.9	2.9
SD09	101554.1138	226608.2270	101554.114	226608.227	0.0	0.0	0.0
SD10	102058.8027	226013.3636	102058.798	226013.365	-4.7	1.4	4.9
SD11	102041.8503	226301.7883	102041.85	226301.788	0.0	0.0	0.0

GPS 原测网与复测网平差坐标比较表(第三次复测)　表 4-21

点号	测绘原坐标		本次复测坐标		Δx (mm)	Δy (mm)	d (mm)
	x(m)	y(m)	x(m)	y(m)			
SD02	95703.9245	226032.0155	95703.924	226032.016	0.0	0.0	0.0
SD03	95767.5534	225500.6347	95767.553	225500.635	0.0	0.0	0.0
SD04	95974.5361	225686.5808	95974.533	225686.585	-3.1	4.2	5.2
SD05	97163.3143	226040.165	97163.310	226040.162	-4.4	-2.6	5.1
SD06	97183.696	226542.2649	97183.699	226542.266	3.2	1.2	3.4
SD07	100814.9696	225442.8371	100814.973	225442.835	3.8	-2.1	4.3
SD08	101524.9322	226035.7159	101524.935	226035.715	2.3	-1.1	2.5
SD09	101554.1138	226608.227	101554.114	226608.227	0.0	0.0	0.0
SD10	102058.8027	226013.3636	102058.799	226013.367	-3.9	3.4	5.2
SD11	102041.8503	226301.7883	102041.850	226301.788	0.0	0.0	0.0

复测成果可以看出原测网中位点坐标稳定可靠,各点均在限差以内,可以用于施工测量。

4.8.2　首级高程控制网复测

原测水准网为绕青岛胶州湾布设的一等水准及精密水准网,水准点的高程系统采用正常高系统,高程采用统一的 1985 国家高程基准。首级平面控制网复测频率为每年一次,共计 3 次。复测时间分别为:2008 年 7 月、2009 年 11 月、2010 年 3 月。复测首级高程控制网时对隧道进、出口附近水准控制点进行复测。沿线共复测 13 个水准点。使用 Leica NA2 + GPM3 自动安平水准仪及配套铟钢尺。复测严格按照二等水准测量技术要求进行作业,在测量期间定期对仪器和标尺指标进行常规检查,保证测量仪器各项精度指标处于正常状态,确保测量数据符合精度要求。具体技术要求见表4-22。

测量数据符合精度 表4-22

每千米高差偶然中误差(mm)	每千米高差全中误差(mm)	往返较差、附合或环线闭合差(mm)	视线长度(m)	前后视距差(m)	前后视距累计差(m)	视线高度	
						视线长度20m以上	视线长度20m以下
1.0	2.0	$\pm 4\sqrt{L}$	≤50	≤1.0	≤3.0	0.5	0.3

外业记录采用人工记录,每天收集的外业数据当天进行复核,发现问题和测段往返闭合差超限时,及时进行重测,对构成水准测量环线及时进行统计分析,使各项外业观测数据符合规范要求。观测中严格按照以下操作执行:

(1)观测前首先将仪器置于露天阴影下,使仪器与外界气温趋于一致;

(2)每天测量一次 i 角,i 角必须小于15";

(3)在连续各测站上安置水准仪的三角架时,使其中两脚与水准路线的方向平行,而第三脚轮换置于线路方向的左侧与右侧;

(4)不为了增加标尺读数而将尺承置于沟坑中;

(5)每一测段的往测与返测测站数均控制为偶数;

(6)有往测转向返测时,两标尺互换位置;

(7)同一测段的往测和返测分别在上午和下午进行;

(8)日出后与日落前30min及正午前后各约2h不进行观测;

(9)成像不稳时不进行观测。

高程控制网复测成果表见表4-23~表4-25。

青岛胶州湾隧道工程水准网原测高程与复测高程比较表(第一次复测) 表4-23

序号	点名	点号	测绘原高程(m)	本次复测高程(m)	差值(mm)	高程采用值(m)	备注
1	III 崖象21	JSS66	13.5282	13.5282	0	13.5282	
2	SD01下	JSS67	43.0947	43.0941	-0.6	43.0947	
3	SD01上	JSS67-2	44.3904	44.3911	0.7	44.3904	
4	SD03下	JSS72	12.5969	12.5965	-0.4	12.5969	
5	SD03下	JSS72-2	13.9000	13.8996	-0.4	13.9000	
6	SD04下	JSS81	46.8682	46.8688	0.6	46.8682	
7	SD04上	JSS81-2	48.1566	48.1572	0.6	48.1566	
8	SD08下	JSS08	4.7800	4.7804	0.4	4.7800	
9	SD08上	JSS08-2	6.2321	6.2332	1.1	6.2321	
10	SD09下	JSS09	4.6555	4.6555	0	4.6555	
11	SD09上	JSS09-2	6.0986	6.0997	1.1	6.0986	
12	洞1	JSS10	6.7177	6.7192	1.5	6.7177	
13	洞2	JSS11	6.5213	6.5226	1.3	6.5213	

青岛胶州湾隧道工程水准网原测高程与复测高程比较表(第二次复测) 表4-24

序号	点名	点号	测绘原高程(m)	本次复测高程(m)	差值(mm)	高程采用值(m)	备注
1	III 崖象21	JSS66	13.5282				已破坏
2	SD01下	JSS67	43.0947	43.0943	-0.4	43.0947	
3	SD01上	JSS67-2	44.3904	44.3911	0.7	44.3904	

续上表

序　号	点　名	点　号	测绘原高程（m）	本次复测高程（m）	差值（mm）	高程采用值（m）	备　注
4	SD03 下	JSS72	12.5969	12.5964	−0.5	12.5969	
5	SD03 下	JSS72-2	13.9000	13.8995	−0.5	13.9000	
6	SD04 下	JSS81	46.8682	46.8691	0.9	46.8682	
7	SD04 上	JSS81-2	48.1566	48.1569	0.3	48.1566	
8	SD08 下	JSS08	4.7800				
9	SD08 上	JSS08-2	6.2321	6.2331	1.0	6.2321	
10	SD09 下	JSS09	4.6555	4.6559	0.4	4.6555	
11	SD09 上	JSS09-2	6.0986	6.0995	0.9	6.0986	
12	洞 1	JSS10	6.7177	6.719	1.3	6.7177	
13	洞 2	JSS11	6.5213	6.5225	1.2	6.5213	

青岛胶州湾隧道工程水准网原测高程与复测高程比较表（第三次复测）　表 4-25

序　号	点　名	点　号	测绘原高程（m）	本次复测高程（m）	差值（mm）	高程采用值（m）	备　注
1	III 崖象 21	JSS66	13.5282				已破坏
2	SD01 下	JSS67	43.0947	43.0941	−0.6	43.0947	
3	SD01 上	JSS67-2	44.3904	44.3906	0.2	44.3904	
4	SD03 下	JSS72	12.5969	12.5970	0.1	12.5969	
5	SD03 下	JSS72-2	13.9000	13.8992	−0.8	13.9000	
6	SD04 下	JSS81	46.8682	46.8687	0.5	46.8682	
7	SD04 上	JSS81-2	48.1566	48.1563	−0.3	48.1566	
8	SD08 下	JSS08	4.7800				
9	SD08 上	JSS08-2	6.2321	6.2325	0.4	6.2321	
10	SD09 下	JSS09	4.6555	4.6564	0.9	4.6555	
11	SD09 上	JSS09-2	6.0986	6.0991	0.5	6.0986	
12	洞 1	JSS10	6.7177	6.7185	0.8	6.7177	
13	洞 2	JSS11	6.5213	6.5222	0.9	6.5213	

从 3 次复测成果看出：原测网中点位坐标稳定可靠，各点均在限差以内，可以用于施工测量。

4.8.3　隧道施工控制点测量

（1）平面控制测量

隧道施工控制测量是整个隧道测量工作的重点，因为隧道较长，施工影响多，雾气较大，而且只能从隧道进、出口将控制点引测至洞内，只能按照闭合导线方法进行测设，因此必须采用高精度仪器和多测回方法控制测量精度。

1）测量导线网的布设

①我单位在隧道内测量导线网时，将导线点沿中线布设为任意多边形多环闭合导线锁，分为主辅导线，每个导线环边数不超过 4 ~ 6 条。

②我单位在布设地下导线时，结合现场的实际情况，尽量增大点间距，由多年隧道施工测量经验得知，点间距控制在 300 ~ 500m 最佳。选取的点位通视良好，便于使用；点位均使用大于 10mm 的螺纹钢筋埋设，并用混凝土加固，钢筋上面刻画十字丝标示，埋设牢固不容易破坏，点位清楚明了；所有点位均

没有布设于大功率固定机械设备旁,点位使用、保护方便可靠。

2)测量过程实施

地下导线测量是随隧道开挖而向前延伸的,按照有关规范对导线要求及测量设计,且在进行导线测量时对导线的边角进行观测。隧道出口洞内加密平面控制点以隧道出口 GPS 点 SD03、SD02 为起算数据,隧道进口洞内加密平面控制点以隧道进口 GPS 点 SD07、SD08、SD11 为起算数据,按四等导线技术要求施测,将隧道内加密导线点与首级 GPS 点构成闭合导线,角度按左、右角观测 6 测回,洞外向洞内引测时观测 8 测回,$\alpha_{左}+\alpha_{右}$ 平均值之和与 360°的较差控制小于 ±4″;边长往返各观测 4 次取平均值,观测时将气压和温度输入仪器进行边长气象改正。

每次对隧道内延伸的加密平面控制点进行测量时均从洞外首级 GPS 控制点向洞内引测,并严格按照上述测量方法测设为多边形多环闭合导线锁,测量时按照先检测后利用原则,首先检查首级 GPS 点位的稳定可靠,点位稳定无误后才进行控制点的引测。

3)内业资料的整理

①外业测量工作完成后,首先对测量数据进行复核,在外业测量数据各项指标满足规范要求后进行内业资料处理。

②对导线网测距边长度进行仪器加常数和乘常数修正,然后再进行测距边归化修正。

③采用武测科傻测量平差软件将测量数据输入计算机,平差软件对测量数据进行平差,将平差成果自动生成表格。

④在每次测量成果后附测量控制网图与仪器检定证书。

4)每次测量时均对以下事项进行控制

①单独进行地下控制导线测量时,先将仪器进洞适应一段时间,然后进行测量。测量时先检查起算边的稳定情况。

②由于洞内洞洞外环境差别大,在由洞外向洞内引测时,选择在夜间或阴天进行,水平角观测在进洞时观测 8 个测回。

③测角时在隧道通风、排烟完成后、成像清晰时进行观测。

④观测时保证通风、照明及通讯设备,使照准目标有足够的明亮度和清晰度。

⑤在每次隧道向前延伸导线时,均从洞外首级控制点引测至洞内,并对已测的主副导线点测量检核,在确认无误后方可继续引测。

⑥为减少洞内导线测量误差对贯通误差的影响,选择原主导线点组成长边导线。

由误差理论推得:洞内控制测量的精度是决定全隧能否按规定正确贯通的关键。根据对多个长大隧道控制测量的经验,并结合本隧道的实际情况,决定使用 TCR1201 高精度全站仪对隧道进口、出口、斜井、服务隧道进行洞内加密平面控制点测量,从隧道施工开始至隧道贯通,共计测量隧道施工 1 标加密平面控制点 8 次,隧道施工 2 标加密平面控制点 7 次,隧道施工 3 标加密平面控制点 5 次,隧道施工 4 标加密平面控制点 7 次,共计 27 次。圆满完成合同中隧道施工导线次数要求,并保证了隧道开挖精度。

(2)高程控制测量

1)测量高程网的布设

在对水准点加密时采用以下布设原则:安置仪器后,可直接后视水准点就能进行施工放样而不需要迁站为宜,结合隧道施工情况,水准点间距为 200m 一个点。水准点埋设在不受施工干扰、利于使用和保存的地方,大部分水准点与施工导线点共用同一个点位。

2)测量实施

洞内高程控制网测量按二等水准要求施测,使用仪器为 Leica NA2 + GPM3 自动安平水准仪及配套铟钢尺。在测量期间定期对仪器和标尺指标进行常规检查,保证测量仪器各项精度指标处于正常状态,确保测量数据符合精度要求。具体技术要求见表 4-26。

测量数据符合精度 表4-26

每千米高差偶然中误差(mm)	每千米高差全中误差(mm)	往返较差、附合或环线闭合差(mm)	视线长度(m)	前后视距差(m)	前后视距累计差(m)	视线高度	
						视线长度20m以上	视线长度20m以下
1.0	2.0	$\pm 4\sqrt{L}$	≤50	≤1.0	≤3.0	0.5	0.3

使用Leica NA2 + GPM3自动安平水准仪及配套铟钢尺进行水准测量作业,从隧道施工开始至隧道贯通,共计测量隧道施工1标加密水准控制点8次,隧道施工2标加密水准控制点7次,隧道施工3标加密水准控制点5次,隧道施工4标加密水准控制点7次,共计27次。圆满完成隧道施工水准点次数要求,保证了隧道开挖精度。外业记录采用人工记录,每天收集的外业数据当天进行复核,发现问题和测段往返闭合差超限时,及时进行重测,对构成水准测量环线及时进行统计分析,使各项外业观测数据符合规范要求。

4.8.4 施工测量抽检

(1)施工导线抽检

施工单位在隧道施工时,为方便施工,会在主控制网的基础上加密一些施工导线,这些施工导线与主控制网相比一般边长较短,保存时间也短,位置也会经常变动。对隧道加密平面控制点测量后对施工导线点进行抽检,抽检精度要求比隧道主控制点精度略低,使用TCR1201全站仪,按4测回观测,边长往返观测各两测回,并进行气象和投影改正。成果平差采用武汉大学Cosawin严密平差软件进行,抽检比例为5%。

(2)隧道开挖轮廓线放样抽检

在对隧道加密平面控制点测量后对隧道开挖轮廓线放样点进行抽检。置镜主控制网导线点或施工导线点上,用全站仪测出施工单位所放点的三维坐标,与设计值进行比较,来判定放样的精度,抽检比例为5%。

(3)断面抽检

在进行断面抽检工作时,先根据导线点和设计图纸,放样出隧道中线点。然后置镜中线点,用激光断面仪测出该里程断面的实际情况,来判断超欠挖或净空是否满足要求。抽检比例为5%。通过对左、右线隧道的断面抽检情况可知,隧道无欠挖现象,隧道施工处于受控状态。

4.8.5 贯通测量

当左、右线隧道及服务隧道整体贯通后,及时进行平面、高程贯通测量。

(1)平面贯通测量

1)贯通测量作业时,利用贯通面两边的已知控制导线点,并在贯通面附近设一点,这些点与洞内已知导线边形成附合导线。按四等导线对边角测量的有关要求测量贯通附合导线。外业资料满足要求后,求算贯通误差,判断贯通是否满足≤±150mm的要求。

2)贯通误差求出来后,对贯通误差进行调整。贯通误差的调整应符合下列要求:方位角贯通误差分配在未衬砌地段的导线角上;计算贯通点坐标闭合差,坐标闭合差在贯通地段导线上,按边长比例分配,闭合差很小时也可按坐标平差处理。

3)对隧道进行贯通前先检测地下已知控制导线点、边的稳定情况,选用稳定的地下导线边、点作为贯通测量的起始边、点。

(2)高程贯通测量

在高程贯通测量时使用Leica NA2 + GPM3自动安平水准仪及配套铟钢尺,按二等水准要求进行作业,分别从开挖的两端测至贯通点,求算贯通误差,判断贯通是否满足≤±70mm的要求。贯通误差测量完成后在贯通面两侧没衬砌地段进行高程贯通误差调整,求出各点调整后高程,用以指导相应地段施工。隧道贯通测量成果见表4-27。

青岛胶州湾隧道工程贯通情况表 表4-27

贯通区段	横向贯通误差(mm)	纵向贯通误差(mm)	高程贯通误差(mm)
左线隧道	3.4	43.6	12.6
右线隧道	18.8	29.6	14.3
服务隧道	35.6	58.6	16.8
横向贯通误差优秀:100%(小于贯通限差1/3),合格率:100%(贯通限差150mm)			
高程贯通误差优秀:100%(小于贯通限差1/3),合格率:100%(贯通限差70mm)			

隧道左、右线工程与接线工程贯通工作进行了测量。贯通测量结果见表4-28。

青岛胶州湾隧道工程与接线工程贯通情况表 表4-28

贯通区段	横向贯通误差(mm)	纵向贯通误差(mm)	高程贯通误差(mm)
左线隧道与接线隧道	37.1	10.7	3.0
右线隧道与接线隧道	11.0	13.6	11.4
横向贯通误差优秀:100%(小于贯通限差1/3),合格率:100%(贯通限差150mm)			
高程贯通误差优秀:100%(小于贯通限差1/3),合格率:100%(贯通限差70mm)			

4.9 结论和创新

4.9.1 估算贯通误差与实际贯通误差的比较

隧道工程于2007年8月开始施工,各施工单位已多次使用该控制网,未发现任何错误,各项精度指标满足设计和施工要求,为隧道的顺利贯通提供了可靠的测量基准。2009年12月18日,服务隧道顺利贯通,2010年4月28日主隧道贯通。

根据设计要求,总贯通中误差,横向应不大于±75mm,高程应不大于±35mm。隧道贯通误差的各项指标数值见表4-29。从表中可知,横向贯通误差最大的是服务隧道,为37.1mm,小于限差的1/3,各隧道高程方向最大为16.8mm,小于限差的1/3。贯通误差优秀。贯通后实测的结果充分验证了首级控制网的设计指标准确合理,隧道测量质量优秀。确保了隧道各线的顺利贯通。

隧道实际贯通误差估算表 表4-29

序　号	时　间	贯 通 隧 道	贯通误差(mm)		
			横向	纵向	高程
1	2009-12-18	服务隧道	35.6	58.6	16.8
2	2010-4-23	左线隧道	3.4	43.6	12.6
3	2010-4-27	右线隧道	18.8	29.6	14.3
4	2010-5-4	右线与接线	11.0	13.6	11.4
5	2010-8-20	左线与接线	37.1	10.7	3.0

4.9.2 创新

首级平面和高程控制网测量平面控制网采用GPS测量技术,高程控制网施测采用一等水准测量。经数据处理后各精度指标均高出设计精度要求。技术特性和创新点如下:

(1)在密集老城区中进行跨海高精度、大跨度三维控制网建设,整套技术方案均属创新。在建筑密集的老城区建立精密控制网是测量行业的难题,本项目采取在楼顶建标、用扼流圈天线等一系列措施有效解决了GPS信号遮挡、通视、坐标传递等问题，通过隧道施工验证了方案的可靠性。

(2)首级平面和高程控制网的设计，结合隧道现场环境、工程施工对控制网的技术要求，布设带有强制对中设备的控制网点，控制点埋设质量高，有深层基岩点、基岩点和房顶点(定向用)多种类型，点位坚固稳定美观，均设置强制对中装置和安全锁有利于精密测量和长期利用，为隧道的变形监测提供的控制基准。

(3)平面控制网采用先进的GPS测量手段建立，使用高精度的GPS双频接收机，并全部使用ASHTECH扼流圈天线，GPS基线结算采用GAMIT精处理软件、IGS精密星历；一等水准测量使用高精度水准仪；测距三角高程控制网测量中，使用Leica TCA2003电子全站仪(垂直角测量标称精度0.5″,俗称测量机器人)，水准网平差采用国家测绘局大地测量数据处理中心的一等水准平差软件进行高程控制网数据处理。

(4)一等水准、测距三角高程测量均按照技术设计书和专家以及监理单位审查意见认真实施。一等水准测量设计合理、符合要求、计算结果准确；测距三角高程测量距离观测、垂直角观测方法合理，数据处理严密，达到了预期的效果。一等水准、测距三角高程联合处理方案正确，水准成果符合要求，为隧道施工提供了可供使用的、可靠的高程控制测量数据基础。

(5)布点方案设计时采用独特的精度模拟计算方法，在测量之前预估隧道贯通精度等主要指标，确保设计方案科学可靠，方法创新。

(6)项目成果除完成高精度隧道独立坐标系成果外还有高精度的地方坐标系和国家统一坐标系成果，有利于成果综合应用。

第二篇　理论研究与设计

第5章 最小岩石覆盖厚度研究

5.1 研究意义

海底隧道最小岩石覆盖层厚度和纵坡决定了隧道长度，而隧道长度是影响海底隧道建设费用的主要因素之一，直接影响海底隧道安全和造价。如果隧道的限制坡度给定，决定海底隧道长度的主要参数就是隧道的合理埋置深度。岩石覆盖厚度太小会增加隧道丧失稳定的可能性，增加隧道涌水量，间接增加支护、防渗和排水的费用。加大岩石覆盖厚度意味着增大隧道埋深，增加隧道长度，作用于衬砌结构上的水头压力也会增大，因而造价提高。

隧道岩石覆盖厚度的确定存在一个优选的问题。如何确定海底隧道的最小岩石覆盖厚度，既能确保隧道施工期与运营期的安全与稳定，又能保证隧道的经济性，是一个亟待解决的问题。

本课题针对胶州湾隧道最小岩石覆盖厚度，开展相应的理论和数值模拟研究。根据纵断面地层条件的变化，尤其是某些软弱地层、构造带，开展地层条件变化处的最小岩石覆盖厚度研究。提出不同工程地质、水文地质及施工方法组合下的最小岩石覆盖厚度，以及减小最小岩石覆盖厚度的措施，为隧道选线提供参考依据。本项研究对解决胶州湾海底隧道最小埋置深度的设计和施工具有重要的现实意义。

5.2 关键名词说明

海水深度：是指海平面到海底面的深度。外水压力是海底隧道衬砌设计的主要外荷载之一，海平面高度决定了围岩的静孔隙水压力。为保证设计安全，常取最大高潮时海平面计算。除特殊说明，本项研究海水深度均指最大高潮海平面到海底面的深度。

岩石覆盖厚度：一般指海底隧道拱顶至基岩表面或弱风化基岩表面的高度。青岛胶州湾隧道地质情况较好，大部分海域基岩裸露，全风化层、强风化层基岩较薄，少部分海域存在比较薄的淤泥层、亚黏土层。为研究和叙述的方便，本项研究岩石覆盖厚度均指隧道拱顶至海底面的高度。

最小岩石覆盖厚度：是指对于特定的隧道剖面，确定海水深度、地质条件、隧道断面、施工方法时，所对应的技术可行、经济合理的较优岩石覆盖厚度。

5.3 最小岩石覆盖层厚度的确定方法

矿山法施工海底隧道，在国外（如挪威、日本）已有许多工程实例。海底隧道多采用矿山法施工，其埋深的确定，既要避免埋深过大，使隧道增长、造价提高；又要防止埋深不足，使海水溃入隧道，增加隧道丧失稳定的可能性，增加隧道涌水量，间接增加支护、防排水的费用。如何综合考虑经济、安全两方面因素，确定矿山法海底隧道的最小埋深，是海底隧道修建的最大难点之一。

5.3.1 工程类比法

类比相似工程是地下工程设计和施工时的一个常用方法。表5-1给出了世界上一些主要海底隧道的埋深情况，从表中可以看出，目前各国在岩石最小覆盖层厚度的决定上，并没有一个统一的准则。关门铁路隧道尽管岩石不良，但其岩石覆盖层厚度仅有9.5m。Seabrook隧道及大海峡隧道的岩石条件较好，而且采用掘进机施工，故岩石覆盖层厚度也较小。岩石覆盖层厚度最大的是青函隧道，这是由于青函隧道具有特殊的尺寸并且是在极其困难的地质条件下建造的。

部分海底隧道最小岩石覆盖层厚度情况 表5-1

国别、隧道名	类型	地层岩性	长度(km)	最深点(m)	埋深(m)	横断面
日本，关门	铁路	灰绿凝灰岩、花岗岩	3.6	40	9.5	$77m^2$
日本，关门	公路	闪绿岩	3.5	49	20.7	$95m^2$
日本，新关门	铁路	玢岩、花岗闪绿岩	18.7	50	20	$90m^2$
日本，青函	铁路	安山岩、火成岩	53.9	250	100	$109m^2$
美国，Seabrook	输水		5.0	70	15	$2\times\phi6.7m$
美国，波斯港	输水		11.0	125	22	$\phi7.6m$
瑞士，Forsmark	输水		2.3	75	52	$80m^2$
瑞士，Saltsj	输水		7.5	60	25	$\phi3.5m$
英法海峡隧道	铁路	片麻岩	49.2	100	36	$2\times\phi8.5m$
丹麦，大海峡	铁路	片麻岩	7.9	68	13	$2\times\phi8.5m$
澳大利亚，悉尼港	输水		3.1	130	48	4.1m
挪威，奥勒松	公路	片麻岩	7.2	130	32	$78m^2$
挪威，瓦尔德	公路	页岩，砂岩	2.6	88	28	$53m^2$
挪威，Ellingsϕy	公路	片麻岩	3.5	140	42	$68m^2$
挪威，Kvalsund	公路	片麻岩	1.6	56	23	$43m^2$
挪威，Godϕy	公路	片麻岩	3.8	153	33	$52m^2$
挪威，Nappstraumen	公路	片麻岩	1.8	60	27	$55m^2$
挪威，Freifjord	公路	片麻岩	5.2	100	30	$70m^2$
挪威，Byfjorden	公路	千枚岩	5.8	223	34	$70m^2$
挪威，Hitra	公路	片麻岩	5.6	264	38	$70m^2$
挪威，North Cape	公路	页岩，砂岩	6.8	212	49	$50m^2$
挪威，Frϕya	公路	片麻岩	5.2	157	41	$52m^2$
挪威，Bϕmlafjord	公路	片麻岩	7.9	260	35	$78m^2$
挪威，Skatestraum	公路	片麻岩	1.9	80	40	$52m^2$
挪威，Eiksund	公路	片麻岩	7.8	287	50	$71m^2$
挪威，Hvaler	公路	片麻岩	3.8	121	35	$45m^2$
挪威，Valderϕy	公路	片麻岩	4.2	145	34	$68m^2$
挪威，Flekkerϕy	公路	片麻岩	2.3	101	29	$46m^2$
挪威，Maursund	公路	片麻岩	2.3	92	20	$43m^2$
挪威，Ibestad	公路	片麻岩	3.4	125	30	$46m^2$
挪威，Frierfjord	供气	片麻岩，黏土石	3.6	253	48	$16m^2$
挪威，Karstϕ	供水	片麻岩	0.4	58	15	$20m^2$
挪威，Karmsund	供气	片麻岩，千枚岩	4.7	180	56	$27m^2$

5.3.2　挪威图表法

挪威修建海底隧道已有80多年的历史，比较知名的海底隧道总长超过80km，绝大多数采用矿山法施工。最短的隧道长0.4km，最长的7.7km；离海平面最近点56m，最深点275m。挪威岩层条件多为硬岩为主，即古老的火成岩和变质岩，但由于经历了几次地壳构造运动，产生了许多的断层软弱带。挪威海底隧道建设积累了大量经验，总结出海底隧道最小埋深经验参考图，分别按岩石完整和岩石破碎给出两条经验曲线，详见图5-1。

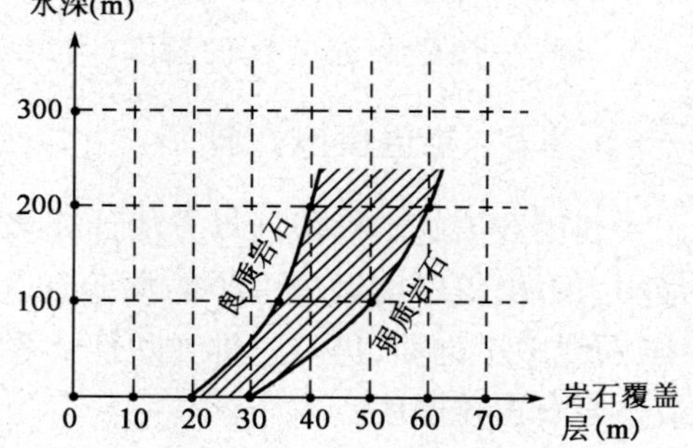

图5-1　最小岩石覆盖层厚度与海水深度经验曲线

另外值得提出的是，比较1990年和2001年前竣工的海底隧道的最小岩石覆盖层厚度以及同世界其他国家对照发现，挪威1990年前修建的海底隧道的岩石覆盖层厚度偏于保守，随着施工技术和设备的发展，隧道的最小岩石覆盖层厚度也越来越小。

5.3.3　日本经验公式

日本第一条矿山法海底铁路隧道修建距今已有60余年历史，并于1988年竣工了世界瞩目的青函海底隧道，在此方面积累了较多经验。日本对于利用盾构法施工的隧道，埋深主要是考虑水的浮力作用。

日本经验公式：

$$h = (\frac{1}{3} \sim \frac{2}{3})H \tag{5-1}$$

式中：h——海底隧道埋深；

H——最大海水深。

利用矿山法施工的隧道，确定埋深的主要依据是涌水量，覆盖层厚度太小，水压会相对减小，有可能出现冒顶坍方；覆盖层太厚，水压增大，可能有突水危险。具体的计算公式为：

$$h = \frac{re}{2}e^{\frac{H}{h}} \tag{5-2}$$

式中：r——隧道半径。

按最小涌水量得到的岩石覆盖层厚度，只是确定最小岩石覆盖层厚度的范围，但是对于具体确定最小岩石覆盖层厚度时，要结合具体地质情况和隧道坡度等因素。

5.3.4　国内顶水采煤经验方法

海底隧道最小埋深的确定与煤矿安全开采上限的确定有异曲同工之处。对海底隧道安全施工与运营产生影响的有地表海水、松散层水体或基岩含水层水体，根据顶水采煤的经验，确定最小岩石覆盖层厚度应从分析上覆水体的类型、特征及上覆岩层的水文地质条件、地层结构入手，并根据隧道施工围岩的破裂规律，包括破裂形态和破裂范围。

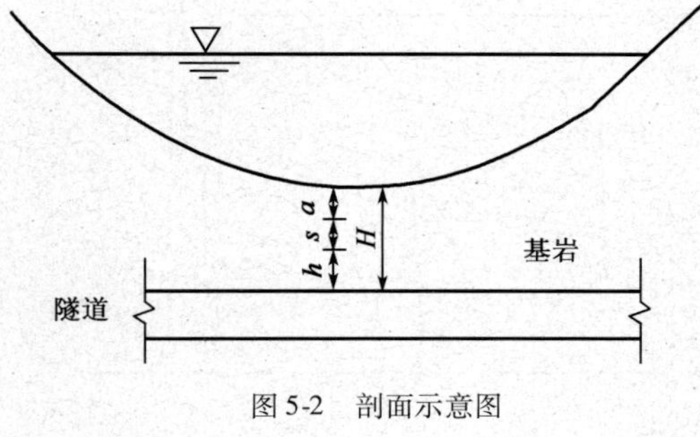

图5-2　剖面示意图

为了保证隧道施工安全，必须留设足够的防水岩柱，安全防水岩柱的最小高度应该大于导水裂隙带的高度和保护层厚度之和[7]。基岩直接裸露，水底没有冲积层时参见图5-2。

$$H = a + s + h \tag{5-3}$$

式中：H——开采上限高；

a——表面裂隙深度。基岩经验值取 10～15m；

s——保护层厚度；

h——爆破引起的扰动高度（导水裂隙带高度）。

5.3.5 数值模拟计算

利用数值施工模拟计算方法计算多个断面的应力、位移、塑性区等，来对工程类比初步选定的隧道最小岩石覆盖厚度做进一步的校验和优选。本课题采用 FLAC^{3D} 软件，分别对青岛胶州湾海底隧道左线、右线多个剖面，进行三维弹塑性计算，根据位移、应力、塑性区分析，最终确定胶州湾隧道控制剖面的最小岩石覆盖厚度。

5.4 研究方案

海底隧道工程地质和水文地质、断面形状、施工方法、道路网络规划等因素影响隧道选线。海底隧道平面线路确定后，隧道选线主要是纵断面设计。最小岩石覆盖厚度是海底隧道最重要的参数之一。

岩石覆盖厚度主要是受隧道纵断面软弱地质条件控制的最小岩石覆盖厚度，如断层破碎带、风化深囊、风化深槽。青岛胶州湾湾口隧道地质条件较好，大部分海域基岩裸露，线路纵断面发育若干断层破碎带，断层破碎带上覆基岩全风化、强风化层较厚。因此，断层位置的最小岩石覆盖厚度是控制隧道线路纵断面的主要因素。本课题重点在于断层处的最小岩石覆盖厚度的确定。断层位置地质大多属于Ⅴ类围岩，整个线路纵断面地层性质统计结果表明，隧道Ⅴ类围岩长度只占总长度的10%。Ⅴ类围岩可以通过超前注浆等特殊工法加固围岩，减小隧道最小岩石覆盖厚度。所以，综合考虑断层位置，同时考虑完整基岩位置，确定技术安全、经济较优的最小岩石覆盖厚度。

5.4.1 隧道线路纵断面控制位置

胶州湾隧道海域发育有 10 个断层，f_{2-1}、f_{2-2}、f_{2-3}、f_{3-1}、f_{3-2}、f_{4-1}、f_{4-2}、f_{4-3}、f_{4-4}、f_{4-5}。根据工程地质纵断面图初步分析认为，左线隧道断层 f_{2-3}、f_{3-1}、f_{4-1}、f_{4-3}，右线隧道断层 f_{2-3}、f_{3-2}、f_{4-1}、f_{4-3} 基岩风化层较厚。为此，选取上述位置作为研究对象，断层位置如图 5-3 所示。以断层为中心，隧道 100m 范围的地质描述如表 5-2、表 5-3 所示。左线考虑 6 个完整岩石位置，右线考虑 5 个完整岩石位置，如表 5-4、表 5-5所示。

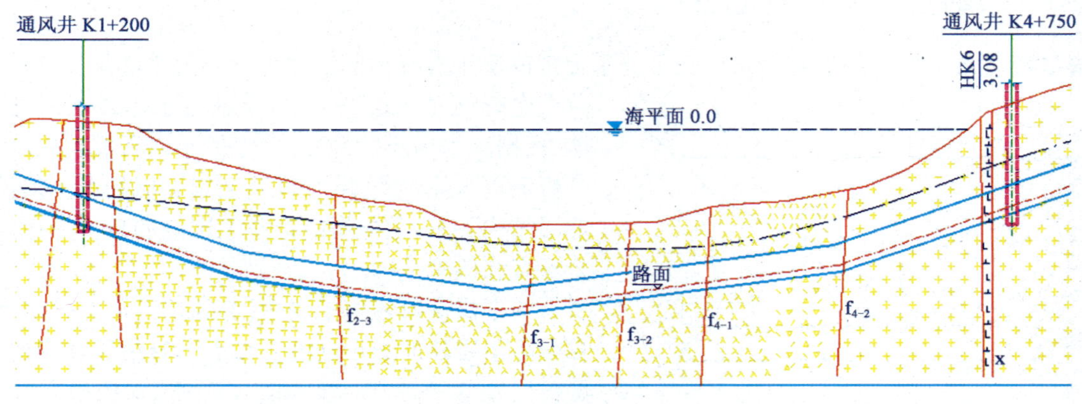

图 5-3 胶州湾隧道纵断面图

左线隧道断层位置地质描述　表 5-2

编　号	断　层	岩 石 种 类	里程桩号（m）	海底高程（m）	软土层厚（m）	弱风化层厚（m）
1	f_{2-3}	⑦$_1$ 断裂破碎岩、⑦$_2$ 微风化破碎岩、⑦$_6$ 微风石英正长岩、⑦$_7$ 微风闪正长斑岩、⑦$_{12}$ 微风化粗安岩	ZK2 +180 ~ ZK2 +280	-30.20 ~ -28.80	0	5.2 ~ 15.4
2	f_{3-1}	⑦$_1$ 断裂破碎岩、⑦$_2$ 微风化破碎岩、⑦$_{10}$ 微风流纹斑岩	ZK2 +830 ~ ZK2 +930	-41.00 ~ -40.00	1.6 ~ 2.4	2.0 ~ 13.4
3	f_{4-1}	⑦$_1$ 断裂破碎岩、⑦$_2$ 微风化破碎岩、⑦$_{17}$ 微风化流纹岩	ZK3 +550 ~ ZK3 +650	-36.37 ~ -32.77	0.6 ~ 5.6	3.6 ~ 7.2
4	f_{4-3}	⑦$_{21}$ 微风化熔结凝灰岩、⑦$_1$ 断裂破碎岩、⑦$_2$ 微风化破碎岩	ZK4 +038 ~ ZK4 +138	-31.06 ~ -29.86	2.2 ~ 10.0	8.0 ~ 15.6

左线隧道完整岩石位置地质描述　表 5-3

编　号	围岩级别	岩 石 种 类	里程桩号（m）	水深（m）	软土层厚（m）	弱风化层厚（m）
1	II	⑦$_{19}$ 微风化含火山角砾流纹岩	ZK1 +480	12.9	6.4	4.2
2	III	⑦$_{12}$ 微风化粗安岩	ZK2 +043	26.5	0	4
3	III	⑦$_{13}$ 微风英安玢岩	ZK2 +574	38.1	4.4	2
4	IV	⑦$_{24}$ 微风化含火山角砾凝灰岩	ZK3 +218	44.6	0	2.8
5	III	⑦$_{21}$ 微风化熔结凝灰岩	ZK3 +830	31.2	2.8	1.0
6	IV	⑦$_{21}$ 微风化熔结凝灰岩	ZK4 +445	20.5	1.2	9.2

右线隧道断层位置地质描述　表 5-4

编　号	断　层	岩 石 种 类	里程桩号（m）	海底高程（m）	软土层厚（m）	弱风化层厚（m）
1	f_{2-3}	⑦$_1$ 断裂破碎岩、⑦$_2$ 微风化破碎岩、⑦$_{12}$ 微风化流纹岩、⑦$_{12}$ 微风化粗安斑岩	YK2 +110 ~ YK2 +210	-23.69 ~ -25.69	0 ~ 1.6	3.2 ~ 22
2	f_{3-2}	⑦$_1$ 断裂破碎岩、⑦$_2$ 微风化破碎岩、⑦$_{17}$ 微风化流纹岩、⑦$_{17}$ 含火山角砾凝灰岩	YK3 +220 ~ YK3 +320	-37.69 ~ -40.09	6.8 ~ 9.6	7.2 ~ 16
3	f_{4-1}	⑦$_1$ 断裂破碎岩、⑦$_2$ 微风化破碎岩、⑦$_{17}$ 微风化流纹岩、⑦$_{17}$ 微风化辉绿岩	YK3 +550 ~ YK3 +660	-38.49 ~ -35.69	1.6 ~ 9.6	4.4 ~ 6
4	f_{4-3}	⑦$_{21}$ 微风化熔结凝灰岩、⑦$_2$ 微风化破碎岩	YK4 +088 ~ YK4 +188	-30.09 ~ -27.69	0 ~ 13.2	0 ~ 32.9

右线隧道完整岩石位置地质描述　表 5-5

编　号	围岩级别	岩 石 种 类	里程桩号（m）	水深（m）	软土层厚（m）	弱风化层厚（m）
1	III	⑦$_{19}$ 微风化含火山角砾流纹岩	YK1 +632	14.4	1.6	5.6
2	III	⑦$_{13}$ 微风化英安玢岩	YK2 +535	36.2	0	4.0
3	IV	⑦$_{24}$ 微风化流纹斑岩	YK3 +140	42.6	2.4	4.4
4	III	⑦$_{17}$ 微风化流纹岩	YK3 +703	36.4	0	1.2
5	IV	⑦$_{21}$ 微风化熔结凝灰岩	YK4 +360	24.8	3.4	6.0

5.4.2 分析剖面确定

为便于工程类比、数值方法确定的最小岩石覆盖厚度对比分析，选取上述断层位置某个分析剖面，和选择的完整岩石位置作为研究剖面。左线、右线隧道分析剖面里程桩号、海水深度等如表5-6、表5-7所示。（说明：软土层包括淤泥、亚黏土、强风化基岩层；基岩包括弱风化基岩层和微新基岩层；按高潮水位计算海水深度，高潮水位高程为+3.11m。）

左线隧道分析剖面参数　　表5-6

编　号	里程桩号(m)	水深(m)	软土层厚(m)	弱风化层厚(m)	围岩级别
1	ZK1 +480	12.9	6.4	4.2	II
2	ZK2 +043	26.5	0	4	III
3	ZK2 +222	32.6	0	15.4	V
4	ZK2 +574	38.1	4.4	2	III
5	ZK2 +910	43.6	2.0	13.4	IV
6	ZK3 +218	44.6	0	2.8	IV
7	ZK3 +600	37.7	5.6	7.2	V
8	ZK3 +830	31.2	2.8	1.0	III
9	ZK4 +088	33.8	9.8	13.6	V
10	ZK4 +445	20.5	1.2	9.2	IV

右线隧道分析剖面参数　　表5-7

编　号	里程桩号(m)	水深(m)	软土层厚(m)	弱风化层厚(m)	围岩级别
1	YK1 +632	14.4	1.6	5.6	III
2	YK2 +160	27.2	0	22	V
3	YK2 +535	36.2	0	4.0	III
4	YK3 +140	42.6	2.4	4.4	IV
5	YK3 +270	43.2	9.6	16	V
6	YK3 +566	40.8	9.6	4.8	V
7	YK3 +703	36.4	0	1.2	III
8	YK4 +150	32.1	13.2	6.4	V
9	YK4 +360	24.8	3.4	6.0	IV

左线、右线隧道分析剖面位置示意如图5-4、图5-5所示，在相应剖面标出里程桩号，红颜色表示断层位置，绿颜色表示完整岩石位置。

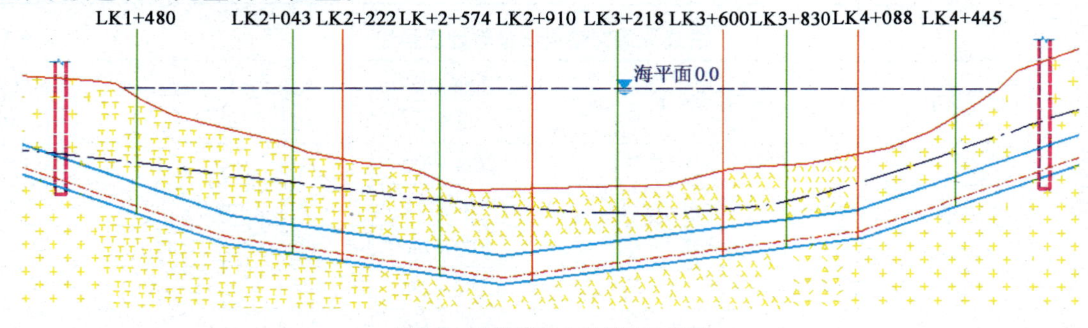

图5-4　左线隧道分析剖面示意图

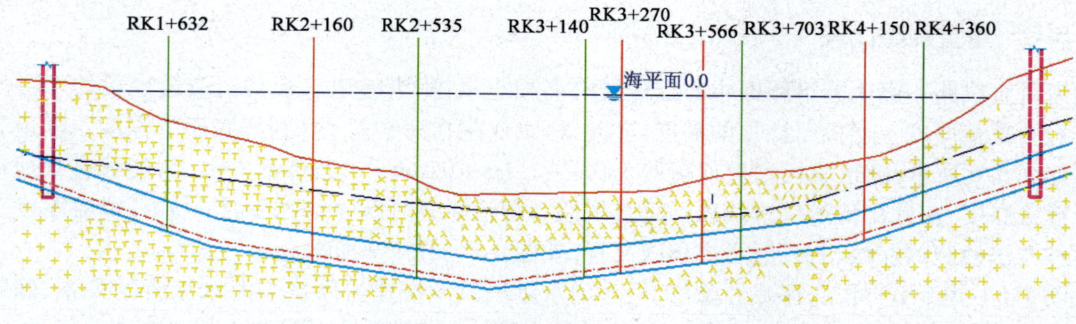

图 5-5　右线隧道分析剖面示意图

5.5　研究成果

5.5.1　最小岩石覆盖厚度汇总

工程类比法、弹塑性数值模拟等方法确定的左线、右线隧道关键剖面最小岩石覆盖厚度如表 5-8、表 5-9 所示。

左线隧道关键剖面最小岩石覆盖厚度汇总表　　表 5-8

编号	里程桩号(m)	水深(m)	最小岩石覆盖厚度(m)					
			最小涌水量法	挪威破碎岩石	挪威完整岩石	顶水采煤法	侧压力系数 0.8	自重应力场
1	ZK1 +480	12.9	20.4	31.6	21.5	13.5	18	18
2	ZK2 +043	26.5	28.0	34.7	24.3	12.6	12	12
3	ZK2 +222	32.6	31.1	36.1	25.5	24	23	23
4	ZK2 +574	38.1	33.7	37.3	26.4	18.5	16	15
5	ZK2 +910	43.6	36.2	38.5	27.4	26.6	23	23
6	ZK3 +218	44.6	36.7	38.7	27.5	16.5	15	15
7	ZK3 +600	37.7	33.5	37.2	26.4	25.8	21	21
8	ZK3 +830	31.2	30.4	35.8	25.2	14.7	16	16
9	ZK4 +088	33.8	31.6	36.3	25.7	29.1	32	29
10	ZK4 +445	20.5	24.8	33.3	23.1	13.3	18	15

右线隧道关键剖面最小岩石覆盖厚度汇总表　　表 5-9

编号	里程桩号(m)	水深(m)	最小岩石覆盖厚度(m)					
			最小涌水量法	挪威破碎岩石	挪威完整岩石	顶水采煤法	侧压力系数 0.8	自重应力场
1	YK1 +632	14.4	21.3	31.9	21.9	12.4	16	16
2	YK2 +160	27.2	28.4	34.9	24.4	22.5	30	32
3	YK2 +535	36.2	32.8	36.9	26.1	18.2	12	12
4	YK3 +140	42.6	35.8	38.3	27.2	16.2	17	17
5	YK3 +270	43.2	36.0	38.4	27.3	31.1	33	33
6	YK3 +566	40.8	34.9	37.9	26.9	30.6	25	25
7	YK3 +703	36.4	32.9	36.9	26.1	14.8	13	13
8	YK4 +150	32.1	30.8	36.0	25.4	32.0	29	29
9	YK4 +360	24.8	27.1	34.3	24.0	13.9	17	17

5.5.2 垂直线路比较

隧道垂直线路一般用隧道路面中心线位置的高程表示，称为隧道底板线。隧道底板的埋深 = 海水深度 + 岩石覆盖厚度 + 底板至拱顶的高度，在此，海水深度指海平面 ±0 到海底面的深度。隧道开挖的净断面如图 5-6 所示，隧道底板到拱顶高程 5.0m + 2.7m + 0.6m + 0.3m = 8.6m。为能够直观地对比隧道岩石覆盖厚度，在此用隧道拱顶线表示垂直线路。隧道拱顶埋深 = 海水深度 + 岩石覆盖厚度。分别给出各种方法确定的左线、右线隧道拱顶线高程，如图 5-6 ~ 图 5-9 所示。

从图 5-6 ~ 图 5-10 可见，挪威经验法、最小涌水量法只考虑覆岩厚度与海水深度的关系，确定的最小岩石覆盖厚度趋势一致，与海底走势也是一致的。顶水采煤、数值计算综合考虑相应剖面的工程地质、水文地质条件，变化趋势较为接近；由于受断层位置控制，与海底走势差异较大，也就是说海水深的地方最小岩石覆盖厚度未必大。

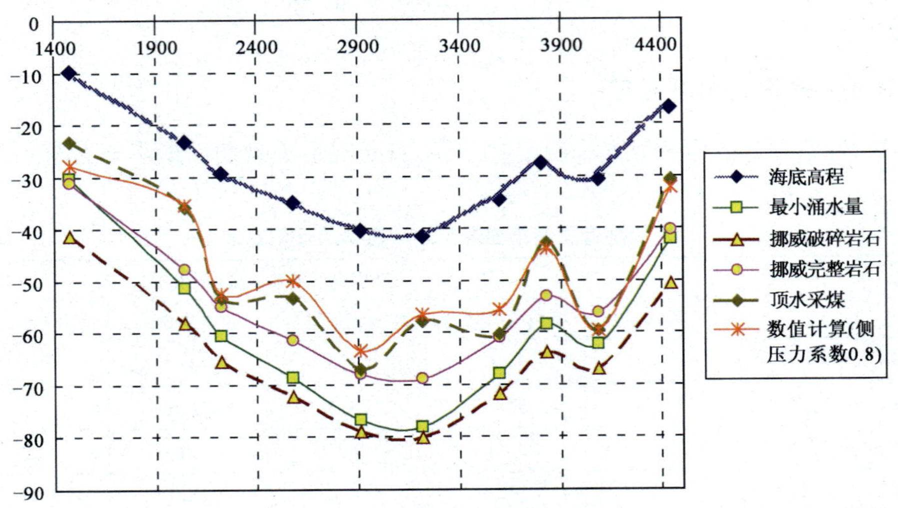

图 5-6　左线隧道，侧压力系数 0.8 数值计算与工程类比确定的拱顶线高程

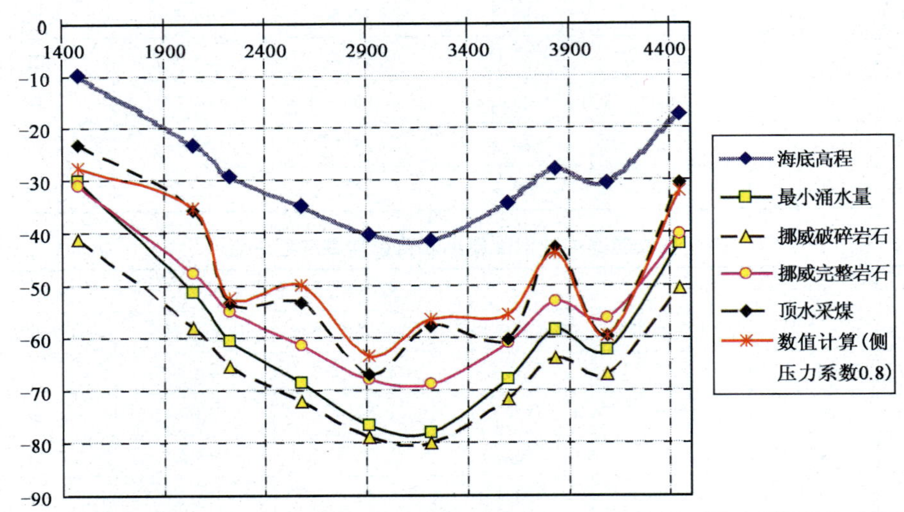

图 5-7　左线隧道，自重应力场数值计算与工程类比确定的拱顶线高程

5.5.3 建议的岩石覆盖厚度

对于胶州湾隧道地质条件，初步分析各种方法的适用性：日本最小涌水量法较适合这种基岩裸露的地质条件；断层是局部现象，可采取注浆堵渗加固，按挪威破碎岩石取值偏保守，按挪威完整岩石取值又

偏危险；顶水采煤法仅考虑防突水，取值较小；数值计算综合考虑了分析位置地质构造情况和地层变化，有较大的参考价值。左线、右线隧道地质条件变化大，数值计算值相差较大，取大值。

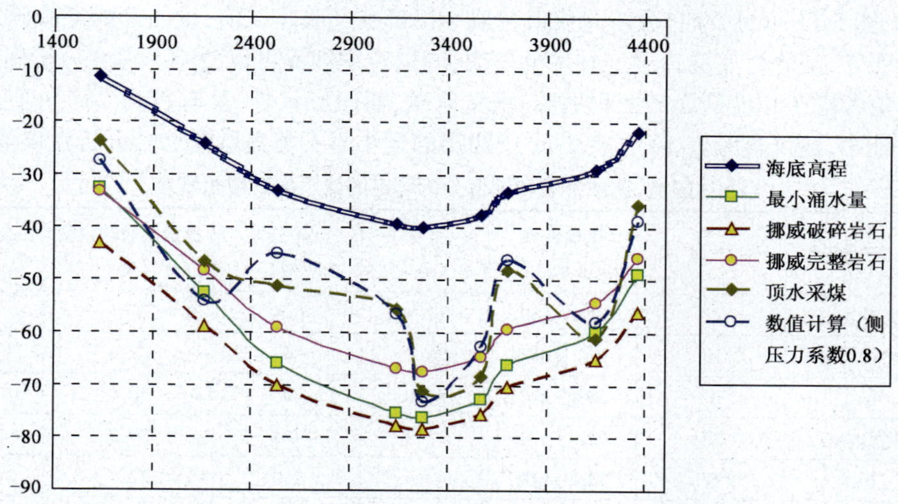

图 5-8　右线隧道，侧压力系数 0.8 数值计算与工程类比确定的拱顶线高程

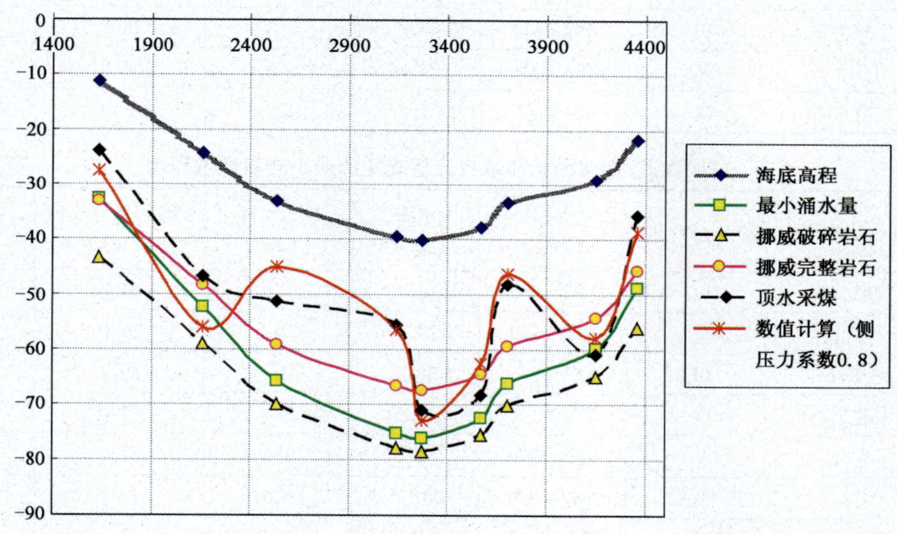

图 5-9　右线隧道，自重应力场数值计算与工程类比确定的拱顶线高程

根据挪威已建海底隧道最小岩石覆盖厚度统计分析，得出最小岩石覆盖厚度与对应的海水深度、基岩埋深的经验曲线。虽然挪威经验曲线缺少理论依据，但挪威成功的建设经验对拟建的海底隧道还是具有相当大的参考价值。针对胶州湾隧道工程地质、水文地质和设计方案，与挪威已建海底隧道基岩岩性、基岩纵波波速等比较分析确定的最小岩石覆盖厚度建议值，对拟建的胶州湾隧道最小岩石覆盖厚度的确定具有一定的参考价值。

由上述分析，制定胶州湾隧道最小岩石覆盖厚度的确定原则：首先，由于海底隧道特殊性，围岩稳定性至关重要；其次，从海底隧道施工安全来说，防突水也是十分重要；最后，隧道涌水量影响排水设计和成本。数值计算根据围岩稳定性确定；顶水采煤根据预留安全煤岩柱，防止施工突水确定；最小涌水量依据排水成本较小确定。因此依据重要性，根据经验分别给出数值计算 0.5 权重、顶水采煤 0.3 权重和最小涌水量 0.2 权重，最终确定最小岩石覆盖厚度。

$$\text{综合分析建议值} = \text{数值计算值} \times 0.5 + \text{顶水采煤值} \times 0.3 + \text{最小涌水量值} \times 0.2$$

根据上式计算出各个剖面的最小岩石覆盖厚度，然后和挪威经验建议值进行比较。按上式确定的最小岩石覆盖厚度如表5-10、表5-11所示。左线、右线隧道综合分析建议值确定的拱顶线高程、挪威经验建议值确定的拱顶线高程如图5-10、图5-11所示。

从图5-10、图5-11可见,综合分析建议值普遍小于挪威经验建议值,说明挪威经验确定的最小岩石覆盖厚度偏于保守,随着海底隧道施工技术的发展,隧道合理埋深可以减小。综合分析确定的最小岩石覆盖厚度建议值考虑了相应剖面的工程地质、水文地质、断面形状等,具有较高参考价值。在胶州湾隧道垂直线路设计中,建议参考表5-10、表5-11中给出的最小岩石覆盖厚度综合分析建议值。

左线隧道,挪威经验和综合分析确定的最小岩石覆盖厚度 表5-10

编　号	地层性质	围岩级别	里程桩号(m)	水深(m)	软土层厚(m)	挪威经验建议值(m)	综合分析建议值(m)
1	完整岩石	II	ZK1+480	12.9	6.4	24.1	17.1
2	完整岩石	III	ZK2+043	26.5	0	27.3	15.4
3	f_{2-3}	V	ZK2+222	32.6	0	30.6	24.9
4	完整岩石	III	ZK2+574	38.1	4.4	30.2	20.3
5	f_{3-1}	IV	ZK2+910	43.6	2.0	32.7	26.7
6	完整岩石	IV	ZK3+218	44.6	0	31.3	19.8
7	f_{4-1}	V	ZK3+600	37.7	5.6	31.6	24.9
8	完整岩石	III	ZK3+830	31.2	2.8	28.6	18.5
9	f_{4-3}	V	ZK4+088	33.8	9.8	30.8	31.1
10	完整岩石	IV	ZK4+445	20.5	1.2	26.0	18.0

右线隧道,挪威经验和综合分析确定的最小岩石覆盖厚度 表5-11

编　号	地层性质	围岩级别	里程桩号(m)	水深(m)	软土层厚(m)	挪威经验建议值(m)	综合分析建议值(m)
1	完整岩石	III	YK1+632	14.4	1.6	24.8	16.0
2	f_{2-3}	V	YK2+160	27.2	0	29.5	28.4
3	完整岩石	III	YK2+535	36.2	0	29.9	18.0
4	完整岩石	IV	YK3+140	42.6	2.4	31.0	20.5
5	f_{3-2}	V	YK3+270	43.2	9.6	32.6	33.0
6	f_{4-1}	V	YK3+566	40.8	9.6	32.2	28.7
7	完整岩石	III	YK3+703	36.4	0	30.1	17.5
8	f_{4-3}	V	YK4+150	32.1	13.2	30.5	30.3
9	完整岩石	IV	YK4+360	24.8	3.4	26.9	18.1

5.5.4 按围岩级别分类给出的建议值

对表5-10、表5-11中胶州湾隧道海域部分,海水深超过30m范围进行统计分析,得出按围岩分类给出的最小岩石覆盖厚度建议值,如表5-12。

围岩分类给出的最小岩石覆盖厚度建议值 表5-12

围岩级别	里程桩号(m)	水深(m)	软土层厚(m)	综合分析建议值(m)	建议值范围(m)
III	ZK2+574	38.1	4.4	20.3	17.5~20.3
	ZK3+830	31.2	2.8	18.5	
	YK2+535	36.2	0	18.0	
	YK3+703	36.4	0	17.5	

续上表

围岩级别	里程桩号(m)	水深(m)	软土层厚(m)	综合分析建议值(m)	建议值范围(m)
IV	ZK2 +910	43.6	2.0	26.7	19.8 ~26.7
	ZK3 +218	44.6	0	19.8	
	YK3 +140	42.6	2.4	20.5	
V	ZK2 +222	32.6	0	24.9	24.9 ~33.0
	ZK3 +600	37.7	5.6	24.9	
	ZK4 +088	33.8	9.8	31.1	
	YK3 +270	43.2	9.6	33.0	
	YK3 +566	40.8	9.6	28.7	
	YK4 +150	32.1	13.2	30.3	

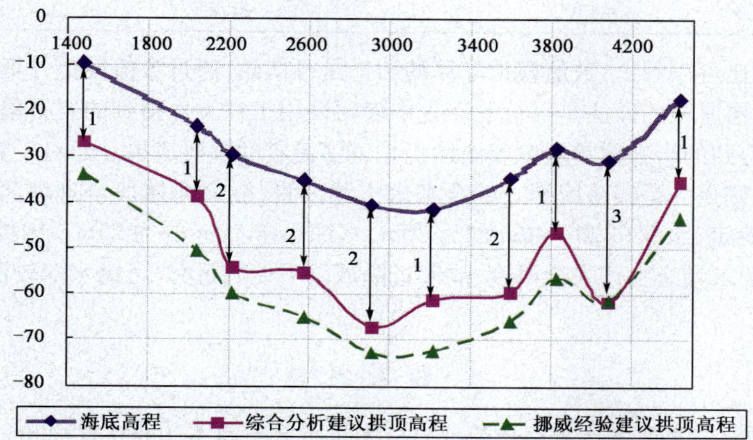

图5-10　左线隧道,综合分析建议值、挪威经验建议值确定的拱顶线高程

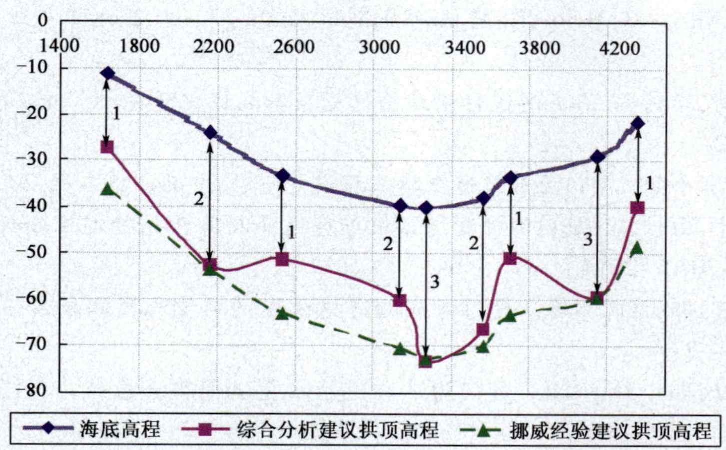

图5-11　右线隧道,综合分析建议值、挪威经验建议值确定的拱顶线高程

5.6　最小岩石覆盖层厚度的确定

青岛胶州湾海底隧道的埋深应根据最大外水压力、围岩压力、地应力及围岩类别并结合施工方法等多种因素综合考虑。隧址围岩情况良好,为未风化的花岗岩和火成岩,完整性好。海水深42m左右,施

工采用爆破开挖,采用控制爆破技术,减少对围岩的扰动。根据青岛地铁青纺医院站未风化花岗岩地段,施工实测情况,开挖跨度为20m左右,爆破后围岩松动圈为0.8m。采用上述确定方法,结合数值模拟计算的科研成果对左线隧道的不同里程点进行了最小岩石覆盖层厚度计算,结果见表5-13。

左线隧道最小岩石覆盖层厚度 表5-13

里程(m)	水深(m)	最小岩石覆盖层厚度(m)				
		挪威破碎岩石	挪威完整岩石	最小涌水量法	顶水采煤法	数值模拟方法
ZK1+480	12.9	31.6	21.5	20.4	13.5	18
ZK2+043	26.5	34.7	24.3	28.0	12.6	12
ZK2+222	32.6	36.1	25.5	31.1	24	23
ZK2+574	38.1	37.3	26.4	33.7	18.5	16
ZK3+600	37.7	37.2	26.4	33.5	25.8	21
ZK4+088	33.8	36.3	25.7	31.6	29.1	32
ZK4+445	20.5	33.3	23.1	24.8	13.3	18

从计算结果对比可以看出,数值模拟计算的结果是可信的,通过数值模拟计算结合工程类比计算来优化最小岩石覆盖层厚度的做法是可行的。表中表明采用工程类比得到的岩石覆盖层厚度一般比较保守,挪威工程经验得到的岩石覆盖层厚度曲线仍是值得借鉴的重要成果。而对于完整围岩,最小岩石覆盖层厚度的确定更侧重的是经济因素。综合考虑上述因素,隧道海域段合理埋深(最小岩石覆盖层厚度)按照水深分段确定,水深在20~40m的为30m,水深小于20m的为25m。因此,纵坡设计时以此作为控制隧道埋深,要求具有上述安全厚度,局部近陆域段不能满足时,考虑水深较浅,采用可靠措施可以保证隧道安全。

参考文献

[1] 王梦恕,皇甫明.海底隧道修建中的关键问题[J].建筑科学与工程学报,2005,12:1-4.

[2] 孙钧.海底隧道工程设计施工若干关键技术的商榷[J].岩石力学与工程学报,2006,8:1514-1520.

[3] 吕明,Gr.v E,Nilsen B,Melby K.挪威海底隧道经验[J].岩石力学与工程学报,2005,12:4219-4225.

[4] 李术才,徐帮树,李树忱.海底隧道衬砌结构选型及参数优化研究[J].岩石力学与工程学报 2005,11:3894-3902.

[5] 梁巍,朱光仪,郭小红.厦门海底隧道土建工程设计[J].中南公路工程,2006,2:99-103.

[6] 李廷春,李术才,白世伟.厦门海底隧道顶板厚度选择及其开挖稳定性分析[J].岩石力学与工程学报 2005,12:2010-2014.

[7] 刘继国,朱光仪,郭小红,梁巍.厦门海底隧道建设中涌水量流固耦合数值模拟[J].现代隧道技术,2006,4:34-37.

[8] 刘继国,朱光仪,郭小红,梁巍.厦门海底隧道涌水量流固耦合数值分析[J].中外公路,2006,6:218-221.

[9] 英法海底隧道结构设计和安全设施[J].地下空间,1997,9.

[10] Nilsen,B. Empirical analysis of minimum rock cover for subsea rock tunnels[J]. Options for Tunnelling 1993 edited by H. Burger,677-687,Amsterdam: Elsevier.

[11] Akira Kitamura. Technical Development for the Seikan Tunnel [J]. Tunneling and Underground Space Technology,1986,1(3/4):341-349.

[12] Z. D. Eisensteir, Large Undersea Tunnels and the progress of Tunnelling Technology[J]. Tunnelling

and Underground Space Technology,1994,9 (3):283 - 292.
[13] Shogo Matsuo. An Overview of the Seikan Tunnel Project[J]. Tunneling and Underground Space Technology,1986,1(3/4): 323 - 331.
[14] 挪威隧道施工法[J]. 隧道译丛,1993,(7):1 - 17.
[15] 隧道设计指南[J]. 隧道译丛,1990,(10):16 - 18.
[16] 挪威隧道及地下工程近况[J]. 隧道及地下工程,1999,(2):62 - 63.
[17] 挪威奥勒松海底深长公路隧道[J]. 隧道译丛,1990,(12):49 - 51.
[18] New Milestones in Subsea Blasting at Water Depth of 55 m, Tunneling and Underground Space Technology,1998,13(2).
[19] 挪威海底隧道的设计与施工[J]. 世界隧道,1996,(3):25 - 33.
[20] 近25年来美国隧道掘进技术的进展[J]. 世界隧道,1995,(4):25 - 30.
[21] 冰岛第一座海底隧道——华尔峡湾隧道[J]. 隧道及地下工程,1998,(1):37 - 41.
[22] 穿过直布罗陀海峡勘探导洞的可行性研究[J]. 隧道译丛,1990,(12):30 - 33.
[23] 日本海下隧道[J]. 隧道译丛,1990,(5):54 - 56.
[24] 波罗的海环状铁路线的隧道工程[J]. 隧道及地下工程,2000,(2):16 - 24.
[25] 对"长大隧道开挖,钻爆法已经过时"的讨论[J]. 隧道译丛,1994,(3):61 - 63.
[26] 丹麦大海峡铁路隧道的设计[J]. 世界隧道,1995,(3):33 - 49.
[27] 修建白令海峡海底隧道的技术设想[J]. 隧道及地下工程,1998,(1):31 - 36.
[28] 王梦恕. 对21世纪我国隧道工程建设的建议[J]. 现代隧道技术,2001,38(1).
[29] 康宁. 对美国几个城市地铁和水下隧道的观感[J]. 现代隧道技术,2001,38(4).
[30] Arild palmstrom. The Challenge of Subsea Tunneling [J]. Tunneling and Underground Space Technology,1994,9(2): 145 - 150.
[31] T. S. Dahlo and B. Nilsen Stability and Rock Cover of Hard Rock Subsea Tunnels[J]. Tunneling and Underground Space Technology ,1994,9(2) :151 - 158.
[32] Einar Broch. etr. Support of Large Rock Caverns in Norway[J]. Tunneling and Underground Space Technology,1996,11(1):11 - 19.
[33] Colin J. Kirkland. The Channel Tunnel - Lessons Learned [J]. Tunneling and Underground Space Technology ,1995,10(1):5 - 6.
[34] Philippe Vandebrouck. The Channel Tunnel: The Dream Becomes Reality [J]. Tunneling and Underground Space Technology,1995,10(1) :17 - 21.
[35] Y. Uga. The Channel Tunnel Project: Challenge and Rewards[J]. Tunneling and Underground Space Technology, 1995, 10(1):27 - 29.
[36] 挪威的海底隧道[J]. 隧道译丛,1990,(5):28 - 34.
[37] 海峡隧道漫谈[J]. 隧道译丛,1993,(7):45 - 56.
[38] 历时50年的海底隧道——关门隧道健全性的调查[J]. 隧道译丛,1993,(6):27 - 33.
[39] 大型海底隧道与隧道工程技术的发展[J]. 世界隧道,1995,(3):50 - 62.
[40] 对修建海底或水下隧道的考虑事项[J]. 隧道译丛,1988,(8):7 - 8.
[41] 法国修建海底隧洞的经验[J]. 隧道译丛,1988,(8):8 - 19.
[42] Thomas R. Kuesel. Alternative Concepts for Undersea Tunnels [J]. Tunneling and Underground Space Technology,1986,1(3/4):283 - 287.
[43] Korehide Miyaguchi. Maintenance of the Kanmon Railway Tunnels [J]. Tunneling and Underground Space Technology,1986,1(3/4):307 - 314.
[44] 青函隧道的技术发展[J]. 隧道译丛,1988,(8):46 - 55.

[45] 孙洪星等. 龙口矿区近海厚冲积层下综放采煤防水煤岩柱的留设研究[J]. 煤炭科学技术,1999,27(6).

[46] 谢海峰. 对龙口矿区海下采煤安全性的认识[J]. 煤炭工程,生产经验,2003 年 12 月.

[47] 张文,等. 对龙口矿区第四系含水层下采煤的认识[J]. 煤炭科学技术,1999,27(10).

[48] 刘松,等. 矿山法修建海底隧道最小埋深的探讨[J]. 隧道建设,2003,23(3).

[49] 薛忠臻,等. 龙口矿区近海含水层下采煤实践[J]. 煤矿开采,2000(2).

[50] 高明飞,等. 浅谈海下采煤中的水文地质工作[J]. 煤矿开采, 2001 年 4 月.

[51] 叶银灿,等. 台湾海峡隧道工程的若干工程地质问题与选线方案探讨[J]. 海洋科学,2002, 26(6).

[52] 刘书年,等. 水底隧道钻爆法施工快速掘进技术初探[J]. 西部探矿工程,2000(7).

[53] 崔玖江,等. 隧道与地下工程施工技术现状及问题对策[J]. 施工技术,2001, 30(1).

[54] 挪威的海底隧道工程[J]. 探矿工程,1996(2).

[55] Carlsson, A. 1985. Submarine tunneling in poor rock [J]. Tunnels & Tunneling(December):21 – 25.

[56] Nilsen, B. 1989. The utility of pre – investigations in predicting tunneling conditions – a study of 10 Norwegian subsea tunnels: Proc. Int. Congress on Progress and Innovation in Tunneling, Sept. 9 – 14, 1989, Totonto, Canada:727 – 736.

[57] Olsen, A. B. and Blindehim, C. T. 1989. Prevention is better than cure. Tunnels & Tunneling (20:9): 41 – 44.

[58] Smith, M. 1988. Channel rail tunnel gets under way. World tunneling:10 – 25.

[59] Wada, K. 1986. Maintenance and control of the Kanmon Highway Tunnel. Tunneling and underground Space Technology:315 – 322.

[60] 姬永红,项彦勇. 水底隧道涌水量预测方法的应用分析[J]. 水文地质工程地质,2005:84 – 86.

[61] 刘树年,范鹏. 水底隧道钻爆法施工快速掘进技术初探[J]. 西部探矿工程 2003,7:103 – 105.

[62] 孙富学,荣耀. 隧道衬砌结构耐久寿命预测研究[J]. 地下空间与工程学报 2006,6:358 – 360.

[63] 孙云志,汪小平,等. 厦门东通道海底隧道工程岩体渗透性综合研究[J]. 人民长江 2005,3:24 – 25.

[64] 刘君. 厦门东通道海底隧道位移判定基准研究[J]. 隧道建设 2006,6:11 – 14.

[65] 黄红元,刘伟等. 厦门东通道隧道的衬砌保护措施初探[J]. 公路交通技术,2005,12: 111 – 113.

[66] 刘招伟. 某海底隧道暗挖施工关键技术及对策探讨[J]. 隧道建设,2005,10:1 – 3,27.

[67] 涂忠仁,孙钧等. 海底隧道围岩抗力系数计算方法研究[J]. 岩土工程学报, 2006:1002 – 1007.

[68] Bebendererde, S. Channel Tunnel – Tunnel sous la Manche. Graphical Presentation of tunnel progress rates.

[69] Kitamura, A. 1986. Technical development for the Seikan Tunnel. Tunneling and Underground Space Technology 1(3/4):431 – 450.

[70] 国家煤炭工业局制定. 建筑物、水体、铁路及主要井巷煤柱留设与压煤开采规程[M]. 煤炭工业出版社,2000.

第 6 章 合理断面结构形式及支护可靠性

6.1 应力场和渗流场组合分析

6.1.1 水在孔隙介质中渗流的力学效应

在对隧道开挖造成的渗流问题进行研究时，首先遇到的问题就是渗流计算模型应该选取岩石水力学中的何种模型。对于完整的岩块而言，它是连续多孔介质，而岩石则是被节理和断层等结构面切割形成的有裂隙的不连续介质。这些结构面的存在，不仅使得岩石的渗透性表现为各向异性，而且对岩石的力学特性诸如弹性模量、抗剪强度等有显著的影响。研究也表明采用裂隙介质与孔隙介质两种不同的计算模型其计算结果也有一定的差异。但一般而言，围岩裂隙的间距远小于隧道的尺寸，因此有可能把裂隙的影响平均到围岩里去，把围岩视为连续多孔介质。虽然岩体渗透系数确定的手段越来越多样化，但是由于节理裂隙分布的不确定性以及相关的渗流参数很难通过地质勘察完全得出，因此尽管将围岩假定为各向同性的连续介质，不能与实际情况完全符合，但是由于连续多孔介质的渗流理论相对成熟，我们在研究中还是经常将把岩体作为满足达西定律的连续介质进行分析。

对于需要考虑水压力的隧道，在对结构进行荷载计算时，通常情况下都把水压力作为边界力直接施加在结构表面来进行处理。但从渗流观点看由于围岩和地下结构物大多都是透水介质，水流通过这些介质可以形成渗流场，在给定的边界条件下，水在透水介质中形成的渗流势场为：$H(x,y,z)$，其中 Z 的正方向与重力加速度的方向相反。

$$H = Z + \frac{p}{\gamma_w} \tag{6-1}$$

式中：p——孔隙水压力；

γ_w——水的容重。

水在渗流过程中由于孔隙水压力的梯度而产生的渗流体积力沿 x,y,z 方向的分量可用下式表示：

$$\begin{cases} p_x = -\gamma_w \dfrac{\partial H}{\partial x} = -\dfrac{\partial p}{\partial x} \\ p_y = -\gamma_w \dfrac{\partial H}{\partial y} = -\dfrac{\partial p}{\partial y} \\ p_z = -\gamma_w \dfrac{\partial H}{\partial z} + \gamma_w = -\dfrac{\partial p}{\partial z} \end{cases} \tag{6-2}$$

渗流体积力可以分为两部分，即与水力势梯度成比例的渗透力 S 和浮力 f，表示为：

$$\begin{cases} S_x = -\gamma_w \dfrac{\partial H}{\partial x} \\ f_x = 0 \end{cases}, \begin{cases} S_y = -\gamma_w \dfrac{\partial H}{\partial y} \\ f_y = 0 \end{cases}, \begin{cases} S_z = -\gamma_w \dfrac{\partial H}{\partial z} \\ f_z = \gamma \end{cases} \tag{6-3}$$

对于需要考虑水压力的隧道，在对结构进行荷载计算时，通常情况下都是把水压力作为边界力直接施加在结构表面来进行处理。但从渗流观点看，由于围岩和地下结构物大多都是透水介质，水流通过这些介质可以形成渗流场，水在渗流过程中由于孔隙水压力的梯度而产生渗流体积力。

对渗流体积力而言，其中静水压力所产生的浮力不会直接破坏岩体，但它能使岩体有效重量减轻，降低了岩体抵抗破坏的能力，因而它是一种消极的破坏力；渗透力则是一种积极的破坏力，它直接改变作用在岩体骨架上的有效应力，对围岩和支护结构的应力状态和稳定性产生影响。

水压力实际上是地下水在渗流过程中，作用在地下水位线以下的围岩和地下结构物上的体积力。只有当计算域边界或内部有不透水面时，才在不透水面的法向作用有面荷载。对地下结构而言，体积力是水荷载的一般形态，而边界力只是它的特殊形态。

6.1.2 水荷载作用下隧道应力分析

青岛胶州湾隧道常年位于水下，地下水会给隧道的设计和施工带来诸多问题：水荷载作用下隧道应力计算原则；外水压力的确定；地下水对围岩稳定的影响；涌水量的大小；施工涌水等。水荷载作用下隧道应力分析应遵循以下 3 条原则：

(1)隧道的水荷载是作用于地下水位以下空间的渗流体积力

由于围岩和支护都是透水的，地下水因渗透而形成渗流场，水荷载以渗流体积力的形态作用于地下水位以下空间。渗流体积力可分解为 2 部分：于水力梯度成线性关系的渗透力和浮托力。

隧道是修建于岩石中的建筑物，岩石的渗透性主要决定于岩石内的裂隙。裂隙常成组分布，每组裂隙有着相对确定的产状，使岩石的渗透具有各向异性。因此，岩石是非连续且为各向异性渗透介质。通常裂隙的间距远小于隧道的直径，因此有可能把裂隙的影响平均到岩石里去，视岩石为各向异性均匀连续渗透介质。

(2)按增量水荷载理论进行隧道应力分析

受荷过程中结构保持不变，在进行弹性分析时，因应力状态符合叠加原理，某一时刻的应力只与该时刻的荷载有关，不必考虑荷载历史。但对隧道而言，从开挖到衬砌，由于结构发生了变化，即使进行线弹性分析，也必须考虑水荷载变化的历史，这是水荷载作用下隧道应力分析的特点。

$$\{f^{t}\} = \frac{\partial p}{\partial x_i} = \begin{cases} -\gamma\dfrac{\partial h}{\partial x_1} \\ -\gamma\dfrac{\partial h}{\partial x_2} \\ -\gamma\dfrac{\partial h}{\partial x_3}+\gamma \end{cases} \tag{6-4}$$

式中：$\{f^{t}\}$——渗流荷载，可以分解为渗透力 $f_{t}^{s} = -\gamma\delta h/\delta x_i$ 和浮托力 $f_{b}^{3} = \gamma$，均为体积力；

h——水力势；

γ——水的重度。

分析隧道的应力应按下述增量荷载法进行：

①初始应力场分析。求得初始渗流场 $h_0(x,y,z)$ 及相应的初始渗流荷载$\{f_0^{t}\}$，分析$\{f_0^{t}\}$及岩体自重、地质构造力作用下初始应力场 $\sigma_R(0)$。

②隧道开挖后的应力场分析。隧道开挖后，由于边界条件改变，渗流场由 h_0 改变为 h_1，渗流体积力由$\{f_0^{t}\}$改变为$\{f_1^{t}\}$，渗流荷载的增量 $\Delta\{f_1^{t}\} = \{f_1^{t}\} - \{f_0^{t}\}$。分析由 $\Delta\{f_1^{t}\}$及因开挖而产生的反转荷载在围岩中产生的应力增量 $\Delta\sigma_R(1)$，则隧道开挖后围岩的应力为：

$$\sigma_R(1) = \sigma_R(0) + \Delta\sigma_R(1) \tag{6-5}$$

③隧道支护后的应力场分析。隧道支护后，渗流场由 h_1 改变为 h_2，渗流体积力的增量 $\Delta\{f_2^{t}\} = \{f_2^{t}\} - \{f_1^{t}\}$。求在 $\Delta\{f_2^{t}\}$及支护自重作用下围岩的应力增量 $\Delta\sigma_R(2)$ 及支护的应力增量 $\Delta\sigma_L(2)$，则隧

道支护后围岩及支护的应力为

$$\sigma_{\mathrm{R}}(2) = \sigma_{\mathrm{R}}(1) + \Delta\sigma_{R}(2) \tag{6-6}$$

$$\sigma_{\mathrm{L}}(2) = \Delta\sigma_{\mathrm{L}}(2) \tag{6-7}$$

(3)支护与围岩有条件的联合工作

支护与围岩是依靠黏结力结合在一起的。若接触面法向应力大于支护和围岩的黏结强度，即 $\sigma_{\mathrm{n}} > R_{\mathrm{C}}$，两者必将脱离。这说明支护与围岩联合工作需要条件：

$$\sigma_{\mathrm{n}} \leqslant R_{\mathrm{C}} \tag{6-8}$$

R_{C} 的大小不仅与围岩强度及完整性有关，也与衬砌的施工方法有关。一旦支护与围岩脱开，支护结构就直接承受作用于支护外缘的水头，其受力状态将发生显著改变。

当支护被用作防止围岩松散或坍落的主动支护时，支护的目的是与围岩共同工作，以便充分发挥围岩的自承作用。这时，支护外缘不再是结构的自由边界，而是和围岩合成一个整体，此时作为边界力的外水压力不复存在。围岩和支护都是透水介质，隧道完工后，地下水将向隧道内渗流形成渗流场。在地下水以下的空间，每一点都作用有浮力及与水利梯度成正比的渗透力的体积力荷载。

6.1.3　主隧道二次衬砌的外水压力

主隧道设置二次衬砌，二次衬砌和初期支护通过防水层隔开，与围岩脱离，围岩中的渗流体积力将不能对衬砌应力产生影响，衬砌就成为承受本生范围内渗流体积力的独立结构。由于二次衬砌相对很薄，衬砌范围内的渗流体积力可简化为作用于其边界的外水压力。

(1)水压力计算解析法

假定围岩为各向同性均匀连续介质，考虑圆形隧道的轴对称问题。设远场水力势为 H，根据 Darcy 定理和水流连续性方程：

$$\frac{\mathrm{d}}{\mathrm{d}r}\left(r\frac{\mathrm{d}\varphi}{\mathrm{d}r}\right) = 0 \tag{6-9}$$

式中：φ——流速势；

r——计算点至轴线的距离。

根据边界条件得到流量 Q 和水压力 P 为：

$$Q = \frac{2\pi H}{\dfrac{1}{k_{\mathrm{r}}}\ln\dfrac{H}{r_{\mathrm{g}}} + \dfrac{1}{k_{\mathrm{g}}}\ln\dfrac{r_{\mathrm{g}}}{r_1} + \dfrac{1}{k_1}\ln\dfrac{r}{r_0}} \tag{6-10}$$

$$P = \frac{\gamma H\ln\dfrac{r_l}{r_0}}{\dfrac{k_1}{k_{\mathrm{r}}}\ln\dfrac{H}{r_{\mathrm{g}}} + \dfrac{k_1}{k_{\mathrm{g}}} + \ln\dfrac{r_1}{r_0}} \tag{6-11}$$

式中：k_1——衬砌渗透系数；

k_{g}——注浆体渗透系数；

k_{r}——围岩渗透系数；

r_0——衬砌内径；

r_1——衬砌外径；

r_{g}——注浆圈半径。

可以看出，采用全封闭衬砌即 $k_1 = 0$ 时，恒有 $Q = 0$，$P = \gamma H$，水压不能折减；k_1 趋近于无穷大时，即衬砌完全透水时，$P = 0$，衬砌不承受水压力；考虑衬砌的排水性能时，水压可以折减，而且采用围岩注浆（r_{g} 增大或 k_{g} 减小）可以减小地下水排放流量和降低衬砌水压力。

日本青函隧道按内壁不能止水的情况下，视围岩为均质、各向同性的弹塑性体，运用 Darcy 定律推导出了作用在衬砌及注浆加固圈内的间隙水压力：

$$u_{w} = u_{w}^{b} \frac{\ln \frac{r}{a}}{\ln \frac{b}{a}} \tag{6-12}$$

式中：u_{w}^{b}——远场静水压力；

a——隧道内径；

b——注浆区半径；

r——计算点到轴线的距离。

(2)衬砌水压力试验分析

水压力试验分析包括现场测试和室内模型试验。圆梁山铁路隧道最大埋深780m，泄水洞处于排水状况时，现场量测衬砌壁后水压力的分布及其变化与地表降雨补给量和泄水洞排水状况密切联系，4.5MPa的型钢混凝土衬砌结构测得壁后水压力最大值为1.923MPa。重庆主城排水过江盾构隧道顶部与长江水位差约60m，现场量测表明隧道管片上的外水压力接近或等于长江的静水压力，同时随长江水位变化影响而波动。而且施工换刀时将水自由排放到隧道，监测得到的水压明显降低。

海底隧道具有相对稳定的水头，在室内模型试验中用恒定水位的水箱来模拟，试验装置系统包括水压加载部分、压力罐、围岩、注浆圈、排水系统和衬砌结构等。对于限量排放方案，选取模拟试验的排水系统基本设计参数为：环向盲管直径5.0cm，布置间距为10m，排水孔纵向间距的变化用底板开孔的个数和直径大小的不同来模拟。试验结果显示在排水的情况下，围岩的渗透系数与传到衬砌上的水压力有密切的关系(图6-1)，在相同的排导系统设计参数的情况下，隧道围岩渗透系数的减小，衬砌水压力亦随之减小。以无存水空间排水(出水口直径为2ϕ5cm)情况为例，当渗透系数为220×10^{-4}cm/s，13.2×10^{-4}cm/s，7.6×10^{-4}cm/s以及1.78×10^{-4}cm/s时，水压力的折减系数分别为0.973，0.316，0.107及0.008。

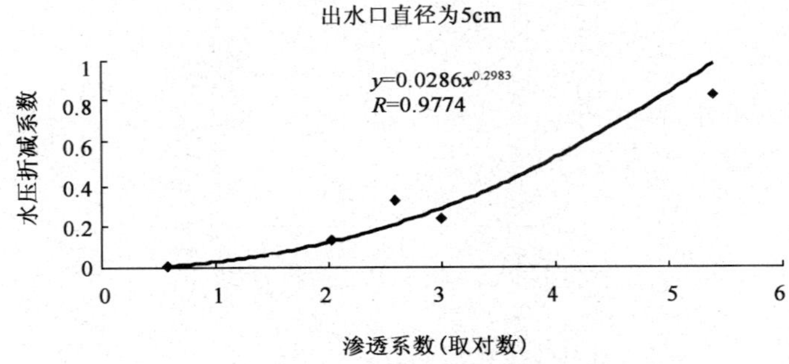

图6-1　渗透系数与水压折减系数关系曲线

(3)流固组合数值分析

渗流观点认为：土壤、岩石、混凝土均为孔隙介质，将其抽象为连续介质，根据Darcy定律和水流连续方程利用给定的边界条件可求出计算域内的水力势分布。地层材料采用摩尔—库仑准则、大变形模型计算，假定地表和各土层均成层均质水平分布，初期支护和二次衬砌均采用实体单元模拟，地层和材料的应力应变均在弹塑性范围内变化。具体数值分析见第8章，限排情况下，衬砌的水压力可以考虑折减，折减系数同衬砌与围岩的渗透系数之比有关。采用围岩注浆可以减小地下水排放流量和降低衬砌水压力。

(4)海底隧道衬砌水压力确定

前述分析可知，完全透水条件下，二次衬砌外缘的水压为零。但实际上混凝土衬砌的渗透性能较低，上述讨论中混凝土衬砌完全透水系力图通过在混凝土衬砌外缘设置排水系统来满足这一假定。计算中采用了衬砌材料的渗透系数来描述衬砌的透水性能，而实际在采用防水板的情况下，地下水并不是透过衬砌混凝土渗出，而是通过在衬砌背后设置的排水板等排导系统排出的。实际上设置排水系统后能否保证地下水完全自然排出呢？故在限排情况下，二次衬砌还是应考虑承受一定的水压力，具体的衬砌外水压力荷载有条件时应通过渗流计算分析确定。如何将排导系统得排水效应概化为透过衬砌均匀渗出，得出一个衬砌的"折合渗透系数"，这是一个十分复杂的问题，在理论上还有困难。在这种情况下，可以宏观地用"堵水效果"来表达修正系数。不考虑注浆影响，由(6-13)式：

$$\beta = \frac{\ln \frac{r_1}{r_0}}{\frac{k_1}{k_r}\ln \frac{H}{r_1} + \ln \frac{r_1}{r_0}} = f\left(\frac{k_1}{k_r}\right) \tag{6-13}$$

而衬砌前排水量为：

$$Q_r = \frac{2\pi H}{\frac{1}{k_r}\ln \frac{H}{r_1}} \tag{6-14}$$

所以有：

$$\beta = \frac{Q_r - Q}{Q_r} \tag{6-15}$$

此式可用于在施工中通过对衬砌前后排水量的监测对水压力的修正系数进行"反分析"。

(5)水压力 P 和围岩压力 F 的组合

考虑隧道初期支护工作条件恶劣，受海水侵蚀，难以保证100年的服务寿命，因此，二次衬砌应该考虑围岩压力 F。在计算二次衬砌时可以偏安全地采用规范所规定的松散压力全量作为荷载，也可以采用隧道开挖引起的形变压力的残余部分。水压力和围岩压力组合对结构内力的影响较为复杂。考虑到排水过程中的变化，因此，要对各种情况系统全面地进行试算，即外荷载应取 $(0\sim\beta)P+F$，以找出规律确定最不利情况。

在地下水排放的情况下，衬砌施作引起岩体骨架承受的渗透力增量小于浮力量值，因此在施工阶段计算围岩压力时不采用浮容重。

6.1.4　流固组合分析

在陆域浅滩区和海底施工，其不良地质问题之一为渗水。海底段存在几个比较大的断层破碎带，如何安全穿越这些不良地质地段是整项隧道工程施工中的难点。施工主要考虑自进式管棚超前支护、周边自进式锚杆结合注浆形成止水帷幕和超前支护体系，由于隧道全断面处于渗透系数较大的强风化花岗岩中，注浆止水的成功与否对施工时能否安全地通过风化槽有十分重要的影响。为保证隧道开挖的安全，设计根据最新的地勘资料对不同开挖步骤下，隧道的渗流进行了分析。

地层材料采用摩尔—库仑准则、大变形模型计算，假定地表和各土层均成层均质水平分布，初期支护和二次衬砌均采用实体单元模拟；地层和材料的应力应变均在弹塑性范围内变化；初始应力考虑土压力，水压力，水浮力的影响；考虑海底隧道由于施工引起的水和衬砌结构的相互组合作用；计算建模时，对洞周及关心的部位加密网格剖分；计算时分别考虑二次衬砌完全不透水和不注浆允许透水两种情况，在后者中分别对不同的渗透系数和是否注浆进行了考虑；采用位移边界作为边界条件：上表面即地表为自由边界，其余各外表面均约束法线方向的位移；海水水位考虑历史最高水位，定在上边界以上45m处。

由于组合计算非常耗时，模拟时按照平面应变进行考虑。根据圣维南原理和实际需要，整个模型计算范围为180m×100m×60(宽×高×长)。模型包括1762个单元和3640个节点。计算模型网格划分如图6-2所示。

计算中考虑以下4种情况进行分析：

(1)二次衬砌完全不透水计算分析

隧道开挖后,若隧道衬砌“完全”不透水,将在地层内部形成一个不透水的界面,根据水力学静水压力传递原理,即可知,在这种情况下,衬砌将承受同初始静水压力相应的法向作用力,即 $P=\gamma h$。在全封堵情况下,地下水静水压力并不因为岩土介质的渗透性有所降低(除非降低到完全不透水)而改变其传递规律。通过 FLAC^{3D}软件进行分析,也得出了相同的结论。图 6-3 为孔隙水压力云图,图 6-4 为二次衬砌孔隙水压力云图。这也说明了实施地层注浆,可以降低围岩的透水性,并不能在围岩中形成一个所谓的“承载环”来分担作用于隧道衬砌上的水压力(除非注浆圈不透水)。目前,在隧道开挖后可能围岩表面只有少量的水渗出,而一旦做成全封堵衬砌,衬砌背后水压力依然会逐渐增大,达到同初始地下水位相应的程度。

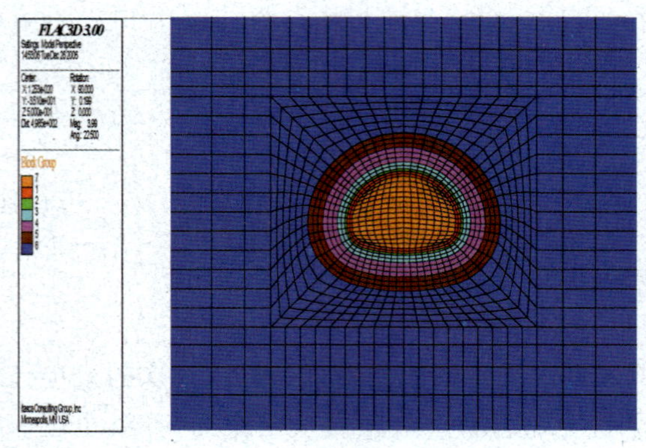

图 6-2 模型网格细部划分

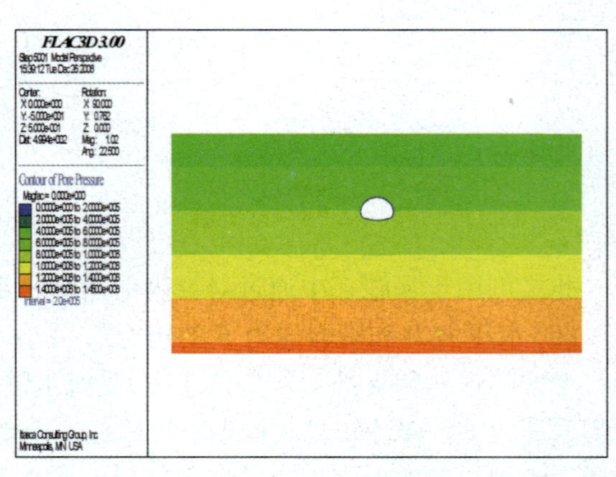

图 6-3 孔隙水压力云图

(2)围岩渗透系数 $1e^{-7}$m/s 二次衬砌透水不注浆计算分析

对于二次衬砌部分透水即允许排水的隧道二次衬砌而言,通过孔隙水压力随时间变化曲线(图 6-5)和孔隙水压力分布云图(图 6-6、图 6-7)可知,渗流在 35d 左右趋向于稳定。在稳定后,拱顶水头压力为 0.367MPa,涌水量为 1.02 m^3/d · m。

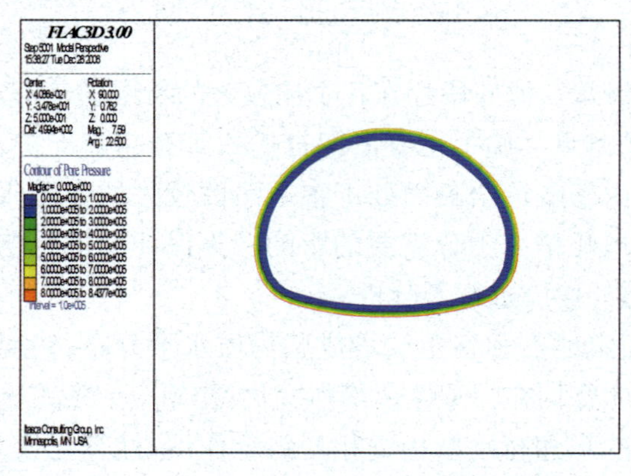

图 6-4 二次衬砌孔隙水压力云图

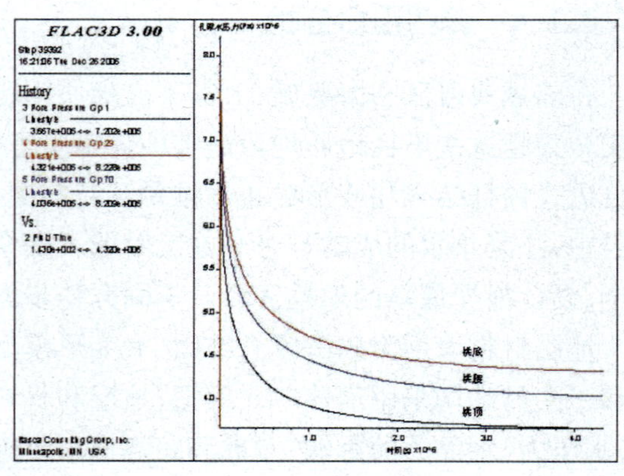

图 6-5 孔隙水压力随时间变化曲线

(3)围岩渗透系数 $1e^{-6}$m/s,二次衬砌透水,不注浆,计算结果分析

通过孔隙水压力随时间变化曲线(图 6-8)和孔隙水压力分布云图(图 6-9、图 6-10)可知,稳定后,拱顶水头压力为 0.64MPa,涌水量为 1.78m^3/d · m。

(4)围岩渗透系数 $1e^{-6}$m/s,二次衬砌透水,注浆,计算结果分析

通过孔隙水压力随时间变化曲线(图 6-11)和孔隙水压力分布云图(图 6-12、图 6-13)可知,稳定后,拱顶水头压力为 0.53MPa,涌水量为 1.433m^3/d · m。

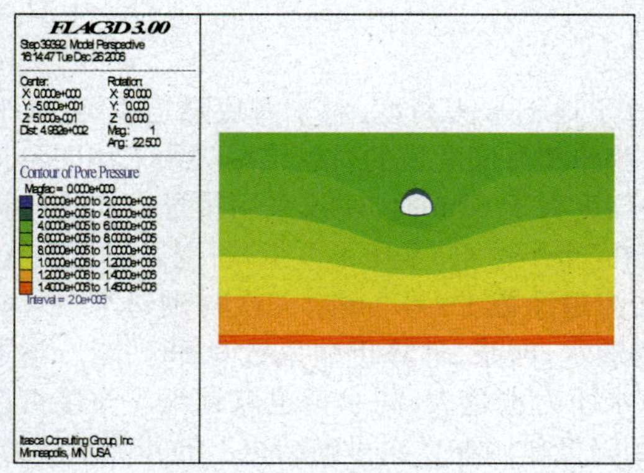

图 6-6　50d 后孔隙水压力分布云图

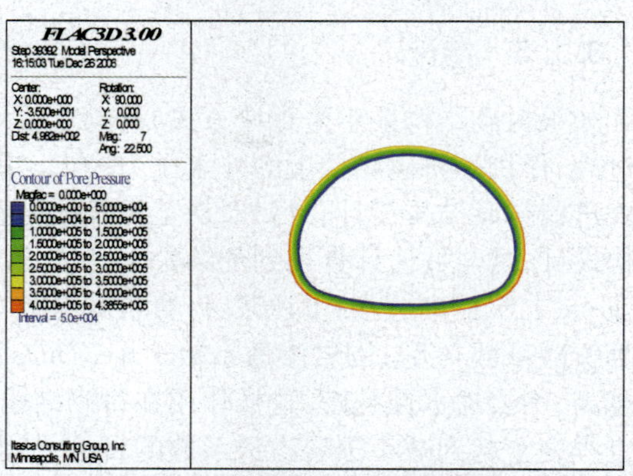

图 6-7　50d 后二次衬砌孔隙水压力分布云图

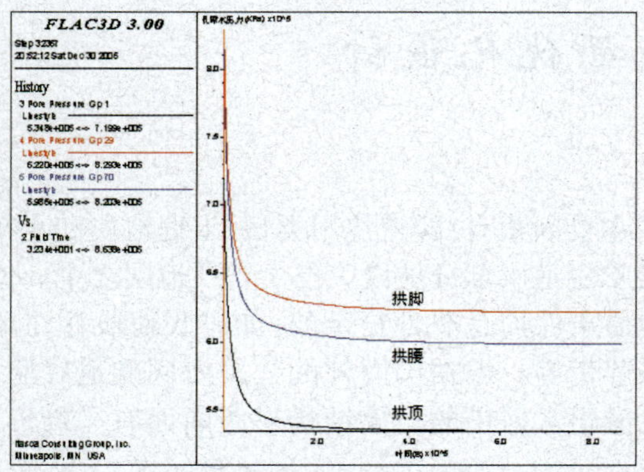

图 6-8　孔隙水压力随时间变化曲线

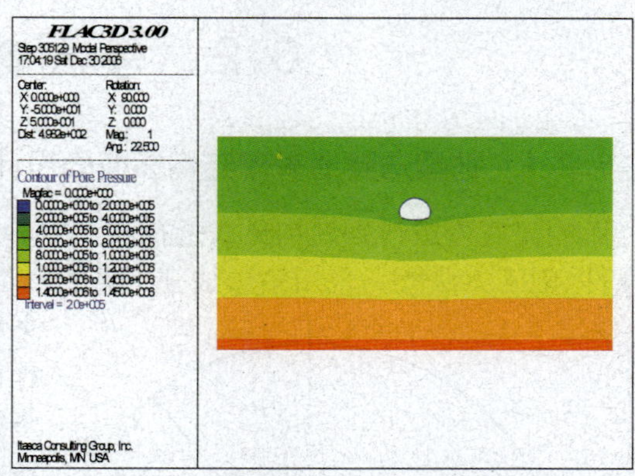

图 6-9　稳定后孔隙水压力分布云图

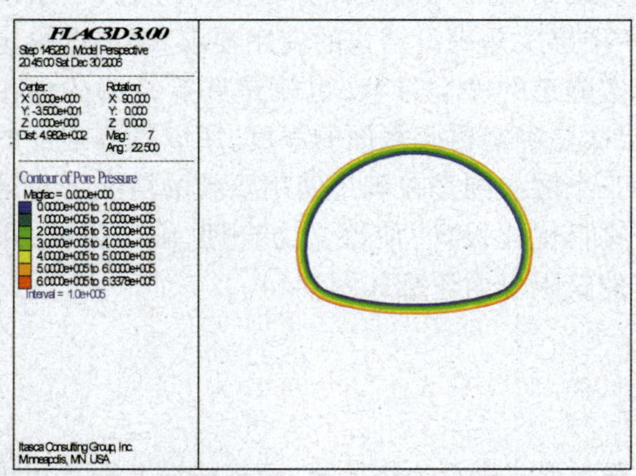

图 6-10　稳定后二次衬砌孔隙水压力分布云图

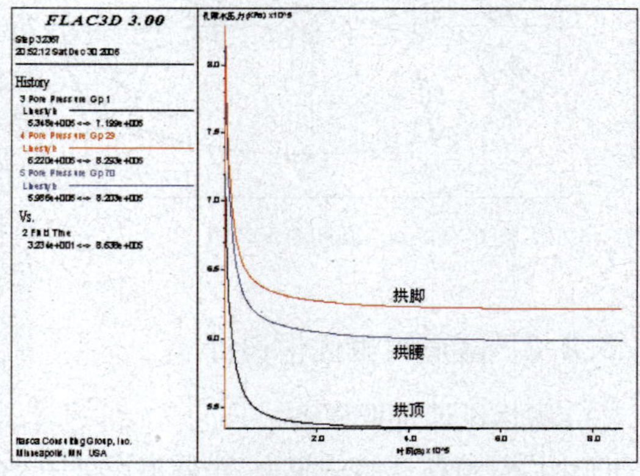

图 6-11　孔隙水压力随时间变化曲线

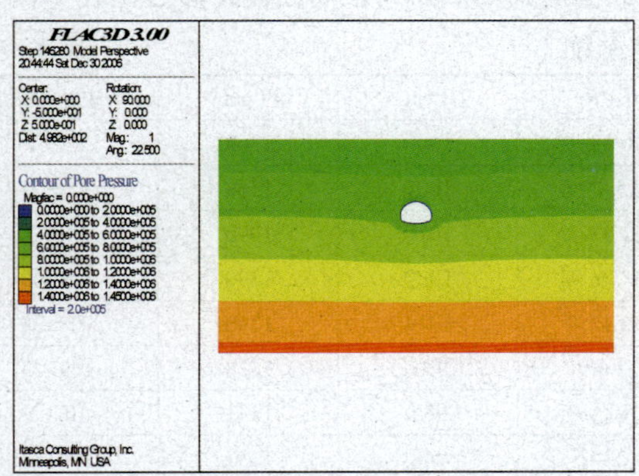

图 6-12　稳定后孔隙水压力分布云图

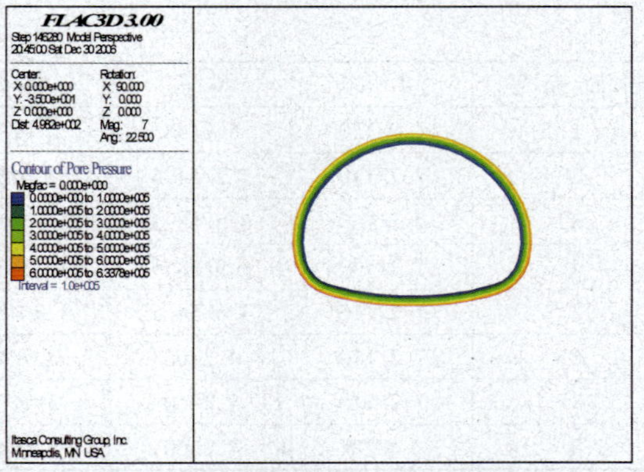

图 6-13　稳定后二次衬砌孔隙水压力分布云图

6.1.5 结论

如果衬砌结构采用全封堵方式，衬砌背后外水荷载等于地下水头高度，对于海底隧道而言，海底水头过高，作用于衬砌结构上的外水压力较大。因此，对于胶州湾海底隧道的衬砌结构必须采用限量排导方式进行衬砌结构设计。另外，从工程经验来看，当水头高度大于60m时，建议采用排导方式进行衬砌结构设计，这与数值计算得到的结论是一致的。二次衬砌完全不透水，水压不可折减；围岩渗透系数$1\times e^{-7}$m/s，二次衬砌透水，不注浆，计算折减系数0.47；围岩渗透系数$1\times e^{-6}$m/s，二次衬砌透水，不注浆，计算折减系数0.82；围岩渗透系数$1\times e^{-6}$m/s，二次衬砌透水，注浆，计算折减系数0.68。围岩渗透系数越高，围岩透水性越好，这样作用在衬砌结构上的孔隙水压力也越大，涌水量也就越大。注浆可以在一定程度上起到减小围岩渗透系数的目的，从而可以达到降低作用在二次衬砌结构上的孔隙水压力，减小涌水量的目的。考虑上述因素，对于II、III级围岩，水压计算采用0.6的折减系数。

6.2 海底隧道断面优化设计

6.2.1 钻爆法隧道衬砌结构横断面设计

影响海底隧道衬砌结构形式选择和支护参数设计的主要因素有：隧道使用类型、工程地质和水文地质条件、施工方法等。采用钻爆法施工海底隧道，一般要求隧道大部分地段应位于岩石地层之中。但任何区域的地质条件均是非常复杂的，如海底地段存在风化槽或断层破碎带等。根据国内外的公路海底隧道经验，钻爆法施工的隧道常采用的衬砌结构形式断面有马蹄形、椭圆形和圆形。

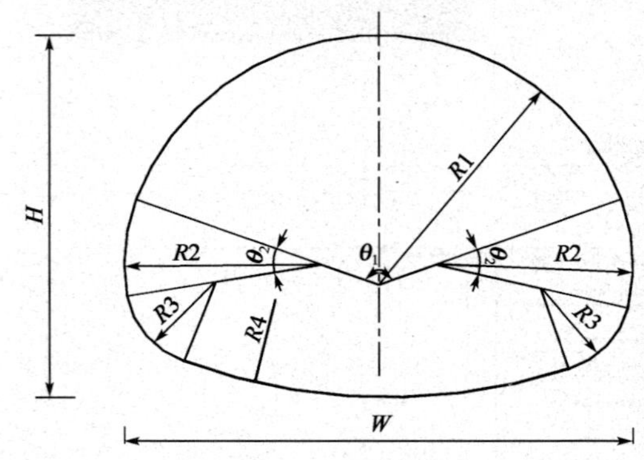

图6-14 六心圆断面示意图

在隧道衬砌断面的几何设计中，主要是从两个层次进行考虑，第一个层次是满足结构的使用要求，即根据给定的建筑限界确定隧道的净空形状，也就是选定结构的内轮廓线；第二个层次是确定衬砌截面的厚度，用以核算强度的截面面积。第三个层次则是在满足使用要求的情况下对结构的断面形式进行优化设计，使得受力合理，施工方便，用料最省。隧道建筑限界内轮廓如图6-14。

6.2.2 隧道衬砌优化设计

(1)优化设计选取模型

优化设计按荷载结构模型，对隧道设计中经常采用6段弧形式进行比较分析，荷载按海底段5级围岩基本组合选取，进而得出最优化的断面形式和设计建议。断面形式如图6-14。断面设计参数见表6-1。

六心圆断面设计参数 表6-1

断面编号	R_1/θ_1	R_2/θ_2	R_3/θ_3	R_4/θ_4	H(cm)	W(cm)	净空(m^2)
1	7.0/130	5.0/48	2.0/50	18/33.3	1000	1362	110.1
2	7.2/110	5.2/44.5	3.0/62	15/37	1005	1368	110.1
3	7.7/100	4.5/58.5	3.5/48.5	12/47.2	1010	1390	110.3
4	7.7/100	4.5/58.5	3.5/48.5	10/56.94	1039	1390	113.69
5	7.2/110	4.5/58.5	3.5/48.5	12/47.2	1014	1390	108.25
6	7.2/110	4.2/60	3.7/46	12/40	991	1328	104.73
7	7.2/110	4.2/60	3.0/54	12/40	985	1331	104.1
8	7.8/98	4.2/60	3.5/46	12/41	948	1331	100.74

注：各种断面都是在满足建筑限界的条件前提下提出，衬砌厚度为700mm。

(2)分析计算

图 6-15 ~ 图 6-22 为断面 1 ~ 断面 8 的计算内力图,表 6-2 为其计算内力结果。

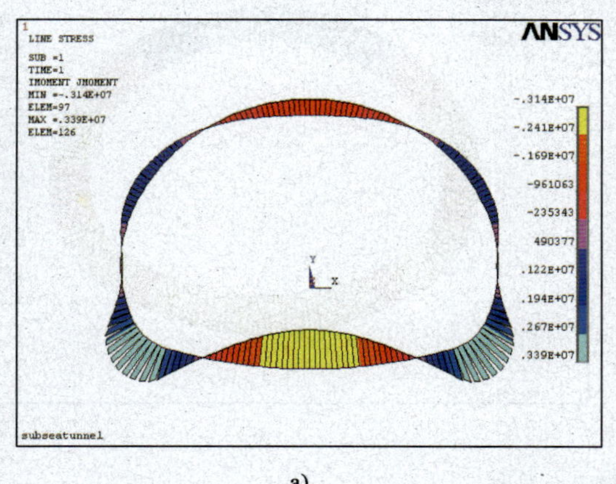

a)

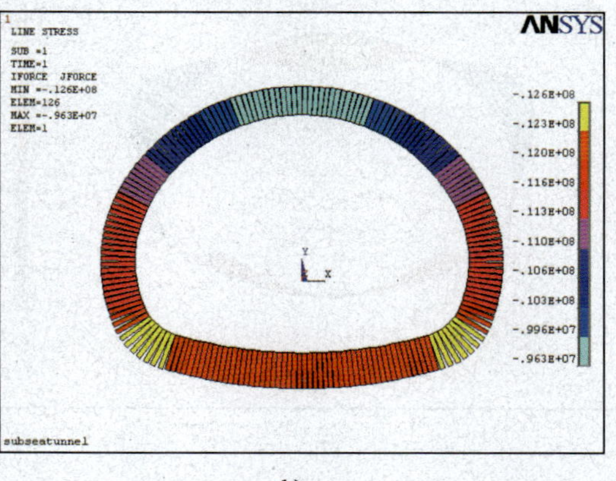

b)

图 6-15　断面 1 计算图

a) 弯矩图(尺寸单位:N · m);b) 轴力图(尺寸单位:N)

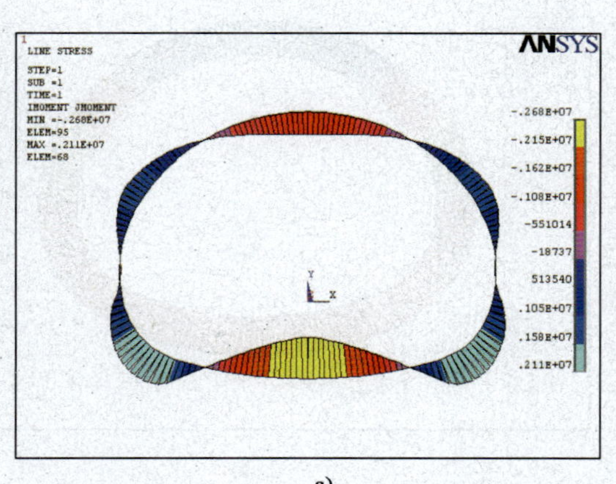

a)

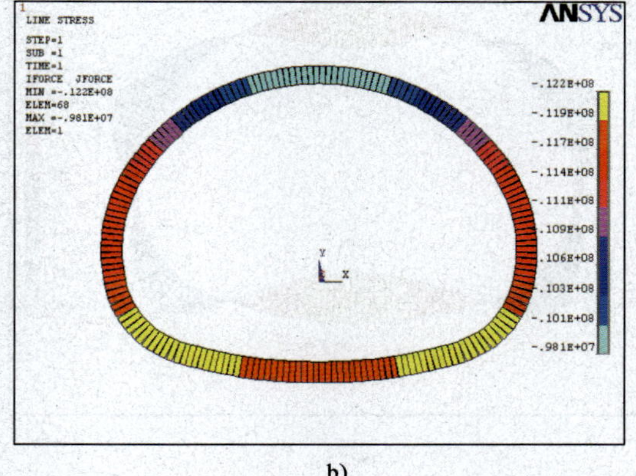

b)

图 6-16　断面 2 计算图

a) 弯矩图(尺寸单位:N · m);b) 轴力图(尺寸单位:N)

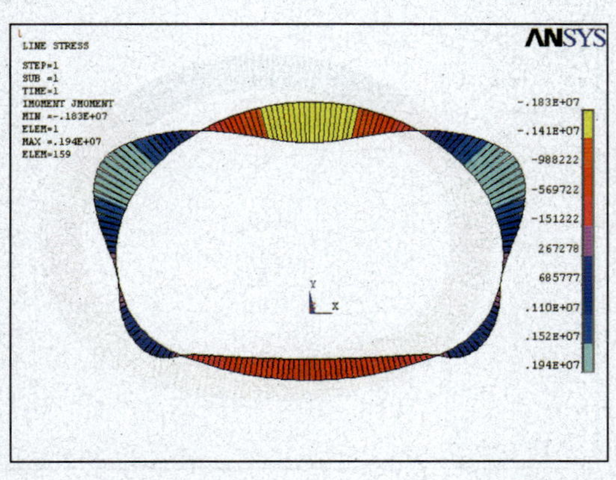

a)

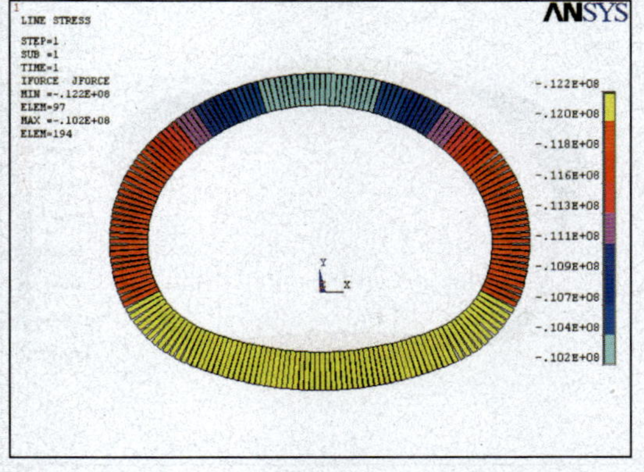

b)

图 6-17　断面 3 计算图

a) 弯矩图(尺寸单位:N · m);b) 轴力图(尺寸单位:N)

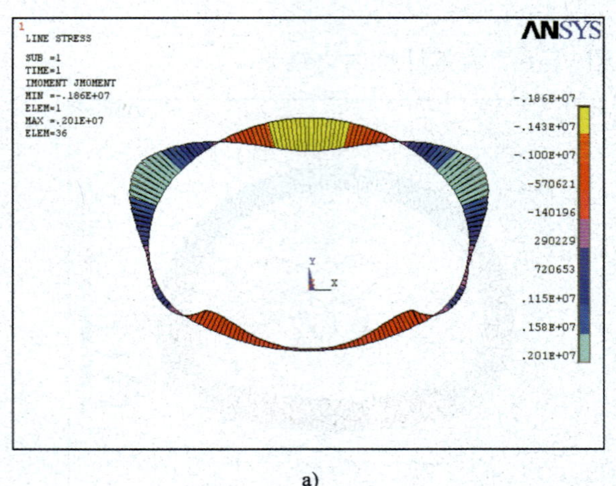

a)

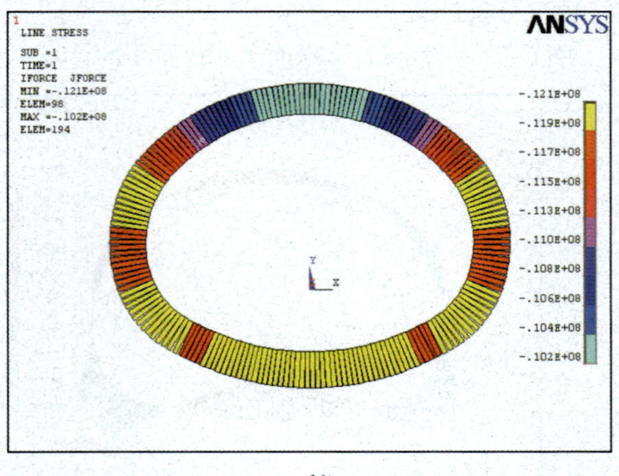

b)

图 6-18　断面 4 计算图

a）弯矩图（尺寸单位：N · m）；b）轴力图（尺寸单位：N）

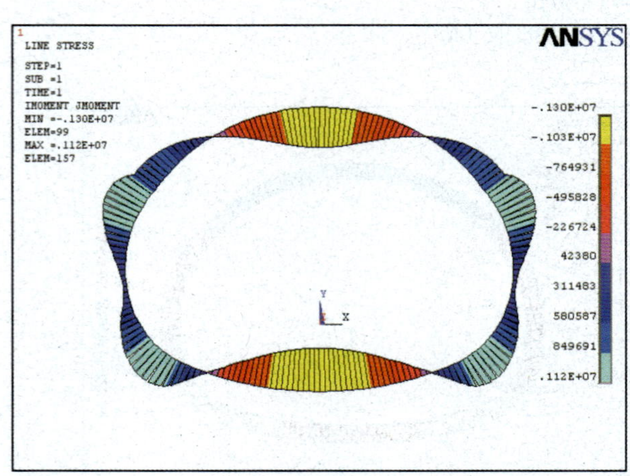

a)

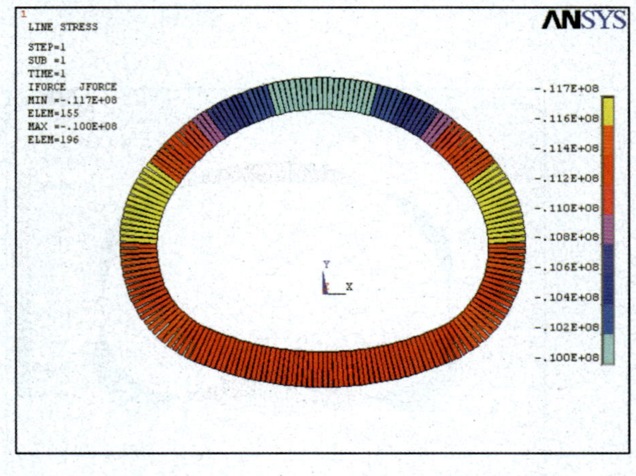

b)

图 6-19　断面 5 计算图

a）弯矩图（尺寸单位：N · m）；b）轴力图（尺寸单位：N）

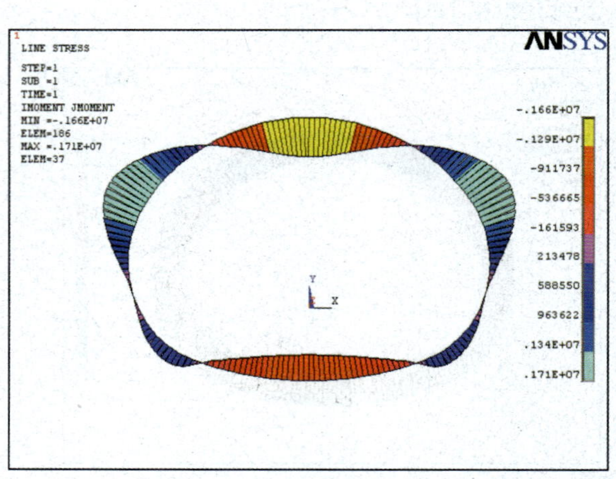

a)

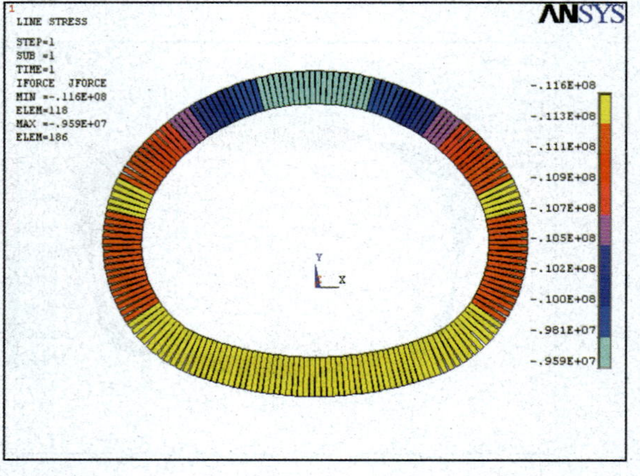

b)

图 6-20　断面 6 计算图

a）弯矩图（尺寸单位：N · m）；b）轴力图（尺寸单位：N）

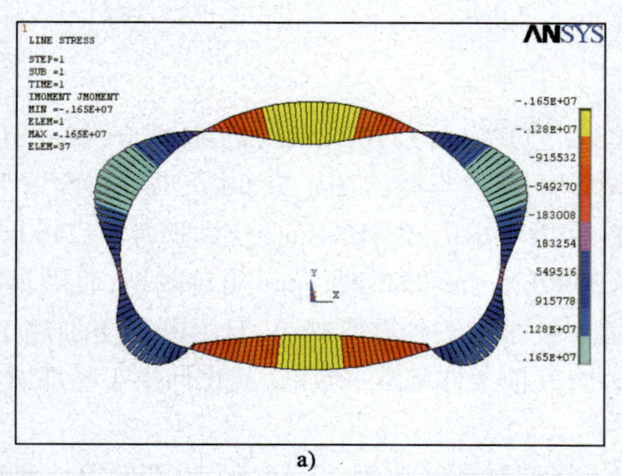

a)

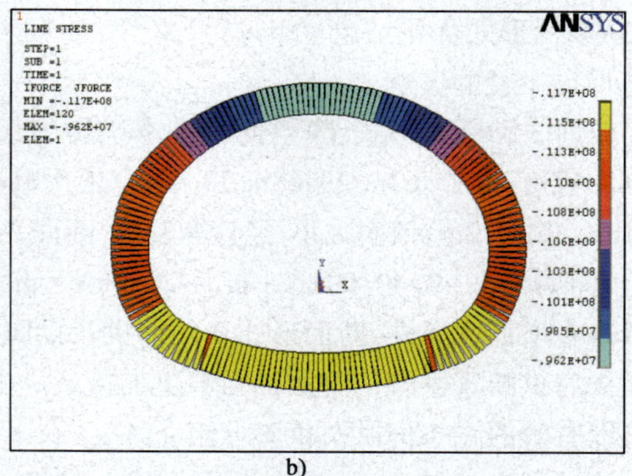

b)

图6-21　断面7计算图

a)弯矩图(尺寸单位:N·m);b)轴力图(尺寸单位:N)

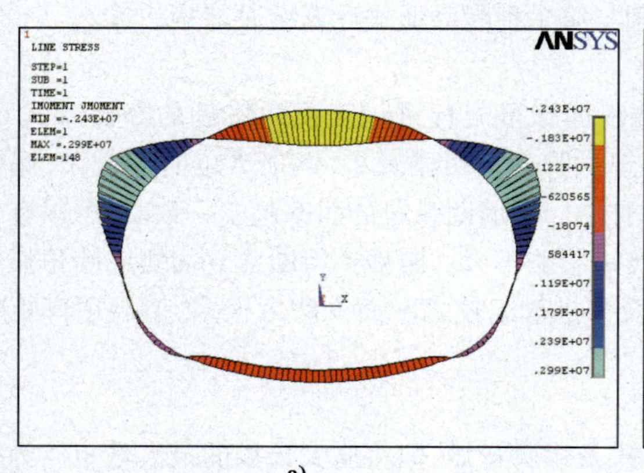

a)

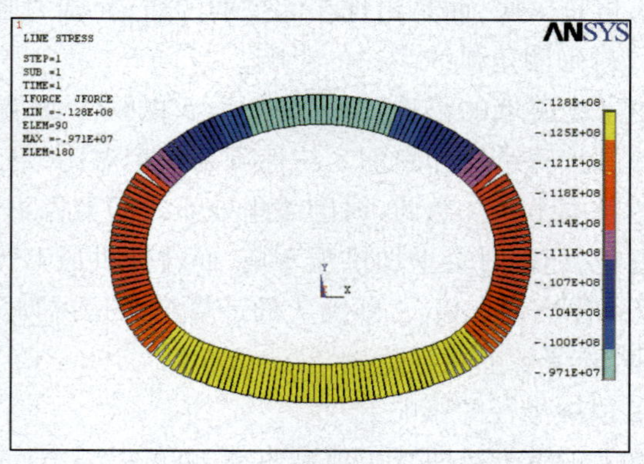

b)

图6-22　断面8计算图

a)弯矩图(尺寸单位:N·m);b)轴力图(尺寸单位:N)

计算内力结果　　表6-2

位置		拱顶	拱肩	拱腰	仰拱	拱脚
弯距(kN·m)	1	-1690	490	1940	-3140	3390
	2	-1080	1050	514	-2680	2110
	3	-1830	1940	685	-988	1100
	4	-1860	2010	720	-570	720
	5	-1300	1120	311	-1300	1120
	6	-1660	1710	589	-1290	964
	7	-1650	1650	549	-1650	1280
	8	-2430	2390	584	-180	-600
轴力(kN)	1	9630	10300	12000	12300	12600
	2	9810	10900	11400	11900	12200
	3	10200	11100	11300	12200	12000
	4	10200	11100	11300	12100	12100
	5	10000	10400	11700	11200	11600
	6	9590	10500	11300	11600	11600
	7	10000	10800	11700	11400	11600
	8	9710	11100	11800	12500	12800

(3)断面形式优化结论

1)仰拱半径的影响。

比较前3种断面形式,净空面积基本一样($110.1m^2$、$110.1m^2$、$110.3m^2$),高度H(10.00m、10.05m、10.10m),宽度W(13.62m、13.68m、13.90m)依次略有增加,顶拱半径(7.0m、7.2m、7.7m)依次增大,仰拱半径(18m、15m、12m)依次减小,经计算发现,断面3的仰拱弯矩(-988kN·m)及拱脚弯矩(1100kN·m)较之前两种断面(-3140.00kN·m、-2680kN·m)(3390kN·m、2110kN·m)明显减小,而拱顶弯矩较前两者略有增加。另外,断面形式3的仰拱及拱脚轴力较之第1种有所减小,且沿断面更加趋于等同,即拱顶拱肩拱腰及拱脚位置的轴力值更加接近。由此,其他条件基本一致时,减小仰拱半径即增加仰拱曲率可以有效的减小仰拱及拱脚弯矩。

为验证了上述结论,选取在断面形式3的基础上将仰拱半径改为10/56.94得到的第4种断面形式。较之第3种断面形式,第4种断面的计算结果是仰拱底部及拱脚弯矩进一步减小,其中仰拱的最大弯矩不再是拱底,而是出现在仰拱的两边;而轴力则与第3种断面形式计算结果基本一致。

2)衬砌墙角弧线半径的影响。

为考虑侧墙的影响,选取将断面5的两个侧墙断面弧段半径进一步调的接近的断面形式6和7。断面6的计算结果和断面5的计算结果相对比,发现拱脚弯矩明显减小,拱顶弯矩明显增大,而仰拱最大弯矩基本不变。由此,衬砌墙角处弧线的半径不宜小。侧墙两弧段的曲率趋于一致时,可以有效减小拱脚弯矩,但同时会增加拱顶弯矩,而对仰拱最大弯矩影响不大。断面7将断面6的侧墙墙角弧的半径由3.7m替换为3.0m。断面7的计算结果是拱脚及仰拱弯矩较之断面6增大很多,但拱顶弯矩略有减小减小,验证了上述结论。

3)顶拱半径的影响。

增大顶拱半径即减小顶拱曲率,也可以减小仰拱及拱脚弯矩,但将增大顶拱的最大弯矩。为验证了上述结论,选取在断面形式3的基础上将顶拱半径改为7.2/110得到的第5种断面形式和在断面形式6的基础上将顶拱半径替换为7.8/98得到的第8种断面形式。较之第3种断面形式,第5种断面的计算结果是顶拱及拱要明显弯矩降低,仰拱及拱脚弯矩明显增大;较之第6种断面形式,第8种断面形式的计算结果是顶拱及拱剪弯矩明显增大,拱脚弯矩显著减小,仰拱弯矩略有减小,各处轴力都有所增大,验证了上述结论。

6.2.3 基于施工安全性海底隧道断面优化设计

(1)海底隧道断面优化原则

隧道开挖后首先引起围岩应力的变化,在应力重新调整过程中引起隧道周围围岩的变形和应力重分布,对隧道上覆地层而言,随着隧道开挖的影响范围不断扩大,变形最终通过地层土体传递到地表;应力的传递自上而下,如图6-23所示,由此造成开挖体周围及前方围岩中的应力集中,当应力集中发展到一定程度时将会造成地层开裂。

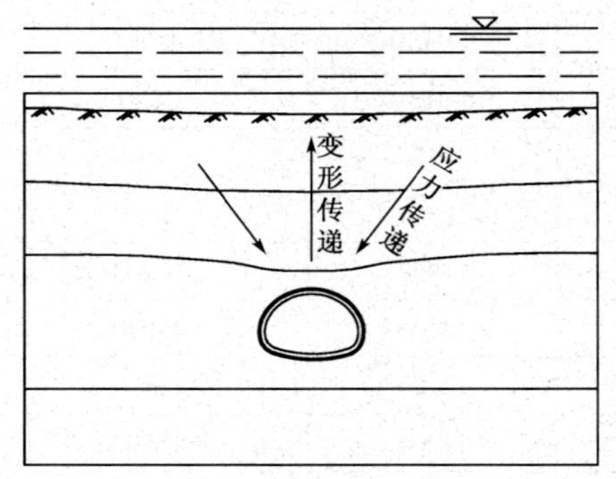

图6-23 隧道开挖引起应力应变传递

地表开裂过程如图6-24所示。隧道开挖后,拱顶塑性变形(或坍塌破坏变形)逐渐向上扩展到地表;当地表变形到一定的时候,地表开始起裂;地表开裂向下扩展加深,拱顶松弛扰动向上,逐渐扩大,两者在地中某一点汇合、贯通,形成贯穿性裂缝,贯穿性裂缝的产生将会造成海底隧道突涌水,对海底隧道施工造成极大的风险。

通过隧道现场实测发现，地表裂缝的宽度和深度与地层沉降具有对应关系，而隧道上覆地层的沉降是由于拱顶沉降向上传递造成的，隧道拱顶沉降的大小反映了隧道施工的安全性，可以针对具体地质条件、施工方法、辅助措施制定拱顶沉降标准保证海底隧道施工安全。提出把拱顶沉降作为优化设计中的控制指标，通过优化算法求得拱顶沉降最小的洞形，通过控制拱顶沉降来达到控制裂缝产生和贯穿的目的，进而保证海底隧道施工安全。

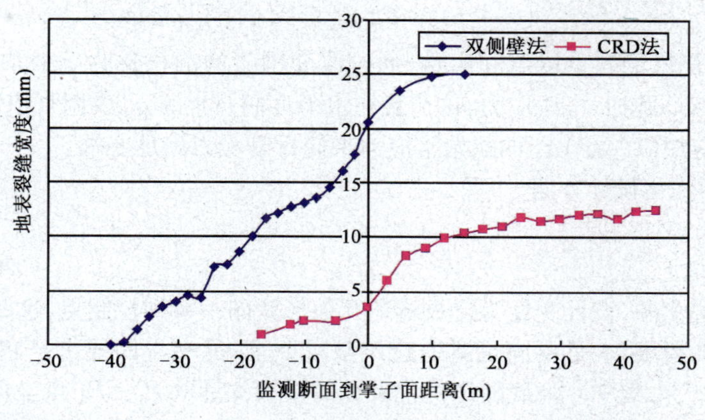

图6-24　隧道地表开裂过程

(2)海底隧道断面优化结构荷载确定

青岛胶州湾海底隧道在防排水设计时遵循“以堵为主，限量排放，刚柔结合，多道防线，因地制宜，综合治理”的防排水理念，对于海底隧道海域段Ⅳ、Ⅴ级等富水围岩地段采用全包防水。对于全包防水而言，在理想状态下，作用在二次衬砌上水压力不会折减，在计算水压力时必须采用同地下水位相对应的量值；对围岩压力而言，由于海底隧道埋深较浅可只考虑围岩自重应力。优化分析时认为二次衬砌承担全部水荷载和围岩自重荷载。

在理想的不排水条件下，海底隧道的应力场 σ 可以看成有效应力 σ' 和孔隙水压 u_f 两种场力的叠加，如图6-25所示。水荷载不能简单的以线荷载的形式施加在基岩表面，因为这样将忽略水荷载在水平方向上的作用，实际上水荷载是以场力的形式作用在整个岩体透水空间。

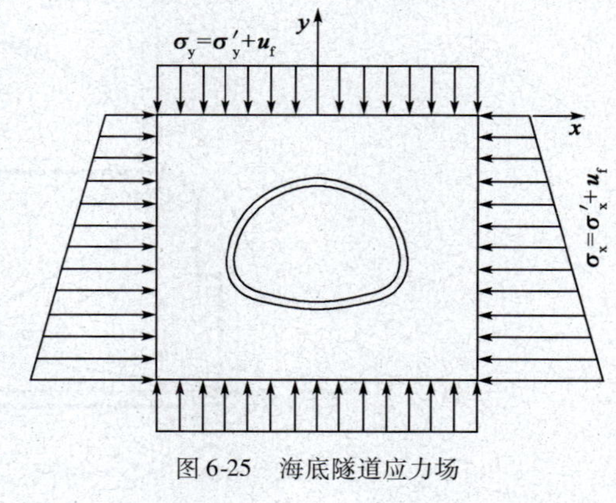

图6-25　海底隧道应力场

隧道开挖前初始应力：

$$\sigma = \{\sigma_x, \sigma_y, T\}^T = \{\sigma_x, \sigma_y, 0\}^T \tag{6-16}$$

$$\sigma_y = \underbrace{(\rho_d + n\rho_\omega)gy}_{\sigma_y^*} + \sigma_s, \sigma_x = \underbrace{[\lambda(\rho_d + n\rho_\omega) - \lambda\rho_\omega + \rho_\omega]gy}_{\sigma_y^*} + \sigma_s, \lambda = \frac{\mu}{1-\mu}$$

式中：ρ_d——围岩的干密度；

ρ_ω——水的密度；

n——孔隙率；

σ_s——作用在基岩表面的水荷载；

λ——围岩侧压力系数；

μ——泊松比。

优化分析采用有限元软件ANSYS作为计算平台，采用弹性理论求解。由于优化分析的目标函数是隧道拱顶沉降，且隧道拱顶沉降与衬砌结构的拱顶竖向位移在数值上相等，因此在分析中要保证衬砌结构所受荷载满足前面要求。为此引入等效侧压力系数 λ'：

$$\lambda' = \frac{\mu'}{1-\mu'} = \frac{\sigma_y^*}{\sigma_x^*} = \frac{[\lambda(\rho_d + n\rho_w) - \lambda\rho_w + \rho_w]gy}{(\rho_d + n\rho_w)gy} \tag{6-17}$$

式中：μ'——等效泊松比，

由式(6-17)得：

$$\mu' = \frac{\lambda\rho_d + [\lambda(n-1)+1]\rho_w}{(\lambda+1)\rho_d + [\lambda(n-1)+1+n]\rho_w} \tag{6-18}$$

在 ANSYS 分析中围岩的容重取饱和容重，通过改变围岩的泊松比为等效泊松比 μ' 来生成 σ_x^* 和 σ_y^*，在上边界（基岩表面）施加 σ_s 压应力，该荷载在水平方向产生 $\lambda'\sigma_s$ 的附加应力，因此在水平方向还需要通过 istress 命令施加 $(1-\lambda')\sigma_s$ 的初始常应力来使衬砌受力满足要求。

（3）海底隧道断面优化设计方法

1）数学模型

①设计变量

在隧道断面形状优化中，设计变量为形成隧道几何形状的一系列控制点，这些控制点形成的隧道几何形状要满足两方面的要求，一是要满足隧道建筑限界要求；另一方面要满足相邻圆弧连接处的平顺性，以减小变曲率处的应力集中。海底隧道优化设计的设计变量取 $P_1 \sim P_4$ 点坐标，如图 6-26 所示。为参数化建模和方便设计，需求出 4 段圆弧圆心坐标 (m_i, n_i)、半径 r_i 和对应圆心角度 θ_i（i = 1,2,3,4），根据平顺性要求，上述参数可通过 $P_1 \sim P_4$ 点坐标求得。下面给出第 1、2 段圆弧参数化建模所需参数的求解公式(6-19)～公式(6-25)，其余参数可用类似方法求得。

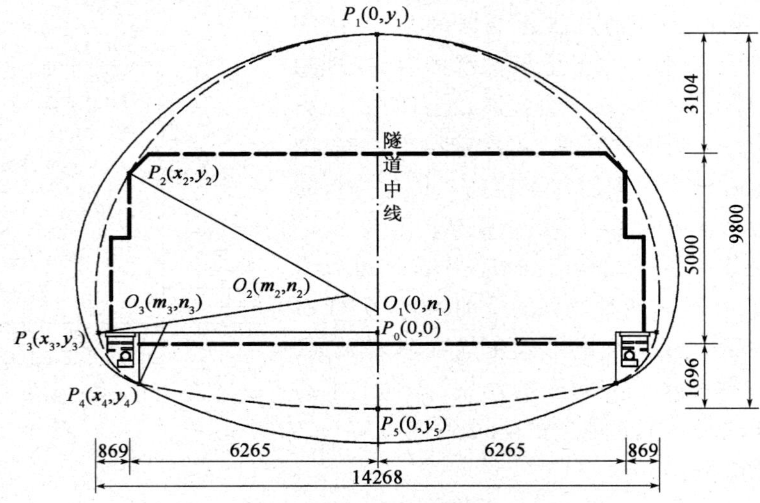

图 6-26　建筑限界图（尺寸单位：mm）

$$\frac{y_1 - y_2}{0 - x_2} \times \frac{\dfrac{y_1 + y_2}{2} - n_1}{\dfrac{0 + x_2}{2} - 0} = -1 \tag{6-19}$$

$$r_1 = |y_1 - n_1| \tag{6-20}$$

$$\theta_1 = 2 \times \sin^{-1}\left(\sqrt{\left(\frac{y_1 + y_2}{2} - y_1\right)^2 + \left(\frac{x_2}{2} - 0\right)^2} / r_1\right) \tag{6-21}$$

$$\frac{y_2 - y_3}{x_2 - x_3} \times \frac{\dfrac{y_2 + y_3}{2} - n_2}{\dfrac{x_2 + x_3}{2} - m_2} = -1 \tag{6-22}$$

$$\frac{y_2 - n_3}{x_2 - 0} = \frac{y_2 - n_2}{x_2 - m_2} \tag{6-23}$$

$$r_2 = \sqrt{(x_2 - m_2)^2 + (y_2 - n_2)^2} \tag{6-24}$$

$$\theta_2 = 2 \times \sin^{-1}\left(\sqrt{\left(\frac{y_2 + y_3}{2} - y_2\right)^2 + \left(\frac{x_2 + x_3}{2} - x_2\right)^2} / r_2\right) \tag{6-25}$$

②约束条件

P_5 点的坐标是由 P_4 点坐标、相邻圆弧连接平顺性条件和对称性条件确定的，该点也需要满足隧道限界等约束条件，因此把 $P_5(0, y_5)$ 作为优化设计的约束条件。

③目标函数

为减小突涌水事故的发生保证海底隧道施工安全，优化设计的目标函数取为拱顶下沉 $f(X)$，则洞形优化设计为：

$$\min_{x \in D_0} f(x) D_0 = \{x \mid g_{k(x)} \geqslant 0\} \tag{6-26}$$

式中：x——设计变量；

$g_{k(x)}$——约束条件。

2）优化设计流程

整个优化设计的流程如图 6-27 所示：

①通过 ANSYS 中内置的 APDL 语言进行参数化编程形成初始设计的分析文件。

②进入优化模块，确认已经生成的分析文件和优化设计所需的变量，并采用合适的优化算法进行优化分析。

③在得到最优化设计结果后以最优化结果的设计变量为参考，分析各个设计变量对目标函数的影响，建立设计变量与目标函数之间的关系，形成规律性认识，进一步指导设计。

④在得到优化结果后还应对得到的最优化结果进行效果评价，由于优化指标是拱顶沉降，即施工的安全性，因此还应该从结构受力的合理性和经济性等方面进行综合考虑，对优化结果与初始设计方案进行比较评价。

通过上述步骤形成包括最优化方案获取、设计变量敏感性分析和优化效果评估在内的完整的优化分析流程。

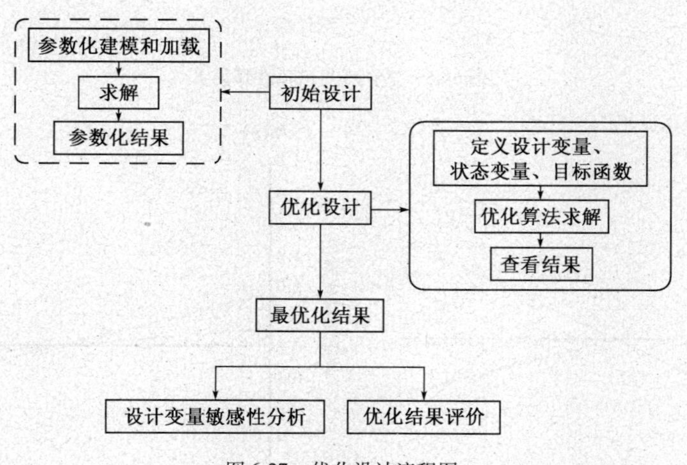

图 6-27　优化设计流程图

（4）海底隧道断面优化

1）最优化设计参数获取

优化分析选取隧道左线海水最深处断面，该断面处海平面距离基岩 45m，隧道尺寸取实际设计尺寸，各圆弧端点坐标见图 6-26。围岩采用实体单元模拟，围岩饱和容重取 2500kg/m^3，μ 取 0.3，由式

(6-17)得$\overline{\mu}'$为0.375;衬砌采用梁单元模拟,厚度取700mm,弹性模量取30GPa。

优化计算通过8次迭代收敛,其中第7次迭代的结果为最优化设计,各个迭代步的设计变量如表6-3所示,各迭代步与拱顶沉降的关系如图6-28所示,优化前拱顶沉降为-13.6mm,优化后拱顶沉降为-6.03mm。通过优化分析拱顶沉降值减小为原来的44%,优化效果非常明显,达到了从改变洞室形状出发控制地层变形的目的。

设计变量、优化范围及其迭代计算单位(mm)　　表6-3

变量类型	变量名	初值	优化范围	迭代1	迭代2	迭代3	迭代4	迭代5	迭代6	迭代7*	迭代8
设计变量	y_1	7.8	7.50~8.50	7.8	8.09	8.5	8.5	8.5	8.5	8.5	8.5
	x_2	-6.27	-6.27~ -8.00	-6.27	-6.27	-6.27	-6.2823	-6.27	-6.2728	-6.2728	-6.2728
	y_2	4.20	4.20~5.00	4.20	4.20	4.20	4.20	4.20	4.20	4.20	4.20
	x_3	-7.06	-7.06~ -9.00	-7.06	-7.06	-7.06	-7.06	-7.06	-7.06	-7.06	-7.06
	y_3	0.00	0.00~1.00	0.00	0.16	0.16	0.2	0.2	0.2	0.2	0.21
	x_4	-6.03	-6.03~ -7.00	-6.03	-6.2671	-6.2311	-6.3199	-6.3229	-6.3318	-6.334	-6.338
	y_4	-1.35	-1.35~ -2.00	-1.35	-1.475	-1.473	-1.50	-1.501	-1.503	-1.504	-1.505
状态变量	y_5	-3.01	-4.00~ -2.00	-2.647	-3.907	-3.45	-3.941	-3.926	-3.978	-3.989	-4.01

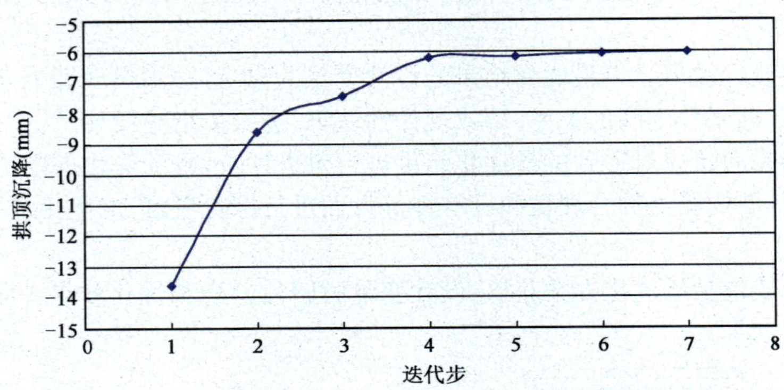

图6-28　迭代步与拱顶沉降关系

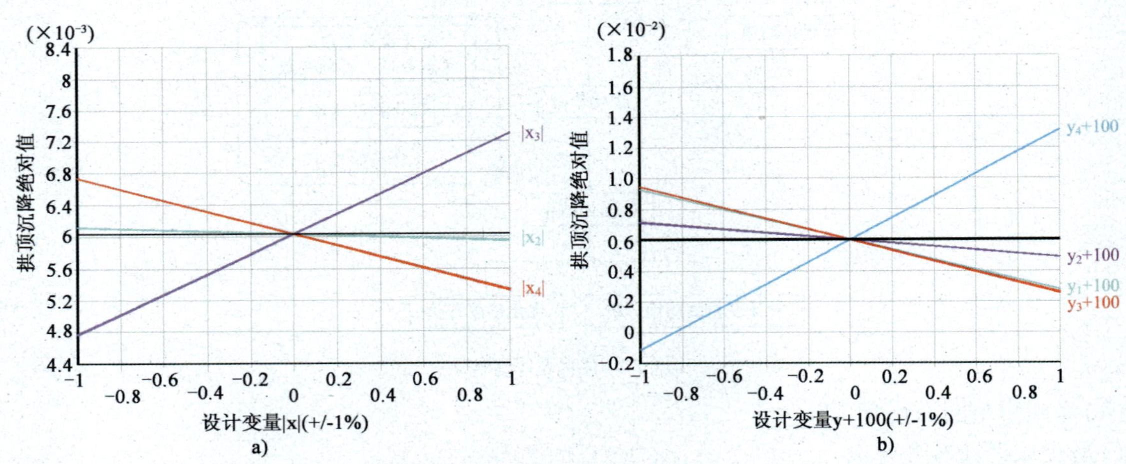

图6-29　设计变量敏感性分析

a)|x|和拱顶沉降绝对值关系;b)(y+100)和拱顶沉降绝对值关系

2）设计变量敏感性评价

在得到优化结果后，采用梯度工具（Gradient），以最优设计为参考点，对每个设计变量进行微小的改变，这样可以在相邻域内，产生一系列的设计方案。从而可以判断设计变量对拱顶沉降的敏感性。进而更好的指导设计。由于ANSYS优化设计中变量为非负数的要求，在优化设计中设计变量P(x,y)中x轴坐标取绝对值，y轴坐标值整体上移100m，图6-29为通过最优梯度法得到的修正后设计变量的改变与拱顶沉降大小之间的关系。可以看出对沉降影响最大的是拱脚弧线(x_3,y_3)、(x_4,y_4)，通过减小拱脚弧线的曲率可以有效减小拱顶沉降，当然在设计时还需要考虑建筑限界等限制条件。

3）优化结果评价

通过比较优化前后衬砌结构受力可知，优化后衬砌结构所受轴力增大，弯矩减小，这使得衬砌结构轴向力偏心距（$e=M/N$）减小，使得结构的承载力尽量由材料抗压强度控制，这可以充分发挥混凝土抗压性能好的特点，这说明在对洞形优化的同时也改善了结构的受力特性。

6.2.4　结论

1）从海底隧道的施工安全性角度出发，提出了把拱顶沉降作为优化控制指标，通过优化算法求解拱顶沉降最小的洞形，由此通过控制拱顶沉降来达到控制地层变形以及裂缝产生和贯穿的目的，进而保证海底隧道安全。

2）指出了将水荷载作为表面力施加在基岩表面存在的问题，针对全封堵的防排水形式和有限元软件计算特点提出了通过等效泊松比的方法来施加围岩荷载和水荷载的一种合理思路。

3）提出了包括优化参数获取，设计变量敏感性分析和优化效果评价在内的完整的优化设计分析思路，并在青岛胶州湾海底隧道断面优化中得到应用。

4）针对青岛胶州湾海底隧道的具体断面形式进行优化分析，通过优化分析拱顶沉降值减小为原来的44%，优化效果非常明显；以最优设计为参考点，分析设计变量的改变对拱顶沉降的影响，可知减小拱脚圆弧的曲率可有效减小拱顶沉降；通过比较优化前后衬砌结构受力，可知优化后的衬砌结构在受力方面也得到了改善。

参考文献

[1] Hewett B. M, Shield and compressed air tunneling. McGraw - Hill Book Company, Inc., N. Y., 1922.

[2] 关宝树. 隧道力学概论[M]. 四川：西南交通大学出版社，1993.

[3] Bull A., Stress in the linings of shield driven tunnels [J]. Trans. ASCE, 1944: 443 - 530.

[4] Brierly, G. S., The Performance during Construction of the Liner for a Large Shallow Underground Opening in Rock. Ph. D. Thesis, 1975.

[5] Paul, S. L, Design Recommendations for Concrete Lings for Transportation Tunnels. Report No. UMTA - MA, 06 - 0100 - 83 - 1.

[6] Duddeck, H. And J. Erdman, Structural Design Models for Tunnels[C]. Tunneling 82, Institution of Ming and metallurgy, London, U. K.

[7] Schmidt, B. Tunnel lining design - Do the theories work proceedings[C]. Australia New Zealand Geomechanics Conference, Perth, Australia, May, 1984.

[8] Kuesel, T. R. The Structural Behavior of Tunnel Linings proceedings, American Society of Civil Engineers [C]. Metropolitan Section Seminar on Tunneling and Underground Construction, New York, NY, Dec., 1983.

[9] 孙钧,侯学渊.地下结构(上册)[M].北京:科学出版社,1987,14-25.

[10] 杨世忠.关于圆形隧道的设计[J].隧道译丛,1979,(4):58-63.

[11] Duddeck,H. Structural design models for tunnels,Tunneling82, Institution of Mining and Metallury, London,U. K.,1982.

[12] Teodor Iftimie. Prefabricated lining, conceptional analysis and comparative studies for optimal solution [C]. Tunnelling and ground conditions, Abdel Salam(ed.) 1994.

[13] 刘建航,侯学渊.盾构法隧道[M].北京:中国铁道出版社,1991.

[14] Terzaghi, K., 1946. Rock defects and loads on tunnel supports. In: Proctor, R. V., White, T. L. (Eds.) [J]. Rock Tunneling with Steel Supports, vol. 1. Commercial Shearing and Stamping Company, Youngstown, OH: 17 - 99.

[15] C. Carranza - Torres and C. Fairhurst, Application of the Convergence - Confinement Method of Tunnel Design to Rock Masses That Satisfy the Hoek - Brown Failure Criterion [J]. Tunneling and Underground Construction, 2000, 15(2): 187-213.

第 7 章 服务隧道锚喷永久支护和海底隧道海域 II、III 级围岩结构形式优化研究

7.1 研究的目的、内容、意义

7.1.1 研究目的

胶州湾隧道设两条主隧道和一条服务隧道，隧道地质条件整体情况良好，隧道穿越地层多为中风化和微风化花岗岩与火山岩，岩质坚硬，完整性好，节理裂隙不甚发育。服务隧道作为施工运输、日常维护检修、过海管线和紧急救援通道，II ~ III 级围岩约占 72.3%。在此地段，围岩的自成拱能力好，隧道开挖面积较小，跨度约 6m，具备采用喷锚衬砌的条件，既充分利用岩体自身强度和自承能力，大大减轻结构自重，又方便施工，节约工程材料，降低工程造价。

主隧道 II ~ III 级围岩约占 52.5%，且大部分位于海域。海域段最大水深 42m，隧道埋深不小于 30m。考虑隧道常年位于水下，且水位较大，拱顶最大静水压力 0.78MPa，地下水压力大，现有设计主隧道采用复合式衬砌，二次衬砌采用三心圆拱形断面，设置仰拱。II ~ III 级围岩岩质坚硬，完整性好，自稳能力强，同时围岩的渗透系数小。微风化基岩为弱透水性，渗透系数为 3.47×10^{-6}cm/s。为了有效地规避风险，合理地考虑隧道结构承受的渗流水压力，确保施工及运营的长期安全，同时节约投资，在可靠预测地质条件的基础上选择海域 II、III 级围岩段合理的隧道断面形式，取消二次衬砌仰拱，采取有效的支护方式和参数。

研究目的主要是：充分利用围岩的自稳能力，研究切实可行的支护方法；减少工程投资；加快施工进度，保证施工安全；同时为采用钻爆法施工的海底隧道积累工程经验和提供技术支持，为进一步的理论研究提供技术指导和资料储备。对于服务隧道主要是结合地质分析其采用喷锚衬砌的可行性、必要性和具体的支护设计；对于主隧道主要是结合地下水渗流分析考虑海域 II、III 级围岩段合理的隧道断面形式，取消二次衬砌的仰拱，分析支护的可靠性。

7.1.2 主要研究内容

本课题结合胶州湾隧道的详勘地质情况和服务隧道的功能设置要求，研究主隧道 II ~ III 级围岩段合理的断面形式优化和支护参数以及服务隧道采用喷锚永久支护结构的可行性、支护方式与支护理论、锚杆和喷设混凝土的技术要求、爆破施工要求等内容。主要研究内容如下：

(1) 胶州湾隧道工程围岩地质资料的评价。

(2) 已建和在建海底隧道工程衬砌结构断面形式和支护参数的调查。

(3) 挪威公路隧道、海底隧道支护设计方法和原则。

(4)喷锚永久支护结构设计理论。

(5)研究作用于海底隧道衬砌结构上的荷载形式和作用特点,探讨海底隧道采用限量排放防排水方案的衬砌水压力的计算方法,并分析对围岩压力和水压力荷载的组合作用对衬砌内力的影响等。

(6)研究主隧道Ⅱ~Ⅲ级围岩海域段二次衬砌不设仰拱的可行性及其支护参数。

(7)结合施工方法对主隧道Ⅱ~Ⅲ级围岩海域段衬砌结构进行数值分析,研究隧道施工和运营阶段的稳定性。

(8)服务隧道喷锚支护参数设计和数值模拟计算。

(9)服务隧道喷锚支护耐久性设计研究,包括高性能喷射混凝土和防腐锚杆。

(10)服务隧道喷锚支护防排水方案研究。

(11)主隧道Ⅱ~Ⅲ级围岩海域段二次衬砌不设仰拱和服务隧道喷锚永久支护经济分析。

(12)主隧道Ⅱ~Ⅲ级围岩段二次衬砌不设仰拱和服务隧道喷锚永久支护的风险分析。

(13)服务隧道喷锚支护的施工技术要求。

7.1.3 研究的意义

世界上已修建了许多海底隧道,未建的地方也正在积极筹划中。但是同丰富的工程实践相比,研究工作稍显不足。海底隧道在我国尚处于起步阶段,无成熟的经验借鉴,喷锚衬砌在我国应用的成熟经验还不是很多。隧道2007年8月开工,海底施工环境苛刻,海域段对施工要求较高,技术难度很大。为了保证隧道施工顺利进行和按期通车,降低施工风险,降低投资,立项研究服务隧道喷锚衬砌技术和海域Ⅱ、Ⅲ级围岩段结构形式优化研究是非常必要和紧迫的。研究成果直接应用于胶州湾隧道工程建设,在原有复合式衬砌基础上进行突破,为以后海底隧道建议多种支护技术,同时为后建类似工程的设计和施工提供指导,为后续研究提供技术储备。

7.2 研究方法

(1)工程类比:和挪威钻爆法隧道的类比

胶州湾隧道和挪威的钻爆法海底隧道在围岩条件和设计条件上均有相似之处。隧道洞身所处地层均以火山岩(花岗岩、辉绿岩)为主,岩石完整性好,弹性波速和裂隙系数相当;隧道埋深相当,地下水均有腐蚀性,且均采用限量排放的防排水方式;断面形状均采用拱形断面,尺寸比挪威三车道公路隧道稍大;纵坡形式均采用“V”形坡;施工均采用钻爆法开挖。根据以上条件的类似性,结合挪威海底隧道的设计理念和成功经验,青岛胶州湾隧道服务隧道Ⅱ、Ⅲ级围岩和部分Ⅳ级围岩地段可以采用喷锚衬砌,主隧道海域Ⅱ、Ⅲ级围岩地段二次衬砌结合受力计算可以不设置仰拱。比较表见表7-1。

(2)国内喷锚支护规范和喷锚支护隧道的类比

我国现行适用于本隧道且有喷锚支护规定的规范有《锚杆喷射混凝土支护技术规范(GB 50086—2001)》、《铁路隧道设计规范(TB 10003—2005)》、《公路隧道设计规范(JTG D70—2004)》,各规范明确在Ⅰ、Ⅱ、Ⅲ级围岩条件下可采用喷锚衬砌。胶州湾隧道地质条件整体情况良好,服务隧道开挖面积较小,跨度约6m,仅作为施工运输、日常维护检修、过海管线和紧急救援通道,平时不作行车使用,服务隧道Ⅱ、Ⅲ级围岩地段可以采用喷锚永久衬砌。而且国内在硬岩中修建隧道采用喷锚衬砌的有青岛地铁试验段、福州于山地下溜冰场,均取得了成功,为硬岩隧道采用喷锚衬砌的可行性提供了强有力的支持。

(3)数值模拟计算研究

理论分析与计算主要采用有限元数值模拟计算的方法,对各种方案进行施工模拟计算,从而得出一种合理的施工方案。此种方法具有费用较低,模型可多次重复使用的特点,可分析多种模型、多种工况,进行综合比较,推荐一种较为合理的施工方案。采用平面有限元程序对青岛胶州湾隧道主隧道和服务隧道较好围岩段分步开挖方法以及支护所产生的位移场和应力场进行计算,提出喷锚支护的可行性和合理的量化控制标准以及喷锚支护的受力状况，以指导施工。

青岛胶州湾隧道和挪威海底隧道的比较　　表 7-1

比较项目	青岛胶州湾隧道	挪威海底隧道	备　注
隧道规模	7800m 长，两个主隧道 + 一个服务隧道		世界第二长海底公路隧道
交通量	远期 100000 辆/天左右	4000 ~ 5000 辆/d	
车道数	双洞双向六车道，单洞单向交通	大多为单洞 3 车道，单洞双向交通	
海水深	42m	最大 260m 左右	
地质条件	火山岩（花岗岩、辉绿岩、安山岩），岩石完整性好	火山岩（花岗岩、片麻岩、辉绿岩等），岩石完整性好	
岩石纵波波速	4664 ~ 4846m/s	5000 ~ 6000m/s	完整岩石
断层破碎带	有，占比例不大，以挤压型断层为主	有，占比例不大，个别有软弱地层	
埋深	最小 30m	规范规定 50m，一般是 20 ~ 50m	挪威规范规定论证后可以减小埋深
结构形式	复合式衬砌结构服务隧道喷锚支护	喷锚支护结构	挪威隧道设置装修的二次衬砌防水
断面形式	拱形断面、直墙接圆拱型断面	拱形断面、直墙接圆拱型断面	
限界宽度	13.5m	11.5m，12.5m	三车道公路隧道
锚杆	多重防腐锚杆和中空防腐锚杆，锚杆最短 3m	CT（多重防腐）锚杆，锚杆最短 3m	
喷射混凝土	湿喷 C35 纤维混凝土，最小厚度 8cm	湿喷 C30 以上纤维混凝土，最小厚度 6cm，新近施工的隧道为 C40、C45	挪威正在研究规定最小厚度 8cm
防排水	限量排放，$0.4m^3/m \cdot d$	限量排放，40 ~ 50L/100m · min	
纵坡坡型	V 形坡	V 形坡	
纵坡坡度	V 形坡，最大纵坡 4%，最小 0.3%	V 形坡，最大纵坡 10%，一般 7% ~ 8%	挪威正在研究减小隧道坡度
施工方法	钻爆法（要求机械作业）	钻爆法（机械作业）	
排水标准	$0.4m^3/m \cdot d$	30L/min/100m（$0.432m^3/m \cdot d$）Oslofjord 隧道 $Q = 0.288m^3/m \cdot d$	通车的隧道排水量大多大于 30L/min/100m，目前正在修建的几个隧道最大 50L/min/100m
掌子面排水标准	6L/min · m	6 ~ 10L/min · m	大于标准注浆堵水
超前探孔排水标准	超前探孔 25 ~ 40m，允许出水量 5.0L/min/孔	超前探孔 29 ~ 33m，允许出水量 5.0L/min/孔	
运营设施	复杂全面（照明、通风、给排水、消防系统、报警电话、监控等）	简单（照明、通风、报警电话、排水、消防干粉灭火器等）	主要跟交通量有关系
每延米造价	主洞单洞 15 万元/m	三车道隧道 4.7 万 ~ 16 万元/m	按 1.4 汇率计算，挪威海底隧道采用喷锚支护，三车道断面比我国的限界小，有的隧道是两车道。正在施工的 The Atlantic Ocean Tunnel 隧道 11.07万元/m

（4）现场原位试验

现场试验是结合工程的实施，根据科研要求作大量的实验，在施工现场埋设各种数据采集仪器，通过现场施工信息的采集分析，从而对研究确定的施工方案进行检验，并且得出工程实际的受力、变形等信息，为方案的设计、研究提供宝贵的资料。该方法费用高、直接关系到工程的成败，风险性大，但所测结果真实可靠，是土木工程很好的实验方法。

现场试验主要包括喷射混凝土的性能试验和隧道支护结构的现场监控量测。C35、S8 喷射混凝土试验包括配合比设计、强度试验、抗渗试验和耐久性指标测试。由于目前试验段开工不久，取得的试验数据不多，但从现有的强度试验数据来看，采用设计的配合比，1d 强度取样 19 组，平均强度为 12.29MPa，标准差为 2.27MPa，达到设计要求。除早期由于施工人员对湿喷工艺掌握熟练程度不够，28d 强度波动较大外。隧道局进入熟练期后抽检 37 次，全部强度达标，平均强度为 38.3MPa，最小强度为 35MPa，最大值为 48.9MPa，标准差 2.99MPa，变异系数为 7.8%，质量控制水平达到优质标准，根据《锚杆喷射混凝土支护技术规范》（GB 50086—2001），重点工程的合格条件为：

$$F'_{CK} - K_1 S_N \geqslant 0.9 F_C \tag{7-1}$$

$$F'_{CKmin} \geqslant K_2 F_C \tag{7-2}$$

样本数量为 37 组，因此 K_1 取值 1.65，K_2 取值 0.85，则有：

$$F'_{CK} - K_1 S_N = 38.3 - 1.65 \times 2.99 = 33.4 > 0.9 \times 35 = 31.5$$

$$F'_{CKmin} = 35.0 > 0.85 \times 35 = 29.8$$

因此能够满足 GB 50086—2001 重点工程验收标准。

（5）工程实践

在所有计算和试验完成后，可以按正常进度进行施工，同时加强现场监控量测，检验研究的成果。

在施工过程中需要进行监测的项目有：

（1）围岩变形监测，如地表隆陷、拱顶下沉、地中土体垂直位移、地中土体水平位移等。

（2）建筑（构）物监测，如房屋沉降与倾斜、地下管线沉降等。

（3）地下水参数情况的监测，如地下水位、渗水压力等。

（4）围岩与隧道结构相互作用监测，如隧道拱顶下沉、周边收敛、支护应力应变、钢支撑轴力、围岩压力等。

（5）爆破振动监测：各种观测数据相互印证，确保监测结果的可靠性，为合理确定施工参数提供依据，达到反馈指导施工目的。监测项目见表 7-2。

监测项目表 表 7-2

序号	量测项目	类别	量测目的	量测断面间距	量测频率	控制标准	量测仪器
1	地质及支护观察	A	了解开挖面自稳及支护变形开裂情况		1 次/天		地质罗盘
2	净空变形	A	掌握变形值及变形速度，用以判断：围岩的稳定性及初期支护设计和施工方法的合理性，模筑二次衬砌时间	Ⅲ级及以上围岩 < 30m；当下穿建筑物时，为 5 ~ 10m	距开挖面距离 (0 ~ 1)B 时 1 ~ 2 次/天 (1 ~ 2)B 时 1 次/天 (2 ~ 5)B 时 1 次/2 天 > 5B 时 1 次/7 天	水平允许相对位移值为 0.2% ~ 0.8%	收敛计
3	拱顶下沉	A	监视拱顶绝对下沉值，了解断面变化情况，判断拱顶的稳定性，防止塌方	同上	同上	20 ~ 30mm	精密水准仪，钢卷尺
4	超前地质预报	A	判断前方地质情况作好相应施工准备				超前地质预报仪，超前探孔
5	围岩内部变形	B	了解隧道周边围岩松弛区范围，判断锚杆设计参数和施工的合理性	选有代表性的 3 ~ 5 个断面	同上		位移计

续上表

序号	量测项目	类别	量测目的	量测断面间距	量测频率	控制标准	量测仪器
6	喷混凝土、二次衬砌应力量测	B	设计参数是否合理	选有代表性的3~5个断面		≤设计值	表面应力解除法
7	爆破震动	B		每次起爆			频率接收仪

注:B为隧道开挖宽度。

(6)理论总结:在研究成果经过工程实践检验后,对研究成果进行分析总结,提升到理论高度,使此种工法、支护结构不仅限于指导本工程的施工,而且可以指导类似工程的实践。

7.3 洞室的围岩力学状态

7.3.1 初始地应力场

围岩的初始地应力状态与施工引起的附加应力状态是不同的,它对隧道开挖后围岩应力分布、变形和破坏有着极其重要的影响。初始地应力场由两种力系构成:

$$\sigma = \sigma_y + \sigma_T \tag{7-3}$$

式中:σ_y——自重应力分量;

σ_T——构造应力分量。

采用连续介质力学的方法,考虑围岩为线性变形介质,设μ为围岩泊松比,$\gamma(y)$为单位体积重力,xz面为水平面,距离地表h深处一点的应力状态为:

$$\sigma_y = \int_0^h \gamma(y)\mathrm{d}y \tag{7-4}$$

$$\sigma_x = \sigma_z = \frac{\mu}{1-\mu}\sigma_y \tag{7-5}$$

设$\lambda=\mu/(1-\mu)$,为侧压力系数,上式可以写为:

$$\sigma_z = \sigma_x = \lambda\sigma_y \tag{7-6}$$

构造应力场是构造体系和构造形式在形成过程中的应力状态,由于其本身的不确定性,很难用函数形式表达。构造应力场很不均匀,它的参数无论在空间上还是时间上都有很大的变化,特别是在它的主应力轴的方向上绝对值变化很大。当近似的确定水平构造应力T_H后,其应力场可初步分析如下:

设在深H的围岩内某一点作用由水平构造应力T_H,则在微分体上的最大主应力可近似认为:

$$\sigma_{xT} = T_H \tag{7-7}$$

由于水平构造应力在另外两个方向产生不同的岩石变形,所以有:

$$\sigma_{yT} = \chi T_H \tag{7-8}$$

$$\sigma_{zT} = \varphi T_H \tag{7-9}$$

上述两个系数分别为构造应力场中水平和垂直方向的扩张系数。

评价初始应力场可以采用围岩强度比进行:

$$G_n = \frac{R_b}{\sigma_{max}} \tag{7-10}$$

式中:σ_{max}——围岩内最大应力值;

R_b——围岩抗压强度值。

构造应力场会改变自重应力的初始状态,围岩中的最大地应力可能不是垂直方向,具体应该根据实际量测数据确定。没有量测数据时也可以采用垂直应力为最大应力值。

青岛胶州湾隧道最大水深42m,埋深35m作用,按照上述公式计算:

$$G_n = \frac{R_b}{\sigma_{max}} = \frac{R_b}{\int_0^h \gamma(y)dy} = \frac{70 \times 1000}{42 \times 10 + 35 \times 27} = 51.3$$

按照中国工程岩体分级标准属于一般地应力，按照 Barton 围岩分级属于中等地应力，围岩强度充分，地应力影响不大。在计算时，通常采用有限元法或者给定水平侧压力系数的方法考虑。

7.3.2 毛洞的围岩力学状态

隧道开挖后由于应力重分布，隧道围岩处于二次应力状态，这种状态受到开挖方式（爆破）和方法（全断面开挖、分部开挖法等）的强烈影响。如果二次应力状态满足隧道稳定的要求，则可以完全不加任何支护，隧道即可自稳。隧道开挖后周围岩体中的应力、位移，视围岩强度可分为两种情况：

（1）毛洞弹性二次应力状态

在围岩中开挖半径为 a 的圆形隧道后，其二次应力状态近似表达为：

径向应力 $$\sigma_r = \frac{\sigma_y}{2}[(1-\alpha^2)(1+\lambda)+(1-4\alpha^2+3\alpha^4)(1-\lambda)\cos2\varphi] \tag{7-11}$$

切向应力 $$\sigma_t = \frac{\sigma_y}{2}[(1+\alpha^2)(1+\lambda)-(1+3\alpha^4)(1-\lambda)\cos2\varphi] \tag{7-12}$$

剪应力 $$\tau_{rt} = \frac{\sigma_y}{2}(1-\lambda)(1+2\alpha^2-3\alpha^4)\sin2\varphi \tag{7-13}$$

$\alpha = a/r$，当 $r = a$ 时，表示在隧道周边上。

从上式可以看出，隧道的开挖使得隧道周边的围岩从二向（或三向）变成单向（或二向）应力状态，沿隧道周边的应力值及其分布只要取决于侧压力系数 λ。侧压力系数小说明围岩好，侧压力系数大说明围岩条件差。同时隧道的超欠挖、爆破都会对二次应力状态产生影响，使隧道围岩松弛，强度减弱，但这个范围是有限的。

（2）毛洞形成塑性区的二次应力状态

上述弹性应力状态可能超出围岩的抗压强度，此时隧道或发生脆性破坏，或在隧道附近围岩形成塑性应力区域，发生塑性剪切滑移或塑性流动。对设计有实际意义的是塑性区的应力应变状态和塑性区范围的大小、形状。

塑性区的应力状态可由下式确定：

$$\sigma_{rp} = \frac{R_b}{\varepsilon - 1}[(r/a)^{\varepsilon-1} - 1] \tag{7-14}$$

$$\sigma_{tp} = \frac{R_b}{\varepsilon - 1}[(r/a)^{\varepsilon-1}\varepsilon - 1] \tag{7-15}$$

决定塑性区边界的 r_0 为：

$$r_0 = a\left[\frac{2}{\varepsilon+1}\frac{\sigma_y(\varepsilon-1)+R_b}{R_b}\right]^{\frac{1}{\varepsilon-1}} \tag{7-16}$$

$$\varepsilon = \frac{1+\sin\varphi}{1-\sin\varphi} \tag{7-17}$$

式中：a——隧道的半径；

r、φ——极坐标系。

塑性区的边界与围岩的初始地应力状态、围岩本身的物理力学性质和隧道开挖尺寸有关。隧道开挖后如果不加支护，隧道围岩将会经历应力集中—形成塑性区—向隧道内位移—塑性区进一步扩大—隧道围岩松弛、崩塌、破坏等几个过程，当然自稳隧道和迅速崩塌也是存在的。

7.3.3 支护后围岩的应力状态

隧道开挖后的应力状态，前面已指出存在两种情况，一种是弹性的，原则上隧道是自稳的，无需支护，即使支护也是防护性的。一种是开挖后隧道围岩产生塑性区，此时隧道要采取相应的支护结构来提高围岩的自支护能力。

图7-1是一圆形隧洞的应力场，$\sigma_h = \sigma_v = P_0$。开挖前的径向应力为$\sigma_r$，切向应力$\sigma_t$。岩石材料是弹性的。

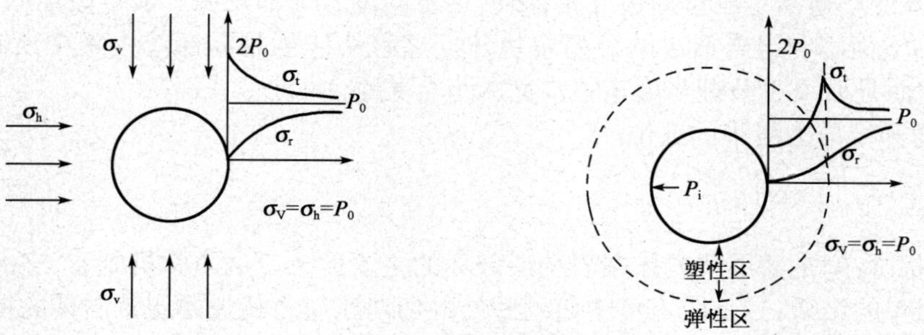

图7-1　圆形隧洞的应力场

开挖后短时间内，应力状态会发生变化，如果岩石十分软弱，将形成破碎带，如图7-1所示。破碎引起的径向变形(塑性变形)也称挤压。在简化情况下，塑性区是圆形的，与隧洞同一圆心。如果设置支护，P_i代表岩石表面的支护压力。

变形大小和塑性区的厚度取决于岩石材料内部摩擦力和其他强度参数。应力大小也是一个重要因素。

当设计限制和阻止变形所需的岩石支护时，地层反作用力曲线和支护响应曲线是有用的。图7-2用另一种方式说明了发生了什么及因何发生。地层反作用力曲线示于图7-2，图中示出的是一条理想的荷载/变形曲线，绘出取决于支护压力的径向变形。地层反作用力曲线表示给定部位平衡荷载和阻止进一步变形所需的支护压力。图7-2中的3号线表示的情况为岩石过载和出现塑性区。当允许变形发生时，弹性部分的荷载减少。在低应力情况下，弹性荷载可直线降至零，如1号线所示。在这种情况下，不需要支护。2号线表明，当应力水平稍高时，会形成一薄的塑性区。如果应力水平很高，则如3号线所示。荷载增加是因为顶部塑性区中破碎材料的重量，这种重力效应并不作用于边墙和底板。

岩石变形将沿给定的响应曲线作用于支护结构。图7-3示出在发生过初始变形后设置的支护，以及支护的最大荷载和变形能力。地层和支护反作用力曲线间的交点决定最终支护荷载和岩石总变形。该图表示岩石和支护间的联合作用和相互作用。重要的是在适当的时机进行支护，且支护具有足够的承载能力和适当的刚性。

图7-3显示可展示这一原理的支护特性。坚固的刚性支护可能过载，而软且较柔韧的支护是适宜的。如果在后阶段进行刚性支护，也可能很有作用。注意力应放在优化支护上，即尽可能让岩石多承受荷载。

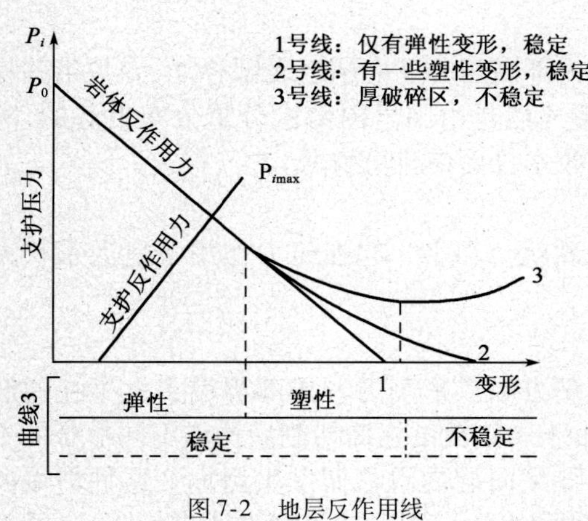

图7-2　地层反作用线

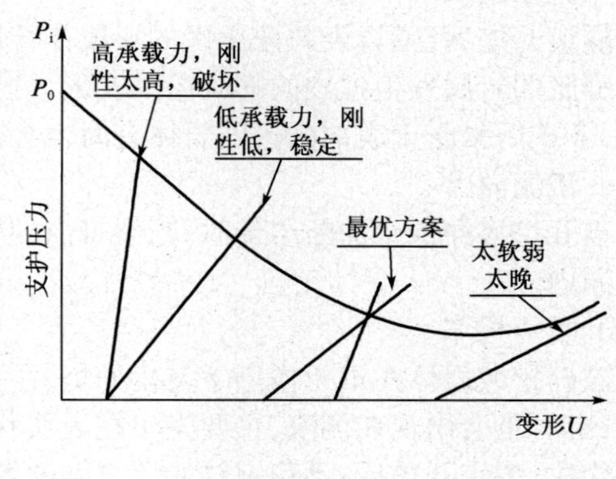

图7-3　支护特性

7.3.4 隧道的稳定性分析

(1)隧道围岩变形破坏类型

隧道开挖引起的围岩的卸荷回弹、应力重分布和地下水的重分布,这种变化可能导致围岩发生塑性变形和破坏。围岩的变形通常是洞室周边开始,而后逐步向围岩内部发展。最早破坏的有两个部位:

(a)结构面与临空面不利组合形成的不稳定块体。这种块体不是局部应力集中所致,也于岩石块体的强度关系不大,而是取决于节理与隧道临空面的组合关系。

(b)最大压应力和拉应力集中的部位。

①脆性破坏

a. 弯折内鼓

这种破坏是层状,特别是薄层状岩体围岩变形破坏的主要形式。从力学机制看,它的产生可能有两种情况,一是卸荷回弹的结果;二是应力集中使洞壁处的切向压应力超过薄层状岩体的抗弯折强度所造成的。由卸荷回弹所造成的变形破坏主要发生在初始应力高的岩体内。

b. 张裂坍落

张裂塌落通常发生于厚层状或块体岩体内的洞室顶拱。当那里产生拉应力集中,且其值超过围岩的抗拉强度时,顶拱围岩就将发生张裂破坏,尤其是当那里发育有近垂直的构造裂隙时,即使产生的拉应力很小也可使岩体拉开垂直的张性裂缝。被垂直的裂缝切割的岩体在自重作用下变得很不稳定,特别是当有近水平方向的软弱结构面发育,岩体在垂直方向的抗拉强度较低时,往往造成顶拱的塌落。

c. 劈裂剥落、剪切滑移及碎裂松动

(a)劈裂剥落:过大的切向压应力使围岩表面部位发生平行于洞室周围的破裂。

(b)剪切滑移:这种形式的破坏多发生在厚层状或块状结构的岩体里。随围岩应力条件的不同,可发生在边墙,也可发生于顶拱。

(c)破裂松动:这是碎裂结构岩体变形、破坏的主要形式。隧道开挖后,如过围岩应力超过了围岩的屈服强度,这类围岩就会沿多组已有断裂结构面发生剪切错动而松动,并围绕洞室形成一定的碎裂松动带或松动圈。这类松动圈本身是不稳定的,特别是当有地下水的活动参与时,极易导致顶拱的坍塌和边墙的失稳。由于松弛带的厚度会随时间的推移而逐步增大,因此,为了防治这类围岩变形和破坏的过度发展,必须及时采取加固措施。

d. 岩爆

岩爆是高地应力地区地下洞室中围岩脆性破坏时应变能释放造成的动力失稳现象。

②塑性围岩的变形与破坏

a. 塑性挤出

隧道开挖后,当围岩应力超过围岩的屈服强度时,软弱的塑性物质就会沿最大应力梯度方向向消除了阻力的自由空间挤出。

b. 膨胀内鼓

隧道开挖后,围岩表部减压区的形成往往促成水分由内部高压力区向围岩表部移动,导致某些易于吸水膨胀的岩层发生强烈的膨胀内鼓变形。这种膨胀变形显然是由围岩内部水分重分布引起的,除此之外,开挖后暴露于表部的这类岩体有时也会从空气中吸收水分而使自身膨胀。

c. 塑流涌出

当开挖揭穿饱水的断层带时,断裂带内的松散破碎物质就会和水一起在压力作用下呈泥浆状突然涌入洞内。

d. 重力坍塌

破碎松散岩体在重力作用下发生的坍方,可分为局部坍方和拱形坍方。局部坍塌多发生在隧洞的拱部,有时也会出现在侧壁,主要发生在大块状岩体中。由于岩体被结构面切割后构成不同形状的不稳定结构体,洞室开挖后,不稳定结构体之间的摩擦力不足,导致向洞内滑移而发生坍塌。这种坍塌的规模较小,高度一般0.5~2.5m,易发生在Ⅱ级及Ⅱ级以上的硬岩中。预防这类坍方的有效方法,是采用局部锚杆和加喷射混凝土，一般锚杆长度不应小于3m，喷射混凝土厚度在5cm以上。隧道围岩的拱形坍方一般发生在层状岩体或碎块状岩体中，可分两类：一类是在洞跨范围内，仅出现在拱部；另一类是包括侧壁崩塌在内的扩大的拱形坍方。该类坍方多出现在V级及以下的松软地层中，对于浅埋隧道，往往通顶，对于深埋隧道，由于出现摩擦拱，坍方高度多在4～20m不等，规模较大。防治这类塌方的有效方法，是施作超前支护或注浆等，然后采用系统锚杆加格栅钢架或钢拱架支撑加喷射混凝土。初期支护要及时施作，并需进行严密的监控量测。

(2)隧道稳定性分析方法

隧道稳定指坑道周边变形速率呈递减并逐渐趋近于零，其最终位移不侵入限界、支护结构不出现影响正常使用的裂缝和破损，更不能发生大范围的坍塌。

无支护地段的围岩暴露状况，在要求的时间内不发生破坏、滑动，而且保留面的位移不超过允许值时，就是稳定的。毛洞围岩有局部崩塌、拱形崩塌和变形持续增大三种丧失稳定的形式。关于毛洞的稳定性判据前人做了很多研究，如统计分析方法、强度判据、位移判据和数值分析方法等。

①强度理论分析方法

脆性围岩中一般采用强度条件作为破坏标准，且以侧壁开始出现破坏为主。其值可由沿隧道周边出现的最大切向应力和岩体强度的比值来决定：

$$K\gamma H \leqslant \eta\xi R_{\mathrm{b}} \tag{7-18}$$

或者：

$$\gamma H/R_{\mathrm{b}} \leqslant S \tag{7-19}$$

式中：S——围岩稳定性指标；

R_{b}——单轴抗压强度；

η——围岩构造强度削弱系数；

ξ——围岩长期强度系数；

K——应力集中系数。

按照岩体力学理论，对于完整而坚硬岩体，稳定性验算按照下式计算：

$$\sigma_{\theta} < [R_{\mathrm{c}}] \tag{7-20}$$

式中：σ_{θ}——峒室周壁上切向应力（压应力）；

$[R_{\mathrm{c}}]$——岩体许可抗压强度；对于有裂缝坚硬岩体，$[R_{\mathrm{c}}]=0.6R_{\mathrm{c}}$；对于无裂缝坚硬岩体，$[R_{\mathrm{c}}]=0.5R_{\mathrm{c}}$，$R_{\mathrm{c}}$为岩体饱和抗压强度。

考虑峒室为椭圆形或圆形断面（直墙拱形断面若峒室高跨比为0.67～1.5可近似为椭圆形），有：

拱顶切向应力
$$\sigma_{\theta}=\left[\left(\frac{2b}{a}+1\right)\frac{\mu}{1-\mu}-1\right]p_0 \tag{7-21}$$

拱脚切向应力
$$\sigma_{\theta}=\left[\frac{2b}{a}-\frac{\mu}{1-\mu}+1\right]p_0 \tag{7-22}$$

式中：p_0——计算点的初始竖向地应力；

μ——岩体泊松比；

a——峒室跨度一半；

b——峒室高度之半。

如果峒室周壁切向应力为拉应力，则验算下述条件：

$$|\sigma_{\theta}| < |[R_{\mathrm{t}}]|$$

式中：$[R_{\mathrm{t}}]$——岩石许可抗拉强度。

考虑青岛胶州湾服务隧道III级围岩，岩石饱和抗压强度为70MPa，跨度为6.2m，高度为6m，埋深为40m。根据地质详勘资料岩体容重27kN/m^3，假定侧压力系数取1，不考虑水压作用，代入上式计算：

拱顶切向应力：

$$\sigma_{\theta} = 2.09\text{MPa} < 0.5 \times 70 = 35\text{MPa}$$

拱脚切向应力：

$$\sigma_{\theta} = 2.23\text{MPa} < 0.5 \times 70 = 35\text{MPa}$$

由初步计算可以看出，峒室侧壁切向应力较小，围岩处于弹性状态，峒室也是稳定的。

②位移理论分析方法

结构位移的发生和发展是该结构力学行为动态的综合反映。用位移判别隧道的稳定性，就是从隧道出现的各种极限状态入手，找出在某种极限状态下各控制点的位移，即所谓极限位移，作为稳定性判据。以隧道位移为判据的隧道稳定性分析的关键和难点是围岩及支护结构的位移极限值的确定。位移极限值是隧道所处围性质、支护结构性状和施工等条件不能满足某项功能的位移临界状态的具体体现，可通过理论分析、现场调查和室内试验等手段确定。

要确定隧道围岩及支护结构位移极限，首先要确定其极限状态。在隧道施工的不同阶段，如未支护的毛洞、喷锚初期支护后的隧道等，隧道的极限状态有其不同的定义。在隧道开挖后、支护前，围岩中坑道周边的原始地应力开始释放，围岩中应力重分布，其重分布的过程和特征与围岩的物理力学指标有关，与坑道开挖的空间因素和时间因素也有关，在应力重分布过程中坑道周边相应地会产生位移。坑道开挖后如不加支护，坑道围岩将会经过应力集中、形成塑性区、发生向坑道内位移、塑性区进一步扩大和围岩松弛及坍塌等过程。其发展过程和后果，视岩体性质、原始地应力的大小和方向、坑道尺寸和形状等不同而有所不同。在坚硬完整的岩体中可能形成自稳，在松散岩体中，坑道可能会迅速达到坍塌。大多情况下，坑道围岩因应力集中、形成塑性区、发生向坑道内位移、塑性区进一步扩大和围岩松弛，导致坍塌。初期支护一般由喷混凝土和锚杆组成，必要时可加设钢筋格栅、型钢拱架或钢筋网等。初期支护一般为相对较薄的柔性支护，喷层和锚杆都和围岩紧密联结，喷层开裂或局部压坏，只要其后边围岩未坍塌，还不致影响支护系统的稳定。因此初期支护后的隧道极限状态，可按支护构件多处被压坏，或因围岩屈服区域发展形成破坏楔体向坑道滑移，使初期支护被剪坏来确定其承载能力极限状态。

在无支护的隧道即毛洞，围岩失稳也是隧道的失稳；而有支护结构时，即使作用于隧道支护外围的围岩已达强度极限或出现塑性区，但由于支护结构的约束作用使整个支护系统尚未失稳，则整个洞室仍在正常工作。因而，在有支护结构的隧道，可定义支护结构的失稳为隧道体系（支护结构与围岩）的失稳。

隧道稳定性位移判别，可根据隧道施工实测位移 u 与隧道极限位移 u_0 之间建立判别准则，即 $u \leqslant u_0$ 时，隧道稳定；$u > u_0$ 时，隧道不稳定。除此以外，还应结合现场观测和位移发展变化规律，进一步依据下述几项作出判别：隧道开挖掌子面状态、支护状态观测结果、位移速率和位移速率的变化率。

隧道失稳的经验先兆主要有：局部块石坍塌或层状劈裂，喷层的大量开裂；累计位移量已达极限位移的2/3，且仍未出现收敛减缓的迹象；每日的位移量超过极限位移的10%；洞室变形有异常加速，即在无施工干扰时的变形速率加大。围岩和初期支护基本稳定的条件主要有：位移速率有明显减缓趋势；已产生的位移量已占总位移量的80%以上；水平净空变化（拱脚附近）小于0.2mm/d。

③数值计算方法

数值模拟方法在隧道围岩稳定性分析中的应用愈来愈广泛，从早期的有限差分法（FDM）、有限元法（FEM）、边界元法（BEM），到近20年出现的主要针对岩土材料的离散元法（DEM）、关键块体理论（KBT）、非连续变形分析（DDA）、快速拉格朗日差分方法（FLAC）。针对隧道施工的各个步骤进行分析，得到应力场、位移场、渗流场和塑性区等。FLAC软件主要用于模拟由岩土体及其他材料组成的结构体在达到屈服极限后的变形破坏行为，是公认的较为合理的计算方法之一。对青岛胶州湾隧道主隧道和服务隧道的数值计算分析详见后文相关章节。

④试验方法

试验方法包括模型试验方法和现场试验方法。模型试验方法是根据相似理论，选择相似材料来建造比例模型来解决隧道围岩、支护结构的受力、变形以及稳定性问题。与围岩稳定性研究相关的现场试验方法涵盖了较多的内容，包括地应力测试、围岩力学性质试验、岩体结构参数测量、围岩稳定性观测等。目前试验段测得的 III 级围岩段主隧道和服务隧道的拱顶下沉和周边收敛曲线见图 7-4 ~ 图 7-7（周边收敛测点为两侧拱腰处）。

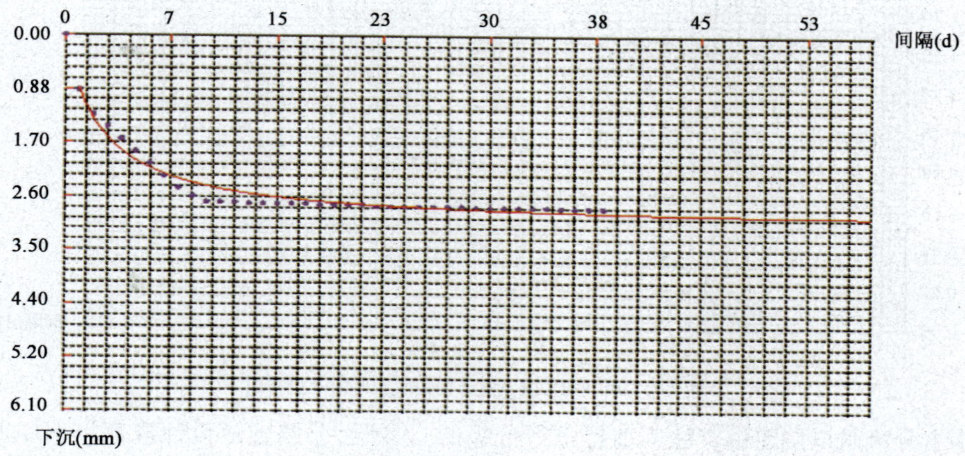

图 7-4　III 级围岩段主隧道拱顶下沉时间—位移图

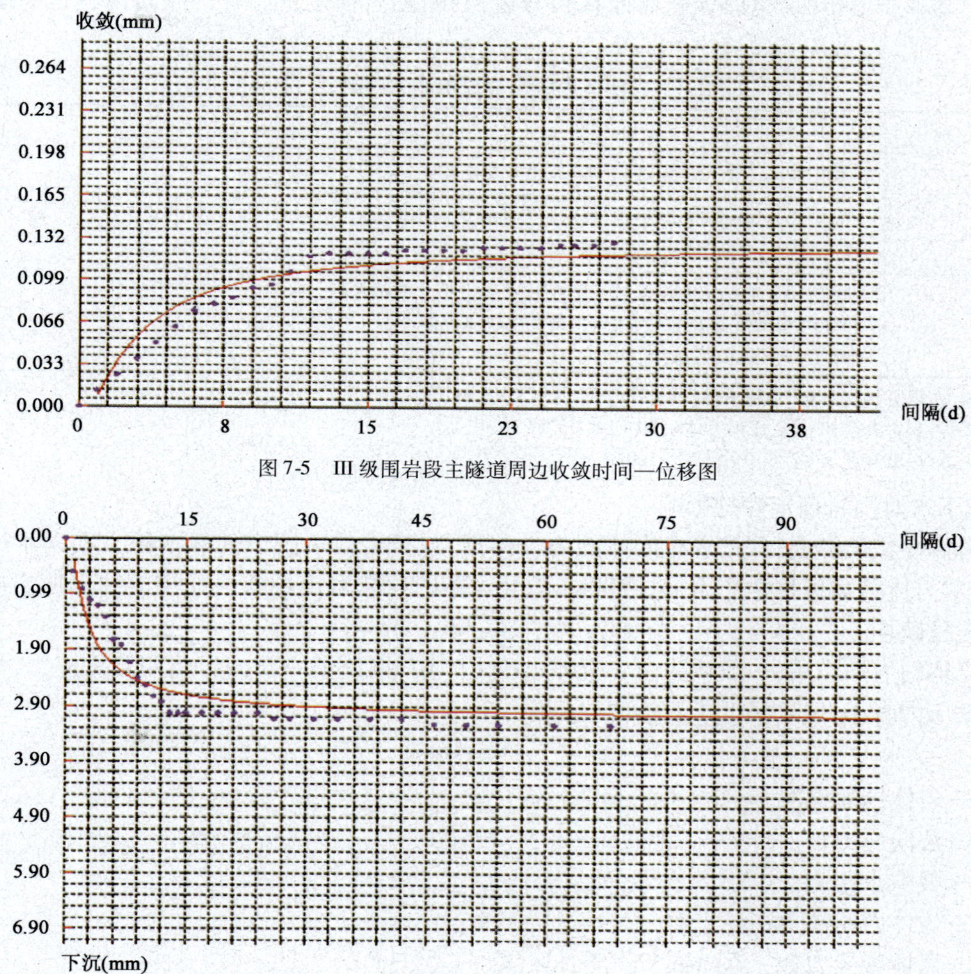

图 7-5　III 级围岩段主隧道周边收敛时间—位移图

图 7-6　III 级围岩服务隧道拱顶下沉时间—位移图

根据现场监测的结果来看，时间—位移曲线均为正常曲线，拱顶下沉值均较小，周边收敛值远小于允许洞周水平相对收敛值 0.1%，围岩稳定性较好。

⑤地质评价方法

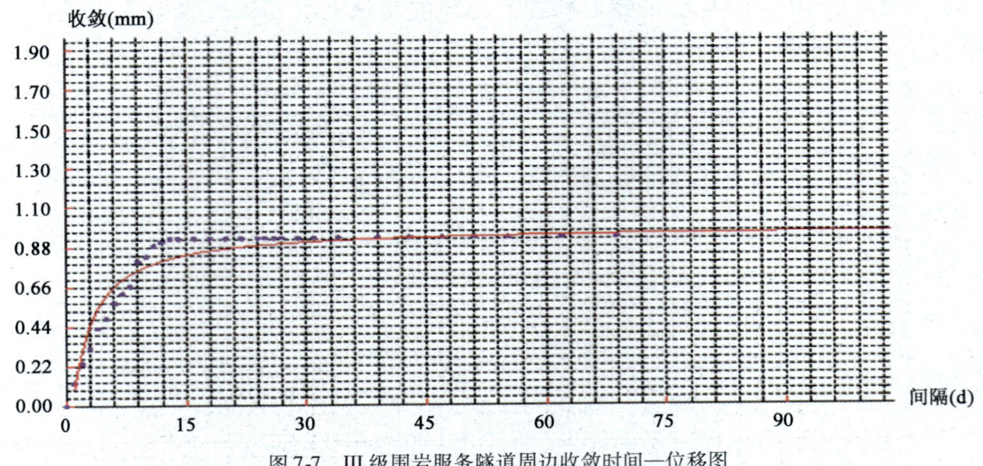

图 7-7　III 级围岩服务隧道周边收敛时间—位移图

隧道围岩分级是以坑道稳定性为前提进行分级的。参照《公路隧道设计规范》(JTG D70—2004)有关围岩分级的规定,根据现场和室内试验获得的岩石抗压强度、岩体纵波速度、结构面特征等参数,对岩体的修正基本质量指标[BQ]等进行计算和分级,判断围岩稳定性。青岛胶州湾隧道稳定性判断见表 7-3。

隧道各级围岩自稳能力判断　　表 7-3

围岩级别	自稳能力
I	跨度 20m,可长期稳定,偶有缺块,无塌方
II	跨度 10 ~ 20m,可基本稳定,局部可发生掉块或小塌方; 跨度 10m,可长期稳定,偶有掉块
III	跨度 10 ~ 20m,可稳定数日 ~ 1 个月,可发生小 ~ 中塌方; 跨度 5 ~ 10m,可稳定数月,可发生局部块体位移及小 ~ 中塌方; 跨度 5m,可基本稳定

注:1. 小塌方:塌方高度 < 3m,或塌方体积 < 30m^3。
2. 中塌方:塌方高度 3 ~ 6m,或塌方体积 30 ~ 100m^3。
3. 大塌方:塌方高度 > 6m,或塌方体积 > 100m^3。

(3)地下水对围岩稳定性的影响

水对岩体性状的影响,一是水对岩体的力学作用,包括岩体裂隙中的静水压力和动水压力两个方面;二是水对岩体的物理化学作用,包括风化、软化、泥化、膨胀和溶蚀等。作用的结果使岩体性状逐渐恶化以致失稳破坏。

水对岩体的力学作用,一般认为由于裂隙水压力作用,抵消了一部分岩体的自重应力,使作用在岩体上的有效应力减小,以致降低了岩体的抗剪强度:

$$\tau_f = (\sigma - u)\tan\varphi + c \tag{7-23}$$

式中:τ_f——岩体抗剪强度;

σ——法向应力;

u——裂隙水压力;

φ——岩体内摩擦角;

c——岩体凝聚力。

岩石浸水后强度会有不同程度的下降,称之为软化性。其降低的程度取决于孔隙和裂隙的状况,组成岩石矿物成分的亲水性和水分含量,水的物理化学性质等。软化系数定义为:

$$\eta = \frac{R_s}{R_d}$$

式中：R_s——岩石的单轴湿抗压强度；

R_d——岩石的单轴干抗压强度。

青岛胶州湾隧道穿越岩层主要为微风化花岗岩，遇水产生膨胀小，膨胀力也小。地下水对隧道稳定性的影响主要体现在渗流场和应力场的对围岩和支护的组合作用。

7.4　喷锚永久支护技术

7.4.1　岩石支护设计

与模板和浇筑的混凝土衬砌或者其他方案相比，喷射混凝土作为支护的一个典型特点是其极好的适应性。充分利用这一特点的唯一方式是将喷射混凝土作为隧道最终衬砌的一部分。岩石支护设计是一个与其他土木工程设计根本不同的专门领域，设计程序必须适应其情况。岩石支护设计的特点如下：

(1)主要“建筑材料”是岩石，而且，材料特性只有部分是已知的。

(2)这种“建筑材料”往往在很短距离内都有极大变化。

(3)通过勘查获知的地质资料可能是极为有限的。

(4)能够测试出岩石材料参数的准确性和相关性有局限性。

(5)计算和模拟方法有局限性。

(6)开挖面状态随时间而变，也受水条件变化的影响。

(7)测定计算和模拟采用的参数所需的时间与开挖进度无法协调，后者比前者要快得多。

岩石支护的设计方法有：

(1)分析与数值计算

计算是岩石支护设计中的一个重要部分。为了计算荷载、应力、变形、支撑能力等，必须确定输入参数，必须利用公式和数字模型。这就要求在不同程度上：

①取样、测试各种岩石参数；

②测试不连续性(节理)参数；

③量测岩石现场应力，经常在深钻孔中进行；

④勘查地下水情况；

⑤分析几何数据(隧洞形状、断面等)；

⑥分析实验室参数的比尺效应；

⑦分析拟开挖的洞室及开挖顺序；

⑧确定岩石支护材料的参数。

分析计算可以很快得出结论，适于初始粗略估算。在较复杂情形下，则作用有限。

(2)经验方法和计算结合方法

岩石支护设计可采用经验方法，该法可根据岩石暴露情况将其快速分类。然后，采用分类系统所推荐的岩石支护。这种方法注重实际遇到的岩石的质量变化，而不依赖对岩石质量的假定。挪威土工学会开发的Q法可能是这类方法中最好的。

通常，计算方法太慢而无法应付隧洞掘进和岩石质量的快速变化。对隧洞给定情况的取样、测试和计算要花几天时间。显然，隧洞支护和工作面掘进不能等到这些步骤完成。

但是，计算方法仍有局限性，所有的输入数据、公式和数字模型包括很多不确定性和近似值。因此，结果的准确性有时极差，很难说何时、何处将出现计算的情况。

爆破的岩石表面形状复杂，较薄的喷射混凝土层(50~200mm)无法使其表面光滑，达到规定的拱形。岩体响应与时间复杂的互相作用，喷射混凝土随时间而产生的水化作用和强度增长，喷射混凝土厚度的变化和粘结强度随时间的变化均增加了计算的复杂性。

(3)观测法

自从人们开始掘进隧洞,便有了观测法。观测法的基本要点概括如下:

①应按预期的岩石条件变化设计岩石支护,作为岩石支护的预设计。在这种设计中,如认为有必要,各种经验的和计算的方法都可以使用;

②开挖和支护之后,应通过目测检查,变形、应力、荷载和水压力监测,以及其他必要的手段,对岩石支护的预设计作出验证。根据验证,可能需要局部调整或增加支护;

③应通过反馈的数据改进预设计,确定设计调整内容。

观测法的益处是显而易见的。山体被视为一座实验室,已知的和未知的有关参数均覆盖其中。允许采用灵活的工作程序,必要时采取果断措施,根据实际遇到的情况采取相应的支护手段。通常,这样可找到更有效的、更节省的解决办法。众所周知的“新奥法(NATM)”即是一种涵盖更广泛的观测法的施工方法。

7.4.1.1 岩石上喷射混凝土的作用机理

喷射混凝土有下述重要特性:

(1)混凝土是以20~100m/s的高速吹到岩石表面上的,喷射速度取决于喷射方法和设备;

(2)回弹的混凝土主要是粗颗粒,第一次喷射回弹量最大;在随后的喷射中,当半软的混凝土覆盖了表面时,将粘结更多的混凝土,这一作用增加直接覆在岩石表面的细料;

(3)混凝土被其后的喷层压实,只要速凝剂不引起“瞬时凝结”;

(4)喷射混凝土层将粘结在表面,其粘结强度可高达3MPa;

(5)岩石表面被完全封闭;

(6)水泥浆被挤入缝隙和节理。

上述特性所起的稳定作用是:

(1)砂浆和细料被挤入岩石缝隙和节理,产生加楔效应,如同砖块间的砂浆;

(2)冲击阻力,即松散块体仅会因喷射混凝土层的剪切力作用才会掉落;

(3)成拱效应,有时只是局部的拱实际起作用;

(4)隔离湿度变化、空气和温度作用、流水的冲刷作用等;

(5)维持施工时已有的稳定性;

(6)上述机理的同步和联合作用。

显然,对于薄喷射混凝土层来说,其作用与其说是岩石支护,不如说是岩石加固。在岩石和硬化的混凝土之间存在着组合作用。实践经验表明,在一些情形下,即使30mm的喷层也很有效。这一观测结论支持了组合作用的观点。

7.4.1.2 支护设计要点

(1)结合隧洞尺寸,收集并处理地质数据、岩石力学数据。处理数据即根据一组岩石情况和隧洞布置状况,作出荷载和变形预测。预测时,认为有助的计算方法均可使用。

(2)作出初步支护计划,包括:喷射混凝土厚度,岩石锚杆的数量、长度和强度,肋筋的类型和间距等。解释监测数据,对不同情形下变形速率和大小的预测是确定开挖和支护步骤的重要信息。

(3)根据初步计划及观测到的岩石质量对该计划所做的必要调整,进行隧洞开挖。

(4)在开挖隧洞中,按一定间隔安装监测仪器。包括:伸长计、收敛测量螺栓、衬砌中的荷载传感器、岩石锚杆上的荷载传感器等。支护构件的作用以及岩石和支护联合系统应持续监测。

(5)对隧洞进行足够长时间的检测后,决定最终支护方案。视设计要求,可能不需辅助支护,有些情况下,可能需组合支护方案。

设计原理是允许发生可控制的变形,以使支护系统承受尽可能小的荷载。实践中,通常将喷射混凝土作为首选支护措施,其正常厚度在50~300mm之间。通常也采用钢丝网或钢纤维加强的喷射混凝土和岩石锚杆。在软弱岩石和/或断面积超过50m^{2}的隧洞中,经常设置钢肋或格构梁支护。

7.4.1.3　用于岩石支护的喷射混凝土的重要性质

喷射混凝土材料各种参数的重要性取决于其对稳定问题的影响。坚硬岩体用薄层混凝土防止松弛的石块和楔体塌落时，大多数靠其黏结力，抗压强度在此时不很重要。但是，当考虑对软弱岩体采用厚的封闭环形支护时，抗压强度便成为重要因素，黏结附力不再有意义。

抗压强度可作为表示耐久性的间接指标。满足混凝土的耐久性要求与隧洞的环境有关，因此，承担繁重交通的道路隧洞和输水隧洞便有所不同。在多数情况下，喷射混凝土的强度等级必须达到35MPa。挪威对海底交通隧道混凝土的强度要求是45MPa。

对岩石表面的黏结力是一个重要参数，但准确测定它很困难，因其在短距离内变化很大。人们通常不愿在合同中详细规定粘结力，因为那样可能引起更多的问题。我们的意见是，将控制重点放在抗压强度上，对黏结力，则是采用相应工艺和提前清理岩石表面。用这种方式可使黏结力达到最好。

喷射混凝土的抗拉强度不是特别重要。设计依据中不能包括该强度，因为在某些部位总会出现伸缩裂缝，裂缝处自然没有抗拉伸强度。这一点同样适用于喷射混凝土自身的抗折强度。重要的是产生收缩最小的配比设计要达到所需的抗压强度。

7.4.1.4　隧洞支护方法

传统上，多数国家都将喷射混凝土用作临时支护。由于经济压力增加，最近几年，采用单一喷混凝土衬砌的隧洞显著增加。在需要使用钢纤维之处，高性能湿拌喷射混凝土已成为首选。最常用的联合支护是：岩石锚杆（有时是扁钢）、喷射混凝土（通常是钢纤维增强的）、用钢模板的现浇混凝土。

近年来，在岩石条件极差的地方，用钢纤维喷射混凝土联合岩石锚杆和钢筋肋代替传统的浇注混凝土已越来越普遍。这比预制钢梁方案更适宜。在超挖较大的情况下，喷射混凝土量会少得多，采用一层一般由16mm钢筋肋增强的混凝土更易于喷射，压实良好。最终效果是省时、耐久性提高、费用降低。

7.4.2　隧洞喷锚永久支护

7.4.2.1　喷射混凝土

（1）喷射混凝土永久衬砌的发展

隧洞施工中，为了开挖后的稳定和承担中短期荷载，通常采用喷射混凝土作为临时衬砌。当这种衬砌完全稳定时，再设置现浇混凝土衬砌承担长期荷载，提供耐久性和防渗性能；在临时和永久衬砌之间设置止水片，或者采用钢筋将开裂宽度减少至0.2mm，以便其自愈。自1994年以来，喷射混凝土技术在稳定外加剂和施工方法方面有了很大的改进，尤其是湿拌方法的改进，得到了耐久的高性能混凝土。1996年，Jubilee Line Extension和Heathrow Express Rail Link两个工程的隧洞永久衬砌采用钢纤维喷射混凝土替代了传统的在喷射混凝土临时衬砌之上浇注混凝土的方法，降低了成本，大大减少了施工时间，尤其在形状复杂的断面上。

喷射混凝土技术目前的工艺水平为隧洞施工提供了一种极为经济的衬砌方法，即永久性单一喷混凝土，这种结构衬砌耐久、防水，其表面修饰的精度可达到与浇注混凝土表面相似。隧洞单一衬砌方法（Single Shell Tunnel Lining，以下简称SSTL）坚持了喷射混凝土临时衬砌的设计理念，但强化了材料性能和施工控制。因此，该法被考虑用于永久性结构部件，利用该法喷射的混凝土衬砌可以满足结构在施工期及设计年限内的要求。施工期间如果需要，这种衬砌也可作为一个真正的单独壳体，与随后喷射的混凝土层共同作用。

（2）隧道单一衬砌的成本效益

与复合式衬砌方法相比，由于不考虑将部分衬砌作为临时支护，减少了开挖量和衬砌材料，SSTL法可大大节省费用，并相应减少施工时间。视隧洞断面、长度及岩石条件，单层SSTL与复合式衬砌相比，可节省20%～40%的费用。如采用双层SSTL，第二层选择喷射混凝土还是浇注混凝土，其费用相差很大，因为，与无需模板的喷射混凝土相比，浇注混凝土所用钢模板的费用太高。此外，喷射混凝土外加剂和设备性能的提高将减少施工材料的费用和施工时间。

(3)SSTL方法的选用

可采用的SSTL方法有两种:①单喷层法,适用于小直径隧洞,或者是位于稳定、干燥地层中的隧洞;②双喷层法,其第一层喷射混凝土的目的是稳定隧洞,第二层(与第一层共同作用)增强耐久性和防渗性。这种方法对于首层开挖中上有多个施工缝的大直径隧洞及位于地下水位以下的隧洞是必要的。这两种情况,关键是减少了钢筋量,或用钢纤维置换,或优化隧洞形状和衬砌厚度。在各种情况中,应强调切实可行,简易是成功的关键,特别是用一种适于施工队伍特点的方法。

(4)隧道几何形状

为了将衬砌开裂减至最小,环向推力线应尽可能靠近衬砌断面的中心线。这样可将混凝土的极限应力保持在接近平均水平,利用衬砌的大部分承载能力。为了减少弯矩的不利影响,隧洞的几何形状是关键,一般来说,应采用近似圆形的形状,特别是隧洞顶拱。在现浇混凝土仰拱段中设置钢筋可能因仰拱剖面平缓而产生弯矩。

(5)表面修整

SSTL有几种表面修正方法,如:喷射混凝土、抹平,取决于隧洞的用途。

①抹灰和抹平

喷射混凝土衬砌的表面可以用抹灰和抹平工艺修整,达到相似于模注混凝土表面的质量。其作法是在最后的喷层上喷一层砂浆,厚度通常为25mm。为了控制温缩裂缝和表面干燥作用引起的表面微细开裂,配比设计中可包括聚合物丝。抹灰工艺比较简单,用直径25mm刮板修整隧洞表面。如果需要,可手工抹平,进一步改善表面光洁度。对于公路隧洞,隧洞边墙在自路面起4m高度内应光滑,反射率高,且为浅颜色。此部位上方洞顶部分颜色深,反射系数低。

②覆层

覆层是指在钢板上覆釉瓷,最适于隧洞环境。釉瓷(VE)覆层耐久、抗冲撞、易于清洗、无化学作用、防火。VE的特别益处是,它不是涂层,而是与钢板融为一体,形成坚固、完整、耐久、不褪色的表面。这种方法可保护电信设施,允许隧洞喷射混凝土衬砌采用较低的表面光洁度。

7.4.2.2 岩石锚杆

目前人们提出了多种机理来解释锚杆的支护效果,如悬吊作用、组合梁作用、组合拱作用等。这些观点无疑都有合理的成分,在一定程度上说明了问题。根据岩体结构控制论的观点,隧道围岩的稳定性主要受岩体结构的控制,围岩的变形主要是结构变形,围岩的破坏主要是结构破坏,因此应从控制围岩结构变形和破坏角度来分析锚杆的支护机理。

(1)锚杆的基本支护作用

结构面是岩体结构构成要素,是岩体中的薄弱面,它的有害变形和破坏是张开和滑动,属于结构变形和破坏。岩体中锚杆的作用主要体现在对结构面张开和滑动的控制上,称为锚杆的基本支护作用。结构面张开时锚杆受拉力作用,结构面滑动时锚杆受剪力作用。这两种基本支护作用可以同时存在,当锚杆与结构面斜交时结构面的滑动使锚杆及受拉也受剪,或结构面张开和滑动同时形成时,锚杆也同时受两种力的作用,反过来,锚杆则同时控制结构面的张开和滑动。这两种作用在不同结构类型的围岩中具有不同的表现形式。

(2)锚杆的支护机理

①块状结构面

块体结构围岩的失稳过程是从表面局部岩块掉落开始的。此种结构失稳过程不是岩块材料的变形和破坏,因此与岩石块体的弹性模量、强度关系不大,主要取决于结构面的贯通情况、倾角、粗糙度和地下水条件等。锚杆的作用在于通过自身受拉受剪控制结构面的张开和滑动,阻止岩块的掉落,维护围岩的原始接触关系和原始强度(图7-8)。

②层状结构岩体

层状结构岩体中隧道围岩失稳形式以溃屈、铰接拱变形失稳为主。孙广忠于20世纪80年代提出了梁柱溃屈模型，该模型适用于跨厚比较大而纵向应力较高的情况。铰接拱结构在拱铰处纵向荷载形成局部集中应力，当此应力达到一定值时，拱铰出现破坏，导致岩层的破坏。这两种失稳都属于岩体结构失稳，主要控制因是岩层跨度的厚度的比值。锚杆的支护作用是将多层岩石组合起来，部分削弱层面的结构效用(图7-9)。

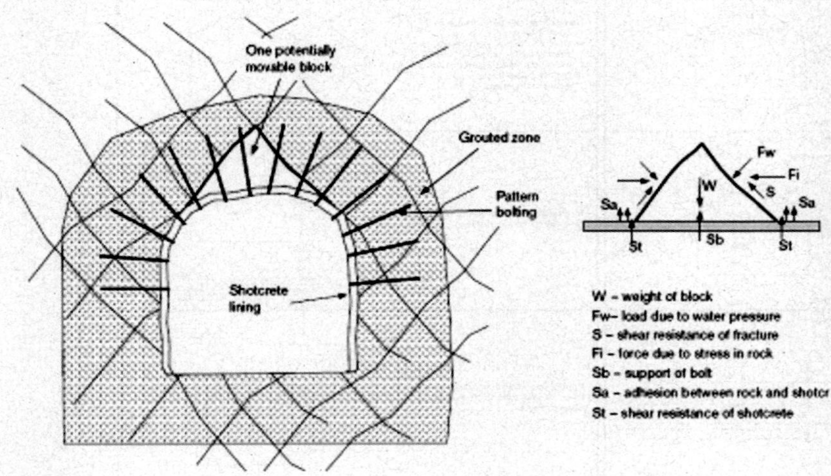

Block failure:

The bearing capacity of the support system for the structurally controlled stability consists of three components: support of bolts, shear strength of the shotcrete lining, adhesion of the shotcrete lining to the rock surface.

图7-8　块状结构面锚杆作用机理

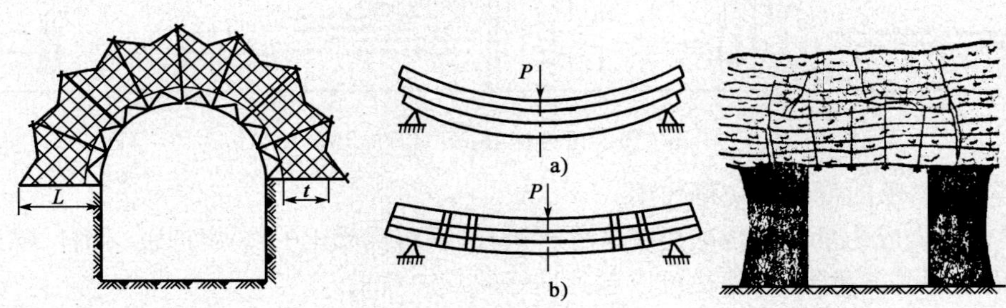

图7-9　锚杆的成拱作用

③碎裂结构岩体

碎裂结构岩体结构面组数多达4～5组，隧道开挖后在围岩表面形成众多的尺寸较小的围岩块体，极易掉落，围岩表面显得凸凹不平。在隧道高大边墙内或跨度较大的底板内，在应力条件合适的情况下围岩会层裂化，进化为层状结构，层状结构易形成溃屈失稳；在围岩内形成剪切破坏时，剪切面一般追踪结构面而形成，剪切错动时会发生结构体的滑动。溃屈失稳和结构体滚动都属于结构失稳。施加的锚杆与层裂化开裂面垂直，能控制开裂面的形成，防治围岩的层裂化，穿过剪裂面的锚杆可以控制剪裂面的滑动和结构体的转动，因此锚杆可以限制破裂结构顶板的结构恶化和结构失稳。

④散体结构岩体

此类岩体结构面多组，且不易分清组数，由断层泥，岩粉、碎块构成，松散破碎。围岩几乎没有自稳能力，自稳时间短，有时来不及支护，需要超前支护才能掘进隧道，隧道极易出现冒顶破坏，冒落高度较大。在散体结构围岩中，锚杆主要起到组合拱作用。

以上分析表明，锚杆的主要作用是控制围岩结构变形和失稳，认识锚杆的支护作用，就要从分析围岩的结构变形和失稳机理入手。不同结构类型的岩体，其变形和失稳机理不同，锚杆的支护机理也就不同，因此要按岩体结构分类研究锚杆支护机理(图7-10)。

(3)锚杆设计

如果用岩石锚杆、锚筋等作为永久支护构件，安装时，有可能为地下水提供通道。因此，应确保将这些构件安装于钻孔中心，然后完全灌浆封堵。这样做有两个作用，一是减少锚栓腐蚀的风险；二是阻止水渗入隧洞衬砌内面。对于海域段采用独特防腐性质的多重防腐锚杆（CT 锚杆），保证注浆饱满。陆域段中空注浆锚杆采取热浸锌处理，提高防腐性能。对于灌浆岩石锚杆（CT 锚杆等），水泥砂浆的配比设计应有利于减少温缩裂缝，并最好具有触变性，以防初凝时冲蚀。

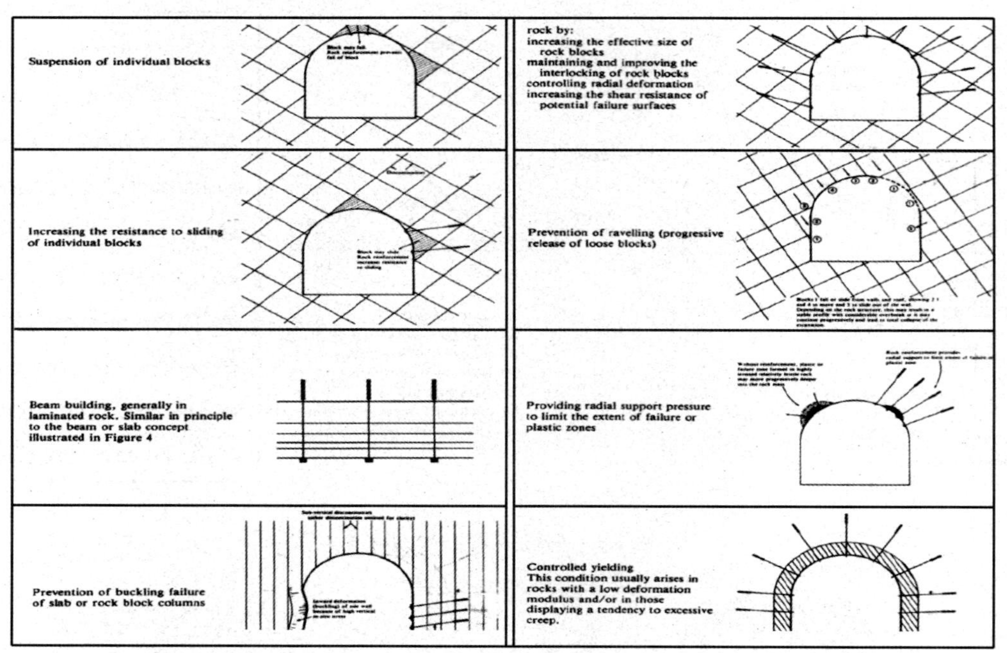

图 7-10　不同结构类型下锚杆的作用

7.4.2.3　锚杆、喷射混凝土协调作用

下面从促使围岩成为承载结构的角度来分析锚杆、喷射混凝土的协调作用。锚杆、喷射混凝土各有特点，配合使用实现了三种组合，往往可以起到良好的支护效果。

首先，内部支护和表层支护的结合。锚杆能够深入到围岩内部，对锚固层厚度范围内的岩体进行强化；喷射混凝土则是在围岩表面施加支护。

其次，局部加强支护和普通支护的结合。锚杆能直接强化和维护施加部位的岩体，喷射混凝土则是对整个隧道表面普通支护。

最后，构件几何形式上点、面的结合。锚杆是点支护，喷射混凝土是面支护。

围岩是主要的承载结构，其自承载能力来源于围岩的强度，此处所讲的强度是岩体的强度，不是岩块（结构体）的强度。根据岩体结构控制论，岩体强度主要受结构面贯通程度、粗糙度、填充物性质、结构面方位与隧道临空面的组合关系等因素决定。前已述及锚杆的支护作用主要体现在对结构面的张开和滑动起到控制作用，即强化结构面，控制围岩的结构变形和失稳。因此锚杆从内部强化围岩，促使围岩形成承载结构。单体锚杆对围岩的控制范围是有限度的，这主要由锚杆四周岩体结构面的密度和环向的压力所控制，因此结构面密度越大、环向压力越小，单体锚杆的控制范围越小，反之则越大。相邻单体锚杆的中间区域是锚杆控制的薄弱部位，该部位岩块易脱落，脱落后形成凹入围岩的空穴，脱落过程有可能向围岩深处发展，破坏了块体间的咬合和镶嵌作用，影响表层环向应力的连续传递，块体间加压力减小，从而降低表层围岩稳定性。

喷射混凝土能密贴围岩，对围岩形成径向的压力和环向剪力，提高表面围岩的环向压力，阻止表面块体的脱落。射入围岩表面张开裂隙的混凝土，增强裂隙滑动的阻力，提高了裂隙的强度；喷射混凝土还可以填平表面的凹穴，缓和表面的应力集中，恢复表面岩块之间的接触咬合关系，有利于表面围岩环向应力的传递；另外喷射混凝土还可以堵住地下水的通道，防止裂隙填充物的流失，保护裂隙的原始强度。通过这些作用，喷射混凝土增强了围岩表面块体间的挤压力，提高了围岩表面强度，削弱了表面结构面的切割作用，以此来增大锚杆对围岩的横向上的控制范围和控制的强度，因此喷射混凝土成为锚杆发挥支护作用的基础条件。

7.4.2.4　风险管理系统

如所有的地下工程问题一样，隧道设计有其固有的不确定性，特别是当结构要高度依赖于适宜的施工和良好的材料性能时。设计不确定性，或者称风险，可概括如下：

(1)地质不确定性可能包括：钻孔间无法预见的地质情况变化或现场勘查时未发现的特征；

(2)结构或者隧洞衬砌性能的不确定性可能包括：混凝土强度增长不及时、喷射延误或隧洞剖面几何形状不正确，这些通常归因于喷射混凝土衬砌时的人力影响；

(3)地层处理的不确定性可能时由于处理增加的额外荷载，如：补偿灌浆，特别是施加于新鲜喷射混凝土段上的。地层处理措施可能使衬砌过载或承载较高荷载。

对于这些风险，SSTL法的成功是通过一个施工期风险管理系统，为设计、施工、监理提供反馈，以减少发生未预料事件的可能性。这就称作"施工控制"(图7-11)。

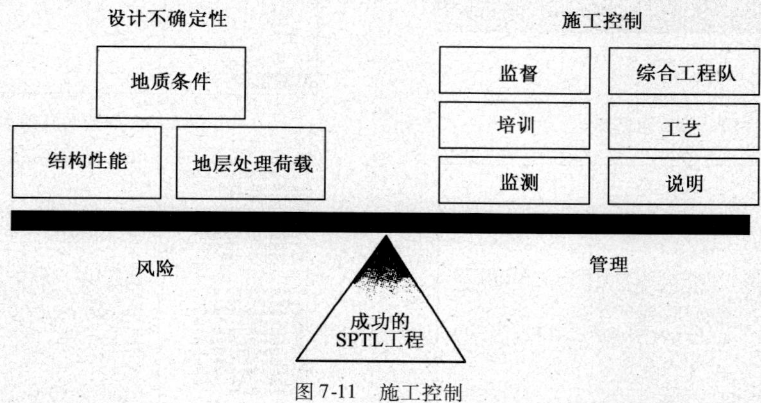

图7-11　施工控制

由具有类似工程经验、胜任的工程师进行工程监理是绝对必要的。在隧洞预制段施工方面的设计技术与喷射混凝土隧洞实践不一定相关。要求的特殊技能是：

(1)理解基本设计；

(2)有关喷射混凝土用于永久支护方面详尽的施工知识；

(3)先进的高性能混凝土知识；

(4)了解地层特性；

(5)能够解释衬砌和地层监测所得变形结果；

(6)重要的技能是能够与隧道施工方就设计、质量与施工控制中有关安全关键问题进行交流。

关于变形监测，应在设计中预先确立触发报警水平，以便对不可预见事件预警。如果超过警示水平，立即执行预定的应急措施。这些措施可包括：检查隧洞施工顺序、增加监测次数。所有监测数据应反馈给设计者，以便进行事后分析，更好地预测随后的掘进，或者更改施工顺序和支护要求。

7.5　主隧道流固组合数值模拟

7.5.1　主隧道Ⅱ、Ⅲ级围岩渗流分析

从渗流观点，土壤、岩石、混凝土均为孔隙介质，将其抽象为连续介质，根据Darcy定律和水流连续方程利用给定的边界条件可求出计算域内的水力势分布。根据青岛胶州湾隧道的实际情况，考虑限排排水方法，对全断面开挖步骤下隧道的渗流做了分析。分析时海水深度42m，拱顶到地表30m，分别对

毛洞时渗流场情况和初期支护存在下渗流场情况进行分析，这两种情况都是对稳定状态进行求解，并且不考虑施工过程和应力释放。地层材料采用摩尔—库仑准则、大变形模型计算，假定地表和各土层均成层均质水平分布，初期支护和二次衬砌均采用实体单元模拟，地层和材料的应力应变均在弹塑性范围内变化。由于组合计算非常耗时，模拟时按照平面应变进行考虑。根据圣维南原理和实际需要，整个模型计算范围为 180m × 100m × 1m（宽 × 高 × 长）。模型包括 1762 个单元和 3640 个节点（图 7-12 ~ 图 7-17）。

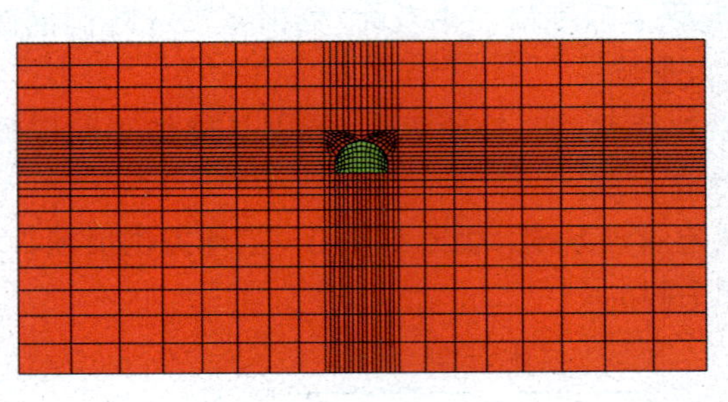

图 7-12　模型网格图

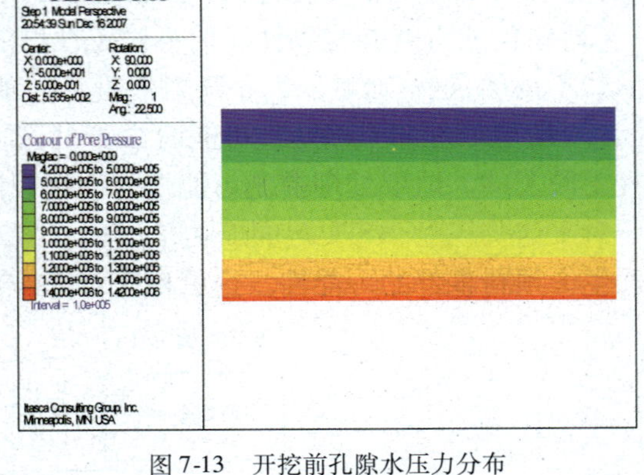

图 7-13　开挖前孔隙水压力分布

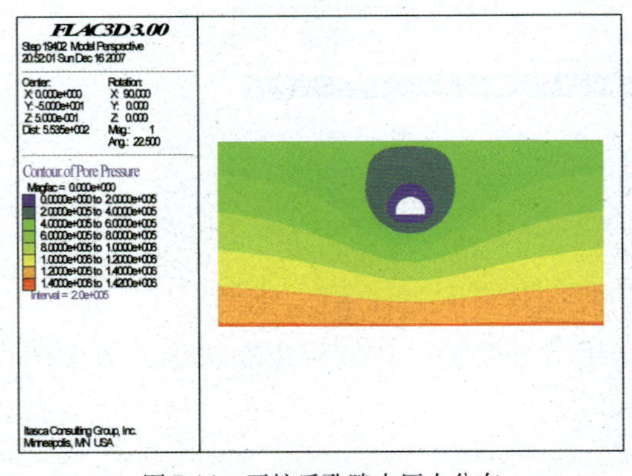

图 7-14　开挖后孔隙水压力分布

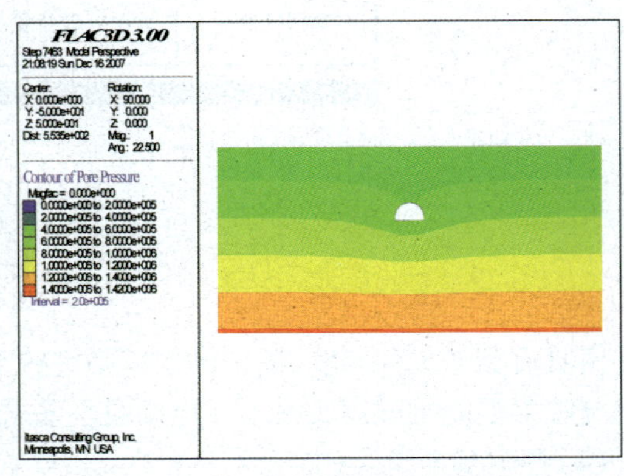

图 7-15　施加初期支护后孔隙水压力

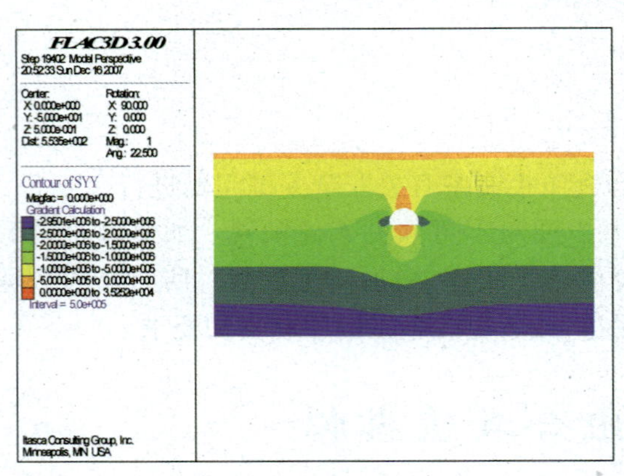

图 7-16　开挖后竖向应力

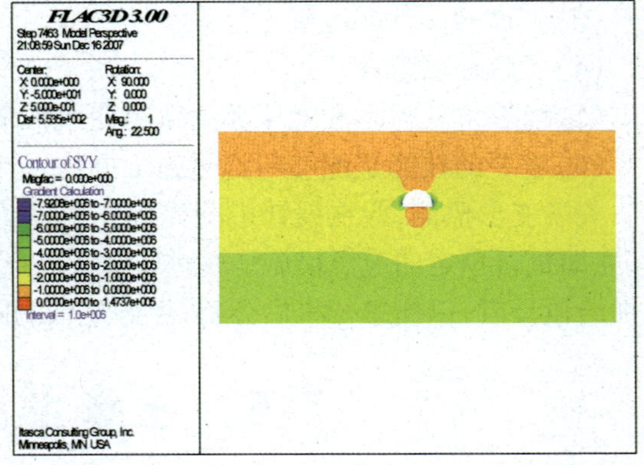

图 7-17　施加初期支护后竖向应力

通过计算，施加初期支护前涌水量为 $0.21m^3/d$，施加初期支护后为 $4.73\times10^{-2}m^3/d$，涌水量明显减小。计算还表明渗流场与应力场不同，围岩压力会因为隧道开挖造成的成拱效应降低，而渗流力却基本保持不变，而且如果不考虑渗流场和应力场的耦合效应的话，渗透系数的改变不会改变隧道开挖后毛洞孔隙水压力的分布。

7.5.2　主隧道Ⅱ、Ⅲ级围岩渗流分析讨论

(1)不同因素对孔隙水压力和涌水量的影响

为了进一步对海底隧道渗流影响进行分析，选取基岩表面距离拱顶围岩30m，渗透系数取整数值1.0×10^{-7}m/s，海平面距离基岩表面45m，分析不同因素对孔隙水压力分布和涌水量的影响。

①岩不同渗透系数影响

模拟得出渗透系数的改变并不会影响多心圆洞室外围岩孔隙水压力的分布；涌水量随围岩渗透系数的变化如图7-18所示，可以看出涌水量的大小与渗透系数成比。

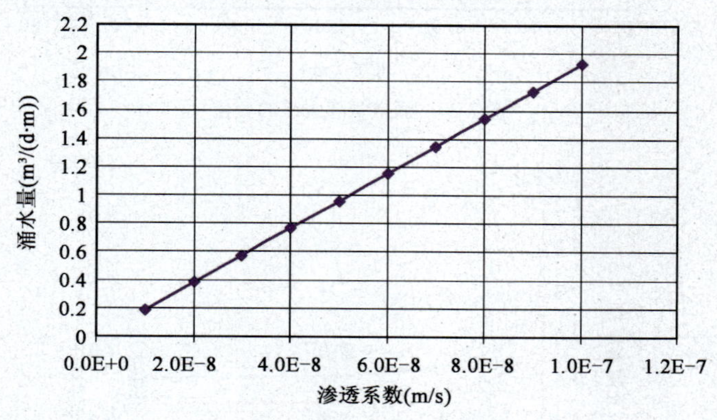

图7-18　渗透系数与涌水量关系

②同水深的影响

在隧道开挖面附近渗流方向基本上垂直于洞周，因此可认为在洞周水力梯度的方向垂直于隧道轮廓线。孔隙水压力监测点取距离毛洞洞壁1m外处的围岩，从图7-19三条曲线的斜率可以看出增大速度：拱顶>拱腰>拱底。涌水量随水深的变化情况如图7-20所示，可以看出随着水深的增大，涌水量也线性增大。

(2)限排控制标准

渗流分析表明施加初期支护前涌水量为0.21m^3/d，施加初期支护后为$4.73\times10^{-2}m^3/d$，涌水量明显减小。结合地勘报告的涌水量预测，类比挪威海底隧道经验，确定隧道注浆堵水后排水量主隧道不得大于0.4m^3/d·m。

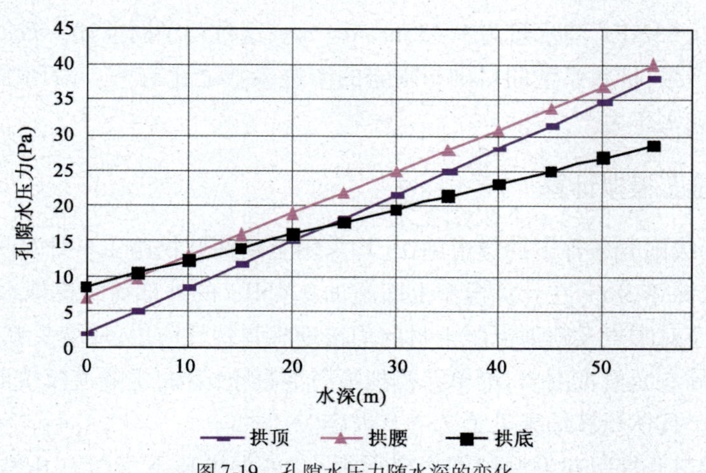

图7-19　孔隙水压力随水深的变化

(3)限排情况衬砌的水压力折减系数

对于限排方式，根据围岩不同考虑三种情况，分别为：①围岩渗透系数10^{-7}m/s，不注浆；②围岩渗透系数10^{-6}m/s，不注浆；③围岩渗透系数10^{-6}m/s，注浆。计算得到的孔隙水压力随时间变化曲线见图7-21。

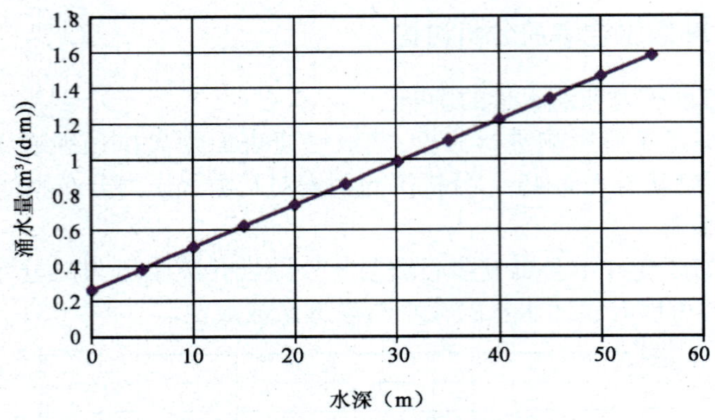

图 7-20　涌水量随水深的变化

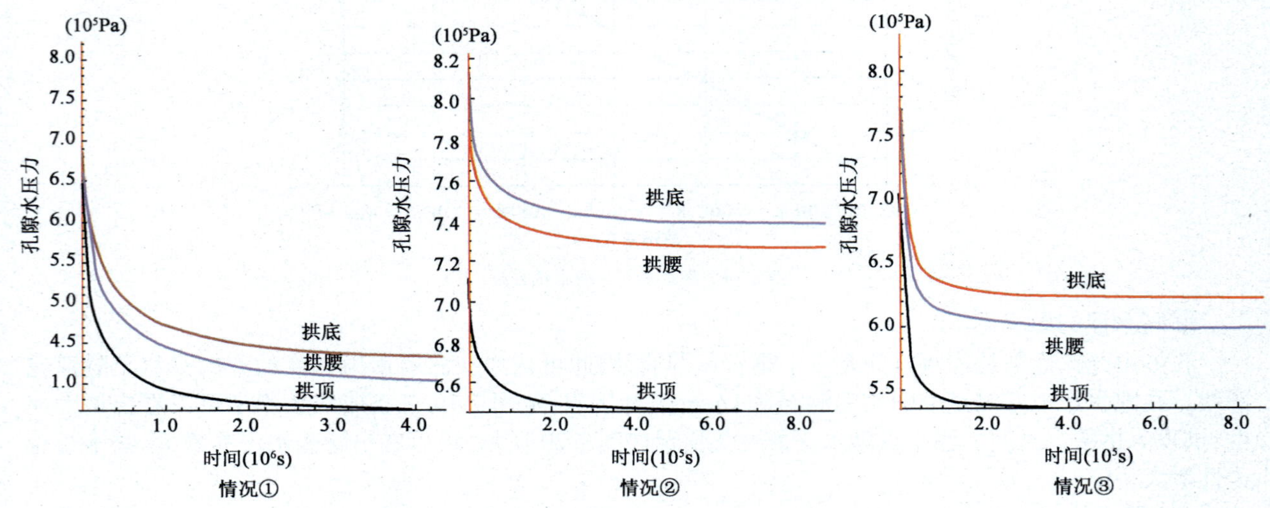

图 7-21　限排方式衬砌孔隙水压力随时间变化曲线

由计算结果可知，对于情况①，渗流在 35 天左右趋向于稳定，稳定后拱顶水头压力为 0.367MPa，涌水量为 1.02m³/d · m；情况②渗流稳定后拱顶水头压力为 0.64MPa，涌水量为 1.78m³/d · m；情况③稳定后拱顶水头压力为 0.53MPa，涌水量为 1.433m³/d · m。这得到了同前述一致的结论，限排情况下，衬砌的水压力可以考虑折减，折减系数同衬砌与围岩的渗透系数之比有关。采用围岩注浆可以减小地下水排放流量和降低衬砌水压力。

7.5.3　主隧道施工模拟计算

模拟计算选取 III 级围岩条件下的隧道施工，均采用全断面开挖施工。计算分析中仅考虑围岩的自重应力，计算断面处水深约 38m，在计算模型上面施加 0.4MPa 的外部荷载模拟水压作用。采用 ANSYS 的平面弹塑性计算程序对围岩及喷射混凝土材料均按理想弹塑性应力、应变关系简化，采用摩尔—库仑屈服准则。用四边形等参元模拟围岩，梁单元模拟喷射混凝土结构，主隧道模筑混凝土衬砌作为安全储备在计算中没有考虑。具体计算结果见第 7.7 节内容。

计算结果显示，隧道开挖引起的洞周围岩变形很小，最大拱顶下沉仅有 0.5mm。左线主隧道开挖完，洞周围岩应力不大，基本没有出现塑性区，隧道底板和拱部部分区域受拉，最大拉应力为 0.64MPa，其余部位基本受压，最大压应力 4.8MPa，均小于 C35 喷射混凝土的极限抗拉和抗压强度；右线主隧道开挖完，洞周围岩应力不大，基本没有出现塑性区，隧道底板和拱部部分区域受拉，最大拉应力为 0.64MPa，其余部位基本受压，最大压应力 4.8MPa，均小于 C35 喷射混凝土的极限抗拉和抗压强度。

同时，采用加拿大 Rocscience 公司开发的二维有限元程序 Phase2 对 II 级和 III 级围岩段隧道进行了计算，分析了岩体强度，岩体支护和渗透系数的影响。数值模型包括两条主隧道和服务隧道，先计算稳定渗流场，然后用有效应力进行弹塑计算。二维数值模型取自服务隧道桩号 FK2 + 900 处的垂直横断面，模型的上界为海底，下界位于海平面以下 154m，自隧道最外边墙至模型侧边界距离为 70m，自服务隧道底板至模型下边界距离为 65m，有限元网格包括 4309 单元和 2253 节点。此数值计算的主要目的是分析在服务隧道取消混凝土衬砌，主隧道取消混凝土仰拱条件下隧道的整体稳定，计算结果表明隧道稳定是可以在没有混凝土衬砌条件下得到保证的，即使在全部三条隧道全部开挖完成，只采用喷锚支护，围岩中也没有失稳的迹象。只是在第四阶段当不透水混凝土衬砌在主隧道顶拱和边墙施加后，使得作用在混凝土衬砌上的水压力增加，同时衬砌附近围岩中的孔隙水压力大大增加（图 7-22 ~ 图 7-27），从图 7-24 和图 7-27 中可以看出孔隙水压力高达约 0.4MPa（4bars），这个水压力超过围岩中的最小主应力，导致围岩拉伸屈服，如图 7-22 和图 7-25 所示。然而，由于此围岩屈服并不造成大的变形，所以作为支护元件的锚杆和喷射混凝土都没有屈服。

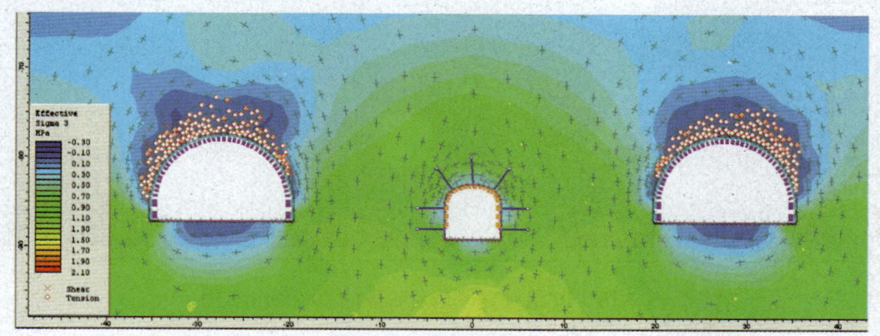

图 7-22　II 级围岩段最后阶段的最小有效主应力分布图

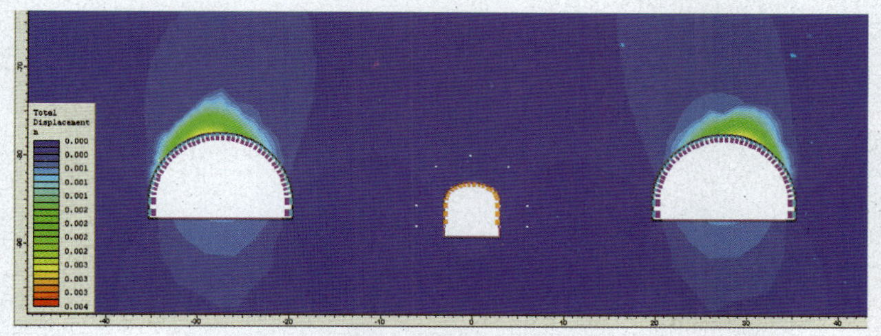

图 7-23　II 级围岩段最后阶段的总位移分布图

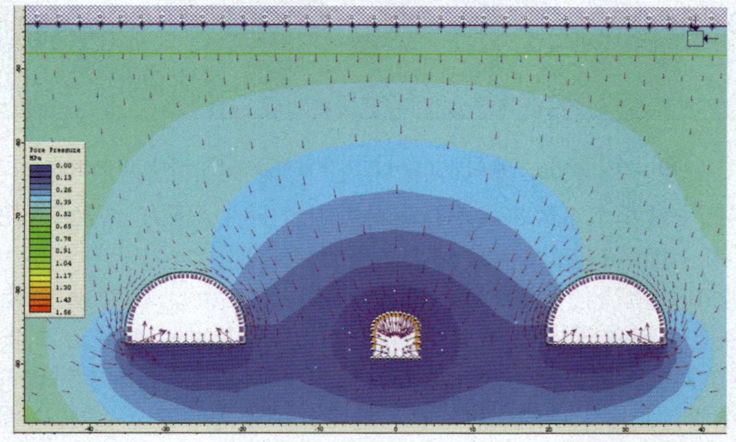

图 7-24　隧道运行期间的孔隙水压力分布和渗透水流向量，II 级围岩

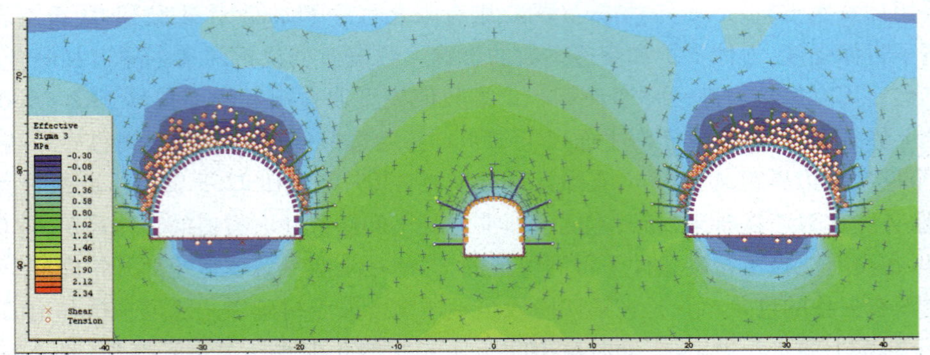

图 7-25　III 级围岩段最后阶段的最小有效主应力分布图

图 7-26　III 级围岩段最后阶段的总位移分布图

图 7-27　隧道运行期间的孔隙水压力分布和渗透水流向量，III 级围岩

在混凝土衬砌后面安装排水系统将减小衬砌附近围岩中的水压力，增加有效压应力，从而减小围岩中的拉伸屈服区。实际上图 7-22 和图 7-25 给出的屈服区是上限。

无论是 II 级还是 III 级围岩任何支护元件都没有屈服，包括混凝土、喷射混凝土和锚杆。图 7-28 给出隧道运行期间主隧道和服务隧道锚杆承受的轴力（III 级围岩），主隧道顶部锚杆的轴力最大，达 53kN，相当于 25% 抗拉强度。服务隧道锚杆受力极小。而且主隧道混凝土衬砌的应力很小，远远低于混凝土的抗压强度，尽管计算中采用的强度指标已经考虑了很大的安全系数，这给整个结构的安全提供可靠的保证。

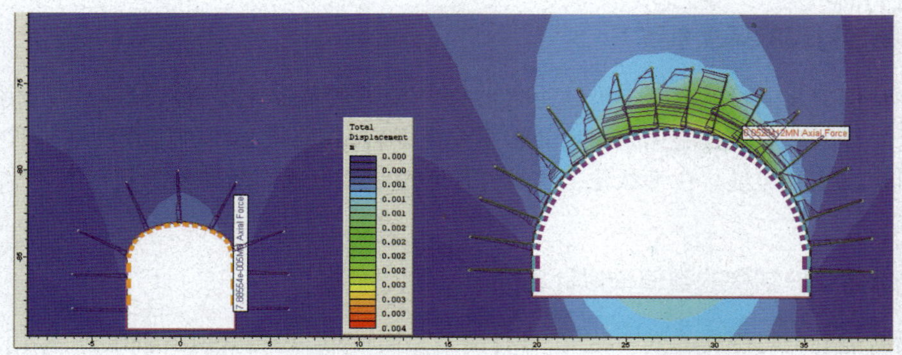
图7-28　隧道运行期间锚杆承受的轴力(III级围岩)分布

对于服务隧道和主隧道,采用设计的支护系统,数值计算没有发现任何失稳的征兆。III级围岩中的主隧道的围岩屈服区见图7-29。也就是说,主隧道开挖完,洞周围岩变形不大,受力较小,基本没有出现塑性破坏;主隧道施工对服务隧道支护结构受力和变形影响很小,两主隧道错开施工相互影响也很小。综合各种计算结果,对于II、III级围岩地段,采用支护设计参数,隧道结构施工只要严格按照施工工序进行,能够满足施工安全、环境保护的要求。

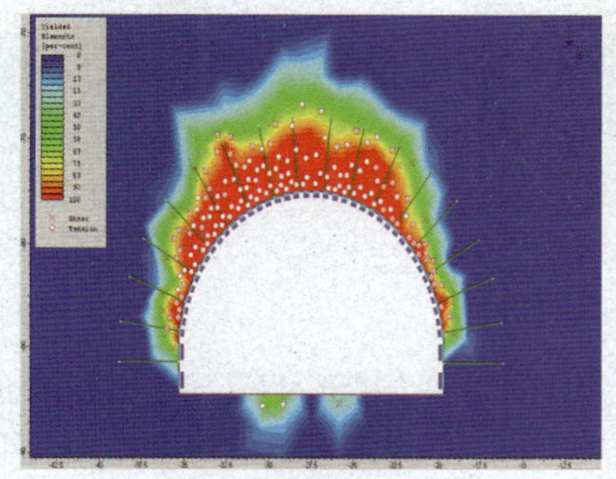
图7-29　III级围岩主隧道围岩屈服区

7.6　主要结论

7.6.1　喷锚支护结构

根据对青岛胶州湾隧道所处位置的地质条件评价,采用的强度、位移、数值计算分析方法和现场量测结果,服务隧道II、III级围岩是基本稳定性的。青岛胶州湾隧道服务隧道围岩较好地段具备采用喷锚支护的条件,为充分利用围岩的自稳能力和保护围岩,采用喷锚衬砌是可行的,也是必要的。采用喷锚支护满足使用功能和结构安全,降低了工程造价,加快了施工进度。

服务隧道支护设计根据地质情况确定。II~III级围岩地段采用喷锚衬砌,设计采用工程类比法,同时进行理论验算,必要时结合监控量测法确定;对于IV级围岩地段,推荐采用喷锚衬砌,施工时应结合地质资料进行详细分析确定,同时根据监控量测确定最终支护类型和参数。

服务隧道内轮廓设计中考虑施工方便和结构受力条件等因素,推荐采用拱形隧道内轮廓形式,直墙接圆拱型式。拟定的结构断面和尺寸以及支护参数能够满足强度、刚度、稳定性要求。

7.6.2　喷锚支护结构的耐久性

青岛胶州湾隧道服务隧道喷锚支护结构由抗海水侵蚀高性能防渗喷射混凝土和多重防腐锚杆组成。喷射混凝土采用湿喷工艺,强度等级C35,抗渗能力应大于P8。可以提高喷射混凝土的耐久性。海域地段采用具有独特防腐性质的多重防腐锚杆,施工中注意保护锚杆套筒。

7.6.3 喷锚衬砌的排水系统

喷锚支护结构型式以喷射混凝土为结构防水的主体,在喷混凝土层背后设排水盲管引排,同时在局部带状裂隙水发育区和对较大的集中涌水又必须重视围岩,并施做必要的排导设施。对于稍大的地下涌水需采用引排或注浆封堵。在带状地下水发育带通过注浆形成固结体阻塞其与围岩深处的地下水连接通道。

7.6.4 喷锚支护结构的数值模拟计算

考虑到喷射混凝土与围岩的紧密粘结,可与围岩共同变形,共同承担围岩压力,采用地层—结构模式模拟服务隧道和主隧道的施工,并检验服务隧道喷射混凝土衬砌的强度。隧道开挖完成得到的位移和应力云图见图 7-30 ~ 图 7-32。

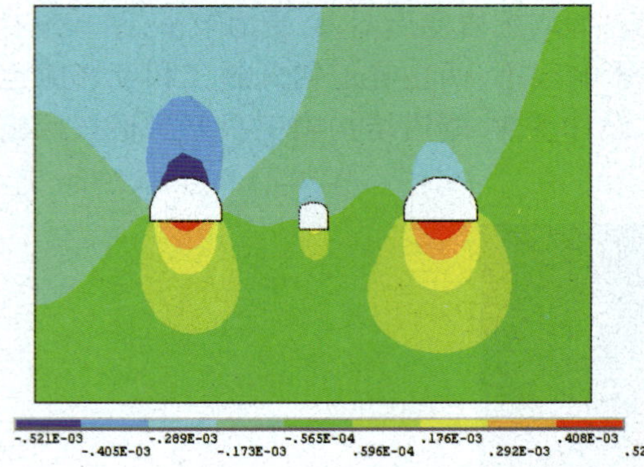

图 7-30 右线隧道开挖完竖向应力云图

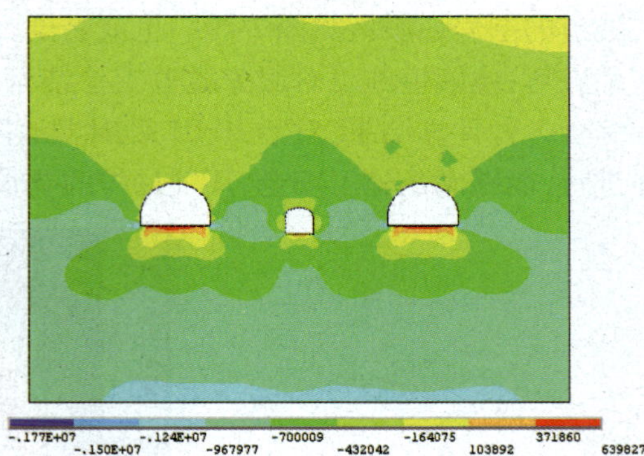

图 7-31 右线隧道开挖完洞周围岩最大主应力云图

计算结果显示,服务隧道开挖完,洞周围岩变形不大,受力较小,没有出现塑性破坏,喷射混凝土衬砌结构内力均在极限强度范围内,结构安全、稳定。主隧道开挖完,洞周围岩变形不大,受力较小,基本没有出现塑性破坏;主隧道施工对服务隧道支护结构受力和变形影响很小,两主隧道错开施工相互影响也很小。

同时采用连续介质模型对隧道进行渗流分析,得出了相关结论:

(1)渗流场与应力场不同,围岩压力会因隧道开挖造成的成拱效应降低,而围岩孔隙水压力的分布和洞内涌水量却基本保持不变。

(2)在只考虑渗流场的情况下,不论隧道洞室形状如何围岩渗透系数的改变不会改变毛洞水压力的分布情况,而洞内涌水量与渗透系数成正比。

(3)在只考虑渗流场的情况下,孔隙水压力和涌水量都随水深的增加线性增大。

(4)施加初期支护结构后,涌水量有一定程度的减小。

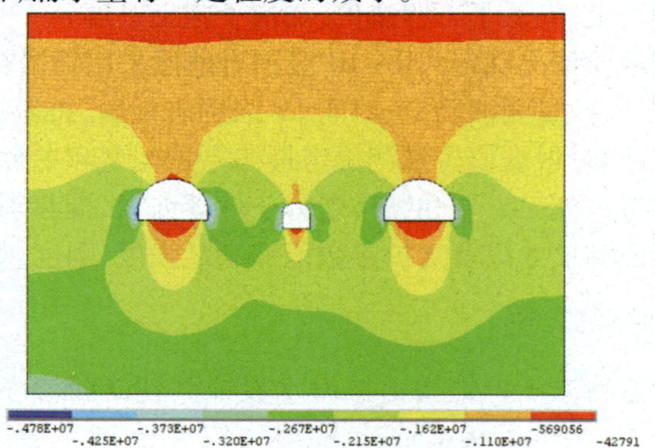

图 7-32 右线隧道开挖完洞周围岩最小主应力云图

7.6.5　取消仰拱

地质资料显示主隧道洞身围岩岩质坚硬，完整性好，节理裂隙不甚发育，自承拱能力强，同时围岩的渗透系数小，微风化基岩为弱透水性，采用限量排放方式，隧道结构承受的渗透水压力较小。根据对青岛胶州湾隧道所处位置的地质条件评价，采用的强度、位移、数值计算分析方法和现场量测结果，主隧道海域Ⅱ、Ⅲ级围岩是基本稳定性的。同时类比挪威采用钻爆法修建的海底隧道，对主隧道海域Ⅱ、Ⅲ级围岩段衬砌断面进行了优化，取消主隧道海域Ⅱ、Ⅲ级围岩段二次衬砌的仰拱，节约工程造价和加快施工进度。

对于采用排导方案的海域Ⅱ、Ⅲ级围岩隧道支护结构，施工期间考虑以围岩自身承载为主，隧道初期支护主要按工程类比法设计；海域Ⅱ、Ⅲ级围岩中二次衬砌考虑承受全部土压＋折减水压按荷载—结构法计算确定，水压折减系数根据具体地层、渗流计算和排水系统能力确定。根据计算内力进行结构设计，拟定的不设仰拱的结构断面和尺寸能够满足强度、刚度、稳定性要求。取消仰拱后主隧道衬砌结构参数见表7-4。

优化后主隧道衬砌结构参数表　　表7-4

衬砌类型	围岩类别	拱顶水压（MPa）	初期支护			二次衬砌
Ⅱ	Ⅱ海域	0.40～0.78	局部 $\phi22$ 多重防腐锚杆 $L=3.0\text{m}$		C35、P8 合成纤维湿喷混凝土厚 10cm	模筑 C50、P12（钢筋）混凝土 450mm 厚
Ⅲ	Ⅲ海域	0～0.78	拱部 $\phi22$ 多重防腐锚杆、$L=3.5\text{m}$，环纵间距 $1.2\times1.2\text{m}$	局部 $\phi8$ 钢筋网	C35、P8 合成纤维湿喷混凝土厚 15cm	模筑 C50、P12（钢筋）混凝土 500mm 厚

7.6.6　地下水对隧道支护结构的影响

青岛胶州湾隧道穿越岩层主要为微风化花岗岩，遇水产生膨胀小，膨胀力也小。地下水对隧道稳定性的影响主要体现在渗流场和应力场对围岩和支护的组合作用。

水荷载作用下隧道应力分析应遵循以下三条原则：

(1)隧道的水荷载是作用于地下水位以下空间的渗流体积力；

(2)按增量水荷载理论进行隧道应力分析；

(3)支护与围岩有条件的联合工作。

当支护被用作防止围岩松散或坍落的主动支护时，支护的目的是与围岩共同工作，以便充分发挥围岩的自承作用。

二次衬砌施作时设置了防排水层同围岩和初期支护隔开，结构直接承受作用于支护外缘的水头。经工程类比和理论分析验证，如果排水系统足够强大，且保持通畅，计算隧道二次衬砌时基本上可以不考虑水压力的作用，偏于安全可以外水压力考虑很小的折减系数，因此不设仰拱的二次衬砌受力较小，采用素混凝土衬砌满足受力要求。如果排水系统不够通畅，考虑一定的水压力（折减系数0.3～0.6），拱脚上部的弯矩及拱脚轴力、剪力均比较大，应考虑通过适当加大拱脚及拱脚上部至拱腰下部截面或加强配筋。

7.7　成果意义

本项研究结合青岛胶州湾隧道的详勘地质情况和服务隧道的功能设置要求，对胶州湾隧道主隧道海域段Ⅱ～Ⅲ级围岩的断面形式优化和支护参数以及服务隧道采用喷锚衬砌的可行性、支护方式与支护理论、锚杆和喷设混凝土的技术要求、爆破施工要求等内容进行了研究，结果具有如下意义：

(1)目前隧道支护设计普遍采用复合式衬砌的思维定式，本研究结合胶州湾隧道工程的地质情况，研究了服务隧道采用喷锚衬砌技术的可行性和支护方式，具有重要的创新意义和实际应用价值，为采用钻爆法施工的海底隧道积累了工程经验和提供技术支持,为进一步的理论研究提供技术指导和资料储备。可以供其他采用钻爆法水下隧道和相似地下工程借鉴。

(2)课题对喷锚衬砌的支护理论和设计方法进行了研究,对喷锚的结构受力特性和地层变形规律进行了深入分析,对硬岩隧道喷锚永久支护技术的发展和推广以及我国支护技术的进步起到积极的促进作用。

(3)按照国家、地方和施工单位企业标准,通过国内外喷锚支护理论的总结分析和工程实例的类比分析,总结了喷锚支护技术在硬岩隧道中的成熟经验,为进一步研究提供技术资料储备。

(4)课题对喷锚永久支护的防排水方案和耐久性设计进行了系统分析,为海底隧道的防排水技术提供了新思路,同时对海底隧道腐蚀环境下的耐久性设计提供了技术依据。

(5)课题结合胶州湾隧道服务隧道工程,对锚杆和喷设混凝土的技术要求、爆破施工要求等内容进行了研究分析,促进了喷锚支护技术的实际工程应用和高性能喷射混凝土、控制爆破技术的发展,为提高喷锚支护的施工安全和质量提供了解决办法。

(6)针对山岭隧道和海底隧道不同的边界条件,对各向同性渗透系数条件下平面半无限含水空间隧道稳定渗流的涌水量和水压力分布进行了数值方法分析,保证隧道施工运营安全的前提下,提出了主隧道二次衬砌可以不设仰拱,给出了海域围岩完整性好、渗透系数小的情况下海底隧道水压力考虑的新思路。

(7)课题结合胶州湾隧道的实际地质情况,对现有设计进行了优化,服务隧道II~IV级围岩段由复合式衬砌改为喷锚衬砌,主隧道海域II、III级围岩段复合式衬砌的二次衬砌不设仰拱,大大降低了工程投资,加快了施工进度。

(8)课题组通过对国内外工程实例的分析比较及现有的相关技术规范和规程研究,找出针对海底隧道喷锚支护和主隧道海域II、III级围岩段二次衬砌不设仰拱设计和施工的风险源及其风险水平和对策,为海底隧道的安全施工提供了施工风险识别、管理和防范的科学方法和指导意见,对海底隧道施工方法的选择和应用具有很好的指导意义。

(9)以设计、施工、科研为一体的动态管理和攻关技术,将设计和施工管理纳入了信息化系统管理的轨道,使课题研究分析的数据真实、有效地为施工、设计服务,极大地提高了生产效率和经济效益,使工程的管理实现有依据的动态管理,可以缩短工期、降低投资,社会效益十分显著。

7.8 经济和社会效益分析

7.8.1 服务隧道经济和社会效益分析

(1)工程量减少

服务隧道II、III、IV级围岩地段采用喷锚永久支护结构,不设二次衬砌,模筑混凝土和钢筋量都减少很多,节约了工程材料,降低工程造价。

另外,不设二次衬砌,节省模板费、模板安装工费等。考虑上述因素,服务隧道土建工程共节省投资3476.87万元,具体投资减少见表7-5和表7-6。

(2)加快施工工期

服务隧道采用喷锚衬砌,II~IV级围岩段不设二次衬砌,同时初期支护采用高性能耐腐蚀湿喷混凝土和多重防腐锚杆,大大加快了施工进度,节省施工工期。服务隧道的一个主要和重要功能是作为主隧道的平行超前导坑,探清海域段地质情况,II~IV级围岩段采用喷锚支护,更能保证服务隧道的超前地质预报功能,为主隧道提供了最直观的地质资料,为应对复杂和不良地质提供了时间和技术措施,大大减少了主隧道施工风险。

(3)节能和环保

青岛胶州湾隧道建成后,可以大量减少汽车运输距离,从而降低能源消耗。在保证施工和运营安全的前提下,服务隧道采用喷锚永久支护,减少建材使用数量,利用可再生资源,降低工程造价,节约能源。在满足胶州湾隧道工程功能要求、安全要求及耐久性的前提下,对本隧道工程建设中所使用的建设材料进行比选。

采用喷锚支护与原设计工程量对比　表7-5

项　目	复合式衬砌	喷锚衬砌	复合式衬砌	喷锚衬砌	复合式衬砌	喷锚衬砌
	FII/FIIa	FII	FIII/FIIIa	FIII	FIV/FIVa	FIV
开挖(m^3)	33.9	33.2	34.2	33.2	38.0	35.2
锚杆(m)	5	5	8.3/15	14	36.0/48.0	44
喷混凝土(m^3)	1.2	1.24	1.5	1.56	4.26	3.15
二次衬砌混凝土(m^3)	7.05	0	7.05	0	8.11	0
内部结构混凝土	2.1	3.5	2.1	3.5	2.1	3.5
钢筋(kg)	367.9/1064.2	673.5	367.9/1064.2	673.5	1272.6	673.5
钢架(kg)	—	—	—	—	580.02/758.8	532.76
钢筋网(kg)	0	0	0	12.5	38.48	41.66
防水层(m^2)	14.9	0	14.9	0	15	0

①对建设材料来源调查分析

青岛地区砂石材料十分丰富，出产的砂材砂质纯净，分选性好；石材主要为大理石、玄武岩、花岗岩等，都是理想的建筑材料；青岛的水泥工业较为发达，水泥生产企业较多，年产量可达200万吨以上，且质量好，已行销国内外。青岛地区公路四通八达，建隧道用的砂、石、水泥材料可以就近购买，很方便运至工地。

建设隧道用的钢材主要为普通钢筋和防腐锚杆，青岛的钢铁工业较为发达，普通钢筋可以就近购买，很方便运至工地。防腐锚杆需要外购，由铁路、公路直接运至建设工地。

建设隧道用的辅助材料如防水材料、混凝土外加剂、注浆材料等需要外购，木材、沥青等材料也尚需外购。其外购材料可由铁路、海运、公路直接运至建设工地。

通过调查分析，选用建材产地明确，运输方便快捷，能够满足施工用材要求。

②材料选择

设计采用抗海水侵蚀高性能防渗喷射混凝土、湿喷混凝土工艺，除速凝剂外包括水在内的所有集料组分在送入喷射机前拌和制备完成，喷射混凝土应密实、饱满、表面平顺，其强度应达到设计要求。湿喷混凝土强度等级C35，抗渗能力应大于P8。在II、III级围岩地段中掺加聚丙烯腈纤维，取消钢筋网，减少钢筋用量。

喷射混凝土使用矿物掺加料提高混凝土性能，而且具有非常好的绿色生态效益，一方面使工业废渣资源化，另一方面节约水泥用量，减少CO_2排放量。根据试验段的施工情况，C35高性能喷射混凝土的配合比如下：(水泥+硅粉+粉煤灰)：砂：骨料：水：减水剂：速凝剂为(334+22+84)：951：778：176：6.75：27，每1m^3混凝土减少水泥用量106kg。

水泥工业也是重要的温室气体排放部门，CO_2的排放不仅来源于能源消耗，同时来源于工艺过程，这是水泥工业的特殊之处。一些研究对水泥工艺过程CO_2排放进行了估算，《气候变化初始国家信息通报》测算1994年水泥生产过程二氧化碳排放量为157.8Mton－CO_2，ERI，NRDC估算的排放量为153.7Mton－CO_2(41.93Mton－C)，尽管估算数据存在一些误差，但大体上可以计算出每生产1t水泥，生产工艺要排放0.365tCO_2。

因此，服务隧道采用喷锚永久支护，具有重大的经济效益和社会效益。

7.8.2　主隧道经济和社会效益分析

(1)工程量减少

由于主隧道海域II、III级围岩段取消仰拱，采用可维护的排水系统，开挖量大大减少，而且二次衬砌厚度可以减薄，钢筋工程量也大大减小。优化后衬砌断面工程量与原设计对比见表7-7。

服务隧道采用喷锚衬砌土建工程投资减少分析表

表 7-6

项目	FII 断面段			FIIa 断面段		FIII 断面段			FIIIa 断面段		FIV 断面段			FIVa 断面段		减少投资总额
	减少数量	单价（元）	合价（元）	减少数量	合价（元）	减少数量	单价（元）	合价（元）	减少数量	合价（元）	减少数量	单价（元）	合价（元）	减少数量	合价（元）	
开挖(m^3)	0.70	346.53	242.57	0.70	242.57	1.00	234.88	234.88	1.00	234.88	2.80	234.88	657.66	2.80	657.66	
锚杆(m)	0.00	86.24	0.00	0.00	0.00	-5.70	86.24	-491.57	1.00	86.24	-8.00	86.24	-689.92	4.00	344.96	
喷混凝土(m^2)	-0.50	163.30	-81.65	-0.50	-81.65	-0.60	163.94	-98.36	-0.60	-98.36	5.55	302.57	1679.26	5.55	1679.26	
二次衬砌混凝土(m^3)	7.05	592.34	4176.00	7.05	4176.00	7.05	592.34	4176.00	7.05	4176.00	8.11	592.34	4803.88	8.11	4803.88	
内部混凝土(m^3)	-1.40	404.67	-566.54	-1.40	-566.54	-1.40	404.67	-566.54	-1.40	-566.54	-1.40	404.67	-566.54	-1.40	-566.54	
钢筋(kg)	-305.60	5.05	-1543.28	390.70	1973.04	-305.60	5.05	-1543.28	390.70	1973.04	599.10	5.05	3025.46	599.10	3025.46	
钢架(kg)	0.00	5.05	0.00	0.00	0.00	0.00	5.05	0.00	0.00	0.00	47.44	5.05	239.57	226.04	1141.50	
钢筋网(kg)	0.00	5.24	0.00	0.00	0.00	-12.50	5.24	-65.50	-12.50	-65.50	-3.18	5.24	-16.66	-3.18	-16.66	
防水层(m^2)	14.90	117.76	1754.62	14.90	1754.62	14.90	117.76	1754.62	14.90	1754.62	15.00	117.72	1765.80	15.00	1765.80	
单米小计（元）	3981.72			7498.04		3400.25			7494.37		10898.51			12835.32		
长度(m)	1156.00			310.00		226.50			1810.00		158.74			917.50		
总计(万元)	460.29			232.44		77.02			1356.48		173.00			1177.64		3476.87

说明：IV 级围岩断面段长度按实际长度 50% 计算。

优化设计后与原设计工程量对比　　表7-7

项　目	原设计	优化后	原设计		优化后
	IIb	II	IIIa	IIIb	III
开挖(m^3)	145.2	122.4	144.5	148.8	125.2
锚杆(m)	6	6	47	47	47
喷混凝土(m^3)	2.9	2.82	4.3	4.33	4.24
模筑混凝土(m^3)	22.24	13.42	20.09	24.38	14.80
钢筋(kg)	2106.6	—	2081.3	2585	—
凹凸排水板(m^2)	5.7	2.8	5.72	5.72	2.81

另外，主隧道海域较好围岩不设仰拱，节省模板费、模板安装工费、仰拱维护费用等。考虑上述因素，主隧道海域II、III级围岩段取消仰拱土建工程共节省投资5667.75万元，具体投资减少见表7-8。

主隧道取消仰拱土建工程投资减少分析表　　表7-8

项　目	IIb断面段			IIIa断面段			IIIb断面段		减少投资总额
	减少数量	单价(元)	合价(元)	减少数量	单价(元)	合价(元)	减少数量	合价(元)	
开挖(m^3)	22.80	252.96	5767.49	19.30	213.43	4119.20	23.60	5036.95	
喷混凝土(m^3)	0.80	163.94	131.15	0.40	228.31	91.32	0.60	136.99	
模筑混凝土(m^3)	8.82	587.62	5182.81	5.29	587.62	3108.51	9.58	5629.40	
钢筋(kg)	2106.60	5.05	10638.33	2081.30	5.05	10510.57	2585.00	13054.25	
凹凸排水板(m^2)	2.90	89.69	260.10	2.91	89.69	261.00	2.91	261.00	
单米小计(元)	21979.88			18090.60			24118.58		
长度(m)	1320.00			29.60			1124.80		
总计(万元)	2901.34			53.55			2712.86		5667.75

(2)加快施工工期

硬岩隧道底部仰拱爆破开挖费时费工，仰拱模筑完成时还需设置仰拱栈桥等保护仰拱。而主隧道海域II、III级围岩段取消仰拱后，减小了开挖面积，采用下导洞超前减震全断面施工一次爆破成型，大大加快了施工进度，节省施工工期。

(3)节能和环保

二次衬砌模筑混凝土使用矿物掺加料提高混凝土性能，且具有非常好的绿色生态效益，一方面使工业废渣资源化，另一方面节约水泥用量，减少CO_2排放量。结合现场试验，考虑到实际施工时原材料会有一定的变化和波动，建议混凝土参考配合比如下：

①水泥：P1.52.5水泥，240～260kg/m^3；

②磨细矿粉：100～132kg/m^3；

③I级粉煤灰：68～100kg/m^3；

④混凝土抗裂防水剂(复合膨胀剂)：45～55kg/m^3；

⑤河砂：细度模数2.4～3.0，无碱—骨料反应，含泥量≤2.0%，用量680～720kg/m^3；

⑥碎石：5～31.5mm连续级配碎石，无碱骨料反应，含泥量≤1.0%，针片状颗粒含量≤10%，压碎指标≤10%，用量1000～1100kg/m^3；

⑦高效减水剂：聚羧酸减水剂，用量5.5～6.0kg/m^3；

隧道二次衬砌混凝土胶凝材料总量约为490～510kg/m^3，砂率38～40%，水胶比≤0.34。使用矿物掺加料使工业废渣资源化，节约水泥用量，具体的节能数据见表7-9。

隧道初期支护和二次衬砌混凝土节能表 表7-9

种　类	混凝土标号及抗渗等级	喷射混凝土总量（万 m^3）	每 $1m^3$ 减少水泥用量（kg）	减少水泥总量（t）	减排 CO_2 量（t）	折合生产每吨水泥减排 CO_2 量
喷射混凝土	C35，P8	11.71	106	18384.7	6710.4	34.8%
二次衬砌模筑混凝土	C50，P12	43.06	200	86120	31433.8	40.0%

综合上述分析，主隧道海域 II、III 级围岩段取消仰拱，具有重大的经济效益和社会效益。

参考文献

[1] 王梦恕. 对21世纪我国隧道工程建设的建议[J]. 现代隧道技术，2001，01.

[2] 崔玖江. 隧道与地下工程施工技术现状及问题对策[J]. 施工技术，2001，01.

[3] 吕明，Grov E，Nilsen B，Melby K. 挪威海底隧道经验[J]. 岩石力学与工程学报，2005，12.

[4] 中华人民共和国铁道部. TB 10003—2005 铁路隧道设计规范 [M]. 中国铁道出版社，2005.

[5] 中华人民共和国交通部. JTG D70—2004 公路隧道设计规范 [M]. 人民交通出版社，2004.

[6] 中华人民共和国建设部. GB 50157—2003 地铁设计规范 [M]. 中国计划出版社，2003.

[7] Hewett B. M，Shield and compressed air tunneling [M]. McGraw - Hill Book Company，Inc.，N. Y.，1922.

[8] 关宝树. 隧道力学概论[M]. 四川：西南交通大学出版社，1993.

[9] Bull A.，Stress in the linings of shield driven tunnels[J]. Trans. ASCE，Nov.，1944. 443 - 530.

[10] Brierly，G. S.，The performance during construction of the liner for a large shallow underground opening in rock. PH. D. thesis，1975.

[11] Paul，S. L.，Design recommendations for concrete lings for transportation tunnels. Report No. UMTA - MA，16 - 0100 - 83 - 1.

[12] Duddeck，H. and J. Erdman，Structural design modals for tunnels[M]. Tunneling 82，Institution of Ming and Metallurgy，London，U. K.

[13] Scmidt，B. tunnel lining design - Do the theories work proceeding，Australia New Zealand Geomechanics Conference，Perth，Australia，May，1984.

[14] Kuesel，T. R. The structural behavior of tunnel linings proceedings，American Society of Civil Engineers，Metropolitan Section Seminar on Tunneling and Underground Construction，New York，NY，Dec.，1983.

[15] 孙钧，候学渊. 地下结构[M]. 北京：科学出版社，1987，14 - 25.

[16] 刘建航，候学渊. 盾构法隧道[M]. 北京：中国铁道出版社，1991.

[17] 关宝树. 隧道工程设计要点集[M]. 北京：人民交通出版社，2003.

[18] 中华人民共和国水利部. SL 279 - 2002 水工隧道设计规范 [M]. 中国建筑工业出版社，1991.

[19] 张有天. 水工隧道及压力管道外水压力修正系数[J]. 水力发电，1996，12.

[20] 关宝树. 青函隧道土压研究报告——第8章隧道衬砌上的压力[J]. 隧道译丛，1980，10.

[21] 王建秀，杨立中，何静. 深埋隧道外水压力计算的解析—数值方法[J]. 水文地质工程地质，2002，03.

[22] Noorishad J. Coupled thermal - hydraulic - mechanical phenomena in saturated fractured porous rocks [J]. Numerical approach，1989，B12.

[23] Oda M. Permeability tensor for discontinuous rock masses[J]. Geotechnique，1985，35(4).

[24] 仵彦卿. 岩体裂隙系统渗流场与应力场耦合模型[J]. 地质灾害与环境保护. 1996,01.
[25] 谢兴华 ,盛金昌 ,速宝玉,等. 隧道外水压力确定的渗流分析方法级排水方案比较[J]. 岩石力学与工程学报,2002,21(增2).
[26] 郑颖人,等. 地下工程锚喷支护设计指南[M]. 北京:中国铁道出版社, 1988.
[27] 于学馥,等. 地下工程围岩稳定性分析[M]. 北京:煤炭工业出版社, 1983.
[28] 李淑娟. 索风营水电站地下厂房开挖与永久性支护施工[J]. 贵州水力发电. 2004.6.
[29] 中华人民共和国建设部. GB 50086—2001 锚杆喷射混凝土支护技术规范[M]. 中国计划出版社, 2001.
[30] 李晓昭,等. 青岛胶州湾隧道围岩岩体质量、工程特性与参数研究[R]. 南京大学,2007.
[31] 罗朝廷,等. 胶州湾隧道高性能初期支护和检验手段研究报告[R]. 中铁西南科学研究院,2007.

第8章 混凝土材料与结构耐久性

本项目在调查研究和文献分析基础上，围绕海底隧道建设关键技术问题，立足海底隧道的绿色施工，从海底隧道耐久性设计、C50高性能衬砌混凝土制备与应用、施工、检测与耐久性评估、施工弃渣综合利用等几个方面进行了系统地研究和开发。

8.1 海底隧道衬砌混凝土耐久性设计

青岛胶州湾海底隧道的服役环境主要包括：与海水成分相近的渗漏地下水、富含高浓度氯离子的盐雾，汽车尾气排放的高浓度 CO_2 气体，这三者复合作用将会导致衬砌混凝土中钢筋锈蚀。近年来，青岛日最低气温低于 -5℃的天数累计年平均为28天，最多58天，隧道口附近混凝土的冻融循环破坏不容忽视。此外，洞口段汽车飞溅水将导致衬砌混凝土受到干湿循环破坏作用，海水中的硫酸盐也将导致衬砌混凝土破坏。依此确定胶州湾海底隧道混凝土服役环境类别为：海域段隧道衬砌混凝土接触空气一侧的环境作用等级：III-E（非常严重），海域段隧道衬砌混凝土接触围岩一侧的环境作用等级：III-D（严重）。

依据海底隧道服役环境分析，建立了综合考虑碳化和氯离子扩散复合作用导致衬砌混凝土中钢筋锈蚀的服役寿命预测模型。

$$t = \left\{\left\{\frac{2}{x - \Delta x}\mathrm{erf}^{-1}\left[1 - \frac{C_c}{\gamma_1}\frac{1}{A(w/b)\gamma_2}\right]\right\}^{-2} \cdot \frac{1}{Dk_e k_c t_0^n \gamma_3}\right\}^{\frac{1}{1-n}} \tag{8-1}$$

根据胶州湾海底隧道衬砌混凝土服役环境条件和寿命预测模型计算，提出了衬砌混凝土耐久性设计参数：①海底隧道要达到100年服役寿命，其衬砌混凝土靠近空气一侧保护层厚度应大于60mm，靠近土体一侧应大于50mm；②混凝土初始氯离子浓度应小于0.35kg/m^3；③氯离子扩散系数应小于 4×10^{-12}m^2/s，水胶比 w/b 应小于0.34，混凝土强度等级应高于C50。④洞口段衬砌混凝土抗冻指数DF =70%。

8.2 海底隧道C50高性能衬砌混凝土制备与施工技术研究

目前，隧道二次衬砌混凝土普遍存在易开裂、难施工、拱顶部位易出现空洞等问题，本项目通过原材料的优选与优化，采用大掺量矿物掺和料、低水泥用量（水泥用量仅为250kg/m^3）和多重复合技术制备了系列高性能混凝土。通过混凝土的工作性、物理力学性能、耐久性、体积稳定性研究，建立了混凝土氯离子扩散系数、碳化深度与混凝土强度等级间的关系，见图8-1。通过衬砌混凝土性能与其原材料、配合比参数之间的关系，在理论分析和试验研究的基础上提出了海底隧道C50高性能衬砌混凝土配合比。

根据试验结果与理论分析，本项目最终为胶州湾海底隧道提供了 C50 高性能基准混凝土配合比、C50 高性能防水抗裂混凝土配合比、C50 掺超细矿粉高性能混凝土配合比和 C50 高性能纤维混凝土配合比。考虑到海底隧道施工现场实际情况，对高性能衬砌混凝土的搅拌、浇注、泵送、振动及养护工艺等进行了详细的研究，制定了相应的操作技术规程。

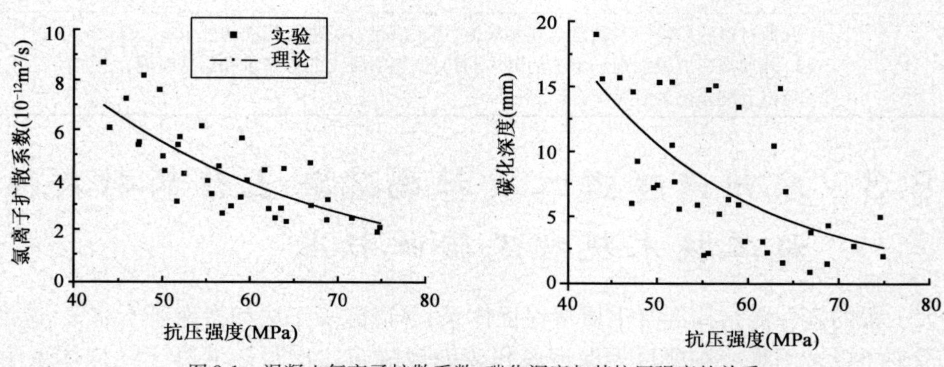

图 8-1　混凝土氯离子扩散系数、碳化深度与其抗压强度的关系

目前 C50 高性能基准混凝土配合比（表 8-1）已在胶州湾海底隧道中成功使用。施工现场 C50 高性能衬砌混凝土出泵坍落度为 180 ~ 200mm，泵送浇注效果良好；混凝土早期强度发展迅速，模板周转率大幅度提高；浇注混凝土密实度高，解决了二次衬砌拱顶空洞的通病；混凝土体积稳定性良好，解决了衬砌混凝土的开裂问题。衬砌混凝土强度、氯离子扩散系数、抗渗等级、抗冻指数等均满足设计要求。

C50 高性能基准衬砌混凝土配合比　　表 8-1

<table>
<tr><th colspan="2">项　目</th><th colspan="6">指　标</th></tr>
<tr><td rowspan="8">混凝土性能</td><td rowspan="2">强度</td><td colspan="6">≥21MPa(3d)</td></tr>
<tr><td colspan="6">≥58MPa(28d)</td></tr>
<tr><td>抗渗等级</td><td colspan="6">≥S12</td></tr>
<tr><td>水胶比</td><td colspan="6">≤0.34</td></tr>
<tr><td>28d 氯离子扩散系数</td><td colspan="6">≤$4\times10^{-8}cm^2/s$</td></tr>
<tr><td>水溶性氯离子含量</td><td colspan="6">≤$0.35kg/m^3$</td></tr>
<tr><td>碱含量</td><td colspan="6">≤$3kg/m^3$</td></tr>
<tr><td colspan="0" style="display:none"></td></tr>
<tr><td rowspan="2">配合比
(kg/m^3)</td><td>水泥</td><td>磨细矿粉</td><td>粉煤灰</td><td>砂</td><td>石</td><td>水</td><td>减水剂</td></tr>
<tr><td>250</td><td>145</td><td>75</td><td>730</td><td>1095</td><td>150 ~ 155</td><td>5.2 ~ 6.0</td></tr>
<tr><td rowspan="7">材料
要求</td><td>水泥</td><td colspan="6">52.5 硅酸盐水泥，细度≤$360m^2/kg$，C_3A 含量≤8%，游离氧化钙≤1.5%，水溶性氯离子含量≤0.02%，含碱量≤0.6%。</td></tr>
<tr><td>磨细矿粉</td><td colspan="6">应为 100% 水淬高炉矿渣制得的 S95 或 S105 级矿粉，比表面积应控制在 350 ~ $450m^2/kg$，三氧化硫含量≤3%，水溶性氯离子含量≤0.02%，可溶性碱含量（按 $Na_2O+0.658K_2O$ 计算）≤0.45%。</td></tr>
<tr><td>粉煤灰</td><td colspan="6">Ⅰ级粉煤灰，细度≤12%，烧失量≤4%，需水量比≤95%，三氧化硫含量≤3%，水溶性氯离子含量≤0.02%，可溶性碱含量（按 $Na_2O+0.658K_2O$ 计算）≤0.30%。</td></tr>
<tr><td>砂</td><td colspan="6">细度模数 2.4 ~ 3.0 的河砂，控制 4.75mm、0.6mm 和 0.15mm 筛的累计筛余量分别为 0 ~ 5%、40% ~ 70% 和≥95%，含泥及泥块量≤2%，云母及轻物质含量≤1.0%，水溶性氯离子含量≤0.01%，无潜在的碱活性。</td></tr>
<tr><td>石子</td><td colspan="6">5 ~ 25mm 连续级配的碎石，堆积密度应大于 $1500kg/m^3$，较致密石子如石灰岩应大于 $1600kg/m^3$，吸水率≤2%，空隙率宜不大于 40%（最大不超过 42%），压碎指标宜不大于 7%（最大不超过 12%），针片状颗粒总含量宜不大于 5%（最大不超过 10%），含泥及泥块量≤1.5%，水溶性氯离子含量≤0.01%，无潜在的碱活性。</td></tr>
<tr><td>水</td><td colspan="6">氯离子含量≤200mg/L；硫酸盐含量按 SO_4^{2-} 计不大于 0.22%。</td></tr>
<tr><td>减水剂</td><td colspan="6">水溶性氯离子含量≤0.2%，与水泥和掺合料有良好的相容性，推荐掺量下限时的减水率≥30%，并能根据工程施工需要调整凝结时间和含气量。</td></tr>
</table>

续上表

项目		指标
坍落度要求	搅拌机出口	≥180mm
	入泵前	≥160mm
备注		(1)原材料的质量除了满足上述要求外，还须满足有关现行标准的要求； (2)外加剂还应根据现场施工的要求，时时调整混凝土的含气量和凝结时间； (3)以上配合比为参考配合比。

8.3 胶州湾隧道二次衬砌混凝土结构耐久性施工技术规程及验收标准

当今重大工程的高性能结构混凝土质量保证体系、严谨施工工法和指南还不完善，这为海底隧道耐久性的保证带来了极大困难。本项目为保证胶州湾海底隧道二次衬砌混凝土结构体系耐久性施工质量，使其符合安全、适用、耐久的要求，并达到100年设计使用年限，研究了水泥、矿物掺和料、外加剂、水、砂、石等原材料、衬砌混凝土质量及耐久性施工(结构防排水、施工监控量测、钢筋安装、台车定位衬砌混凝土计量、搅拌、运输、浇注、振捣、养护、拆模、施工缝及变形缝)控制措施和相应的验收标准。通过上述研究，编制了《胶州湾隧道二次衬砌混凝土结构耐久性施工技术规程及验收标准》。该规程已在胶州湾海底隧道工程建设、监理过程中得到运用，有效地保证了隧道建设质量，并为今后海底隧道建设提供了指导性文件。

8.3.1 混凝土拌和

(1)称量

①称量和配水机械装置，应维持在良好状态。其精确度应准确到±0.4%，并应至少每周校核一次。如监理工程师认为必要，应以精确的质量和体积对比进行精度校核。

②所有混凝土材料均应按照质量称量。混凝土搅拌站集中拌制的商品混凝土，原材料计量允许偏差不应超过表8-2规定的范围。

混凝土原材料计量允许偏差表(%)　　表8-2

序号	原材料品种	水泥	集料	水	外加剂	掺合料
1	每盘计量允许偏差	±1	±2	±1	±1	±1

(2)拌和

①混凝土只能按工程当时需用的数量拌和。已初凝的混凝土不得使用，不允许用加水或其他办法变更混凝土的稠度。浇筑时坍落度不在表8-3规定限界之内的混凝土不得使用，并应按监理工程师指示处理。

②混凝土可在工程现场、拌和厂或搅拌车中拌和。应使用经过监理工程师批准的类型和容量的搅拌设备。施工用拌和设备应能自动控制混合料的配合比、水灰比以及自动控制进料(各种集料、水泥、水)和出料，并自动控制混合料的拌和时间。所有搅拌设备都应始终保持良好的状况，任何不合规格及不符合上述规定的完好设备，或有缺陷的搅拌设备不得用于混凝土的拌和，均须撤出工地。

③混凝土拌和工作，应将各种组合材料搅拌成分布均匀、颜色一致的混合物。最短连续搅拌时间，从所有材料进搅拌筒到混凝土从搅拌筒排出的最短时间应按设备出厂说明书的规定，并经试验确定，掺有掺合料的混凝土拌和时间应适当延长30～60s，具体延长时间通过现场试验决定。现场搅拌时间不得低于表8-3要求。

④搅拌站集中搅拌搅拌机应采用符合 GB/T 9142 标准规定的固定式搅拌机,当采用搅拌运输车运送混凝土时,其搅拌最短时间应符合设备说明书的规定,并且每盘搅拌时间(从全部材料投完算起)不得低于30s,在制备C50以上强度等级的混凝土或采用引气剂、膨胀剂、防水剂时应相应增加搅拌时间。

⑤搅拌筒的转动速度,应按搅拌设备上标出的速度操作。

最短拌和时间(mm)　　表8-3

搅拌机型	搅拌机容量(L)	坍落度 (mm)		
		0~30	30~70	>70
强制式	≤400	1.5	1.0	1.0
	≤1500	2.5	1.5	1.5
	掺加聚羧酸高效减水剂的混凝土,搅拌时间不得少于3min.			

⑥每盘混凝土拌和料的体积不得超过搅拌筒标出的额定容量的10%。对额定容量每盘少于一袋水泥的搅拌设备不得使用。

⑦在水泥和集料进筒前,应先加一部分拌和用水,并在搅拌的最初15s内将水全部均匀注入筒中。筒的入口应无材料积结。

⑧除非监理工程师另外同意,搅拌筒拌和的第一盘混凝土粗集料数量只能用到标准数量的2/3。

⑨在下盘材料装入前,搅拌筒内的拌和料应全部倒光。搅拌设备停用超过30min时,应将搅拌筒彻底清洗才能拌和新混凝土。如改变水泥类型时,应彻底清洗搅拌设备。

⑩工地现场均应准备应急的完好搅拌设备,以应付随时出现的问题。

(3)混合料的质量控制

承包人应配备有能力、有经验的技术人员负责拌和操作及全面质量控制,其主要职责应包括下列各项,但不限于此:

①保证混合料各组成部分材料合适储存和装卸。

②保证工厂、卡车以及其他设备良好的保养及良好的清洁状态。

③经常进行粗、细集料的级配检查分析以保证符合规范和混凝土质量。

④为保证规定的设计水灰比,在每日或每班生产前要进行含水量分析并相应地修正配合比。

⑤根据批准的配合比,在每生产日进行配合比质量计算,或作必要的工厂校正检验。

⑥根据规范准确地作好所有混凝土的配料。

⑦在出料前,准确地填写清楚原始记录卡,包括下列能够取得的资料:

a. 混凝土供应者名称;

b. 原始记录卡的编号;

c. 日期及运输车号;

d. 结构名称或浇筑位置;

e. 配合比设计及混凝土等级鉴定;

f. 所有组成成分的数量及混凝土的总体积;

g. 按集料中含水量对拌和时的用水量作修正;

h. 工厂中混合料总含水量和出料前外加水量;

i. 配料和出料时间

⑧本条中③~⑤款的工作单在完成后应送监理工程师一份。承包人应配备能进行上述试验和控制所需设备。

8.3.2 混凝土运输

(1)用以运输及存放混凝土的容器应不渗漏、不吸水,必须在每天工作后或浇筑中断超过30min时予以清洗干净。

(2)为了避免日晒、雨淋和寒冷气候对混凝土质量的影响,当需要时,应将运输混凝土的容器加上遮盖物。

(3)从加水拌和到入模的最长时间,应由试验室根据水泥初凝时间及施工气温确定,并应符合表8-4的规定。

混凝土拌和物运输时间限制(min)　　表8-4

气温(℃)	无搅拌运输	有搅拌运输
20~30	30	60
10~19	45	75
5~9	60	90

注:表列时间系指从加水搅拌至入模时间。

(4)用混凝土泵或带式运输机运送混凝土时,应按《公路桥涵施工技术规范》(JTJ 041—2000)第11.5.3条和第11.5.4条有关规定执行。

(5)商品混凝土的运送时间系指从混凝土由搅拌机卸入运输车开始至该运输车开始卸料为止。运送时间应满足合同规定,当合同未作规定时,采用搅拌运输车运送的混凝土,宜在1.5h内卸料;当最高温度低于25℃时,运送时间可延长0.5h。如需延长运送时间,则应采取相应技术措施,并应通过试验验证。

(6)混凝土的运送频率,应能保证混凝土施工的连续性。

(7)严禁向运输车内的混凝土任意加水。

8.3.3 混凝土浇筑

(1)一般要求

①混凝土的浇筑方法,应经监理工程师批准,并尽可能采用混凝土泵送施工。

②浇筑混凝土前,全部支架、模板和钢筋预埋件应按设计图纸要求进行检查,并清理干净模板内杂物,不得有滞水、锯末、施工碎屑和其他附着物质,未经监理工程师检查批准,不得在结构任何部分浇筑混凝土。在浇筑时对混凝土表面操作应仔细周到,使砂浆紧贴模板,以使混凝土表面光滑、无水囊、气囊或蜂窝。

③混凝土分层浇筑厚度不应超过表8-5的规定。混凝土的浇筑应连续进行,如因故必须间断,间断时间应小于前层混凝土的初凝时间或能重塑的时间。混凝土的运输、浇筑及间歇的全部时间不得超过表8-6的规定。

混凝土分层浇筑厚度　　表8-5

项　次	振捣方法		浇筑层厚度(mm)
1	用插入式振动器		300
2	用附着式振动器		300
3	用表面振动器	无筋或配筋稀疏时	250
		配筋较密时	150
4	人工捣实	无筋或配筋稀疏时	200
		配筋较密时	150

混凝土的运输、浇筑及间歇的全部允许时间(min)　　表8-6

混凝土强度等级	气温不高于25℃	气温高于25℃	混凝土强度等级	气温不高于25℃	气温高于25℃
≤C30	210	180	>C30	180	150

注:当混凝土中掺有促凝剂或缓凝剂时,其允许时间应根据试验结果确定。

④混凝土在浇筑前,混凝土的温度应维持10℃至32℃之间。

⑤混凝土浇筑坍落度实测值与设计值之差符合表8-7的规定。

坍落度允许偏差(mm)　　表8-7

规定的坍落度	允许偏差	规定的坍落度	允许偏差
≤40	±10	50~90	±20
≥100	±30		

⑥除非监理工程师另外同意，混凝土由高处落下的高度不得超过2m。超过2m时应采用导管或溜槽。超过10m时应采用减速装置。导管或溜槽，应保持干净，使用过程要避免发生离析。

⑦浇筑混凝土期间，应设专人检查支架、模板、钢筋和预埋件等稳固情况，当发现有松动、变形、移位时，应及时处理。

⑧混凝土初凝至达到拆模强度之前，模板不得振动，伸出的钢筋不得承受外力。

⑨在晚间浇筑混凝土，承包人应具有监理工程师批准的适当的照明设施。

⑩工程的每一部分混凝土的浇筑日期、时间及浇筑条件都应保有完整的记录，供监理工程师随时检查使用。

(2)泵送混凝土

①泵送混凝土在浇筑之前必须进行配合比及有关的预备试验，并经监理工程师书面批准。混凝土泵送施工工艺见《混凝土泵送施工技术规程》(JGJ/T 10—1995)有关规定。

②在浇筑混凝土开始之前，先泵送一部分水泥砂浆，以润滑管道。而后，最先泵出的混凝土应废弃，直到排出监理工程师认可的、质量一致的、和易性好的混凝土为止。

③混凝土的泵送作业，应使混凝土连续不断地输出，且不产生气泡。泵送作业完成后，管道里面残留的混凝土应及时排出，并将全部设备彻底进行清洗。

④泵机开始工作后，中途不得停机，如非停机不可，停机时间一般不应超过30min，炎热气候不能超过10min。停机期间应每隔一定时间泵动几次，防止混凝土凝结堵塞管道。

(3)耐久性混凝土的浇筑

①耐久性混凝土的材料及配合比要求应符合规范有关要求。

②配制耐久性混凝土必须准确控制用水量，砂石中的含水量应仔细测定后从用水量中扣除。除事先规定的部分用水可留在现场补加外，严禁在材料出机后再加水。

③高效减水剂宜采用后掺法，如制成溶液加入应在用水量中扣除这部分溶液用水。

④加入减水剂后，混凝土拌和料在搅拌机中继续搅拌的时间，当用粉剂时不得少于60s，当用溶液时不得少于30s。

⑤拌制耐久性混凝土必须使用强制式搅拌机，宜采用二次投料法拌制。

⑥混凝土的浇筑应连续进行，如因故必须间断时，其间断时间小于前层混凝土的初凝时间或能重塑时间。允许间断时间应经试验确定。若超过间断时间，须采取保证质量措施或按工作缝处理。

8.3.4　混凝土捣实

8.3.4.1　一般要求

所有混凝土，一经浇筑，应立即进行全面的捣实，使之形成密实、均匀的整体。

8.3.4.2　设备

(1)除非监理工程师书面许可采用其他方法，混凝土的捣实，一般均应使用内部机械振捣；混凝土构件顶面部分，预应力混凝土构件或其他特殊地方可用外部机械振捣。

(2)振捣器的类型应经监理工程师批准，振捣器应能以每分钟不小于4500脉冲的频率传递振动于混凝土，使在距振捣点至少0.5m以内的混凝土产生25mm坍落度的可见效应。

(3)工地上应配有足够数量的处于良好状态的振捣器，以便可随时替补。

8.3.4.3　振捣

(1)振捣应在浇筑点和新浇筑混凝土面上进行，插入振捣器振捣混凝土时应快插慢拨，以免产生空洞。

(2)振捣器要垂直地插入混凝土内，并要插至前一层混凝土，以保证新浇混凝土与先浇混凝土结合良好，插进深度一般为50~100mm。

(3)插入式振捣器移动间距不得超过有效振动半径的1.5倍。表面振捣器移位间距,应使振动器平板能覆盖已振实部分100mm左右。

(4)当使用插入式振捣器时,应尽可能地避免与钢筋和预埋构件相接触。

(5)模板角落以及振捣器不能达到的地方,辅以插针振捣,以保证混凝土密实及其表面平滑。

(6)不能在模板内利用振捣器使混凝土长距离流动或运送混凝土,以致引起混凝土产生离析。

(7)混凝土振捣密实的标志是混凝土停止下沉、不冒气泡、泛浆、表面平坦。

(8)混凝土捣实后1.5~24h之内,不得受到振动。

8.3.5 质量检验

8.3.5.1 一般要求

(1)除非监理工程师另有批准,混凝土及混凝土材料的试验,均须按本节所规定的试验标准进行。

(2)所有取样应在监理工程师在场的情况下由承包人进行。

(3)试验应在监理工程师批准的试验室进行,必要时可送到独立的试验室进行试验,其试验费用均应由承包人负担。

(4)混凝土及其原材料的取样及试验按《公路工程水泥及水泥混凝土试验规程》(JTG E30—2005)进行;水泥取样按《水泥取样方法》(GB 12573—1990)执行。

8.3.5.2 原材料质量

(1)水泥。进场的水泥必须同时附有合格证与出厂检验报告,按不同的品种、等级分别储存在专有的仓罐内,并做好明显标记。

同厂家、同品质、同编号、同生产日期的水泥,袋装不超过200t为一批、散装不超过500t为一批验收,不足200t或500t也作为一批,每批至少取样一次,取样一般在20个以上的不同部位取等量样品,总数至少12kg。按《水泥胶砂强度检验方法(ISO法)》(GB/T 17671—1999)、《水泥标准稠度用水量、凝结时间、安定性检验方法》(GB/T 1346—2001)、《水泥细度检验方法》(GB/T 1345—2005)的规定做胶砂强度(3d、28d)、安定性、凝结时间、细度等项目试验。若对水泥品质有怀疑时,可委托有关单位做组成材料分析试验。

储存期超过3个月的水泥,使用前应重新检验,并相应调整配合比。

(2)水。非饮用水使用前应按《混凝土拌和用水标准》(JGJ 63—2006)检验其质量。如水源有变或对水质有怀疑时,应及时检查。

(3)集料。砂石质量应符合《建筑用砂质量标准及检验方法》(GB/T 14684—2001)、《建筑用碎石、卵石质量标准及检验方法》(GB/T 14685—2001)规定。泵送混凝土用骨料还应符合《混凝土泵送施工技术规程》(JGJ/T 10—1995)中对粗、细骨料的要求。

碎石:对进场的同料源、同级配的碎石每400m^{3}为一批验收,每批至少取样一次,做筛分分析试验、视密度试验、容重试验、含泥量试验和针、片状含量试验、压碎指标值试验。

砂:对进场的同料源、同开采单位,每400m^{3}为一批验收,每批至少取样一次,做筛分分析试验、视密度试验、容重试验、含泥量试验。

在施工中,对集料含水率每工作班至少测定两次,天气骤变时,应酌情增加次数。

8.3.5.3 原材料称量

(1)水泥:使用散装水泥时,每工作班至少检查四次。

(2)水:每工作班至少检查二次。

(3)集料:每工作班至少检查二次。

(4)外加剂:每工作班至少检查四次。

8.3.5.4 混凝土检查

(1)商品混凝土的质量应符合《预拌混凝土》(GB/T 14902—2003)和《预拌混凝土生产技术规程》

(DG/TJ 08—27—2009)的规定。

(2)初始取样:初始取样用作检验入模前的混凝土的温度、含气量和坍落度。在开始浇筑混凝土时,应对每单元(一盘,或连续体积拌和时每 $10m^3$)取样,并对温度、含气量和坍落度作试验(每个单元均取样且作三种试验)。当三个连续单元的温度、含气量和坍落度的试验结果在规范规定限度之内时,可以对每5个连续单元随机取其中一个单元作含气量试验和坍落度试验,或两者均做试验。但当任何随机取样的试验结果超出规范限度时,仍然要对要求的各项性质的试验项目全部取样和试验。

应根据施工需要,另制取几组与结构物同条件养护的试件,作为拆模、吊装、张拉预应力、承受荷载等施工阶段的强度依据。如监理工程师需要取几组对比同条件下结构物的养护效果,承包人应无条件服从,并不得另行付费。

温度、含气量和坍落度的取样应按《公路工程水泥及水泥混凝土试验规程》(JTG E30—2005)规定,取样时间在混凝土出料 $0.2m^3$ 至 $0.6m^3$ 之间。温度、含气量和坍落度的测定,监理工程师在场情况下由承包人进行。

温度、含气量和坍落度应分别符合规范和表8-7的要求。

另外,二次衬砌耐久性混凝土配合比需进行氯离子扩散系数检测,同标段、同施工工艺、同配合比混凝土要按相关规定进行抽检。

(3)验收取样:验收取样用作检验混凝土强度,并按以下规定进行:

①不同等级及不同配合比的混凝土应分别制取试样,试样应在拌和机流出点制取,预拌混凝土则自送货车流出点提取。一组试件由3个150mm×150mm×150mm立方体组成,由承包人在监理工程师指导下完成;如果监理工程师认为必要,另加3个立方体作为监理工程师复检之用;用于强度预测的立方体个数由承包人自定。

②一般体积的结构物(如基础),每一单元制取2组。

③连续浇筑大体积结构物,每80~200m^3或每一工作班应制取2组。

④小型结构物,每座、每群或每工作班不少于制取2组。当原材料和配合比相同,并由同一拌和站拌制时,可几座或几处合并制取2组。

⑤一组试样的强度为组成这一组试样的3个立方体的28天抗压极限强度的平均值。

(4)评定:抗压强度的试验验收,应按是否符合混凝土的设计等级进行评定。

①统计方法评定:应以同样的等级、混合料和配合比的混凝土组成同一检验批。

一批试件≥10组时,以统计方法按下述评定,须同时满足两个条件:

$$\overline{R}_n - K_1 S_n \geq 0.9R \tag{8-2}$$

$$R_{min} \geq K_2 R \tag{8-3}$$

式中:n——同批混凝土试件组数;

$\overline{R}_n$——同批 n 组试件强度平均值(MPa);

S_n——同批 n 组试件强度的标准差(MPa),当 $S_n < 0.06R$ 时,取 $S_n = 0.06R$;

R——混凝土强度等级(MPa);

R_{min}——同批各组试件中强度最低一组的值(MPa);

K_1,K_2——合格判定系数见表8-8。

K_1、K_2 值　　表8-8

n	10~14	15~24	≥25
K_1	1.70	1.65	1.60
K_2	0.90	0.85	0.85

②非统计方法评定：如同批混凝土试件少于10组，可采用非统计方法评定，须同时满足两个条件：

$$\overline{R}_{\mathrm{n}} \geqslant 1.15R \tag{8-4}$$

$$R_{\min} \geqslant 0.95R \tag{8-5}$$

式中符号意义同式(8-2)和式(8-3)。

③除上述步骤外，监理工程师可以拒收任何明显有缺陷的混凝土，或通过试验并拒收任何不符合本规范要求的混凝土。

任何混凝土不符合上述规定者，或有缺陷且其位置对结构将有不能容忍的有害影响时，应令其除去，并代以合格混凝土。替代的混凝土应遵照本规范进行生产和验收。移去和重新浇筑的混凝土，其费用由承包人承担。

8.3.5.5　结构物的检查

(1)结构物的检查项目应符合其后各节中对结构物的检查要求。

(2)外观检查

①混凝土表面应平整、密实，施工缝整齐。外露部分无模板接头痕迹和颜色不均匀现象。

②在任一延米的隧道面积中，拱圈、侧墙及基础混凝土蜂窝、麻面面积不超过0.5%，深度不超过10mm。

③小型构件的外形轮廓清晰，线条直顺，无翘曲现象，无蜂窝、麻面。

④所有蜂窝、麻面，不整齐的施工缝及缝宽大于0.15mm的裂缝，应按规范要求进行修整，并符合有关要求。

8.4　海底隧道高性能衬砌混凝土耐久性评定

作为国内外第一个使用C50高性能衬砌混凝土的海底隧道工程，其C50混凝土实际使用效果如何，其服役寿命能达到多少年？回答这些问题对构筑海底隧道耐久性评估体系具有重要意义。本项目测试了海底隧道衬砌混凝土的强度波动，见图8-2；氯离子扩散系数，见图8-3；混凝土保护层波动，见图8-4；测试了混凝土的初始氯离子浓度、碱含量、抗渗透性、抗冻性能、抗碳化性能等。测试了海底隧道衬砌混凝土芯样强度与氯离子扩散系数。现场试验结果表明，衬砌混凝土各项指标均满足耐久性设计要求。

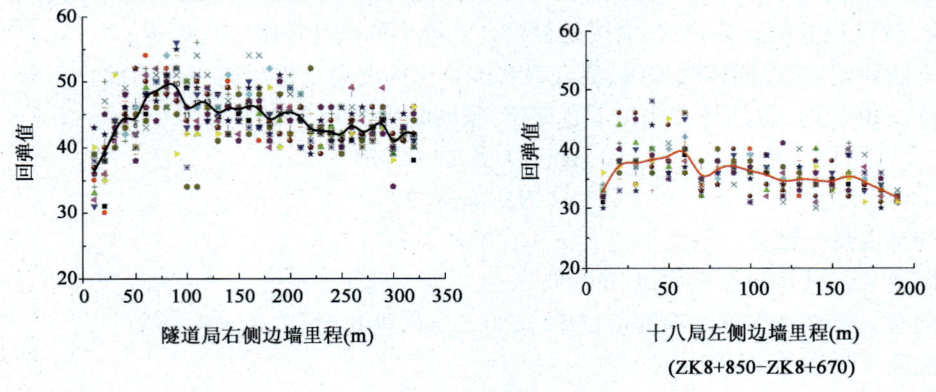

图8-2　衬砌混凝土回弹强度波动

为准确预测胶州湾海底隧道已施工衬砌混凝土的耐久性能及服役寿命，考虑衬砌混凝土的服役环境条件和受力特点，综合考虑碳化、氯离子扩散和弯曲荷载对衬砌混凝土服役寿命的影响，修正了衬砌混凝土服役寿命预测模型。

$$t = \left\{\left\{\frac{2}{x-\Delta x}\mathrm{erf}^{-1}\left[1-\frac{C_{\mathrm{c}}-C_0}{\gamma_1}\frac{1}{A(w/b)\gamma_2}\right]\right\}^{-2}\cdot\frac{1}{Dk_{\mathrm{carbon}}(1+m(\sigma s)^{\mathrm{p}})k_{\mathrm{e}}t_0^{\mathrm{n}}\gamma_3}\right\}^{\frac{1}{1-n}} \tag{8-6}$$

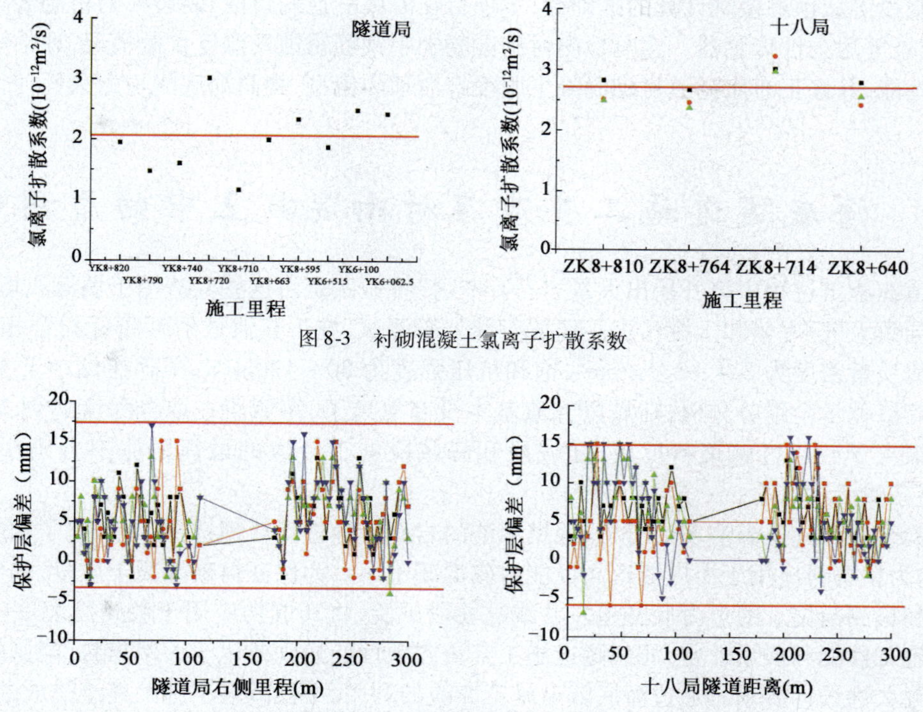

图 8-3　衬砌混凝土氯离子扩散系数

图 8-4　海底隧道衬砌混凝土保护层波动

利用修正的寿命预测模型公式和测试获得的已施工衬砌混凝土耐久性参数，计算出胶州湾海底隧道左右线衬砌混凝土在不同服役年限中的氯离子渗透过程，如图 8-5 所示。

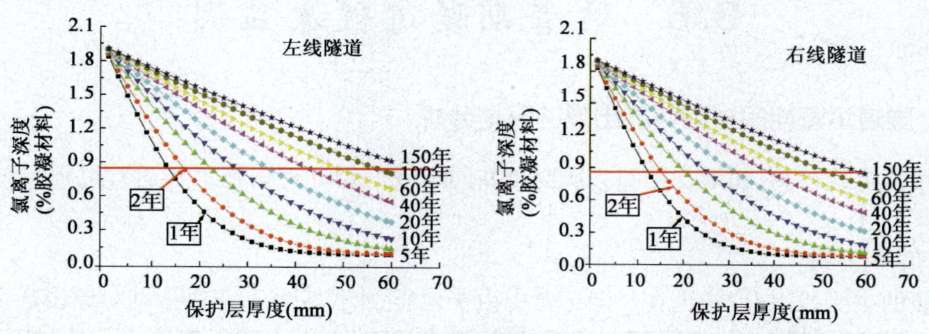

图 8-5　不同服役年限衬砌混凝土中氯离子渗透规律

根据施工里程内胶州湾海底隧道左右线衬砌混凝土的氯离子扩散系数和保护层厚度偏差调查，计算出海底隧道衬砌混凝土不同里程的服役寿命，其结果如图 8-6 所示。结果表明：已施工衬砌混凝土最小服役寿命达到 111.3 年（左线）和 131.5 年（右线），满足 100 年设计服役寿命要求。

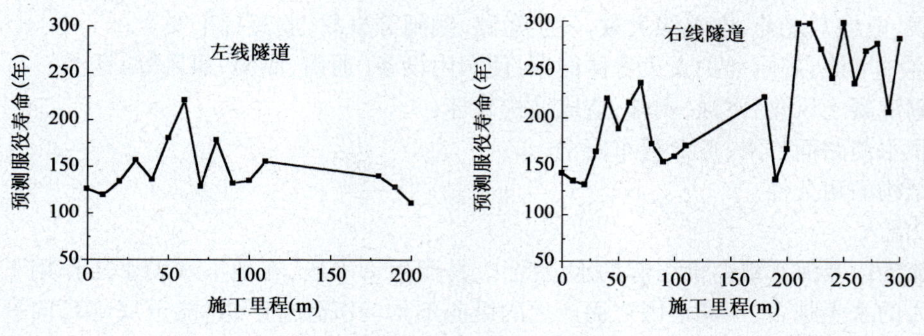

图 8-6　胶州湾海底隧道衬砌混凝土服役寿命预测

为验证服役寿命预测模型计算的准确性，本项目在海底隧道洞口段、断裂带的衬砌混凝土中安装阳极梯、环形电极等耐久性传感器。实时检测衬砌混凝土中钢筋锈蚀及湿度扩散情况，评估海底隧道衬砌混凝土耐久性能，并修正海底隧道衬砌混凝土服役寿命预测模型，提高海底隧道耐久性评估和寿命预测的准确性。

8.5 海底隧道施工弃渣在衬砌混凝土中的应用研究

海底隧道在施工过程中将开挖出大量岩石弃渣，传统做法是将这些弃渣用于填海或填充路基，这样将有可能会导致大气、水体和土壤污染。经放射性分析测试，施工弃渣放射性指标符合相关国家标准。海底隧道弃渣质量密度为2.4～2.7g/cm^2，饱和抗压强度为80～120MPa，压碎指标小于10%。通过海底隧道施工弃渣化学全组分分析，陆域段弃渣基本没有氯离子，海域段在取样深度达到26～30m以上也不再含有氯离子。通过碱集料反应，陆域段和海域段施工弃渣的最高膨胀率分别小于0.07%和0.08%，不存在碱活性风险。

依据试验结果和施工弃渣实地分析，根据弃渣的岩石特性进行合理选材，并研究了相应的生产加工工艺，将其作为粗集料应用于海底隧道高性能衬砌混凝土中。为保证衬砌混凝土质量，提出了施工弃渣的质量控制和检测措施。通过海底隧道左右线试验段试验，将其成功应用于胶州湾海底隧道中。通过衬砌混凝土施工性能和质量评定，海底隧道施工弃渣各项性能达到或优于天然集料，配制的高性能衬砌混凝土满足耐久性设计要求。通过海底隧道施工弃渣的利用，不仅减轻了施工弃渣排放的环境压力，而且降低了衬砌混凝土的生产成本，保证了衬砌混凝土的质量，环境、经济效益显著。胶州湾海底隧道在高性能衬砌混凝土中使用施工弃渣，这在国内外还是首次。

8.6 运营期隧道健康监测

8.6.1 隧道运营期间衬砌可能出现的病害分析

隧道采用复合式衬砌，初期支护和二次衬砌共同承载。经分析在施工和运营过程中可能产生病害如下：

(1)衬砌结构开裂

衬砌开裂的主要原因有：隧道在长期运营中由于地震、水位变化和车辆振动等原因产生的不均匀沉降；衬砌结构中钢筋锈蚀膨胀，使混凝土开裂；结构内力过大，在内力的长期作用下使衬砌发生裂缝；混凝土本身的缺陷。

(2)衬砌漏水

衬砌裂缝产生、发展、贯通，防水材料的弹性变形量不能适应裂缝要求以及长期使用导致防水材料老化失效等都是导致隧道漏水的重要原因。隧道漏水会带来一系列的病害：

①使电线、电缆等老化，电绝缘失效，发生短路、跳闸等事故，危及行车安全；

②洞内空气潮湿，影响养护人员身体健康，使洞内设备(通信、照明、通风等)锈蚀；

③使衬砌混凝土风化、腐蚀、剥落，造成结构破坏；

④路面积水使路面打滑，危及行车安全；

⑤降低结构的耐久性。

(3)土砂流入

海水的流动以及海水涨落潮引起的水位变化，易产生动水压，在地下水动水压作用下，由衬砌背后向隧道内漏入的水土越多，则隧道因之而产生的纵向不均匀沉降愈严重，隧道底部环向裂缝愈大，水土流失的增加与裂缝的加宽恶性循环发展，导致隧道塌坏。从国内外隧道结构塌坏的实例来看，这往往是发生隧道塌坏事故的最主要原因。

(4)隧道纵向不均匀沉降

隧道穿越的岩层的不均匀性是产生不均匀沉降的一个重要原因。此外隧道上方地面的局部荷载增量、隧道线路上的竖井等构筑物与隧道的差异沉降、隧道上方海水的涨落潮以及隧道渗漏等均可使隧道荷载沿轴向变化，导致不均匀沉降。隧道的不均匀沉降对于结构内力、防水和耐久性等产生影响。

(5)侵蚀性地下水对隧道衬砌的腐蚀

海水通过毛细作用、扩散作用等途径渗入混凝土内部。海水对混凝土和钢筋具有物理和化学侵蚀，导致混凝土风化、腐蚀、剥落，造成结构破坏。

(6)特殊因素对隧道结构体系的破坏

地震诱发地基震陷和液化，从而破坏隧道结构体系的；爆炸冲击、高温等对隧道结构体系的破坏；海底暗流造成河床冲刷，减薄隧道覆土深度，从而威胁隧道结构安全；

8.6.2　主要监测项目与维护对策

在地质条件明显变化处，最大水深段、风井与隧道交接处，最大荷载断面等隧道典型断面预埋监测仪器，通过监测仪器得到的数据可以分析隧道的运营状态，对于发生的病害或者可能发生的病害提出相应的维护补强措施，确保隧道的正常使用和耐久性。下面分述在运营过程中的主要监测项目、测试方法和测点布置。这些监测项目需要预设元件时应在施工期间即预埋进隧道结构体或地层中。

(1)锚杆内力监测

该项主要用于探明锚杆在施工过程中以及长期运营期间内力变化规律。锚杆内力量测采用光纤式表面应变计。需要监测的每根锚杆安装4个表面应变计，且等分锚杆长度。在埋设仪器前先将选定的锚杆进行加工，将需要焊接仪器的地方打磨平整使仪器安装后不扩大锚杆的断面积，以此来保证仪器在安装过程的安全性。

(2)作用在隧道初期支护上的土压监测

该项主要用于探明支护结构在施工过程中以及长期作用在隧道外侧上土压力量值及分布规律。测试仪器采用钢弦式土压力盒，量程为1.0MPa，其安装采用嵌入式安装，将感应面与隧道支护迎土面相平，保证感应面暴露并能感受外部压力。

(3)初期支护钢架应力的监测

该项主要用于探明钢架在施工期间及长期运营期间钢架应力变化规律。应变计在钢架主筋上埋设，每个埋点埋设两个光纤式表面应变计，对称布置。应变计外部加装防护罩，并在应变计与防护罩之间灌注耐海水的弹性填封胶防水。

(4)作用在隧道二次衬砌上的水压监测

该项主要用于探明运营期间作用在隧道二次衬砌结构上水压力量值及分布规律。孔隙水压测试仪器采用孔隙水压计，量程为0.8MPa。在安装前，首先对水压力计外部渗水石进行保护，确保其在施工中不被水泥砂浆封堵，充分发挥渗透作用，以感应水压力。

(5)二次衬砌结构内力监测

本项目用于探明在施工期间及长期运营阶段，衬砌结构在外侧荷载作用下所产生的内力值及其分布规律。内力测试仪器采用钢弦式钢筋应变仪，规格为40MPa。安装时应变仪的应变感应方向和受力主筋方向平行固定，每个测试断面内外侧各布置一个应变仪，应变仪和主筋在高度一致，将测试传输电缆导入专用走线孔。

由于本隧道设计年限为100年，而传统埋入式传感器的使用寿命目前普遍不超过10年，因此一旦传感器发生故障或超过使用寿命则无法进行更换，因此无法保证长期监测的需要。预埋的水土压力计只作为辅助监测手段。

(6)衬砌裂缝的监测

隧道衬砌裂缝的量测拟采用国际上先进的光纤光栅传感器。光纤传感器以其极高的灵敏度和精度、抗电磁干扰、高绝缘强度、耐高温、耐腐蚀、质量轻、柔韧、频带宽等大量的技术优势,还具有集传感与传输于一体,能与数值通信系统兼容等优异的特性。

监测点的布置对于监测效果是比较重要的,但由于目前国际上还很少有隧道健康监测的实例,因此,测点的布置只能根据分析可能产生变位的隧道与风井连接处、荷载变化处、最大荷载处、地质条件变化处、紧急停车带处及横通道等位置认为需要加密处。传感器布设见表8-9。

传感器布设表　　表8-9

监测项目	布置原则与传感器	大致布点数
隧道横向变形	按200m左右布置一个监测断面。重点监测断面有:隧道与风井连接处,隧底地质变化处,最大水压力处、最大土压力处。每个监测断面布置微小位移传感器,量测接缝处的位移,同时布置应力传感器,衬砌表面应变传感器,综合反映横断面的收敛变形。每个断面布设4只微小位移传感器、4只应力传感器、4只应变传感器。	两条隧道共40个监测断面、480个监测点。
结构外水土压力	约500m布置一个监测断面,每断面布置10个监测点。两条隧道可错开布置。	两条隧道共16个监测断面、160个测点。
渗漏	按200m左右布置一个监测断面,每断面在衬砌表面布置9个温度传感器。	两条隧道共40个监测断面、360个监测点。
结构震动特性	按200m布置一个监测断面,断面监测点布置按结构振动最大点布置,每断面在管壁可布置2个振动传感器,车道板下布置1个振动传感器。	两条隧道共40个监测断面、120个监测点。
钢筋锈蚀	按500m左右布置一个监测断面,每断面布置3个监测点。	两条隧道共16个监测断面、48个测点。

对于适时连续监测系统未能检测到,并通过现场检测发现的裂缝监测,裂缝深度可采用开裂部分钻孔的方法。测量裂缝宽度时在裂缝两侧用膨胀螺丝设置成对基准点预埋件,测读裂缝宽度变化以及错位。量测方法见图8-7。

(7)隧道断面收敛变形监测

用以测定隧道净空的变形。采用收敛计和光波测距仪对隧道断面形状以及建筑限界的富余量进行测定。

(8)隧道纵向不均匀沉降和水平位移监测

本隧道推荐采用瑞士SMARTEC公司研制的SOFO光纤测试系统。采用光纤测试系统分辨率高(2μm),不受周围温度、电磁场、湿度、振动和腐蚀的干扰,具有优越的长期稳定性,测量时间短,安装方便快捷,可以自动或远程测量,实现对隧道结构的实时监控。SOFO是建立在低相干干涉原理基础上的,利用来自发光二极管(LED)的光源发射到标准的单模光纤,通过耦合器进入到两根埋入或安装在被测结构的光纤中。测量光纤与被测结构紧密接触,随着结构的变化而变形,包括伸长和收缩。第二根光纤是参考光纤,自由安装在同一个管子中。在两根光纤的末端有反射镜,把光反射回耦合器,然后传输到分析仪。SOFO单元可以存储数据,也可以通过连接调制解调器(标准、无线、移动、电缆、光纤或以太网)进行远程控制。在隧道的全长安设SOFO光纤测试系统可以测量隧道的纵向不均匀沉降和水平位移;通过在典型断面布设SOFO光纤倾角仪还可以监测隧道的转动。

(9)漏水、水质、土砂流入量监测

若在运营过程中发生漏水,应该对漏水的范围、漏水量、水温、水质以及污浊度进行监测。对水质的检查主要是判定衬砌有无劣化的可能。主要检查项目有温度和外观(水温、颜色、浓度、臭气等),PH值(水的酸性、碱性)、碱性度(消耗OH^-、CO_4^{2-}、HCO^{3-}等酸的成分的含有量)、导电度(推定全融解物质量）、主要阴离子（Cl^-、SO_4^{2-}、HCO^{3-}）、主要阳离子（Ca^{2+}、Mg^{2+}、Na^+、K^+）。长期运营过程中，隧道周围围岩中的细粒成分（细砂、粉砂等）由于结构的破损或防水材料老化失效有可能流入隧道，由隧道下卧土层向隧道内漏入的水土越多，则隧道因之而产生的纵向变形愈严重，隧道底部环向裂缝愈大，水土流失的增加与裂缝的加宽恶性循环发展，导致隧道塌坏。因此应该对于流入土砂的量和位置，土砂的性质等进行测定，若土砂流入量较大，还应该及时调查衬砌背后围岩的状态。

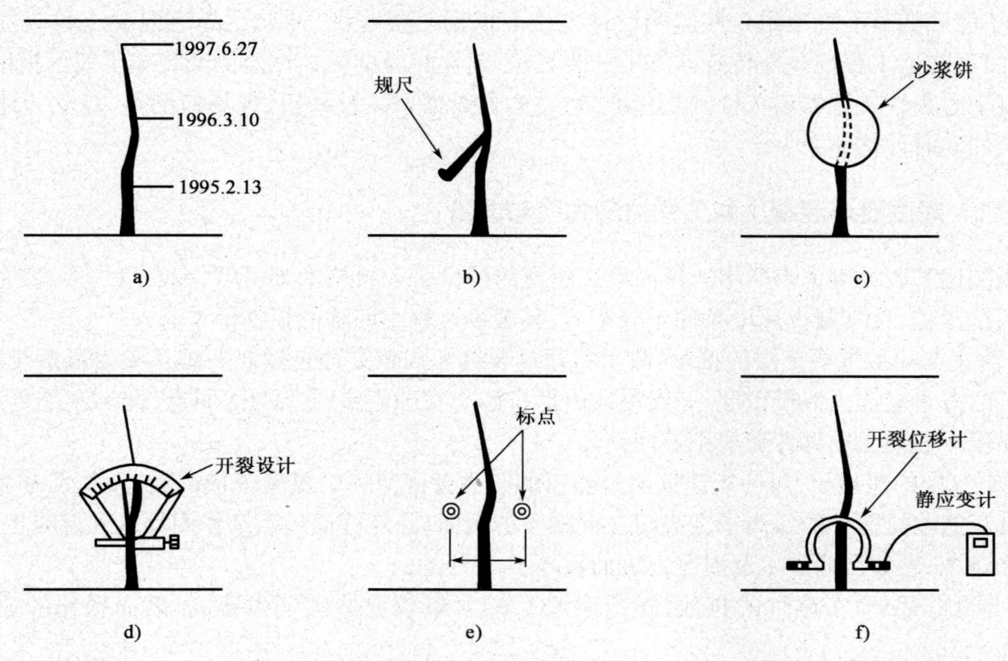

图8-7　裂缝监测示意图

a）开裂末端设置标志，用笔入观察日期；b）用规尺调查是否松动；c）开裂部位设置沙浆饼，调查是否有新的开裂；d）用开裂计测定开裂宽度；e）用标点及规尺测定开裂宽度；f）用开裂位移计测定开裂

（10）衬砌材料劣化监测

用以监测运营过程中，衬砌材料在各种因素的作用下是否发生劣化。可采用目视法、打击检查、超声波、炭化试验和化学分析等方法检查混凝土在长期运营状态下的材质、强度、炭化深度等的变化情况。采用混凝土回弹仪，用与弹簧相连的钢棒打击混凝土表面，根据回弹距离推定混凝土的强度。用混凝土回弹仪打击时在同一处打击20点以上且避免打击粗集料。此法测定值的离散性较大，只能推定强度的大概值但偏于安全。

（11）运营期隧址海底断面的监测

由于胶州湾湾口海底流速较大，对隧址海底有一定的冲刷，隧道顶覆土厚度直接关系到隧道的抗浮稳定性，因此在隧道运营期内每年必须对海底断面进行多次实测，以维护隧道的安全。

多波束测深系统可用于测量、显示和输出水下"地域"内海底地貌及地物信息，对于江河湖泊的综合整治、海洋测绘、堤防险工险段监测及水下沉没实体的摸探、海底管线铺设、海上石油平台施工与打捞等具有重要的实用价值。本隧道呈条带状，非常适合采用多波束测深系统进行地形测量，实时监控隧道上方地形变化状况。

以测深模式工作时，对水下地形以带条全覆盖的方式进行测量，对细微地形的变化都能完全反映出来。由于测量是全覆盖的，一次作业能由后处理软件生成多种比例尺测图，可满足多种需要，优于单波束回声仪按比例尺设计断面和测点间距，一次作业仅有一种比例尺成果；同时因其全覆盖作业，对于大比例尺的测绘具有优越性。

8.7 隧道结构耐久性监测

本项目主要通过胶州湾海底隧道服役环境分析和地质环境条件，提出了胶州湾海底隧道混凝土结构耐久性监测内容与设备；通过理论分析和工程调查，提出了胶州湾海底隧道混凝土结构耐久性监测方案，建立了海底隧道混凝土耐久性监测设计方法。依据工程进展，开展了隧道混凝土耐久性传感器安装，形成海底隧道工程耐久性传感器施工安装方法，建立相应的耐久性监测安装施工技术指南。提出了隧道混凝土耐久性传感器耐久性判定标准，通过监测数据采集及分析、现场检测等，建立了海底隧道混凝土耐久性实时评估体系。

8.7.1 海底隧道混凝土耐久性监测内容与设备

海底隧道其服役寿命100年。然而海底隧道的建设是一项技术难度高、突发事件多、安全性要求特别高的系统工程，且其服役环境条件十分恶劣，其服役过程中面临的损伤因素有：

(1)海水与喷射混凝土层的接触：海水将通过裂缝和孔隙穿过自然岩石到达喷射混凝土的表面，含有氯离子的海水会侵入混凝土层，并慢慢向内部扩散。在喷射混凝土的薄弱点、孔洞及裂缝处等，氯离子更容易侵入混凝土内部并造成钢筋网锈蚀。

(2)空气中的氯离子：以一定速度通过隧道的车辆会将空气中氯离子带进隧道，尤其是在隧道的两个出口处。这些盐雾中的氯离子会吸附在混凝土的表面，并能够通过扩散作用侵入到混凝土内部，最终引起钢筋腐蚀，导致裂缝产生及混凝土表面破坏。

(3)碳化作用：汽车尾气的排放，隧道中 CO_2 的含量较自然大气中要高，因而碳化的速度会显著加快。

(4)不同的干湿度：在隧道的两端，混凝土会直接暴露在不同的空气湿度中。毛细吸收是氯离子侵入混凝土内部的最主要作用。

(5)冻融循环：2010年青岛的冬季温度最低达到 -10℃，因此洞口段的冻融也是影响海底隧道混凝土耐久性的重要因素。

(6)其他因素：例如隧道内部汽车尾气、岩石破碎带、海水压力等都会对海底隧道混凝土耐久性造成影响。

其中氯离子和碳化作用导致混凝土中钢筋锈蚀，冻融作用和干湿循环导致混凝土本体损伤，从而导致混凝土保护层厚度降低；围岩劣化等导致混凝土损伤，从而导致外部腐蚀离子渗透速度加速。而上述3种损伤因素最终都会加速混凝土中钢筋锈蚀速度，从而缩短海底隧道的服役寿命。因此，针对胶州湾海底隧道上述损伤因素，本项目希望：①通过合理的耐久性传感器监测混凝土中钢筋锈蚀情况，特别是混凝土保护层损伤速度。②通过合理的耐久性传感器监测混凝土中的水分迁移不仅可以了解外部渗流海水与否，而且可了解混凝土饱水情况。

海底隧道全长7.8km，要在隧道内全部安装耐久性传感器是不现实的，通过海底隧道各关键部位混凝土结构的服役环境、受力特点，确定海底隧道混凝土结构耐久性健康监测位置。还将通过耐久性传感器数据采集，及时分析海底隧道混凝土结构服役现状，从而为隧道工程的维护和修复做出科学的建议。

根据海底隧道混凝土耐久性监测内容，优选了阳极梯和环形电极监测系统。

(1)阳极梯系统

阳极梯作为一种先进的耐久性测试体系，主要包括以下元件：①阳极梯：拥有6个单阳极的阶梯元，其中一个作为主要监测传感器的温度传感器；②阴极棒：直径为8mm，长度为40cm的钛铂合金棒，与阳极梯和钢筋混凝土相对应，用于电子监测的反电极；③连接导线(连接传感器和接线盒)；④接线盒，用于插监测插头的插座；⑤连接钢筋(通过粗制钢筋与导线的连接来监视钢筋的腐蚀行为)。阳极梯系统如图8-8所示。

通过阳极梯，可以监测混凝土由于表面作用而达到腐蚀临界条件的时刻，由此可以预测钢筋开始腐蚀的时刻。

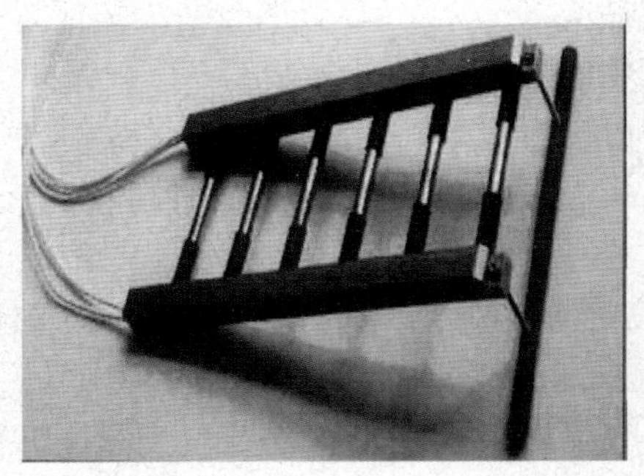
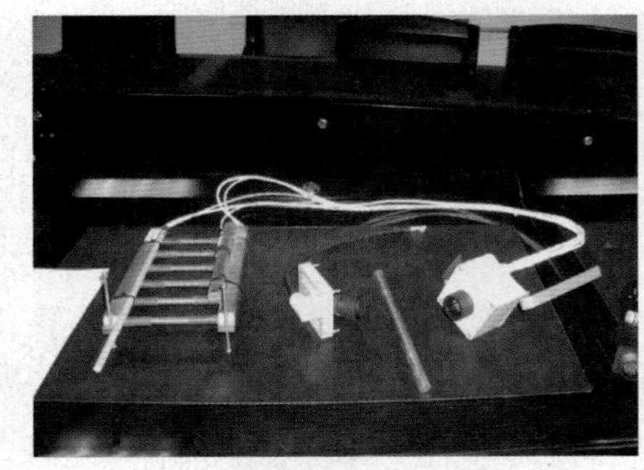

图8-8　阳极梯系统

(2)环形电极

环形电极主要通过测试混凝土不同深度的电阻来获得其水分分布情况，这对混凝土内部水分分布、水分迁移等监测具有十分重要的意义。环形电极由9片不锈钢钢片组成，通过测试两辆钢片间的电阻、电势以及电流，就可以获得混凝土内部的饱水情况。环形电极如图8-9所示。

图8-9　环形电极

8.7.2　海底隧道混凝土结构耐久性监测设计

根据海底隧道不同部位的围岩等级、断裂带分布、腐蚀离子传输及大气污染等分析，混凝土耐久性传感器主要安装到隧道混凝土最薄弱部位，以便监测隧道混凝土的耐久性现状，从而为胶州湾海底隧道混凝土服役现状作出科学的评价。根据海底隧道的围岩等级、里程分布、渗流水情况，考虑隧道混凝土结构服役环境条件，本项目确定了海底隧道混凝土结构耐久性传感器的安装方案，其主要监测部位如下：

(1)海底隧道隧道出入口

隧道出入口主要考虑以下几个因素：①洞口处处于海域附近，在上述区域盐雾腐蚀十分严重；②在下雨天，车辆出入将会带入外部的水分，从而在边墙附件导致干湿循环；③洞口部位承受冻融循环破坏。

(2)海底隧道Ⅴ级围岩破碎区域

围岩破碎区主要考虑以下几个因素：①围岩破碎，海水渗透量大且腐蚀离子浓度高；②破碎带有可能在将来会产生围岩变形，从而导致混凝土结构受力变化，从而加速腐蚀离子渗透。

针对阳极梯传感器的特点，结合胶州湾海底隧道的服役环境条件，本项目在胶州湾海底隧道的喷射混凝土层、二次衬砌混凝土内层、二次衬砌混凝土外层布置了阳极梯系统，以实现对整个隧道工程的耐久性监测。

(1)喷射混凝土布置方案

考虑到喷射混凝土直接与围岩接触，且围岩中的渗流水将直接作用于混凝土，但腐蚀离子浓度较高时，将会导致混凝土中钢筋网锈蚀。同时渗流水也会通过喷射混凝土进入到衬砌混凝土中，从而影响到结构安全，但这种可能性是不大的，因为两者之间铺有防水板。胶州湾海底隧道喷射混凝土中阳极梯布置里程图如图 8-10 所示。其主要安装在以下几个破碎带：

①F2-3 破碎带：该区域水压大，海水浓度高，破碎带区域大。

②F3-2 破碎带：该区域位于海底最深处，水头压力高达 0.7MPa 左右。

③F1-5 破碎带，该区域位于团岛端，可能存在淤积泥沙层，渗流量较大。

④F4-5 破碎带，该区域位于薛家岛端，破碎带范围大，岩石破碎程度高，施工用时超过 1 个月。

(2)二次衬砌混凝土布置方案

考虑到岩石渗流水通过喷射混凝土将直接作用于衬砌混凝土外层，因此，本项目在二次衬砌外层安装了耐久性传感器。考虑二次衬砌混凝土内层将与汽车尾气接触，碳化问题十分严重，因此本项目也在二次衬砌内层安装了阳极梯。二次衬砌混凝土中阳极梯的里程布置方案如图 8-11 所示，主要布置在 F_{2-3}，F_{3-2}，F_{4-2}和 F_{4-4}破碎带布置。

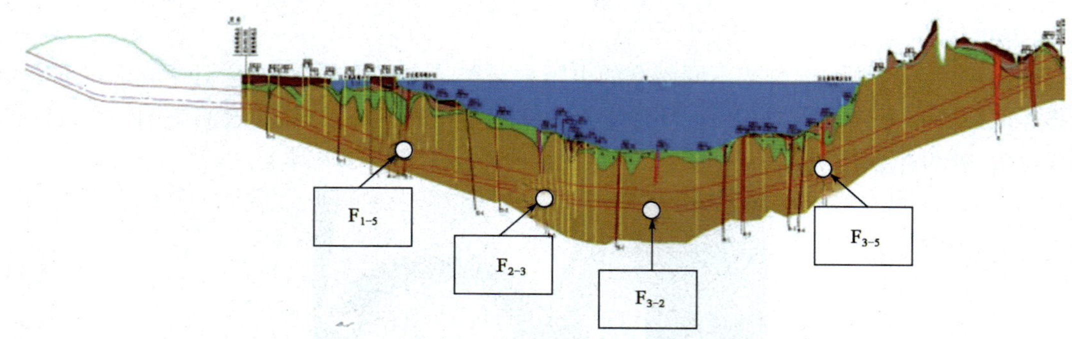

图 8-10　喷射混凝土阳极梯安装里程图

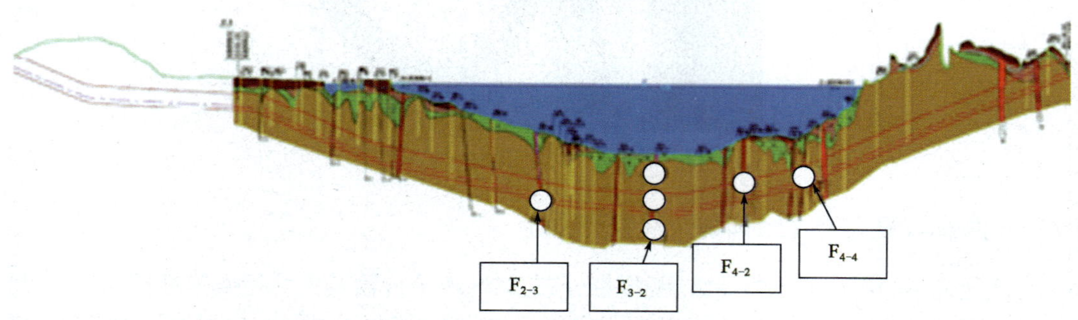

图 8-11　二次衬砌混凝土阳极梯布置方案

(3)隧道出入口布置方案

如前所述，隧道出入口衬砌混凝土既可能受到盐雾影响，又可能受到汽车行驶带来的飞溅水影响，同时还可能受到冻融循环作用。因此，本项目在胶州湾海底隧道出入口的 2m 和 20m 均布置了阳极梯，其里程布置示意图如图 8-12 所示。

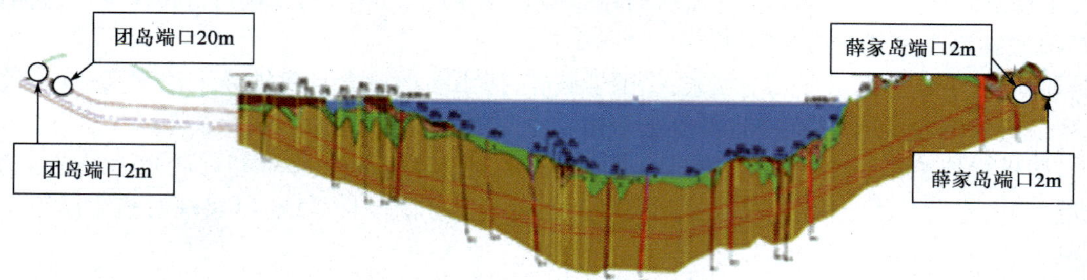

图 8-12　隧道出入口阳极梯布置方案

考虑到环形电极可以有效监测混凝土中的水分迁移及混凝土饱水情况，因此，环形电极主要安装在岩石破碎带和隧道出入口处。胶州湾海底隧道环形电极在二次衬砌混凝土中的里程布置主要安装在F_{3-2}断裂带，其原因在于，该断裂带是胶州湾海底隧道最深处的破碎带，其水头压力大，海水腐蚀离子浓度高。因此环形电极主要安装该区域的二次衬砌混凝土中。

此外，海底隧道出入口混凝土服役环境最为恶劣，其中干湿交替作用不仅导致混凝土本体受到损伤，而且因毛细作用导致外部腐蚀离子向混凝土内部渗透速度加快。因而，在隧道出入口安装环形电极监测混凝土中水分变化十分必要。

胶州湾海底隧道出入口环形电极里程布置方案如图8-13所示，主要布置于隧道出入口2m和20m，其横断面布置高度在1.5m，主要用于监测汽车飞溅水给混凝土带来的湿度变化，同时也可监测到冻融破坏、盐雾给混凝土造成的损伤和湿度变化。

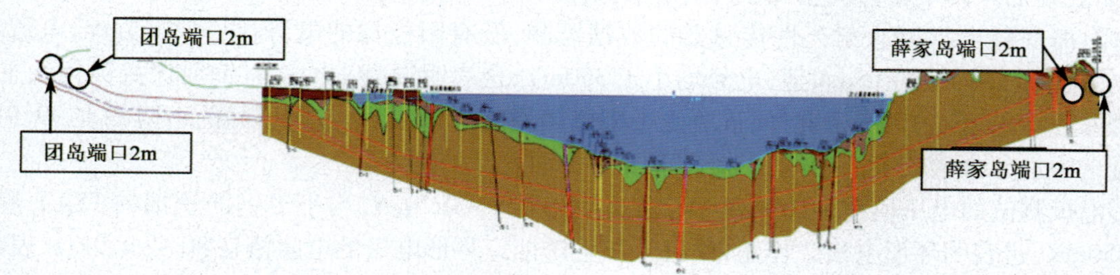

图8-13　隧道出入口环形电极里程布置方案

8.7.3　海底隧道混凝土结构耐久性传感器安装施工

依据海底隧道实际施工进度及施工情况，提出了环形电极耐久性传感器和阳极梯耐久性传感器在隧道混凝土中的具体安装高度、位置、绑扎方法等施工措施，并最终形成了一套隧道混凝土结构耐久性传感器安装施工方法。

(1)阳极梯安装施工方法

安装阳极梯系统传感器时应依据其设计详图，在安装过程中主要需要考虑以下的要求：①尽量避免传感器影响混凝土的流动，传感器安装应垂直；②条件允许时，尽量将传感器安装在插入式振动器影响不到的位置；③除了与钢筋(CR)连接外，传感器与钢筋不可以有任何电接触。

此外，阳极梯安装的位置应能够监测到因不利物质渗入产生的侵蚀危害。混凝土覆盖外部阳极A1不少于10~15mm。内部阳极A6应尽可能的靠近混凝土内层。阴极棒应安装在有充足的氧气的混凝土表面。接线盒应该尽可能安装在靠近传感器的地方，以便使链距达到最小。接线盒的位置的设计应该是本着便于监测的原则。对于内侧的链距，应该尽可能减小，不能大于20~40m。

阳极梯现场安装包括以下几个方面：②阳极梯在检测区域的定位；②传感器的定位；③通过接线盒从操作区域到终端位置的移动来对电缆进行定位及电缆的安装；④终端接线盒的定位安装。本项目经过胶州湾海底隧道的安装实践，编制了海底隧道阳极梯监测施工安装指南。

(2)环形电极的安装

环形电极的尺寸为$\phi 20 \times 50$mm，其安装方法主要采用后装法，即二次衬砌混凝土拆模后选择适当时机，在混凝土上钻孔后将环形电极插入孔内，其数据盒粘结在混凝土表面即可。本项目在胶州湾海底隧道出入口以及隧道最深处安装了环形电极。环形电极的安装过程包括：①依据里程和横断面分布，以及钢筋分布选择安装点；②采用手持式取芯机在衬砌混凝土中钻取混凝土，形成安装区间；③浇注高强度砂浆或净浆；④在砂浆和净浆中插入环形电极；⑤封闭安装口；⑥安装导线与测试口；⑦加装保护盒。

8.7.4 海底隧道混凝土结构耐久性评定

阳极梯获得的数据主要包括电流、电势、电阻和温度，其中当阳极梯电流大于15μA，阳极电势大于350mV，则表明该阳极出现锈蚀情况，也即是一定腐蚀离子达到该阳极所处的混凝土深度。当A7（也既是连接钢筋）的电流大于15μA，电势大于350mV，则混凝土中钢筋锈蚀。此外，阳极梯的电阻表征了两个阳极间混凝土的饱水程度和钢筋锈蚀概率，当混凝土出现饱水或因施工时导致两个阳极连接，则电阻将会下降，当混凝土保持干燥且阳极未发生锈蚀，则电阻值应比较大。

环形电极棒上的不锈钢钢片类似阳极梯的阳极，其采集的数据也包括电流、电势和电阻。同样，当环形电极电流大于15μA，阳极电势大于350mV，则表明环形电极某一深度上的钢片发生了锈蚀或者饱水程度大幅度增加。其电阻值域混凝土内部的湿度情况密切相关，当电阻值降低则表明混凝土内部水分增加，如混凝土保持干燥，其电阻值应比较大，数据应在10kΩ以上。

通过对海底隧道混凝土耐久性传感器的数据监测，所有阳极梯的电势在-12~5mV，电流在0~0.3μA，均小于钢筋锈蚀的15μA值，电势均小于350mV，这表明混凝土中所有钢筋保持钝化状态，且氯离子渗透深度均未超过10mm。此外，混凝土中阳极梯测试结果表明，各阳极间的电阻均在99.9kΩ，这表明混凝土中水分含量较小，这有助于提高混凝土的钢筋保护能力。

环形电极测试的电压值在-10~15mV，电流值为0.1~0.5μA，均小于钢筋锈蚀的15μA值，电势均小于350mV，这表明环形电极工作正常，且未发生锈蚀。环形电极的电阻值在80~99.9kΩ，表明混凝土中水分含量小。

在耐久性监测的同时，课题组和国信公司还对胶州湾海底隧道进行了现场取芯分析、现场留样强度分析（图8-14）和无损检测评定（图8-15），结果表明：胶州湾海底隧道具有良好的强度性能。

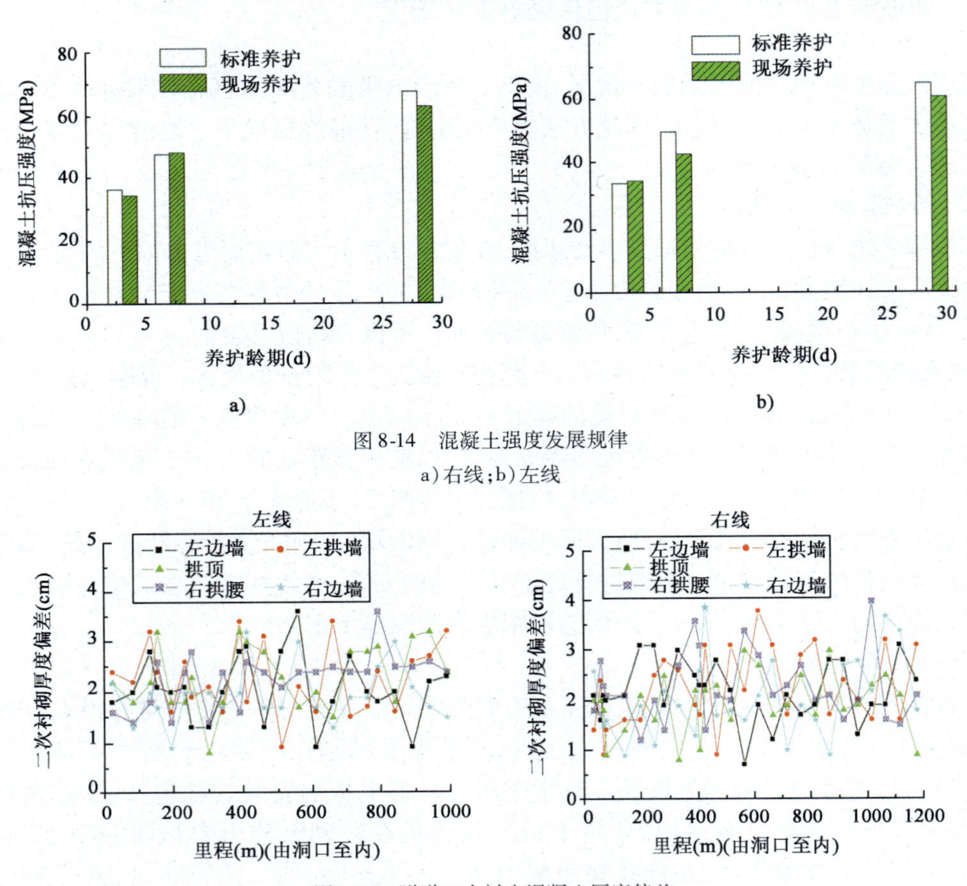

图8-14 混凝土强度发展规律

a)右线；b)左线

图8-15 隧道二次衬砌混凝土厚度偏差

8.8 实施效果

本项目研究成果在实践中不断检验和完善,已成功运用到胶州湾海底隧道设计、施工、监理之中。项目研究成果不仅降低了海底隧道建设成本,而且满足了海底隧道快速、安全施工、长寿命服役要求,填补了我国海底隧道研究的空白,对今后海底隧道及其他类似工程有重要的指导和借鉴作用。因此,本项目具有非常广阔的工程应用前景及良好的社会、经济与环境效益。

参考文献

[1] 张芹,张琳,王亚伟,张乐文.海底隧道衬砌结构静力分析[J].土工基础,2006,20(4):71-74.

[2] 孙钧.海底隧道工程设计施工若干关键技术的商榷[J].岩石力学与工程学报,2006,25(8):1513-1521.

[3] Dahlo T S, Nilsen B. Stability and rock cover of hard rock subsea tunnels [J]. Tunneling and Underground Space Technology, 1994, 9(2): 151-158.

[4] 吕明,GrovE,NilsenB,MelbyK.挪威海底隧道经验[J].岩石力学与工程学报,2005,24(23):4219-4225.

[5] 陈肇元.土建结构工程的安全性与耐久性[M].北京:建筑工业出版社,2003:174-187.

[6] General guidelines for durability design and redesign, The European Union - Brite Euram III, Document BE95-1347/R15, Feb, 2000.

[7] 余红发,孙伟,鄢良慧,麻海燕.混凝土使用寿命预测方法的研究Ⅰ、Ⅱ、Ⅲ[J].硅酸盐学报,2002,30(6):686-701.

[8] 金祖权,孙伟,张云升,蒋金洋.混凝土在硫酸盐、氯盐溶液中的损伤过程[J].硅酸盐学报,2006,34(5):630-635.

[9] 冷发光.荷载作用下混凝土氯离子渗透性及其测试方法研究[D].北京清华大学,2002.

[10] 易成,谢和平,孙华飞,高伟.混凝土抗渗性能研究的现状与进展[J].混凝土,2003(2):7-11.

[11] 梁巍,朱光仪,郭小红.厦门东通道海底隧道土建工程设计[J].中南公路工程,2006,31(1):99-102.

[12] 吴中伟,廉慧珍.高性能混凝土(3版)[M].中国铁道出版社,1999.

[13] 建筑工程裂缝防治指南[Z].编写组.建筑工程裂缝防治指南,2003.7.

[14] 中华人民共和国建设.JGJ55-2000,普通混凝土配合比设计规程[S].中国建筑工业出版社,2001.2.

[15] CECS 48-93,砂、石碱活性快速试验方法[S].中国工程建设标准化协会标准.

[16] Aggregates - Dimensional stability test in alkali medium—Accelerated Mortar MICROBAR test(NFP18-588-91). Normalisation Francaise.

[17] Tang Mingshu, Lan Xianghui et al. Autoclave method for identification of alkali - reactive carbonaterocks [J]. Cement and Concrete Composite. 16, 163-167, 1994.

[18] Deng Min ET al. The chemical reaction in dolomite - KOH solution systems autoclaved at hightemperatures [J]. Advances in Cement Research. 6(22), 61-65, 1994.

[19] Tong Liang. Alkali - Carbonate Rock Reaction (Ph. D). Thesis. Nanjing University of Chemical Technology. 1994.07.

[20] 卢康道,秦鸿根,孙伟.钢纤维高强混凝土配合比设计方法的研究[J].江南学院学报,Vol. 16 No. 2. 2001.6.

[21] 金伟良,赵羽习.混凝土结构耐久性[M].北京:科学出版社,2002.

[22] Visanthy Sivasundaram, Georges G. . Carette and V. Moham Malhotra, Mechanical properties, Creep and Resistance to Diffusion of Chloride Ions of Concretes Incorporating High Volumes of ASM Class F Fly Ashes From Seven Different Sources[J], ACI Material Journal, 1991,88(4):407 -416.

[23] Cao Tian Xia, High performance Pumped Ready - mixed concrete used in Construction Nanpu and Yangpu Bridges[A], proceeding of 3rd Beijing International Symposium on Cement and Concrete Volume2, Beijing: International Academic Publishers 1993:724 -728.

[24] A. M. Nevile, Properties of Concrete, Third edition[M], first Published in Great Britain 1981:408 -438.

[25] 郑京. 温室效应对环境的影响[J]. 山东环境,2003(1):51.

[26] M. I. Khan, C. J. Lynsdale. Strength, permeability and carbonation of high - performance conrete. Cement and Concrete Research. 2002(23):123 -131.

[27] M. F. Montemor, M. P. Cunha, M. G. Ferreira. Corrosion behaviour of rebars in fly ash mortar exposed to carbon dioxide and chlorides. Cement & Concrete Composites,2002(24):45 -53.

[28] S. K. Roy, K. B. Poh, D. O. Northwood. Durability of concrete - accelerated carbonation and weathering studies. Building and Environment,1999(34):597 -606.

[29] A. Castel, R. Francois, G. Arliguie. Effect of loading on carbonation penetration in reinforced concrete elements. Cement and Concrete Research,1999(29):561 -565.

[30] 冯乃谦. 实用混凝土大全[M],科学出版社北京,2001:P222.

[31] 金伟良. 混凝土结构的耐久性[M],北京:科学出版社,2003.

[32] B. Reddy, G. K. Glass, P. J. Lim, N. R. Buenfeld. On the corrosion risk presented by chloride bound in concrete. Cement &Concrete Composites, 2002(24):1 -5.

[33] Y. Xu. The influence of sulphates on chloride binding and pore solution chemistry. Cement and Concrete Research,1997,27(12): 1841 -1850.

[34] Anik Delagrave, Jacques Marchand, Jean - Pierre Ollivier. Chloride Binding Capacity of Various Hydrated Cement Paste Systems. Advance of Cement Base Materials, 1997,6:28 -35.

[35] 中铁隧道勘测设计院有限公司. 胶州湾隧道工程初步设计[Z]. 青岛,2007.3.6.

[36] 青岛胶州湾隧道工程地质详勘报告[Z]. 2006.

[37] 中华人民共和国行业标准 JTJ 064—98 公路工程地质勘察规范[S].

[38] 中华人民共和国行业标准 GB 50021—2001 岩土工程勘察规范[S].

[39] 中华人民共和国国家标准 GB 50046—95 工业建筑防腐蚀技术规范[S].

[40] 中华人民共和国行业标准 JTG D70—2004 公路隧道设计规范[S].

[41] 中华人民共和国行业标准 GB 50010—2002 混凝土结构设计规范[S].

[42] 中华人民共和国行业标准 JTG D62—2004 公路钢筋混凝土及预应力混凝土桥涵设计规范[S].

第 9 章 高性能初期支护与检验手段的试验研究

9.1 研究目的与技术标准

海底隧道处于海水腐蚀环境，为保证初期支护的耐久性，需要研究高性能喷射混凝土。C35 高强度等级喷射混凝土设计在国内隧道施工中是比较少见的，进行科研立项和试验段试喷，总结出一套能应用于胶州湾隧道施工的高强度等级防渗喷射混凝土成熟综合技术，提高初期支护的耐久性。课题研究需达到以下目的：

(1)检验和调整试验配比：采用当地地材和其他原材料配制混凝土，检验混凝土的物理力学性能(抗压强度、抗渗和耐久性指标)能否满足设计及规范要求，并加以调整。

(2)选择符合要求的原材料：通过综合试验，选择既能满足规范和本工程施工要求的原材料，又能满足供应能力且质量稳定的原材料生产厂家。

(3)优化施工工艺：依据现有技术条件、设备条件优化施工工艺，达到既能满足设计指标，又能保证质量，稳定、快速施工的施工工艺。

(4)选择适宜的设备配置：选择与施工配合比和施工工艺相适宜的机械设备配置。

根据《混凝土结构耐久性设计与施工指南》(CCES 01—2004)中环境类别与作用等级的规定，将胶州湾隧道喷射混凝土环境作用等级确定为 D 级，使用年限级别按 100 年，并参照欧盟、美国喷射混凝土标准，确定高性能喷射混凝土指标为：

电通量指标(56d 龄期)小于 1 500C。

氯离子扩散系数 D_{RCM} 小于 $4\times10^{-12}m^2/s$，氯离子渗透能力的划分见表 9-1。

50 次硫酸盐干湿交替浸泡试验合格。

强度等级 C35，1d 强度大于 10MPa，抗渗能力大于 P12。

氯离子渗透能力的划分(ASTM C1202—94) 表 9-1

通过电量 $Q(C)$	氯离子渗透能力	通过电量 $Q(C)$	氯离子渗透能力
>4000	渗透能力强	100 ~ 1000	渗透能力很低
2000 ~ 4000	渗透能力中等	<100	不渗透
1000 ~ 2000	渗透能力低		

9.2 技术路线

影响混凝土耐久性的各种破坏过程几乎都与水有密切的关系，因此，混凝土的抗渗性被认为是评价混凝土耐久性的重要指标。侵蚀性离子在混凝土中的传输严重影响着混凝土的耐久性，二氧化碳的侵入会引起混凝土的碳化，氯离子在钢筋与混凝土界面的富集会导致钢筋锈蚀，硫酸盐的侵入会引起“水泥杆菌”的腐蚀，因此，侵蚀性离子的扩散系数是评价混凝土耐久性的重要参数。综上所述，提高喷射混凝土抵抗海水侵蚀能力的途径有：

(1)提高密实性。

(2)降低离子扩散系数。

(3)改善混凝土材料组分(降低水化铝酸钙和氢氧化钙含量)。

经过国内外高性能混凝土技术资料的广泛调研，海工混凝土主要采用低水胶比和复合掺和料技术方案。复合掺和料方案有双掺硅粉和粉煤灰、双掺粉煤灰和磨细矿粉、三掺硅粉、粉煤灰、磨细矿粉等。通过对喷射混凝土工作性、成本等综合因素的分析，确定采用双掺硅粉和粉煤灰方案。

硅粉和粉煤灰这两种矿物掺和料的掺入，使混凝土的微观结构变得更致密，混凝土抗氯盐能力得到了显著改善，且随着龄期增长，混凝土密实度逐步提高，抗氯盐能力进一步提高。

双掺硅粉和粉煤灰对混凝土抵抗硫酸盐侵蚀能力有较大改善的原因，是混凝土变得更加密实，以及二次水化降低水化产物组成中氢氧化钙含量这两个因素共同作用的结果。

9.3 射流密实特征与孔隙特征分析

喷射混凝土依靠高速射流实现密实，与普通建筑混凝土振捣密实不同的是，振捣密实水泥浆体流动的方向是三维的，而喷射射流密实水泥浆体的流动方向是一维的。提高喷射混凝土密实性的关键是保证浆体能够充分充填砂石料空隙，特别是集料背后的阴影区。经过大量试验过程的观察和数据的分析，我们提出了稀薄流喷射提高密实性的三要素：

(1)实现管道均匀料流形态，提高喷嘴料流质量。

(2)实现水泥裹砂(石)效应，水泥浆体完全包裹在砂石表面，防止浆体离析。

(3)实现浆体射流填充效应，包裹在砂石料表面的水泥浆体在高速风的作用下向内部充填。

混凝土是一种多孔材料，混凝土孔隙有凝胶孔、毛细孔、气孔，通过降低水胶比可以降低毛细孔数量，而体现喷射混凝土质量控制水平的关键是对气孔的控制。控制气孔的关键是料流质量，影响料流质量的关键是混凝土拌和物工作性和湿喷机性能。

喷射混凝土由于射流密实特征，必然产生气孔，减少气孔的结构和体积是提高混凝土质量的关键。由于喷射混凝土必然产生的气孔，将降低喷射混凝土的强度，但对提高喷射混凝土抗渗能力有利，因为气孔阻断了毛细孔通道。

9.4 配合比优化试验

项目进行过程中，先后进行了数十个配合比的优化试验。优化的核心是在低水胶比条件下，如何保证喷射混凝土具有良好的工作性。工作性是保证喷射混凝土密实性的关键因素，具体试验过程如下。

9.4.1 高性能喷射混凝土原材料的选择及室内试验

(1)高性能喷射混凝土所需原材料调研与选择

到青岛胶州湾工地现场对当地水泥、砂、石、水、粉煤灰、矿渣微粉等喷射混凝土原材料进行了调研，对全国各地生产的外加剂及外掺料进行了调研，并从中选择部分产品进行原材料试验。胶州湾隧道施工提出原材料的具体要求见表9-2。

(2)原材料间相容性试验

1)无碱液体速凝剂与水泥相容性试验。

2)无碱液体速凝剂与胶凝材料、聚羧减水剂相容性试验。

3)高效减水剂与胶凝材料相容性试验。

4)高性能喷射混凝土原材料进行初定。

原材料的具体要求　　表9-2

原　材　料	具 体 要 求
水泥	满足GB 175—1999的要求,C_3A含量小于8%,比表面积宜大于350m^2/kg,标准稠度用水量相对较小且与无碱液体速凝剂相容性较好的P.O42.5R水泥
硅灰	满足GB/T 18736—2002要求,SiO_2含量大于92%,比表面积大于25000m^2/kg且需水比相对较小的产品
粉煤灰	满足GB/T 176—1996要求,I级低钙灰(F灰),游离CaO含量相对较低(应小于5%)
细集料	满足GB 14684—93要求级配良好的中粗河砂,细度模数宜为2.8~3.2,应采用水淘洗工艺和筛分工艺,含泥量<3%,泥块含量<1%,表观密度>2.65g/cm^2,堆积密度≥1450kg/m^3,吸水率≤1%
粗集料	满足GB 14685—93要求,级配良好的机制石,公称粒径宜为5~12mm,应采用水淘洗工艺和筛分工艺,含泥量<1%,泥块含量<0.25%,石粉含量<5%,超径石含量<5%,表观密度>2.65g/cm^2,吸水率≤1%,针片状含量<15%,压碎值指标<10%
拌和水	符合JGJ 63—89要求的自来水或洁净水,不得使用海水
高效减水剂	符合GB 8076—1997要求,减水率>30%的聚羧酸类减水剂,碱含量<10%且氯离子<0.2%,与胶结材料和无碱液体速凝剂相容性较好的高效减水剂
无碱液体速凝剂	黏度较低且无分层,沉淀较少(易于准确计量、均匀混合及降低成本);推荐采用EN196-3进行检测(掺量小于8%能满足初凝<5min,终凝<12min);混凝土1d强度大于7MPa,28d强度保持率在85%以上;碱含量<1%;与胶结材料和减水剂相容性较好的产品。增加对pH值的要求:pH3~7
聚丙烯纤维网	无吸水性,耐酸碱,阻抗较高,分散性较好的网状纤维,长度19mm

(3)高性能喷射混凝土配合比设计试验

1)初始配合比室内试验:通过配合比计算初步确定C35高性能喷射混凝土配合比设计,及室内拌和物工作度、强度试验。

2)混凝土试拌:用上述配合比进行试拌,根据其工作性、强度值选取最佳砂率,且检测其28d强度能否满足设计要求。

3)第一次喷射工艺性试验,分别用几个配合比,采用TK500湿喷机进行喷射工艺性试验。通过在喷射台架上模拟隧道施工进行喷射大板取样,见图9-1,通过检测其工作参数及强度、抗渗性能、氯离子渗透系数、抗硫酸盐侵蚀能力综合评定选取一个配比作为基准配比。

4)聚丙烯纤维及矿渣粉掺入试验,室内进行了聚丙烯纤维混凝土、矿渣取代粉煤灰混凝土的工作性及力学性能试验。

图9-1　湿喷混凝土大板作业

9.4.2　现场试验段施工及试验

以主隧道YK8+620~YK8+820,服务隧道FK5+820~FK6+070,共450m,进行现场试验和试验段施工(图9-2和图9-3),验证并完善相关研究成果。

1)试验段施工配合比:普通C35喷射混凝土:水泥:硅粉:粉煤灰:砂:碎石:水:减水剂:速凝剂=352:22:66:951:778:176:5.72:30.8kg/m^3;C35纤维喷射混凝土:水泥:硅粉:粉煤灰:砂:碎石(+纤维):水:减水剂:速凝剂=352:22:66:951:(777+0.9):176:5.72:30.8kg/m^3。

2)试验段湿喷混凝土作业:喷射混凝土作业应采用分段、分片、分层依次进行,喷射顺序应自下而上,分段长度不宜大于6m。喷射时先将低洼处大致喷平,再自下而上顺序分层、往复喷射。

图 9-2　现场喷射混凝土喷射格栅拱架

图 9-3　喷射混凝土现场养护初期支护完成的右线隧道试验段

3）试验数据分析。强度试验：C35 高性能喷射混凝土的 1d 强度 17 次取样共 33 组试件，平均强度为 12.0MPa，满足设计 1d 强度大于 10MPa 要求；28d 强度 16 次取样共 33 组试件，平均强度为43.5MPa，标准差为 5.82MPa，满足设计 C35 强度要求。

耐久性试验：C35 高性能喷射混凝土的抗渗水性能优良，满足设计要求。在 2007 年 10 月 24 日、28 日，11 月 28 日，12 月 5 日、10 日、14 日共取抗渗透试件 6 组，渗水试验结果见表 9-3。在 11 月 29 日，12 月 5 日，12 月 10 日，12 月 12 日共取抗氯离子渗透试件 4 组，从结果分析 C35 高性能喷射混凝土抗氯离子渗透能力满足设计要求。

喷射取样抗渗水试验结果　　表 9-3

成型日期	10 月 24 日	10 月 28 日	11 月 28 日	12 月 5 日	12 月 10 日	12 月 14 日
抗渗标号	S16	S20	S40	S29	S40	S16
渗水试件	2 个透水	2 个透水	3 个透水	2 个透水	无透水	3 个透水

抗硫酸盐侵蚀试验和水泥 C3A 含量检测试验：课题组在试验段施工中于 2007 年 12 月 30 日和 2008 年 1 月 12 日共取抗硫酸盐侵蚀试件 4 组，试验结果见表 9-4。课题组在 2008 年 1 月 4 日和 1 月 30 日分别对胶州湾正在使用的 P.O42.5R 水泥进行了抽样检测其 C_3A 含量，其检测结果如表 9-5。

喷射取样抗硫酸盐侵蚀试验　　表 9-4

施工里程	水泥	速凝剂	干湿循环次数	质量损失(%)	强度损失(%)
YK8 +670 -8 +660	山铝	巴斯夫	50	3.4	26
YK8 +670 -8 +660	山铝	巩义宏超	50	5.5	25
FK5 +840 -5 +830	山水	巴斯夫	50	3.7	20
FK5 +840 -5 +830	山水	巩义宏超	50	5.1	24

水泥中 C3A 含量检测表　表9-5

水泥品种	山水东岳水泥		山东山铝水泥	
取样时间	2008.1.4	2008.1.29	2008.1.4	2008.1.29
取样人	刘在国、阳中毅	刘在国	赵启彩、阳中毅	赵启彩
生产日期(批号)	2008.12.25	NXB1004	2008m001	MC-006
检测单位	青岛中航工程试验检测中心	四川建材产品质量监督检验中心	青岛中航工程试验检测中心	四川建材产品质量监督检验中心
报告编号	SNW2008-2	J08-0674	SNW2008-3	J08-0673
C_3A 含量	10.7%	14.9%	12.7%	26.2%
结论	C_3A 含量已超过规定指标,混凝土抗硫酸盐侵蚀能力将严重受影响			

根据上述试验结论,水泥中 C_3A 严重超标,并引起喷射混凝土抗硫酸盐侵蚀能力下降。

9.4.3　试验成果与配比

(1)通过试验段施工取得了大量试验数据,研究了各种材料的不良反应,优选了原材料和配合比,在胶州湾隧道实施 C35 高性能喷射混凝土支护是可行的。

(2)C35 高性能喷射混凝土施工是一个复杂的过程,建立有力组织指挥,加强现场监督、调度,严格施工管理,规范操作程序,是 C35 高性能喷射混凝土施工成功的重要保证。

(3)钻爆法开挖,光爆效果影响喷混凝土的质量。如果光爆效果好,断面圆顺,就会使喷层厚度均匀,受力均匀,不易被破坏,并可以减少喷混凝土的方量。

(4)试验确定的施工配合比如表 9-6 所示。

C35 高性能喷射混凝土配合比报告　表9-6

项目			指标	备注
性能	强度等级 C35	28d	C35	
		1d	≥10MPa(Ⅳ~Ⅴ级围岩)	
		黏结强度	≥0.8MPa	
	抗渗标号		≥S12	
	耐久性指标	抗氯盐侵蚀	电通量≤1500C	56d
			氯离子扩散系数≤$4\times10^{-12}m^2/s$	
		抗硫酸盐侵蚀	50次干湿交替循环试验合格或 $K_6\geq0.8$	
配合比			(334+22+84):951:778:176:4.4:26.4(普通混凝土)(夏)	
			(334+22+84):951:(777+0.9):176:4.84:22.0(纤维混凝土)(夏)	
			(352+22+66):951:778:176:4.4:26.4(普通混凝土)(冬)	
			(352+22+66):951:(777+0.9):176:4.84:22.0(纤维混凝土)(冬)	
材料要求	水泥		P.O42.5R,比表面积大于 $350m^2/kg$	
	硅粉		比表面积大于 $25000m^2/kg$,SiO_2 含量>92%	
	粉煤灰		Ⅰ级低钙F灰	
	砂		河砂,级配合理,细度模数2.8~3.2,含泥量<3%(水淘洗),表观密度>$2650kg/m^3$,堆积密度>$1450kg/m^3$,吸水率≤1%	
	集料		机制石,集料粒径5~12mm,含泥量<0.5%,针片状集料含量<15%,压碎值指标<10%,吸水率≤1%	
	水		自来水,不得使用海水	

续上表

<table>
<tr><th colspan="2">项目</th><th colspan="2">指标</th><th>备注</th></tr>
<tr><td rowspan="2">材料要求</td><td>减水剂</td><td colspan="2">减水率大于 30% 的聚羧酸系减水剂，且与胶结材料、速凝剂相容性较好，氯离子 <0.2%，碱含量 <10%</td><td></td></tr>
<tr><td>速凝剂</td><td colspan="2">液体无碱速凝剂，工艺性较好，无分层、少沉淀且黏度较小；胶结材料试验掺量≤8%，初凝 <5min，终凝 <12min，碱含量 <1%</td><td></td></tr>
<tr><td rowspan="9">工艺参数要求</td><td>喷射工艺</td><td colspan="2">必须采用湿喷工艺</td><td></td></tr>
<tr><td>搅拌设备</td><td colspan="2">能对材料准确计量，强制式搅拌机，推荐应用自动搅拌站</td><td></td></tr>
<tr><td>运输设备</td><td colspan="2">必须使用搅拌运输罐车</td><td></td></tr>
<tr><td>喷射设备</td><td colspan="2">具有良好料流质量的湿喷机</td><td></td></tr>
<tr><td>搅拌机出口坍落度</td><td colspan="2">18cm ±2cm</td><td>应监控</td></tr>
<tr><td>湿喷机入口坍落度</td><td colspan="2">12 ~ 15cm(罐车卸料前如工作度低于此要求可加 0.1% 减水剂进行搅拌)</td><td></td></tr>
<tr><td rowspan="2">工作风压</td><td>边墙</td><td>0.3 ~ 0.5MPa</td><td></td></tr>
<tr><td>拱部</td><td>0.4 ~ 0.6MPa</td><td></td></tr>
<tr><td>钢筋网喷层</td><td colspan="2">必须在挂网前后分两次喷射</td><td></td></tr>
</table>

9.5 施工设备及施工工艺

9.5.1 作业流程

喷射作业严格按 GB 50086—2001 执行，具体工序流程如图 9-4 所示。

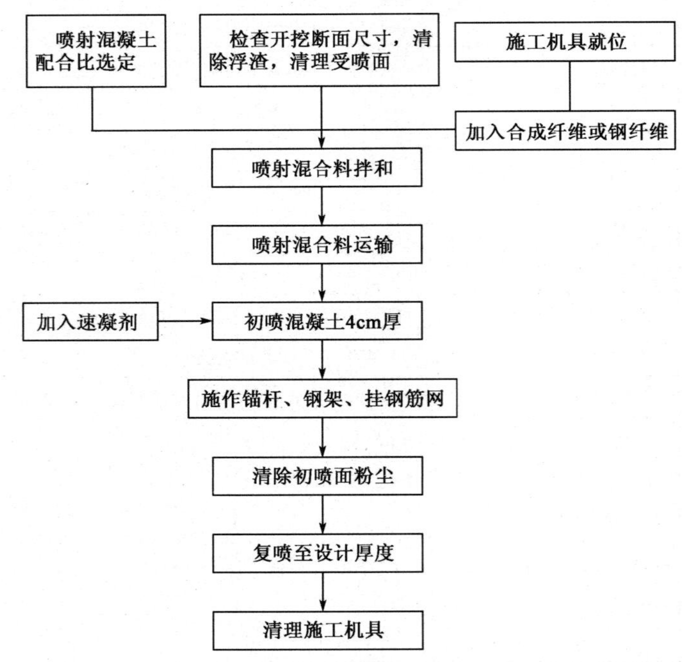

图 9-4　喷射混凝土施工工艺框图

9.5.2　资源配置

图9-5　喷射机械手作业

拌料设备:采用全自动电子计量混凝土搅拌站(如HZS60型)。

喷射设备:大型喷射机械手(图9-5)或TK500湿喷机多台。

运料设备:$8m^3$ 斯太尔混凝土搅拌运输罐车。

供风系统:能稳定地为每台单机提供 $10m^3/min$、风压0.5MPa以上的高压风系统(如由六台英格索兰压缩机组成供风组,每台生产能力为 $23.5m^3/min$、排气压力为0.86MPa、最大功率160kW,为整个隧道施工提供开挖、喷射供风)。

喷射工班:1名技术人员负责施工配合比及拌和物工作性监控;喷射作业喷射手1人,辅助施工人员1人,运输驾驶员4人。

9.5.3　作业要求

(1)喷射作业应分段分片依次进行,喷射顺序应自下而上,先边墙后拱部;一次喷层厚度,边墙为80~150mm,拱部为60~100mm;分层喷射时,后一层喷射应在前一层混凝土终凝后进行,若终凝1h后再进行喷射时,应先用风、水清洗喷层表面;喷射作业紧跟开挖工作面时,混凝土终凝到下一循环放炮时间,不应小于3h。

(2)喷射时向喷射机供料应连续均匀,机器正常运转时料斗内应保持足够的存料;喷射机的工作风压应不小于0.2MPa;喷射作业完毕或因故中断喷射时,必须将喷射机和输料管内的积料清除干净;喷射时喷头与受喷面应垂直,宜保持0.8~1.5m的距离;喷射混凝土的回弹率,边墙不应大于15%,拱部不应大于20%。

(3)钢筋网喷射混凝土施工时应遵守下列规定:钢筋网铺设前,应喷射不小于5cm厚的混凝土;钢筋网铺设后喷射时,应减小喷头与受喷面的距离,并调节喷射角度,以保证钢筋与壁面之间混凝土的密实性;喷射时如有脱落的混凝土被钢筋网架住,应及时清除。

(4)喷射混凝土的养护应遵守下列规定:混凝土终凝2h后应喷水养护;养护时间,一般工程不得少于7d,重要工程不得少于14d;气温低于5℃时,不得喷水养护。

(5)冬季施工应遵守下列规定:喷射作业区的气温不应低于+5℃;拌和料进入喷射机的温度不应低于+10℃,液体速凝剂温度也不应低于+10℃(可采取加热措施);喷射混凝土强度低于15MPa时不得受冻。

(6)隧道开挖后应立即对岩面喷射混凝土,以防岩体发生松弛。

(7)喷射作业应分段、分片由下而上顺序进行,每段长度不宜超过6m。

(8)开挖断面周边有金属杆件和钢支撑时,应保证将其背面喷射填满,黏结良好。

9.5.4　质量检验

(1)喷射混凝土施工配合比、原材料计量、养生、喷射风压及水压和施工顺序,施工缝的处理,符合设计图纸及本章的规定。

(2)无滴水和淌水,如出现滴水和淌水,需采取措施封堵。

(3)喷射混凝土不应出现尚在扩展或危及使用安全的裂缝和离鼓现象;当出现时应凿除重喷。

(4)锚杆尾端及钢筋网不得外露。

(5)喷射混凝土的强度应符合设计要求。抗压强度应以同批内标准试块(100mm×100mm×

100mm)的代表值评定;每组试块的抗压强度代表值为三个试块试验结果的平均值(四舍五入配偶取整数);同组试块应在同块大板上制取,有明显缺陷试块,应予舍弃;三个试块中的一个过大或过小的强度值,与中间值相比超过15%时,以中间值代表该组的强度;如两个试块的测值与中值的差值都超过15%时,则该组试验结果无效。

(6)喷射混凝土强度的合格条件应按《锚杆喷射混凝土支护技术规范》(GB 50086—2001)有关条款进行检查。该规范10.1.3中重要工程的合格条件为:

$$F'_{ck} - K_1 S_N \geqslant 0.9F_C \tag{9-1}$$

$$F'_{ckmin} \geqslant K_2 F_C \tag{9-2}$$

式中:K_1、K_2——合格判定系数,见表9-7。

合格判定系数 K_1、K_2 值　　表9-7

n	10~14	15~24	≥25
K_1	1.70	1.65	1.60
K_2	0.90	0.85	0.85

(7)试块应在施工中抽样制取。试块数量,每10m隧道至少应在拱部和墙部各取一组,每组至少三块。原材料或配合比变更时,另取一组。

(8)喷射混凝土强度不符合设计图纸要求时,应查明原因,根据实际情况采取补强措施。

(9)喷射混凝土厚度用凿孔或电测等方法检查,每10m隧道检查一个断面,每个断面应从拱顶中线起,每间隔3m布设一个检查点。厚度的合格条件为:每个面上全部检查点的喷层厚度,60%以上不应小于设计图纸规定厚度;最小值不应小于设计图纸规定厚度的一半,同时,一个断面检查点处厚度的平均值,不应小于设计图纸规定厚度。

(10)喷射初期支护允许偏差见表9-8。

喷射初期支护允许偏差　　表9-8

检查项目	允许偏差	检查方法
混凝土强度(MPa)	在合格标准内	按JTG F80/1—2004附录E检查
喷层厚度(mm)	平均厚度≥设计值; 检查点的60%≥设计值; 最小厚度≥0.5设计值,且≥50mm	凿空法或雷达检测仪:每10m检查一个断面,每个断面从拱顶中线起每3m检查1点

(11)鉴于高性能喷射混凝土在我国应用还很少,参考数据不多,为加强质量控制,建议在工程初期用钻芯法取抗压和抗渗试件各一组,检验与大板试件数据的吻合性,如吻合性好,则按每500延米取一组抗压试件、每800延米取一组抗渗试件对其他测试数据进行验证。钻芯所留孔洞用C40喷射混凝土喷射填补。

9.6 检验手段的相关试验研究及制定

9.6.1 原材料检测

(1)喷射混凝土用外加剂(高效减水剂和无碱液体速凝剂)检测

检验项目:《混凝土外加剂》(GB 8076—2008)中规定检测项目,指标要求满足规范和课题组提出的要求;无碱液体速凝剂凝结试验建议按EN 196-3—2005中规定进行检测。

检验数量:同一生产厂家、同一批号、同一品种、同一生产日期且连续进场的外加剂,每50t为一批,不足50t应按一批计,每批抽检一次。

检验方法:采用现场取样试验。

(2)喷射合成纤维混凝土中的微纤维检测

1)合成纤维的品种、规格、性能应符合设计要求。建议选用聚丙烯网状纤维,长度为12mm。

2)合成纤维长度和直径允许偏差应为设计尺寸±10%。

3)合成纤维不得有妨碍钢纤维与水泥黏结的杂质,也不得混有妨碍水泥硬化的化学成分。

检验数量:同一生产厂家、同一批号、同一品种、同一出厂日期且连续进场的微纤维,每5t为一批,不足5t应按一批计。施工单位每批抽检一次;监理单位检测次数为施工单位抽检次数的20%,并至少一次。

检验方法:施工单位检查产品合格证、出厂检验报告,在每批中分别随机抽取10根进行抗拉强度和用精度不低于0.02mm的卡尺测量长度、直径;监理单位检查全部产品合格证、出场检验报告、试验报告,并进行规定比例的见证取样检测。

(3)砂、石含水率检测

检验数量:每工作班不应少于一次。雨天或含水率有显著变化时,应增加含水率检测次数。

检验方法:砂、石含水率测试。

(4)喷射混凝土拌和物的坍落度

坍落度应符合设计配合比要求。

检验数量:每工作班不少于一次。

检验方法:坍落度试验。

9.6.2 喷射混凝土质量检测的确定

(1)喷射混凝土的早期(1d)强度必须符合设计要求。

检验数量:施工单位、监理单位每喷射10m检查一次。

检验方法:施工单位采用大板切割法制取试件检测,监理单位见证检测。

(2)喷射混凝土的后期强度(28d)必须符合设计要求。

用于检查喷射混凝土强度的试件,应采用大板切割法制取,喷射混凝土标准养护试件的试验龄期为28d。当对强度有怀疑时,可在混凝土喷射地点采用钻芯取样法随机抽取制作试件做抗压试验。

检验数量:施工单位每一作业循环检验一次,每个循环至少在拱部和边墙各留置一组检验试件;监理按施工单位检查次数的20%见证取样检测或按施工单位检查次数的10%平行检验。

检验方法:施工单位进行混凝土强度试验。监理单位检查混凝土强度试验报告并进行见证取样检测或平行检验。

(3)喷射混凝土的厚度和表面平整度应符合下列要求:

1)平均厚度大于设计厚度。

2)检查点数的80%及以上大于设计厚度。

3)最小厚度不小于设计厚度的2/3。

4)表面平整度的允许偏差为100mm。

检验数量:每一作业循环检查一个断面,每个断面应从拱顶起,每间隔2m布设一个检查点检查喷射混凝土的厚度;监理单位见证检查或按施工单位检查断面的20%抽查。

检验方法:施工单位、监理单位检查控制喷层厚度的标志、凿孔或无损检测测量厚度,用自动断面仪或摄影仪等仪器测量断面轮廓检查表面平整度。

检验数量:施工单位、监理单位全部检查。

检验方法:测温。

(4)喷射混凝土表面应密实、平整,无裂缝、脱落、漏喷、露筋、空鼓和渗漏水,锚杆头钢筋无外露。

检验数量:施工单位、监理单位全部检查。

检验方法:观察、敲击。

9.7 喷射混凝土其他试验研究

9.7.1 抗硫酸盐侵蚀试验

(1)现场取样试件硫酸盐侵蚀研究

针对现场试验阶段喷射混凝土抗硫酸盐侵蚀能力下降的情况,课题组于3月19日从胶州湾海底隧道施工现场试验室重新取回八组试件,在成都进行干湿交替浸泡循环试验,于5月24日试验结束。

50次硫酸钠浸泡干湿交替循环后,应用于青岛胶州湾隧道的C35喷射混凝土强度损失率为7.8%,满足强度损失率小于25%的要求。试件试验前后质量并无明显损失,平均质量增加1.22%。

结论:胶州湾现场取样使用的喷射混凝土能满足抗硫酸盐侵蚀的要求。课题组提供的配合比与前期试验结果相符,只要配合比中水泥按课题组的要求,喷射混凝土是能满足抗硫酸盐侵蚀的要求的。

(2)成都进行抗硫酸盐试验专题研究

两次现场取样试件的抗硫酸盐侵蚀结果不同,课题组为了分析究竟是水泥中的C_3A超标原因引起,还是两个试验室试验方法不规范原因引起,课题组从胶州湾隧道现场将原材料发回成都进行抗硫酸盐试验专题研究。

从成都抗硫酸盐侵蚀的试验研究的结果分析得出,普硅水泥生产中掺入混合料引起C_3A含量超标,只要水泥熟料中C_3A含量达到课题组规定的要求,按课题组提供的喷射混凝土配合比能达到抗硫酸盐侵蚀的要求。2008年1月份的现场取样抗硫酸盐能力不达标,可能是现场试验不规范造成的硫酸盐溶液浓度变大或是干湿温度不严格造成的。

9.7.2 隧道初期支护渗水段表面析出物试验

针对胶州湾隧道内渗水地段初期支护表面的白色析出物,课题组于2008年4月22日派人到胶州湾隧道现场取样,在主隧道取得白色结晶物200g,渗出水1000g,出水点混凝土块1500g。

从检测结果可以得出,白色晶体物质主要成分为$CaCO_3$,占结晶物质量的85.4%。其原因是:由于隧道围岩内的地下水未有效地进行引水处理,而喷射混凝土早期强度和抗渗能力不强,地下水通过渗透作用和毛细作用,在喷射混凝土内部形成通道,游离水溶解混凝土内的氢氧化钙、钠、钾等物质,溶液渗透到混凝土表面把溶解的氢氧化钙、钠、钾等带到混凝土表面,水分蒸发,溶液析出晶体,晶体附着在混凝土表面,形成主要成分为碳酸钙的白色结晶覆盖物。

课题组已通过试验证明,应用于胶州湾隧道的喷射混凝土本身的抗渗水性能均达到S12以上,可以排除隧道中混凝土本身抗渗透的能力问题。只有宏观的、明显的水流通道才能把大量的氢氧化钙带出,并形成类似瀑布状的白色结晶覆盖层。只有喷射混凝土施工缝部位及涌水较大的地方易形成明显的水流通道。

建议解决方法:第一,加强施工管理作业水平,喷射混凝土凝结快,施工次数频繁,每次施工前应严格按照规范清洁岩面及上次施工后的喷射混凝土表面,以免形成有明显缺陷的施工缝;第二,对于岩面涌水或流水地段需先进行引排水后再进行支护施工,减少明显的喷射混凝土内部的宏观水流通道。

9.7.3 工程应用中喷射混凝土性能参数试验

课题组在胶州湾隧道正常施工中通过抽检,对喷射混凝土进行黏结强度、抗弯拉强度、弹性模量、钻芯抗压强度和电通量进行性能检测。

(1)不同围岩、岩面,不同含水情况喷射混凝土黏结强度试验

黏结强度试验采用钻芯拉拔法进行,试件采用岩石喷射大板,标准养护28d和隧道支护结构空气养护28d两种方式制取。按《锚杆喷射混凝土支护技术规范》(GB 50086—2001)进行检测。课题组于

2008年12月15日和12月19日两次在施工中用大板取样和隧道支护结构进行标记进行黏结强度试验(图9-6和图9-7),于2009年1月12日和2009年1月15日对上述试件进行28d黏结强度检测,试验结果见表9-9。

喷射混凝土与围岩黏结强度试验数据 表9-9

取样方法	隧道里程	混凝土种类	围岩类别	围岩表面含水	黏结强度(MPa)	
喷射大板钻芯法	—	普通混凝土	III类	潮湿	0.90	0.96
	—	纤维混凝土	III类	干燥	1.01	0.81
隧道支护结构钻芯法	ZK7+446	纤维混凝土	III类	潮湿	0.97	0.83
	FK4+255	纤维混凝土	II类	干燥	0.93	0.85

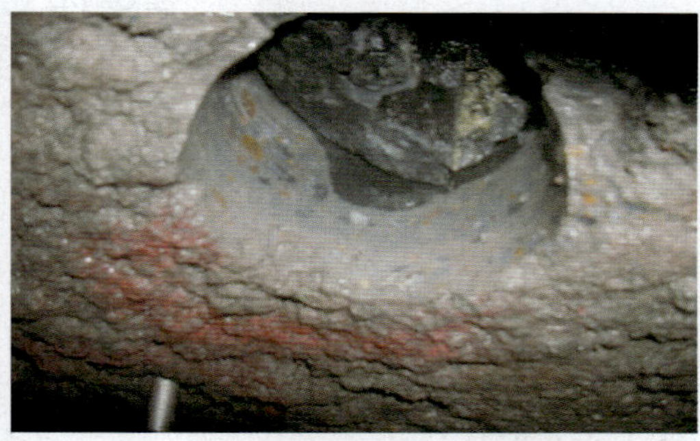

图9-6 隧道支护结构与围岩黏结强度试验

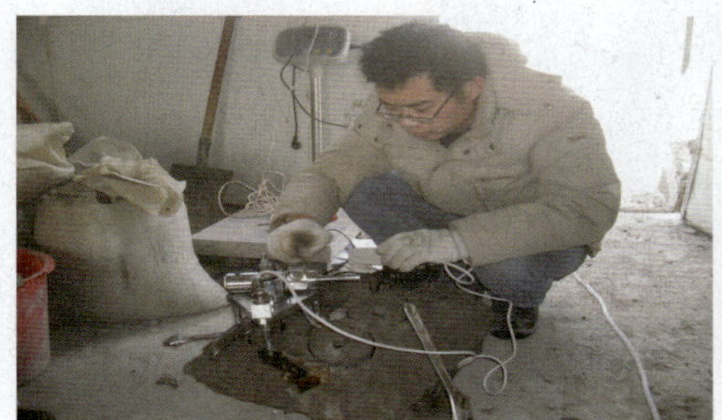

图9-7 喷射大板法混凝土与围岩石块黏结强度试验

(2)喷射混凝土抗弯拉强度试验

课题组于2008年12月15日和2008年12月19日两次在隧道正常支护时用喷射大板取样方式取得抗弯拉强度大板,按规范进行切割成型,标准养护28d后进行抗弯拉强度试验(图9-8)。按照《普通混凝土力学性能试验方法标准》(GB 50081—2002)进行检测,试验结果见表9-10。

图9-8 喷射混凝土抗弯拉试验图片

喷射混凝土抗弯拉强度试验数据　　表 9-10

配　合　比	课题组检测数据(MPa)				山东铁正检测(MPa)
取样大板序号	1	2	3	4	5
冬季普通混凝土	4.50	4.60	5.00	4.60	2.94
冬季纤维混凝土	4.71	4.00	4.71	5.00	—

(3)喷射混凝土弹性模量试验

课题组于 2008 年 12 月 18 日和 2008 年 12 月 22 日在隧道支护正常施工时用大板取样方式制作了静弹性模量试件,标准养护 28d 后进行静力弹性模量试验(图 9-9 和图 9-10)。采用《普通混凝土力学性能试验方法标准》(GB 50081—2002)检测,试验结果见表 9-11。

喷射混凝土弹性模量试验数据　　表 9-11

配　合　比		课　题　组				山东铁正
取样大板序号		1	2	3	4	5
冬季普通混凝土	静弹模(GPa)	23.40	29.02	25.77	21.74	34.1
	轴心抗压强度(MPa)	31.6	32.2	29.6	28.6	—
冬季纤维混凝土	静弹模(GPa)	22.47	21.12	22.20	19.92	—
	轴心抗压强度(MPa)	24.6	25.7	31.5	33.3	—

图 9-9　喷射混凝土静弹性模量检测试验图片

图 9-10　喷射混凝土轴心抗压试验图片

从试验结果看,静弹性模量较普通模筑混凝土弹性模量低[查询《混凝土结构设计规范》(GB 50010—2010),普通 C35 弹性模量一般为 31.5GPa 左右],分析原因应是喷射混凝土砂率远大于普通模筑混凝土,所以喷射混凝土有更好的变形能力。轴心抗压强度属于正常情况,与普通模筑 C35 混凝土没有明显差别。

(4)隧道初期支护结构喷射混凝土抗压强度检测

1)喷射大板检测混凝土强度:按照《普通混凝土力学性能试验方法标准》(GB 50081—2002)进行检测,试验结果见表 9-12。

隧道施工喷射混凝土大板取样抗压强度试验数据　　表 9-12

配合比	施工时间	试验时间	抗压强度(MPa)	
冬季普通混凝土	2008.12.15	2009.1.12	43.7	—
冬季纤维混凝土	2008.11.19	2009.1.16	39.0	39.2

2)隧道内结构钻芯检测混凝土强度:按照《钻芯法检测混凝土强度技术规程》(CECS 03—2007)进行试验(图9-11和图9-12),试验数据见表9-13。

隧道初期支护结构钻芯强度数据　　表9-13

里　程	施工时间	试验时间	强度值(MPa)			
YK6+990(普通混凝土)	2008.12.17	2009.1.14	31.6	37.0	37.9	38.4
ZK7+345~335(纤维混凝土)	2008.11.27	2009.1.12	35.5	40.0	39.8	39.5

图9-11　隧道初期支护结构钻芯取样图片

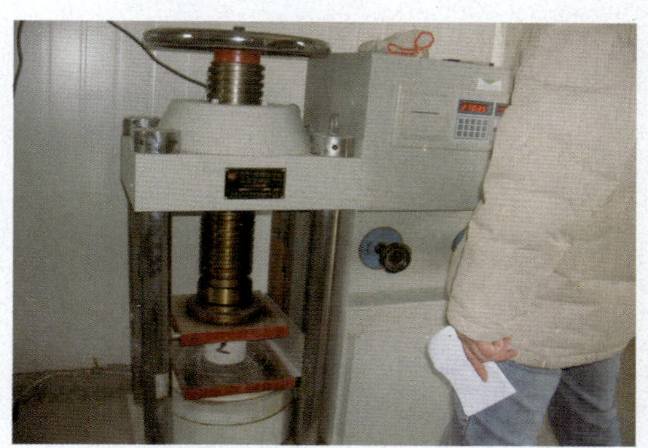

图9-12　初期支护结构芯样抗压强度试验图片

(5)隧道初期支护结构喷射混凝土电通量检测

检测结果见表9-14。

隧道初期支护结构钻芯样电通量数据　　表9-14

里　程	施工时间	试验时间	电通量值(C)			
			单个值			平均值
YK6+990(普通混凝土)	2008.12.17	2009.3.13	863	915	951	910
ZK7+345~335(纤维混凝土)	2008.11.27	2009.3.13	375	359	355	363

9.8　应用效果及创新点

胶州湾隧道施工单位将课题组提供的C35高性能喷射混凝土配合比应用于施工过程中,取得了大量的相关性能参数数据。课题组收集了隧道局、十六局和十八局部分性能检测参数数据,课题组对收集的数据进行了统计分析,从表中的数据分析可以得出下列结论:

(1)各施工单位应用的C35高性能喷射混凝土的各项指标与课题组检测的各项指标符合性较好。

(2)C35高性能喷射混凝土配合比的应用指标均达到了设计要求。

(3)各施工单位管理水平不同,各项指标的标准差不同。

(4)青岛胶州湾隧道喷射混凝土全部采用本项目成果,现场试验数据表明,喷射混凝土完全达到本项目 C35 高性能喷射混凝土的技术指标。

C35 高性能喷射混凝土有以下创新:

1)经科技查新表明,胶州湾隧道在国内首次使用了 C35 高性能喷射混凝土技术。

2)对喷射混凝土射流密实机理进行大量试验研究,提出了射流密实三要素的概念。

3)根据气孔阻断毛细孔的观念,试验结果证明,喷射混凝土具有很强的抗渗能力,抗渗能力达到 S40。

4)喷射混凝土具有很强的抗氯盐侵蚀能力。本项目研究成果的氯离子扩散系数表明,高性能喷射混凝土在 F 类环境作用等级条件下,可以达到 100 年使用寿命的要求。

5)本项成果充分体现了节能环保和以人为本的理念,通过双掺硅粉和粉煤灰节约了水泥用量,体现了节能环保,使用无碱液体速凝和湿喷工艺以及机械化作业剂彻底改善了喷射混凝土作业环境,体现了以人为本的理念。

第 10 章 防排水系统及其施工质量控制

10.1 海底隧道地下水压力研究

对于海底隧道，支护结构除了承受围岩压力，还要考虑水压力荷载。水压力设计值大小不仅与水头有关，还与地下水处理方式有关（全封堵方式还是排导方式）。

目前，我国铁路隧道设计规范和公路隧道设计规范在确定衬砌结构外水压力时，对地下水从“以排为主”的原则出发，不考虑水压力。但对于具有稳定高水头的海底隧道，如何确定作用在衬砌结构上的水压力，是一个复杂的问题。通常是参照水工隧洞设计规范和经验，根据开挖后地下水的渗入情况，采用折减系数的方法计算隧道衬砌的外水压力。

隧道工程中，对地下水的处理方式有全封堵方式和排导方式两种。通常情况下，当水头小于 60m 时，采用全封堵方式；当水头大于 60m 时，宜采用排导方式，并通过施作注浆来达到限量排放的目的。

（1）若采用全封堵方式防水，则衬砌背后的水压力不能折减，即使采用了注浆加固，水压力也不能折减。

（2）采用排导系统防排水，能有效降低水压力。但如果排水系统中的盲管堵塞时，水压力会上升。因此，排水系统必须可维护。

（3）与全封堵的情况不同，对于排水情况，围岩的渗透系数与传递到衬砌上的水压力有密切关系。在相同的排导系统设计参数下，随着隧道围岩渗透系数的减小，衬砌水压力亦随之减小，即折减系数增大。

（4）与全封堵的情况不同，对于排水情况，在相同的排导系统设计参数下，若对围岩注浆，可以降低渗透系数，能够起到限量排放的作用，也可减小衬砌的水压力。

10.2 海底隧道涌水量及水压力计算

10.2.1 计算模型说明

对一海底圆形隧道，如图 10-1 所示。隧道内半径为 r_a，承受内水水头为 h_a，二次衬砌外半径为 r_2，二次衬砌外侧水头为 h_2，初期支护外半径为 r_1，初期支护外侧水头为 h_1，注浆加固圈外半径为 r_g，注浆加固圈外侧水头为 h_g，足够远处外半径为 r_0，该处的水头为 h_0。假定材料的渗透系数各向同性，衬砌混凝土渗透系数为 k_1，围岩渗透系数为 k_s，注浆加固区渗透系数为 k_g。

设围岩和注浆圈、初期支护，以及二次衬砌渗透系数之比分别为 n_g、n_1、n_g。当隧道排水系统能够及时将二次衬砌背后的地下水全部排出时，即认为 $n_2=0$。图 10-2 给出了此时隧道涌水量与初期支护渗透性之间的变化关系，通过分析可知：

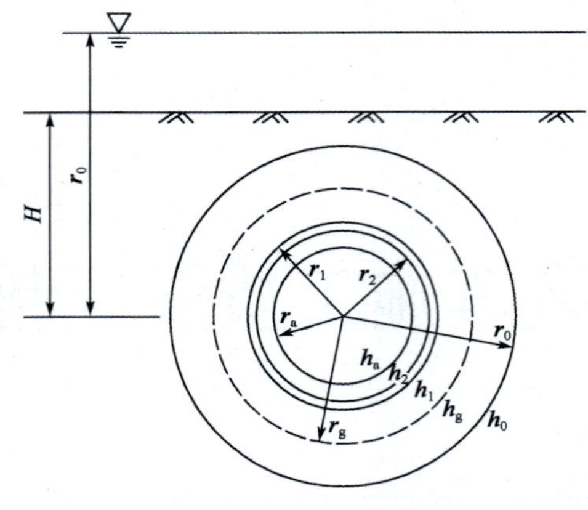

图 10-1　海底隧道地下水渗流场计算模型

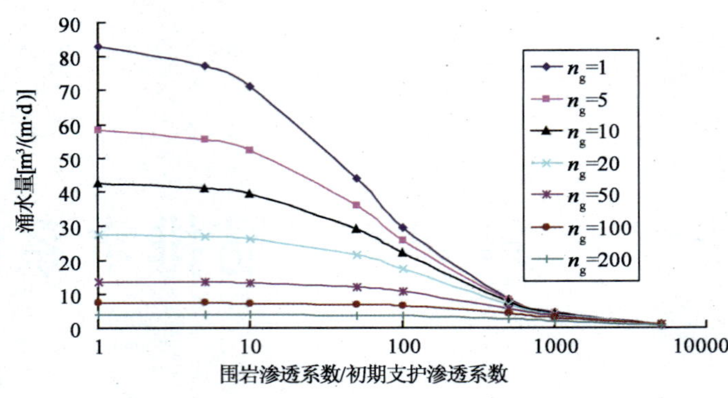

图 10-2　隧道涌水量与衬砌渗透性关系曲线

(1)当注浆圈渗透性一定,海底隧道涌水量随着初期支护渗透性的降低而不断减小,且注浆圈渗透性越强,减小趋势越明显。

(2)对于毛洞,且不考虑注浆,即 $n_1=0$,$n_g=1$ 时,海底隧道涌水量为 82.804m³/(m·d);不考虑注浆,即使考虑初期支护,取 $n_1=500$ 时,海底隧道涌水量仍为 8.2353m³/(m·d),远大于日本青函海底隧道的允许排水量 0.2736m³/(m·d)和挪威海底隧道规范规定的渗水量 0.432m³/(m·d),而此时初期支护的渗透系数仅为 1.0×10^{-8}m/s,充分达到了其防渗质量要求。要达到上述涌水量控制标准,初期支护的渗透性要降低到围岩渗透性的 1/5000 以下。因此,在海底隧道海域风化槽地段,仅靠初期支护防水是不可行的。

10.2.2　海底隧道涌水量分析

当 $n_2=0$,且海底隧道初期支护的渗透性一定时($k_1=1.0\times10^{-8}$m/s,$n_1=500$),图 10-3 给出了隧道涌水量与注浆圈厚度之间的变化关系。图 10-3 表明,随着注浆圈厚度增加,隧道涌水量随之减小,在相同的注浆圈厚度下,注浆圈渗透系数越低,隧道涌水量越小。可见,施作注浆圈是防治隧道涌突水的有效措施,并且可以通过调整注浆圈厚度和渗透系数控制隧道涌水量;当 $n\geq50$ 且 $t_g\geq8$m 时,无论是减小注浆圈渗透系数还是增加注浆圈厚度,对减小隧道涌水量的作用效果已不明显。可见,并不是注浆圈的渗透系数越低、厚度越大对隧道涌水量的控制效果越好,而是存在相对经济合理的参数值。

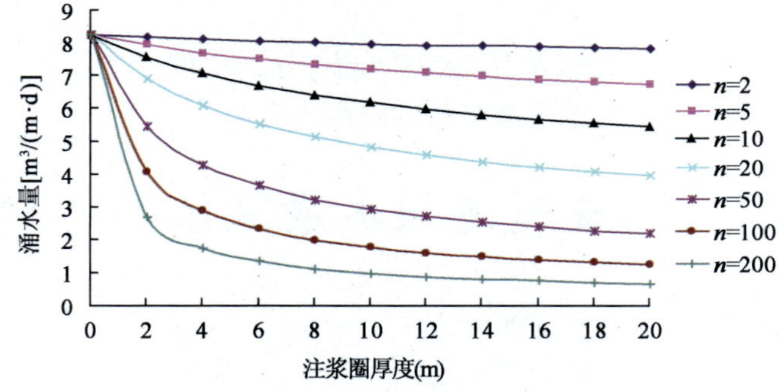

图 10-3　隧道涌水量与注浆圈厚度关系曲线

10.2.3　海底隧道衬砌外水压力计算

当 $n_2=0$,且海底隧道初期支护的渗透性一定时($k_1=1.0\times10^{-8}$m/s,$n_1=500$),图 10-4 给出了初期支护外水压力与注浆圈厚度之间的变化关系。图中 h_1/h_0 为初期支护外水头与全水头之比,即初期支护外水压力折减系数。

图10-4表明，随着注浆圈厚度的增加和渗透系数的减小，初期支护外水压力亦随之减小，表明在相同的隧道排水系统设计参数下，注浆圈堵水效果越好，初期支护外水压力的降低就越显著，这与试验获得的结论一致；当 $n \geqslant 100$ 且 $t_g \geqslant 8m$ 时，无论是减小注浆圈渗透系数还是增加注浆圈厚度，对减小隧道初期支护外水压力的作用效果已不明显。可见，同控制隧道涌水量一样，并不是注浆圈的渗透系数越低、厚度越大对减小衬砌外水压力的作用效果越好，而是存在相对经济合理的参数值。

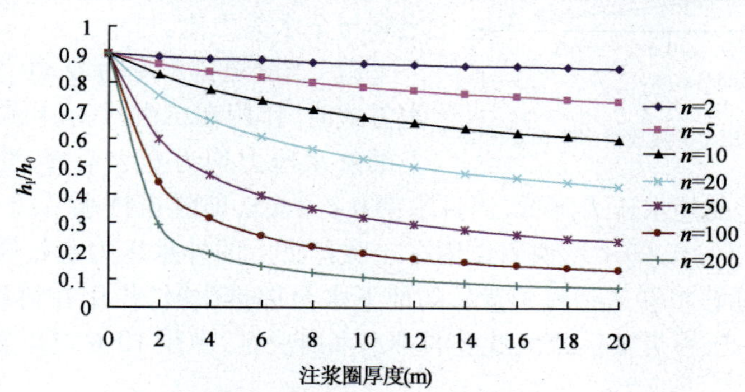

图10-4　隧道衬砌外水压力与注浆圈厚度关系曲线

当隧道排水系统不能及时将二次衬砌背后的地下水全部排出时，要考虑二次衬砌一定的阻水作用，此时 $n_2 \neq 0$。图10-5给出了注浆圈厚度为5m，初期支护渗透系数为 1.0×10^{-8}m/s 时，二次衬砌外水压力与隧道排水量之间的关系。

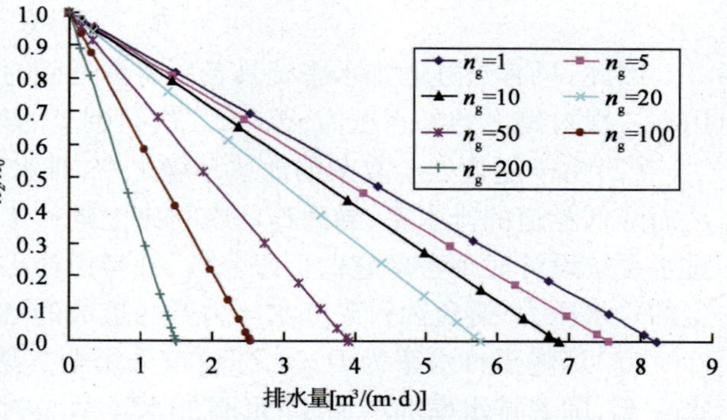

图10-5　隧道衬砌外水压力与排水量关系曲线

由图10-5可知，当隧道排水量为0，即隧道采用全封堵方式防水时，不论注浆圈堵水效果如何，作用在衬砌上的外水压力都不能折减，这与试验获得的结论一致。随着排水量的增加，衬砌外水压力明显减小，二者之间呈线性变化关系。在相同的排水量时，注浆圈堵水效果越好，衬砌外水压力降低越显著。这说明只有在衬砌采取排水措施时才能发挥注浆圈对水压力的降低作用，而且注浆圈的堵水效果越好，要达到同样的衬砌外水压力所需的排水量越小。若使衬砌外水压力降为0，不采用注浆圈时，需要的排水量为 $8.2353m^3/(m \cdot d)$；而当采用渗透系数为围岩渗透系数的1%、厚度为5m的注浆圈时，需要的排水量为 $2.5533m^3/(m \cdot d)$，仅为不采用注浆圈时的31.0%，表明注浆圈有助于在小排水量条件下有效降低衬砌的外水压力。因此，在隧道周围形成堵水注浆圈，就可以在较小的排水量条件下，显著降低甚至消除作用在二次衬砌上的外水压力，从而巧妙解决了排水减压和排水经济性之间的矛盾。

10.2.4　隧道排水率对衬砌外水压力的影响分析

为分析隧道的设计排水量和渗透到衬砌背后的地下水量两者在不同比例关系下，对衬砌外水压力的影响规律，定义参数 D 为隧道排水率，可表示为：

$$D = Q_d^d / Q_g \tag{10-1}$$

式中：Q_d^d——隧道设计排水量，其值由隧道排水系统设计参数决定，计算时将其排水能力等效为二次衬砌的渗透系数；

Q_g——渗透到隧道二次衬砌背后的地下水量，即通过初期支护的涌水量，其值由工程地质及水文地质条件、隧道断面面积、注浆圈参数和初期支护参数等决定，计算时取 $n_2=0$。

$D=0$，表示隧道全封堵不排水；$0<D<1$，表示隧道排水系统只能部分排出渗透到衬砌背后的地下水；$D=1$，表示隧道排水系统能够将渗透到二次衬砌背后的地下水全部排出。

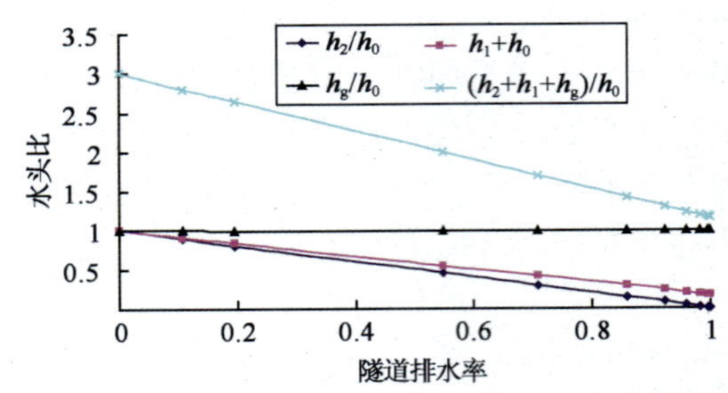

图 10-6　衬砌及注浆圈外水压力与隧道排水率关系曲线

图 10-6 给出了注浆圈厚度为 5m，$n_g=200$，$n_1=500$ 时，二次衬砌外水压力、初期支护外水压力、注浆圈外水压力及三者之和与隧道排水率之间的关系。其中 h_g/h_0 为注浆圈外水头与全水头之比，$(h_1+h_2+h_g)/h_0$ 为二次衬砌外水头、初期支护外水水头，以及注浆圈外水头之和与全水头之比。

（1）当隧道排水率为 $D=0$，即隧道采用全封堵不排水方式时，作用在二次衬砌、初期支护，以及注浆圈外侧上的外水压力均为全水头 H，没有折减；随着排水率的增加，作用在二次衬砌上的外水压力降低，当排水率 $0<D<1$，即隧道排水系统只能部分排出渗透到二次衬砌背后的地下水时，$0<h_2/H<1$，说明作用在二次衬砌上的外水压力也仅能被部分消除；当排水率 $D=1$，即隧道排水系统能够将渗透到衬砌背后的地下水全部排出时，作用在衬砌上的外水压力降为 0。上述分析表明：衬砌外水压力折减系数由隧道的排水率所决定，由图 10-6 可以发现，两者之间成线性变化关系，可用下式表示：

$$\frac{h_2}{h_0}=\begin{cases}1-D & (D<1)\\ 0 & (D=1)\end{cases} \tag{10-2}$$

因此，只有当隧道排水系统具备了将渗透到衬砌背后的地下水全部排出的能力时，才能完全消除作用在二次衬砌上的外水压力；否则，二次衬砌上的外水压力在结构设计时不能忽略。

（2）由于隧道处于复杂的地质环境之中，排水系统随着时间的推移可能产生堵塞而降低排水能力，从而降低隧道的排水率，导致作用在衬砌上的外水压力上升，对隧道结构安全不利。因此，在进行隧道排水系统设计时须考虑它的可维修性，并考虑衬砌可以承受一定的水荷载，以承担因排水系统不畅而产生的外水压力，避免因衬砌外水压力升高造成的隧道结构破坏。

（3）当隧道排水率为 $D=0$，即隧道采用全封堵的防排水方式时，作用在注浆圈上的外水压力为全水头 h_0，随着排水率的增加，注浆圈外水压力与衬砌外水压力同步降低，二者之和并不等于全水头压力，表明衬砌上的外水压力并没有转移到注浆圈上去。因此，在结构设计时衬砌外水压力的确定不能用全水头压力减去注浆圈外水压力。可见，注浆圈的作用不是分担衬砌外水压力，而是通过封堵地下水来降低隧道涌水量，从而能够以较小的排水量来降低甚至消除衬砌的外水压力。

10.2.5　小结

根据海水深度和隧道最小岩石覆盖层厚度，若海底隧道水头压力很大，采用全封堵方案，水压力对衬砌结构内力的影响最大，并起着控制作用。在这种情况下，从经济的角度考虑，有必要选取一种隧道结构受力合理和开挖面积较小的断面形式。如果采用排导方案，则需要确定注浆加固圈的厚度及其渗透系数的大小，其结果不仅与隧道结构承受的静水压力大小有关，还和排放量的大小有关；此外，若达不到设计要求时，可能会影响注浆加固圈的稳定性和是否能够控制排放量，最终对隧道安全会很不利。故采用限量排放方式时，应对加固圈的厚度和渗透系数的大小进行专门研究，以便确定出不同静水压力条件下隧道加固圈的最为合理的加固范围。可见，采用限量排放方案，关键与隧道周围围岩的注浆效果和注浆加固圈的厚度等有关，因此注浆加固圈需要进行专门设计。通常情况下，当海底隧道水头大于 60m 时，宜采用排导方式，即海底隧道在衬砌背后精心地设置排导系统是很有利的，在这种情况下，在防水层背后设置的无纺布透水垫层和盲管排水系统就显得很重要，不但要精心施作，而且要在营运期限间保持畅通，一旦堵塞，将诱发衬砌水压力。因此，尽管在隧道开挖后看到围岩表面只有少量的水渗出，而一旦做成全封堵衬砌，衬砌背后的水压力仍会逐渐增大，达到同初始地下水位相应（或更高些）的程度。在实际的隧道工程中，确实已经量测到衬砌背后水压力逐渐增大的现象。在排水通道被堵塞后，随着累积水压力的增加，隧道衬砌发生破坏也是可以预期的。

10.3 隧道地下水控制排放标准研究

海底隧道地下水的控制排放标准是一个十分重要的指标，不仅关系隧道的防排水措施，而且直接影响隧道的运营成本。过严格的控制排放标准将使辅助施工措施费用大大增加，过低的控制标准将使大量的地下水进入隧道，需要采用足够的泵站抽水排水，运营成本大大增加。

按照日本隧道涌水量计算的经验公式：

$$Q = 0.1 \times L^2$$

式中：Q——隧道总涌水量(m^3/min)；

L——隧道长度(km)。

青岛胶州湾隧道(按4km海底段计算)原始单孔隧道涌水量：

$$Q = 0.1 \times 4^2 = 0.1 \times 4^2(m^3/min) = 2304(m^3/d)$$

平均864m^3/(d·km)，因此，需要对该涌水量进行适当控制。挪威海底隧道的控制标准是30L/(min·100m)[432m^3/(d·km)]，日本青函隧道海底段大约为45L/(min·100m)[648m^3/(d·km)]。由于青岛海底隧道的地质情况较好，围岩比较坚硬完整，渗透系数比较低，因此提出采用比挪威海底隧道更为严格的控制排放标准，20L/(min·100m)[288m^3/(d·km)]。按20L/(min·100m)的标准计算出4km的海底段隧道涌水量(单洞)为：1152m^3/d，而计算出的原始单孔隧道涌水量为2304m^3/d。因此，施工中对涌水量大的地段，如断层破碎带等需要提前进行预注浆，控制地下水的排放量。

10.4 隧道防排水系统的研究

根据胶州湾隧道的水文地质、工程地质、环境条件以及技术经济等综合因素，纵向上将隧道划分为相对独立的防排水段落，并针对具体段落的特点进行了防排水系统的研究和设计。

10.4.1 防水系统方案

胶州湾隧道的防水设计，无仰拱地段拱墙设防水板，即采用半包式防水板；有仰拱地段采用全包防水，防水板宜为塑料防水板，采用暗钉铺设，并按照衬砌循环进行防水分区，分区内需设综合注浆系统，在防水系统发生渗漏时能够进行修补。隧道工程衬砌防水混凝土的抗渗等级不得小于S8，防水混凝土结构的衬砌厚度不应小于30cm。

课题组根据隧道的勘测资料，将整个隧道划分为三种类型(第一类为地下水不发育地段，主要为陆域段；第二类为地下水较发育地段；第三类为地下水发育，且有较高水压的地段)，并针对这三种情况进行了新型复合施工缝的防水设计。

在研究过程中，针对胶州湾海底隧道的特点，课题组对三种排水系统方案进行了对比分析。

方案1为路面水和地下水分别排放的分离系统。路面水及冲洗水通过路侧边沟排出洞外。衬砌背后围岩地下水排入纵向排水盲管，纵向排水盲管通过间距为50m的横向排水盲管排入中央排水沟，并排出洞外。中央主排水管径为ϕ500mm，设置在仰拱下方，每间隔100m设置检查维护井。此外，在仰拱下方铺设排水板，以便排放仰拱下方的地下水，见图10-7。

方案2，衬砌背后围岩地下水与路侧边沟水共同排入到隧道中央排水管中，并排出到洞外，见图10-8。中央排水管每间隔100m设置检查维护井。

方案3，衬砌背后围岩地下水通过间距为50m的横向排水管排入两侧纵向排水管，并排出洞外。两侧侧沟收集路面水及冲洗水，并进入集水泵站排出洞外。另外，保留施工过程中的中央排水管，以疏干底板积水，见图10-9。

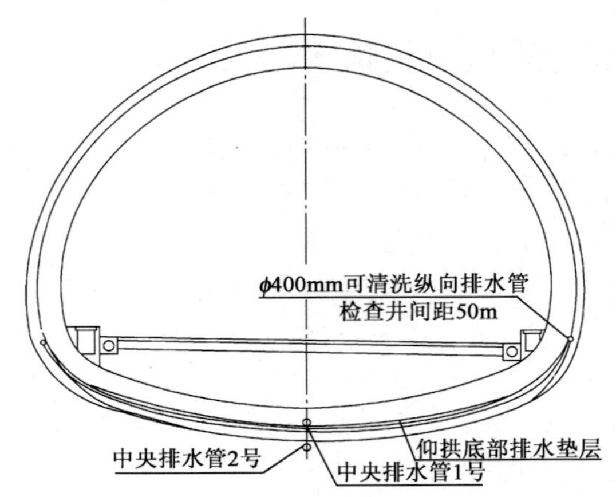

图 10-7　分离式排水系统-1

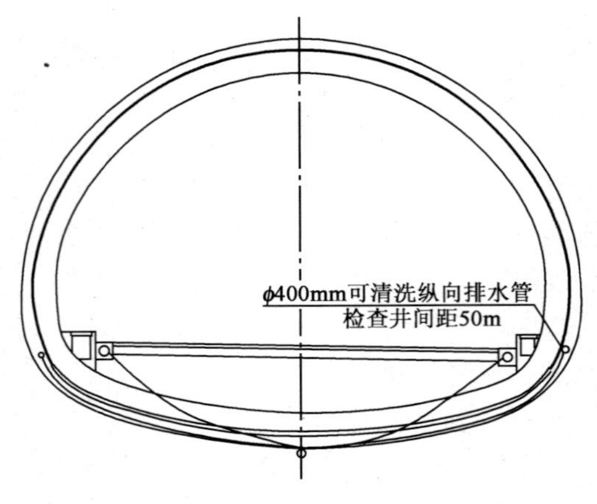

图 10-8　混合式排水系统-2

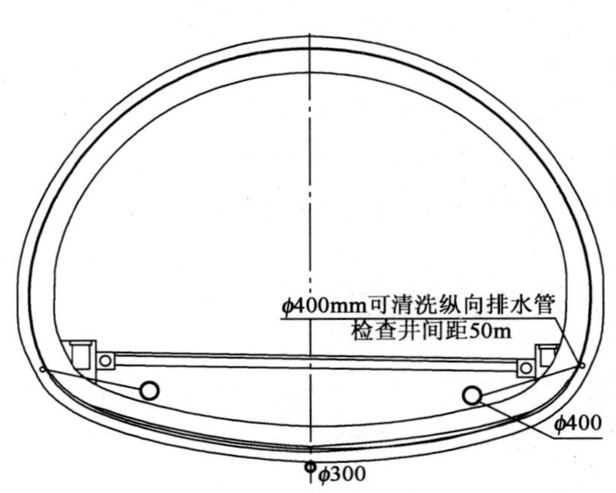

图 10-9　混合式排水系统-3

方案 1 及方案 2 中，中央排水管是主要的排水通道，考虑中央排水管的检查井设置在行车中轴线上，每隔一定间距设置的检查井井盖会对驾驶人员造成行车不便，因此推荐采用排水系统方案 3。在方案 3 中，需要保留仰拱底部排水管作为施工期间疏干底板积水的措施。

在胶州湾海底隧道防排水系统研究过程中，通过与设计方的多次讨论，考虑有仰拱地段和无仰拱地段的中央排水管高程差别比较大，最终采用了隧道内两侧 ϕ500mm 玻璃钢管水沟排水。

对于海底隧道，其排水系统的堵塞主要是游离石灰、细菌以及部分海藻。本隧道为排水型隧道，针对隧道排水系统可能堵塞的情况，专门考虑了排水系统的可维护性，方便及时维护，避免由于排水系统堵塞而导致衬砌背后的水压力上升，对结构安全造成隐患。

针对传统的环向排水盲管排水能力小、抗压扁性能差、容易堵塞等缺点，系统方案中采用不易堵塞的面状排水系统，以提高衬砌背后排水系统的排水能力和可靠性。可考虑两种面状排水材料：凹凸状排水板和毛细排水带。面状排水材料主要应用在地下水较大且围岩较好的地段，具有排水通畅、不宜堵塞的特点；在断层带等软弱地段采用毛细排水带，可以防止由于排水将围岩细小颗粒带走并引起排水管堵塞的问题。

两侧边墙的纵向排水管是沿隧道纵向设置在衬砌底部防水板与初期支护间的透排水管。其作用是将隧道背后的地下水汇集并通过横向泄水管排到主排水管。传统的软式透水管施工中水泥浆易将透水管堵塞；另外，隧道在排水过程中，地下水中含有细小颗粒的泥砂，可能将之堵塞，造成衬砌背后的水压力上升。因此，进行纵向排水管的维护清洗应该作为隧道运营管理方面的一个重要工作，也是排水系统正常、可靠运行的重要保证措施。课题组对新型纵向排水管提出了应满足的物理力学性能指标，并在方案中对检查井及细部构造进行了设计。

10.4.2　排水设计

运营期间，隧道内的水来源主要为围岩裂隙水、清洗用水和消防用水，排水系统由环向排水板、纵向排水管、横向泄水管和玻璃钢管水沟组成。为了维护方便和施工方便，排水沟设在路面两侧下方。

在隧道初期支护与二次衬砌之间拱墙放卷材、无纺布和凹凸排水板等渗水层，结构渗水通过可清洗的 DN100 双壁波纹纵向排水盲管汇集，然后通过 ϕ50mm 的横向 PVC 泄水管汇到路面两侧的 ϕ500mm 玻璃钢管水沟，两玻璃钢管水沟通过 DN100 双壁波纹横向透水管连通。围岩水通过 ϕ500mm 玻璃钢管水沟，清洗和消防水通过路面两侧的排水边沟，一起汇入隧道内设置的三个废水池，通过泵送排出洞外（图 10-10）。

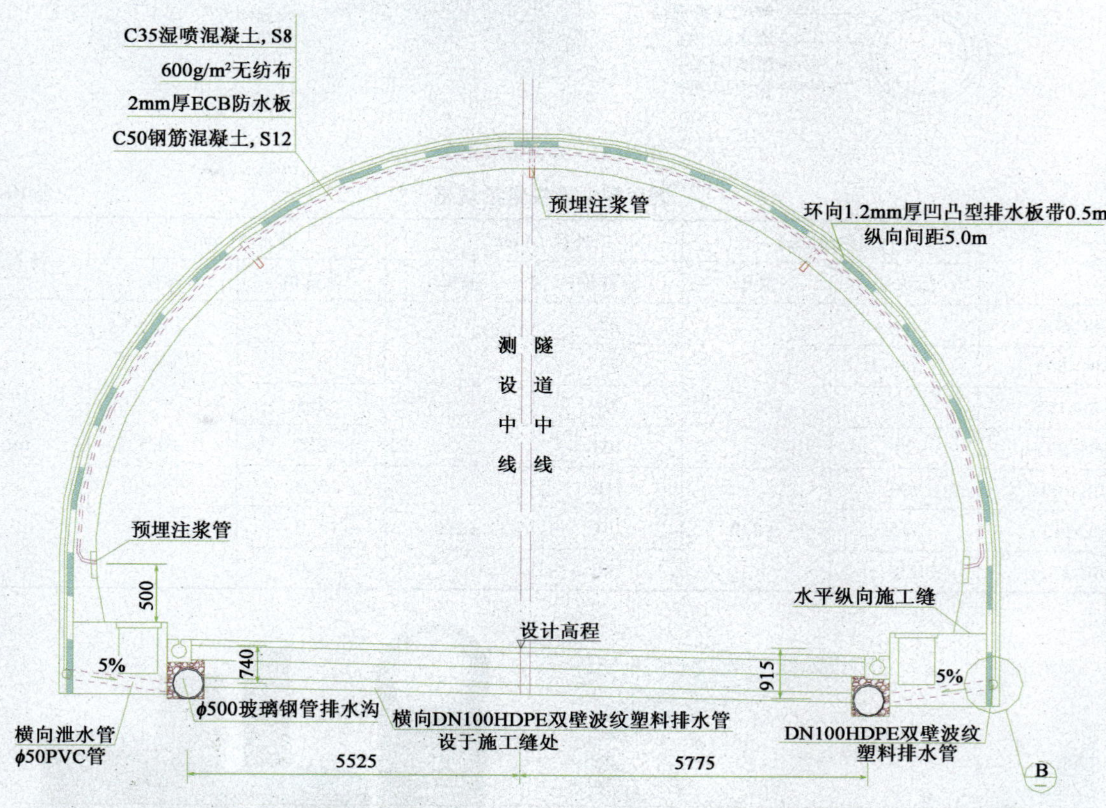

图 10-10　主隧道防排水设计图（尺寸单位：mm）

10.4.3　排水系统维护

（1）排水盲管设置

针对可能产生的隧道排水系统的堵塞，必须考虑排水系统的可维护性，避免由于排水系统堵塞而导致衬砌背后的水压力上升，对结构安全造成隐患。为保证排水系统的可维护性，纵向排水盲管需符合高压冲洗的力学性能指标，且要有较好的透水性，不易堵塞。

1）管材选择

①弹簧软管

软式透水管（图 10-11）是以防锈弹簧圈支撑管体，形成高抗压软式结构，无纺布内衬过滤，使泥砂杂质不能进入管内，从而达到净渗水的功效。丙纶丝外绕被覆盖层具有优良的吸水性，能迅速收集土体中多余的水分。橡胶筋使壁管覆盖层与弹簧钢圈管体成为有机一体，具有很好的全方位透水功能，渗透水能顺利渗入管内，而泥砂杂质被挡在管外，从而达到透水、过滤、排水的目的。

②硬质塑料管（施工不便）（图 10-12）

③圆形塑料波纹管

圆形塑料波纹管的规格见表 10-1。

塑料波纹管的结构见图 10-13。波峰 4 ~ 5mm，波距 30 ~ 60mm。ϕ100mm 塑料双壁波纹透水管每米 15 ~ 22 元。

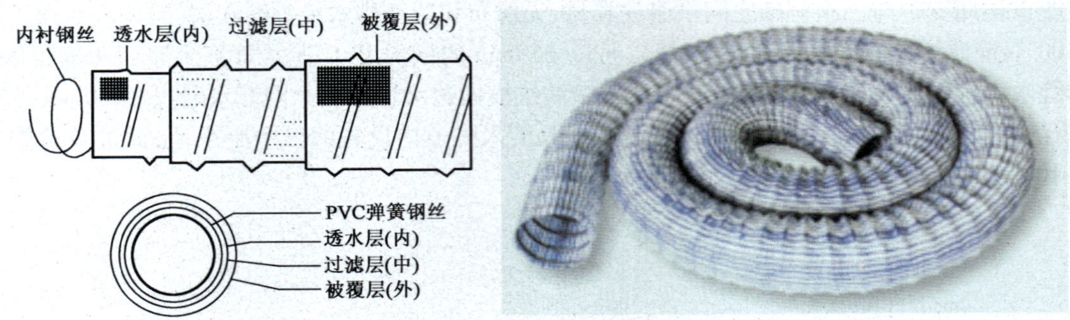

图 10-11 弹簧透水软管

圆形塑料波纹管的规格 表 10-1

型 号	内径 d(mm)		外径 D(mm)		壁厚 S(mm)		不圆度
	标称值	偏差	标称值	偏差	标称值	偏差	
SBG-50Y	50	±1.0	63	±1.0	2.5	+0.5	6%
SBG-60Y	60		73		2.5		
SBG-75Y	75		88		2.5		
SBG-90Y	90		103		2.5		
SBG-100Y	100	±2.0	116	±2.0	3.0		
SBG-115Y	115		131		3.0		
SBG-130Y	130		146		3.0		

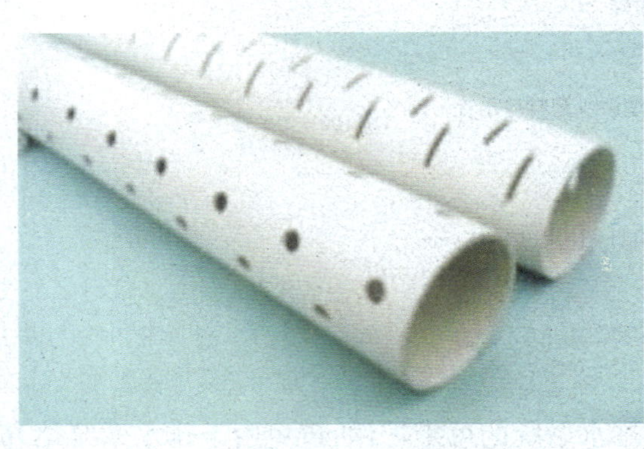

图 10-12 塑料实壁透水管

图 10-13 双壁波纹管

经经济、技术综合比较，选择塑料双壁波纹透水管作为排水盲管。

2）管径大小

考虑纵向排水管中围岩水为恒定自由流动，隧道控制排水量为 0.4m^3/(d · m)，根据恒定总流能量方程，考虑两个横行泄水管处截面：

$$Z_1 + \frac{p_1}{\gamma} + \frac{\alpha_1 v_1^2}{2g} = Z_2 + \frac{p_2}{\gamma} + \frac{\alpha_2 v_2^2}{2g} + h_{l1-2} \tag{10-3}$$

式中：Z_1、Z_2——选定断面上任一点相对于选定基准面的高程；

p_1、p_2——相应断面同一选定点的压强，自由出流取为 0；

v_1、v_2——相应断面的平均流速；

α_1、α_2——相应断面的动能修正系数，取为 1；

h_{l1-2}——1、2 两断面间的平均单位水头损失，假设沿管长均匀发生：

$$h_{11\text{-}2}=\frac{3v^2}{2g} \tag{10-4}$$

取最不利状况，隧道的坡度为0.3%，初始流速假设为0，横行泄水管间距为5m时，根据上述方程：

$$5\times0.003+0+0=0+0+\frac{v^2}{2g}+\frac{3v^2}{2g}$$

$$v=0.27\text{m/s}$$

考虑管道设计充满度为0.5，由 $Q=vA=v\pi r^2/2$，计算排除渗水需要的排水管管径为：

$$0.4\times5=0.27\times\pi\times r^2\times0.5\times60\times60\times24$$

$$r=7.4\text{mm}$$

横行泄水管间距为50m时，按照上述计算需要的管径：

$$r=23.4\text{mm}$$

横行泄水管间距为100m时，按照上述计算需要的管径：

$$r=33.1\text{mm}$$

取3倍的过水量计算 $r=57.3$mm。

根据计算，采用现在的限排标准时，主隧道 ϕ100mm 的纵向排水管的排水能力不存在问题，主要是考虑防止堵塞、维护方便、管材统一等采用 ϕ100mm 的管径。

胶州湾隧道结构的防水设计应遵循“以堵为主，限量排放，刚柔结合，多道防线，因地制宜，综合治理”的原则。对于堵水以后少量的渗漏水，必须有一定的排水出路。在主隧道二次衬砌和初期支护之间边墙底部设置DN100HDPE双壁波纹塑料排水管，服务隧道设置DN75HDPE双壁波纹塑料排水管。

（2）设置纵向排水管检查井

沿隧道纵向每100m设置一个检查井（图10-14和图10-15），对纵向排水盲管进行维护。维护检修在检修井处采用大型高压水射流清洗设备及专用喷头（图10-16），靠高速水流切割击碎结垢物，并随高压水流排出管道，流入检修井，将管内彻底清洗干净，必要时采用特殊机械接头清除障碍物。

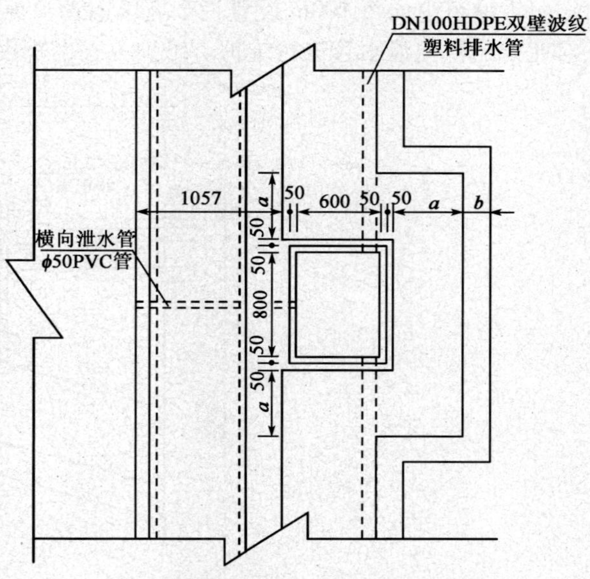

图10-14　隧道纵向排水管检查井平面图（尺寸单位：mm）

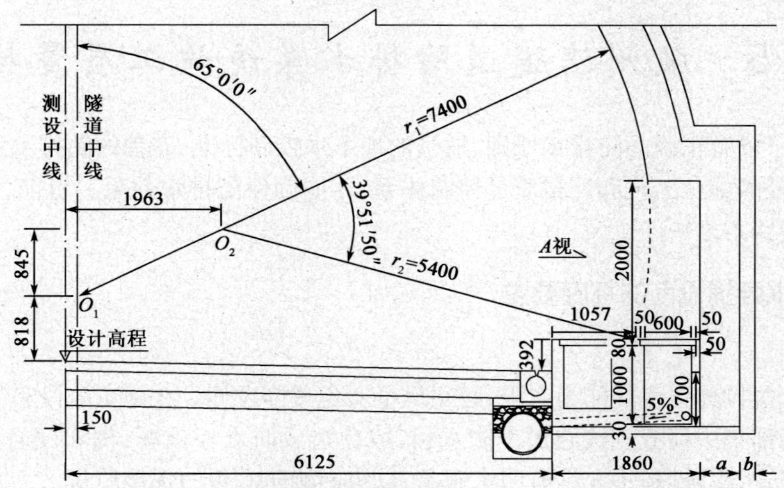

图10-15　隧道纵向排水管检查井剖面图（尺寸单位：mm）

图 10-16　可移动式高压水射流清洗设备及专用喷头

(3)排水边沟检查井

沿隧道纵向每 100m 设置一个玻璃钢管检查井维护检修 ϕ500mm 玻璃钢管排水沟(图 10-17),同时对此处的横向泄水管进行维护。维护方式也采用高压水射流清洗设备及专用喷头。

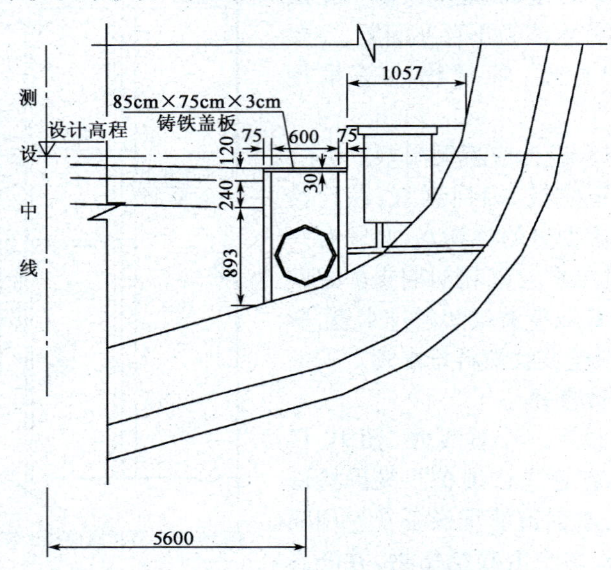

图 10-17　ϕ500 排水边沟检修井(尺寸单位:mm)

10.5　胶州湾隧道防排水系统施工质量控制

隧道防水,除了要有正确的防排水原则、适当的地下水控制标准、完善的防排水系统、合格的防排水材料外,还需有合理的施工工艺和严格质量控制体系,才能确保防排水效果。目前,防水质量是影响隧道防水效果的关键因素之一。

10.5.1　防水层铺设前的基面要求

(1)基面要求

防水板通常抵抗拉伸强度的能力有限,必须尽量避免过度拉伸。在施工阶段和完工阶段,都应该尽量避免点接触或局部集中荷载直接施加于防水板,以免造成防水板破坏,例如硬岩的棱角或尖锐的边缘。此外,在铺设防水板阶段,不允许有明水现象,以免影响防水板的焊接质量。

在安装隧道防水板之前,围岩的棱角及凸出部分需要清除,超挖部分需要用喷混凝土进行填补整平，锚杆或锚钉露出围岩部分需要用喷混凝土遮盖，以免刺穿防水板。对于基面上的明水要用半管引排到纵向排水盲管中，见图10-18。

这些排水半管（通常是塑料排水半管，直径为20～100mm），通常可多层固定，用于初期支护后的裂隙排水，并且需要用不透水砂浆进行封闭，并与隧道底部的纵向排水相连接。

在涌水较大部位，为了加强局部排水功能，可采用钻孔排水（图10-19和图10-20）。将直径为20mm或更大的塑料带孔管安装在钻孔中，钻孔端部用速凝砂浆进行封闭。钻孔排水需与纵向排水管直接相连。

图10-18　排水半管引排基面裂隙水

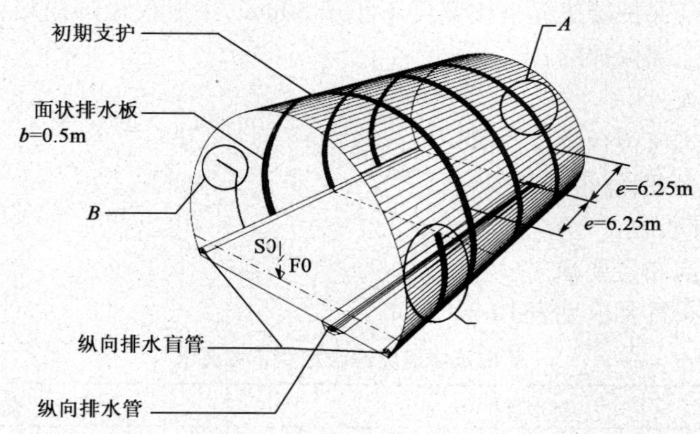

图10-19　面状排水板与排水钻孔相结合

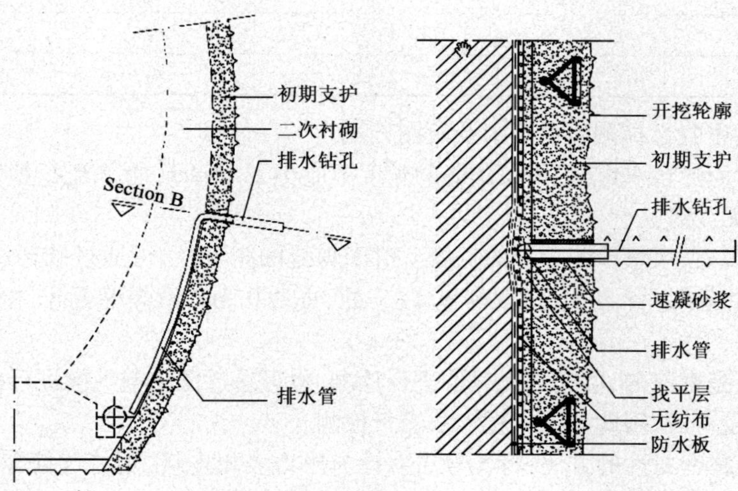

图10-20　排水钻孔细部图

（2）防水层铺设前的基面质量要求

1）基层平整度要求：要求基层尽量平整、坚实、圆顺，并根据工程实践的经验提出平整的定量指标，以便于铺设防水板。对于喷射混凝土基层的平整度要求为$D/L \leqslant 1/6$，拱顶$D/L \leqslant 1/8$，其中，D为喷射混凝土相邻两凸点间的凹深，L为喷射混凝土相邻两凸点间的距离，如图10-21所示。基层表面上不得有伸出的钢筋头、锚杆、铁丝、围岩等坚硬物体，防止铺设时将防水板刺破；如果有，需要割掉并用砂浆进行修补。在施工缝止水带安装部位，基面应该是平整的，曲线应是缓和的，如有必要可用砂浆进行整平。

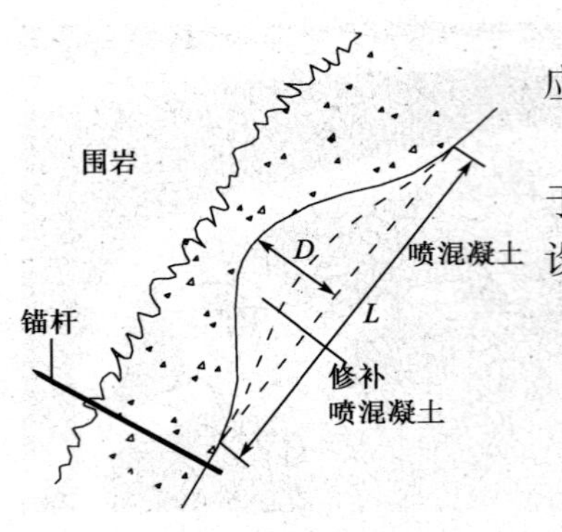

图 10-21 基层平整度要求

2)基层渗漏水要求:防水层施工时基层表面不得有明水,如有明水应采取封堵或引排措施。

3)初期支护表面应设置一喷混凝土找平层,找平层的厚度不应小于30mm,喷混凝土原材料的最大粒径为8mm。喷射混凝土强度要达到设计强度,如采用C20或C25。

10.5.2 防水层铺设的质量控制

在基面检查合格后,即可进行无纺布保护层及防水板的铺设施工。

(1)缓冲层的铺设

用带热塑性圆垫圈的射钉将缓冲层平整顺直地固定在基层上,固定点间距,拱部0.5~0.8m,边墙0.8~1.0m,底部1~1.5m,呈梅花形排列,并左右上下成行固定;保护层接缝搭接宽度不小于50mm,一般仅设环向接缝,当长度不够时,设纵向接缝应确保下部压住上部保护层。

保护层铺设质量检查:

铺设范围及铺挂方式应符合设计要求;

固定点设置的数量合理,间距满足规定。

(2)防水板铺设质量控制

1)防水板铺设固定点布置要求

防水板铺设固定点布置要求见表10-2。

矿山法修建隧道固定点布置要求 表10-2

序号	断面面积	圆形垫片(个/m²)		黏结点	
		最小要求	标准设计	点数(点/m²)	直线距离(m)
1	仰拱	0.5	0.5	约0.5	≤0.35 (黏结条带宽度≥20mm)
2	边墙	1	1~2	约2~4	
3	拱部	1~2	2~3	约3~4	

2)防水板焊缝的密封性检测质量要求及检测方法

①防水板搭接应为热合双焊缝,单条焊缝的宽度不应小于15mm,且焊缝需密实,无虚焊、漏焊等现象,焊缝表面应平整无波纹。

检查方法:目测观察,尺量检测焊缝的宽度。对于焊缝的密实性,可通过破坏法进行检查。在已铺好的防水布中约20m检查一个断面,截取焊缝2~3处,每处0.5m,沿焊缝剪开,检查焊缝是否密实,有无漏焊、烤焦及孔洞。

②防水板焊缝应是密封的,可通过充气法进行检测,也可通过压缩空气枪进行检测。由于充气法检测操作简便,效果比较直观,因此多采用充气法进行检测。

a. 充气法检测焊缝密封性的方法:将5号注射针与压力表相连接,用打气筒充气,当压力表达到规定压力时停止充气,保持时间不小于10min。压力下降在10%以内,说明焊缝合格;如压力下降过快,说明有未焊好处。用肥皂水涂在焊缝上,有气泡的地方重新补焊,直到不漏气为止。

b. 充气检测法可以在防水板正式施工前对试焊的防水板材料进行检验,以取得合理的爬行焊机温度、走行速度等技术参数,并可对材料进行检验。现场检测时,可根据需要抽取完整的环向或纵向焊缝,充气检测的最大长度不超过40m。检测频率建议每循环二次衬砌混凝土抽检一条完整焊缝,且在施工初期要加大抽检频率。

③防水板破损处及手工焊缝处、结构转角处焊缝的检测方法。由于隧道开挖基面局部不平整,无法用自动爬焊机进行焊接,或者防水板在绑扎钢筋时发生破损,需要对手工焊缝及破损处进行修补,修补

后应进行密封性检测。其检测方法如下。

a. 负压检查:对于防水板手动焊接处,不规则焊缝(如T形缝)和防水板由于钢筋焊接等造成的破损处修补等,这些地方是防水板最容易发生渗漏的部位,且对其检测比较困难,在国内尚未见有效的检测手段及质量验收标准,建议采用钟形罩检测。钟形罩是树脂玻璃材质,直径为40~50cm。检测时必须根据焊缝形状、结构转角形状、防水板修补位置等,来选择适当形状的钟形罩(一般有1/8~5/8的球体形状可供选择),如图10-22所示。在需要检测的焊缝或修补处涂检测液(一般为肥皂水),并将钟形罩放在检测部位,然后用抽气筒进行抽气,直到压力达到-0.05MPa,观察检测液是否有气泡。如果有气泡,表明此处防水板焊缝密封性不合格,需要进行再次修补直到检测合格;若保持负压超过10min,而检测液不起泡,表明此处焊缝密封性合格。钟形罩检测方法也可直观地观察防水材料的物理力学性能,如防水板在负压的作用下隆起,表明物理力学性能较佳。

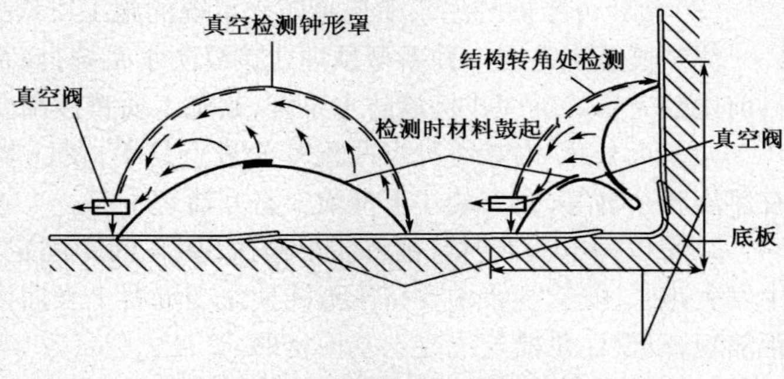

图10-22 不同形状的钟形罩检测焊缝

b. 目测:沿焊缝外边缘观察是否有溶浆均匀溢出,否则须进行机械检测。

c. 机械检测:用平口螺丝刀沿焊缝外边缘(没有溶浆均匀溢出的部位)稍用力,检查是否有虚焊、漏焊部位。如果有漏点,做好标记并及时修补。

检测频率:原则上对所有破损修补处都进行检测;对于T形焊缝或转角处,建议检测数量不少于总数量的1/2。

④焊缝的抗拉强度检测方法及质量验收标准。质量指标:国外隧道规范对防水板焊缝的抗拉强度指标进行了明确规定,即焊缝的抗拉强度要求大于母材的强度,在做拉伸试验时要求在焊缝范围外断裂,我国对此并没有明确规定,只是在有关文献中提到要大于防水板强度的80%。其检测方法如下。

试验室检测:在施工现场,把焊缝的采集样品制成哑铃形试件,进行焊缝的剪切拉伸试验,根据破坏强度进行评定。一般要求接缝强度不低于母材强度的80%(也有的文献提到不小于母材强度的70%)。

撕裂检测:将试焊的样品切成1cm左右的长条,然后进行撕裂测试,所有断裂应发生在有效焊缝以外。

检测数量:建议每一浇筑段检查一组试样,检测取样完成后马上对检测取样处进行修补。

⑤焊缝的抗剥离强度指标。抗剥离强度指标没有明确的规定,一般要求大于6N/mm。检测方法可现场取样,按GB/T 2791的规定,以100mm/min ±10mm/min的速度进行剥离试验。

(3)防水板分区的施工质量控制

1)背贴止水带材质需要与防水板相容,并且与防水板热熔焊接。

2)背贴止水带、注浆嘴的安装位置要符合设计要求。

3)注浆嘴的安装要与防水板点焊,不应焊死在防水板上,防止注浆时需要过大的压力才能将之冲开,从而容易导致防水板损坏。在发生渗漏时才有必要注浆。

4)每个分区的面积不超过200m^2。

10.5.3 施工缝、变形缝施工质量控制

施工缝、变形缝是隧道渗漏水最为常见的部位,在安装时需精心施工。课题组针对目前中埋式止水带、止水条等存在的缺陷,提出了采用预埋可维护的接缝防水系统及背贴式止水带及其施工质量控制措施。

(1)预埋可维护的注浆管接缝防水系统的施工质量控制

预埋可重复注浆管接缝防水系统是近年来发展的新型注浆管。隧道二次衬砌接缝处是防水最为薄弱的环节,也是渗漏水病害最容易发生的位置,通过在此处预埋可重复注浆软管,在结构由于变形或开裂发生渗漏时,可通过注浆软管进行注浆补救,是一种比较先进的防水理念。预埋可重复注浆管施工质量控制的关键是确保安装位置准确、固定稳固(每30cm设一固定点),并按要求引入隧道内部,标志明显,方便需要时使用。注浆浆液一般为化学浆液,注浆堵漏完成后,要马上用清水将注浆管冲洗干净并妥善保护好注浆导管,以便将来接缝再次发生渗漏时重复注浆。

(2)预埋可维护的注浆槽接缝防水系统的施工质量控制

注浆槽系统是在一种新型预埋式接缝防水系统,该系统包括注浆槽、注浆材料及配套注浆设备,是目前比较完善的预埋式接缝防水系统,其施工质量控制要求如下。

1)基面处理:对接缝处混凝土基面进行简单,使注浆槽能与基面牢固密贴。纵向接缝基面处可能有浮渣和杂物等,在安装注浆槽前要将其清理干净。

2)可以用电锤或射钉枪将注浆槽按30cm间距固定在先浇混凝土基面上,为防止混凝土浇筑过程中发生跑浆,安装注浆槽要挤压泡沫使之与混凝土表面密贴,当基面特别起伏不平时,要适当将钉子间距缩短,以使注浆槽与混凝土基面密贴。

3)注浆槽的分段长度不应大于10m,分段处要用膨胀塞塞紧,防止二次衬砌混凝土浇筑时水泥浆进入将注浆槽堵塞。

4)在混凝土龄期达到28d后,方可进行注浆。防止在此之前注浆,以免对混凝土造成不利影响。

(3)高性能膨胀止水胶施工质量控制

1)止水胶表面完全硬化后,一般经过6~8h,最长不超过24h,方可浇筑下一段混凝土。因此在二次衬砌浇筑施工作业时,要合理组织安排时间。

2)应事先将施工缝表面的浮渣和积水清理干净。

3)避免止水胶长时间浸泡在水中而导致提前膨胀。

4)避免混凝土振捣棒直接碰到止水胶。

5)止水胶直接在混凝土基面上连续均匀设置,止水胶与混凝土边缘的距离不小于100mm。

6)需要搭接时,新旧止水胶搭接长度不小于20mm。

(4)施工缝处的背贴止水带(图10-23)施工质量控制

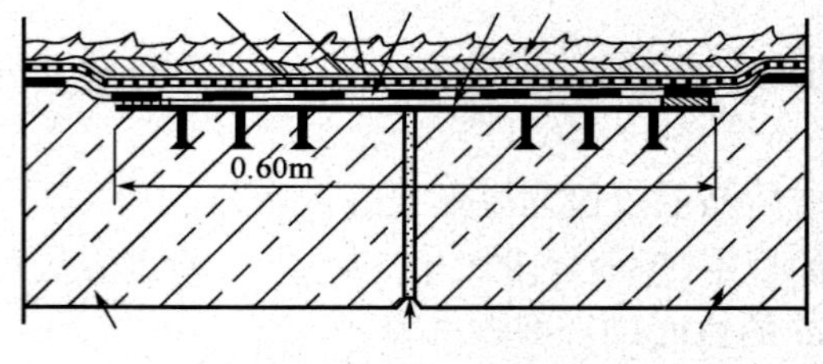

图10-23 施工缝背贴止水带防水

在止水带成卷运输和储存时,其竖肋不得扭曲或倾倒。止水带不得受污染和破坏,不得与棱角物、粗糙物、钢筋等接触。

施工缝端部的焊接需采用热板对接焊,止水带的竖肋覆盖面积应达到50%以上。在现场只能采用轴线方向(180°)的垂直对接。在止水带对焊前要先试焊,以选择合理的焊接参数。在对焊完成后,接缝处应可见平整的焊渣,并随之将焊渣小心地除掉。

在安装时必须注意水平向和垂直向的竖肋相互吻合并连接到一起。预制产品应合理安装,防止交叉部位漏水。如果背贴止水带集成了注浆管,注浆管必须通过适当的连接件(如销栓)进行无间断连接。

10.5.4 隧道排水系统的施工质量控制

纵向和横向排水管的施工质量控制是排水系统施工质量控制的主要环节。纵向排水盲管是在二次衬砌施作前安设,施工条件极为不利,施工中易出现管身高低起伏不定,平面上出现忽内忽外的现象,这种情况下,纵向排水管易被淤积造成排水不畅,施工中应将其与二次衬砌边墙基础结合统筹考虑,并将其牢固固定在边墙基础上。纵向排水管在安装时必须注意其细部构造,防止泥砂进入纵向排水管。其次，应用排水板和防水卷材半裹纵向排水管，使从上部流下的水在纵向排水管位置尽量流入管内，而不让地下水在排水管位置纵横漫流。纵向排水管在整个隧道排水系统中是一个中间环节，起着承上启下的作用，施工中注意检查与横向盲管的连接，两管一般采用三通管连接，三通管留设位置应准确，接头应牢固，防止松动脱落；其次要检查纵向排水管的坡度，用坡度规进行检查，测定纵向管的坡度，使地下水在进入排水管后按一定的方向流动。

横向排水管布设方向与隧道轴向垂直，是连接纵向排水管与中央排水管（或侧沟）的水力通道。施工中应先在纵向管上预留接口，然后在仰拱及填充混凝土施工前接长至主排水管。施工时注意检查接头是否牢固，以保证纵向管与主排水管之间的水路通畅，严防接头断裂发身渗漏，造成路面的翻浆冒泥，影响行车安全。其次是横向盲管上部应有一定的缓冲层，以免路面荷载对横向排水管施压，造成横向排水管的变形，影响正常使用。

10.6　主要研究成果及应用

课题组通过广泛调研国内外调研、现场调研、理论分析、室内试验、模型试验等工作，取得了以下研究成果：

（1）通过对隧道渗漏原因的研究分析，认识到隧道渗漏不仅是防水缺陷造成的，还与隧道排水系统能力不足直接相关，结合胶州湾海底隧道研究提出了“防排结合、防排并举”的防排水原则，并在胶州湾海底隧道防排水系统中发挥重要作用。

（2）针对胶州湾海底隧道的实际情况，研究提出20L/（min·100m）的地下水控制排放标准，很好地控制了进入隧道的涌水量，大大降低了运营期间的抽水费用，社会经济效益显著。

（3）研究提出了胶州湾海底隧道的防排水系统，尤其是通过比选三种不同的排水系统，推荐了一种比较合理的隧道排水系统，提高了隧道排水系统的可靠性和可维护性。

（4）对胶州湾隧道防排水材料进行了室内试验研究，包括防水板、无纺布、排水板、预埋注浆管（槽）、背贴止水带、排水管等材料的物理力学性能试验以及三种注浆管（槽）的模型试验。根据试验结果，提出了胶州湾隧道防排水材料应满足的技术指标。

（5）提出了胶州湾隧道防排水系统施工质量控制措施，为防排水系统的施工质量控制提供了依据。

第三篇 施工技术与管理

第 11 章 工程风险评估及控制技术

11.1 研究目的、内容和意义

11.1.1 研究目的

隧道及地下工程,特别是水下隧道与其他工程项目相比,具有隐蔽性、复杂性和不确定性等突出的特点。风险研究可以对这些不确定因素进行分析,将不可预见的风险因素转化为定量的指标,帮助有关部门完成最后的决策,并通过计算风险效益来选择风险控制措施降低各种风险,以达到安全、经济、高效的管理目标。青岛胶州湾隧道北连团岛,南接薛家岛,全长7.8km,工程规模大,涉及方面多,地质条件复杂,属施工难度大的大型跨海工程。因此,在隧道工程施工中必须综合考虑其风险,利用科学的风险管理理论和先进的技术控制手段来确保工程建设的顺利进行。研究的目的在于通过对隧道工程施工过程存在的各种风险进行分析和评估,在此基础上对风险实施有效的控制,期望能够将风险带来的损失降低到最低程度,并为防灾体系设计提供必要的依据。

11.1.2 主要研究内容

风险分析包括三个必不可少的主要步骤:采集数据、完成不确定模型和对风险影响进行评价。针对青岛胶州湾海底建设工程,隧道工程施工的风险管理和控制研究内容主要包括:

(1)风险管理理论和适用于海底隧道施工风险分析评价的模型。

(2)青岛胶州湾隧道工程施工阶段风险辨识与分析。

(3)青岛胶州湾隧道工程施工风险动态评估研究。

(4)青岛胶州湾隧道工程施工风险控制。

11.1.3 研究的意义

通过该项目的有效实施,可以完善胶州湾隧道施工安全预警体系,提高该工程施工风险管理水平,有效降低工程造价,确保施工安全。我国水下隧道和海底隧道还处于起步阶段,随着国家高速路网建设,更多的海底隧道工程正在计划之中。进行隧道施工阶段的安全风险研究,促进水下隧道的修建技术,为各类决策者的决策提供依据,实现“工程精算”,减小风险,是非常必要和及时的。

11.2 海底隧道风险评估基本原理和评估程序

11.2.1 海底隧道施工风险的定义

在海底隧道施工过程中,出现与预期收益相悖的潜在损失,并由此引发工程危害的事态,称之为海底隧道施工的风险。

11.2.2 海底隧道施工风险发生机理

海底隧道工程的风险事故产生机理可以简单地描述为:由于孕险环境的存在,加上致险因子的诱导,就有可能引发风险事故的发生,进而对各种承载体造成损失。对于胶州湾海底隧道工程施工风险来说,承险体包括主线隧道、服务隧道、地面建筑物、路面系统、社会群体和生态环境,其发生的损失模式也是不同的,可以用图 11-1 来表示这一过程。其中,以隧道和施工人员为承险体的损失为直接损失,即工期损失、直接经济损失、耐久性损失以及人员伤亡损失;而环境影响损失、社会影响损失和生态环境破坏损失均属于间接损失。因此,海底隧道工程施工风险系统主要由致险因子、承险体和风险损失三项关键部分构成。

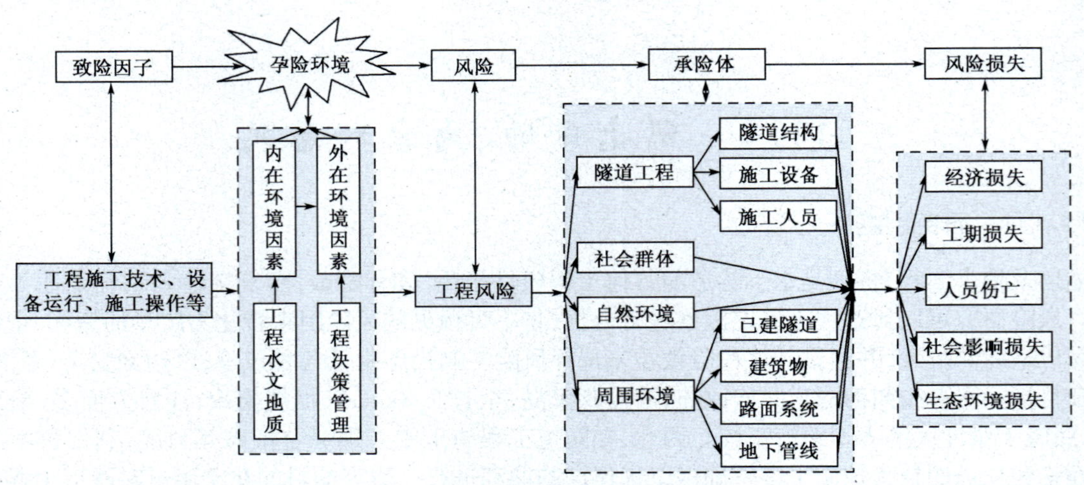

图 11-1 钻爆法海底隧道施工风险发生机理

11.2.3 海底隧道施工风险评估程序与管理

(1)风险评估

隧道工程与其他工程项目相比,具有隐蔽性、复杂性和不确定性等突出的特点,而跨海隧道显得更为突出。海底复杂、难以确定的地质条件和周围环境,以及施工及运营过程中影响工程进度、成本、城市环境、安全的种种因素,使得海底隧道的投资风险较大,若决策时考虑不周详,可能造成重大的经济损失和不良的社会影响。为更好地解决工程的决策问题,必然借助于风险评估、分析和决策的理论和方法。本工程在建设过程中必然存在着大量的不确定和不可预见的风险因素,不可避免地面临着各种风险,包括来自自然的原因和人为的原因。这些风险将贯穿于工程的施工和运营全过程。这其中有不少风险是可以控制的,即可通过风险分析和评估后,采取措施消除或减少相应的风险源来实现;有些则是无法避免和消除的,但可以根据其特点,预先拟定以及采取相应的措施,使其降低至最低水平。

一般来说,风险管理通常分为以下三个主要步骤。

1)风险辨识:分析工程各阶段所有的潜在风险因素,并进行归类、筛选和整理,重点考虑那些对目标参数影响较大的风险因素。

2)风险分析与估计:对风险因素发生概率和后果进行分析和估计,给出风险的概率分布。

3)风险评价与决策:对目标参数的风险结果参照一定标准进行评判。

本报告针对胶州湾隧道工程施工阶段进行风险辨识、风险分析和综合评估,并根据风险特点,提出相应的风险对策和控制措施,为工程决策的确定和工程建设管理提供可靠的参考依据。

(2)风险评估的程序

1)充分了解所研究的工程情况,收集资料,包括工程背景、设计资料、气象资料、地质资料、工程已有的研究报告等;

2)划分评价层次单元和研究专题;

3)对各评价单元可能发生的风险事故进行分类识别;

4)分析各风险事故的原因、发生工况、损失后果进行分析;

5)采用定性与部分定量的评价方法对风险事故进行评价;

6)对各风险事故提出控制措施的建议;

7)对各评价单元的风险进行评价;

8)将各评价单元的评价汇总成工程的总体风险评价;

9)给出结论和建议;

10)编制风险评估报告。

11.2.4　海底隧道施工风险评估方法

风险评估与分析的常用方法如下。

(1)基于信心指数的专家调查法

基于信心指数的专家调查法的操作流程为:

第一步,设定专家权重。

第二步,确定单个专家的区间概率分布曲线。

第三步,初步确定目标参数的区间概率函数曲线。

第四步,数据筛选及验证。

第五步,获得事故发生后各类损失的概率密度函数分布曲线。

第六步,获得各事故发生前损失的概率函数和分布函数曲线。

第七步,获得不同工况总体损失的概率函数和分布函数曲线。

(2)模糊综合评判方法

所谓模糊综合评判,说得通俗一点,就是权衡各种因素项目,给出一个总概括式的优劣评价或取舍,属于多目标决策方法。

在研究复杂的问题时,需要考虑的因素很多,而且这些因素往往不在一个层次上,因此大多数情况需要进行分级综合评定,此时,就要借助另一种风险评估的方法—层次分析法来进行分析。

(3)层次分析法

美国著名数学家萨蒂教授在20世纪70年代提出了层次分析方法。该方法能把定性因素定量化,并能在一定程度上检验和减少主观影响,使评价更趋科学化。该方法通过风险因素间的两两比较,形成判断矩阵,从而计算同层风险因素的相对权重,分析步骤如下。

第一步,确定判断矩阵。

第二步,计算矩阵 A 的最大特征值和对应的特征向量。

第三步,一致性检验。

除以上常用方法外,风险评估与分析的方法还有:

1)蒙特卡罗模拟(Monte Carlo Simulation)。

2)危险源辨识(HAZID)。

3)危害与可操作性分析(HAZOP)。

4)故障类型及影响分析(FMEA)。

5)事件树分析(Event Tree Analysis)。

6)定性与定量风险评价(Qualitative Risk Assessment)等。

11.2.5　海底隧道施工风险综合评价模型

根据海底隧道施工的特点,建立了一个基于多层次模糊综合评判的施工风险评价模型,通过综合考虑海底隧道工程施工风险因素发生的概率和风险因素对工程施工的影响程度,确定施工风险的大小。

首先,利用层次分析法建立海底隧道施工风险指标体系,确定各项指标的相对权重;其次,根据海底隧道工程施工的特点,利用专家经验法的模糊估计方式,对各基本风险因素进行风险估计;然后,在基本风险因素的风险概率模糊集和风险损失模糊集基础上,基于模型,综合考虑风险发生概率及造成的后果对风险评价的影响,建立风险评估矩阵及风险等级区域,得到基本风险因素的评价指标,采用加权平均的方法对评价指标进行处理,最终确定海底隧道施工的基本风险因素的风险水平等级。通过多级模糊综合评价模型,确定高层次风险因素及各施工阶段的风险评价指标,从而确定高层次风险因素及整体风险水平等级。

11.2.6 海底隧道施工风险接受准则

风险接受准则衡量的是"多安全才是足够的安全"的问题,解决这个问题的前提是要确定衡量安全水平,或者说计算风险水平的计算方法。也就是说,风险接受准则研究是与风险分析方法研究紧密结合在一起的。

为了对工程的风险事故有一个大体的、定性的把握,以便指导风险决策的开展,需对不同的风险事故进行风险等级划分。风险等级标准包括风险事故发生概率的等级标准(简称风险概率等级)和风险事故发生后损失的等级标准(简称风险损失等级),根据风险的基本定义,制定相应风险的等级标准和接受准则。根据国内隧道及地下工程领域风险管理研究中已提出的、定性的风险接受准则,本报告提出定性的海底隧道工程施工风险接受准则。

依据风险事故发生概率的大小,分为五级,见表 11-1。

风险发生概率等级标准 表 11-1

等级	一级	二级	三级	四级	五级
事故描述	不可能	很少发生	偶尔发生	可能发生	频繁
区间概率	$P<0.01\%$	$0.01\% \leqslant P<0.1\%$	$0.1\% \leqslant P<1\%$	$1\% \leqslant P<10\%$	$P \geqslant 10\%$

注:P 为风险事故发生概率。

考虑损失后果严重程度的不同,建立损失后果的等级标准,见表 11-2。

风险损失后果等级标准 表 11-2

等级	一级	二级	三级	四级	五级
描述	可忽略	需考虑	严重	非常严重	灾难性

风险矩阵法是最常用且被普遍接受的定性风险分析方法。下面根据不同的风险概率等级和损失后果等级,建立风险等级评价矩阵,见表 11-3。

风险评价矩阵 表 11-3

风 险		事 故 损 失				
		1. 可忽略的	2. 需考虑的	3. 严重的	4. 非常严重	5. 灾难性
发生概率	A:$P<0.01\%$	1A	2A	3A	4A	5A
	B:$0.01\% \leqslant P<0.1\%$	1B	2B	3B	4B	5B
	C:$0.1\% \leqslant P<1\%$	1C	2C	3C	4C	5C
	D:$1\% \leqslant P<10\%$	1D	2D	3D	4D	5D
	E:$P \geqslant 10\%$	1E	2E	3E	4E	5E

风险接受准则作为可接受风险水平的评判标准,其评判对象就是通过风险分析方法得出的风险水平。本节依据风险矩阵法这一被普遍运用和接受的定性风险分析方法,提出定性的海底隧道工程施工风险接受准则。结合风险评估矩阵,不同等级风险的接受准则和相应的控制对策如表 11-4 所示。

风险接受准则　表 11-4

等级	风　险	接受准则	控制对策
一级	1A,2A,1B,1C	可忽略的	日常管理和审视
二级	3A,2B,3B,2C,1D,1E	可容许的	需注意,加强日常管理审视
三级	4A,5A,4B,3C,2D,2E	可接受的	引起重视,需防范、监控措施
四级	5B,4C,3D,4D,3E	不可接受的	需决策,制定控制、预警措施
五级	5C,5D,4E,5E	拒绝接受的	立即停止,整改、规避或启动预案

为了使风险评估结果更直观,采用不同的颜色标识表示不同的风险等级,见表 11-5。将风险等级颜色标识应用于风险等级评价矩阵,可直观的将风险接受准则在矩阵中表现出来,如表 11-3 所示。

风险等级标准颜色标识　表 11-5

风险等级	一级	二级	三级	四级	五级
颜色	绿色	蓝色	黄色	橙色	红色
标识					

注:风险指标是表示损失分布曲线位置形状的物理量。

11.3　海底隧道施工阶段风险评估

根据海底隧道施工的特点,建立了一个基于多层次模糊综合评判的施工风险评价模型,通过综合考虑海底隧道工程施工风险因素发生的概率和风险因素对工程施工的影响程度,确定施工风险的大小。

通过对胶州湾海底隧道钻爆法施工风险进行综合分析评估,得出了风险级别,为以后的实施提供帮助。把各方面的风险进行列表,如表 11-6 所示。

钻爆法施工风险列表　表 11-6

序号	风险事故		风险等级
1	超前地质预报风险		四级
2	施工工序风险		三级
3	支护施工风险	初期支护施工风险	三级
4		衬砌施工风险	二级
5	防排水风险	施工中防排水风险	三级
6		隧道结构防排水的风险	三级
7	超欠挖风险		四级
8	陆域段隧道施工风险	隧道近接施工风险	三级
9		施工对沿线建(构)物影响风险	三级
10	海域段隧道施工风险	不良地质风险	四级
11		海域水压风险	三级
12		围岩渗透性风险	三级
13		潮汐风险	二级
14	施工对环境影响风险	废碴处置风险	二级
15		隧道排水对环境影响风险	二级
16	洞内环境对人员健康及施工影响的风险		二级
17	其他风险	地质勘查风险	三级
18		设计变更风险	三级
19		横通道施工风险	二级
20		火灾风险	三级

胶州湾海底隧道施工是一项高风险的工程,本章内容主要针对超前地质预报、施工工序、支护方式、防排水、陆域、海域、施工对周围环境的影响及洞内环境对人员健康的影响风险进行综合分析,对其进行风险等级评定,并且提出相应的控制措施。

综上分析,采用钻爆法施工,应严格履行"短开挖、强支护、快封闭、勤量测",真正做到"爱护围岩、内实外美、重视环境、动态施工"。

11.4 重大风险源风险分析及其控制措施

11.4.1 重大风险源定义

隧道施工安全控制的目的是控制和减少施工现场的施工安全风险,实现安全目标,并持续改进安全业绩,实现风险事故预防。风险源是导致事故的根源,因此,风险源是隧道施工安全控制的核心问题。

但是,迄今为止,对于施工项目中的重大风险源尚未提出明确标准和定义,现根据风险源一旦发生导致事故后果的大小进行评定。依据国家《生产安全事故报告和调查处理条例》,根据生产安全事故(以下简称事故)造成的人员伤亡或者直接经济损失,事故一般分为以下等级:特别重大事故、重大事故、较大事故、一般事故。

综合上述事故等级人员伤亡和经济损失等因素,可以把重大风险源定义为可能导致工程建设重大以上事故发生的风险源,如胶州湾海底隧道钻爆施工中,过断裂破碎带、海域注浆、深基坑施工、下穿军事区、大断面施工等为本项工程的重大风险源。

11.4.2 重大风险源排序

随着胶州湾海底隧道工程的开展,风险源不断涌现。但是,由于项目中需要采取措施进行管理的风险有多个,而采取管理措施所需的资源都是有限的,必须找出哪些风险需要进行管理,即要对风险进行排序。

风险排序是工程项目管理的重要环节,风险排序也正是基于人们对风险的两个基本属性的理解。风险取决于风险发生的概率和发生后造成的后果,即:风险 = 风险发生的概率 × 风险事故损失,将风险进行排序就是得到"风险等级"。根据风险等级的大小,对重大风险源,相关人员应引起重视,必要时进行高层决策,采取控制、预警措施。

根据各分节对重大风险源的分析和评价,在此进行汇总,结果见表 11-7。

重大风险源排序表 表 11-7

序号	风 险 事 故	风险等级
1	突水涌泥的风险	四级
2	过断层破碎带的风险	四级
3	大断面施工的风险	四级
4	多掌子面施工	三级
5	海域注浆施工风险	三级
6	营区施工的风险	三级
7	深基坑开挖对周围环境影响的风险	二级

11.4.3 断层破碎带施工风险分析及控制措施

胶州湾海底隧道隧址区内断裂分为北东向和北西向两组。北东向主要有三条,分别是沧口断裂、辛岛断裂、李沧区政府—汇泉角断裂在海湾的延伸,规模较大。北西向断裂包括团岛南断裂和薛家岛北断裂。断裂均未见晚更新世以来活动迹象。隧址处断裂构造不大，所发现 18 条断裂大部分为高角度、中新代脆性断裂构造，以压扭性为主，其宽度在数米至数十米不等，断层带内多为压碎岩、角砾碎石，是地下水径流的通道，其中隧道海域段穿越 3 组 10 条断裂带。断层附近因岩体破碎，风化也相对严重，部分地段弱风化岩层底面在海底 20m 以下，已进入隧道内部，岩体自稳能力差，极易产生坍方和大量涌水。

根据隧址处所勘察到的断层破碎带情况，及断层破碎带与围岩稳定性关系，胶州湾海底隧道断层破碎带施工风险评估结果见表 11-8。

胶州湾隧道断层破碎带风险评价　　表 11-8

序号	断层名称	发生概率	损失后果	风险等级
1	f_{1-1}、f_{1-2}	B	2	二级
2	f_{1-3}、f_{1-4}、f_{1-5}、f_{1-6}	C	3	三级
3	f_{2-1}、f_{2-2}、f_{2-3}	C	4	四级
4	f_{3-1}、f_{3-2}	C	3	三级
5	f_{4-1}、f_{4-2}、f_{4-3}	D	3	四级
6	f_{4-4}、f_{4-5}	C	3	三级
7	f_5、f_6	C	2	二级

（1）隧道断层破碎带施工风险分析

塌方与涌水是隧道通过断层破碎带时的主要风险事故，事故发生的主要原因包括两方面。

1）地质因素：隧道设计与施工前对工程地质条件虽已进行了详细勘察，但由于地质的复杂性，使得勘察获得的地质资料与实际可能会有较大的出入。由于对掌子面前方地质条件掌握不清，施工带有盲目性，施工过程中出现事故。

2）人为因素：施工管理人员对地质工作重视不够，忽视地质预报，施工方法、辅助措施采取不当等。

表 11-9 为整体风险因素评价指标。

整体风险因素评价指标　　表 11-9

风险事故因素	发生概率	事故损失	风险等级
地质情况（U_1）	D	3	四级
超前支护（U_2）	D	2	三级
开挖（U_3）	D	3	四级
初期支护（U_4）	D	2	三级
防排水系统（U_5）	C	2	二级
二次衬砌（U_6）	B	3	二级
监控量测（U_7）	C	2	二级
施工组织等（U_8）	B	2	二级
其他特殊风险（U_9）	B	2	二级

从评价结果看地质情况、超前支护、开挖以及初期支护四个施工步序的施工风险较大，地质情况和开挖的施工风险最大，所以施工时必须采取相应的应对措施。

（2）隧道不同断层破碎带施工风险控制措施

由隧道断层破碎带施工风险分析可知，隧道穿过断层地段，施工难度取决于断层的性质、断层破碎带的宽度、填充物、含水性断层本身的活动以及隧道轴线和断层构造线方向的组合关系。此外，与施工过程中对围岩的破坏程度、工序衔接的快慢、施工技术措施是否得当等，均有很大关系。断层破碎带隧道施工风险控制措施包括几个方面。

1）破碎带施工应严格按照“先预报、管超前、严注浆、短进尺、弱爆破、强支护、快封闭、勤量测、速反馈”的方针进行，实施信息化施工。

2）加强施工超前地质预报工作。

3）采取恰当的辅助措施。

①过断层带要加强初期支护和采取适当的辅助施工措施渡过断层带，如超前管棚、超前小导管、超前锚杆与径向锚杆配合，加厚喷射混凝土，增设钢筋网等措施。

②注浆加固是海底隧道施工的灵魂性技术，在某些条件下甚至决定了隧道工程建设的成败，主要包括超前帷幕注浆、正面注浆、背后回填注浆以及必要时的径向注浆。

11.4.4 海域注浆施工风险分析与控制措施

青岛胶州湾隧道工程的防水原则是"以堵为主、限量排放"。隧道掘进时，首先通过超前地质预报系统分析前方地质情况，对于破碎围岩和渗漏水较大地段采用预注浆方式，将隧道开挖断面周围的涌水或渗水封堵于结构外。对于隧道海域通过的3组10条断层破碎带，则是注浆施工乃至整条隧道施工成败的关键区域。特别是f_{2-1}、f_{4-1}、f_{4-3}和微风化破碎岩中发育张性裂隙的围岩破碎部位，透水性较强，注浆施工难度和风险很大。

关键区域的注浆原则是根据超前地质预报情况，在确定破碎体的范围、性质和渗水情况后，采用合适的注浆措施，有效地控制施工风险。在方案选择上，依据钻探取芯分析的地质状况、地下水量，决定是否采用全断面帷幕注浆、周边帷幕注浆、局部断面帷幕注浆和径向注浆等措施。

注浆浆液主要采用普通水泥单液浆、超细水泥单液浆、硫铝酸盐水泥单液浆以及普通水泥—水玻璃双液浆四种，浆液配合比、注浆压力和结束标准等参考设计标准按照现场试验确定。

同时，加强注浆效果检查，保证注浆效果，确保岩层加固和堵水效果，防止坍塌和涌水，对于开挖后的小涌水采用快凝材料迅速注浆堵水。

（1）海域注浆施工风险分析

渗水是胶州湾隧道施工中所面临的主要问题之一，且胶州湾隧道通过数个断层破碎带，在施工过程中极易发生坍塌、冒顶、突水、突泥等事故，给安全施工带来很大的困难，甚至影响到施工人员的生命安全。

胶州湾隧道隧址处的不良地质段包括：

1）在海域有张扭性断层通过隧道，在断层带、断层影响带或节理裂隙密集带，裂隙贯通性较好，可能会有小股涌水。

2）侵入岩与围岩的接触带，往往节理裂隙发育、岩石破碎，是岩体薄弱部位。

3）岩体中，存在大量后期侵入的岩脉，由于大多数岩脉沿张裂隙侵入，故其接触面附近可能存在岩石软化带，隧道通过须防岩脉本身坍塌以及沿岩脉裂隙流入的海水或地下水。

4）存在一些节理裂隙发育地段。

（2）海域注浆施工风险辨识与估计

海域过断层破碎带是隧道施工的最大风险源之一，超前预注浆和后注浆辅助工法是控制隧道坍方与失稳破坏、顺利安全通过断层破碎地区的重要手段。注浆方法是向地层中压注浆液，造成固结土，降低地层的透水性，同时强化地层的方法。从压注目的和压注机理上看，可分为充填岩层裂隙的岩层压注和固化土质地层为目的的地层压注。隧道海域裂隙岩体注浆应以劈裂、挤压注浆为主，渗透注浆为辅；涌水量较大围岩段及与海水连通处应实现可控域注浆。注浆止水方法，目前要想达到完全止水的目的是不可能的，其目标仅仅是想在周边围岩中形成一个难透水带，在一定范围内提高围岩的止水性能，把透水系数提高到某一基准值。海域注浆施工具体的风险源有如下几种。

1）注浆前的调查：注浆区域探测不准，超前地质预报与实际地质情况相差较大，导致注浆设计参数过大或过小；

2）注浆材料包括浆液、注浆管、止浆塞等选择不当；

3）浆液配合比不当；

4)注浆施工工艺不当或者不按照注浆程序施工;

5)注浆压力控制,过大或过小;

6)注浆效果未达到结束标准,检查手段不足等;

7)注浆设备不满足工艺要求;

8)后注浆不及时,方法针对性不强;

9)监控量测测点不足,数据错误,反馈不及时等;

10)材料和结构耐久性不足等。

(3)断层破碎带施工注浆风险评价

根据风险估计结果,采用"信心指数法"并依据风险评价矩阵对其等级进行评定,可得到基本风险因素的风险等级,具体见表 11-10。

整体风险因素评价指标　　表 11-10

风险事故因素	发生概率	事故损失	风险等级
注浆前的调查(U_1)	D	4	四级
注浆材料选择(U_2)	B	3	二级
浆液配合比(U_3)	C	3	三级
注浆施工工艺(U_4)	C	4	四级
注浆压力控制(U_5)	B	3	二级
注浆效果检测(U_6)	C	4	四级
注浆设备(U_7)	C	3	三级
后注浆(U_8)	C	2	二级
监控量测(U_9)	B	2	二级
耐久性(U_{10})	B	3	二级

(4)注浆施工风险因素的控制措施

为保证胶州湾隧道施工注浆的质量和效率,必须有效控制注浆施工中的风险,对注浆方案、材料、参数、工艺、注浆效果检验认真研究,及时总结,不断改进和优化。从评价结果看注浆前调查、施工工艺、效果检测以及浆液配合比和注浆设备五个因素的施工风险较大,地质预报、施工工艺和效果检测的施工风险最大,施工时必须采取相应的有针对性的应对措施。

1)注浆前的调查

①施工中应将超前地质预报纳入工序,采用长短多种预报手段相互结合印证,精确确定地层富水条件,断层、风化破碎带变化范围、规模,确保预报准确性;关键是充分利用超前长、短探孔和取芯孔准确的探测需注浆区域;对于渗水量大、规模大的断层破碎部位应谨慎处理。具体控制措施同断层破碎带加强施工地质部分。

②超前探孔施作时应进行涌水量和压力测试,根据测试确定合适的注浆方案。

③隧道开挖一段后,应进行隧道平均渗水量的检查,决定是否采用补充注浆措施。

2)注浆施工工艺

①根据掌子面前方承压地下水的性质、分布、含水率、水压和围岩破碎情况,选择合适的注浆方法和工艺;

②通过注浆试验,选择合适的注浆施工工艺,验证工艺与设备的配套;

③根据现场实际情况,采用不同的注浆方案,严格按照注浆相应的设计参数进行施工;

④不同注浆工艺包括分段前进式注浆、分段后退式注浆和全孔一次性注浆应严格按照注浆程序施工;

⑤注浆完成后开挖时,也应坚持"短进尺、强支护、快封闭、勤量测"的方针,缩短每循环进尺,严格

控制爆破药量，以减少对围岩的扰动。

3）注浆效果检测

①采用多种方法如分析法、检查孔法、开挖取样分析和物探法综合评判注浆效果；主要通过对检查孔进行观察，察看检查孔成孔是否完整，是否涌水、涌砂、涌泥，检查孔放置一段时间后是否塌孔，定性评定注浆效果；

②开挖前主要通过检查孔观察法和物探方法进行效果检查，必要时对检查孔取芯；

③开挖后应采用物探和钻孔取芯，检查注浆效果和注浆范围是否达到设计要求，同时开挖过后选择合适方法及时对需要补充注浆的地方进行后注浆，控制渗水量和其对钢架等支护结构的腐蚀。

11.4.5 隧道施工突水涌泥风险分析与控制措施

（1）突水涌泥风险分析和评价

隧道突水的根本原因是隧道开挖使隔水层的厚度减薄，使其厚度和强度不能有效抵抗地下水的压力，地下水将隔水层鼓破而突水；或者隧道开挖时，周边围岩松弛所形成的裂隙和水源连通，将水导入隧道造成突水。

基于胶州湾海底隧道的地质情况，结合国内外海底隧道施工经验，分析可能引起突水涌泥的基本事件，得出图 11-2 的事故树。

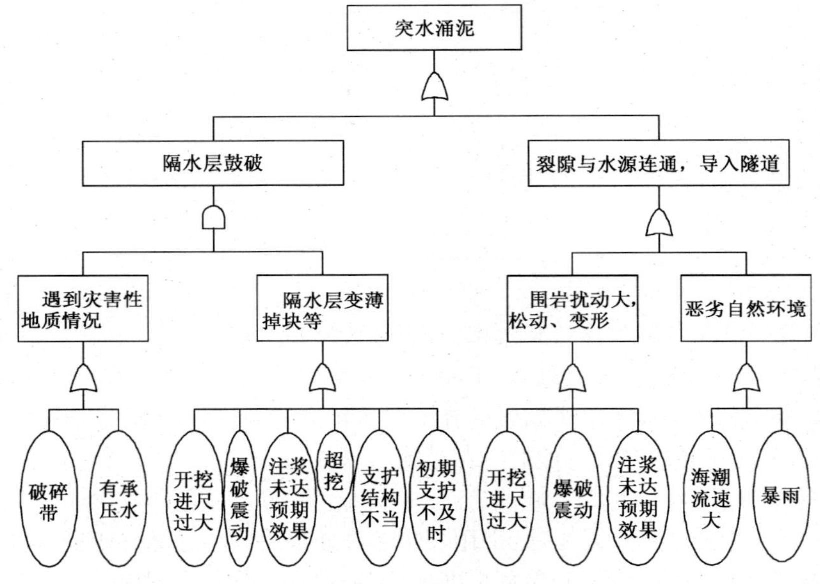

图 11-2　突水涌泥事故树图

根据以上对胶州湾突水涌泥风险的分析，并采用“信心指数法”和事故树法对其等级进行评定，最后得出突水涌泥的风险等级为四级（表 11-11），不可接受的，需控制、监控措施。

胶州湾海底隧道突水涌泥风险评价　　表 11-11

序号	风险事故	发生概率	损失后果	风险等级
1	遇到灾害性地质情况	D	3	四级
2	隔水层变薄掉块等	C	4	四级
3	围岩扰动大，松动、变形	C	4	四级
4	恶劣自然环境	C	3	三级

（2）突水涌泥风险控制措施

对胶州湾海底隧道突水涌泥风险的控制，首先，应做好突水涌泥事故的预防；如出现突水涌泥事故，应快速合理地处理事故；最后，对突水涌泥事故应及时总结，并借鉴国内外经验，避免或减小再出现事故的概率。

1）对软弱不良地质段突水涌泥事故的预防，主要是加固堵水。目前，各国经常采用的方法有注浆法、冻结法以及其他辅助方法。

2）超前地质预报

在海域全程应设置系统的超前探孔，不良地质地段探孔数目应增多，以便准确探明地下水量、范围和围岩情况。

3）加强监控量测

海底隧道工程对施工安全性的要求远高于陆地隧道工程，必须进行监控量测与信息化施工，它是保证隧道安全的有效手段。

11.4.6　下穿营区施工风险分析与控制

（1）营区施工风险分析和评价

青岛胶州湾隧道工程在团岛端地下下穿部队营区，其长度从YK2+730~YK3+850（海底隧道范围内以右线隧道描述）约1200m，总宽度约71m范围。工程下穿部队营区，主要是在空地区，隧道覆盖层厚度15~47m，其中，交叉口大断面最小覆盖层15m。隧道下穿的部队建筑物约29栋，其中，7层、6层和5层以及3层建筑各1栋，4层建筑2栋，1~2层建筑约23栋。建筑物多为砖混结构，浅基础，以夯实的人工填土或强~弱风化基岩为持力层，基础埋深一般1~2m，部分深达5~6m。

服务隧道工程在团岛端地下下穿部队营区。其长度从FK0+150~FK1+1100约950m，总宽度约8m范围。服务隧道敞口段位于部队营区内，暗挖下穿主要都是在空地区，隧道覆盖层厚度4~53m。

根据上述对下穿营区施工风险的综合分析结果，采用“信心指数法”，并依据风险评价矩阵对其等级进行评定，可得到基本风险因素的风险等级，具体见表11-12。

整体风险因素评价指标　　表11-12

风险事故因素	发生概率	事故损失	风险等级
既有结构物的调查（U_1）	D	3	四级
地质情况调查（U_2）	B	3	二级
爆破震动影响（U_3）	D	4	四级
施工工法选择（U_4）	B	3	二级
开挖进尺过大（U_5）	B	3	二级
支护措施不强（U_6）	A	3	二级
监控量测管理不明确（U_7）	C	3	三级
施工组织管理和协调差（U_8）	C	3	三级

（2）营区施工风险控制措施

1）既有结构物调查和处理

①正确地掌握既有建（构）筑物包括地面房屋、设备房、停机坪、道路和管线等的情况是十分必要的。施工前应对隧道下穿施工影响范围的建（构）筑物的结构形式、基础类型、层数、建设年代以及同隧道的平纵关系进行详细的调查。

②施工前对影响区的建筑进行损坏程度鉴定；必要时摄像取证。

③根据既有建（构）筑物与隧道的相对位置关系，确定是否需对既有结构物采取加固措施。对处于需采取措施范围内的结构物，采取跟踪注浆、横撑加强等加固措施。

2）施工爆破振动影响

主隧道多处从部队营房建筑物下通过，一般距离在18m以上，施工采用微振爆破，但地面建筑物内将有振感。

为保护围岩,减少围岩损伤和对地面建筑物及邻近地下构筑物的影响,施工中必须采取减振措施,保证地面建(构)筑物和浅埋段的安全。

3)加强监控量测

在施工过程中需要加强监控量测工作,信息化施工。

11.4.7 匝道与主隧道交叉口大断面风险分析

隧道左线 ZK2 + 895 ~ ZK3 + 106.96 段、右线 YK3 + 032 ~ YK3 + 366.16 段为匝道与主隧道交叉口大断面部分,分岔部由分离式隧道、小净距隧道、扩大超大洞室、扩大洞室和主洞隧道组成,断面开挖跨度最大约 27m。左线大断面段隧道围岩级别为 III ~ IV 级,右线围岩级别为 II ~ III 级。

工程场区隶属团岛部队,原为丘陵坡地及滨海潮间带,经后期人工填海改造,地势较平坦,地面高程 4.4 ~ 6.3m。台西三路匝道、团岛二路匝道、隧道左线大断面和隧道右线大面均由北向南下穿部队营区,下穿段停机坪以北段地表建筑密集,多为六层以下民居及部队办公楼、宿舍。场区地下管线主要有通信光缆、地下水管、高压电缆(图 11-3)。

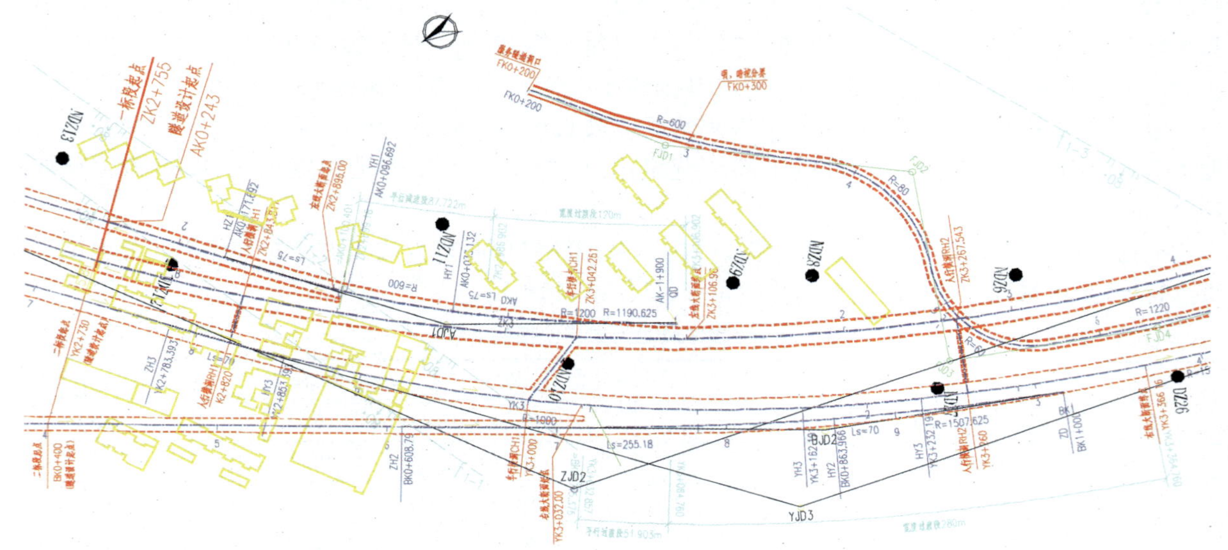

图 11-3 匝道与主隧道交叉口大断面图

胶州湾隧道三车道的车道宽度共 10.75m,V 级围岩段衬砌断面开挖宽度 16.4m,断面积 171.1m^2,而且目前为适应 150km/h 高速度的要求而规划的三车道公路隧道,其断面积达 170 ~ 200m^2,局部断面达 230m^2 的超大断面,开挖宽度达 23m。英法海峡隧道分叉处断面的开挖宽度达 21.2m,开挖高度达 15.4m,开挖断面积为 252.2m^2。又如,日本的第二布引隧道,在分叉段是从 2 车道(净空断面积 59m^2)变化到 3 ~ 4 车道的断面(最大开挖宽度 24m、开挖断面积 240m^2)。采用大断面隧道的场合有着越来越多的趋势。

针对匝道与主隧道交叉口大断面段,根据风险辨识所得到的隧道施工风险因素,总结大断面隧道施工风险分析的资料和信息数据,结合风险分析管理专家的经验,对胶州湾隧道匝道与主隧道交叉口大断面隧道施工过程中潜在的风险因素进行辨析。采用基于信心指数的专家调查法,对断层破碎带施工中各种风险发生的可能性及不利后果进行估算。根据风险估计结果,采用"信心指数法",并依据风险评价矩阵对其等级进行评定,可得到基本风险因素的风险等级,具体见表 11-13。

从评价结果看掌子面稳定性、开挖以及施工组织管理三个施工步序的施工风险最大,地质情况、施工方法选择、支护结构和监控量测的施工风险较大,施工时必须采取相应的应对措施。

整体风险因素评价指标　　表11-13

风险事故因素	发生概率	事故损失	风险等级
施工准备情况(U_1)	B	2	二级
超前地质预报(U_2)	D	2	三级
掌子面稳定性(U_3)	D	4	四级
施工方法选择(U_4)	C	3	三级
开挖情况(U_5)	C	4	四级
支护结构(U_6)	C	3	三级
防排水系统(U_7)	C	2	二级
监控量测(U_8)	C	3	三级
施工组织管理(U_9)	C	4	四级
其他特殊风险(U_{10})	B	2	二级

11.5　胶州湾海底隧道施工动态风险管理控制

动态风险管理理论强调风险是一个不断发展变化的、动态的概念,因而对风险的有效管理应该是一个动态的、循环的过程。动态风险管理的研究起步比较晚,至今仍处于探索阶段。国内对于动态风险管理的研究比较少,集中在对自身专业的特点、对风险的循环跟踪管理、对风险的监控、对事故资料的统计,或者根据经验定性地分析风险对于时间的敏感性等方面。

胶州湾海底隧道工程的动态风险宏观上体现在工程建设的三个阶段。

第一阶段为隧道建设初期阶段,包括对未知客观条件的摸索、对先进工艺的适用以及对管理体制的尝试和完善,这阶段主要风险集中在对未知领域,即海底隧道建设的探索上。

第二阶段为工程建设中途阶段,即现阶段。这阶段的风险主要体现在由于平稳的工程进展和单调的工作方式而使人产生惰性和麻痹上,进而放松了对大型工程应有的警惕感和危机感。

第三阶段为后续阶段,随着主隧道及服务隧道的施工建设,以及设备长时间运行的老化等问题的出现,设备可靠度降低,故障率增加,使工程又面临更多更大的未知情况,这阶段的风险将在概率和损失上明显大于前两阶段,是工程真正面临挑战和考验的阶段。

工程建设施工阶段是工程风险管理过程的核心,也是工程风险能否得到有效控制的关键。随着工程情况的发展,风险是在不断发展变化的,各项风险的概率、损失以及对于整个工程风险的权重不断变动。因此,在工程施工阶段,随着工程的进展和风险情况的不断变化,工程风险管理的重点也是不断变化的,施工阶段的风险管理工作是一个动态的过程。

因此,在工程建设阶段,应根据风险的动态特性,建立动态的风险管理体系,明确工程各方在风险管理过程中的职责,确定风险管理流程,采用科学的风险管理方法,确保工程建设的顺利进行。

11.5.1　动态管理主要内容

工程动态管理的主要内容包括:

(1)确定工程风险管理流程和方法。

(2)梳理工程重大风险,针对风险指标较大的风险事故,给出风险预防措施。

(3)定期给出工程总体风险指数,并提交风险动态评估报告。

(4)对工程第三方监测进行管理,对监测数据进行分析处理;当数据出现异常,召集建设各方开会讨论。

(5)建立工程风险预警机制。列举风险事故发生的征兆,给出事故征兆发生后的控制措施。

(6)对于损失较大的风险事故,编制风险处置预案。

(7)对工程中发生的、未能按照既定投入、工期、计划完成的风险事件进行记录。

(8)通过分析计算,对未来一段时间内的风险进行预测,并提出相关措施建议。

(9)对工程参建各方进行风险管理的培训。

11.5.2 管理流程

在工程建设阶段,建立有效的风险管理机制和工作流程,及时了解、沟通工程风险信息,使风险处理方案在施工各方迅速达成共识并及时实施,以保证风险得到有效的控制是这个阶段风险管理的有效途径和工作重点。在工程施工阶段,原则上应遵循图 11-4 所示的风险管理流程。

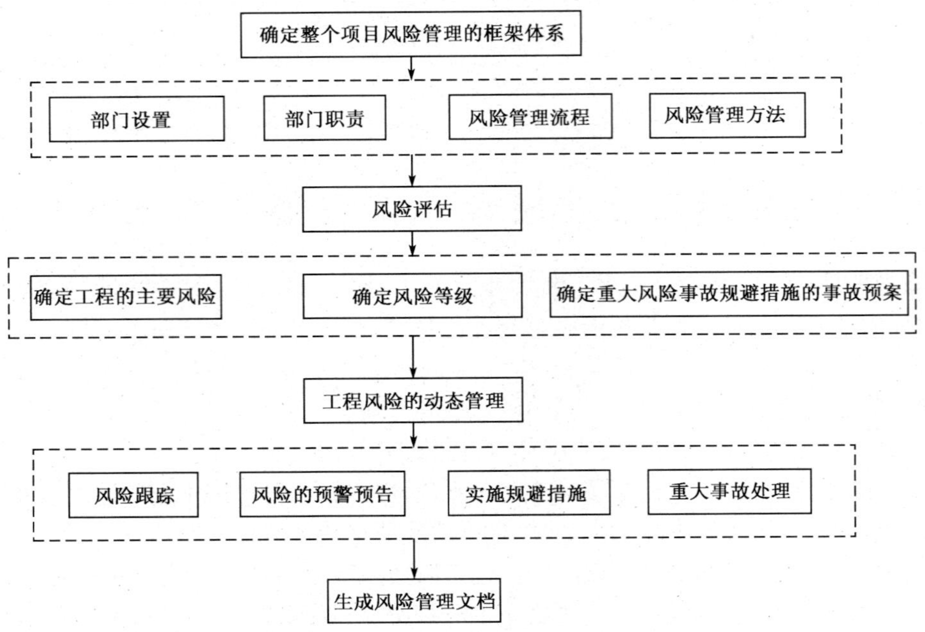

图 11-4 工程建设阶段风险管理工作流程

11.5.3 风险辨识和评估,并针对重大事故提出事故预案

风险的评估结果是工程动态风险管理的基础,其结果的完整和合理性对风险动态管理的效果至关重要。

在工程可行性分析以及招投标阶段,应对工程的重大风险事故进行了评估分析。工程建设前期,需要进一步根据具体的工法和工程条件,聘请专业的咨询或学术机构,按照工程施工工序,对工程风险进行专门的评估和整理,对工程的重大风险进行进一步的梳理和分析,确定风险等级,并对重大风险提出规避措施和事故预案。

风险评估结果应包括:

(1)工程各分部工程的主要风险点。

(2)风险点的致险因子。

(3)风险等级。

(4)风险的责任人。

(5)风险的规避措施。

(6)风险的事故预案。

风险评估结果应以正式文件发送至工程相关各方,通过学习讨论,使工程各方对工程风险形成共识。风险相关信息建议以数据库等格式存储,以便浏览和及时进行数据更新及数据共享。

11.5.4　工程风险跟踪管理

在工程施工阶段，应该对工程的风险进行全面的跟踪管理，具体包括工程总体风险水平的变化、重大风险的发展趋势、规避措施的实施情况以及风险损失情况等，具体流程如图 11-5 所示。

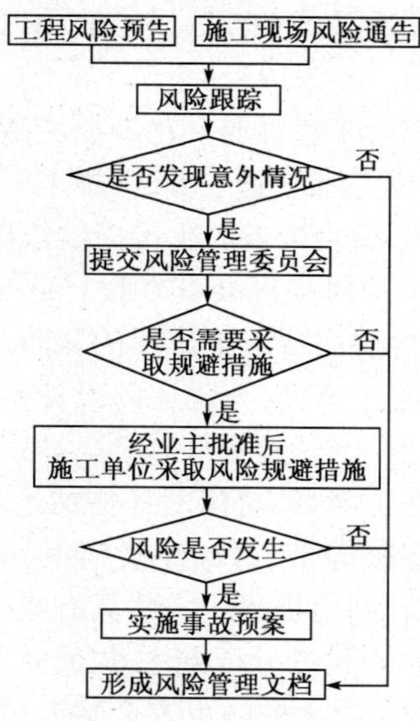

图 11-5　动态管理流程图

11.6　主要研究结论

课题全面系统地阐述了海底隧道施工风险评估程序和基本原理，并介绍了风险识别、分析和评价的方法，并将其应用到胶州湾海底隧道，对海底隧道施工过程中的具体风险因素进行了识别和确认，找出了施工阶段的重大风险源，并提出了相应的风险控制措施，取得的主要成果简述如下。

(1)通过海底隧道施工中普遍存在的风险现象的观察和研究，定义了胶州湾隧道工程的施工风险。根据风险管理理论阐述海底隧道工程施工期风险的产生机理和作用过程，对孕险环境、致险因子、风险事故、承险体等概念作出明确界定，提出风险分析、评价各过程的具体程序和方法。根据对海底隧道施工方法各个步序的理解，建立海底隧道施工风险分析评价模型和施工风险接受准则。

(2)根据青岛胶州湾隧道工程的设计和施工资料和信息，主要采用专家调查法、层次分析法、故障树以及数值模拟分析等方法，对施工阶段超前地质预报、施工工序、支护方式、防排水、陆域、海域、施工对周围环境的影响及洞内环境对人员健康的影响等分部分项工程可能的重要风险进行罗列，分析其影响因素与潜在后果，给出初步的风险排序和风险等级评定，并且提出了相应的控制措施。

(3)根据施工阶段风险分析和对重大风险源的定义，对胶州湾隧道施工过程中的重大风险源进行排序，并提出了重大风险源控制策略。

(4)对胶州湾隧道施工阶段重大风险断层破碎带施工、海域注浆施工、下穿营区、匝道和主隧道交叉口大断面段施工、多掌子面施工和突水涌泥等进行了专门风险评估，给出了相应的风险控制措施。

(5)结合施工具体进程提出了胶州湾隧道施工动态风险管理控制。海底隧道施工风险的动态评估，主要包括能反映地层和结构技术因素的施工动态数据监测，以及非技术因素但又直接或间接引起施工质量、工期和安全的风险的因素。通过建立考虑施工监测数据和风险动态登记两方面的评估体系，实现隧道施工的动态风险评估，提出了隧道施工动态管控策略(包括管理内容、风险预警值和修正系数的确定)以及基于监测数据的动态风险评价，同时给出了动态风险管理的实施细则。

(6)结合胶州湾隧道施工风险，评估编制了胶州湾隧道土建工程施工安全生产事故应急预案编制导则和综合应急预案。

11.7 成果意义

本项研究结合青岛胶州湾隧道的设计施工情况和国家相关规定要求，对胶州湾隧道工程施工风险评估(包括风险识别、风险估计、风险评价、风险处理、风险监测以及重大风险源评估和应急救援预案等内容)进行了研究，结果具有如下意义。

(1)按照国家、地方标准和规定，结合工程经验和已有研究成果，在分析资料的基础上，针对胶州湾隧道工程特点(包括地质水文条件、规模、工期、施工方法、施工工艺等)找出主要的风险源，确定其分项评价指标，然后进行指标的定量化，为各类决策者的决策提供依据。

(2)找出针对胶州湾隧道工程施工的风险源及其在设计施工过程中的分布，分析其影响因素与潜在后果，给出初步的风险排序，并给出各层次或施工分项的风险水平及其对策，对矿山法水下隧道施工方法及工艺的选择和应用具有很好的指导意义，为隧道的设计施工安全提供风险防范措施和编制应急救援预案。

(3)课题对照具体环境和施工方法方案，结合风险评估结论和现有技术水平，针对胶州湾隧道的特点及特定条件下的风险(如海域过断层破碎带、海域注浆施工、突水涌泥、下穿营区和匝道与主隧道交叉口大断面段施工等)进行了特别分析，超前提出了一些具有指导意义的风险控制措施或建议。

(4)课题采用世界上先进的风险管理科学分析方法，以胶州湾隧道的工程实际等为背景，对海底隧道的安全风险进行的分析研究，为今后风险大的隧道安全施工，尤其是地质条件类似的水下隧道安全施工，提供了施工风险识别、管理和防范的科学方法和指导意见。

(5)以设计、施工、科研为一体的动态管理和攻关技术，将设计和施工管理纳入了信息化系统管理的轨道，使风险分析的数据真实，有效地为施工、设计服务。

11.8 应用效果与经济、社会效益分析

《青岛胶州湾隧道施工风险评估与控制技术研究》成果应用于胶州湾隧道的建设，查清了施工风险源，采取研究的技术措施，降低了施工风险，保障了施工安全。截至 2011 年 4 月 30 日，实现安全生产 1346 天。目前，胶州湾隧道已完成全部土建工程，正在进行设备安装调试。

《青岛胶州湾隧道施工风险评估与控制技术研究》成果应用于胶州湾隧道的建设，查清了施工风险源，研究制定了详细的技术措施和应急预案，降低了施工风险，保障了施工安全，将事故风险和损失降低到最低，保障了工期和工程顺利建设。

工程施工机械设备购置费近 2 亿元，每天的设备闲置费近 10 万元；工程技术人员、施工作业人员近 3000 人，每日工资近 40 万元，一旦发生事故，直接损失和间接损失是巨大的。保证工期就是最大的施工效益和社会效益。工程建成后每天的运营收入约 200 万元，运输距离和时间缩短 80%(和原有的运输方式比)，研究成果为保证隧道按时建成，经济效益和社会效益明显。

第 12 章 超前预注浆堵水及突涌水防治技术

12.1 项目背景

本项目结合胶州湾海底隧道工程施工进行研究，主要解决海底隧道冲积层、岩脉、不整合接触带和断层破碎带加固堵水的技术难题。青岛胶州湾海底隧道工程规模大，政治、社会影响大，技术新，具有较高技术难度等具体情况，为确实做到方案合理、方法可行、措施可靠、风险可控，保证施工安全、快速、优质及少维修，并确保出成果，针对海底隧道的施工技术难题进行立项研究和科研攻关是十分必要的，对提高我国海底隧道施工技术有着重要的意义。

本项目研究目的就是形成一套完整的海底隧道断层破碎带加固堵水综合施工技术，指导并应用于胶州湾海底隧道工程，确保海底隧道施工安全和质量，为指导设计和施工提供技术支持。为此，青岛国信实业有限公司（后变更为：青岛国信胶州湾交通有限公司）（甲方）与中铁隧道集团有限公司洛阳科学技术研究所（乙方）在 2006 年 11 月签订了科研项目"胶州湾隧道超前预注浆堵水方案和技术、设备及施工突发涌水情况下应急预案及防治技术研究"合同书。课题组围绕该工程注浆过程中的技术难题展开研究，开发和应用注浆新技术、新材料、新工艺、新方法，以确保工程安全，提高施工质量，降低工程成本。

12.2 注浆设计

12.2.1 设计原则

(1) 海水渗水量大，容易出现突泥突水问题。对于隧道穿过破碎带、节理裂隙地段渗水量大的地段，需要采用超前地质预报，在确定破碎体的范围、性质和渗水情况后，采用合适的注浆措施，有效地控制施工风险。

(2) 根据具体地质条件和涌水情况，选用合适的注浆范围、注浆参数和注浆材料。

(3) 注浆设计满足施工中的止水要求和运营中的结构防排水要求，采用超前预注浆和后注浆两种方式进行止水加固。

1) 注浆止水对断层破碎带，采用预注浆方式，将隧道开挖断面周围的涌水或渗水封堵于结构外，隧道注浆堵水后排水量主隧道不得大于 $0.4m^3/(d \cdot m)$。

2) 隧道围岩注浆后的改良目标值为渗透系数小于 1.5×10^{-5} cm/s，检查孔的涌水量在 0.15 L/(min · m) 以下。

(4) 裂隙岩体注浆以劈裂、挤压注浆为主，渗透注浆为辅；涌水量较大围岩段及与海水连通处应实现可控域注浆。

(5)注浆工程按设计使用年限为100年进行耐久性考虑。

(6)注浆施工过程中应加强压注试验,为后续注浆施工提供经验。

(7)注浆采用动态设计与施工,辅以结构数字化理论分析验证。为此,须建立严格的质量检测制度。

12.2.2 注浆方案选择原则

注浆采用超前预注浆和开挖后径向注浆。当超前探水孔单孔出水量大于5L/min,或每循环所有超前探孔总出水量大于10L/min时需要对围岩进行超前预注浆。开挖后检测孔单孔出水量大于0.15L/(min·m)时,需要对周边围岩进行后注浆;开挖后局部出水点渗水量≥2L/(m^2·d)时,需要对出水部位进行径向补充注浆。

(1)全断面注浆

适用条件:①根据超前地质预报结果判定,前方围岩破碎、断层岩体风化严重或存在断层泥;②V级围岩地段;③超前探水孔单孔出水量大于60L/min;④探水孔水压≥0.6MPa。当隧道通过以上特点断层长度大于25m,一次不能完成时,采用全断面注浆。

(2)隧道周边帷幕注浆

适用条件:①根据超前地质预报预报结果综合分析判定,前方围岩比较破碎,围岩风化较严重;②超前探水孔单孔出水量为25~60L/min;③探水孔水压0.3~0.6MPa。其他有全断面需要注浆的特点,但隧道穿过长度小于25m时,采用隧道周边帷幕注浆。

(3)局部断面超前注浆

适用条件:①隧道局部断面围岩节理裂隙较发育或比较破碎,其余部位围岩比较完整;②超前探水孔单孔出水量为5~25L/min;③探水孔水压≤0.3MPa。

12.2.3 超前预注浆

(1)注浆范围及注浆段划分

注浆圈止水加固厚度主要应满足注浆堵水和施工安全要求。根据环境条件、力学模拟计算和分部开挖的施工方法,结合工程经验,过断层破碎带施工中主隧道注浆加固区范围为隧道轮廓线外5m。

注浆段长度一般应综合考虑工程水文地质情况、选择钻机的最佳工作能力、余留止浆墙厚度等内容。过断层破碎带帷幕注浆时,主隧道每循环注浆段长为30m,开挖22m,预留8m为下一循环止浆岩盘。

(2)注浆材料及浆液配比

根据相关工程经验和室内试验结果,结合本工程特点初步选择超细水泥单液浆、特制硫铝酸盐水泥浆单液作为注浆材料。超细水泥单液浆主要用于强风化和渗透性较差围岩段;特制硫铝酸盐水泥单液浆主要用于探水孔涌水压力较大围岩地段及海水连通段,辅以超细水泥浆,以实现可控域注浆。

注浆材料主要选用超细水泥(浙江科威)、快硬硫铝酸盐水泥(河北唐山北极熊,P.O42.5)和普通水泥(山水东岳,P.O42.5)。

比表面积:8200cm^2/g(超细水泥)>4000cm^2/g(普通水泥)>3800cm^2/g(快硬硫铝酸盐水泥)。

粒径D95:超细水泥为普通水泥的1/4。

现场试验:配比为1:1时,浆液均匀、无沉淀,可注性较好;后对配比0.8:1进行现场验证,搅拌时,高速搅拌桶上部浆液接近1:1,具有可注性,但底部却出现沉淀并淤积成块堵塞转子体,无法正常搅拌均匀,配比0.8:1无法正常施工,现场选择配合比为1:1。

(3)注浆扩散半径

浆液扩散半径可根据堵水要求、隧道地质特点及注浆材料的颗径尺寸,采取工程类比法来选取。施工中,可根据注浆试验或施工前期注浆效果验证、评估后进一步修正确定。

从试验段注浆过程来看，出现串浆现象的注浆孔多出现在探孔出水较大部位，串浆距离在1～3m不等，探孔出水较小部位很少出现串浆现象。说明裂隙发育时浆液扩散较远，裂隙不发育时则扩散距离有限。浆液的扩散距离和钻孔揭穿的裂隙宽度、迂曲度、稠密度、注浆压力、浆液黏度等有关，裂隙发育时基本能达到2m，个别地方达3～4m。因此，注浆扩散半径可按2m考虑。

(4)注浆终孔间距

注浆后应形成严密的注浆帷幕，在注浆终孔断面上不应存在注浆盲区，因此，注浆孔终孔间距应取$a=(1.5\sim1.7)R$，计算得出$a=3.0\sim3.5$m。为确保加固效果，一般注浆终孔间距不超过3.5m。式中：a为注浆终孔间距(m)；R为浆液扩散半径(m)。

(5)注浆压力

裂隙岩体地层注浆设计压力一般需要比静水压力大0.5～1.5MPa；当静水压力较大时，宜为静水压力的2～3倍。海底隧道过断层破碎带、节理发育密集带，超前预注浆终压初步确定为：$P=1.5\sim3$MPa。根据现场注浆试验及施工需要对注浆压力逐步进行调整，通过各注浆试验段注浆效果分析发现，针对一般出水地段，注浆压力采用3～4MPa是比较合适的(图12-1)。

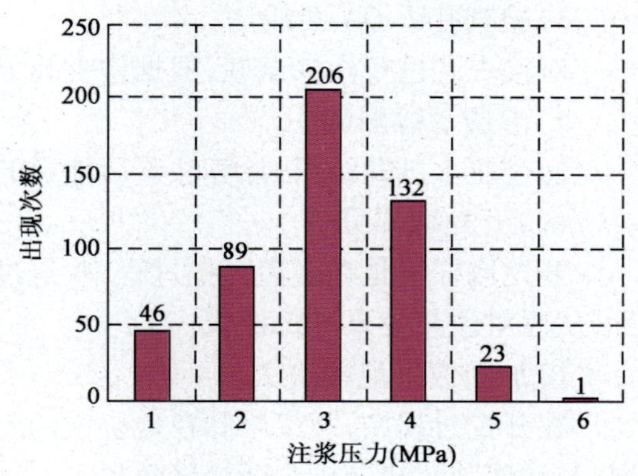

图12-1　试验段终压统计

(6)注浆量

单孔注浆量根据注浆扩散半径和岩层填充率按照如下公式计算：

$$Q=\frac{\pi D^2}{4}L\cdot n\cdot\alpha\cdot\eta$$

式中：Q——注浆量；

D——注浆范围；

L——注浆段长；

n——岩层裂隙率；

α——浆液在岩石裂隙中的充填系数；

η——浆液消耗率。

(7)注浆速率

注浆速度的控制根据不同情况采取不同的控制措施。注浆速率主要取决于地层的吸浆能力(即地层的孔隙率)和注浆设备的动力参数，建议注浆速率范围取5～110L/min，施工中可根据实际情况进行调整。

(8)注浆分段长度

在超前预注浆中，一般情况下可采用全孔一次性和分段前进式注浆。当采用分段前进式注浆时，分段长度可根据现场实际地质状况确定，在断层(裂)破碎带中，分段长度一般为5～10m。

12.2.4　注浆效果分析方法

(1)分析法

分析法是通过对注浆施工中所收集的参数信息进行合理整合，采取分析、对比等方式，对注浆效果进行定性、定量化评价。分析法主要有P-Q-t曲线法、注浆量分布特征法、浆液填充率反算法、涌水量对比分析法等。

(2)检查孔法

检查孔法是在注浆结束后，根据注浆量分布特征以及注浆过程所揭示的工程地质和水文地质特点，并结合对注浆P-Q-t曲线分析，对可能存在的注浆薄弱环节设置检查孔，通过检查孔观察、取芯、注浆试验、渗透系数测定等，对注浆效果进行评价。

1）检查孔观察法

通过对检查孔进行观察，察看检查孔成孔是否完整，是否涌水、涌砂、涌泥，检查孔放置一段时间后是否塌孔，是否产生涌水、涌砂、涌泥，通过观察，定性评定注浆效果。如果每孔每延米检查孔涌水量大于0.15L/min或局部孔涌水量大于3L/min时，补充钻孔注浆，再次注浆直到达到设计要求为止。

2）检查孔取芯法

预注浆必要时对检查孔取芯，通过对检查孔取芯率、岩芯的完整性、岩芯强度试验机浆脉充填情况，判断注浆效果。开挖后每个注浆段应有3个径向检查孔，长度4m（服务隧道2.5m）。

3）检查孔 *P-Q-t* 曲线法

对检查孔进行注浆试验，根据检查孔 *P-Q-t* 曲线特征判断注浆效果。

4）渗透系数测试法

通过压水试验结果，计算注浆后地层的单位吸水量和渗透系数，判断注浆加固效果。

（3）开挖取样分析

开挖取样法是在隧道开挖过程中，通过观察注浆加固效果、分析注浆机理、测试浆液凝固体力学指标，从而对注浆效果进行评价。

1）加固效果观察法

在开挖过程中，观察浆脉在地层中的充填胶结情况、分布规律、渗漏水情况和浆脉的宽度、长度等情况，与注浆前对比分析判断注浆效果。

2）注浆机理分析法

通过对掌子面注浆效果观察，分析注浆机理，定性判断注浆效果。

3）力学指标测试法

对掌子面进行取样，对试件进行力学指标测试，通过分析力学指标，确定注浆效果。

（4）物探法

通过注浆前后超前地质预报（TSP、地质雷达、瞬变电磁等）资料和数据的对比分析，判断注浆效果。

12.2.5 径向补充注浆

对隧道开挖后未达到预期围岩改良目标[表面渗水量≥2L/(m^2·d)]时，应采用补充注浆方案对渗水部位进行封堵。补充注浆方法：

（1）对点状滴水主要采取堵漏剂逐点表面处理。

（2）对点状线流采取表面封堵为主、注浆处理为辅的原则处理。

（3）对大面积淋水或股状涌水的部位，在集中出水部位周围不小于2m范围内布设注浆孔，注浆孔间距1.5m，孔径ϕ56mm，孔深4.0m，梅花形布置，孔内安装止浆塞或ϕ32mm花管进行注浆处理，分Ⅰ、Ⅱ孔实施，由四周向中间，由下向上进行注浆。

12.3 断层破碎带注浆加固机理及数值模拟分析

通过对目前裂隙岩体注浆加固机理的分析，分别采用理论计算、数值计算、现场试验等得出以下研究结论。

（1）根据浆液流变特性及分类，分别对牛顿流体和宾汉姆流体浆液在裂隙岩体中的扩散方式进行了分析，分析了牛顿浆液和宾汉姆浆液在扩散规律方面的共同点和不同点，采用目前理论研究中通常采用的流体扩散规律方程，结合本隧道地质特点和浆液类型，对不同裂隙宽度下，浆液扩散半径进行了研究，研究表明：

1）对于牛顿流体和宾汉姆流体型的两种浆液，在设计注浆压力为3～4MPa、注浆孔半径为5cm和注浆时间为1800～3600s时，浆液的扩散半径能满足设计要求。

2)在考虑浆液的流变特性时，采用黄春华公式计算所得结果的规律性与Wittke、Wallner公式和Lombadi公式计算所得结果基本相同，但浆液扩散半径随注浆时间和注浆压力增长变化的幅度不同，相对来说更接近于实际。

(2)通过对均质岩石高压注浆的数值模拟计算，研究得出岩石的注浆劈裂过程受到岩石自身强度和刚度、周围压力大小、水平与竖向压力比值的影响，可区分为张拉和压—拉两种破坏模式。

1)张拉破坏模式：当围岩的强度和刚度较高、垂直压力不大且围压比小于1.0时，岩石劈裂破坏以狭长的张拉裂缝为主，其过程大致可分为应力积累、裂纹稳定扩展和裂纹失稳扩展三个阶段。

2)压—拉破坏模式：当岩石的强度和刚度较低，或受到过大的垂直压力，或施加的围压比接近或等于1.0时，岩石的劈裂过程同时受到压应力和拉应力的作用，形成空腔型的裂缝。

(3)通过对不同性质均质围岩在不同的垂直压力及不同的围压比作用下劈裂注浆的数值模拟，各种不同组合条件下的试验数据显示，浆液最大扩散距离和注浆压力的关系大多符合指数增长规律。

(4)通过二维有限元数值模拟分析了青岛胶州湾海底隧道三个主要不良地质地段围岩注浆加固圈不同厚度对隧道拱顶下沉的影响，模拟结果表明：如果以拱顶下沉的变化率改变值小于2%考虑，建议断面I的注浆圈厚度取5.5m，断面II的注浆圈厚度取6m，断面III的注浆厚度取5.5m。

(5)采用三维有限元数值模拟方法研究了隧道穿越断层破碎带时，设置不同注浆加固圈厚度及使用不同注浆加固材料对隧道围岩和初期支护受力和变形的影响。根据对十种加固工况下围岩和初期支护的竖向位移、塑性变形区、最大和最小主应力计算结果的分析结果表明，对隧道围岩进行注浆加固后，隧道拱顶最大沉降减小了1倍以上，随着注浆加固圈厚度的增大，拱顶最大沉降的变化趋于平缓，说明增加注浆加固圈厚度到一定的程度后，加固效果减弱。

(6)采用有限元方法计算和分析注浆圈厚度变化及其对围岩稳定性的影响时，隧道的开挖模拟参考了隧道初步设计中建议的方法，如在海域段张拉性断层破碎带建议采用“双侧壁导坑法”施工，但在实际施工中，由于围岩注浆后得到了有效地加固，开挖方法有所调整，如改为“台阶法”施工。尽管如此，本章数值模拟计算的结果仍然有重要的参考作用。

12.4　海底隧道断层破碎带注浆方案与现场试验

通过对海底隧道地质风险分析，明确了重点区域和段落，研究了超前探孔的布置方式、涌水量和水压的测试方法、隧道涌水量的估算方法，在此基础上，针对不同地质特点和涌水量大小，对超前预注浆方案涉及的止浆墙(岩盘)、注浆加固范围、注浆段长、注浆孔的布置、注浆压力、注浆速度、注浆量、注浆材料、注浆工艺、注浆控制标准及注浆方案选择标准等进行了初步设计，并通过在$F_{4\text{-}4}$断层、$F_{2\text{-}1}$断层、$F_{4\text{-}2}$断层分别采取全断面超前预注浆、周边帷幕预注浆、局部断面预注浆，进行注浆方案、参数、工艺、机械设备配套、各种注浆效果检验试验，不断优化注浆方案和参数，提高了大断面海底隧道断层破碎带注浆效率，并得出以下研究结论：

(1)研究提出了以“围岩级别、探孔水量和水压”为主要依据的注浆方案确定原则，针对不同地质条件，确定了合理的注浆方案，并通过理论计算、室内和现场试验，优化了注浆参数和施工工艺，减少了注浆工程量，解决了大断面海底隧道断层破碎带注浆方案选择的难题，取得了良好的注浆堵水和加固效果。

(2)研究试验了可重复膨胀止浆塞孔内分段注浆、一次性膨胀止浆塞孔内分段注浆、机械止浆塞孔口一次性注浆等注浆工艺，改进了一次性膨胀止浆塞的连接方式，实现了孔内分段注浆的目的；并试验应用了分段前进式注浆、全孔一次性注浆工艺，根据水量大小，提出了注浆工艺的选择标准，提出了超前预注浆以全孔一次性注浆、分段前进式注浆为主和开挖后补充注浆以止浆塞孔内注浆为主的注浆工艺组合方式。

(3)研究试验了将多臂凿岩台用于大口径、深孔超前预注浆的钻孔设备模式和工艺，提出了以多臂凿岩台车为主、多功能钻机为辅的钻孔系统，极大地提高了钻孔效率和设备利用率，使得钻孔效率比使用普通钻机提高了5倍左右。

(4)采用理论分析法、注浆参数分析法、压水试验法、钻孔检查法、物探对比法、钻孔电视观察法等多种方法检查断层破碎带的预注浆效果，建立了以参数分析和钻孔检查为主、物探对比为辅的注浆效果检查评价体系，使海底隧道不良地质段的注浆效果评价方法更加系统和全面。

(5)通过超前预注浆的各项现场试验，研究优化了各个注浆参数，根据隧道地质情况，合理地减少了注浆孔数，提高了注浆效率，达到了优质高效、经济合理的目的。

12.4.1 海底隧道断层破碎带超前预注浆技术研究

(1)注浆材料的选择和试验研究

通过施工前注浆材料试验、施工阶段注浆材料试验及现场注浆注入试验，分别对普通水泥、超细水泥(MC)、普通水泥—水玻璃、特制硫铝酸盐水泥(HSC)和GRM灌浆材料的浆液性能和可注性进行了研究。

1)施工前注浆材料室内试验表明：

①普通水泥可注性好，注浆时能够得到较大的注浆量和注浆加固范围；结实体强度高，能有效地提高地层的承载能力。但普通水泥单液浆抗分散性能差，易被地下水稀释，影响其强度和堵水性能，且由于其收缩率较大，因而不宜在水压高、流速大、对堵水要求很高的条件下采用。由于普通水泥颗粒粒径大，在致密的黏土及微小裂隙条件下渗透困难，仅能渗透注入0.5mm的裂隙。普通水泥的优势在于料源广，价格低，结实体强度高。普通水泥适用于水量小、水压低、裂隙宽或砂层颗粒直径大等地质条件，常用于节理、裂隙发育的地层及中粗砂、砂砾石地层的注浆。

②超细水泥固结体抗压、抗剪强度较高，具有早强、高强的特点，能得到好的注浆加固效果；超细水泥颗粒粒径小，可灌性强，渗透注浆时能注入宽度大于0.05mm的裂缝，能得到较好的堵水和加固效果。但超细水泥单液浆终凝时间仍较长，受地下水稀释影响，对其凝胶性能会产生影响，因而在水压高、流速大条件下会有一定的浆液损失；另外，当水灰比较大时，浆液略有收缩。在价格上超细水泥要高于普通水泥。超细水泥适宜于岩石的细小裂隙或致密的黏土层等地层。

③HSC即特制硫铝酸盐超细水泥，具有较好的抗分散性，能有效地控制注浆区域，适宜在高水压、水流速大的条件下注浆施工；HSC浆具有早强、高强、高抗渗、流动度大的特点，能有效提高地层的承载能力；其浆液结实体具有微膨胀性，胶结后，能有效地封堵住各种出水通路，注浆后堵水效果显著。但考虑到水灰比大时，其抗分散性能有所下降，而凝胶时间太短时，可注性和可操作性又会变差，所以施工时水灰比通常取1∶1。另外，HSC价格较普通水泥要高。HSC适宜于富含水且有一定水压的破碎岩层、出水管道地层等。

④普通水泥—水玻璃双液浆可注性较好，可渗透注入裂隙为0.2mm以上的岩体；其凝胶时间短且容易控制，具有早强的特点。普通水泥—水玻璃双液浆配制容易，使用方便，价格中等。但其胶结体后期强度低，受水长期浸泡容易分解；且胶结体耐久性差，收缩率大，对长期堵水和加固围岩不利。普通水泥—水玻璃双液浆适用于临时堵水、控制注浆加固范围以及止浆墙渗漏时的快速封堵。

⑤GRM(即超早强自流平水泥基灌浆料)是一种凝胶时间可调的水硬性新型灌浆材料，其显著特点是具有超早强、高强、微膨胀性和自密实、自流平的特性，但其抗分散性一般，施工时需通过控制外加剂掺量调整凝胶时间，现场操作较复杂，且价格偏高。GRM主要适用于铁路基床、路基路面的抢修补强，快速锚固、基础灌浆加固工程。

2)施工阶段注浆材料室内试验表明：

①从试验情况来，超细水泥作为注浆材料其各项性能均优于其他两种水泥。

②采用超细水泥作为注浆材料时，现场注浆采用的水灰比不宜小于0.8∶1，其适宜的水灰比宜为

1:1 ~ 1.2:1,能渗入0.1mm左右的细微裂隙。

③采用普通水泥浆和快硬硫铝酸盐水泥浆时,水灰比宜在0.6:1 ~ 1:1,可以注入宽度为0.5mm的较小裂隙中;大于1:1时,应适当考虑添加外加剂,宜改善其性能。

④建议注浆施工过程中根据水量及裂隙大小选择注浆材料,水量和裂隙较大时,应优先选择快硬硫铝酸盐水泥和普通水泥,水量和裂隙较小时应选择超细水泥。

⑤注浆过程中,应根据钻孔出水和注浆情况,随时变换浆液配比和注浆材料,以达到最优组合和最佳注浆效果。

⑥在不添加其他外加剂的情况下,普通水泥水灰比小于0.6时才能满足稳定浆液的要求,快硬硫铝酸盐水泥水灰比小于0.8:1时能满足要求,而超细水泥水灰比小于1:1时能满足要求。结合浆液的流动性及黏度等综合分析,采用水灰比1:1的超细水泥浆液可以获得良好的注浆效果。

3)现场注入试验表明:

采用1:1或1.2:1的普通水泥或快硬硫铝酸盐水泥注浆,虽能注入一部分,但其扩散范围有限,容易引起群粒堵塞效应。而采用0.8:1的超细水泥浆由于其浆液较浓,流动性较差,黏度较大,容易积聚,注浆时,容易引起裂隙入口处渗浆通道的堵塞,导致注浆压力上升较快,注浆量较小;而采用1:1的超细水泥浆液可有效注入0.1mm宽的裂隙,且在设计压力下达到预定扩散范围。

(2)注浆参数的研究优化与应用

1)注浆加固范围研究

分别通过工程类比法、松动圈大小、力学结构分析法、注浆后隧道允许的渗水量以及数值计算法对注浆加固范围进行了计算,并通过现场试验检验得出主隧道全断面和周边帷幕注浆时可按注浆加固圈厚度5 ~ 6m进行预设计,采取局部注浆时加固厚度可按4 ~ 5m进行预设计。

2)注浆压力的确定

根据静水压力、静力平衡条件、裂隙宽度三种确定注浆压力的方式,分析其适用范围。以水压为依据的经验公式,主要目的在于堵水,该公式适用于深埋地层,注浆时不受覆盖层厚度限制,不考虑地层隆起。考虑超前预注浆的目的主要是堵水和加固,同时防止浆液击穿覆盖层,因此以静力平衡和裂隙宽度作为压力初步确定选择的依据,通过实测静水压力和裂隙宽度,通过静力平衡条件计算压力为2.4MPa,由裂隙宽度确定的注浆压力应在4MPa以上。综合两种方法,确定注浆压力为3 ~ 4MPa。

3)浆液扩散半径的确定

根据现有理论公式,对于牛顿流体和宾汉姆流体型的两种浆液,在设计注浆压力为3 ~ 4MPa、注浆孔半径为5cm和注浆时间为1800 ~ 3600s时,浆液的扩散半径为2 ~ 3m。

对注浆压力在裂隙内衰减数值分析表明,在注浆压力3 ~ 4MPa下,浆液可扩散至3 ~ 4m的距离,而在多裂隙条件下,可扩散至2 ~ 3m的距离。

现场试验表明,浆液的扩散距离与钻孔所揭穿的裂隙开度、裂隙稠密度、裂隙迂曲度等有关,当裂隙发育时,浆液扩散距离较远,基本上都能达到2m,个别孔浆液甚至能扩散到3 ~ 4m的地方。

通过以上分析可以确定,在设计压力下,根据地质情况,浆液扩散半径可取2 ~ 3m。

12.4.2　超前预注浆工艺研究

(1)注浆工艺的对比分析

根据现场地质条件,共试验了5种超前预注浆注浆工艺,分别为孔口管全孔一次性注浆工艺、止浆塞孔口止浆全孔一次性注浆工艺、前进式分段注浆工艺、可重复止浆塞孔内止浆分段后退注浆工艺、一次性止浆塞孔内止浆分段厚度注浆工艺,其优缺点对比见表12-1。

(2)注浆工艺的优化选择

注浆工艺应根据地质条件、设备情况及注浆目的等选择。根据胶州湾隧道地质条件和应用情况,可以全孔一次性注浆和分段前进式注浆为主,分段后退式注浆为辅,对孔深小于15m基本成孔的钻孔,可采用全孔一次性注浆方式,对孔深大于15m的隧道拱顶周边孔宜选择分段注浆方式。当钻孔前方的出水点位置较为明确,以堵水为目的,围岩强度较高、成孔条件较好时,可采用将止浆塞放入出水点后方进行定点注浆或分段后退注浆。

几种注浆工艺的优缺点比较表 表12-1

注浆方式	优点	缺点	适用地层
全孔一次性	工艺简单,操作方便,施工效率高	地层软弱破碎、塌孔后,浆液扩散困难,难以保证注浆效果	基本能成孔的地层,深度较浅
分段前进式	适用性强,易保证注浆孔前段注浆效果	重复扫孔次数多,工艺复杂,工作量大,工效低,塌孔后后段效果不好	地层软弱破碎,水量较大,成孔困难
止浆塞后退式	工效高,重复扫孔工作量小,能实现定位、控域注浆	工艺比较复杂,止浆塞代价高,要求成孔条件好,施工繁琐	成孔较好,以堵水为目的的地层

(3)注浆效果检查方法和评定标准研究

通过对注浆效果检查通常采用的分析法、检查孔法、开挖取样法、变位推测法、物探法等分析和现场试验,根据该隧道允许排放标准、现场设备条件和注浆目的以"检验快捷、结果可靠"的原则等确定了选择效果检查评定的方法和评定标准,见表12-2。

注浆效果"五参数"评价标准 表12-2

标准 \ 项目	单位吸水率 [L/(min·m²)]	检查孔单位出水量 [L/(m·min)]	胶结体强度 (MPa)	渗透系数 (cm/s)	取芯率 (%)	综合评价	级别
评价指标	$\omega \geq 0.10$	$q \geq 5.0$	$P<10$	$K \geq 10^{-3}$	$\xi<65$	较差	I
	$0.05 \leq \omega<0.1$	$1.0 \leq q<5.0$	$10 \leq P<20$	$10^{-4} \leq K<10^{-3}$	$65 \leq \xi<80$	一般	II
	$0.01 \leq \omega<0.05$	$0.15 \leq q<1.0$	$20 \leq P<30$	$10^{-5} \leq K<10^{-4}$	$80 \leq \xi<90$	较好	III
	$\omega<0.01$	$q<0.15$	$P \geq 30$	$K<10^{-5}$	$\xi \geq 90$	很好	IV

如果注浆后,表12-2中5个条件同时具备4个,则可评定为相应等级,如表12-2中4个条件不同时具备,则应根据实际情况评定注浆效果,并研究确定是否采用局部、补充注浆等措施。

12.4.3 研究结论和成果

(1)研究试验了普通水泥浆、超细水泥浆、特制硫铝酸盐水泥浆、水泥—水玻璃双液浆等四种注浆材料,并对其配比、流动性、稳定性、结实率、结石体强度、耐久性等指标进行了试验和检验,确定了注浆材料及配比的使用条件和标准,研究提出了超前预注浆以超细水泥浆为主和其他浆液为辅的注浆材料组合模式,简化了注浆材料选择程序,减少了注浆段开挖后补充注浆工作,达到了注浆加固和堵水安全可靠、经济合理的效果。

(2)通过理论分析、数值计算和现场试验,研究和优化了注浆加固厚度、浆液扩散半径、注浆压力等参数,确定了注浆终孔的间距和布设原则。

(3)研究试验了注浆参数分析法、压水试验法、钻孔检查法、物探对比法、钻孔电视观察法等注浆效果检查方法,确定了以参数分析和钻孔检查为主、物探对比为辅的注浆效果检查评价体系,研究提出了以检查孔单位出水量、单位吸水率、取芯率、地层渗透系数、胶结体强度为主要指标的"五参数"注浆效果综合评价方法,并确定了相应的评价标准,通过现场应用,解决了注浆效果难以定量评价的问题,确保了注浆效果和质量。

12.5　海底隧道超前预注浆堵水设备配套研究

12.5.1　钻孔设备

由于青岛胶州湾海底隧道的断面较大(内净空高8.218m,宽14.426m),施工机械化程度要求高,穿越的断层破碎带及不良地质体较多,且有较高的工期要求。因此,要求钻设备应能满足大规模注浆和钻孔速度快、移动方便的要求。

通过对常规坑道地质钻机、液压凿岩机及凿岩机、国内外多功能履带式钻机等钻孔机械设备的性能分析及现场试验,得出:常规坑道地质钻机体积小、移动慢、钻孔速度较慢,在大断面下,需要多台联合作业,人员和设备较多,干扰较大。国外的RPD-150C多功能全液压钻机和意大利卡萨grand-C6钻机,该类钻机功率大、价格高、移动相对灵活、钻孔速度快,适合于大断面隧道的钻孔,常用来做管棚、取芯、探水、注浆钻孔等,纯钻孔效率高,但一次只能钻一孔,且受钻机作业范围影响,需要设置钻机平台。而液压凿岩台车作为国内大断面地下工程爆破开挖专用设备,一般使用于Ⅰ~Ⅳ级围岩施工,由于其配置的独特液压钻进系统,钻爆施工钻进速度极快,且由于其多臂可以同时作业,效率较高,钻孔时不需作业平台。通过对三臂凿岩台车钻杆和供水、供风系统的改进,并在现场通过深孔钻孔试验,首次将三臂液压凿岩台车运用到海底隧道超前预注浆深孔钻孔施工中(孔深大于20m,孔径$\phi64\sim\phi130$),极大地提高了钻孔速度和效率,缩短了注浆工期。

根据钻机特点和现场试验情况,发现多臂凿岩台车钻孔和多功能钻机各有优缺点,由于凿岩台车还需要兼顾爆破钻孔施工,同时不能用于超前探孔取芯,因此现场为了弥补两种钻孔设备的优缺点,采用了凿岩台车和多功能钻机配合使用的方式,以凿岩台车钻孔为主、多功能钻机钻孔为辅的超前预注浆钻孔方式组合,极大地提高了钻孔效率和成孔的有效性。

12.5.2　制浆和搅拌设备

通过对高速搅拌机和普通搅拌机性能的分析,及两种设备配置浆液的性能对比,提出了现场采用二级搅拌系统,一级搅拌采用ZJ-400或ZJ-800型高速制浆机,搅拌时间4~5min,超细水泥水灰比大于0.8:1时,浆液搅拌均匀,性能较好;二级搅拌采用转速85r/min的LJ-300低速搅拌机保持浆液的流动性能。浆液搅拌后,超细水泥浆液应在2h内用完,普通水泥应在4h内用完。从现场使用情况来看,两种搅拌机配合使用能够满足注浆浆液的配制和性能要求。为了满足大规模注浆的要求,制浆和搅拌应按两套来配置。

12.5.3　注浆设备

分析了常用单液注浆泵、双液注浆泵等注浆设备性能特点,根据海底隧道断面大、注浆段多的特点,推荐采用以大功率可控流量高压单液泵为主,中压双液注浆泵为辅的注浆设备配套模式。

12.5.4　止浆设备

针对不同注浆方式,研究了孔口管的不同连接方式及各种止浆方式,对比了不同止浆系统的优缺点,并提出了其适用条件,见表12-3。

12.5.5　计量设备

注浆参数计量仪器是对注浆过程中注浆压力、浆液流量进行全过程监测的仪器。目前,施工单位大多采用浮子标杆测量法测定注浆泵的流量,这种测量法虽然简单易行,但测量误差较大,当制浆机往储浆桶输浆时不能进行测量,使泵量指示不及时,而注浆压力则大多数通过观察泵压的办法,难以准确记录。通过对比试验，最终选择了 LHGY3000 型注浆记录仪、CMS2008 智能多路注浆记录仪，这两种仪器均可对注浆过程参数（注浆压力、流量和浆液密度）进行适时记录，并可生产相应曲线图。

常用止浆系统对比表　　表 12-3

<table>
<tr><th colspan="2">止浆系统</th><th>优点</th><th>缺点</th><th>适用条件</th></tr>
<tr><td rowspan="2">孔口管</td><td>法兰式</td><td>密封严，止浆压力高，价格低</td><td>螺栓连接，连接拆卸繁琐</td><td>任何地层，特别是高压涌水地层，注浆压力高</td></tr>
<tr><td>抱箍式</td><td>连接拆卸方便，止浆压力中等</td><td>价格高，密封较差</td><td>水量较小，不易突水地层，注浆压力中等</td></tr>
<tr><td rowspan="3">止浆塞</td><td>机械式</td><td>设置方便，可重复利用</td><td>不宜用于高压突水地层</td><td>水量小，成孔好，钻孔过程不易突水地层</td></tr>
<tr><td>气胀式</td><td>设置位置灵活，可定点注浆</td><td>价格高，操作复杂，易磨损</td><td rowspan="2">水量中等，成孔好，钻孔过程不易突水地层</td></tr>
<tr><td>一次性</td><td>定点注浆，止浆效果好</td><td>不能重复利用</td></tr>
</table>

12.5.6　研究结论和成果

（1）对目前常用的钻孔设备进行了调研和分析，研究和改进了三臂凿岩台车在大断面海底隧道进行深孔超前预注浆钻孔的设备和方式，对比了三臂凿岩台车与多功能钻机的优缺点及其钻孔效率，提出了以改进的三臂凿岩台车为主、多功能钻机为辅的超前预注浆钻孔系统，极大的提高了超前预注浆的钻孔效率。

（2）调研分析了低速搅拌机和高速搅拌机的性能特点，研究试验了在同一配比下两种搅拌机拌和浆液的性能差异，提出了以高速搅拌机作为制浆设备、低速搅拌机作为储浆设备的制浆系统组合，保证了制浆的连续性和浆液的稳定性。

（3）调研分析了目前常用注浆泵的性能特点，提出了以高压单液泵为主、中压双液泵为辅的压浆系统组合，既保证了正常压浆的有效性，又保证了突涌水时堵水的可靠性。

（4）研究改进了凿岩台车的钻孔和排渣系统，使其满足钻设深孔的要求，提出了以三臂凿岩台车为主、多功能钻机为辅的钻孔组合，以高速搅拌机作为制浆设备、低速搅拌机作为储浆设备的制浆系统组合，以高压单液泵为主、中压双液泵为辅的压浆系统组合，以自动记录为主、人工记录为辅的数据采集系统，以抱箍式孔口止浆为主、止浆塞孔内止浆为辅的止浆系统组合的综合海底隧道超前预注浆堵水设备配套系统。

（5）开发了以多臂凿岩台车钻孔和高速旋流式制浆机制浆、高压注浆泵注浆、注浆记录仪自动记录注浆参数的信息化钻孔注浆设备配套系统，通过采取“分区钻孔、分区注浆、钻注平行作业”，实现了超前预注浆的信息化快速施工，使得断面面积达 170m^2 的大断面海底隧道深孔超前预注浆平均钻注时间缩短为 15d/循环以内，与采用单臂钻机钻孔注浆配套模式相比，钻注效率提高了 2 倍，每钻注循环节省时间达 30d 以上，为隧道的安全、优质、高效建成提供了有力保障。

12.6　海底隧道突发涌水应急预案及防治技术研究

通过对海底隧道突水的水源分析、通道分析、突水与含水层关系分析以及突水条件和突水预测分析的基础上，建立了海底隧道突发涌水情况下的应急预案，明确了组织机构和相应职责，完善了事故类型和危害程度分析上报制度，设置了逃生通道和逃生路线，在预定地点储备了应急物资和设备，进行了现场培训和演练，建立了洞内实时监控和救援系统，对涌突水下的防治技术进行了完善，并通过对注浆风险控制和管理，保证了快速、安全的通过了断层破碎带和不良地质体，获得了以下结论：

（1）研究开发了海底隧道涌突水治技术，该技术通过综合超前地质预测预报、注浆堵水、钻孔防突、多级泵站抽排水系统排水、洞内无线通信及报警、门禁系统、设置逃生路线及配备应急抢险物资等防涌突水措施，并通过建立和实施应急抢险救援体系和预案，有效地防止了海底隧道涌突水，实现了安全、优质、高效施工。

(2)研究建立了海底隧道注浆风险控制、管理体系和注浆过程控制系统，保证了注浆堵水的可靠性和有效性。

12.7　注浆技术在青岛胶州湾海底隧道的应用

通过以上研究，将注浆技术在青岛胶州湾海底隧道进行推广应用，主要以周边帷幕注浆和局部注浆为主，在保证注浆效果的同时，将试验时最多147个注浆孔减少到36～80个，将每循环注浆作业时间从30d缩短到7～15d，减少了注浆孔数和提高了注浆效率，达到了国内外先进水平。从每延米注浆量来看，胶州湾隧道地层每延米吸浆量基本在0.35～0.46m^3之间。从检查孔和开挖情况来看，注浆段开挖后隧道基本无水，围岩裂隙被浆液填充良好，开挖后断层破碎带围岩稳定性好，注浆达到了预期的目的，保证了隧道如期贯通。

12.8　研究取得的主要成果和创新点

项目组针对青岛胶州湾海底隧道施工中存在的断层破碎带涌水难题，通过理论分析、数值模拟、室内和现场试验以及研究成果的实际应用，成功地解决了胶州湾海底隧道施工中所遇到的裂隙岩体及断层破碎带涌水难题，获得了以下研究成果：

(1)断层破碎带的注浆加固和地下水排放的控制是青岛胶州湾隧道工程的关键技术问题，本项目紧密结合该工程的地质特点，开展了注浆堵水和涌突水防治技术攻关，对注浆方案、注浆参数、注浆工艺、注浆材料、机械设备配套、防治水和涌突水应急预案进行了系统研究，运用本项目的研究成果在胶州湾隧道工程中取得了显著的效果。

(2)提出了以"围岩级别、探孔水量和水压"为主要依据的注浆方案选择原则。通过理论计算、室内和现场试验，优化了注浆参数和施工工艺，解决了大断面海底隧道断层破碎带注浆的难题，取得了很好的注浆堵水和加固效果。

(3)针对普通水泥浆、超细水泥浆、特制硫铝酸盐水泥浆、水泥—水玻璃双液浆四种注浆材料，采用试验方法对其配比、流动性、稳定性、结实率、结石体强度、耐久性等指标进行了试验和检验，确定了各种注浆材料及配比的使用条件和标准，提出了超前预注浆以超细水泥浆为主和其他浆液为辅的注浆材料组合方案，从而简化了注浆材料的选择程序，减少了注浆段开挖后的补充注浆工作，达到了注浆加固和堵水安全、可靠而且经济合理的效果。

(4)开发了使用可重复膨胀止浆塞和使用一次性膨胀止浆塞的孔内分段注浆、使用机械止浆塞的孔口一次性注浆等注浆工艺，其中重点改进了一次性膨胀止浆塞的连接方式，实现了孔内分段注浆的目的，具有创新性。通过现场试验和应用分段前进式注浆、全孔一次性注浆工艺，按照水量大小建议了注浆工艺的选择标准，提出了超前预注浆以全孔一次性注浆、分段前进式注浆、开挖后以止浆塞孔内补充注浆的注浆组合方案，使胶州湾海底隧道断层破碎带的注浆工程得以顺利实施。

(5)针对胶州湾海底隧道断面大、断层多、处理难度大，开发了以多臂凿岩台车钻孔和高速旋流式制浆机制浆、高压注浆泵注浆、注浆记录仪自动记录注浆参数的信息化钻孔注浆设备配套系统。通过采取"分区钻孔、分区注浆、钻注平行作业"方案，实现了海底隧道不良地质段超前预注浆的信息化快速施工，将每循环30m钻孔和注浆作业时间缩短到7～15d，达到了国内外先进水平，为快速处理断层破碎带提供了新的设备配套模式，具有创新性。

(6)为确保隧道开挖施工安全，开发了海底隧道治理断层破碎带突涌水的成套技术，该技术包括综合超前地质预测和预报、注浆堵水、钻孔防突、多级泵站抽排水系统排水、洞内无线通信与报警、门禁防水系统、逃生路线设置以及应急抢险物资配备等。在此基础上，提出了胶州湾海底隧道应急抢险救援体系和预案并进行了实地演练，为胶州湾海底隧道实现安全、优质和高效施工提供了有力的保障。

(7)为有效评估海底隧道断层破碎带的注浆加固效果，提出了以检查孔单位出水量、单位吸水率、取芯率、地层渗透系数、胶结体强度为主要指标的"五参数"注浆效果综合评价方法，并确定了相应的评价标准，具有实用性。

总之，本项目通过多种注浆方案、注浆材料、注浆工艺、机械设备的综合运用以及研究和开发，使预注浆技术在青岛胶州湾海底隧道断层破碎带施工中得到了成功应用，很好地解决了断层破碎带和微裂隙岩体快速注浆的难题，在注浆理论的综合应用，尤其是注浆技术的实践上有重要创新和突破，在注浆技术和工艺上具有独创性和开拓性，所研究及开发的海底隧道注浆成套技术在实际工程中应用效果良好。

12.9 经济、社会和环境效益分析

本项目的研究及其成果的应用，成功地解决了胶州湾海底隧道众多断层破碎带裂隙岩体涌水这一国内海底隧道施工中具有挑战性的难题，在这一过程中科研成果和现场应用得到了有机结合，科研成果的应用提高了施工的技术和水平，使施工技术得到创新和进一步的优化与完善，保证了隧道的安全、优质、高效和快速施工，提升了我国在海底隧道工程中处理断层破碎带等不良地层的科研水平和施工能力，产生了巨大的经济、社会和环境效益。

12.9.1 经济效益分析

(1)采用超细水泥浆液进行注浆堵水比采用化学浆液成本低，现场配置方便，注浆施工的工艺简单，强度高，不污染环境。在经济性方面，化学浆液造价为 30000 ~ 50000 元/m^3，而超细水泥浆造价为 3000 ~ 6000 元/m^3，其造价远远低于化学浆液，若按隧道每延米注浆量 50m^3 计算，采用超细水泥浆要比化学浆液每延米节省造价 135 万 ~ 220 万元。此外，由于超细水泥的后期强度高、耐久性好，使得加固后的围岩抗水压能力和稳定性大大提高，可以更好地保证隧道开挖安全。

(2)通过现场试验研究，优化了注浆参数，采用有针对性的布设孔位及以周边帷幕和局部断面注浆为主的方案，比常规注浆的布孔方式减少孔数达 40%，从而在保证注浆效果的同时，降低了劳动强度和材料消耗，节约了成本。

(3)采用多臂凿岩台车钻孔的钻孔方式，提高了钻孔效率和速度，比单臂钻机钻孔方式提高速度约 4 倍，注浆工期节省 1/3。本隧道 14 条断层，每条断层平均注浆工期按 10d 计算，则注浆需要 140d，可提前通车 280d。按照青岛轮渡日载车 2500 辆计算，隧道通车后若每辆车按 30 元收费，可提前收回投资 2100 万元；如果按隧道的设计日交通量 3.1 万辆计算，则可提前收回投资 26040 万元。

(4)采用本项目研究成果可实现堵水的可控制性，减少后期隧道运营时的抽排水费用和设备因渗漏水导致损坏的维修费用。

12.9.2 社会效益分析

(1)由于本项目科研成果在海底隧道穿越断层破碎带的施工中得到了很好的应用，使胶州湾海底隧道得以提前 6 个月贯通。目前，从青岛至黄岛由高速公路通行要 1.5h，轮渡通行要 40min，而胶州湾海底隧道建成通车之后，穿过整个隧道只要 5min，青岛、黄岛两地的车程也从 1.5h 缩短到 10min 左右，隧道的尽快通车将极大地提高两地客流量，方便两地居民的往返出行，同时带动黄岛相关产业的快速发展。

(2)海底隧道提前贯通和早一天建成，将使得青岛东西部由天堑变成通途，对青岛的整个经济将产

生重大的影响。隧道的贯通是城市环湾保护、拥湾发展的重要战略，具有里程碑式的、标志性的重大意义，不仅解决了长期以来的“青黄”不接，也消除了长期以来人们的心理障碍，以后那种去黄岛就是去郊区的思想将不复存在。

(3)隧道提前贯通后，将连接由青岛、黄岛、红岛三片城区组成的青岛市中心城区，使得东西部的人流、物流、商流得到迅速发展，对青岛市的社会、经济发展将产生巨大的加速度。

(4)隧道的贯通，将对整个山东正在筹建的山东半岛蓝色经济区一体两翼的框架产生影响，青岛作为一体两翼的基地城市，将更好地发挥带头作用，带动山东半岛城市群乃至于带动整个山东半岛的蓝色经济区的发展，发挥前所未有的历史性作用。

12.9.3　环境效益分析

(1)海底隧道提前贯通和早一天建成，两地通行将不受天气影响，具有全天候运行的特点，让两地彻底告别遇到恶劣天气就会“青黄不接”的局面。

(2)在海底地层中采用的超细水泥浆具有无毒、无污染、耐久性强等特点，不会污染海洋环境生态，海底隧道建成后也不会破坏胶州湾及湾口的景观和海洋生态环境。

第 13 章 控制爆破技术与监测

13.1 研究意义与内容

爆破法隧道施工技术在我国已经积累了丰富经验,技术已经成熟,但是国内在海底隧道建设方面,还属于起步阶段,没有统一的、公认成熟的技术与规范。按照隧道注意等级划分方法,胶州湾海底隧道,在工程两端距离附近建筑物近,且三条隧道相距近,属于有危害需要注意或采取措施等级。因此,爆破开挖对附近的隧道、地面建筑设施、海底岩层有影响,通过对爆破法施工关键技术的系统研究,对控制围岩扰动、保护地面建筑物、降低对人生产活动的影响都具有工程与学术意义。

主要研究内容包括爆破器材调研、爆破振动监测与控制、控制爆破技术等,具体内容如下。

(1)爆破振动控制指标和减振技术的研究

以国家规程为基本依据,参考国内工程经验,结合青岛胶州湾工程实际,具体制定了本工程项目的振动控制标准,见表 13-1。实践证明,该标准对于指导隧道安全施工很有价值。

青岛胶州湾海底隧道工程爆破振动安全允许标准　　表 13-1

序　号	保护对象类别	安全允许振动速度(cm/s)		
		<10Hz	10 ~ 50Hz	50 ~ 100Hz
1	土窑洞、土坯房、毛石房屋、旧房、危房	0.5 ~ 1.0	0.7 ~ 1.2	1.1 ~ 1.5
2	一般砖房、非抗震的大型砌块建筑物	2.0 ~ 2.5	2.3 ~ 2.8	2.7 ~ 3.0
3	钢筋混凝土结构房屋	3.0 ~ 4.0	3.5 ~ 4.5	4.2 ~ 5.0
4	一般古建筑与古迹	0.1 ~ 0.3	0.2 ~ 0.4	0.3 ~ 0.5
5	锚喷隧道(稳定的围岩类别)	15.0		
6	锚喷隧道(不稳定围岩类别)	10.0		
7	衬砌隧道(初凝 ~ 3d)	2.0		
8	衬砌隧道(4 ~ 28d)	4.0		
9	衬砌隧道(>28d)	5.0		
10	地面浅埋管线	1.5		
11	居民区人员	1.5		
12	海水下附近岩层(海底处岩层)	5.0		

根据此表,提出了下穿后岔湾村和团岛开口段的振动控制方案。在隧道将要下穿村庄前开展了大量地面振动测试,摸清了爆破振动规律,然后提出了下穿后岔湾村的控制爆破方案,规定了桩号的最大齐报药量,为安全下穿行村庄 430m 提供了技术支持。提出了:隧道过村庄减振爆破工作的基本要求,减小爆破施工振动对村庄扰动的一些措施,爆破参数设计中可以采用的减振技术。在团岛侧隧道开口

段对地面结构影响和控制措施的研究，提出了该段各桩号的最大齐报药量。也提出了：爆破施工减小爆破扰动的建议，隧道地下爆破工作的建议，降低爆破对附近居住环境扰动的建议措施。

(2)爆破参数的调查研究和选型

爆破参数的选择包括两大方面：爆破器材的选取，爆破参数的设计。结合国内爆破技术的现状，针对青岛胶州湾海底隧道工程的特点，主要进行了爆破器材分析与选取。目前施工采用 2 号乳化炸药。调研时认为雷管段数多为 20 段以上，多采用了 8 段。减振方面，提出了采用下移掏槽眼、多级楔形掏槽等综合减振措施。

(3)隧道钻眼爆破的相关技术规范

根据胶州湾海底隧道施工特点，提出了《青岛胶州湾海底隧道爆破设计规范》、《青岛胶州湾海底隧道钻眼爆破操作规范》、《青岛胶州湾海底隧道钻眼爆破安全规范》。按照软岩、中硬岩和硬岩三种情况，提出了《青岛胶州湾海底隧道爆破质量验收标准》。

(4)海底隧道施工最大齐爆药量实测研究

对施工爆破进行了总结，得到主要结论是：下穿过程中，振动比原来规定有许多超标情况，但是没有对地面的民房造成明显破坏；掏槽爆破是主要的振动源，掏槽爆破对地面的振动最大；崩落和周边眼爆破对地面结构爆破振动比较小；下穿后岔湾村段爆破减振技术的研究中，提出了“桩号的最大齐报药量”控制方法。

(5)地面结构对隧道爆破振动的速度响应数值模拟分析

研究地下爆破对地面结构的振动规律，取得了建筑结构振动的强度和分布规律。

(6)相邻隧道爆破振动的数值模拟研究

研究隧道间近距离相互振动影响规律与控制措施，得到了爆破对相邻隧道爆破影响的规律。

(7)海底隧道穿过建筑密集区爆破参数优化

在隧道下穿建筑密集区时开展了爆破参数优化研究，提出的爆破参数使得爆破振动在允许值内，减小了对邻近居民的影响。

(8)现场爆破振动监测

在隧道关键地段开展爆破振动的地面监测，保证了隧道施工顺利进行。

13.2　地面结构对隧道爆破振动的速度响应数值模拟分析

用 ANSYS 非线性动力分析有限元程序模拟地面建筑物在爆破冲击荷载作用下的振动速度动态响应。通过数值模拟分析地面建筑结构在冲击荷载作用下的动力响应的全过程及影响其动力特性的因素，对一些在试验中不容易测量的物理量进行观测与对比分析，研究建筑物速度响应的变化规律和运动机理，探讨这些因素对地上建筑物冲击性能的影响规律。

13.2.1　数值模拟计算模型

(1)计算模型及参数选取

采用实体建模方法(Solid Modeling)，按各土层的实际厚度和拟定的计算宽度，对地面结构和每一土层及岩石建立相应的三维实体模型，然后根据各土层及结构界面位移协调的条件，将模型中的三维实体黏结起来(Command：nummrg，all；numcmp，all)。

1)计算模型

分为两个体，见图 13-1 和图 13-2。

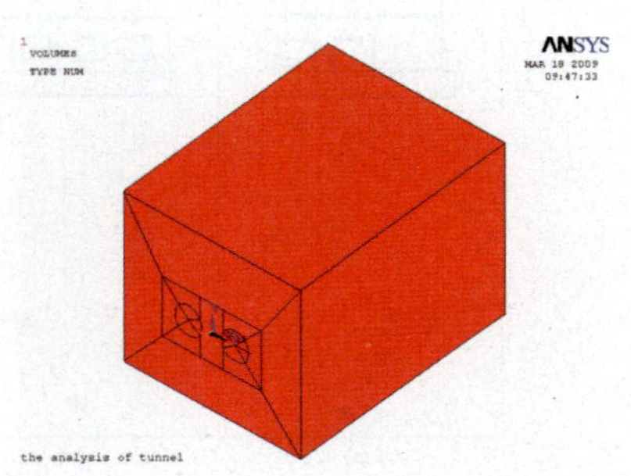

图 13-1　数值模型示意图(隧道三维图)

其一为地上建筑结构模型：基础采用刚性扩大基础，高度为 1m，每边扩大的尺寸为 0.5m，材料为砖石材料，中间采用同样的材料进行回填；房屋高度为3m，长、宽均设为11m，在动载模拟实验中将坡屋脊简化为垂直载荷作用于屋面板上(简化模型)，材料为砖砌体。

其二为隧道及炸药模型：炸药体积取0.25m×0.25m×0.25m，药量15.625kg，炸药爆破中心与建筑基础底面的垂直距离为21m。

首先研究爆源位于建筑底面中心正下方时地面建筑的振动特性，如图13-3所示。

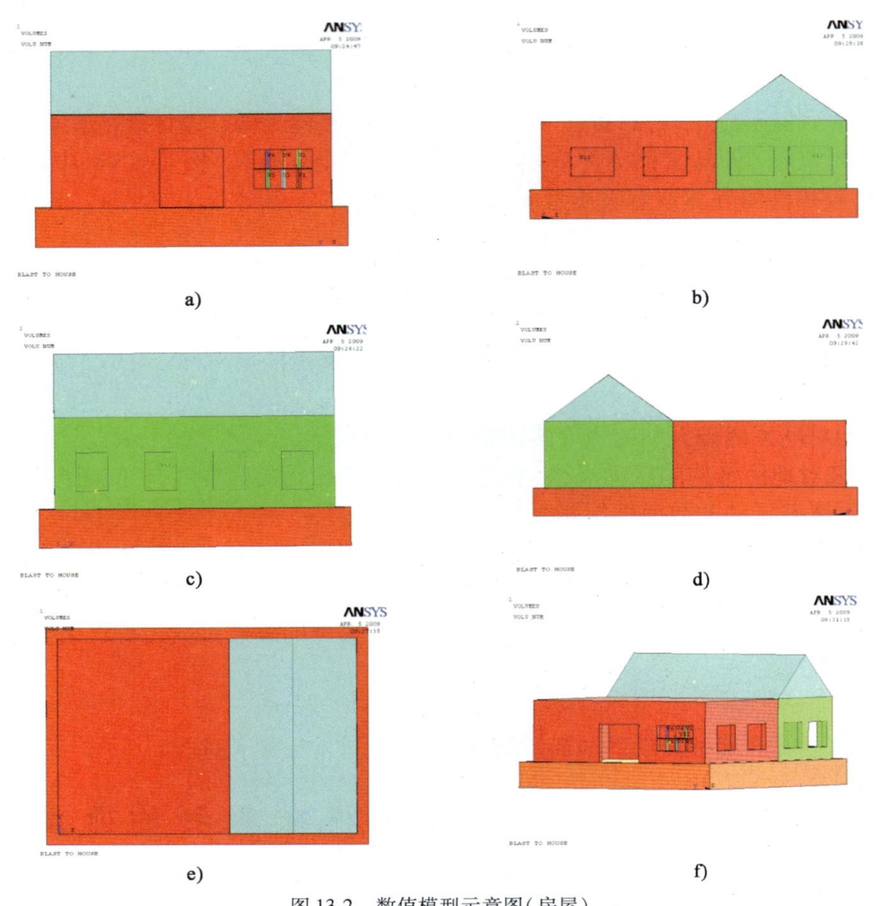

图13-2 数值模型示意图(房屋)

a)正立面图；b)左立面图；c)后立面图；d)右立面图；e)俯视图；f)三维图

2)约束条件

在隧道模型侧面施加 X 方向约束，前面和后面施加 Y 方向约束，底面施加 Z 方向约束，顶面自由。房屋模型底面施加 Z 方向约束，侧面、前面、后面和顶面均自由。

如图13-4所示施加约束模型示意图。

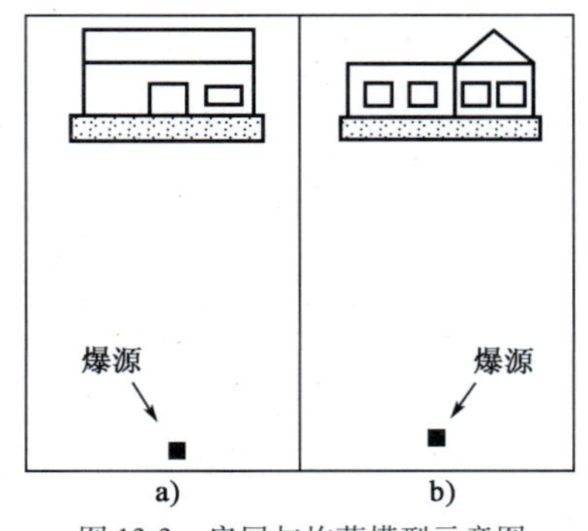

图13-3 房屋与炸药模型示意图

a)正立面图；b)左立面图

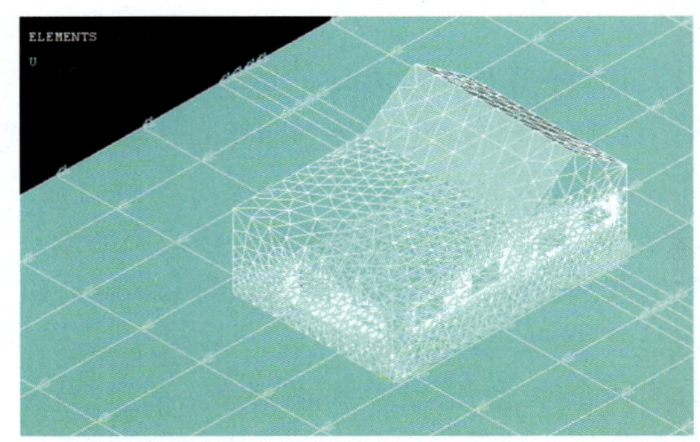

图13-4 施加约束模型示意图(房屋与隧道三维图)

(2)材料属性参数

本研究将基础、岩体定义为各向同性的线弹性体。数值模拟中材料的相关参数均取自相关的地质报告。

具体参数选取如下:

①岩石取微风化破碎岩。动力弹性模量 $E=2.5\times10^{10}$Pa,泊松比$\mu=0.3$,密度$\rho=2700$kg/m^3,质量阻尼系数 $\alpha=0.01$,刚度阻尼系数$\beta=0.02$。

②建筑和基础材料均取浆砌石体[49]:弹性模量 $E=1\times10^{10}$Pa,泊松比$\mu=0.25$,密度$\rho=2700$kg/m^3。

③炸药:弹性模量 $E=1.5\times10^{10}$Pa,泊松比$\mu=0.2$,密度$\rho=1000$kg/m^3。

13.2.2　爆破载荷作用下基础表面测点的速度时程分析

首先研究建筑基础在爆破载荷作用下的动态响应状态。

针对基础不同位置测点,分别进行分析。选取基础边角位置的测点、基础边线的中心点以及基础上表面中心点和基础下表面中心点。

选取基础的各个测点,如图13-5所示。图13-5a)为基础上表面示意图,图13-5b)为基础下表面示意图。

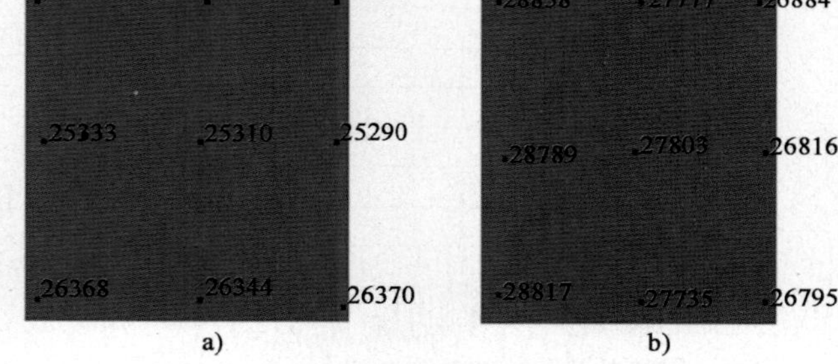

图13-5　数值模拟测点示意图

a)基础上表面;b)基础下表面

按照如图13-5所示的测点进行速度时程曲线的分析,研究其内在的变化规律。

(1)基础上表面测点的时程分析

1)选取基础上表面位于柱子下方的四个点(点24394,点24350,点26370,点26368)进行速度时程分析。

从图13-6的四幅小图和表13-2能看出,当炸药设置在地面建筑正下方时,位于柱子下端基础上的点速度峰值达到130cm/s,基础上距离炸药中心等距离的点24394、点24350和点26368的速度几乎是一样的,而较这三个点距炸药中心远一些的点26370的速度峰值则小到80cm/s。这一现象与衰减规律是一致的,即距爆炸源越远的地方速度峰值越小。

基础上表面部分测点速度峰值　　表13-2

基础上表面测点	24394	24350	26368	26370
速度(cm/s)	123	126	130	80

2)选取基础上表面的中心点、基础上表面边界线的中心点,进行速度时程分析

从图13-7和表13-3能看出,位于基础中心点的速度时程曲线与基础各端点处的速度时程曲线基本一致,约为140cm/s。图13-8则显示了边界线的中心点26344值最大能达到了243cm/s。

基础上边面部分测点速度峰值　　表13-3

基础上表面测点	25310	24369	25290	26344	25333
速度(cm/s)	139	170	180	243	238

按照衰减规律进行分析,距离爆源中心位置越远,速度峰值应越小,即基础上表面中心点的速度峰值应大于基础上表面边界线中心点的速度峰值。但是通过上述模拟实验发现,边界线中心点处的速度峰值大于基础上表面中心处的速度峰值。

由此分析,这是因为建筑物的地面以上部分有放大水平方向的地面运动的趋势。由于基础上方建造墙体水平截面积相对基础的水平截面积非常小,导致基础上表面整体的速度峰值变大,即导致了基础与墙体接触的位置出现了振动衰减减小、速度峰值增大的现象。

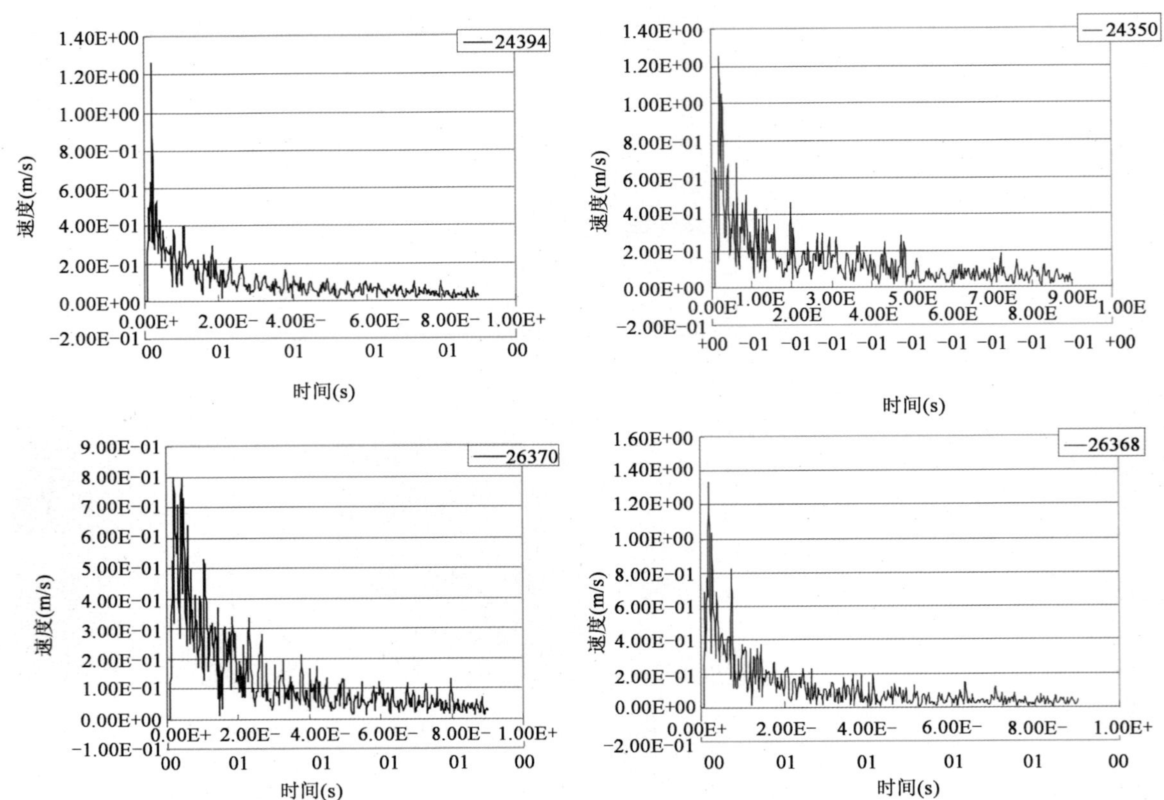

图 13-6　基础上表面部分测点速度对比图

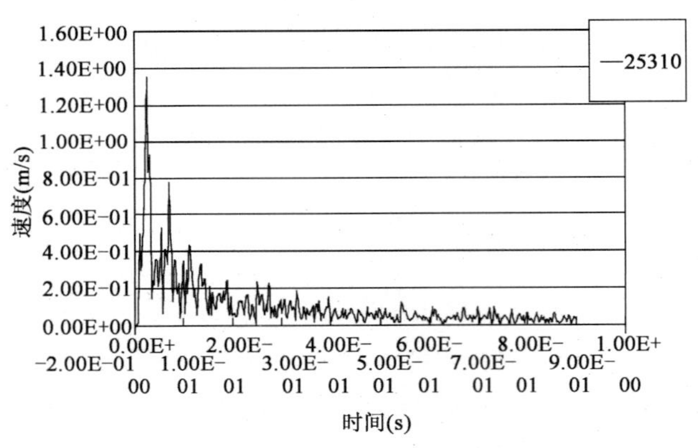

图 13-7　基础上表面中心测点速度对比图

(2)基础下表面测点的时程分析

1)选取基础下表面的四个角点,对其进行速度时程分析。

从图 13-9 的四幅小图和表 13-4 中看出基础下表面的角点处的速度峰值最大能达到 103cm/s,速度峰值最小的为 56 cm/s。

基础下表面部分测点速度峰值　　表 13-4

基础上表面测点	28858	26884	28817	26795
速度(cm/s)	103	56	69	70

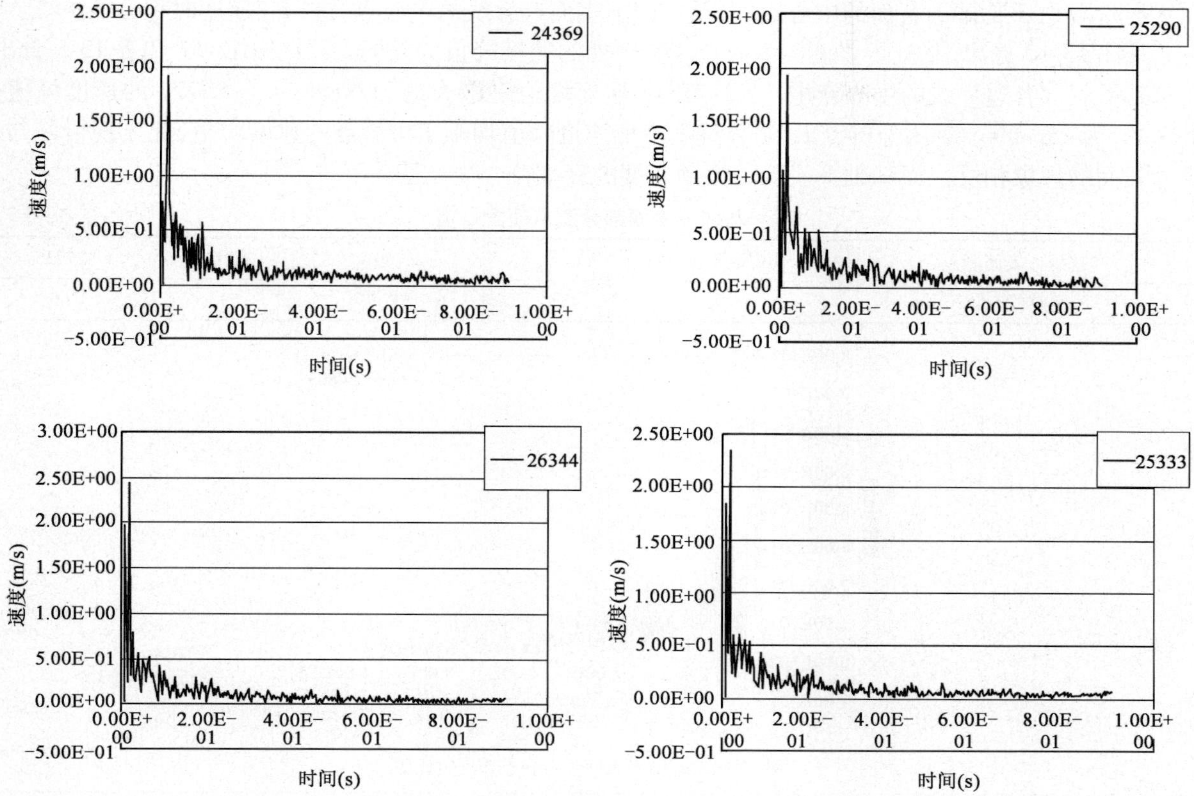

图 13-8　基础上表面部分测点速度对比图

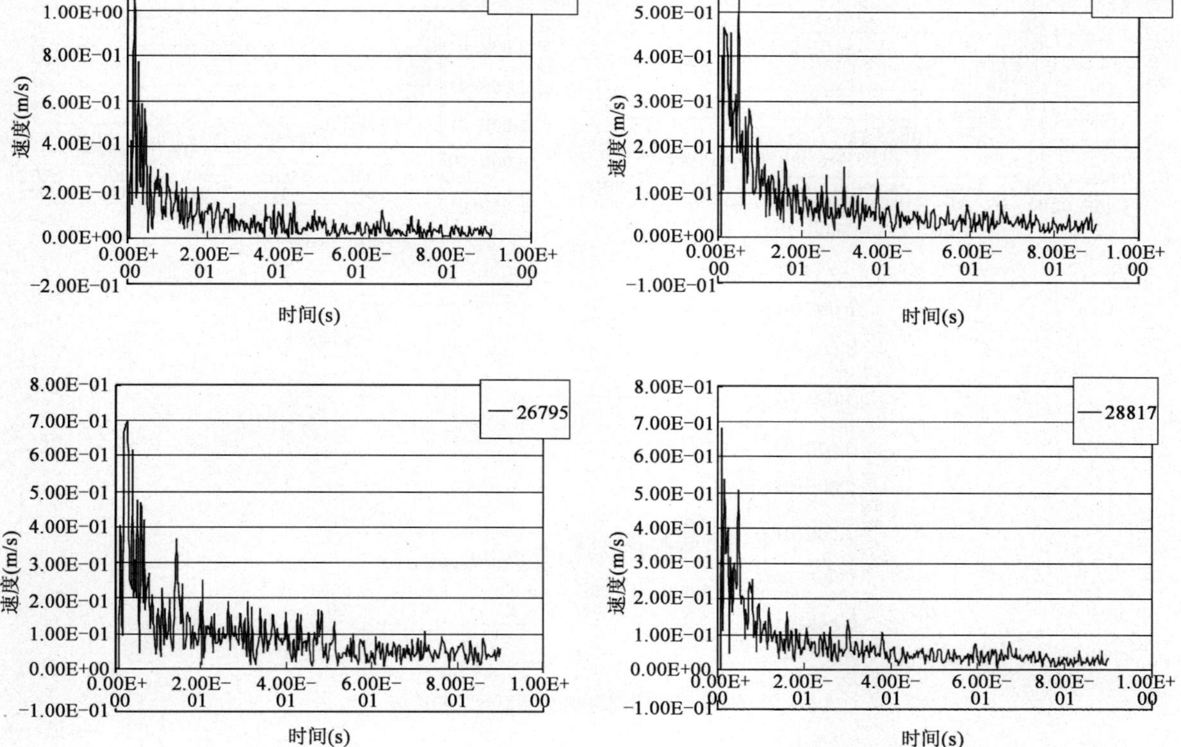

图 13-9　基础下表面部分测点速度对比图

2)选取位于基础下表面的中心点,以及基础下表面边界线的中心点,进行其速度时程分析。

从图13-10看出,基础下表面的中心点27803处的速度峰值为69cm/s,从图13-11和表13-5看出,在基础下表面各边界线的中心点中,点27735的速度峰值是最大的为60cm/s;点27777的速度峰值是最小的,为45cm/s。对比分析得出,边界线上点的速度峰值均小于中心点的速度峰值,此显现恰好与基础上表面的现象相反。而基础下表面的振动速度的衰减符合规律性。

基础下表面部分测点速度峰值 表13-5

基础上表面测点	27803	27777	28789	26816	27735
速度(cm/s)	69	45	51	59	60

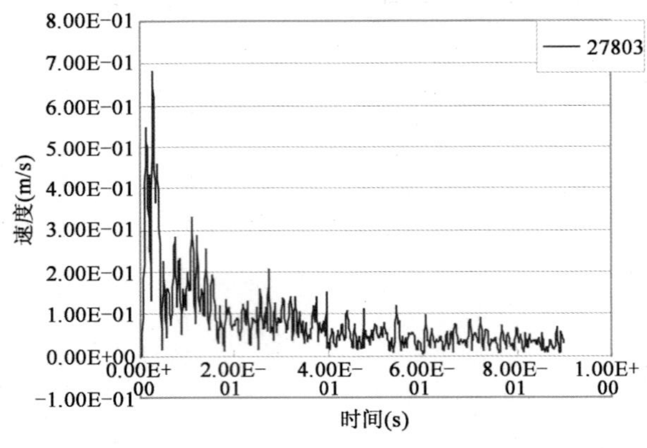

图13-10 基础下表面中心测点速度对比图

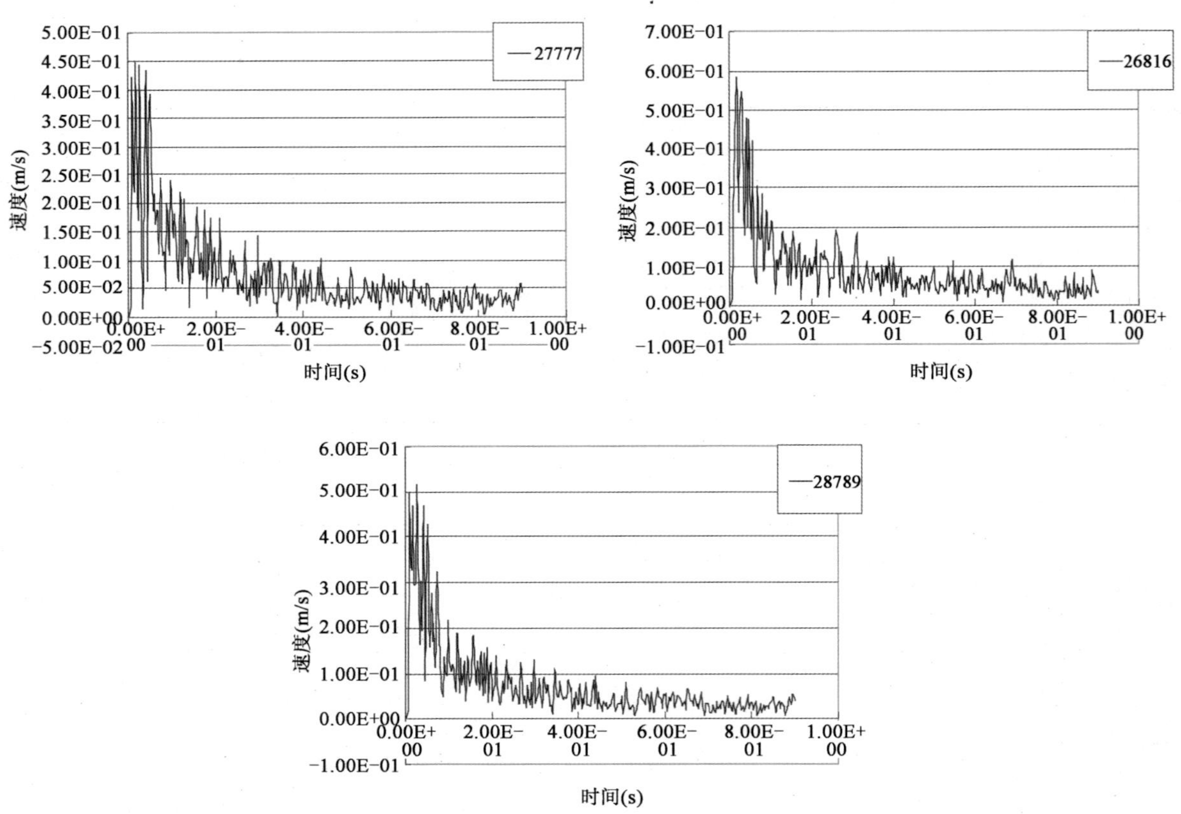

图13-11 基础下表面部分测点速度对比图

结合(1)和(2)的分析,总结出以下规律:

①从基础下表面分析,在爆破振动载荷作用下,遵循了距离炸药爆破中心越远速度峰值越小的规

律:基础下表面的周边点的速度峰值小于其中心点的速度峰值。

②从基础上表面分析,由于其与墙体的连接,接触面积急剧减小,导致了基础下表面的速度峰值整体小于基础上表面的速度峰值;而且在基础与墙体接触的部位,出现了速度峰值增大的现象,基础上表面周边点的速度峰值大于中心点的速度峰值。

13.2.3　爆破载荷作用下建筑上部结构的速度时程分析

(1)地面建筑的柱子上测点的时程分析

选取柱子的测点,对其进行速度时程分析(图 13-12)。

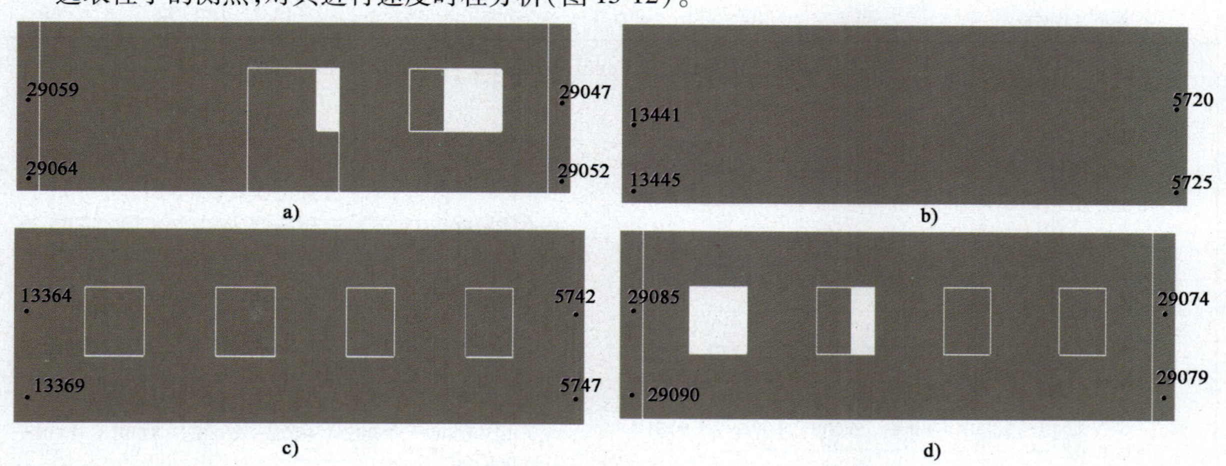

图 13-12　柱子数值模拟测点示意图

a)正立面图;b)后立面图;c)左立面图;d)右立面图

选取柱子下部的测点进行时程分析,结果如图 13-13 所示。

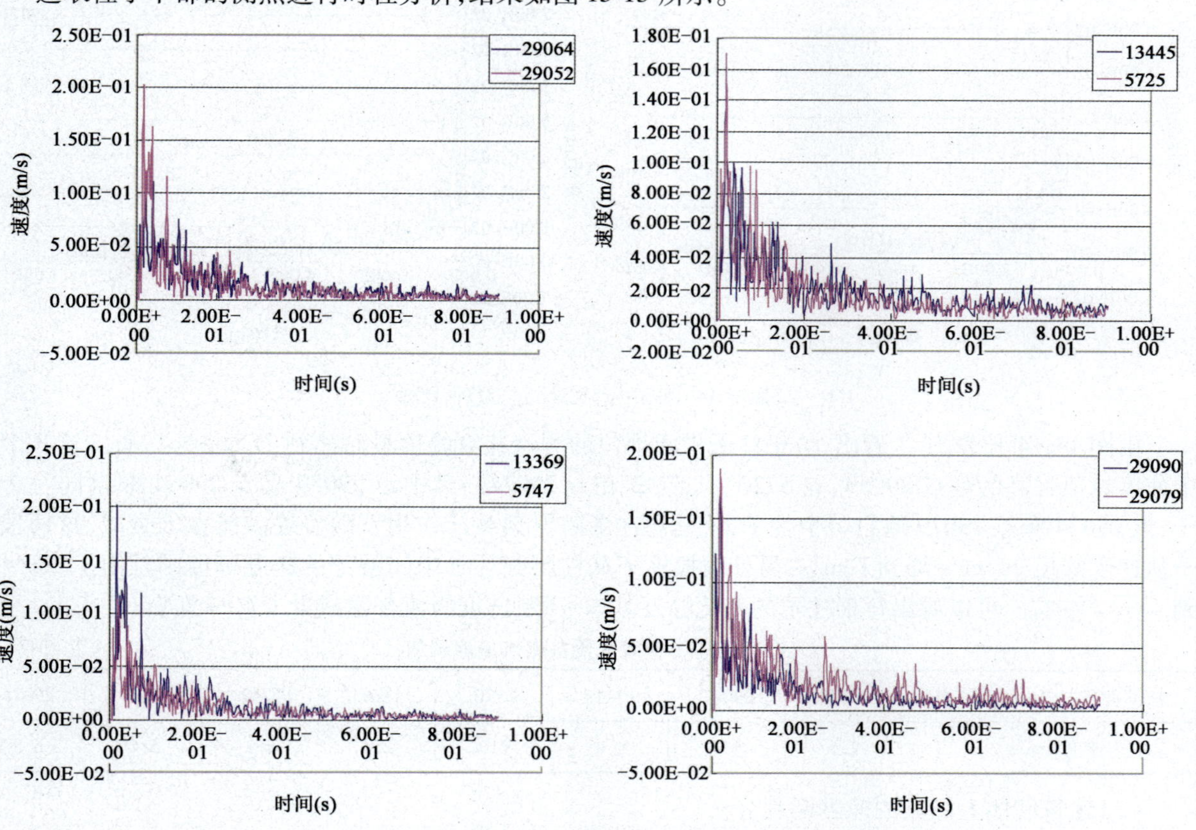

图 13-13　柱子下方测点速度对比图

如图 13-13 和表 13-6 所示，将同一立面内的两测点进行比较分析，明显得出位于柱子下方测点的速度峰值能达到 20cm/s。速度峰值达到 20cm/s 的测点是点 29064、点 13369、点 29079；而其余 5 个测点的速度峰值最多达到 12cm/s。点 29064 所在的柱子位于门窗所在的墙与里侧没开门窗洞口的墙之间；点 13369 所在的柱子位于门窗所在的墙与外侧开窗的墙之间；点 29079 所在的柱子位于后面开窗的墙与没有开门窗洞口的墙之间。

建筑柱子下方各测点速度峰值　　表 13-6

柱子下部测点	29064	29052	13445	5725	13369	5747	29090	29079
速度（cm/s）	20	12	10	17	20	12	12	19

选取柱子垂直方向的中间测点进行时程分析，结果如图 13-14 所示。

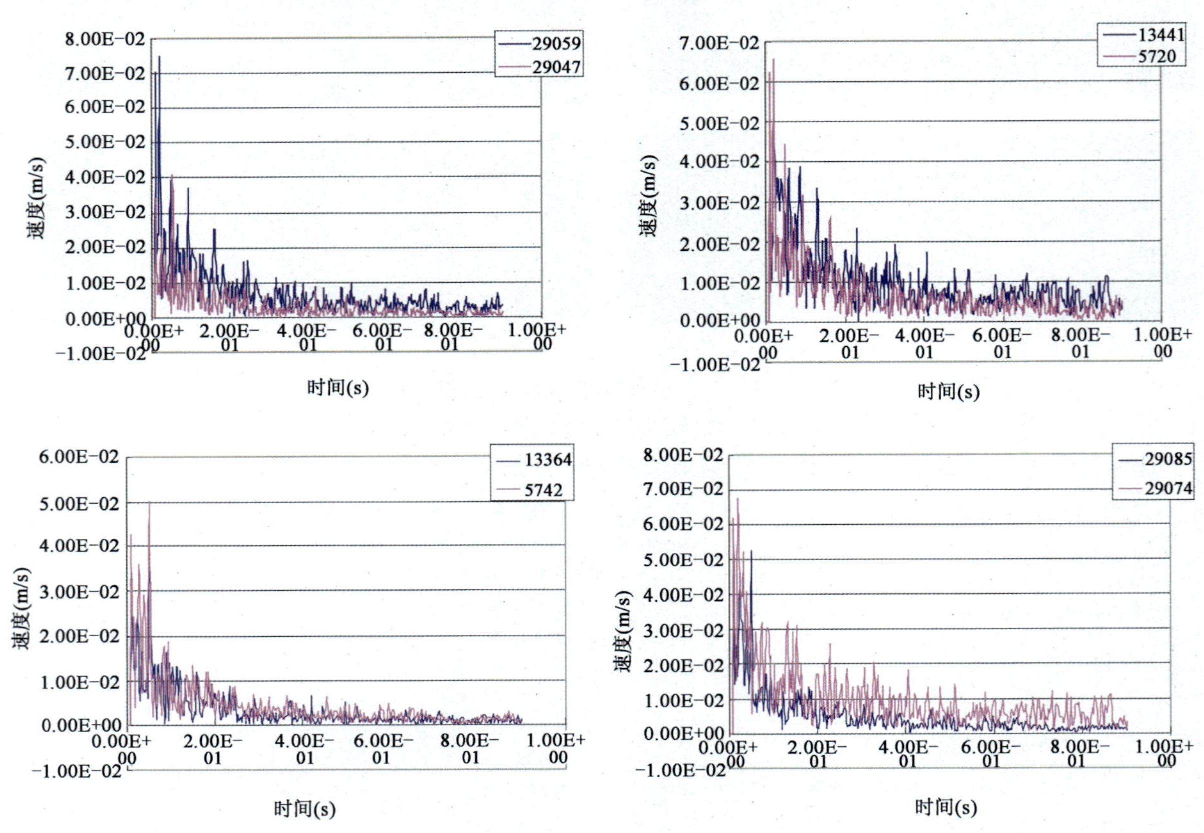

图 13-14　柱子中间位置测点速度对比图

由图 13-14 和表 13-7 看出，位于柱子中间部位的测点速度峰值最高达到 7.5cm/s 左右。这 8 个点中速度峰值最高的是点 29059、点 5720、点 5742 和点 29074。其中点 29059 和点 29064 取自同一个柱子，点 29074 和点 29079 取自一个柱子，就是说在爆破振动载荷作用下随着爆破能量的衰减，这两根柱子从速度峰值 20cm/s 降到 7cm/s；另外两根柱子从柱脚到柱子中间腰部的速度峰值则是由 12cm/s 降到 4cm/s 左右。可以看出每根柱子的变化幅度基本一致，速度峰值普遍减少了 60% 左右。

建筑柱子中间位置各测点速度峰值　　表 13-7

柱子垂直方向中间部测点	29059	29047	13441	5720	13363	5742	29085	29074
速度（cm/s）	7.5	4.0	4.4	6.5	2.4	5.2	5.0	6.8

（2）建筑墙体上测点的速度时程分析

选取建筑墙体上的测点，对其进行速度时程分析。

1）首先分析前视图看到的墙体，即门窗所在的墙体（图 13-15）。

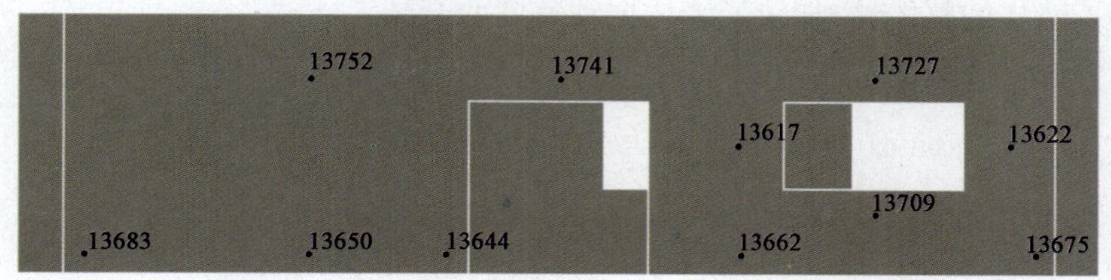

图 13-15　墙体测点示意图（前视图的墙体）

①墙体下方的点

由图 13-16 和表 13-8 看出，位于墙体下方 5 个点中，点 13683 和点 13675 靠近柱子，点 13644 靠近门。速度峰值最大的是点 13675，达到了 4cm/s，其次是点 13644 的速度峰值为 3.24cm/s，然后是点 13683 的速度峰值为 2.1 cm/s，点 13650 和点 13662 的速度峰值比较接近，前者的速度峰值是1.8 cm/s，后者的速度峰值是 1.53 cm/s。

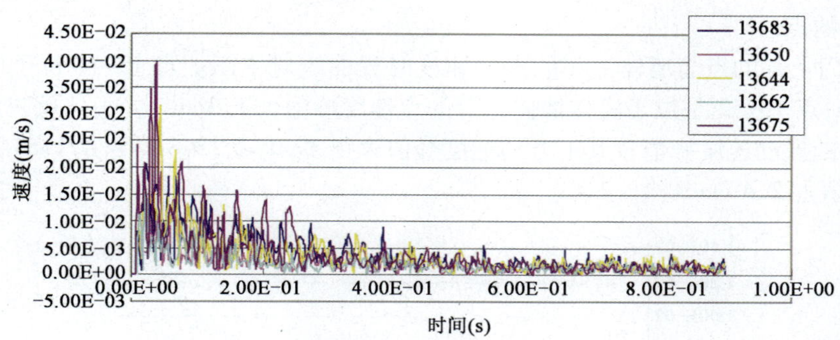

图 13-16　前视图的墙体下部测点速度对比图

建筑前墙下部测点速度峰值　　表 13-8

前墙位置测点	13683	13650	13644	13662	13675
速度（cm/s）	2.1	1.8	3.24	1.53	4

由此分析，此墙体的右下方靠近柱脚部位的振动速度最大，其次是开门洞的位置振动速度较大，然后是左下方靠近柱脚的部位振动速度大一些，最后是墙体下方的部位较小。

总的来说，墙体比基础上的振动速度小很多，而且小于柱子体上的振动速度。分析得出此墙体右下方的速度峰值大于左下方的速度峰值是由于右侧靠近的墙体是开了四扇窗的墙体，而左侧靠近的是没有开门窗洞口的墙体。

②窗洞周围的点

从图 13-17 和表 13-9 看出，位于窗体周围 4 个点中，点 13709 和点 13727 分别位于窗的下方和上方，点 13617 位于窗的左方，点 13622 位于窗的右方。速度峰值最大的是点 13622 的为 2cm/s，其次是点 13617 的速度峰值为 1.3 cm/s，然后是点 13709 的速度峰值为 1.1 cm/s 和点 13727 的速度峰值为 1cm/s。

建筑前窗洞周围测点速度峰值　　表 13-9

前墙位置测点	13709	13617	13622	13727
速度（cm/s）	1.1	1.3	2	1

由此分析，由于窗洞的存在导致墙体由下到上的速度递减缓慢，如点 13709 和点 13727 的速度峰值相差 0.1cm/s。而且窗与门之间墙上的点的速度峰值比其下方的点 13662 的速度峰值减少了 0.2cm/s。

而窗与柱子之间墙上的点的递减相对较大，点 13622 的速度峰值与点 13675 的相差 2cm/s，这说明由于柱子的存在保持了墙体的整体性，加快了墙体振动速度的衰减。

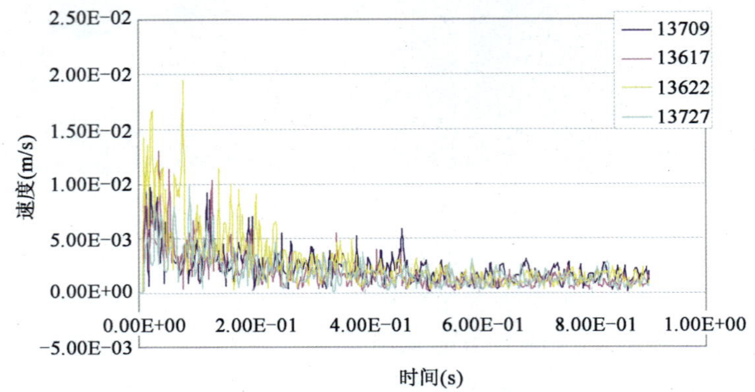

图 13-17　前视图的窗洞周围测点速度对比图

③墙体上方的点

图 13-18 为门上部的点与墙体上部的点的速度时程曲线对比图。点 13741 位于门洞的上方，速度峰值为 0.9 cm/s；点 13752 是位于实体墙体上部的点速度峰值为 1.3cm/s。由此反映出，由于门洞的存在使得门洞下方的振动速度峰值较其上方的速度峰值大很多，由表 13-8 得到点 13644 的速度峰值比点 13741 的速度峰值大 2.4 cm/s。

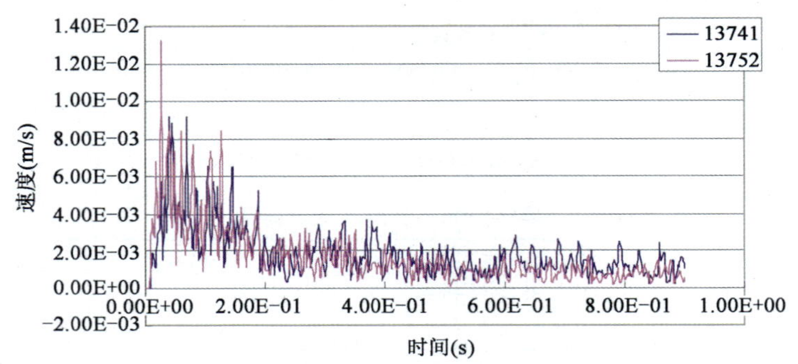

图 13-18　前视图的墙体上方测点速度对比图

2）分析后视图所示的墙体，其上有 4 个窗洞。

为了研究墙体下方的振动情况，取靠近柱子的两个点 6647 和点 6639，再取墙体下方中间位置的点 6608、点 6619 和点 6629。

为了研究窗下的振动情况取点 6587、点 6576、点 6565 和点 6553。

为了研究窗间墙的振动情况时取点 6439、点 6436 和点 6431。

研究墙体上方的振动情况时取 9 个点，其中有 4 个点位于墙洞上方（点 6683、点 6673、点 6661 和点 6652），有 3 个点位于窗间墙上方（点 6678、点 6667、点 6657），还有 2 个点位于窗和柱间墙上（点 6688 和点 6591）。如图 13-19 所示。

图 13-19　墙体测点示意图（后视图的墙体）

①墙体下方的点

图 13-20 是位于墙体下方测点速度对比图，表 13-10 是各测点的速度峰值。仍然是靠近柱子的点的速度峰值较大，点 6647 的速度峰值为 2.7cm/s，点 6639 的速度峰值为 4.8 cm/s。取位于墙体下方除边角以外位置的点得到：点 6608 的速度峰值为 1.2cm/s，点 6619 的速度峰值为 1.75 cm/s，点 6626 的速度峰值为 1.6cm/s；由此分析墙体下方振动速度最大的位置是靠近柱子的位置，而其他位置的振动速度较小且相差不大。

建筑后墙体下部测点速度峰值　　表 13-10

后墙位置测点	6647	6639	6608	6619	6626
速度(cm/s)	2.7	4.8	1.2	1.75	1.6

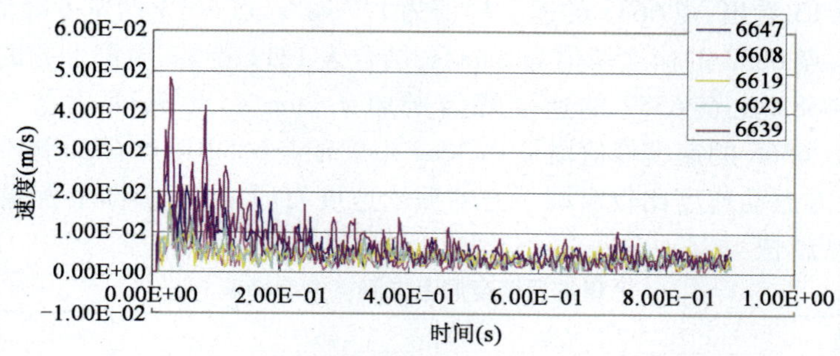

图 13-20　后视图的墙体下方测点速度对比图

②窗洞下方的点

13-11 是位于窗洞下方的 4 个点的速度峰值，结合图 13-21 可以看出，点 6587 的速度峰值为 1.5cm/s，点 6576 的速度峰值为 1.6 cm/s，点 6565 的速度峰值为 1.7cm/s，点 6553 的速度峰值为 2.7 cm/s；与表 13-10 相比，表 13-11 的数值较小，说明窗洞下方的振动速度峰值小于墙体下方的振动速度峰值。由此分析可知，窗洞对其下方墙体的影响较小。

建筑后窗洞下方测点速度峰值　　表 13-11

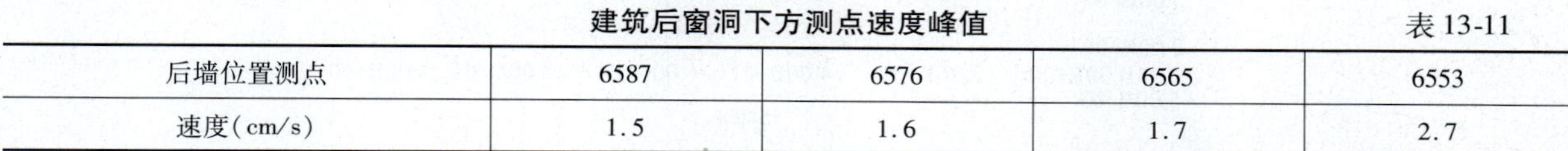

后墙位置测点	6587	6576	6565	6553
速度(cm/s)	1.5	1.6	1.7	2.7

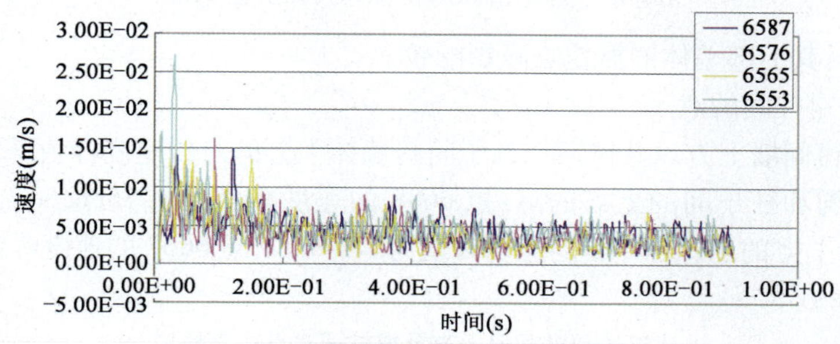

图 13-21　后视图的窗洞下方测点速度对比图

③窗间墙的点

表 13-12 是位于窗间墙上 3 个点的速度峰值，图 13-22 是窗间墙测点速度对比图。点 6439 的速度峰值为 1.25cm/s，点 6436 的速度峰值为 0.97 cm/s，点 6431 的速度峰值为 1.24cm/s；由此分析窗间墙上的振动速度比窗洞下方的振动速度小，而且也没有因窗洞的存在受很大的影响。

建筑后窗间墙测点速度峰值　　表 13-12

后墙位置测点	6439	6436	6431
速度(cm/s)	1.25	0.97	1.24

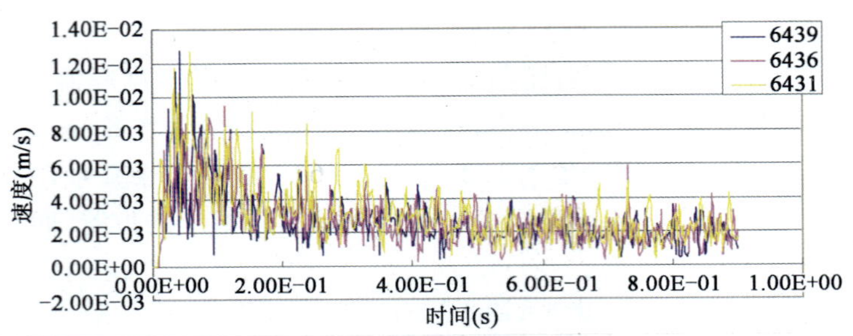

图 13-22　后视图的窗间墙测点速度对比图

④窗洞上方的点

图 13-23 和表 13-13 看出，点 6683 的速度峰值为 1.7cm/s，点 6673 的速度峰值为 1.7 cm/s，点 6661 的速度峰值为 2cm/s，点 6652 的速度峰值为 2cm/s；结合表 1311 得知，窗洞上方的点比窗洞下方的点的振动峰值变化为：点 6683 比点 6587 的速度峰值增加 0.2cm/s，点 6673 比点 6576 的速度峰值增加 0.1cm/s，点 6661 比点 6565 的速度峰值增加 0.3cm/s，只有点 6652 比点 6553 减少了 0.7cm/s。由此分析：整体来讲，窗洞上方振动速度比较窗洞下方的振动速度有所增加，有悖于普遍的规律——随着距离的增加，振动速度衰减越快。

建筑后墙窗洞上方测点速度峰值　　表 13-13

后墙位置测点	6683	6673	6661	6652
速度(cm/s)	1.7	1.7	2	2

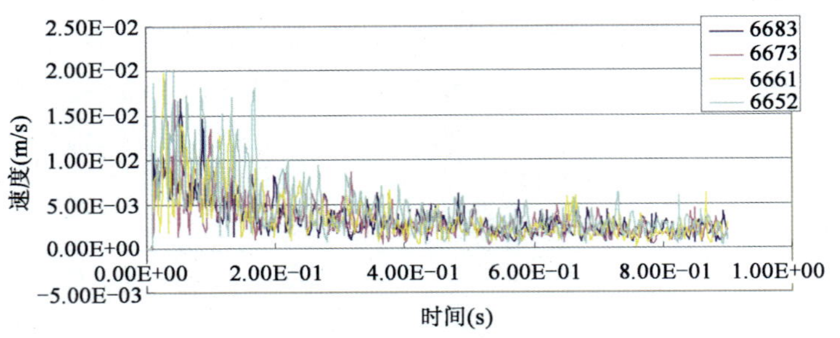

图 13-23　后视图的墙体窗洞上方测点速度对比图

因此得知：窗洞对其上部墙体的振速衰减影响较大。

⑤窗间墙及上方窗柱间的点

表 13-14 是位于窗间墙上方以及窗洞与柱子间的墙体上方的点的速度峰值，图 13-24 是各点速度对比图。其中，位于窗洞和柱子间的上方的点：点 6688 的速度峰值为 1.75cm/s，点 6591 的速度峰值为 2.5cm/s；位于窗间墙上方的点：点 6678 的速度峰值为 1.3cm/s，点 6667 的速度峰值为 1.2cm/s，点 6657 的速度峰值是 1.3cm/s。

建筑后部窗间墙上方及窗柱间测点速度峰值　　表 13-14

后墙位置测点	6688	6591	6678	6667	6657
速度(cm/s)	1.75	2.5	1.3	1.2	1.3

结合表 13-11 对比得知，与位于墙体上方的点的振动速度相差不大，分布比较均匀。

结合表 13-12 得知，窗间墙上方的点和窗间墙下方的点振动峰值变化为：点 6678 比点 6439 的速度峰值增加 0.05 cm/s，点 6667 比点 6436 的速度峰值增加 0.23 cm/s，点 6657 比点 6431 的速度峰值增加 0.06 cm/s。

由此可知：窗间墙的振动速度并没有衰减，也同样说明由于窗洞的存在导致了振动速度没有衰减，与上一段的分析结论一致。

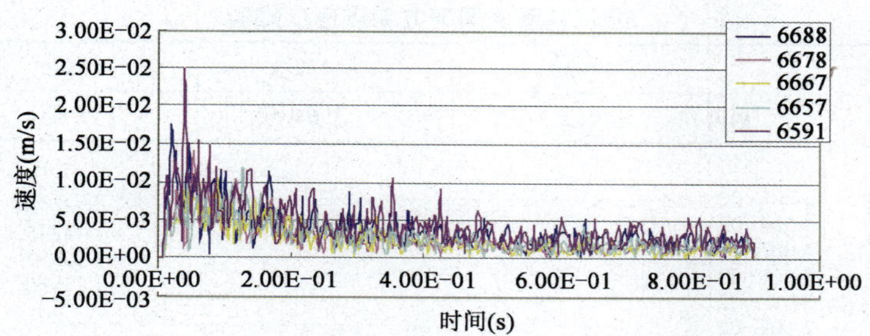

图 13-24　后视图的窗间墙上方及窗柱间测点速度对比图

3)分析左视图所示的墙体,其上有 4 个窗洞。研究左视图墙体的振动速度情况时,所取点的位置与后视图墙体分析中所取点的位置相同,如图 13-25 所示。

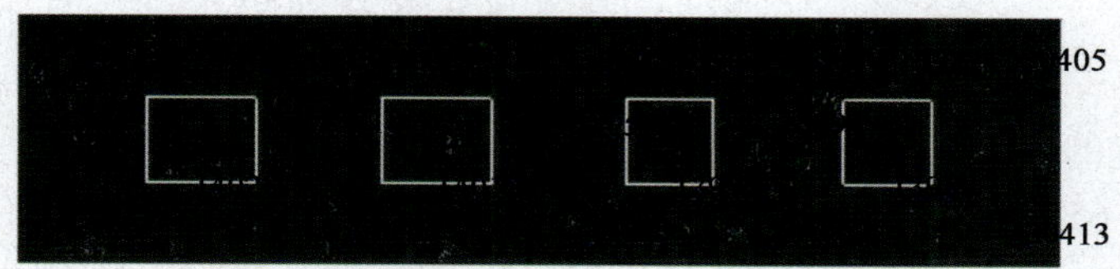

图 13-25　墙体测点示意图(左视图的墙体)

①墙体下方的点

图 13-26 和表 13-15 分别是位于墙体下方测点的速度对比图速度峰值。仍然是靠近柱子的点的速度峰值较大,点 13385 的速度峰值为 8cm/s,点 30413 的速度峰值为 10cm/s。与后视图墙体相同位置测点的速度峰值相比,点 13385 的速度峰值比点 6647 的大 3.3cm/s,点 30413 的速度峰值比点 6639 的大了 5.2 cm/s。

建筑左墙下方测点速度峰值　　表 13-15

左墙位置测点	13385	30413	14042	14053	14062
速度(cm/s)	8	10	3.6	3.6	4.3

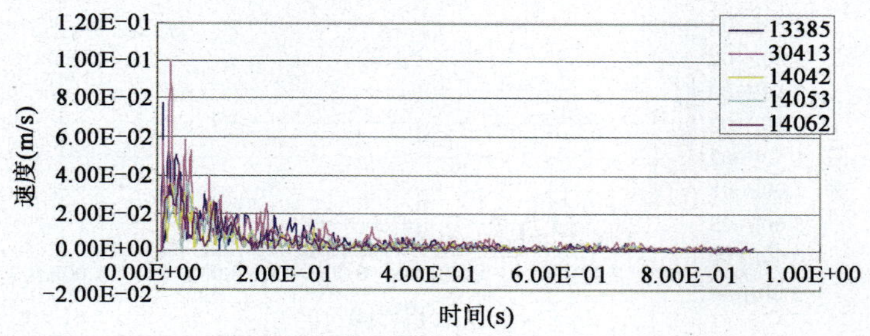

图 13-26　左视图的墙体下方测点速度对比图

取位于墙体下方除边角以外位置的点得到:点 14042 的速度峰值为 3.6cm/s,点 14053 的速度峰值为 3.6 cm/s,点 14062 的速度峰值为 4.3cm/s;与后视图墙体相同位置的点的速度峰值相比较大。

取位于墙体下方等距离的点得到:点 14042 的速度峰值比点 6608 的大 2.4cm/s,点 14053 的速度峰值比点 6619 的速度峰值为 1.85 cm/s,点 14062 的速度峰值比点 6626 的大 2.7cm/s。

由此再次分析得出:墙体下方振动速度最大的位置是靠近柱子的位置,而其他位置的振动速度较小且相差不大。但是左视图墙体下方的振动速度峰值整体大于后视图墙体相同部位的振动速度峰值。

②窗洞下方的点

图 13-27 和表 13-16 分别是位于窗洞下方的 4 个测点的速度对比图和速度峰值,点 14028 的速度峰值为 4.2cm/s,点 14012 的速度峰值为 3.6 cm/s,点 13995 的速度峰值为 3.5cm/s,点 13980 的速度峰值为 4.2cm/s;与表 13-11 所示的点的速度峰值相比减小了。

建筑左墙窗洞下方测点速度峰值　　表 13-16

左墙位置测点	14028	14012	13995	13980
速度(cm/s)	4.2	3.6	3.5	4.2

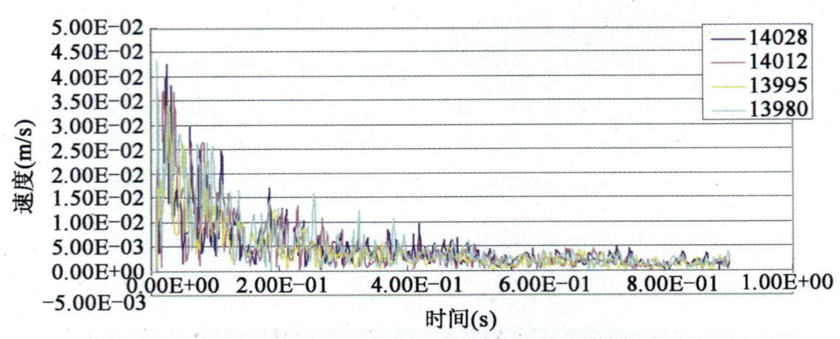

图 13-27　左视图的窗洞下方测点速度对比图

与后视图相同位置的点的振动速度峰值相比，点 14028 的速度峰值比点 6587 的大 2.7cm/s，点 14012 的速度峰值比点 6576 的大 2cm/s，点 13995 的速度峰值比点 6565 的大 2.8cm/s，点 13980 的速度峰值比点 6553 的大 2.5cm/s。

由此分析：左视图墙体位于窗洞下方的点与同一墙体下方的点的振动速度峰值相比是衰减的，但是与后视图相同位置点的振动速度峰值相比是整体增大的。

③窗间墙的点

图 13-28 和表 13-17 分别是位于窗间墙上的 3 个测点的速度对比图和速度峰值。点 13810 的速度峰值为 2.7cm/s，点 13805 的速度峰值为 2.3cm/s，点 13797 的速度峰值为 2.3cm/s；与表 13-12 所示的点的速度峰值相比还是衰减的。

建筑左墙窗间墙各测点速度峰值　　表 13-17

左墙位置测点	13810	13805	13797
速度(cm/s)	2.7	2.3	2.3

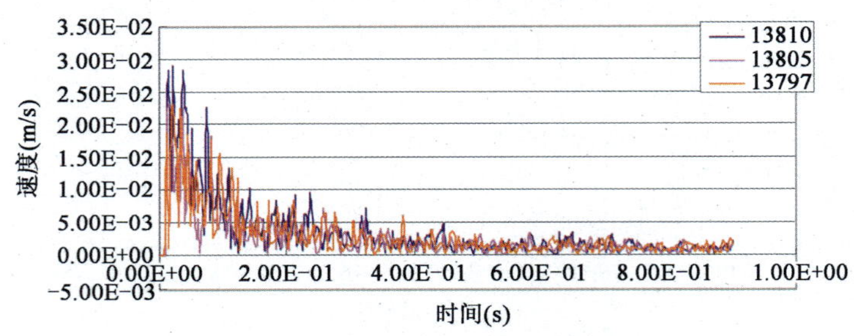

图 13-28　左视图的窗间墙测点速度对比图

与后视图相同位置的点的速度峰值相比，点 13810 的速度峰值比点 6439 的大 1.55cm/s，点 13805 的速度峰值比点 6436 的大 1.33 cm/s，点 13797 的速度峰值比点 6431 的大 1.06cm/s。

说明左视图墙体位于窗间墙的点的振动速度峰值与后视图相同位置点的振动速度峰值相比是整体增大的。

④窗洞上方的点

图 13-29 和表 13-18 分别是位于窗洞上方的 4 个测点的速度对比图和速度峰值。点 14019 的速度峰值为 3cm/s，点 14003 的速度峰值为 2.6cm/s，点 13987 的速度峰值为 3.8cm/s，点 13972 的速度峰值为 3.7cm/s。

建筑左墙窗洞上方位置各测点速度峰值　　表 13-18

左墙位置测点	14019	14003	13987	13972
速度(cm/s)	3	2.6	3.8	3.7

与表 13-16 中位于窗洞下方的点相比：点 14019 的速度峰值比点 14028 的小 1.2cm/s，点 14003 的速度峰值比点 14012 的小 1cm/s，点 13987 的速度峰值比点 13995 的大 0.3cm/s，点 13972 的速度峰值比点 13980 的小 0.5cm/s。对比结果说明墙体的振动速度峰值是有衰减的，但是由于洞口的开挖仍然出现了振动速度峰值增大的现象。

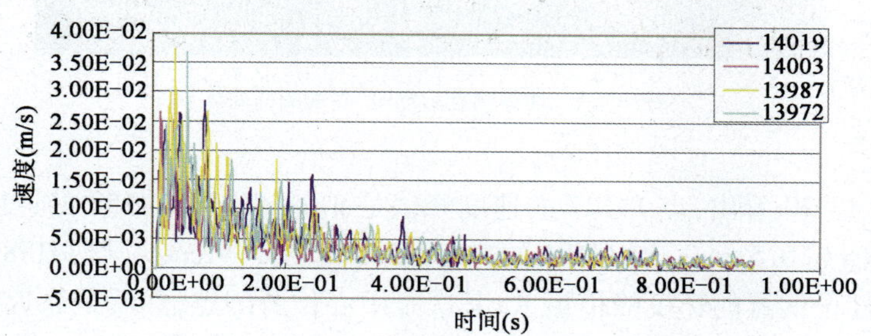

图 13-29　左视图的墙体窗洞上方测点速度对比图

与表 13-13 后视图相同位置的点的速度峰值相比，点 14019 的速度峰值比点 6683 的大 1.3cm/s，点 14003 的速度峰值比点 6673 的大 0.9cm/s，点 13987 的速度峰值比点 6661 的大 1.8cm/s，点 13972 的速度峰值比点 6652 的大 1.8cm/s。说明了左视图墙体位于窗洞上方的点的振动速度峰值与后视图相同位置点的振动速度峰值相比是整体增大的。

⑤墙上方的点

表 13-19 是位于窗间墙上方以及窗洞与柱子间的墙体上方的测点速度峰值，图 13-30 是各测点速度对比图。其中位于窗洞和柱子间的上方的点：点 14073 的速度峰值为 3.8cm/s，点 30405 的速度峰值为 5.1 cm/s；位于窗间墙上方的点：点 13850 的速度峰值为 1.7cm/s，点 13817 的速度峰值为1.6cm/s，点 13820 的速度峰值是 2.4cm/s。

建筑左墙窗间墙上方及窗柱间测点速度峰值　　表 13-19

左墙位置测点	14073	30405	13850	13817	13820
速度(cm/s)	3.8	5.1	1.7	1.6	2.4

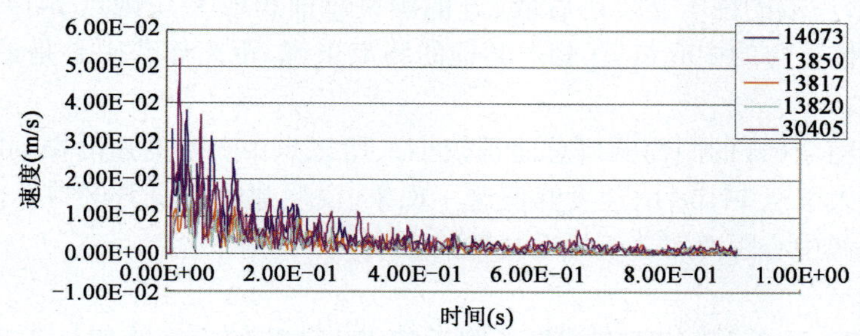

图 13-30　左视图的窗间墙上方及窗柱间测点速度对比图

与表 13-17 所示相比，点 13850 的速度峰值比点 13810 的小 1cm/s，点 13817 的速度峰值比点 13805 的小 0.7 cm/s，点 13820 的速度峰值比点 13797 的大 0.1 cm/s。

通过对比发现，速度峰值虽有衰减但是也有增加的情况出现，而且在越靠近右端柱子的位置，出现速度峰值越相近以及上部的速度峰值大于下部的速度峰值的现象。究其原因，左视图墙体通过右端的柱子与开了 4 个窗洞的后墙相连，而后墙的洞口面积与前视图墙体开门窗洞口面积相比大很多，于是出现了上述现象。

与后视图相同位置的点的速度峰值相比，点 14073 的速度峰值比点 6688 的大 2.05cm/s，点 30405 的速度峰值比点 6591 的大 2.6 cm/s；点 13805 的速度峰值比点 6678 的大 0.4cm/s，点 13817 的速度峰值比点 6667 的大 0.4cm/s，点 13820 的速度峰值比点 6657 的大 1.1 cm/s。由此再次表明左视图墙体上方的振动速度峰值比后视图相同位置的点的振动速度峰值大。

4)分析右视图所示的墙体(图 13-31),其上没有开门窗洞口,为实墙体。

图 13-31　墙体测点示意图(右视图的墙体)

①墙体下方的点

从图 13-32 和表 13-20 看出,点 14147 的速度峰值是 8.2cm/s,点 14158 的速度峰值是 5.8 cm/s,点 14168 的速度振动峰值是 6.5cm/s,点 14181 的速度振动峰值是 3.9 cm/s,点 14188 的速度峰值是 6cm/s。由此看出,靠近左端柱子的点的速度峰值最大,其次是中心位置的点,然后是靠近右端柱子的点,最后是位于端点和中心点之间的点。

建筑右墙下方各测点速度峰值　　表 13-20

右墙位置测点	14147	14158	14168	14181	14188
速度(cm/s)	8.2	5.8	6.5	3.9	6

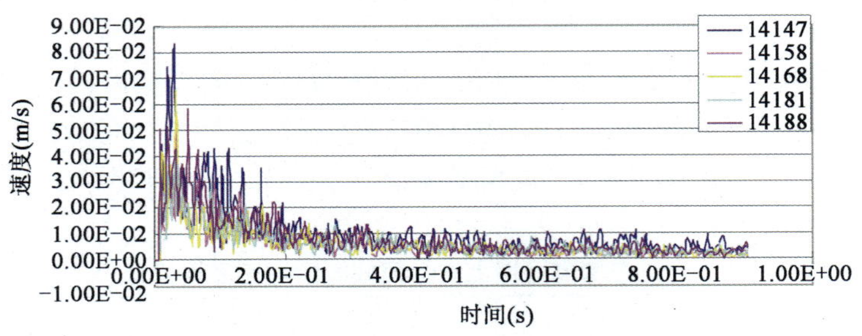

图 13-32　右视图的墙体下方测点速度对比图

综合前面的结论,左端的柱子连接是后墙(开的洞口总面积较大),则点 14147 的速度振动峰值最大。点 14168 位于墙体下方的中心位置,相对其他的测点来说,距离炸药中心是最近的点,速度峰值较大是符合常规现象的。

右端的柱子连接前墙(开的门窗洞口总面积较小),所以点 14188 的速度振动峰值也比较大。但是点 14147 的速度峰值大于点 14168 的速度峰值这一现象,说明建筑自身开洞口总面积对建筑振动特性的影响大于建筑离爆源中心距离对建筑振动特性的影响。

②墙体上方的点

由图 13-33 和表 13-21 看出,位于左端柱子附近的点 14448 的速度峰值是 3.8cm/s,位于中心位置的点 14470 的速度峰值是 2.5 cm/s,位于右柱附近的点 14489 的速度峰值是 3.4 cm/s,其他位置的两个点:点 14459 的速度峰值是 1.7 cm/s,点 14482 的速度峰值是 2.3 cm/s。

建筑右墙上方各测点速度峰值　　表 13-21

右墙位置测点	14448	14459	14470	14482	14489
速度(cm/s)	3.8	1.7	2.5	2.3	3.4

与表 13-20 相比,上部墙体的振动速度较下部墙体的振动速度是衰减的,上部墙体各点的振动速度变化规律与下部墙体的变化规律一致。

(3)建筑圈梁和屋面板上的测点的速度时程分析

1)选取建筑圈梁的测点,进行其速度时程分析,如图 13-34a)上图所示为圈梁后立面图,图 13-34a)下图所示为圈梁前立面图,B 是圈梁顶面图。

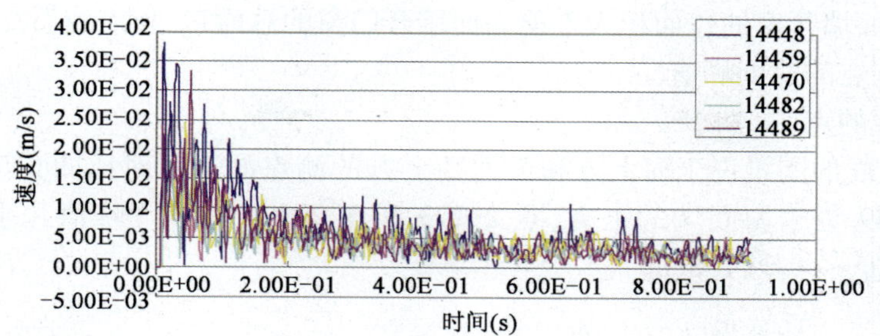

图 13-33　右视图的墙体上方测点速度对比图

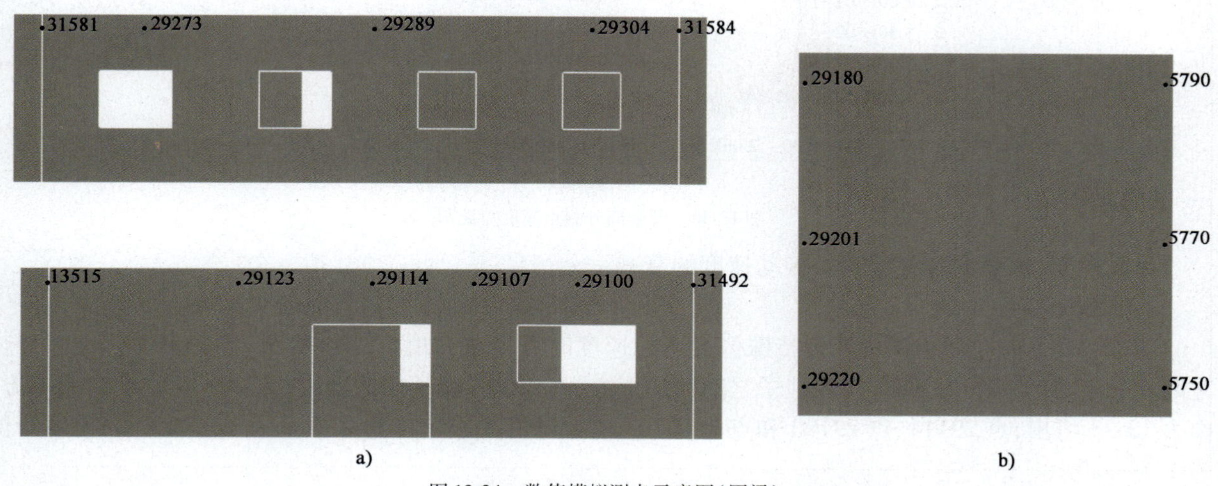

图 13-34　数值模拟测点示意图(圈梁)

a)圈梁后立面图(上)和圈梁前立面图(下);b)圈梁顶面图

①立面上位于与柱子相交的圈梁的点

表 13-22 是圈梁与柱子交界处测点的速度峰值,如图 13-35 所示,取圈梁后立面上位于柱子交界处的点 31581 和点 31584 以及圈梁前立面上位于柱子交界处的点 13515 和点 31492。

建筑圈梁部分测点速度峰值　　表 13-22

圈梁位置测点	31581	31584	13515	31492
速度(cm/s)	3.8	6	2.4	2.6

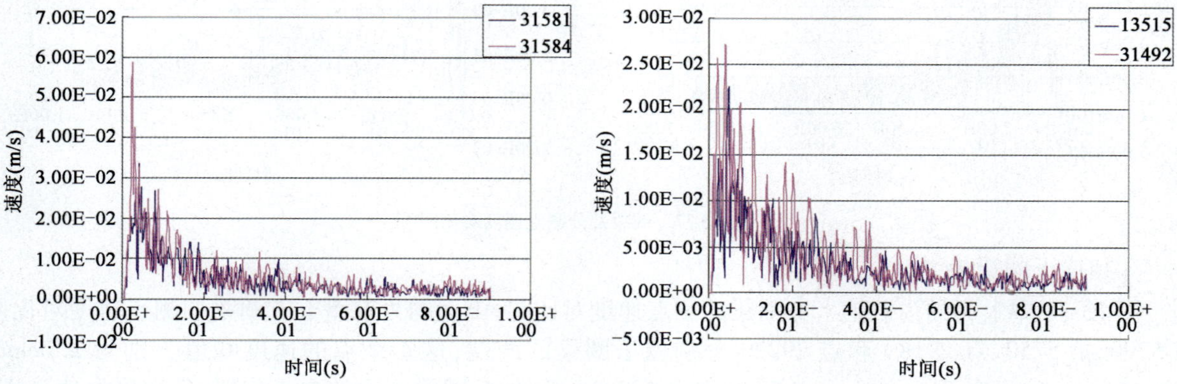

图 13-35　圈梁部分测点速度对比图

将后立面对称位置的点 31581 和点 31584 的速度峰值进行对比,点 31584 的速度峰值达到 6cm/s,而点 31581 的速度峰值只有 3.8 cm/s。位于前立面的相同位置的点 13515 和点 31492,这两点的速度峰值相差不多,总体来说在 2.5 cm/s 左右。

分析得出，后立面墙开窗的总面积大于前立面墙开门窗的总面积，相应的后立面圈梁的测点的速度峰值大于前立面的测点的速度峰值。

②后立面上圈梁的点

图 13-36 是后立面的圈梁位于窗上方和窗间墙上方的测点的速度对比图，点 29273 和点 29304 位于窗的上方，点 29289 位于窗间墙的上方，点 29273 和点 29304 的速度峰值几乎一样为 2.7cm/s，点 29289 的速度峰值则低一些为 1.8cm/s。

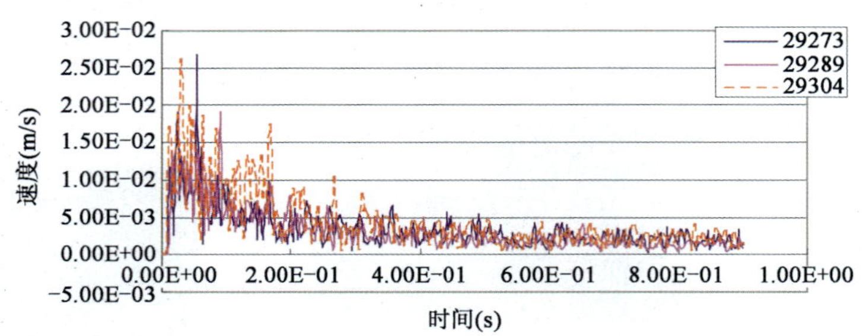

图 13-36　圈梁部分测点速度对比图

由此说明，窗洞的存在减少了振动速度的衰减。

③前立面圈梁的点

图 13-37 是前立面上圈梁其他特殊位置点的速度时程曲线，如图 1334 所示，点 29107 位于门和窗之间墙的上方，点 29123 位于门和柱子之间墙的上方，点 29114 位于门的上方，点 29100 位于窗的上方；由表 13-23 得出，点 29114、点 29100 和点 29107 的速度峰值几乎一样为 0.9cm/s，点 29123 的速度峰值为 1.5 cm/s。

建筑圈梁部分测点速度峰值　　表 13-23

圈梁位置测点	29123	29107	29114	29100
速度(cm/s)	1.3	0.9	0.86	0.9

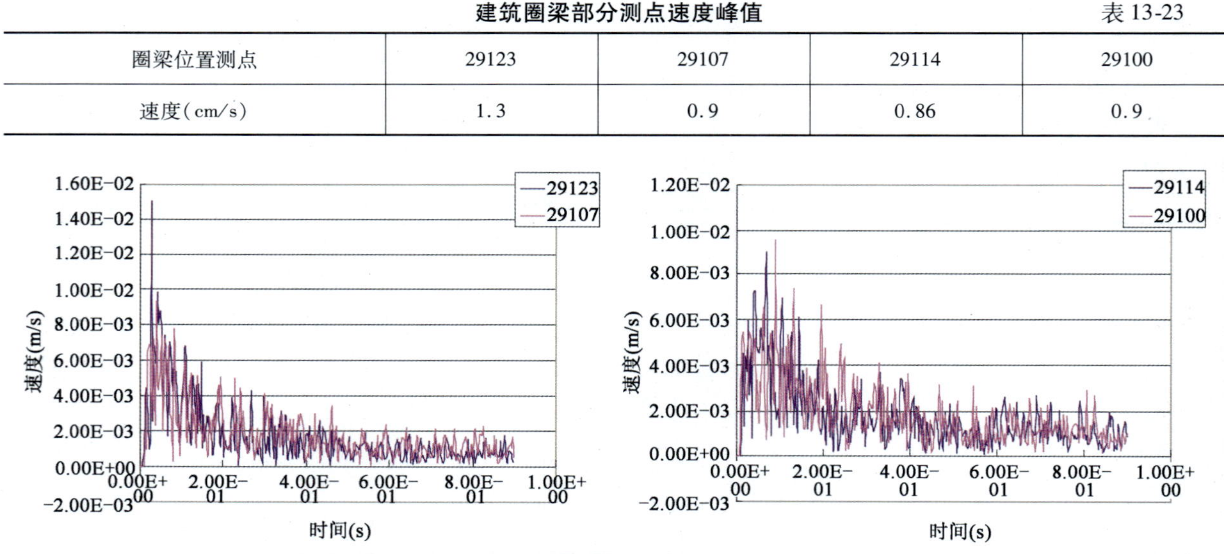

图 13-37　圈梁部分测点速度对比图

④顶面上圈梁的点

图 13-38 中上面的为后墙上方圈梁的测点速度对比图，下面的为前墙上方圈梁的测点速度对比图。点 5790、点 5750、点 29180 和点 29220 分别位于圈梁的两端，这 4 个点的速度峰值分别为 2.7cm/s、2.5 cm/s、2.6 cm/s、2.5 cm/s。点 5770 和点 29201 分别位于圈梁两边的中心位置，其速度峰值分别为 1.8 cm/s、0.8cm/s。由此说明，中心位置的速度峰值普遍小于两端位置的速度峰值。

通过以上的对比分析，可以得出以下结论，圈梁上测点的速度峰值是呈现以下的规律：位于柱子附近的点的速度峰值大于窗及墙上方的点的速度峰值，位于窗(门)间墙上方的点的速度峰值最小；其后立面上圈梁整体的速度峰值大于前立面圈梁的速度峰值。

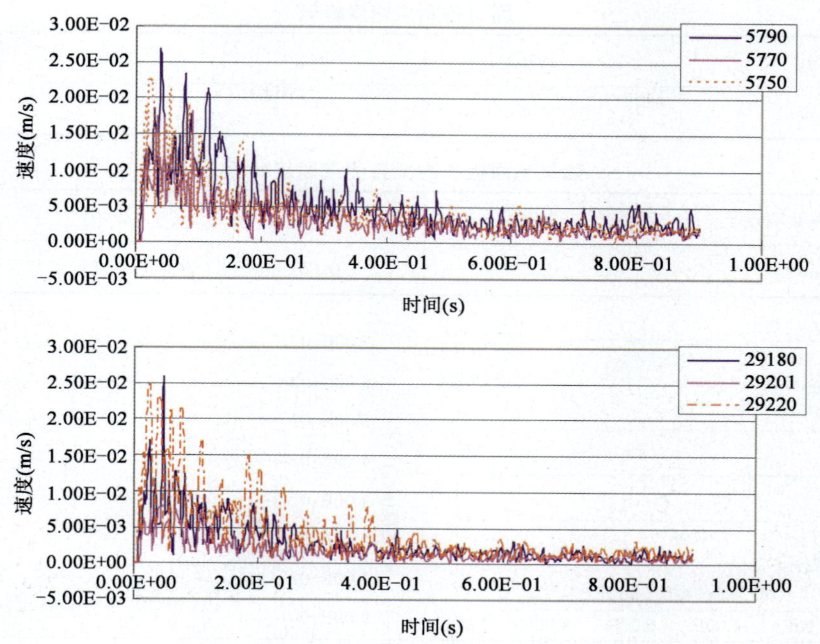

图 13-38　圈梁部分测点速度对比图

2）选取建筑屋面板的测点与部分圈梁的测点进行速度时程分析。

上述部分圈梁的速度时程分析所得结果表明，圈梁测点的速度峰值较墙体的速度峰值衰减现象明显。由此推断，屋面板测点的速度峰值较圈梁的速度峰值应该同样衰减现象明显。

因此，选取部分建筑屋面板的测点和部分圈梁的测点，进行其速度时程对比分析。

如图 13-39 所示，取屋面板的 3 个点（点 12278、点 12213、点 12238），其中的点 12278 和点 12238 为边上的点，另一个点 12213 为中心位置的点；再取圈梁上的 6 个点进行分析，其中点 29763、点 29784 和点 29802 位于右墙的上方，点 29486、点 29465 和点 29447 位于左墙的上方。

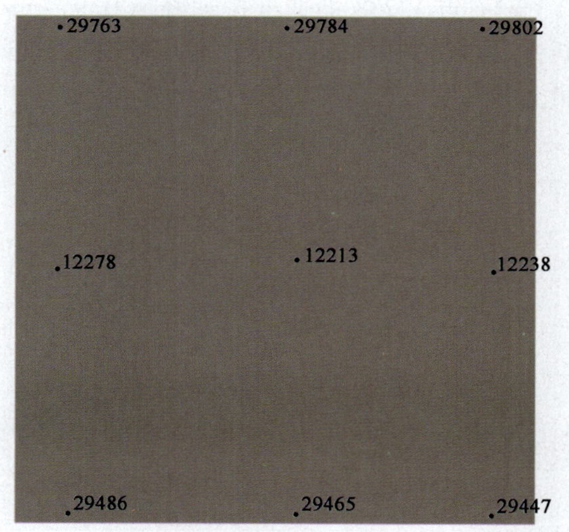

图 13-39　数值模拟测点示意图（屋面板和圈梁）

从图 13-40、表 13-24 和表 13-25 分析圈梁上测点的速度峰值：位于未开门窗洞口的右墙上方点 29763 的速度峰值为 5.5cm/s，点 29802 的速度峰值为 5cm/s，点 29784 的速度峰值为 2.75cm/s，两端部位点的速度峰值大于中心位置点的速度峰值，但是两端部位点的峰值相差不多，右端点 29763 的速度峰值与左端点 29802 的速度峰值相差仅为 0.5cm/s。

圈梁各测点速度峰值 表 13-24

圈梁测点	29763	29802	29447	29486
速度(cm/s)	5.5	5	3.5	6.2

建筑屋面板和圈梁各测点速度峰值 表 13-25

屋面板和圈梁测点	29784	12238	29465	12278
速度(cm/s)	2.75	0.95	1.8	1.21

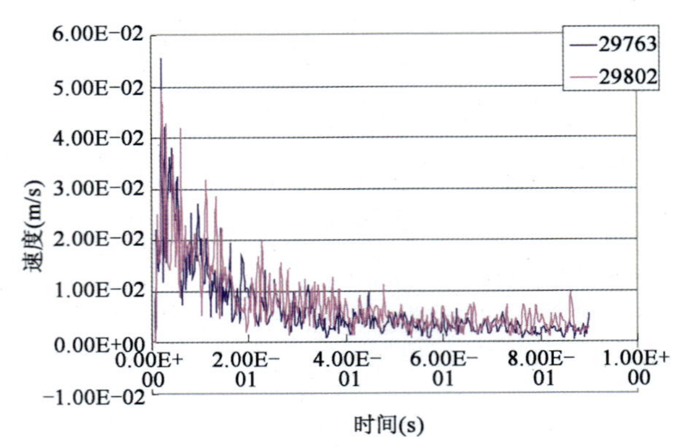

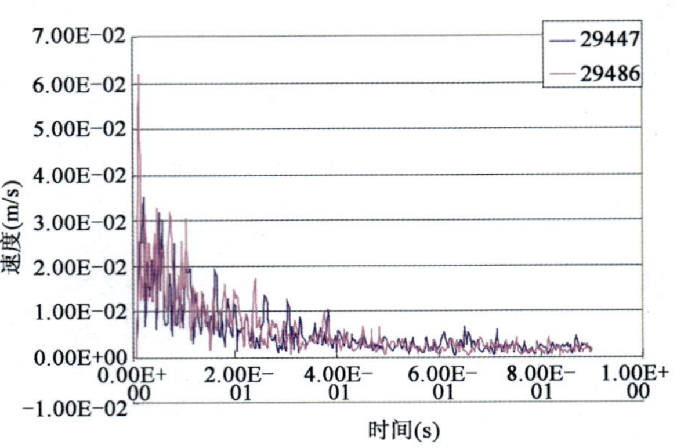

图 13-40 圈梁测点速度对比图

位于左侧开了窗洞口的墙上方的点 29486 的速度峰值为 6.2cm/s，点 29447 的速度峰值为 3.5cm/s，点 29465 的速度峰值为 1.8cm/s，仍然反映出两端部位点的速度峰值大于中心位置点的速度峰值，但是两端部位点的峰值相差较大，点 29489 的速度峰值与点 29447 的速度峰值相差为 2.7cm/s；由此看出，未开门窗洞口的墙体对圈梁的振动影响较小，而开了门窗洞口的墙体对圈梁的振动影响影响较大。

从图 13-41、表 13-24、表 13-25 结合分析屋面板和圈梁上点的速度峰值：屋面板与圈梁搭接部位的点 12278 的速度峰值为 1.21 cm/s，点 12238 的速度振动峰值 0.95 cm/s，结合如图 13-42 所示的点 12213 的速度时程曲线图分析：屋面板的中心点 12213 的速度峰值为 1.3cm/s。这三个数据均小于由表 13-24、表 13-25 所得到的圈梁上测点最小的速度峰值 1.8cm/s。由此得出，屋面板上点的速度峰值较圈梁测点的速度峰值衰减较大。

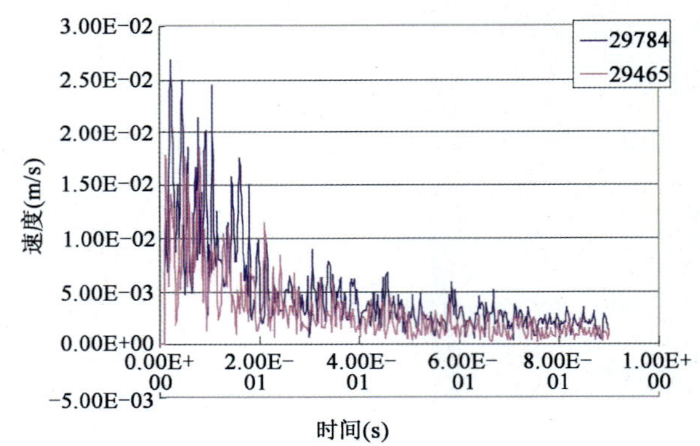

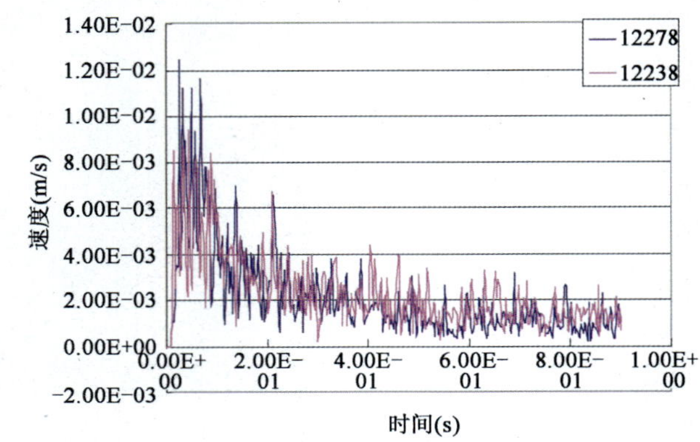

图 13-41 屋面板和圈梁测点速度对比图

总结得出以下结论：基础的速度振动峰值大于柱子的速度振动峰值，柱子的速度振动峰值大于墙体、屋面板和圈梁的速度振动峰值；基础上表面的速度振动峰值大于下表面的速度振动峰值，墙体下方的速度振动峰值大于墙体上方的速度振动峰值，开洞口的总面积越大，振动速度衰减越小。

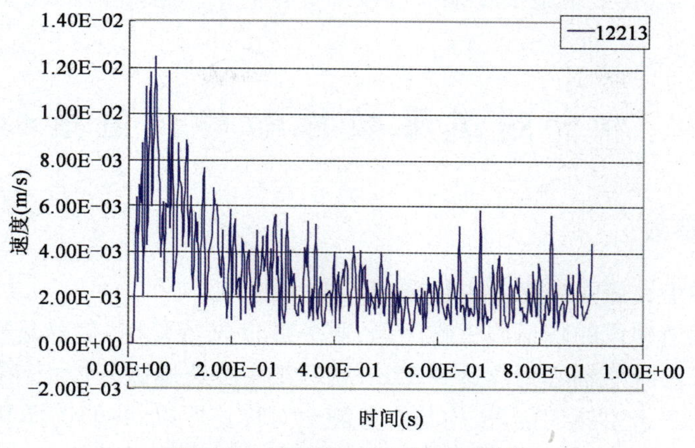

图 13-42　屋面板测点速度时程曲线图

13.2.4　地面建筑的稳定性评价

根据以上所做的数值模拟，结合现场实测的研究结果，以及本文中采取的安全允许振动速度上限值区间 2.7 ~ 3.0 cm/s，对地面建筑的稳定性进行评价分析。

(1)根据第 3 章实测数据分析得知，隧道 01 号爆破开挖过程中会对地面建筑物造成振动破坏。

(2)根据数值模拟(中心爆破)稳定性分析得出的破坏规律：基础的中心破坏程度大于基础其他部位的破坏程度，基础顶面的破坏程度大于基础底部的破坏程度。柱子下部和中部较易发生破坏，但是中间部位破坏的程度小于柱子下部的破坏程度。

建筑前墙靠近柱子以及靠近门下方的部位容易发生破坏，其他的部位不容易发生破坏。后墙的柱脚部位容易发生破坏，其他部位不容易发生破坏。右墙靠近柱子的部位存在破坏的趋势，而且下方的破坏程度强于上方的破坏程度，右墙中间的部位没有产生破坏。建筑上部结构的圈梁和屋面板部位不会发生破坏。

因此推断，在实际工程中，地面建筑物在柱子以及靠近柱子的部位最容易发生轻微的破坏，其他部位均不易发生破坏。现场调研表明，放炮振动对地面建筑的影响较大，出现了屋顶瓦片震落、墙体开裂的现象。这一结论在现场的调研中得到证实，如图 13-43 所示。

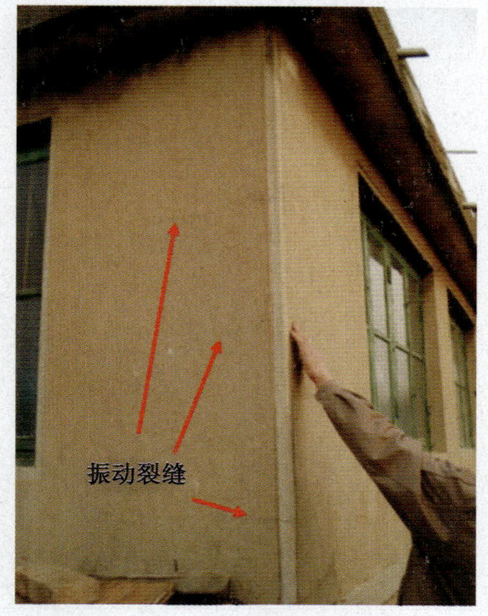

图 13-43　现场振动裂缝图

13.2.5　研究小结

通过数值模拟成果的分析，总结出以下规律：

1)从基础下表面分析：在爆破振动载荷作用下，遵循了距离炸药爆破中心越远，速度峰值越小的规律；而且基础下表面的周边的点的速度峰值小于其中心点的速度峰值。

2)从基础上表面分析：由于其与墙体的连接，水平切向面积急剧减小，导致了基础下表面的速度峰值整体小于基础上表面的速度峰值；而且在基础与墙体接触的部位，出现了速度峰值增加的现象，基础上表面周边的点的速度峰值大于中心点的速度峰值。

3)总体分析：基础的速度峰值大于柱子的速度峰值；柱子的速度峰值大于墙体、屋面板和圈梁的速度峰值；基础上表面的速度峰值大于下表面的速度峰值；墙体下方的速度峰值大于墙体上方的速度峰值；开洞口的总面积越大，振动速度衰减越小。

4)通过数值模拟分析与现场实测相结合的方法进行地面建筑结构的稳定性评价的研究，从速度方面：在爆破载荷作用下，建筑基础会发生破坏，柱子以及靠近柱子的部位可能会产生轻微的破坏，其他部位均不会产生破坏。因此,在建筑施工及维护过程中要着重保证建筑基础、柱子以及靠近柱子的部位的质量。

13.3 相邻隧道爆破振动的数值模拟研究

13.3.1 模型与参数

本模拟研究后续隧道钻爆法施工对先行隧道的振动影响。

青岛胶州湾海底隧道建设的隧道施工顺序是,服务隧道先行开挖,接着是左线主隧道开挖,最后是右线主隧道开挖。两条主隧道轴心距离达到55m,就两条主隧道爆破开挖相互影响而言,其对服务隧道的振动要更大一些。且两条主隧道位置,均与服务隧道对称。所以,我们选择其中一条主隧道及服务隧道进行模拟,其中服务隧道为先行洞,主隧道为后行洞,在这里主隧道选择图13-44中的左线隧道。

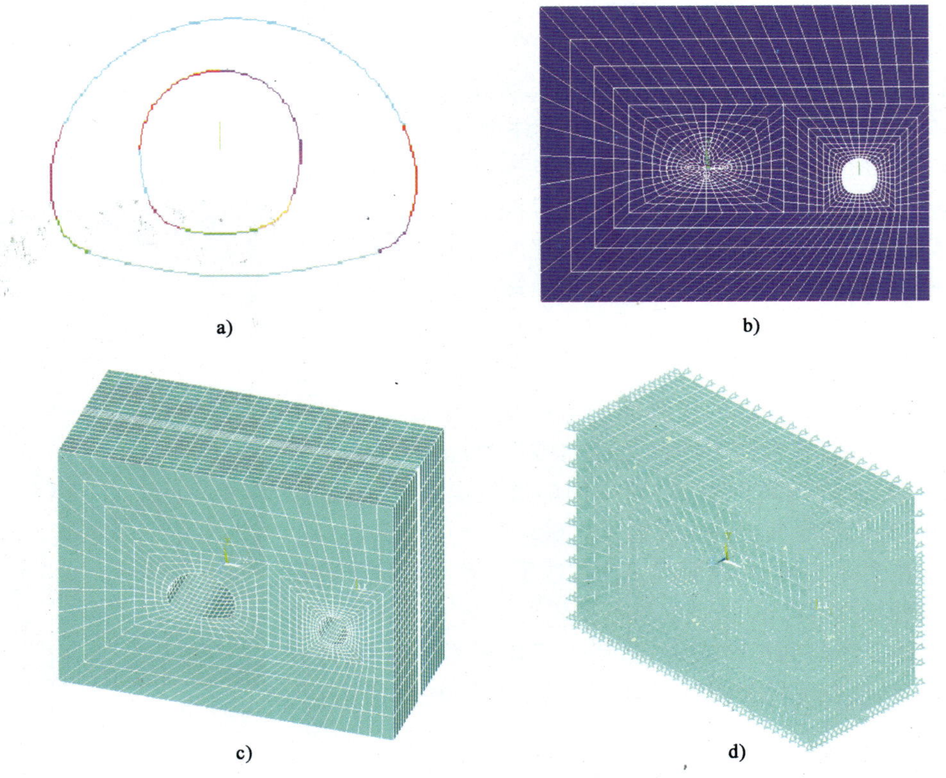

图13-44 相邻隧道爆破振动数值分析模型

a)隧道断面形状图;b)模型平面网格划分;c)模型体网格划分;d)模型约束

本计算模型主隧道为四心圆拱形,最大半径为17.2m,隧道跨度为14.25m,高度为10.4m;服务隧道也为四心圆拱形,最大直径为3.18m,隧道跨度为6.36m,高度为6.60m。

两条隧道的轴心距离为27.5m,隧道间净距为17.20m。

根据边界位移条件及工程实际情况,取模型宽度和高度分别为70.22m和55m,计算炸药量取为32.4kg,药卷长度为2m,为圆柱形耦合装药,同时模型长度取计算炮孔半径的250倍范围,故模型长度取为32m,即药卷的前后方各有16m的模型。其中右侧隧道为先行洞,已经开挖结束,左侧隧道前15m为已开挖,后面为没有开挖且中间2m为炸药所在位置。模型模拟分析中的区域长、宽、高分别取为32m、70.22m、55m,施加位移约束及无反射边界条件,计算时间为1.8s,计算300步。具体数值模型分别见图13-44。

13.3.2　隧道周边振动响应分析

对所选用的服务隧道节点进行编号如图 13-45 所示。

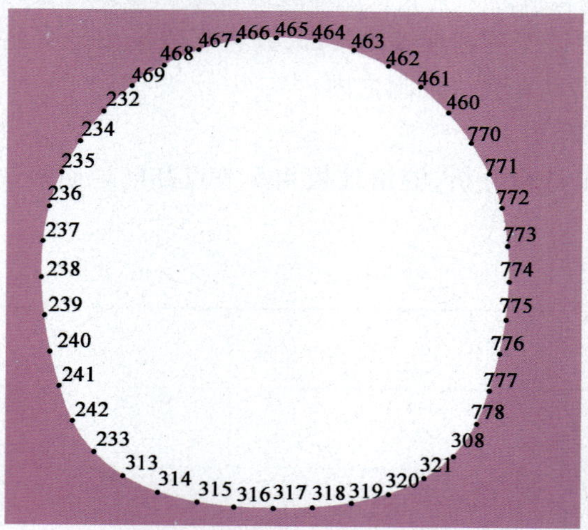

图 13-45　服务隧道周边围岩测点分布图

(1)隧道帮部振动分析

将服务隧道帮部振速取出进行分析,隧道迎爆侧帮部 238 节点和背爆侧帮部 774 节点的振速时程曲线如图 13-46 及图 13-47 所示。

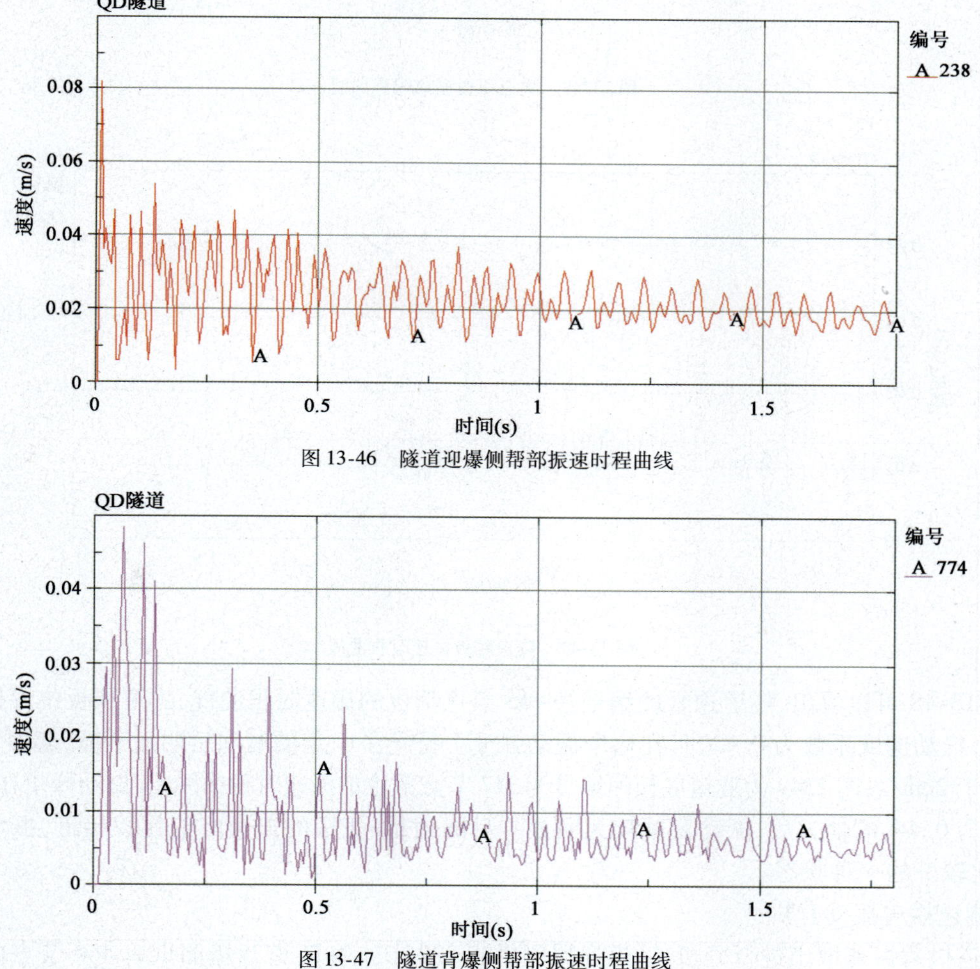

图 13-46　隧道迎爆侧帮部振速时程曲线

图 13-47　隧道背爆侧帮部振速时程曲线

由图13-46可以看出,隧道迎爆侧帮部即编号为238的部位振速峰值达到8.21cm/s,振动系数为0.82,即炸药起爆后迎爆侧帮部迅速到达振动峰值,然后明显衰减,起爆0.5s后,振动速度已经小于4cm/s;从图13-47可以看出,右帮部774节点也即隧道背爆侧帮部位置,其振动峰值在4.89cm/s,振动系数为0.49,但是峰值时刻要晚于隧道迎爆侧帮部,波速衰减也十分明显,在起爆0.5s后,振动速度基本小于2cm/s。隧道帮部的振动在允许范围之内。

(2)隧道顶、底板振动分析

将隧道顶、底板振速取出进行分析,隧道顶板465节点和隧道底板317节点的振速时程曲线如图13-48及图13-49所示。

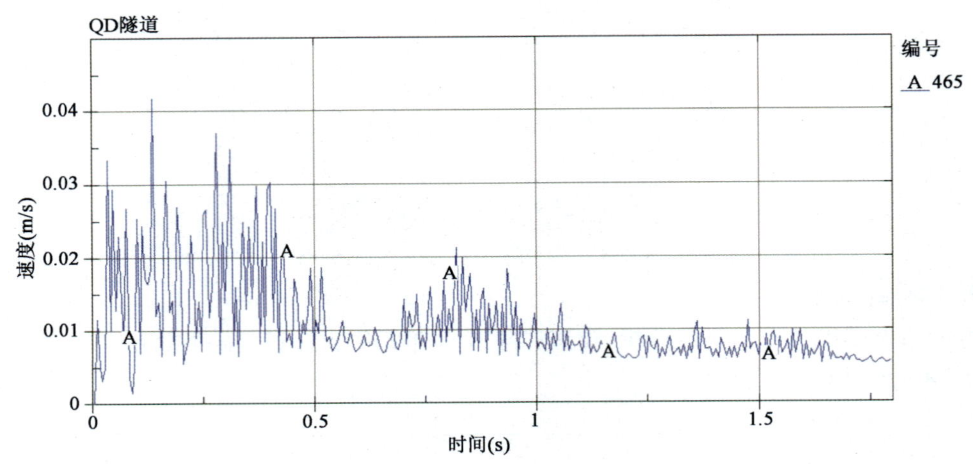

图13-48　隧道顶板振速时程曲线

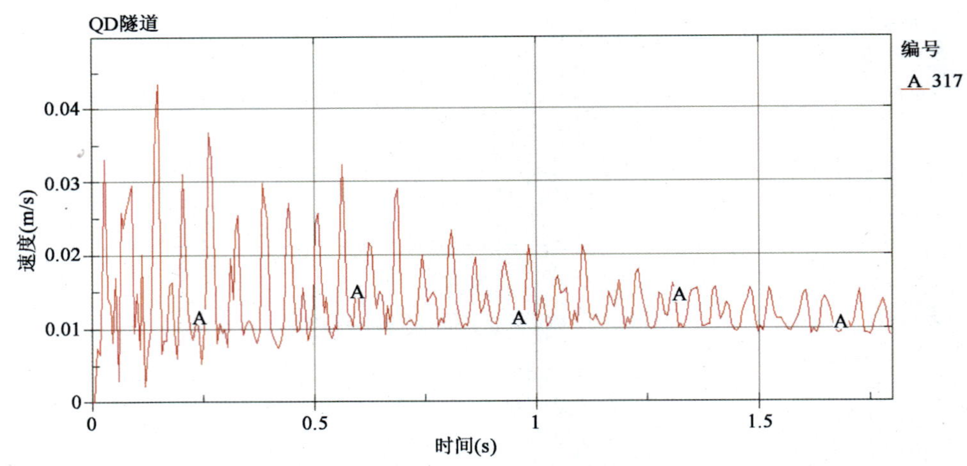

图13-49　隧道底板振速时程曲线

由图13-48可以看出,隧道顶板即编号为465节点部位的振速时程曲线,隧道顶板位置振速峰值为4.18cm/s,振动速度系数为0.42,且在这个振动强度上持续了一定的时间后明显衰减,起爆0.5s后,振速基本小于2cm/s;图1349为隧道底板即编号为317节点部位的振速时程曲线,其振动峰值在4.35cm/s,振动系数为0.44,峰值过后,振动衰减较为明显。且隧道顶、底板的振速峰值比较接近,振动强度大致相当,为比较好的一种状态。

(3)隧道拱肩振动分析

将隧道拱肩振速取出进行分析,隧道迎爆侧拱肩232节点和隧道背爆侧拱肩460节点的振速时程曲线如图 13-50 及图 13-51 所示。

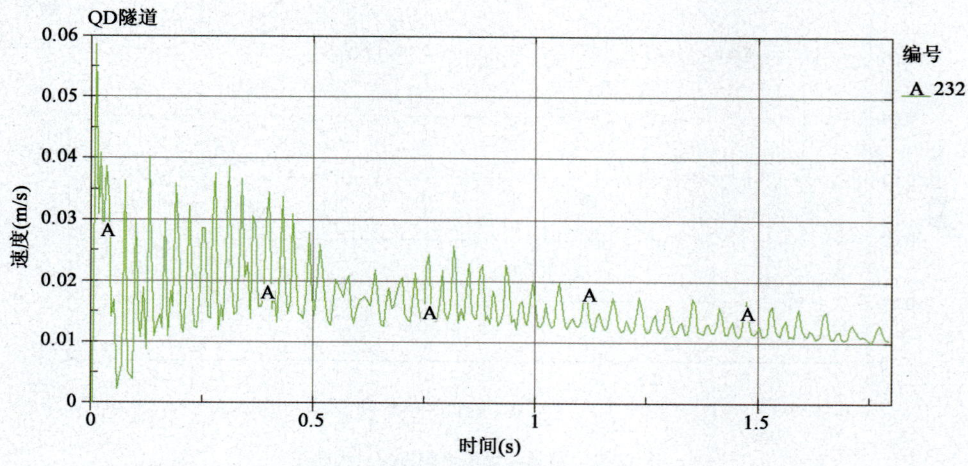

图 13-50　隧道迎爆侧拱肩振速时程曲线

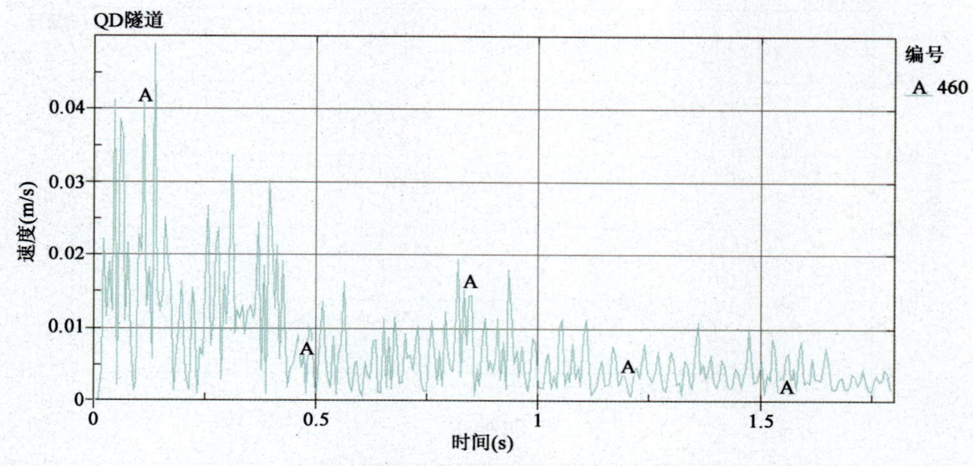

图 13-51　隧道背爆侧拱肩振速时程曲线

由图 13-50 可以看出，隧道迎爆侧拱肩即编号为 232 节点部位的振速时程曲线，隧道迎爆侧拱肩振速峰值为 5.87cm/s，振动系数为 0.59，且衰减比较明显，起爆 0.5s 后，振速基本小于 2cm/s；图 1351 是隧道背爆侧拱肩即编号为 460 节点部位的振速时程曲线，其振速峰值在 4.90cm/s，振动系数为 0.49，且峰值时刻要晚于隧道迎爆侧拱脚的峰值时刻，波速衰减明显，起爆 0.5s 后，振速小于 2cm/s，且隧道迎爆侧即背爆侧拱肩的振动峰值比较接近，振动强度相当，认为较为合理。

(4)隧道拱脚振动分析

将隧道拱脚振速取出进行分析，隧道迎爆侧拱脚 233 节点和隧道背爆侧拱脚 308 节点的振速时程曲线如图 13-52 及图 13-53 所示。

由图 13-52 可以看出，隧道迎爆侧拱脚即编号为 233 节点部位的振速时程曲线，隧道迎爆侧拱脚的振速峰值为 5.44cm/s，振动系数为 0.54，并且波速衰减比较明显，起爆 0.5s 后，振速基本小于 3cm/s；图 13-53 是隧道背爆侧拱脚即编号为 308 节点部位的振速时程曲线，其振动峰值在 4.45cm/s，振动系数为 0.45，波速衰减比较明显。并且隧道迎爆侧拱脚与隧道背爆侧拱脚部位的振速峰值比较接近，振动强度相当，认为其振动较为合理。

(5)隧道振动响应综合分析

从图 13-46 ~ 图 13-53 可以看出，肩部和帮部是衰减最快的部位，振动快速达到峰值后衰减；顶、底板和拱脚位置衰减过程稍慢，速度在较高水平持续了一定的时间然后较均匀的衰减。

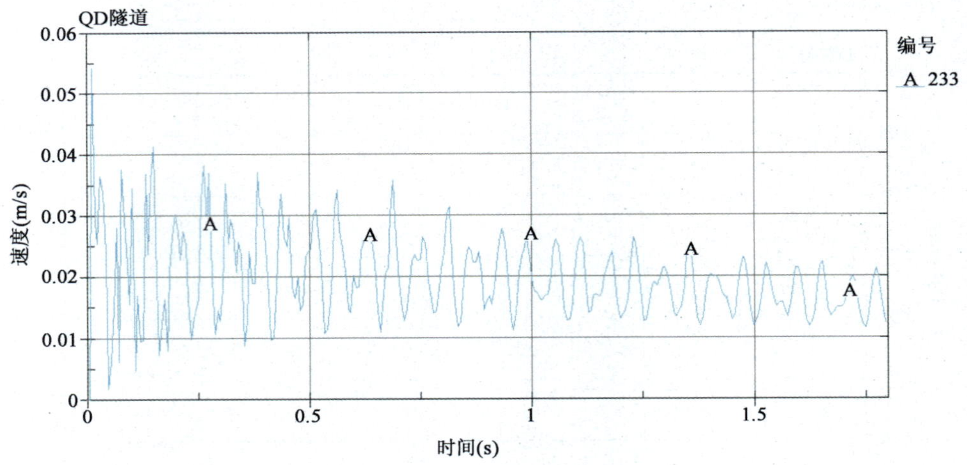

图 13-52　隧道迎爆侧拱脚振速时程曲线

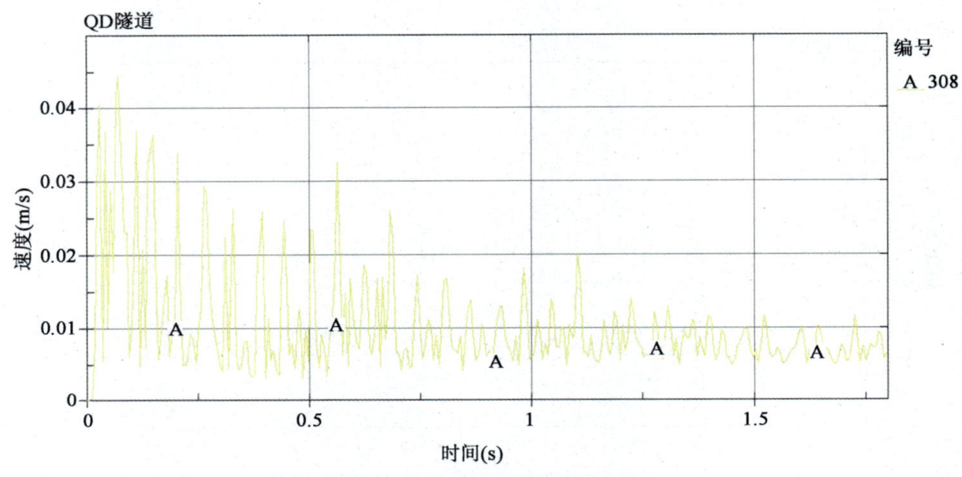

图 13-53　隧道背爆侧拱脚处振速时程曲线

为了更直观的考察隧道围岩振动的总体情况，将图 13-46 ~ 图 13-53 中的隧道全部测点的振速时程曲线均取出，如图 13-54 所示。

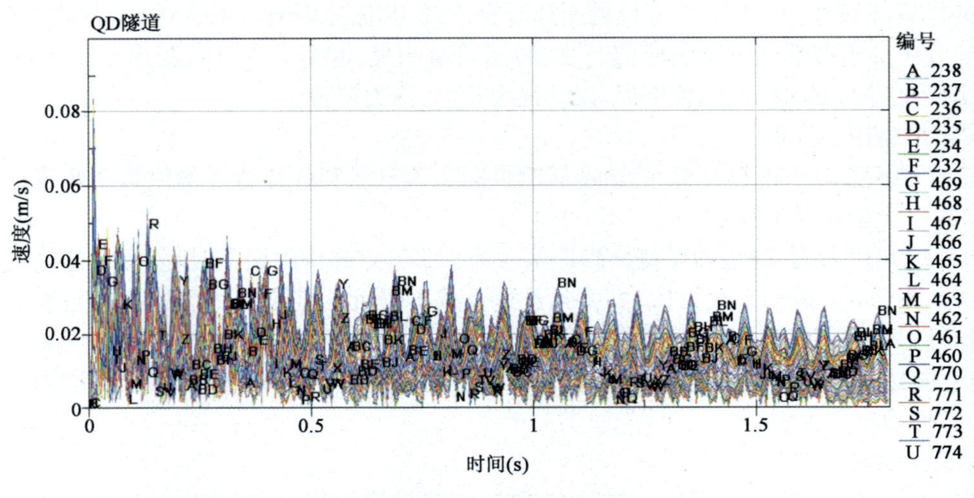

图 13-54　测点振速时程曲线

由图 13-54 可以看出,隧道周边围岩振动呈现出一致的规律:即起爆后短时间内各隧道围岩各位置振速达到较大值。隧道围岩各测点的峰值基本都集中在 4cm/s 左右,有少数位置振动速度超过 8cm/s。隧道围岩全部测点均没有超过 10cm/s 的振动速度,即在此药量下主隧道爆破掘进开挖对相邻隧道的扰动符合国家标准。下面将隧道围岩所有测点振动速度系数峰值取出分析,如图 13-55 所示。

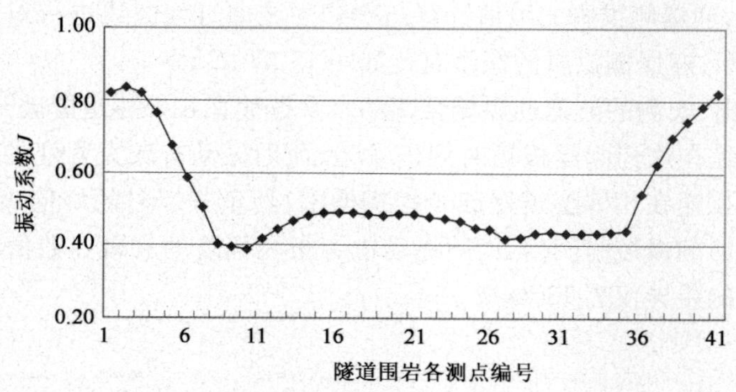

图 13-55　隧道围岩各测点振动系数曲线图

由图 13-55 可以看出,隧道围岩各测点振动系数均没有超过 1,也就是说相邻隧道掘进开挖对其影响没有超过规范允许范围,但是从中还是可以看出,受到影响最大的为迎爆侧帮部附近,顶板和底板位置受到扰动小,而背爆侧拱脚位置,相较而言,远离爆源,受到的影响也小。而振比 L 值为 0.60,即隧道围岩振动分布较为合理。

13.3.3　爆破振动稳定性分析

数值分析表明,当爆破掘进开挖时,其相邻隧道围岩的不同部位受到的振动扰动是不同的。隧道迎爆侧帮部附近是振动最大的位置,振速峰值达到略大于 8cm/s,多数隧道围岩的爆破振速分布在 4cm/s 左右;迎爆一侧的测点分布多在 4cm/s 到 8cm/s 之间。可见,服务隧道围岩的振速均没有超过许用建议值,隧道的围岩稳定性好。也说明目前采用的主隧道爆破参数的最大齐爆药量也是合理的。

13.4　数值模拟与实测对比

取现场实测的数值和数值模拟结果进行分析。因为数值模拟采用的是 32.4kg 的炸药量,所以选取 32.4kg 炸药量时,实测的隧道迎爆侧帮部及迎爆侧拱脚位置的速度进行比较分析,因为在工地测试时,采用的是垂直分量,故在对比分析时,也采用数值模拟的垂直分量进行研究,测量值与模拟值对比分析见表 13-26。

不同测试手段的测试峰值比较　　表 13-26

测 试 手 段	数值模拟(cm/s)	现场实测(cm/s)	差值百分比(%)
迎爆侧帮部	8.21	7.09	13.64
迎爆侧拱脚	4.60	3.47	24.57

由表 13-26 可以明确看出,数值模拟的结果均比现场实测的结果略大,也就是说,在实际施工之前通过数值模拟对工况进行模拟计算,可以较好的符合实际的工况的情况,为实际施工提供了较为合理和可靠的参考。隧道围岩的迎爆侧帮部为受到相邻隧道爆破掘进开挖影响产生振动最大的部位,吻合情

况较好，隧道迎爆侧拱脚部位的差别稍大，但是因为其振速峰值不是受到振动影响最大的部位，且数值模拟计算结果是趋于保守的，因此认为数值计算结果完全可以很好的用于施工参考，且能保证隧道围岩的稳定性。同时在数值模拟与现场实测上出现的这些差异，也可能是因为工程施工的岩体具有非均质且其中充填节理，这样对波的衰减是非常有利的，而数值模拟则没有考虑岩石介质的非连续性，使得计算值稍偏大。

将隧道迎爆侧帮部，迎爆侧拱脚的数值计算与实测的波速时程曲线进行对比，其中，迎爆侧帮部的振动对比如图 13-56 所示，迎爆侧拱脚的振动对比如图 13-57 所示。

从图 13-56 可以看出，实测的隧道迎爆侧帮部的水平振速在相邻隧道爆破开挖掏槽眼，药量齐爆时峰值为 7.09cm/s，峰值是在炸药起爆极短时间内发生，而后振动有较大程度的衰减。数值模拟得到的隧道迎爆侧帮部的水平振速在相邻隧道爆破开挖掏槽眼，药量齐爆时的峰值为 8.21cm/s，这个振动峰值也是发生在炸药起爆后的极短时间内，而后振动也有很大程度的衰减。数值模拟的迎爆侧帮部水平振动峰值与实测值之间的差异仅为 13.64%。

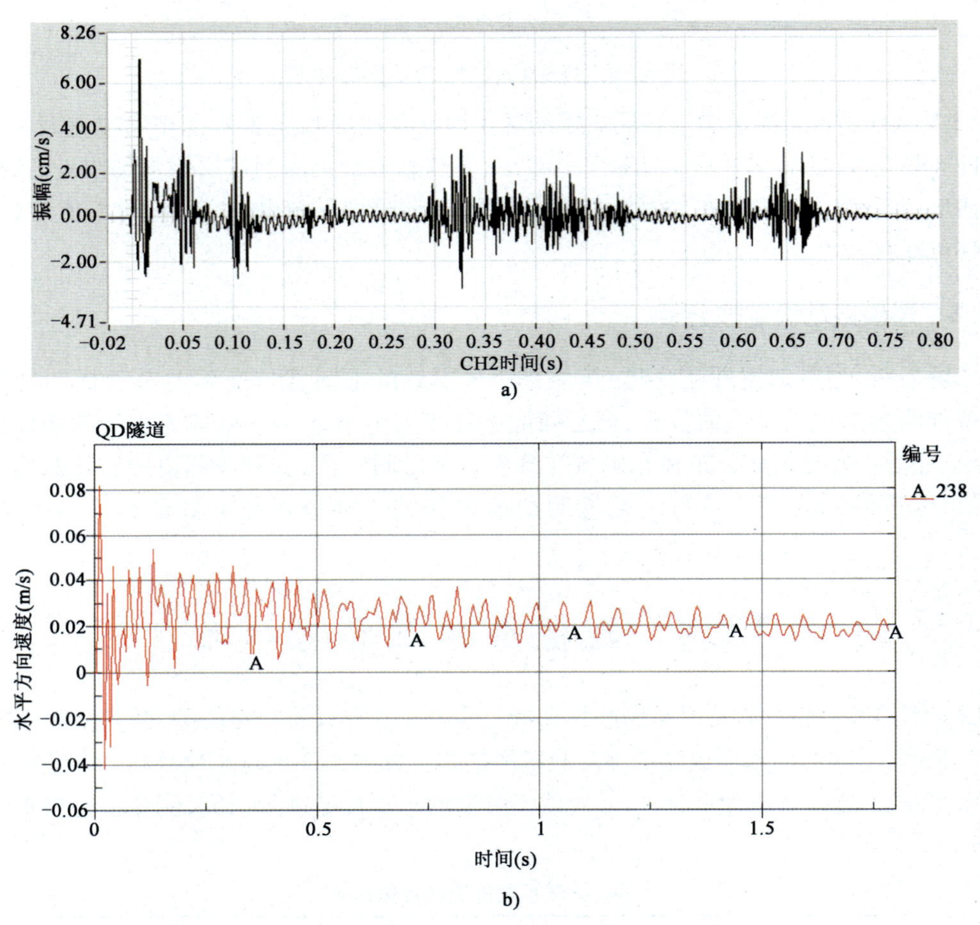

图 13-56　隧道迎爆侧帮部实测与数值模拟的对比分析图

a）隧道迎爆侧帮部实测 X 向振速时程曲线；b）隧道迎爆侧帮部数值模拟 X 向振速时程曲线

由图 13-57 可以看出，实测的隧道迎爆侧拱脚的水平振速峰值为 3.47cm/s，数值模拟得到的隧道迎爆侧拱脚的水平振速在相邻隧道掏槽眼，药量齐爆时的峰值为 4.60cm/s，这个振动峰值也是发生在炸药起爆后的极短时间内，而后振动也有很大程度的衰减。数值模拟的迎爆侧拱脚水平振动峰值与实测值之间的差异仅为 24.57%。

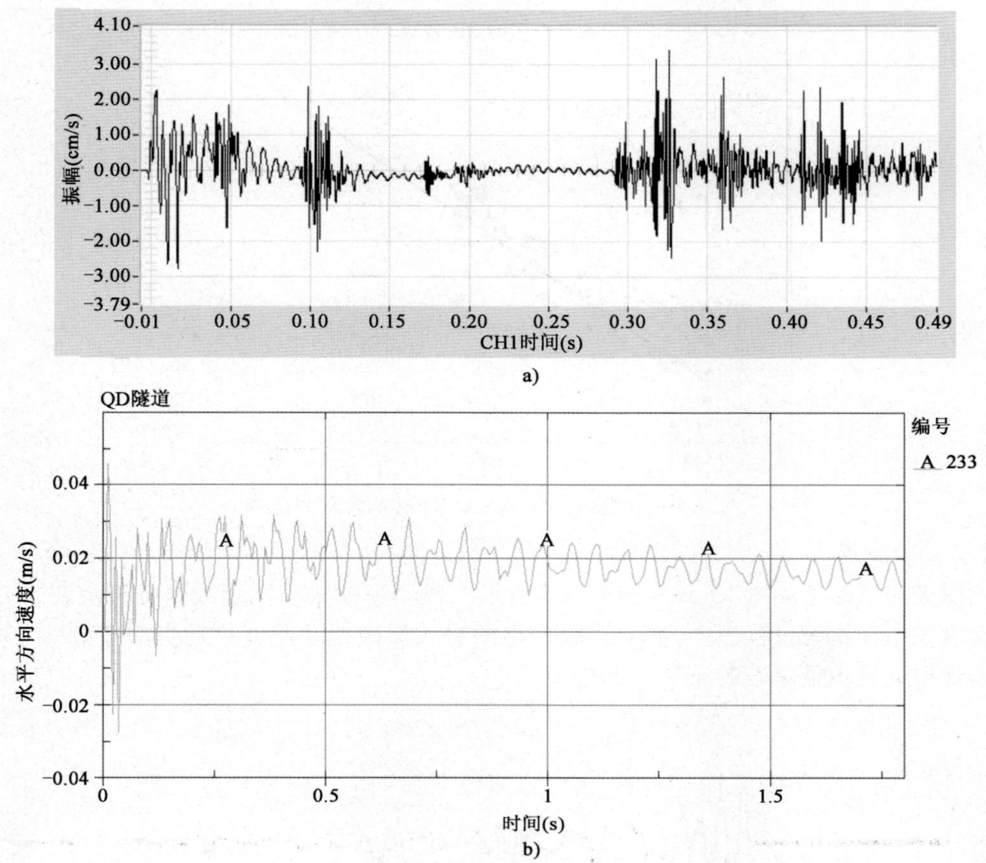

图 13-57　隧道迎爆侧拱脚实测与数值模拟的对比分析图

a）隧道迎爆拱脚实测 X 向振速时程曲线；b）隧道迎爆侧拱脚数值模拟 X 向振速时程曲线

研究小结：

（1）隧道爆破掘进的最大爆药量设计合理，隧道围岩各测点振速均没有超过 10cm/s，即均没有超过许用建议值。

（2）隧道周边振动最大的地方围隧道迎爆侧帮部附近，其次为隧道迎爆一侧半断面的位置，隧道其余位置的振速分布较小。

（3）数值和现场实测取得的数据较为吻合，也证明数值手段可以为工程实践提供科学可靠的参考。

13.4.1　爆破对地面结构振动的现场实测分析

（1）爆破振动衰减规律

在隧道工程 2007 年 10 月开工不久，根据隧道工程目前的施工工作面位置，我们在隧道工程将最先进入后岔湾村的最南村口前面的道路上和第一栋楼房的基础和附近，设置了爆破振动测试点。

根据每天放炮时间，我们提前到测试点进行仪器安设，记录爆破振动信号，并收集爆破参数与隧道工作面位置数据。事后进行数据分析处理。

大量的隧道爆破对于地面和路面的振动现场测试，测试得到了爆破振动规律，如图 13-58 所示。可以看出爆破振动规律性较好。

由图 13-58 也可以看出，爆破对于地面的振动情况比较复杂，受到许多因素的制约，每次爆破振动速度有一定的离散性。为了保证爆破振动对居民建筑物的振动处于安全状态，在每次隧道通过特别的地面建筑区时，都有必要对建筑物地面进行现场爆破振动监测。

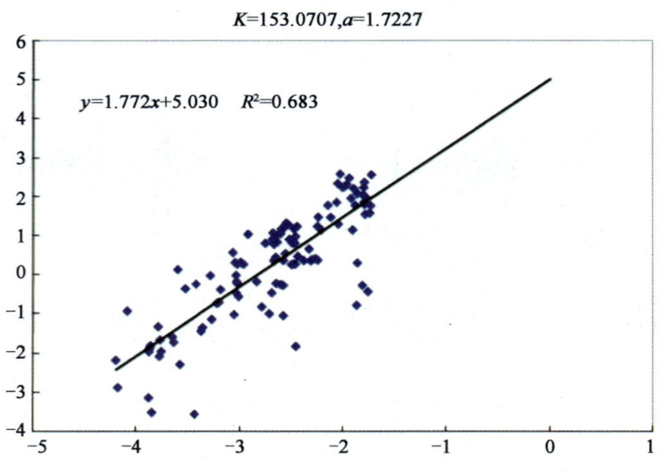

图 13-58　在隧道刚开口进入地下后测试数据回归分析

(2)爆破振动波形

典型的爆破测试波形如图 13-59 ~ 图 13-65 所示。现场爆破振动实测数据分析表明,三类炮眼中,振动最大速度发生在掏槽过程当中,而周边眼产生的最大爆破振动速度只是掏槽爆破的 30% ~40%,其他炮眼爆炸振动是掏槽爆破的 40% ~50%。

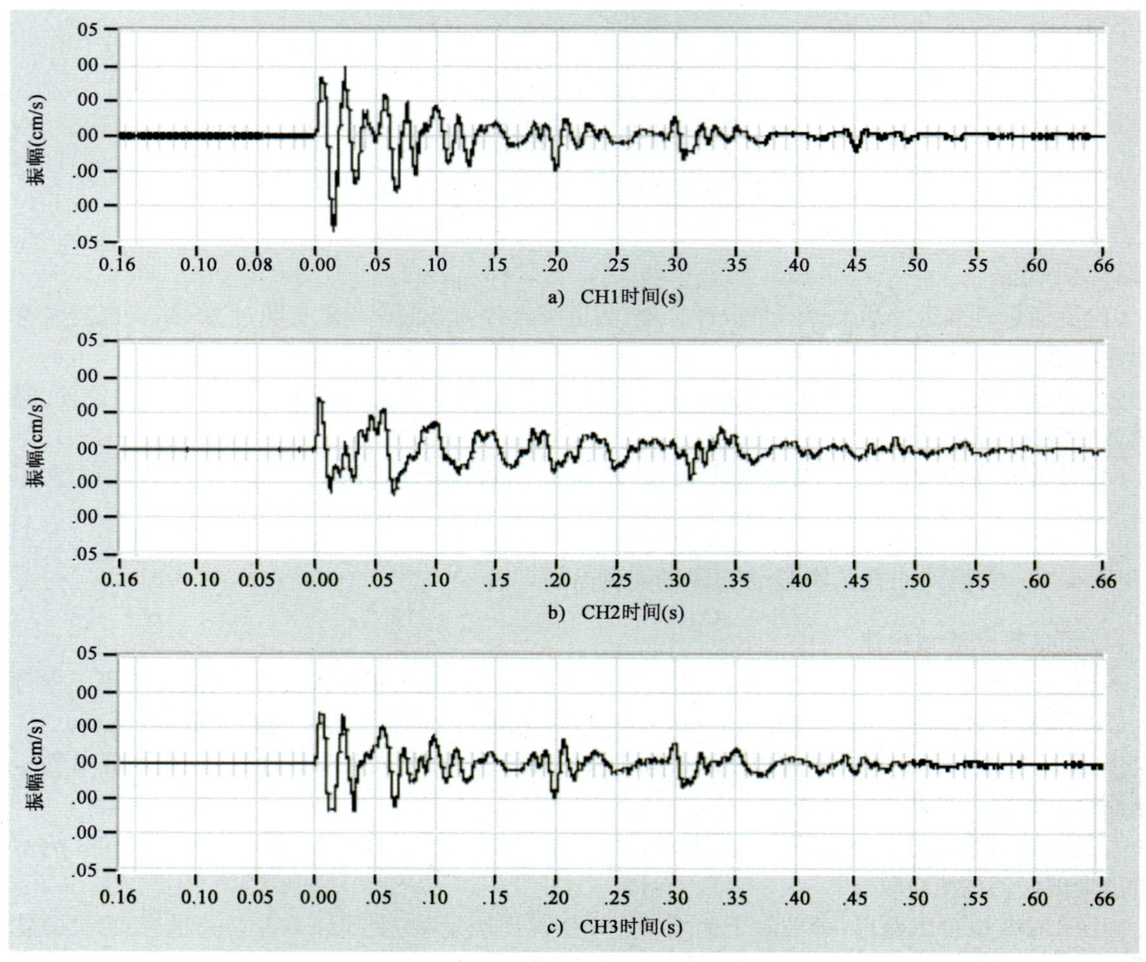

图 13-59　爆破振动波形图

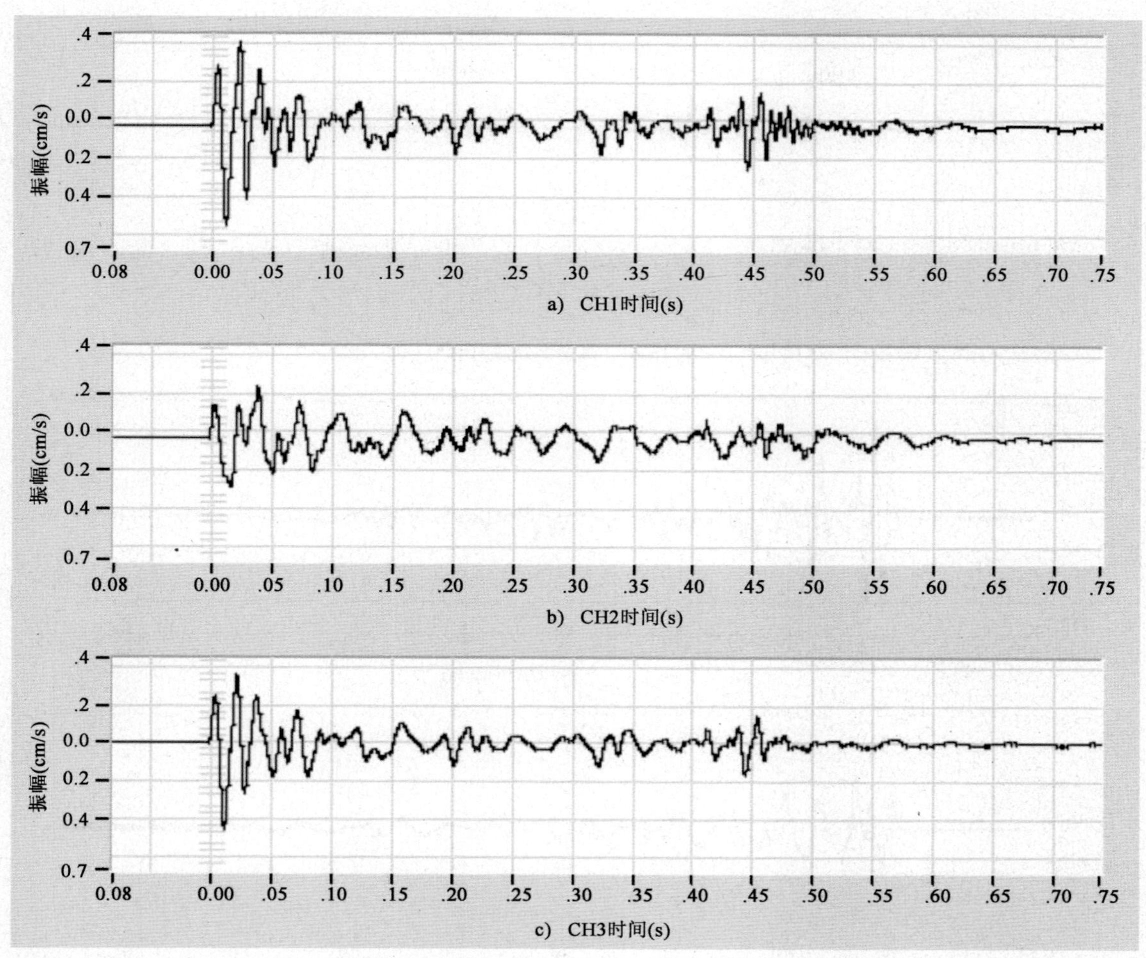

图 13-60　爆破振动波形图

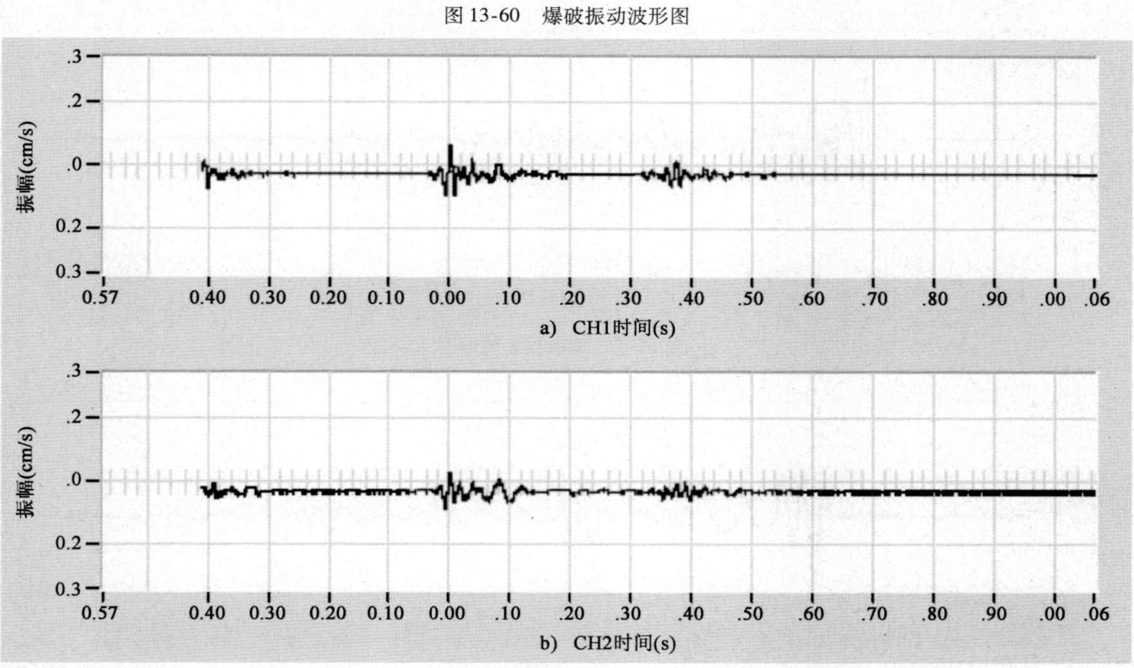

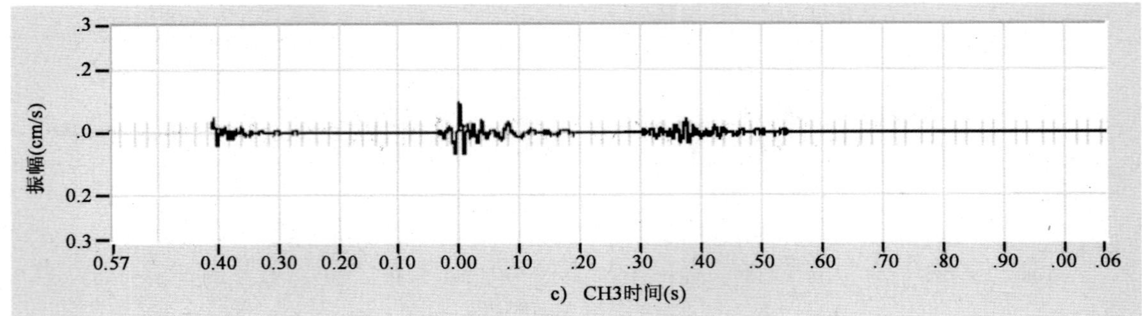

图 13-61　爆破振动波形图

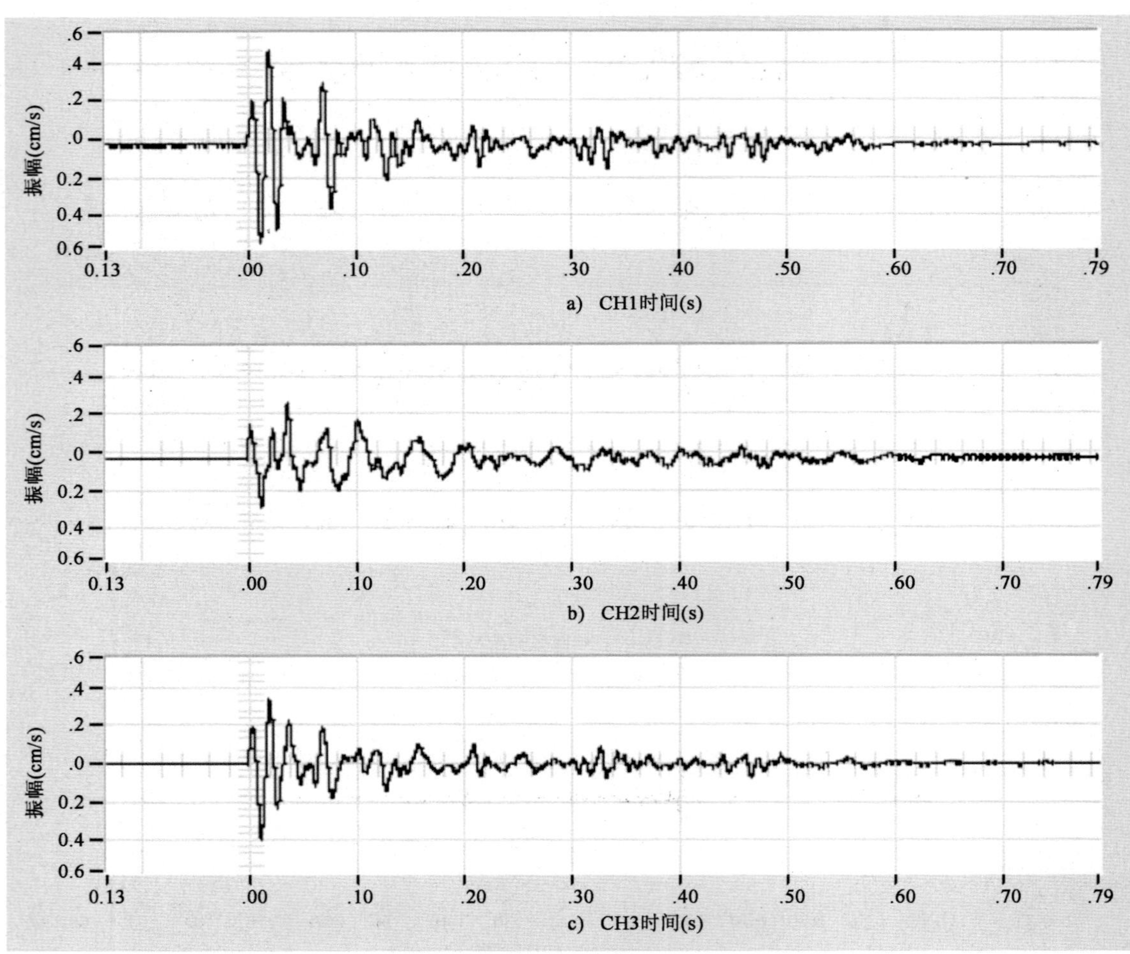

图 13-62　爆破振动波形图

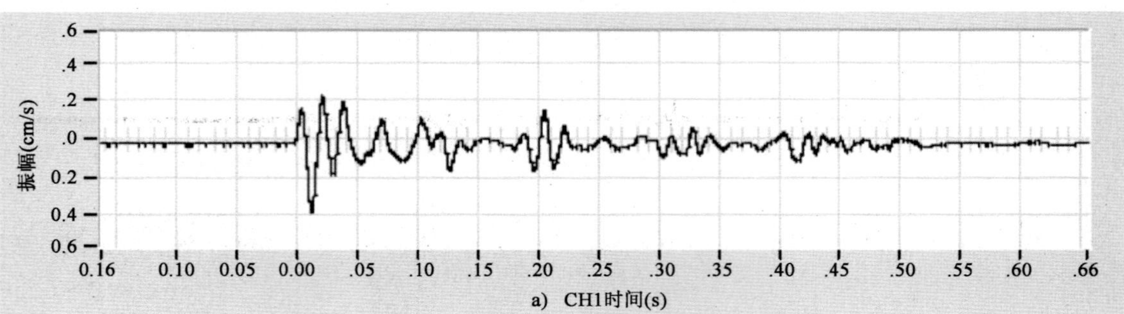

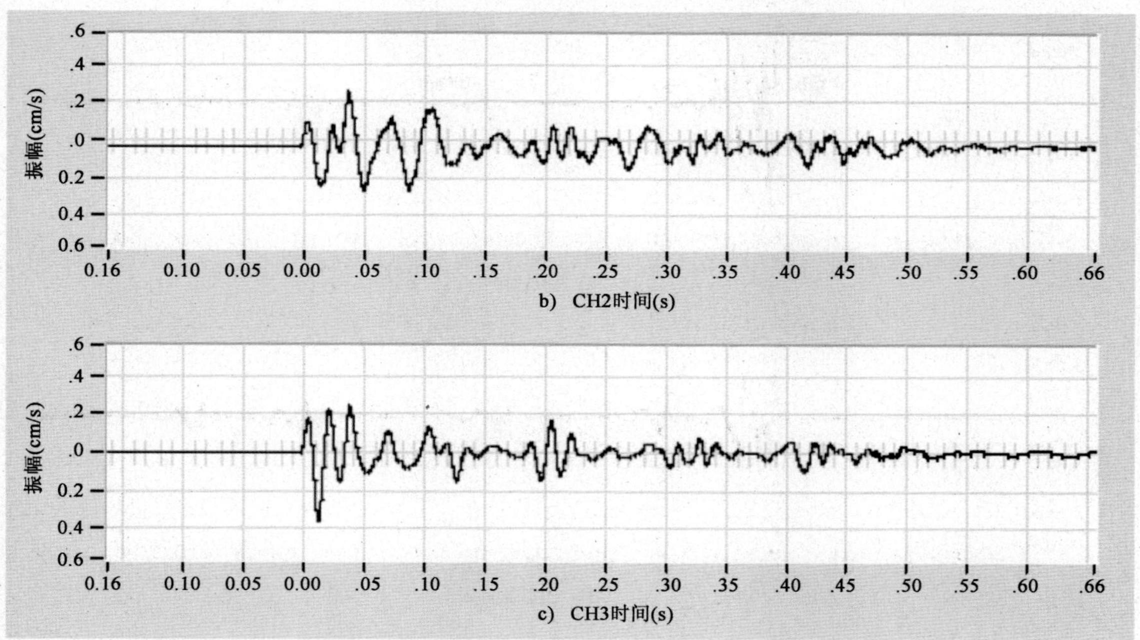

图13-63　爆破振动波形图

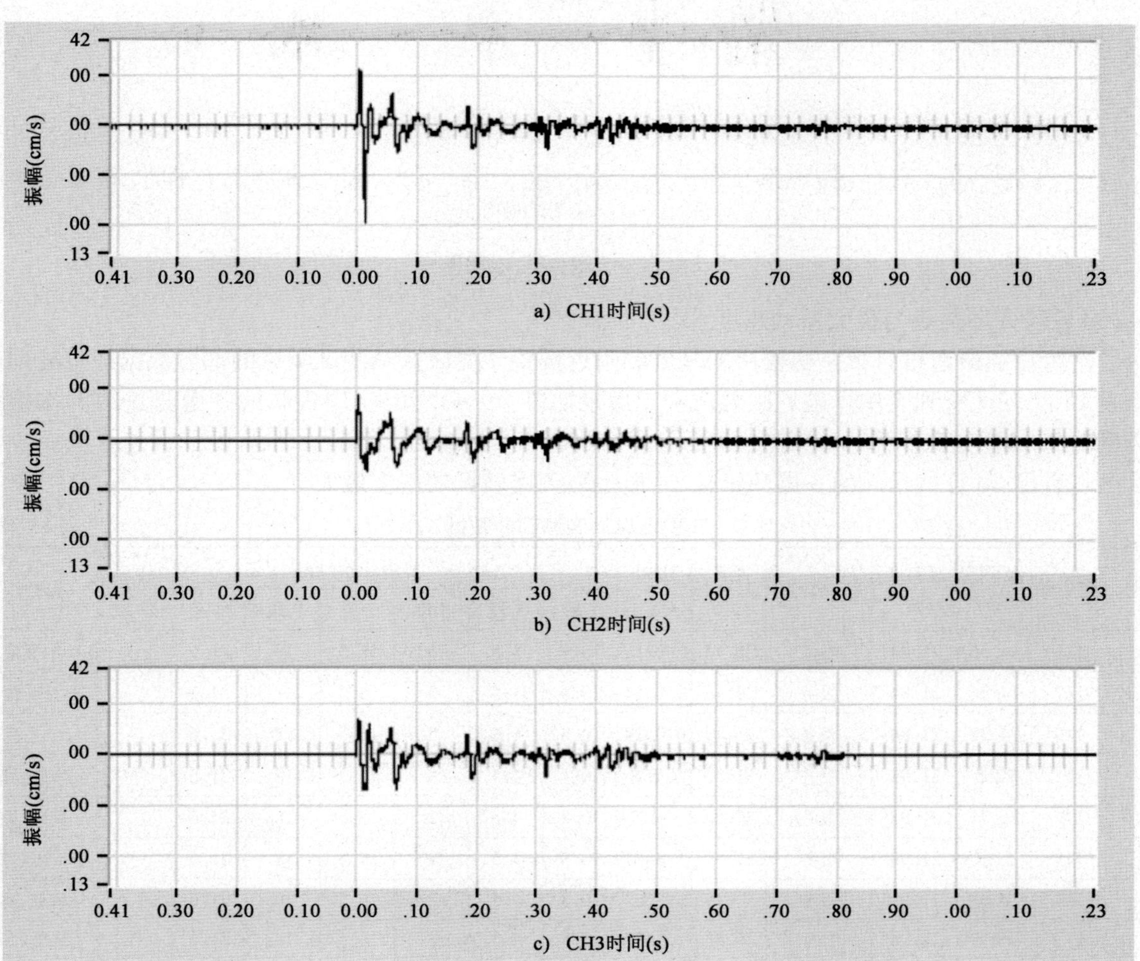

图13-64　爆破振动波形图

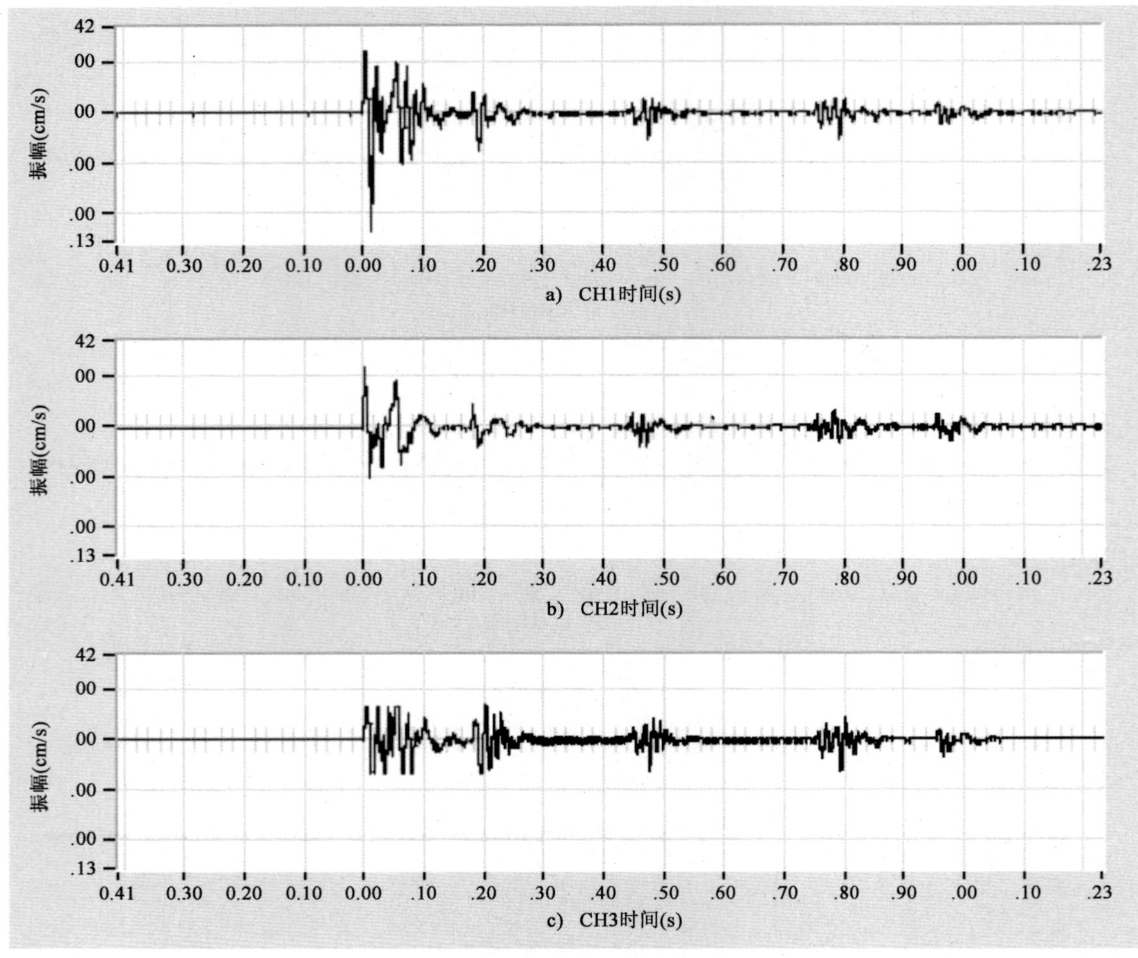

图 13-65 爆破振动波形图

(3)各段齐爆药量与最大振动速度

后岔湾村的最南村口第一栋楼房的基础和附近设置了爆破振动测试测试的部分数据经过处理后汇集于表 13-26。注意到表中爆破炮眼装药和起爆延期段号,可以知道,周边眼的齐爆药量约为掏槽眼齐爆药量的 2 ~4 倍。

可以看出,尽管掏槽眼的齐爆药量较小,但是最大爆破振动速度最大。

现场振动实测部分数据 表 13-27

序号	探头号	水平距(m)	垂直距(m)	振源隧道	距离(m)	震速(cm/s)	齐爆药量(kg)							探头位置
							1 段	3 段	5 段	7 段	9 段	11 段	13 段	
1	115	14.36	21.84	服务	26.14	0.0315	10.8	4.5	3	16.5	18	21.6		平台
2	117	14.36	21.84	服务	26.14	0.0314	10.8	4.5	3	16.5	18	21.6		平台
3	119	14.36	21.84	服务	26.14	0.0019	10.8	4.5	3	16.5	18	21.6		平台
4	115	22.5	21.93	服务	31.42	2.678	10.8	4.5	3	16.5	18	21.6		基础、路面
5	117	21.71	21.93	服务	30.86	1.419	10.8	4.5	3	16.5	18	21.6		基础、路面
6	119	22.5	21.93	服务	31.42	1.3401	10.8	4.5	3	16.5	18	21.6		基础、路面
7	115	20.69	21.98	服务	30.19	3.8607	10.8	4.5	3	16.5	18	21.6		基础、路面
8	117	19.8	21.98	服务	29.58	1.7816	10.8	4.5	3	16.5	18	21.6		基础、路面
9	119	20.69	21.98	服务	30.19	1.3401	10.8	4.5	3	16.5	18	21.6		基础、路面
10	115	19.59	22.04	服务	29.49	4.6647	10.8	4.5	3	16.5	18	21.6		基础、路面

续上表

序号	探头号	水平距(m)	垂直距(m)	振源隧道	距离(m)	震速(cm/s)	齐爆药量(kg)							探头位置
							1段	3段	5段	7段	9段	11段	13段	
11	117	18.65	22.04	服务	28.87	2.2523	10.8	4.5	3	16.5	18	21.6		基础、路面
12	119	19.59	22.04	服务	29.49	1.3401	10.8	4.5	3	16.5	18	21.6		基础、路面
13	115	71.933	14.03	右线	73.29	0.3776	9.6	7.2	4.5	9.9	10.2	29.4		基础、路面
14	117	72.394	14.03	右线	73.74	0.258	9.6	7.2	4.5	9.9	10.2	29.4		基础、路面
15	119	71.762	14.03	右线	73.12	0.3487	9.6	7.2	4.5	9.9	10.2	29.4		基础、路面
16	115	69.978	13.53	右线	71.27	0.0911	7.2				10.8		10.5	基础、路面
17	117	70.459	13.53	右线	71.75	0.0837	7.2				10.8		10.5	基础、路面
18	119	69.807	13.53	右线	71.11	0.088	7.2				10.8		10.5	基础、路面
19	115	68.285	13	右线	69.51	0.5371	6	8.4	7.2	9.9	8.55	27.6		基础、路面
20	117	68.765	13	右线	69.98	0.2824	6	8.4	7.2	9.9	8.55	27.6		基础、路面
21	119	68.115	13	右线	69.34	0.3839	6	8.4	7.2	9.9	8.55	27.6		基础、路面
22	115			左线		0.5404								基础、路面
23	117			左线		0.2859								基础、路面
24	119			左线		0.4491								基础、路面

13.4.2 海底隧道爆破对地面的振动监测情况

从青岛胶州湾海底隧道南端开工初期(2007年10月2日)开始,至该海底隧道北端施工到与青岛市政隧道地下接线点接近结束(2010年4月21日)止,我们对青岛胶州湾海底隧道爆破开挖施工对地面的振动影响进行了近3年的大量监测,也对三个隧道间爆破振动影响进行了少量监测,取得了大量的爆破振动实测数据。监测数据为爆破开挖施工顺利进行提供了帮助。

13.5 相邻隧道与隧道前后爆破振动的实测研究

13.5.1 概述

青岛胶州湾海底隧道采用双洞加服务隧道布置方式,矿山法施工。当后续隧道爆破施工时,将会对先行隧道也即其临近隧道产生振动影响,故通过对此工程进行现场的爆破振动测试及进行数值模拟计算,以进行后续隧道爆破开挖对既有隧道稳定性影响的研究。

隧道净空断面的确定不仅要满足隧道建筑界限的要求,还要满足隧道通风、照明、运营管理设施所占空间及施工误差,同时还对结构受力特性、工程造价等因素进行综合分析比较,使所采用的净空断面既能满足功能要求,又经济合理。

采用双向主隧道及中间服务隧道的选线,其中两条隧道按照图示位置分别称为左线隧道和右线隧道,两条主隧道中心距离为55m。

13.5.2 隧道间爆破振动现场监测方案

(1)监测设备

现场实测研究采用的仪器为成都中科测控有限公司研制的振动测试仪,其具有轻便灵巧、抗振、抗电磁干扰、低噪声、高可靠性等特性,可满足爆破、辐射、腐蚀等人员无法在场的危险测量环境;水下、地下、电磁干扰等信号难以长线传输的场合;远离供电源的测量环境;现场测试点多而分散的场合等特殊测试测试地点或者测试条件的要求,所以其在公路、铁道、隧道、桥梁、采矿、地质勘探、水利水电工程爆破和国防科研中,有很大的实用价值。监测仪器如图 13-66 所示。

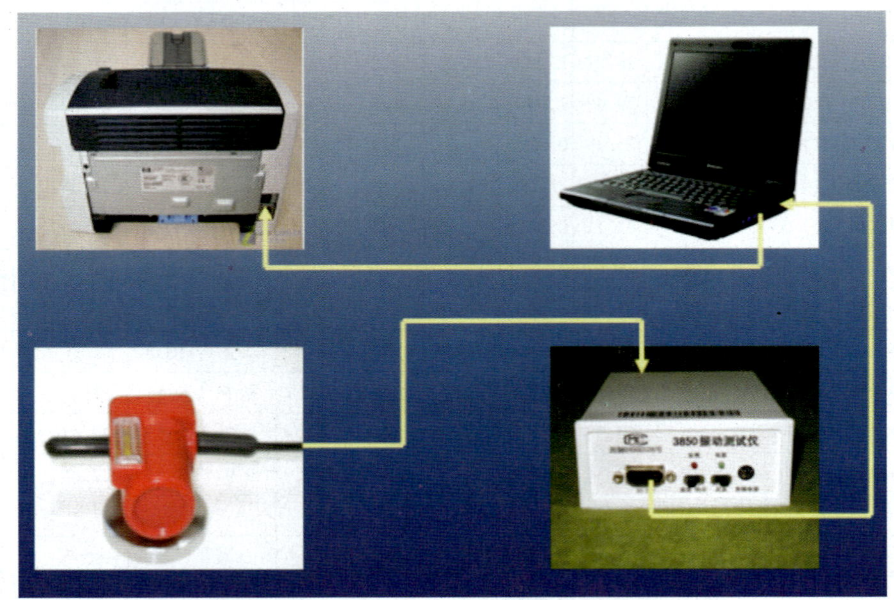

图 13-66 监控设备

这种仪器体积小,便于携带;单键操作,快速使用;方便易学;防冲击金属盒设计,直接与传感器相连,现场无需布线,即装即用;4 节 5 号电池供电,可连续工作 30h 以上;内部备用电池确保记录数据长期安全存储;分辨率高,最小分辨振动达到 0.0016cm/s,读数精度达到 0.5%,能有效监测远离爆破源的振动信号;信号存储分为八段,可自动记录八次爆破波形;也可将八段组合为一段使用;多振动事件自动触发记录,内置时钟,记录振动发生时刻;触发电平为满量程 1% ~99% 的触发值设置,最小振动触发信号为 0.026cm/s,可确保事件捕捉万无一失。三维振动同步记录,三矢量合成分析,萨道夫斯基公式回归和安全判据分析;所见即所得的打印测试报告;串口通信速度 56kbitls,通过软件实现仪器参数设置。即方便、快捷,可以迅速使用,在隧道的施工现场,具有良好的适应性。

(2)测点布置

测点的布置是和实际施工紧密相连的,测点放置的部位不同,则监测的数据便不相同。按照仪器的工作要求,需要将探头与被测部位贴实,而在现场的工作中,因为各种条件限制及施工的影响,在测量底板位置时,是将探头放置在较平整位置并压实,而帮部位置及帮部边墙位置则是使用铁丝压紧传感器使之密切贴实隧道帮部。因条件的限制,我们没有在隧道拱顶放置探头。因此测试的测点布置如图 13-67 所示。

在图 13-67 所示的测点布置测点时,考虑服务隧道有运输工具通过,故仅将测点布置于左侧帮部及左帮边墙位置还有靠近左帮的底板位置,右侧帮部位置响应位置没有布置。这么做也是有科学道理的。因为按照一般的测试方法,需要将断面对应位置均布置测点,即也需要测到左边隧道掘进开挖对所测隧道右帮响应位置的振动影响,但是对隧道某一个横断面而言,若没有断层穿过,那么其一定的区域围岩具有相似的性质,所以左边后行隧道爆破对所测隧道右帮的影响,可以以右边隧道掘进开挖时对所测隧道左帮的振动扰动作为代替,即均为远离爆源的帮部位置。反之亦然,所以这么设置测点是科学可行的。

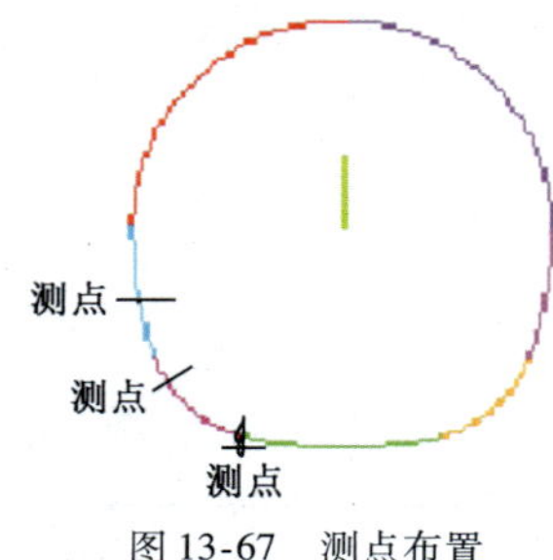

图 13-67 测点布置

13.5.3　实测数据及处理

(1)爆破振动速度传播规律分析

根据现场的地质及既有建(构)筑物的质量情况,在保证建(构)筑物安全运营情况下,应将爆破振动速度控制在安全控制标准以下,根据制定的控制爆破振动标准,应采取减少爆破振动的措施。目前国内外采用振动速度作为控制参量对爆破振动安全进行评价。根据《爆破安全规程》(GB 6722—2003)[90]中对不同建(构)筑物安全允许振动速度的规定,既有隧道受到后续隧道爆破施工振动影响时,取既有隧道围岩振速不超过10cm/s作为标准。

通常是使用监测工具来记录地震动得到测点振动速度随时间的变化关系。已有的经验表明,质点振动速度与炸药量成正比关系,与测点到爆源的距离成反比关系。为了预报爆破地震强度及评价建(构)筑物的安全,进而对爆破方案进行修改、优化,可以通过测试数据分析爆破地震波的时程曲线特征,利用数学模型或经验公式计算爆破方案的地震效应。

质点振动速度回归公式可以采用萨道夫斯基经验公式:

$$v = K\left(\frac{Q^{1/3}}{R}\right)^{\alpha} \tag{13-1}$$

式中:v ——质点振动速度(cm/s);

Q ——爆破药量,延时爆破时为最大一段药量(kg);

R ——质点距爆源中心的距离(m);

K、α ——爆区和监测点之间的与地形和地质条件有关的系数衰减系数。

对式(13-1)两边同时取自然对数,得:

$$\ln v = \ln K + \alpha \ln\left(\frac{Q^{1/3}}{R}\right) \tag{13-2}$$

令 $Y = \ln v$,$X = \ln\left(\frac{Q^{\frac{1}{3}}}{R}\right)$,$K = \alpha$,$b = \ln K$,则得到:

$$Y = kX + b$$

根据测得的 v、Q、R 值,依据最小二乘法可拟合得到 K、α 值。K、α 的点估计值分别为:

$$\alpha = \frac{\sum_{i=1}^{n} X_i Y_i - \frac{1}{n}(\sum_{i=1}^{n} X_i)(\sum_{i=1}^{n} Y_i)}{(\sum_{i=1}^{n} X_i)^2 - \frac{1}{n}\sum_{i=1}^{n} X_i^2} \tag{13-3}$$

$$K = \lg^{-1}\left[\frac{1}{n}(\sum_{i=1}^{n} Y_i - \alpha \sum_{i=1}^{n} X_i)\right] \tag{13-4}$$

$$\gamma = \frac{\sum_{i=1}^{n}(X_i - \overline{X})(Y_i - \overline{Y})}{\sqrt{\sum_{i=1}^{n}(X_i - \overline{X})^2 \sum_{i=1}^{n}(Y_i - \overline{Y})^2}} \tag{13-5}$$

式中,n 为测点数;γ 为相关系数。

(2)现场实测数据及处理

测点布置如图13-67所示固定在隧道周边,爆破地点分别位于两条相邻主自隧道,在计算爆源距离时以每次放炮炮眼底部桩号为准。记录每次放炮的药量、时间、开挖进尺及桩号,对三条隧道测点的爆破振动数据分别作以总结,表13-28的数据为左线主隧道爆破掘进开挖时测点所得的测试数据,表13-29则表示中间服务隧道爆破开挖时测点所得数据,表13-30为右线主隧道爆破开挖时测点所得数据。

左线主隧道爆破测试数据 表 13-28

序　号	爆破点距离(m)	最大振动速度(cm/s)	主频(Hz)	振动时间(s)
1	25.94	7.4354	129.3945	1.1105
2	26.13	6.5073	150.7568	1.0221
3	27.47	2.3575	142.8223	1.0710
4	27.15	10.87	131.8359	0.8943
5	27.56	13.01	130.6152	0.9823
6	41.14	2.1126	139.7705	1.1992
7	25.39	2.2054	115.9668	0.5561
8	25.69	3.7762	108.6426	0.5787
9	24.40	4.623	4.8828	1.1019
10	24.53	1.3401	4.8828	1.229
11	24.85	6.0176	5.4932	1.099
12	24.93	7.1541	18.3105	1.1049
13	24.67	1.3401	3.6621	1.2149
14	26.71	7.0915	3.0518	1.0453
15	27.32	3.4657	4.8828	1.1148
16	27.14	1.3401	3.6621	1.1411
17	31.13	4.5684	151.3672	1.1025
18	30.88	5.7875	3.0518	1.0901
19	30.28	1.3401	141.6016	1.1019

服务隧道爆破测试数据 表 13-29

序　号	爆破点距离(m)	最大振动速度(cm/s)	主频(Hz)	振动时间(s)
1	233.50	0.5671	108.0322	1.2341
2	233.90	0.6032	112.3047	1.2327
3	232.50	0.4485	105.5908	1.233
4	233.50	0.3151	109.2529	1.6243
5	233.90	0.5299	109.8633	1.2687
6	232.50	0.3181	122.6807	1.2656
7	246.40	0.6616	136.1084	1.1528
8	246.00	0.774	135.498	1.217
9	245.00	0.2164	50.1488	1.2183

右线主隧道爆破测试数据 表 13-30

序号	爆破点距离(m)	最大振动速度(cm/s)	主频(Hz)	振动时间(s)
1	28.22	9.5148	62.2559	0.7472
2	28.15	5.9004	134.2773	0.7549
3	26.97	2.8355	153.1982	0.7680
4	26.73	4.3157	140.3809	0.7688

续上表

序号	爆破点距离 (m)	最大振动速度 (cm / s)	主频 (Hz)	振动时间 (s)
5	27.77	2.5205	107.4219	0.8410
6	27.44	5.1249	106.2012	0.7919
7	40.63	0.7654	139.1602	0.8602
8	55.32	0.7531	155.0293	0.8498
9	51.56	0.6931	156.25	0.7003
10	50.76	1.1042	154.4189	0.6934

注:表内粗体部分为测试超过量程数据。

考虑到各次爆破开挖的最大齐爆药量,将上述表 13-28、表 13-29 和表 13-30 的数据进行处理回归分析,以分析在测点桩号的地质条件及工况条件下的隧道爆破开挖振动响应规律,回归结果如图 13-68 所示。

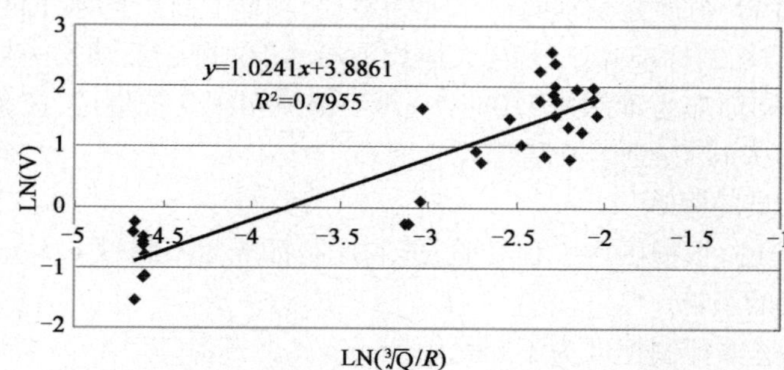

图 13-68 振动速度衰减规律回归曲线

即由上述数据得到回归公示:$y = 0.9569x + 3.4916$,相关系数 γ 为 0.8919。

若从此回归测试条件下的萨道夫斯基公式,进而可以得到 K 、α 值:

$$v = 32.8385\left(\frac{Q^{\frac{1}{3}}}{R}\right)^{0.9569} \tag{13-6}$$

13.5.4 隧道围岩振动稳定性分析

经过现场工作,发现只有两次测量结果超过规范许用值,即药量为 21.6kg,监控量测值出现过 10.87cm/s和 13.01cm/s,并且将所有测点可用值进行分析回归,发现相关系数较高,也即说明在现有的施工条件下,药量控制比较适当,工程进度比较正常,后行洞掘进开挖时对先行洞的扰动在允许范围内,先行隧道的围岩稳定性较好。

13.5.5 研究小结

(1)测试结果表明,爆破振动没有超过振动允许值控制要求。

(2)采用的测试手段可行,实测数据可为工程实践提供参考。

13.6 爆破振动安全允许建议标准

13.6.1 本标准的制定原则

海底隧道工程爆破施工必须在确保高质量的隧道开挖断面和进尺的同时,将爆破振动控制在尽可能小范围内,以保证爆破对相邻隧道工程、同一隧道工程后部支护结构、地表的建(构)筑物的安全,并尽量较少的干扰居民生活。

以国家颁布的《爆破安全规程》(GB 6722—2003)为基本依据,参考国内工程经验,结合青岛胶州湾隧道工程的一些实际情况,具体制定了本工程项目的标准。

13.6.2 本标准考虑的主要情况说明

目前我国海底隧道工程爆破施工经验比较少。在制定爆破振动安全允许标准时,我们遵照国家颁布的《爆破安全规程》(GB 6722—2003),对爆破的不同影响对象进行了具体分类考虑。考虑的具体情况为:

(1)对地面建筑物和构筑物的影响

海底隧道爆破施工时对地面建筑物和构筑物的振动影响,可以采用表2-1中序号1~4的对于建筑物的控制标准。但是增加考虑危房和旧房的情况,其危房和旧房控制标准为不超过1.0cm/s。

(2)隧道之间、隧道前后的相互影响

从工程物理力学特性看,海底隧道衬砌防水尤为重要,功能更接近与水工隧道,可以考虑采用表2-1中的序号5的"水工隧道"控制标准和序号9(大体积混凝土)的爆破振动安全标准,也考虑国内工程的经验。对于衬砌隧道,控制标准为不超过5.0cm/s;对于锚喷初次支护隧道,控制标准为:不超过15cm/s(围岩稳定段)和不超过10cm/s(围岩不稳定段)。

(3)对地面居民区人员的影响

以减少居民投诉为目的,根据国内工程经验,选取控制标准为不超过1.5cm/s。

(4)对地表浅埋管线的影响

参考国内工程经验,选取控制标准为不超过1.5cm/s。

(5)对海底岩层的影响

爆破对于海底岩层的破坏作用,对于隧道施工安全威胁很大。所以,标准的制定,以不对海底岩层造成明显破坏为原则,选取与隧道衬砌相同的控制标准,即不超过5.0cm/s。

(6)对于没有规定其它情况,根据具体情况制定更为严格的控制标准。

13.6.3 爆破振动安全允许建议标准

根据上述原则和要求制定的爆破振动安全允许建议标准见表13-31。

青岛胶州湾海底隧道工程爆破振动安全允许建议标准 表13-31

序号	保护对象类别	安全允许振动速度(cm/s)		
		<10Hz	10~50Hz	50~100Hz
1	土窑洞、土坯房、毛石房屋、旧房、危房	0.5~1.0	0.7~1.2	1.1~1.5
2	一般砖房、非抗震的大型砌块建筑物	2.0~2.5	2.3~2.8	2.7~3.0
3	钢筋混凝土结构房屋	3.0~4.0	3.5~4.5	4.2~5.0
4	一般古建筑与古迹	0.1~0.3	0.2~0.4	0.3~0.5
5	锚喷隧道(稳定的围岩类别)	15.0		
6	锚喷隧道(不稳定围岩类别)	10.0		
7	衬砌隧道(初凝~3d)	2.0		
8	衬砌隧道(4d~28d)	4.0		
9	衬砌隧道(>28d)	5.0		

续上表

序号	保护对象类别	安全允许振动速度（cm/s）		
		<10Hz	10~50Hz	50~100Hz
10	地面浅埋管线	1.5		
11	居民区人员	1.5		
12	隧道海域段海底岩层	5.0		

注：1. 对表 2-6 中序号 1~4 的保护对象，选取安全允许振动速度标准具体数值时，应综合考虑保护对象的重要性、建筑质量、地基条件等因素；

2. 对表 2-6 中序号 5~9 的保护对象，如果保护对象位于隧道的围岩破碎带等不稳定区域，应根据具体情况，适当降低安全允许振动速度标准，保证施工安全；

3. 对表 2-6 中序号 10 的保护对象，应该综合考虑保护对象的重要性等因素；

4. 对表 2-6 中序号 12 的保护对象，其海底岩层是指海底岩层与海水交界附近岩层。

13.6.4　爆破振动安全允许标准的使用说明

爆破的地震波会对周围各种介质和物体等产生不同程度的影响，如图 13-69 所示。

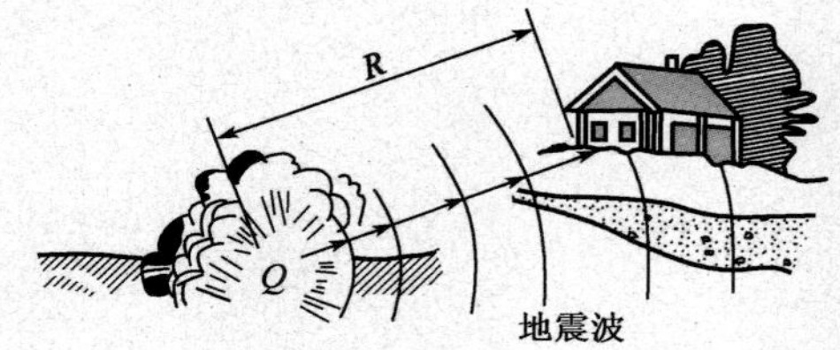

图 13-69　爆破振动对附近建筑物的影响示意

爆破振速、装药量及爆破距离之间存在经验关系。我国一直使用的经验公式见式(13-7)。该式也是国家《爆破安全规程》(GB 6722—2003)规程的第 6.2.3 条所规定的爆破振动安全允许距离计算公式。

$$R = \left(\frac{K}{v}\right)^{\frac{1}{\alpha}} \cdot Q^{\frac{1}{3}} \tag{13-7}$$

式中：v ——质点振动速度(cm/s)；

Q ——齐爆药量或单孔药量(kg)；

R ——爆破点至保护对象的距离(m)；

K、α ——与爆破点地形、地质等条件有关的系数和衰减指数，K 值一般取 50~350，α 值取 1.3~2.0。具体如何取值见本节后面说明。

由式(13-7)可知，爆破振动对建筑物的破坏危险取决于装药量和炮孔至建筑物的距离。当式(13-7)计算的爆破振动速度小于控制标准的数值，爆破对于被保护对象影响就在安全范围内，以此时的药量作为爆破中的最大齐爆药量即可。

用式(13-7)预测保护对象的爆破安全性时，需要首先确定 K 和 α 值。K 和 α 值以爆破地的物理力学参数等有关，一般来说，在同等地质等条件下，对同类型保护对象作大量的现场爆破振动测试，再通过数值回归方法才可确定。一般也可以根据地质力学资料，采用数值模拟方法估算或参考表 13-32 选取，然后在施工中通过实测进一步确定。

爆区不同岩性的 K 和 α 值　　表 13-32

岩　性	K	α
坚硬岩石	50~150	1.3~1.5
中硬岩石	150~250	1.5~1.8
软岩石	250~350	1.8~2.0

为了减少爆破地震波对爆区周围建筑物等的影响,可以采取下列措施:

(1)采用不偶合装药结构,选用低威力、低爆速炸药。

(2)避免药量过分集中,尽量使炸药均匀分布于被爆破的介质中。

(3)采用微差爆破或秒延期爆破技术,限制齐发爆破的总装药量或延期爆破药量最大一段的装药量。

(4)采取预裂爆破技术,或在爆源与需要保护的建筑物之间开挖减振沟槽。单排或多排的密集空孔,也可以起到一定的减振作用。

(5)采用一定数量的较大直径空孔,减小爆破振动作用。

值得注意的是,爆破地震与天然地震相比,具有振动频率高、持续时间短和震源浅等特点,因此,不能用天然地震烈度来比照爆破地震效应的破坏情况。

第14章 超前地质预报

14.1 隧道工程综合超前地质预报的意义

在海底隧道工程施工的过程中，一旦出现预报失误，后果将不堪设想。由于物探的多解性以及地质情况的复杂性，单一预报方法对地质预报的准确度并不十分可靠，因此无法满足海底隧道高风险的要求；同时不同方法对不同的地质缺陷预报效果也不尽相同，为了提高预报的准确性和精确度，必须开展综合超前地质预报方法研究。

所谓综合超前地质预报方法，就是根据具体的现场条件，合理采取多种预报手段，扬长避短，相互补充，相互印证，多角度、多参数地对掌子面前方的地质情况进行预报的方法。具体实施方法为：建立宏观超前地质预报、长期（长距离，50～200m）超前地质预报（TSP探测等）、短期（短距离，0～50m）超前地质预报（地质雷达、瞬变电磁等）多步预报预警机制，构成海底隧道施工的地质综合预报体系，进行不良地质体的超前预报。

综合超前地质预报的思想虽早被提出，但多强调几种方法的综合运用，缺乏对不同地质对象的适用性研究，容易造成一哄而上的局面。另外，对于各种物探方法的选择、搭配及互相配合应用的综合物探方法研究得不够深入，同时也缺乏将隧道的地质工作、物探技术、中短深度水平钻探的成果结合起来进行掌子面前方风险定位的研究。因此，超前预报应只有根据不同水文地质情况分段分区，分别采用不同的预报手段和方法，才能达到高效、有效地预报地质灾害的目的。

14.2 综合超前地质预报的目的和原则

14.2.1 综合超前地质预报的目的

隧道超前地质预报技术主要包括常规地质方法、工程物探方法、数值分析方法等，在预报时一定要结合隧道掌子面前方的具体情况进行合理设计，进一步拓宽隧道超前地质预报概念的含义。特别是在复杂地质条件隧道施工过程中，在加强工程地质分析的同时，应结合工程物探对隧道不良地质进行超前地质探测预报研究，为工程设计及施工提供工程地质资料。避免工程地质灾害，从而保证施工安全。由于海底隧道位于海平面以下，使得隧道信息化施工过程中具有一定的高风险，因此海底隧道超前地质预报显得尤为重要，主要目的为：

（1）主要预报开挖掌子面前方的岩性变化或围岩类别。

（2）掌子面前方可能出现的地质断层及岩石破碎带的情况。

（3）掌子面前方软岩地段的位置和长度。

（4）开挖段前方岩体是否含水及可能的涌水情况等。

(5)通过对隧道洞身范围内(特别是掌子面前方)的岩体破碎地段、断层发育等不良地质的预测和分析,给掌子面的开挖提供了重要的指导。

14.2.2 综合超前地质预报的原则

结合胶州湾海底隧道工程线路长度、地质条件等实际情况,根据工程实际要求,课题组专家反复讨论、论证,初步拟订了适合本工程的超前地质预报方案,在实践中摸索出了超前地质预报“三结合”和风险靶段划分原则,即“地质与物探、钻探结合,洞内外结合,长短及不同物探方法结合”,在对隧道风险分级的基础上,采用相应的综合预报方案。

1)地质与物探、钻探结合:地质分析工作是超前地质预报工作的基础和重要环节,在了解地质情况的基础上,才能使物探的解释结果更接近真实情况,大大减少由物探多解性带来的难题,离开地质的物探极易偏离真实的地质,离开物探的地质很难将施工超前地质预报工作细化。

2)洞内外结合:是指野外地质调查与洞内地质素描和洞内预报成果相结合,即宏观地质分析与具体的施工超前预报相结合。

3)长短及不同物探方法结合:长期超前预报探测距离较长,但准确性稍差,短期超前预报探测距离较短,但准确性较高,两者的结合可以取长补短,可有效提高超前地质预报的准确性;各种物探方法各有千秋,单独采用一种方法往往精度达不到要求,而不同物探方法的结合,则可以互相取长补短,有效提高超前地质预报的准确性。

综合预报方案要“合理搭配、科学管理、贯穿全程、因地制宜”。具体描述如下:

1)合理搭配、科学管理:针对不同的地质情况和预报要求,将各种方法合理搭配,一方面避免所有方法一拥而上的混乱局面;另一方面,避免采用不适当的预报方法,降低预报效率。科学管理是指隧道超前地质预报要有全面系统的管理制度和高效的反馈机制,以及时指导施工。

2)贯穿全程、因地制宜:由于隧道围岩地质的隐蔽性、复杂性,地质工作必须贯穿于施工的全过程,这样才能从根本上保证隧道施工的安全、快速进行。同时为了达到经济、合理的目的,则需要因地制宜地在不同的围岩中采用不同的隧道超前地质预报方法,如在围岩地质较好的地段中采用结构面调查法就可以对施工中隧道周边岩块的稳定性进行较准确地判定;而在有较严重地质灾害风险的地段则可能要运用多种物探方法相结合,以达到较准确判断不良地质体的目的。

青岛胶州湾海底隧道预报的重点在于断层破碎带,预防坍塌涌水的预报,原则上采用长距离宏观预报与短距离精确预报相结合、超前钻探与物探相结合、定量与定性相结合、多种方法相互补充验证的综合超前预报方案,切实及时指导施工。充分利用超前的服务隧道对两侧主隧道实施地质预报,必要时采取超前钻探验证等手段相结合的综合预报法,确保超前地质预报的准确性。

14.3 超前地质预报的方法

地质超前预报:为了了解掌子面前方一定长度范围内的地质情况,给施工方法和安全提供依据,必须对隧道开挖进行地质预报,地质预报可采用地质素描,超前钻孔和超前地质预报仪器等综合方法进行。

1)TSP 超前探测:对全隧道进行 TSP 超前探测,对断层破碎带、裂隙发育带、岩性界面处进行重点探测。

2)高分辨直流电法超前探测及红外探水:采用高分辨直流电法超前探测及红外探水仪,对全隧道进行水文探测,两种方法可相互验证和补充。

3)超前探孔:全隧道施工中,在每开挖循环,通过加深炮孔,来对隧道掌子面前方进行超前探测。

4)超前地质钻孔:通过在掌子面打超前水平钻孔,可以了解前方的地质条件和地下水,为制订施工措施提供依据。对勘察期间发现的断层破碎带、裂隙发育带、侵入岩与喷出岩接触带、岩埋出露带及其他预报手段探测到的异常地段，采用地质超前钻孔，进行超前探测。水平超前钻孔的工法概要如图 14-1 所示。

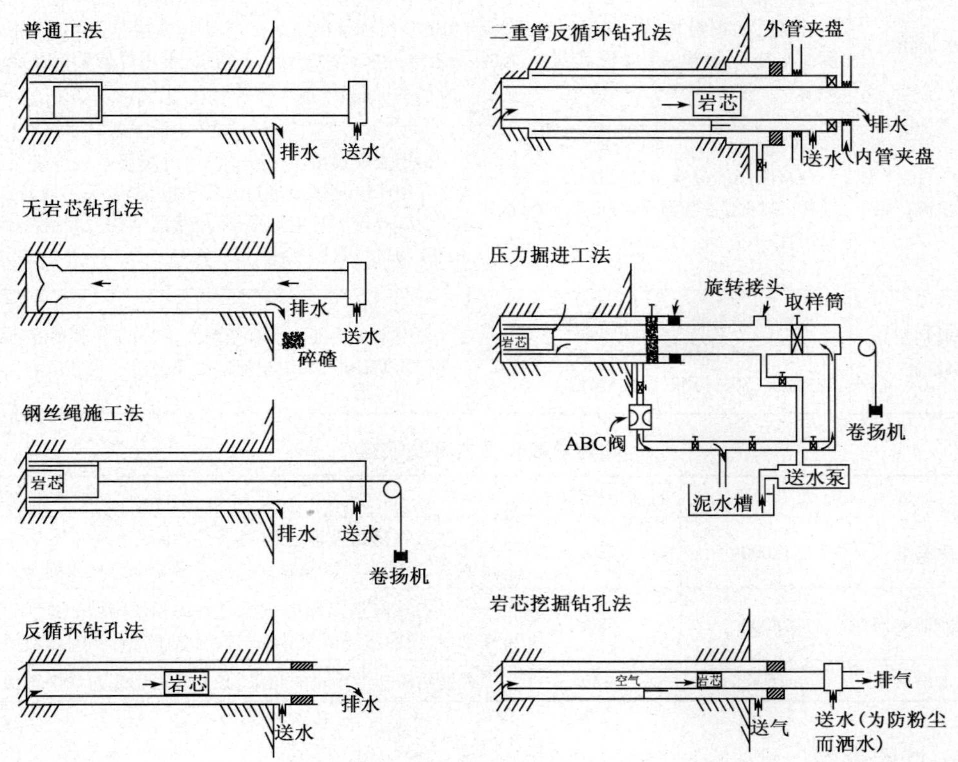

图 14-1　超前钻孔工法概念图

5）地质分析：对全隧道进行地质素描，记录现场揭露的地质信息，并综合上述各种探测方法获得的地质信息，通过综合分析，预测预报前方工程地质及水文地质条件。

6）地震负视速度法：相对 TSP 超前探测距离较短，故采用常规的地震仪器进行探测。对断层破碎带、裂隙发育带、岩性界面处进行重点探测。

7）地质雷达探测法：地质雷达通过向地层中发射宽带、高频电磁波，并对所接收到的反射波进行一系列处理，可精确地测定出电磁脉冲传播到目标物并反射回来的时间，由此来确定目标物的深度和位置等。探测距离较短。尤其对断层破碎带的探测较为有效。

14.4　胶州湾隧道工程施工超前地质预报实施方案

14.4.1　综合超前地质预报内容

本施工方案主要解决胶州湾隧道工程施工超前地质预报中的以下主要内容：

1）提供开挖掌子面前方的围岩类别及岩性变化情况。

2）地质情况预报，预报掌子面前方可能出现的地质断层及岩石破碎带的地质情况。

3）开挖段前方的水文资料和可能的涌水预报。

4）其他不良地质位置预报。

针对要重点预报的不良地质情况，应采取合理的搭配方案，才能取得最好的预报效果。各种不良地质体适用的预报手段如表 14-1 所示，表 14-2 为胶州湾海底隧道超前地质预报内容及数量。

施工超前地质预报的内容和手段表　　表 14-1

序号	不良地质现象	预报内容	预报手段
1	涌水、涌泥	预报掌子面前方一定范围内有无涌水、涌泥，并查明其范围、规模、性质；预测涌水变化规律，并评价其对施工的影响	采用宏观预报法预测全洞段的涌水、涌泥位置及规模，采用TSP进行涌水长期预报，根据地质情况选用地质雷达法、瞬变电磁、红外探水法进行短期预报，采用超前钻探及经验法，准确预测涌水、涌泥位置和规模
2	断层及破碎带	预报断层的位置、宽度、产状、性质、充填物的状态，是否为充水断层，并判断其稳定性	采用宏观预报法预测全洞段的断层及破碎带位置及规模，主要采用TSP测试法进行长期预报，辅助采用地质雷达法进行断层及破碎带的短期预报，采用超前钻探及经验法准确预测断层及破碎带位置和规模
3	围岩类别及其稳定性	预报掌子面前方的围岩类别，判断其稳定性，随时提供修改设计、调整支护类型、确定二次衬砌时间的建议等	采用宏观预报法预测全洞段围岩的类别及桩号，采用TSP法进行长期预报，采用超前钻探及经验法预测围岩类别及桩号

超前地质预报内容及数量　　表 14-2

序号	内容	计划工作量(m)	目前工作量(m)	备注
1	地质编录	18000	5800	对左右线隧道及服务隧道通过的断层、地层分界线、角度不整合接触带、突涌水段以及其他物探异常带进行地质编录
2	物探超前地质预报	18000	5800	对左右线隧道及服务隧道通过的断层、地层分界线、角度不整合接触带、突涌水段以及其他物探异常带进行物探超前地质预报
3	超前水平钻探	1500	230	根据物探超前预报的结果，必要时采用超前水平钻探

14.4.2 地质编录

(1)地质编录的基本内容

对隧道开挖后的工程地质、水文地质特征进行详细地编录。根据掌子面的地质特征，并结合勘察设计地质资料，绘制地质纵断面展开图，并提出工程措施意见。

(2)隧道地质编录的主要项目

1)岩性描述：把岩石的主要特征加以简要描述，包括岩石的名称、颜色、结构、构造及成分等，并对岩体受构造影响程度、节理发育程度、岩体完整程度、富水程度及围岩稳定状态等进行描述。

2)层理描述：对主要岩层产状要素、单层厚度和层面特征进行描述。

3)节理描述：对洞壁和掌子面上的节理进行统计和测量，对主要节理的组数、产状、张开程度、充填物性质等进行测量和描述。

4)围岩类别：根据开挖之后具体围岩的构造、物理力学性质、地下水等因素对围岩类别进行修正，将施工采取的围岩类别与设计中的围岩类别进行比较。

5)断层参数描述：对断层的类别、断层规模、断层破碎带的宽度、各断带(包括影响带)位置、产状，断层带的物质组成、宽度、富水程度及工程性质等进行记录和描述。

6)涌水情况描述：对涌水类型、涌水状态、涌水位置、范围以及涌水量进行描述。

7)侧壁和掌子面的地质素描：通过对掌子面已揭露地质体(岩层、不良地质体)进行观测与编录，以开挖围岩的地质变化规律为依据，可以对掌子面前方延伸情况进行有依据的推断。

14.4.3 超前水平钻探

对规模较大的区域性断层、物探超前预报的异常段(可能的突涌水段)，通过超前水平钻探(取芯)进一步确定断层的位置、破碎带的宽度、富水情况等不良地质状况。

(1)超前水平钻进的必要性

由于前期工程地质勘察阶段钻孔数量有限,即使加上必要的物化探等手段也不可能涵盖所有地层的地质信息,因此在正式施工后也需要根据新奥法的基本理念:即通过反馈施工过程中遇到的重要信息达到动态的设计,和施工协调一致,良性互动。在施工阶段,几乎所有的物理探测技术(物探)的精度和准确性都有待提高,在遇到地质构造复杂,其他手段推测前方存在较大地质缺陷或者隐伏水体存在而又无法验证时,超前水平钻探作为最为直观和有效的勘察手段显得尤为必要。

(2)本工程中超前水平钻探可能面临的难点问题和对策

根据业主单位提供的勘察资料,初步估计超前水平钻探可能遇到以下问题:

1)地层的软硬不均和地层可钻性的各向异性,在钻进过程中钻孔轨迹难以得到有效控制。

2)岩石的坚硬不均导致钻进时极易发生卡钻、烧钻等事故。

3)在遇到复杂岩性地层时,钻进效率(回次钻进速度)难以提高。

4)在遇到固结性地层时,提取岩芯遇到岩芯难以卡断而使岩芯管堵塞的困难。

针对以上问题,给出以下相应解决对策:

1)针对不同的岩性地层特点,采用不同的钻头。PDC 取芯钻头(金刚石复合片钻头)适应于软～中硬地层,金刚石取芯钻头或硬质合金钻头和钢粒钻头适应于中硬～坚硬地层。

2)针对复杂地质情况,主要通过调节钻压、钻速和泵量的合理关系达到最大效能。具体原则如下:

①由于软岩石研磨性小,易切入,应重视及时排粉,延长钻头使用寿命,故应取高转速、低钻压、大泵量的参数配合。

②对研磨性较强的中硬及部分硬岩石,为保持较高的钻速并防止切削具早期磨钝,应取大钻压、较低的转速、中等泵量的参数组合。

3)合理钻压的确定应考虑的因素有:岩石性质、钻头类型、金刚石(硬质合金或者钢粒)、克取岩石的面积、施加钻压的阶段性(磨合和正常钻进)、有关孔内压力的传递问题(钻孔深度、冲洗液、转速对钻压的影响)。

4)合理钻速的确定应考虑的因素有:岩层的性质,在中硬完整的岩层中钻进,可采用高转速;如果岩层破碎、裂隙发育、软硬不均、孔壁不稳、不均,宜采用低转速。钻孔的结构和深度,钻孔结构简单、环空间隙小,孔深不大,宜采用高转速;反之,应降低转速。机械设备、钻杆柱及钻具的能力。

5)在取芯钻头内部设置岩心卡断装置而使岩心在钻进过程中自动定长卡断,否则岩芯将因过长而无法通过水龙头弯管,这样随钻进的连续进行,大量岩芯将悬浮在内管中无法到达地表,并且堵塞反循环气流通道,久而久之,大颗粒岩屑因风量减少而滞留在岩芯与内管之间的环隙中,造成岩芯堵塞,导致反循环中断。如堵塞发生在孔底,还会造成岩芯磨损,不仅钻效急剧降低,还将因采取率低而影响钻孔质量。

14.4.4　综合超前地质预报具体方法

结合本项目隧道地质条件,对地质条件不太复杂的地段主要采用长距离隧道地质探测仪 TSP,根据地质情况可选用地质雷达、红外探水仪等进行探测隧道掌子面前方的不良地质体;对地质条件特别复杂的地段,除采用一般地质条件下的探测仪器外,还需采用其他探测仪器进行探测,如瞬变电磁等,以实施综合超前地质预报。为实现各种预报方法的良好配合,对常用的超前地质预报手段的特点进行了总结,如表 14-3 所列;超前地质预报手段及适用范围如表 14-4 所列。

针对本隧道存在的断层构造发育、岩层种类繁多、岩性界面形态复杂的特点,结合本隧道水下施工的特点,将施工超前地质预报作为一道施工工序纳入设计中,设计按照“安全第一,预防为主”的原则制订,即超前地质预报以地质分析为主,长距离宏观预报与短距离精确预报相结合,超前探孔与物探相结合,多种物探方法相互补充验证、定性与定量相结合的综合预报方案,实施方案主要采用以下几种方法。

常用超前预报方法的特点总结表　　表 14-3

超前地质预报方法	特　　点
地质分析法	可以随时进行，不干扰施工，通过对资料的分析，可以推断和预报隧道施工前方的工程地质和水文地质情况，但地质分析的结果较为宏观，不能做到精确地判断，需要与物探方法相结合
超前水平钻探法	这种方法可以反映岩体的大概情况，比较直观，施工人员可根据现场的地质情况来安排下一步的施工组织。但该方法也存在不足之处：在复杂地质条件下预报效果较差，很难预测到正洞掌子面前方的小断层和贯穿性大节理，特别是与隧道轴线平行的结构面，其预报无反映；钻孔与钻孔之间的地质情况反映不出来
TSP 超前预报方法	可以对岩体的参数进行定量显示，对工作面前方遇到与隧道轴线近乎垂直的不连续体（节理、裂隙、断层破碎带等）的界面，其结果比较可靠，但如果不连续体的界面形状不规则，准确预报的难度将较大
陆地声纳法	陆地声纳法是探查溶洞、溶槽以及破碎岩体的较好方法，目前的主要问题是无法准确测定各层岩体的波速，影响预报的精度
地质雷达法	地质雷达能预报掌子面前方地层岩性的变化，对于断裂带特别是含水带、破碎带有较高的识别能力，但是探测的距离较短，大约在 20 ~ 30m 之间，同时雷达记录易受干扰
瞬变电磁法	能够探查掌子面前方的低阻体（含水体），目前精确定位的计算问题尚待深入研究，在隧道中探测易受干扰的影响
红外探水法	能估算掌子面前方 15 ~ 25m 岩体含水情况，但受干扰较大

超前地质预报手段及适用范围表　　表 14-4

预报方法	预报距离	技术原理	适用范围	备　注
工程地质法	全洞段	工程地质知识	预报围岩类别、涌水、断层、地温、高应力、有害气体	不影响施工
TSP 超前预报法	前方 150m	地震波法	预报断层、溶洞和富水带的位置和规模	约 2h
陆地声纳法	前方 100m	弹性波法	预报中小型溶洞和破碎带	约 1h
超前钻探法	前方 30m	勘探法	预报围岩类别、涌水、断层、高应力、有害气体等	约 2 ~ 3d
地质雷达法	10 ~ 25m	电磁波	重点预报涌水，预测断层、溶洞和富水带的位置和规模	约 1h
红外探水法	25m	红外线法	重点预报地下水、富水带	不影响施工
瞬变电磁法	50m	电法	重点预报涌水，预测断层、溶洞和富水带的位置和规模	约 2h
钻孔电视技术	30m	摄像	重点探测断层、破碎带和富水带的位置和规模	视岩体质量而定

1）TSP 超前探测：对正洞和服务隧道全线进行 TSP 超前探测，对断层破碎带、裂隙发育带、岩性界面处进行重点探测。

2）地质雷达法：地质雷达通过向地层中发射宽带、高频电磁波，并对所接受到的反射波进行一系列处理，可精确地测定出电磁脉冲传播到目标物并反射回来的时间，由此来确定目标物的深度和位置等。探测距离较短。尤其对断层破碎带的探测较为有效。在服务隧道和正洞重点地段，根据现场实际需要布置。

3）瞬变电磁法：瞬变电磁法是一种预报水较为有效的方法，它是利用阶跃波形电磁脉冲激发，利用不接地回线向地下发射一次场，在一次场断电后，测量由地下介质产生的感应二次场随时间的变化，来寻找各种地质目标的一种地球物理勘探方法。

4）陆地声纳法：采用在掌子面上设水平和铅垂两条测线，点距为 25 ~ 30cm，用锤击作震源，在靠近激震点处设检波器接收反射波。LDS-1 为隧道地质预报专用，无需凿孔放炮，安全节能，省工省时无耗材，在隧道掌子面上工作，每个掌子面上工作时间在 40min 左右。

5）红外探水：采用红外探水仪探测，对正洞和服务隧道全线进行水文探测。

6）地质分析：对正洞和服务隧道全线进行地质素描，记录现场揭露的地质信息，并综合上述各种探测方法获得的地质信息,通过综合分析,预测预报前方工程地质及水文地质条件。

7)超前地质钻孔:对勘察期间发现的断层破碎带、裂隙发育带、侵入岩与喷出岩结合带、岩脉出露带及其他预报手段探测到的异常地段,采用地质超前探孔,进行超前探测;部分 V 级围岩段,可采取钻孔取芯。

8)超前探孔:全隧施工中,在每开挖循环,通过加深炮孔,对隧道掌子面前方进行超前探测。

9)钻孔电视技术:利用数字钻孔摄像,对整个钻孔的 360°孔壁进行连续摄像,通过图像特征对孔内现象进行定性描述和定量分析,对地质构造(如破碎带)在钻孔群间的发育情况进行三维空间上的分析。

14.4.5　综合超前地质预报的具体实施程序

(1)宏观超前地质预报

隧道地质分析与施工地质灾害的宏观预报,是以前人的区域地质资料和深入地面地质调查取得的第一手资料为基础,通过不良地质分析方法,宏观预报洞体施工可能遇到的不良地质类型、规模、大约位置和走向,宏观预报地质灾害的类型和发生的可能性。实践证明:隧道所在地区的地质分析和不良地质宏观预报是超前地质预报的基础和前提,是隧道高水平的施工地质灾害超前预报不可或缺的第一道工序。因为只有在地质分析和宏观预报的指导下,才能更准确、更有效地实施下一步的洞体不良体地质超前预报、超前钻探、判断及临近警报等后续预报工作。

宏观预报的主要程序为:

①首先收集、整理工程区区域地质资料,结合地质调查进行资料分析,研究区域断裂及破碎带的发育规律,从而判断工程区断裂发育方向及规模,以及可能出现的地质灾害。

②根据前期的地质勘察资料,对隧道的工程地质和水文地质状况作出预测。

③依据前述分析结果,预测地层岩性分布、主要构造、围岩类别等洞段的桩号范围,提出隧道需加强预报及预处理的洞段,以及计划采取的综合超前地质预报方案,并随开挖过程进行调整。

(2)长期超前地质预报

采用多种方法的综合勘探技术手段,定性和定量地预报距掌子面前方 30 ~ 150m 范围内的不良地质体。长期超前地质预报实施程序见图 14-2。

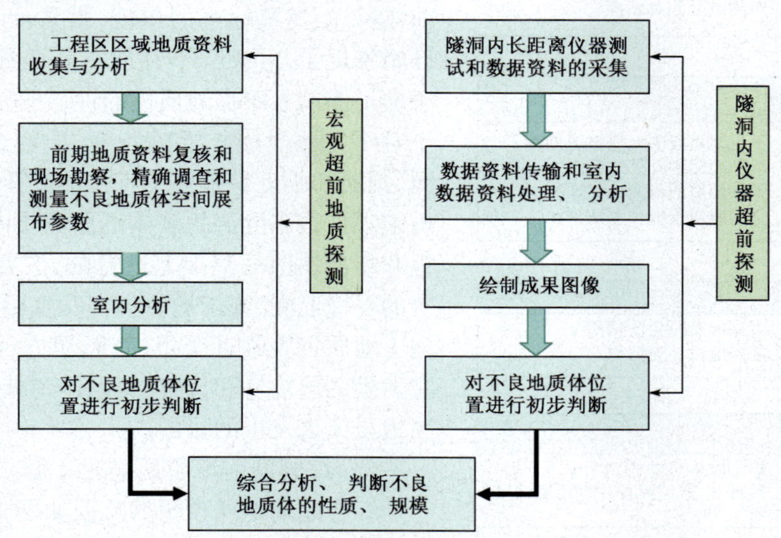

图 14-2　长期超前地质预报实施程序图

①长期超前地质预报分为两个部分:基于地面地质分析的宏观不良地质体预报和隧道内长距离仪器探测,它是由两种或两种以上的勘探技术手段相结合进行的综合预报。一般采用工程地质法对地面不良地质体进行预报,采用 TSP 技术进行隧洞内 150m 的长距离探测,必要时采用陆地声纳法作为 TSP 预报成果的对比验证手段。

②预测掌子面前方存在的岩层界线、断层、软岩、富水带等不良地质体。主要是查明上述不良地质体的位置和规模,用于指导短期预报。

③一般一次预报洞段长100~200m,约每120m预报一次。

(3)短期预报

短期超前地质预报是在长期超前地质预报的基础上进行的,预报距掌子面前方20~50m范围内的不良地质情况,判断围岩类别等。所采用的预报方法主要为物探仪器测试、超前钻探及经验法。

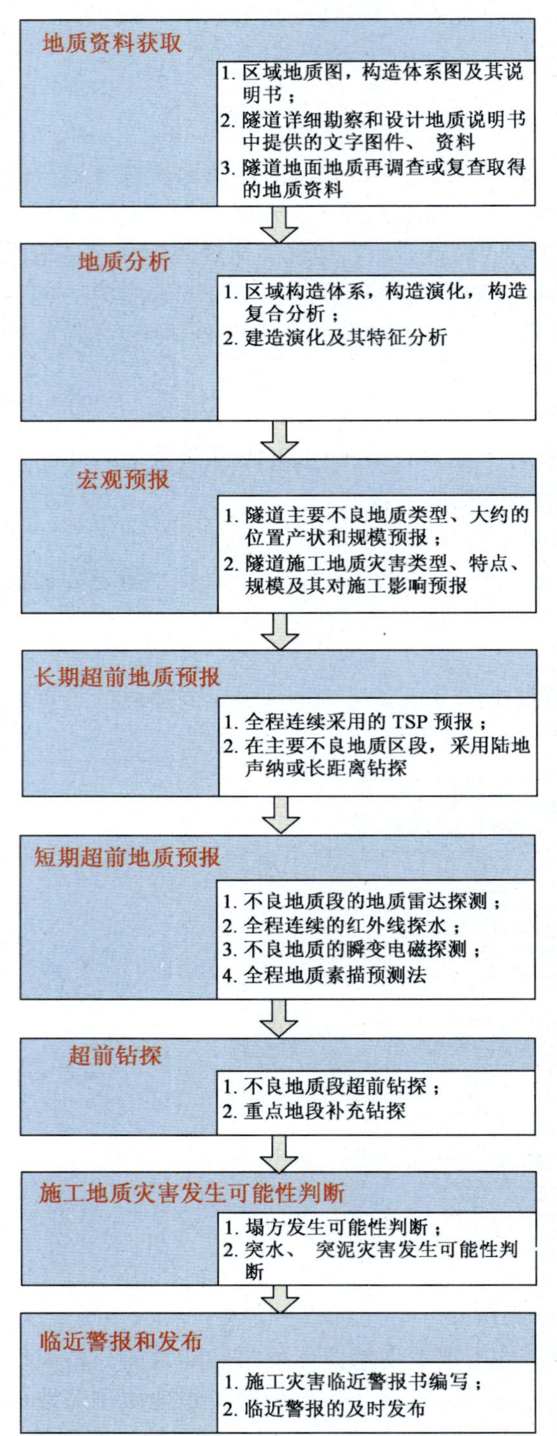

图14-3 综合超前地质预报流程图

1)主要是通过工程地质法、经验法、地质雷达、瞬变电磁、超前钻探相结合的方法进行预测,通过对不同地质体标志的确认,以及不良地质体出现前的前兆标志,对不良地质体可能出露的位置进行预测和判断,对不良地质体的类型、规模、位置进行预测。

2)短期预报距离分为以下两种情况:

①掌子面前方岩体完整,反映信息较强时,通常预报距离为30~50m。

②掌子面前方裂隙发育,岩体较破碎,反映信息较弱时,一般预报距离为20~30m。

③短距离预报成果包括地层岩性、构造、地下水、围岩类别等。

由于短期预报是在长期预报的基础上进行的,所以预报的精度一般要超过长期超前地质预报,特别是对不良地质体性质的预报;对地质灾害预报而言,相当于临灾预报。

(4)施工地质灾害临近警报

隧道掘进过程中,在出现断层破碎带、暗河、陷落柱和洞穴淤泥带之前,一般都会出现各自明显或不明显的前兆标志;这些标志的出现,常常预示前述不良地质体已经临近了。因此,不良地质前兆预测法,一方面有助于掌子面前方不良地质体的性质鉴别,另一方面更有助于对不良地质体临近的判断,即隧道施工地质灾害监测、判断和临近警报技术。它是在隧道所在地区不良地质宏观预报和隧道的洞体不良地质体长期、短期超前预报和超前钻探的基础上进行的,主要包括:施工地质灾害的环境监测,施工地质灾害发生可能性的判断。通过施工地质灾害临近警报,判断塌方、涌水等不良地质灾害发生的可能性和位置,从而达到减少甚至避免严重施工地质灾害发生的目的。

(5)综合超前地质预报的流程

综合超前地质预报的流程如图14-3所示。图14-4为综合超前地质预报示意图,图中主要表示出了长期预报、短期预报、超前钻探、地质反馈分析等多种方法相结合的预报方式。即首先通过地质分析宏观上确定所要预报隧道各段的围岩情况,并进行风险等级划分;在岩性较好的地段,一般用TSP预报150~200m,当接近不良地质体时，选用地质雷达或瞬变电磁进行短期更精确地预报。同时如施工许可，可采用数字钻孔摄像仪进行进一步确认，也可在先行隧道中从侧向钻探了解不良地质构造的情况；通过这几种手段的结合基本上能确定不良地质体的性质和规模。预报结果和开挖揭露情况要及时对比，分析反馈，以不断提高综合超前地预报的准确性。图 14-5 为综合超前地质预报体系图。

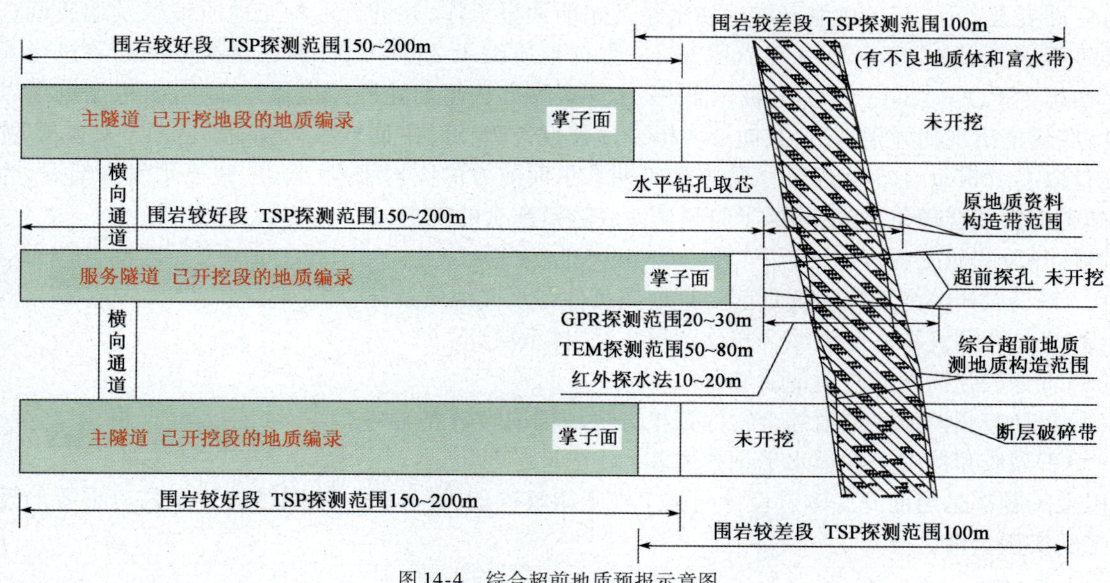

图 14-4　综合超前地质预报示意图

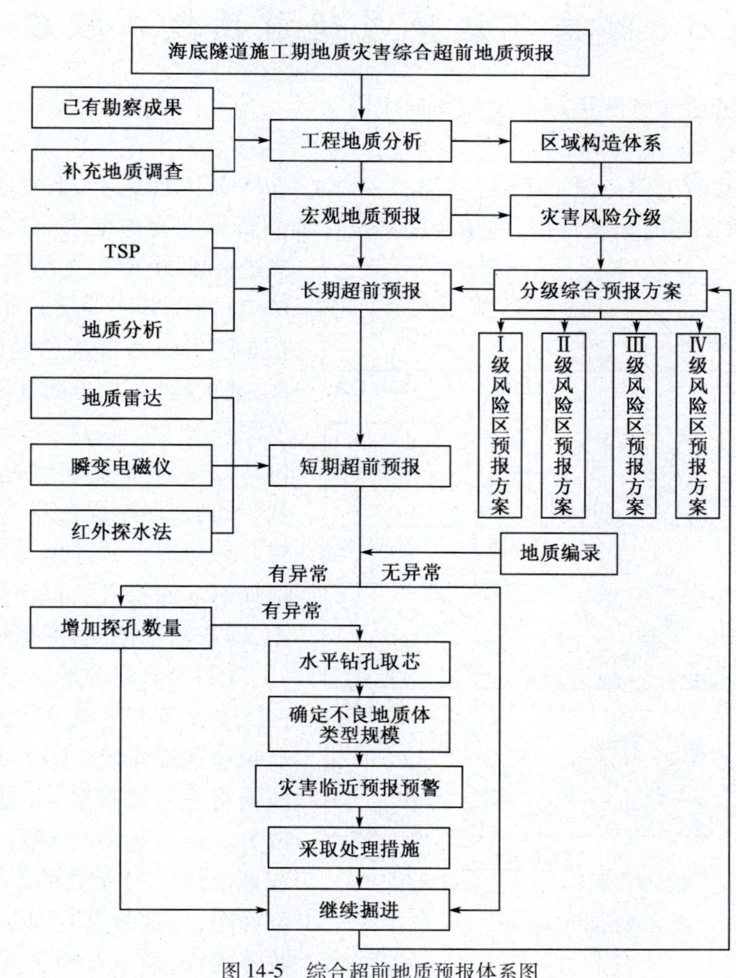

图 14-5　综合超前地质预报体系图

14.5 完成的工作

课题组自2008年3月3日进场开展工作;在青岛胶州湾海底隧道成立课题组;结合现场工程进展情况,立即展开工作,每天进洞开展地质编录及超前预报工作,并进行了补充地质编录及地质调查和分析,为工程施工服务,截至2010年7月28日,累计地质编录23000m,并对已经揭露的断层进行了详细编录;实施TSP、地质雷达、瞬变电磁、红外探水等多种方法超前地质预报累计257次,根据进场以来胶州湾海底隧道出现的异常情况,共向业主提交预警报告28份,并对IV~V级围岩区段开展钻孔取芯12次,累计取芯1580m,有效地探明了隧道施工期掌子面前方的围岩级别、岩性、地下水发育情况,为工程安全施工提供了合理化建议,确保了胶州湾海底隧道施工的安全。

具体开展的研究内容如下:

(1)青岛胶州湾海底隧道隧址区工程地质条件与水文地质条件分析。

(2)青岛胶州湾海底隧道综合超前预报方法、体系研究。

(3)青岛胶州湾海底隧道地质编录。

(4)青岛胶州湾海底隧道综合物探预报方法现场试验研究。

(5)青岛胶州湾海底隧道水平钻孔取芯。

以上问题都是当前海底隧道设计与施工中亟待解决的关键问题,该课题的开展具有重要的理论意义和工程实用价值。

14.6 隧道不良地质超前预报工程应用

青岛胶州湾海底隧道服务隧道综合超前预报应用

(1)地质编录

对青岛胶州湾海底隧道服务隧道FK4+372.5~FK4+276的工程地质、水文地质特征进行详细地编录,每个循环根据掌子面的地质特征,并结合勘察设计地质资料和物探结果,对掌子面前方的地质情况进行预测,绘制了隧道掌子面地质编录(图14-6),自FK4+362开始,已经进入断层$f_{4\text{-}5}$,在断层带内为青灰色的断层泥质夹层,强度低,遇水软化,掌子面其他地方也多出现灰白色泥质矿物,而且出现多处压扭现象(图14-7)。同时根据断层$f_{4\text{-}5}$实际出露位置及产状,预测了该断层在左、右主洞可能出露的位置。针对以上开挖编录情况,建议加强支护,增加超前深探孔,并在今后的施工中加强监测,增加防水措施,提高排水能力。

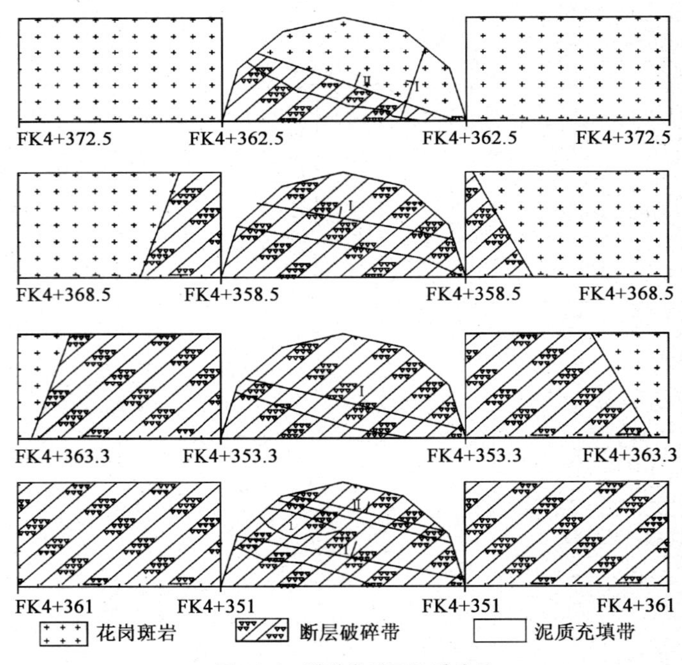

图14-6 隧道掌子面地质编录

(2)TSP超前地质预报

本次预报首先采用TSP203 plus隧道地质超前预报系统。用高灵敏度的特制地震检波器将地震波接收,并被转换成电信号加以放大。经过电脑处理后,形成反应相关界面或地质体反射能量的影像点图和隧道平面、剖面图;一部分直接向接收器方向传播,被接收器接收,形成首到波,由此可计算波速。将采集的数据，通过 TSPwin 软件进行处理，获得 P 波、SH 波、SV 波的时间剖面、深度偏移剖面和反射层提取以及岩石物性参数等一系列成果。在成果解释中，以 P 波资料为主对岩层进行划分，结合泊松比、密度、动态杨氏模量等参数对地质现象进行解释。本次 TSP 超前地质预报的范围是 FK4 + 403 ~ FK4 + 300。经过对 TSP 系统所采集到的数据进行分析，得出深度偏移图和反射层提取图（图14-8、图 14-9）和预报结果 3D、2D 视图显示与岩体物性图（图 14-10、图14-11）。在成果解释中，以 P 波资料为主对岩层进行划分，结合横波资料对地质现象进行解释，解释结果见表 14-5。

图 14-7　断层区开挖照片

本解释遵循以下准则：①正反射振幅表明硬岩层，负反射振幅表明软岩层。②若 S 波反射较 P 波强，则表明岩层饱含水。③v_P/v_S 增加或泊松比突然增大，常常是由于流体的存在而引起。④若 v_P 下降，则表明裂隙或孔隙度增加。预报成果见表 14-5。

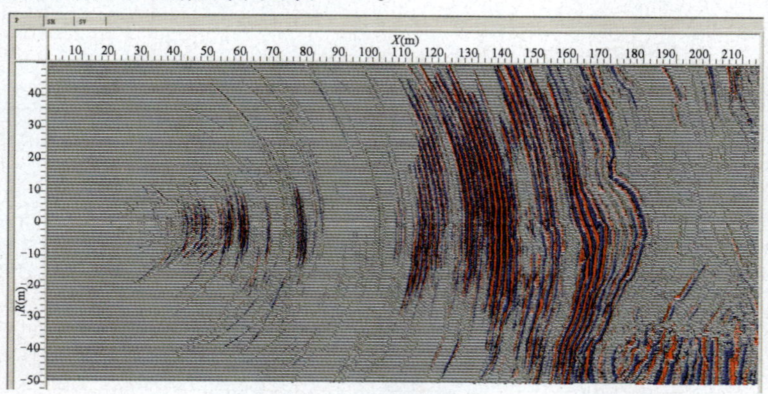

图 14-8　深度偏移图

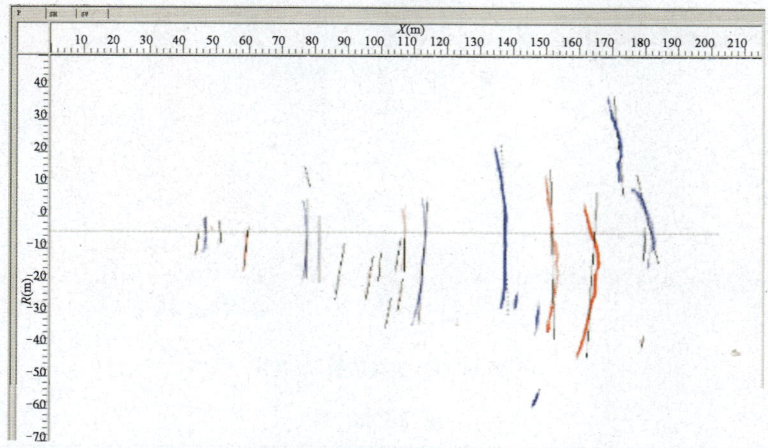

图 14-9　反射层提取图

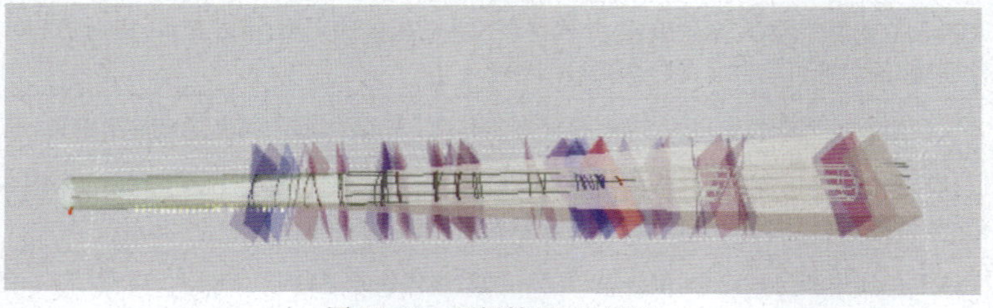

图 14-10　预报结果 3D 视图

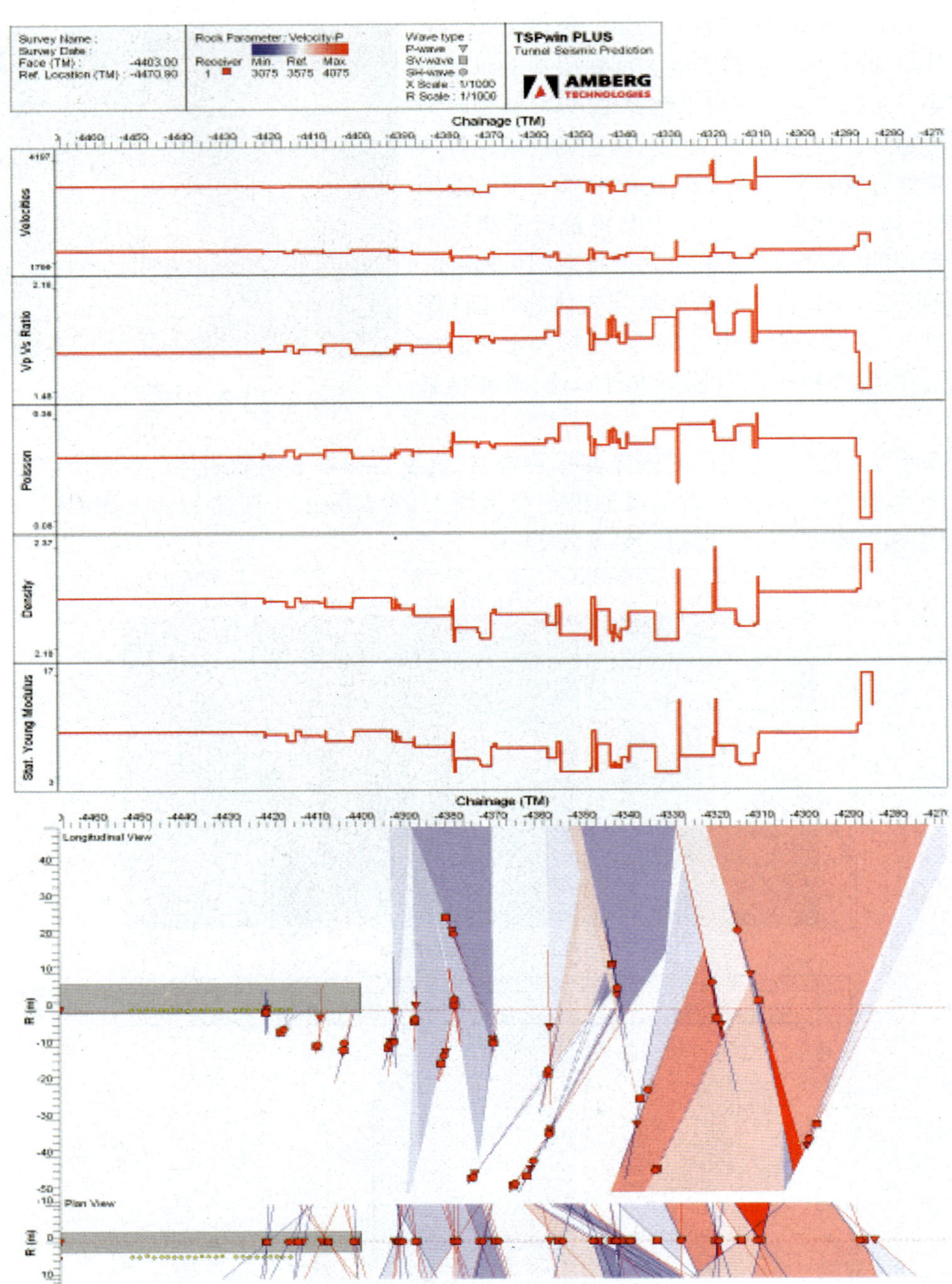

图 14-11　预报结果 2D 视图

预 报 成 果　　表 14-5

里　　程	推 断 结 果
FK4 + 395 ~ FK4 + 372	该段节理裂隙发育，围岩破碎，并伴有强风化软弱破碎充填，围岩含水，特别是 FK4 + 382 左右发育较大贯穿性节理，该节理可能含水，围岩等级为 IV 级
FK4 + 372 ~ FK4 + 358	该段围岩略完整较上一段变好，强度有所升高，完整性略好，属断层破碎影响带，围岩等级为 III 级
FK4 + 358 ~ FK4 + 338	该段已进入断层破碎带，纵向裂隙发育较多，围岩破碎，特别是 FK4 + 351 ~ FK4 + 341 段围岩尤其破碎，强度低，并可能发育裂隙水，该段以 IV 级围岩为主，局部为 V 级
FK4 + 338 ~ FK4 + 300	该段仍属于断层破碎带，围岩破碎，强度低，整体性差，特别是 FK4 + 331 处、FK4 + 322 处及 FK4 + 318 ~ FK4 + 313 段发育有较明显裂隙，并含有破碎软弱充填物，围岩等级为 IV 级

(3)地质雷达法探测

针对前期地质勘察成果与 TSP 超前预报结果，为了探测断层 $f_{4\text{-}5}$ 出露的前期位置及该断层影响带的情况，在 FK4 + 391 掌子面前方开展了一次短距离超前预报地质雷达探测工作，采用天线频率为 100MHz，采集样本点为 512，采集图像见图 14-12。

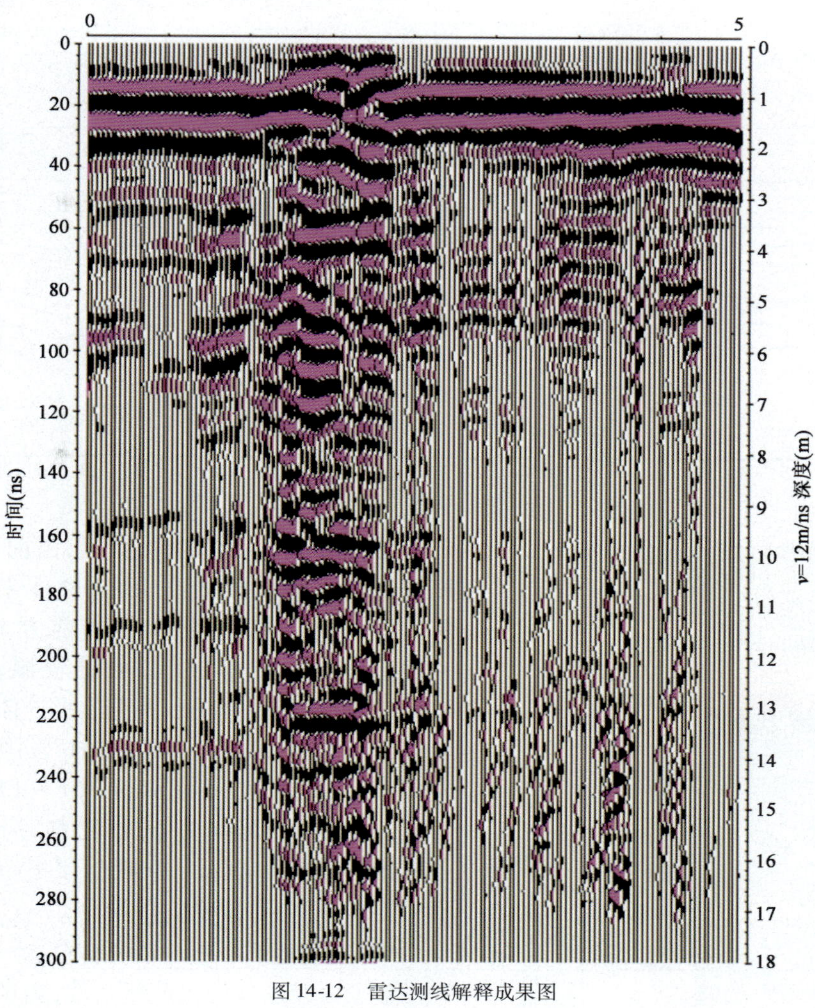

图 14-12　雷达测线解释成果图

根据分析，FK4 + 391 ~ FK4 + 374 段整体基本为一同岩性围岩；其中 FK4 + 391 ~ FK4 + 385 段围岩相对较差，两侧节理发育并有充填物，信号反应较强。FK4 + 385 ~ FK4 + 378 段两侧围岩稍为变好；K4 + 378 ~ FK4 + 374 段围岩又开始变差，反射信号很弱；掌子面中间发育有一断裂带，断裂面上岩石完整性不好，局部破碎，并含有一定的裂隙水。

(4)瞬变电磁法探测

为了更准确地预报掌子面前方含水体的情况，在 TSP 预报的异常段，进行了瞬变电磁探测，所选用的瞬变电磁采用山东大学与国土资源部物化探研究所联合研制的 IGGETEM-30A 瞬变电磁仪。该仪器选用同点装置，发射线框边长 3m、8 匝。接收装置为探头接收，探头谐振频率为 250(±15%)K，有效面积 212m^2，灵敏度大于 0.9μv/nT. Hz。探头后部的屏蔽筒，在隧道使用时可减小外部干扰的影响。测线点距 0.15m，测点数为 20。

图 14-13 是瞬变电磁感应电动势图，它反映了各个测点实测衰减电压随时间变化情况，以及各点的横向对比情况。从图 14-13 可以看到，在整体的中晚期时间道上，所有点多测道曲线均呈现出衰减变缓慢的趋势，因此在测线前方预报距离内中后段的视电阻率会较低。

图 14-14 是视电阻率等值线剖面图，它反应了掌子面前方视电阻率随不同深度的变化情况。从图

14-14 可知,高电阻率与低电阻率交互出现,说明了岩层完整性不好。从整个视电阻率图看,各种干扰影响因素通过相应的处理后得到了较好地压制。

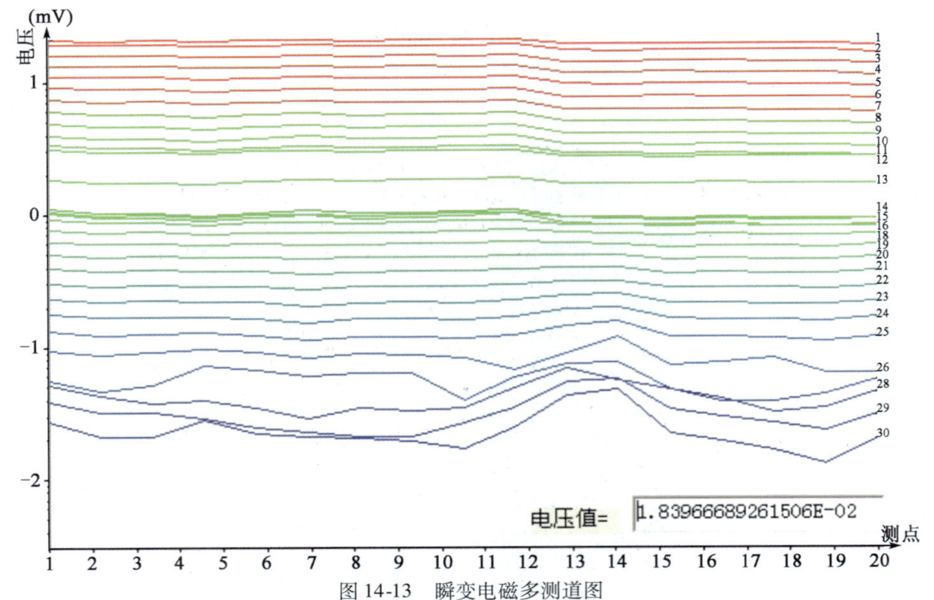

图 14-13　瞬变电磁多测道图

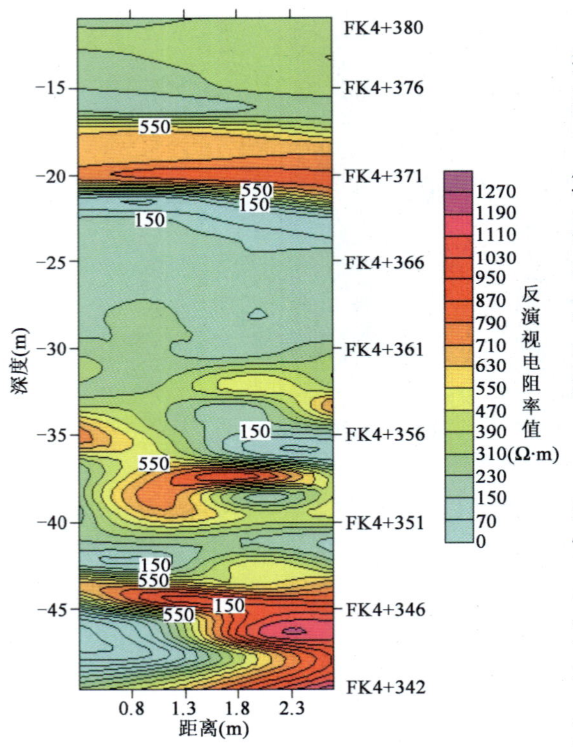

图 14-14　视电阻率断面等值线图

结合隧道所在的地质情况,由前面的瞬变电磁数据分析可以得出如下结论:从整体来看,整个预报范围基本为同一岩性层;掌子面前方 FK4 +380 ~ FK4 +374 围岩电阻率较低,岩层较湿,强度低;FK4 +374 ~ FK4 +369 出现一高阻层,岩体完整性较好,强度较高;FK4 +369 ~ FK4 +361 岩层电阻率变低,围岩较潮湿,强度变低;FK4 +361 ~ FK4 +342 围岩质量变差,各种断裂构造比较发育,局部破碎,并含有一定的裂隙水。因此,在整个预报范围段内,开挖过程中要注意加强各种防护措施。

(5)超前地质预报中的钻探技术

鉴于该段围岩的极度复杂性,为了进一步研究断层发育规模,对掌子面前方围岩开展了钻探工作,共钻进 79m,该段岩体整体较破碎,岩性多变,主要为花岗岩、花岗斑岩、辉绿玢岩、火山角砾凝灰岩等,岩性变化较频繁,岩性变化带岩体破碎,取芯难度大,成芯困难,总体岩芯获得率为 60.4%,RQD 为 42.01%(图 14-15)。并发育有多处断层破碎带及断层破碎影响带,同时得到钻孔岩芯照片(图14-16)。

经过对钻孔所取岩芯的判定,可得到如下结果:

1)FK4 +361 ~ FK4 +355.9 处发育有一断层,岩性由辉绿玢岩变为凝灰质火山角砾岩,又过渡到辉绿玢岩,尤其是在 FK4 +358.9 ~ FK4 +357.4 处,岩芯经过两次操作仍难以取出,并且在本段钻进过程中有红色黏稠浆液沿孔口管流出,初步判断为断层泥被钻头研磨破坏产生,此处应为断层核心带,并夹杂断层泥。

2)在 FK4 +348.7 ~ FK4 +343.1 处发育有一断层,断层中岩性以花岗斑岩为主,局部极为破碎,节理面弱风化局部强风化,取芯率较低且所取出的岩芯较为细碎。

3)在 FK4 +327.9 ~ FK4 +318.2 处为一断层影响带,本处断层影响带规模较大,核心地带为 FK4 + 325.1 ~ FK4 +324.3 处长 0.8m,岩体极为破碎,取芯率很低,岩性主要为辉绿玢岩,中间穿插多条花岗岩脉,岩性交界处风化较严重。此结果与之前物探结果也得到了较好地对应。

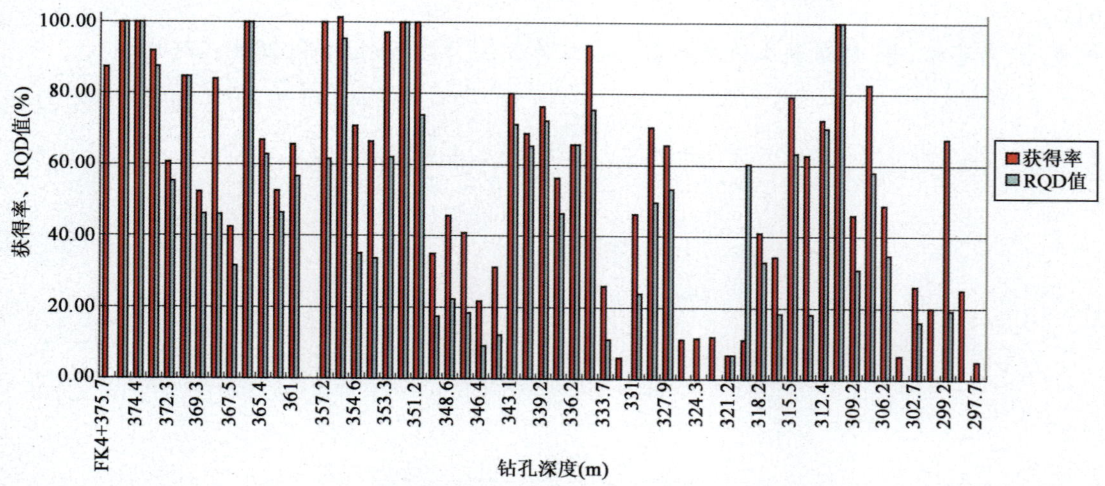

图 14-15　岩芯获得率及 RQD 柱状图

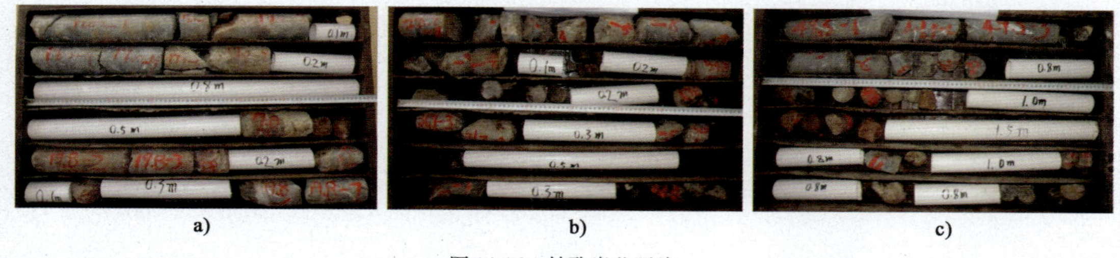

图 14-16　钻孔岩芯照片

(6)实际开挖情况验证

在超前预报后,随着隧道开挖的围岩揭露情况,根据每天开挖后的地质编录信息,绘制了围岩开挖三壁展示图(图 14-17),同时也是对预报工作的验证。总体来看,本次预报与围岩实际开挖情况吻合度较高。

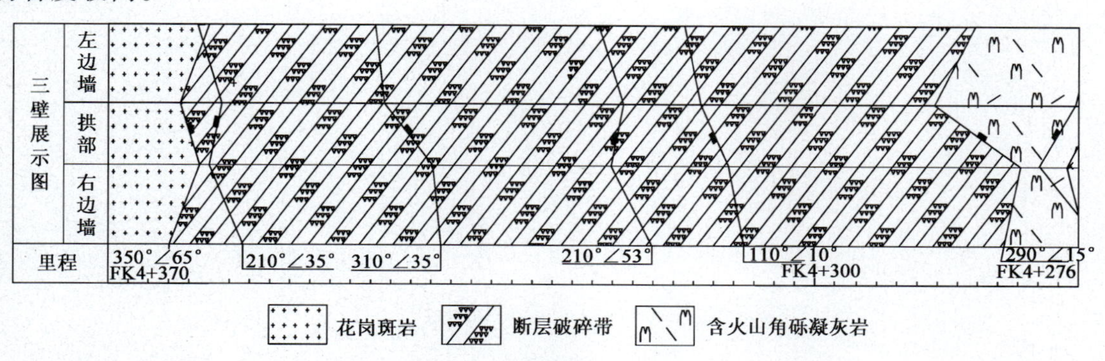

图 14-17　隧道开挖三壁展示图

参 考 文 献

[1] 铁路隧道超前地质预报技术指南[S]. 铁建设[2008]105 号.

[2] 魏江川,杨茂林. 对青岛胶州湾隧道超前地质预报工作的思考及建议[J]. 现代隧道技术,2009,46(1).

[3] 刘基,等. 地质雷达探测技术在隧道地质超前预报中的应用[J]. 地质装备. 2009,10(3).

[4] 郑浩. 隧道超前地质预报方法及其在过江底隧道施工中的应用[J]. 河北交通科技, 2007,4(3).
[5] 何发亮,李苍松,陈成宗. 隧道地质超前预报[M]. 西南交通大学出版社. 2006 年.
[6] 路好成. TSP203 超前地质预报技术及其在金子山隧道中的应用[J]. 水利与建筑工程学报. 2008, 6(2).
[7] 何发亮,李苍松,等. 隧道施工地质超前预报工作方法[J]. 岩土力学. 2006,27(增刊).

第 15 章 监控量测

15.1 监控量测的目的和内容

15.1.1 监控量测的目的

青岛胶州湾海底隧道穿越湾口海域和城市居民区，施工过程中不可避免地要导致沿线的地层扰动和土体损失，使其影响范围内的地表、其下伏地质体产生沉降变形及地下水渗流通道改变，施工监测的主要目的有：

(1)分析各种因素对地表和围岩变形的影响，以便有针对性地改进施工工艺和施工参数，预测、预报施工安全和隧道结构稳定性。减小地表和围岩变形，保证工程安全。

(2)预测施工引起地表和土体变形，根据地表变形发展趋势和周围建(构)筑物、地下管线沉降情况，决定是否需要采取保护措施，并为确定经济、合理的保护措施提供依据；确保地表构筑物及地下管线的安全。

(3)为研究地层、地下水、施工参数和地表及土体变形的关系积累数据，为研究地表沉降与土体变形的分析预测方法等积累资料，并为改进设计和调整施工参数提供依据；调整开挖及支护参数、修改施工设计。

(4)监测围岩与隧道结构相互作用、初期支护应力应变、锚杆应力、二次衬砌应力、围岩压力、地下水压力和水量、爆破松动圈和振动等，保证隧道安全并为理论研究积累数据和原始资料。

(5)掌握和收集地下水位变化动态和超前注浆对地表的影响因素，防止地下水资源的流失和施工污染，保护生态环境。

(6)优化设计与施工，为后续工程提供技术依据。

施工监测工作流程如图 15-1 所示。

15.1.2 监控量测的内容

在施工过程中需要进行监测的项目有：

(1)围岩变形监测，如地表隆陷、拱顶下沉、地中土体垂直位移、地中土体水平位移等。

(2)建筑(构)物监测，如房屋沉降与倾斜、地下管线沉降等。

(3)地下水参数情况的监测，如地下水位、渗水压力、渗流水量等。

(4)围岩与隧道结构相互作用监测，如围岩与隧道结构之间应力传递、初期支护应力应变、钢拱架应力、锚杆应力、二次衬砌应力等。

(5)爆破振动量测、松动圈量测等。

第三方监测内容根据现场施工及地质条件合理布置，具体完成的工作量见表 15-1。

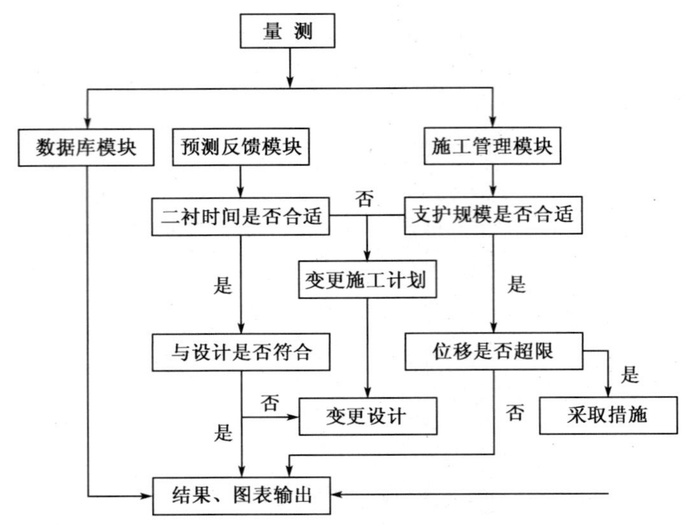

图 15-1　施工监测工作流程图

胶州湾海底隧道工程第三方监测工作量汇总表　　表 15-1

序　号	监 测 项 目	单　　位	合 同 数 量	完 成 数 量	完成比例(%)
1	周边位移	组	600	882	152
2	拱顶下沉	点	300	441	152
3	地表下沉	断面	200	200	100
4	地下管线沉降	处	50	51	102
5	建筑物沉降	处	50	50	100
6	建筑物倾斜	处	50	50	100
7	锚杆应力	根	50	50	100
8	初期支护与二次衬砌压力	断面	20	20	100
9	钢支撑应力	断面	20	20	100
10	喷混凝土内应力	断面	20	20	100
11	二次衬砌内应力	断面	20	20	100
12	孔隙水压	断面	20	20	100
13	松动圈	m	500	670	134
14	渗水流量	断面	50	50	100

15.1.3　监控量测测点布置

(1)必测项目

1)初期支护变形测试断面里程布设

根据左、右两线主隧道和服务隧道不同施工地段的围岩地质状况(围岩级别),每断面间距 10 ~ 50m 进行布设,不同级别围岩段内布设初期支护变形量测断面的间距:V 级围岩地段的断面间距为 10 ~ 30m(平均为 20m),IV 级围岩地段的断面间距为 40m,II ~ III 级围岩地段的断面间距为 50m。第三方监控量测的初期支护收敛变形和拱顶沉降测试工作,重点放在左、右两线主隧道,因此在服务隧道 II ~ III 级围岩地段有针对性的布设断面。变形量测工作见表 15-2,每断面布点如图 15-2 所示。

胶州湾海底隧道初期支护变形量测断面布设汇总表　　表 15-2

隧道名称 / 围岩级别	左线隧道		右线隧道		服务隧道		匝道	
	长度(m)	断面数量	长度(m)	断面数量	长度(m)	断面数量	长度(m)	断面数量
Ⅱ~Ⅲ级围岩段	2553.9	63	1911	47	3579.25	18	220	3
Ⅳ级围岩段	3241.3	104	3643	122	2180.75	44	162.15	3
Ⅴ级围岩段	264.1	9	616	22	240	5	75	1
合计	6059.3	176	6170	191	6000	67	457.15	7
	左、右两线主隧道和服务隧道合计 18229.3m,布设测试断面 441 个							

注:上表中的围岩级别以变更后的围岩级别为准。

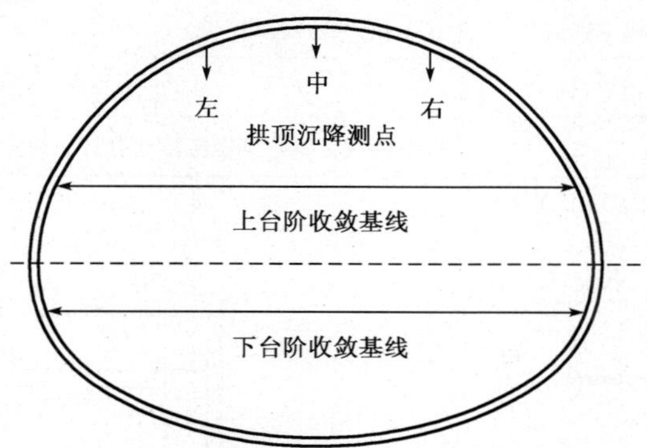

图 15-2　拱顶沉降及收敛变形测线布置图

2)地表沉降测试断面里程布设

结合现场施工和地表查看情况,地表沉降测试断面布设里程见表 15-3,每断面布点如图 15-3 所示。

地表沉降测试断面布设汇总表　　表 15-3

隧道名称 / 围岩级别	左线隧道		右线隧道		服务隧道		匝道	
	长度(m)	断面数量	长度(m)	断面数量	长度(m)	断面数量	长度(m)	断面数量
Ⅱ~Ⅲ级围岩段	327	34	260	11	125	7	300	25
Ⅳ级围岩段	280	18	599	40	220	13	160	12
Ⅴ级围岩段	105	6	452	20	190	12	65	2
合计	712	58	1311	71	535	32	525	39
	左、右两线主隧道和服务隧道合计 3083m,布设测试断面 200 个							

注:上表中的围岩级别以变更后的围岩级别为准。

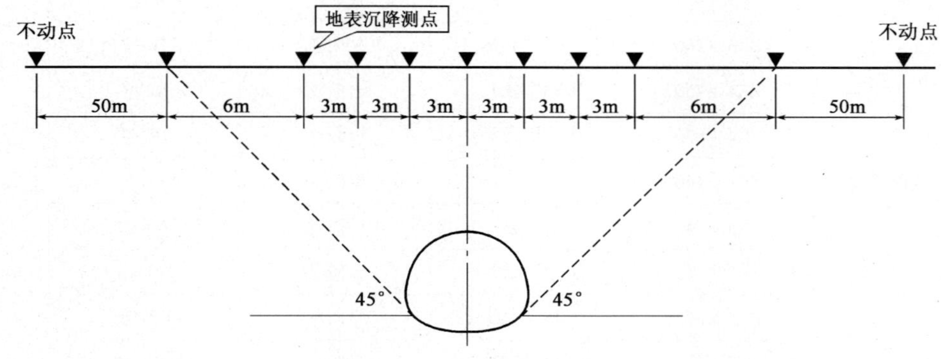

图 15-3　地表沉降测点布置图

3)地下管线沉降监测

地下管线沉降主要采用间接的监测方法,通过监测其周围土体的沉降位移情况间接反映管线的变

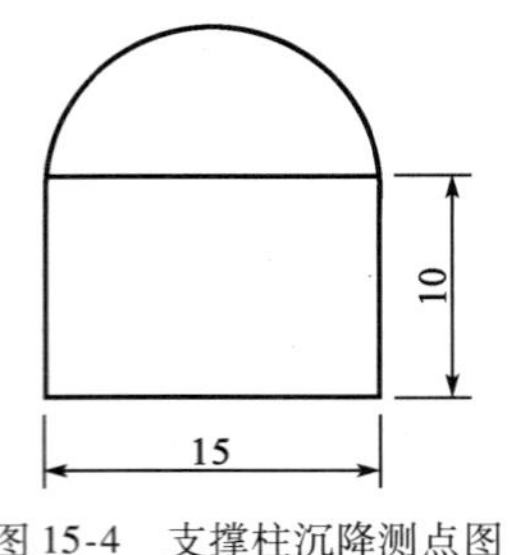

图 15-4　支撑柱沉降测点图（尺寸单位：mm）

形。监测仪器采用水准仪和水准尺，监测方法采用水准抄平方法。地下管线沉降测试断面布设见表 15-4。

4）地面建筑物沉降及倾斜布设

结合设计图和地面建筑物查看情况，重点对团岛端隧道两侧 2 倍洞径范围内的下穿、临近下穿房屋共 27 幢进行监测，观测建筑物沉降和倾斜变形。测点布设如图 15-4 ~ 图 15-6 所示。

（2）选测项目

1）初期支护及二次衬砌受力测试断面布设

地下管线沉降测试断面布设汇总表　　表 15-4

隧道名称	左线隧道	右线隧道	服务隧道	匝　道
断面数量	16	16	10	9
合计	左、右两线主隧道和服务隧道合计布设测试断面 51 处			

注：上表中的围岩级别以变更后的围岩级别为准。

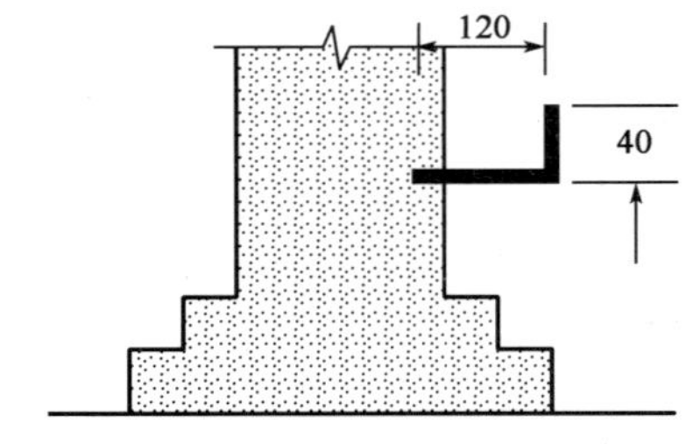

图 15-5　建筑物沉降测点（尺寸单位：mm）

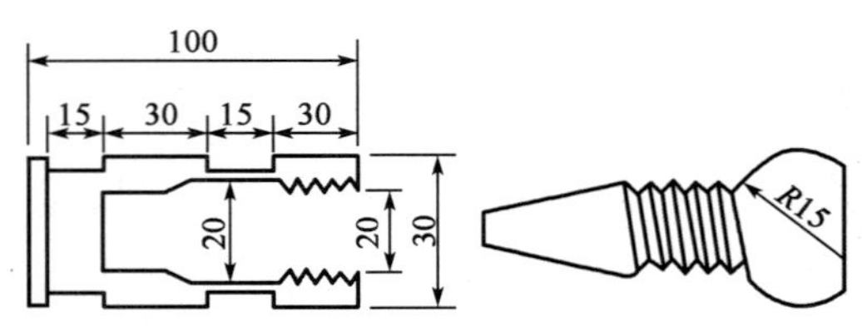

图 15-6　隐蔽沉降测点（尺寸单位：mm）

选测项目包括：锚杆应力、初期支护与二次衬砌压力、钢支撑应力、喷射混凝土内应力、二次衬砌内应力、孔隙水压力、松动圈、渗水流量等。综合考虑了不同施工地段的隧道埋深、围岩地质状况、施工工法和衬砌结构类型等因素，将上述各监测项目分别布设在左、右两线主隧道的 20 个测试断面上，见表 15-5，测点布置如图 15-7 所示。

隧道选测项目（结构内力）测试断面里程布设汇总表　　表 15-5

编　号	隧道名称	布设里程	围岩、地质状况	施工工法	衬砌类型	备　注
Z1	左线隧道	ZK2 +905	II ~ III 级	台阶法	大断面 DZ1	陆域段
Z2		ZK2 +925	II ~ III 级	台阶法	大断面 DZ2	
Z3		ZK3 +021	II ~ III 级	台阶法	大断面 DZ5	
Z4		ZK3 +266	II ~ III 级	台阶法	IV 型	
Z5		ZK4 +750	II ~ III 级 f_{2-2}	台阶法	III′型	海域段
Z6		ZK4 +830	II ~ III 级 f_{2-3}	台阶法	III′型	
Z7		ZK5 +140	IV 级	台阶法	IVb 型	
Z8		ZK5 +245	IV 级	台阶法	IVb 型	
Z9		ZK5 +704	II ~ III 级 f_{3-2}	台阶法	IIIb 型	
Z10		ZK5 +875	II ~ III 级	台阶法	IIIb 型	
Z11		ZK6 +164	II ~ III 级	台阶法	IIIb 型	
Z12		ZK6 +897	IV 级 f_{4-3}	台阶法	IVb 型	
Z13		ZK7 +037	IV 级 f_{4-5}	台阶法	IVb 型	

续上表

编　号	隧 道 名 称	布 设 里 程	围岩、地质状况	施 工 工 法	衬 砌 类 型	备　　注
Y1	右线隧道	YK3 +045	IV 级	台阶法	大断面 DY1	陆域段
Y2		YK3 +056	IV 级	台阶法	大断面 DY2	
Y3		YK3 +080	IV 级	台阶法	大断面 DY3	
Y4		YK6 +920	IV 级 $f_{4\text{-}4}$	台阶法	IVb 加强型	海域段
Y5		YK6 +958	V 级 $f_{4\text{-}4}$	台阶法	Vb 型	
Y6		YK7 +150	II ~ III 级	台阶法	IIIb 型	陆域段
Y7		YK7 +242	II ~ III 级	台阶法	IIIb 型	

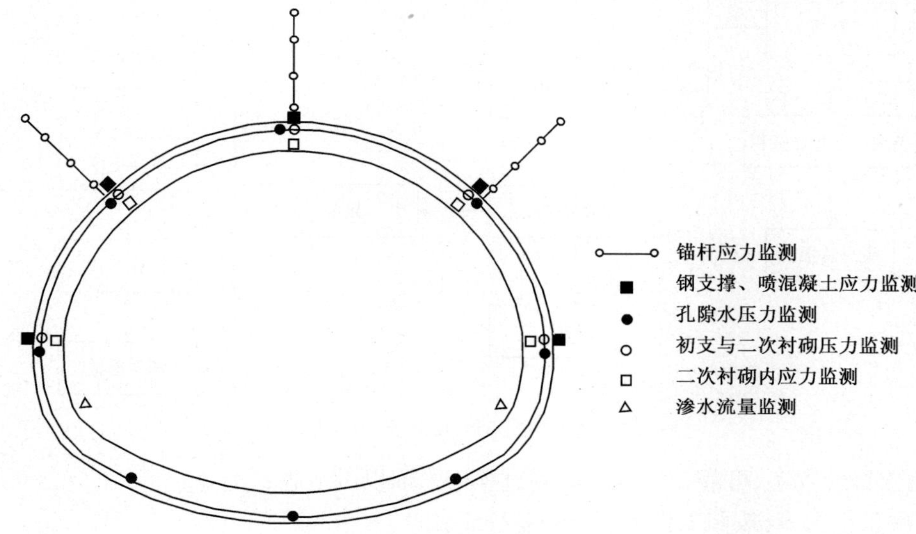

图 15-7　选测项目布点图

注：每断面 3 根测试锚杆安设部位分别在拱段、拱腰或边墙

2）松动圈测试

结合工地实际情况，胶州湾海底隧道围岩松动圈测试选择具代表性的地段进行，具体布置长度见表15-6。

松动圈测试汇总表　　表 15-6

隧 道 名 称	左 线 隧 道	右 线 隧 道	服 务 隧 道
测线长度（m）	200	280	190
合计	左、右两线主隧道和服务隧道合计布设测试长度 670m		

3）渗水流量监测

在选测渗水流量的断面时，设置 4 个测点，分别布设在测试断面和测试断面前 20m 左、右边墙排水沟位置，见表 15-7。采用三角堰进行监测。通过测试隧道 20m 内渗水流量的变化来反算测试断面附近隧道每延米的渗水流量。

渗水流量测试汇总表　　表 15-7

隧 道 名 称	左 线 隧 道	右 线 隧 道	服 务 隧 道
测点数量	20	20	10
合计	左、右两线主隧道和服务隧道合计测试 50 处		

15.2 监控量测管理等级及对策

15.2.1 量测数据管理流程

监测数据采集、处理、分析流程如图 15-8 所示。

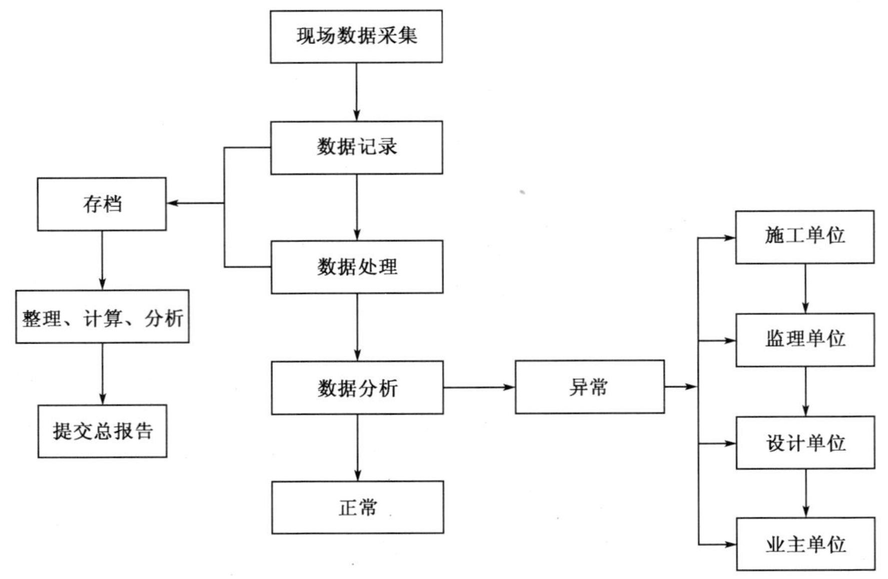

图 15-8 监测数据采集、处理、分析流程图

为保证量测数据的真实、可靠、及时性，监测过程中采取以下措施：

(1)熟悉各项工作内容，按照工作大纲开展各项工作。

(2)掌握各项监测测点的埋设方法，熟练操作仪器。测点被损坏时及时补设；仪器有故障时根据相关操作使用说明进行检查，但不能私自拆卸仪器，仍不能正常使用情况下上报维修处理。

(3)现场测试严格遵守操作规程，按要求进行记录，不能随意涂改数据。

(4)现场测试结果，如发现有异常数据，应检查仪器并进行复测，以确保数据准确可靠。随时观察施工状况，核实测试数据，发现异常情况及时处理，根据相关规程或管理部门的要求及时上报。

(5)现场测试工作结束后，及时输入原始数据并进行处理分析，认真做好周报、月报。

(6)量测人员相对固定，量测仪器的管理采用专人使用、保养。

15.2.2 监控量测频率

为了确保隧道开挖期间的施工及周边环境安全，达到监测目的，依据《公路隧道施工技术细则》(JTG/T F60—2009)的要求及以往工程经验，确定第三方监测项目的监测频率见表 15-8。

第三方监测项目的监测频率 表 15-8

<table>
<tr><th rowspan="2">序 号</th><th rowspan="2" colspan="2">监 测 项 目</th><th colspan="4">量 测 频 率</th></tr>
<tr><th>1 ~ 15d</th><th>0.5 ~ 1 个月</th><th>2 ~ 3 个月</th><th>3 个月以后</th></tr>
<tr><td>1</td><td rowspan="4">隧外监测项目</td><td>地表下沉</td><td rowspan="4" colspan="4">开挖面距量测断面前后 <2B 时，1 ~ 2 次/d；
开挖面距量测断面前后 <5B 时，1 次/2d；
开挖面距量测断面前后 >5B 时，1 次/周</td></tr>
<tr><td>2</td><td>地下管线沉降</td></tr>
<tr><td>3</td><td>建筑物沉降</td></tr>
<tr><td>4</td><td>建筑物倾斜</td></tr>
</table>

续上表

序号	监测项目		量测频率			
			1~15d	0.5~1个月	2~3个月	3个月以后
5	隧内监测项目	地下水位	1~2次/d	1次/2d	1~2次/周	1~3次/月
6		(初期支护)周边收敛	1~2次/d	1次/2d	1~2次/周	1~3次/月
7		(初期支护)拱顶下沉	1~2次/d	1次/2d	1~2次/周	1~3次/月
8		锚杆应力	1~2次/d	1次/2d	1~2次/周	1~3次/月
9		初期支护与二次衬砌压力	1~2次/d	1次/2d	1~2次/周	1~3次/月
10		钢支撑应力	1~2次/d	1次/2d	1~2次/周	1~3次/月
11		喷射混凝土内应力	1~2次/d	1次/2d	1~2次/周	1~3次/月
12		二次衬砌内应力	1~2次/d	1次/2d	1~2次/周	1~3次/月
13		孔隙水压力	1~2次/d	1次/2d	1~2次/周	1~3次/月
14		渗水流量	1~2次/d	1次/2d	1~2次/周	1~3次/月

注:B为隧道宽度。

15.2.3 稳定性判别准则

1)及时根据量测数据绘制位移等监测数据的时态曲线及速率曲线。

2)根据量测结果应按以下标准进行围岩稳定性综合评判。

①实测最大值或回归预测最大值不应大于允许值或设计最大值。预警值为允许值或设计最大值的2/3。

②根据位移变化速率判别:当土体或建筑物沉降速率小于0.1mm/d时,则认为土体达到基本稳定。

③根据位移时态曲线的形态来判别:当围岩位移速率不断下降时($du^2/d^2t<0$)表示围岩趋于稳定状态;当围岩位移速率保持不变时($du^2/d^2t=0$)表示围岩不稳定,应考虑加强措施;当围岩位移速率不断上升时($du^2/d^2t>0$)表示围岩进入危险状态,必须立即停止掘进,进行加固。

④根据量测结果可按表15-9变形管理等级指导施工。

第三方监测的控制标准和预警标准 表15-9

序号	监测项目		控制标准(规范值或设计值)	预警标准
1	隧外监测项目	地表下沉	30mm	20mm
2		地下管线沉降	供水管道30mm 煤气管道10mm	供水管道20mm 煤气管道6mm
3		建筑物沉降	30mm	20mm
4		建筑物倾斜	当H(建筑物高度)≤24m时,倾斜量Q≤0.002H; 当24m<H≤60m时,Q≤0.003H	Q≤0.0014L Q≤0.002L L是基础宽度
5	隧内监测项目	周边收敛	设计预留变形量	设计值预留变形量的2/3
6		拱顶下沉		
7		锚杆应力	188MPa、268MPa(HPB235、HRB335) 防腐锚杆210kN、中空锚杆≥180kN	设计值的2/3
8		初期支护与二次衬砌压力	设计值	设计值的2/3
9		钢支撑应力	188MPa、268MPa(HPB235、HRB335)	设计值的2/3
10		喷射混凝土内应力	C35	设计值的2/3
11		二次衬砌内应力	C50、268MPa(HRB335)	设计值的2/3
12		孔隙水压力	设计值	设计值的2/3

15.2.4 仪器配置

根据青岛胶州湾隧道工程第三方监控量测项目招、投标文件要求和合同内容，拟订现场监测采用的仪器设备及精度要求，见表15-10和表15-11。

第三方监测项目的仪器设备及精度要求表　　表15-10

序　号	监测项目		仪器设备	精度要求
1	隧外监测项目	地表下沉	水准仪	±1mm
2		地下管线沉降	全站仪或水准仪	±1mm
3		建筑物沉降	全站仪或水准仪	见表15-11
4		建筑物倾斜	全站仪或水准仪	见表15-11
5		地下水位	水位计	±5mm
6	隧内监测项目	（初期支护）周边收敛	收敛计	±1mm
7		（初期支护）拱顶下沉	水准仪	±1mm
8		锚杆应力	钢筋计	±1Hz
9		初期支护与二次衬砌压力	土压计	±1Hz
10		钢支撑应力	表面应变计	±1Hz
11		喷射混凝土内应力	混凝土应变计	±1Hz
12		二次衬砌内应力	混凝土应变计及钢筋计	±1Hz
13		孔隙水压力	孔隙水压计	±1Hz
14		渗水流量	流量计	±5%
15		松动圈	智能声波仪	±0.1μs

建筑物变形监测的精度要求表　　表15-11

变形测量等级	沉降观测	位移观测	适用范围
	观测点测站高差中误差(mm)	观测点坐标中误差(mm)	
特级	≤0.05	≤0.3	特高精度要求的特种精密工程变形观测
一级	≤0.15	≤1.0	高精度要求的大型建筑物变形观测
二级	≤0.50	≤3.0	中等精度要求的建筑物变形观测
三级	≤1.50	≤10.0	低等精度要求的建筑物变形观测

注：1. 观测点测站高差中误差：指几何水准测量测站高差中误差或静水力测量相邻观测点相邻高差中误差；

2. 观测点坐标中误差：指观测点的坐标中误差、坐标差中误差以及等价的观测点相对基准线的偏差值中的误差、建筑物相对于底部定点的水平位移分量中误差。

15.3 测点埋设与测试

15.3.1 必测项目

（1）隧道初期支护变形测

隧道采用台阶法开挖，变形量测断面贴近开挖面埋设。为了及时和比较完整地量测到各部开挖时净空周边的位移，因此采用人工钻孔的方法进行净空周边位移测点布置。该方法初始数据在距开挖面0.5～1.5m范围开始采集。所有位移测点均埋设在围岩上。拱顶测点埋设与净空收敛测点分别见图15-9和图15-10。

图 15-9　拱顶测点埋设

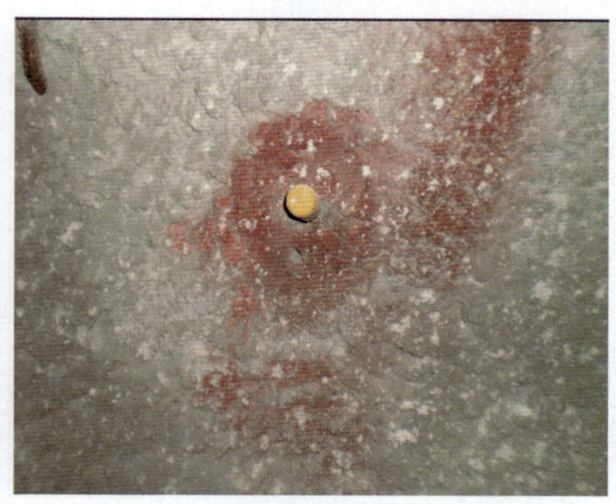

图 15-10　净空收敛测点

(2)地表沉降

地表竖向位移测试,主要是获取隧道开挖过程中围岩竖向变形的全过程,该项测试位于隧道的两个洞口段,由于地处居民区,故地表沉降测点仅能根据周边环境布置(图 15-11),尽可能地考虑到左右线对其影响。地表竖向位移钻孔均为砂浆全长锚固。

图 15-11　地表沉降测点埋设图

(3)地下管线沉降

地下管线重点布置在煤气管线、给水管线、污水管线、通信管线、大型的雨水管及电力方沟上。沿管线延伸方向每 15m 布置一个测点。测点可利用检查井直接布置在管线上,也可以在管线上方埋设地表桩进行间接监测。

(4)建筑物沉降及倾斜

采用测角精度为 1″以上的高精度全站仪,按国家二级变形监测的精度要求测量出上下两个点在同一局部坐标系下的坐标值,并比较它们在不同观测周期的变化量,以求出倾斜值。测量标志采用平面反射片,能够方便地粘贴在所测部位的点上。

15.3.2　选测项目

(1)初期支护及二次衬砌受力测试

1)初期支护与二次衬砌间接触压力监测

在选测初期支护与二次衬砌间接触压力的断面,设置 5 个测点,分别在拱顶、左右拱腰、左右边墙位置。采用压力盒进行监测,采用频率仪进行读数。压力盒安装在初期支护内侧和二次衬砌防水板之间,压力盒承压面应密贴并紧压在初期支护结构表面上,如图 5-12 所示。

2)钢支撑应力监测

在选测钢支撑应力的断面,设置 5 个测点,分别在拱顶、左右拱腰、左右边墙位置。采用表面应变计进行监测，采用频率仪进行读数。每个测点安装 2 个表面应变计，分别位于钢支撑的内、外侧。

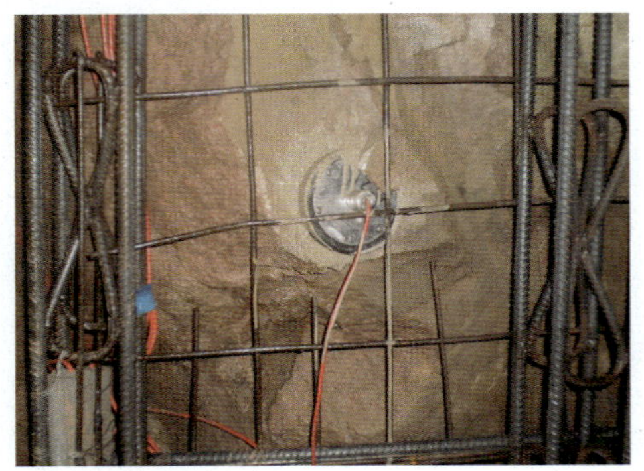

图 15-12　初期支护受力测点安装图

3）喷射混凝土内部应力监测

在选测喷射混凝土内部应力的断面，设置 5 个测点，分别在拱顶、左右拱腰、左右边墙位置。采用混凝土应变计进行监测，采用频率仪进行读数。每个测点安装 2 个混凝土应变计，分别位于喷射混凝土的内、外侧。

4）二次衬砌内部应力监测

在选测二次衬砌内部应力的断面，设置 5 个测点，分别在拱顶、左右拱腰、左右边墙位置。采用混凝土应变计和钢筋计进行监测，采用频率仪进行读数。每个测点安装 2 个钢筋计和 2 个混凝土应变计，分别位于二次衬砌的内、外侧钢筋和混凝土的内、外侧，如图 15-13 所示。

图 15-13　二次衬砌受力测点安装图

5）孔隙水压力监测

在选测孔隙水压力的断面，设置 8 个测点，分别在拱顶、左右拱腰、左右边墙、仰拱左右、仰拱中心位置。采用孔隙水压计进行监测，采用频率仪进行读数。孔隙水压计的埋设方法，采用钻孔法。孔隙水压计应在选测锚杆应力的测试断面，选择 3 根锚杆，分别设置在拱顶、左右拱腰或边墙位置。采用在每根锚杆上焊接 4 根钢筋计进行监测，焊接时应对钢筋计采取降温措施。采用频率仪进行读数。锚杆应力测试元件的安装与测试锚杆的安装分别见图 5-14 和图 5-15。

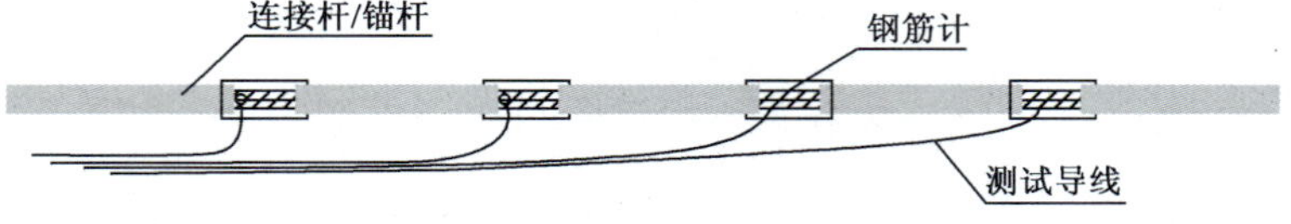

图 15-14　锚杆应力测试元件安装图

（2）松动圈测试

1）围岩段选择

围岩爆破松动圈深度的测试是选择有代表性的、完整坚硬的围岩段布置测试。

测试围岩表面处理平整，并处于自然状态。选用一对发射接收换能器，测试时发射换能器应耦合好，并保持不动，然后将接收换能器依次耦合在间距为 10cm 的测点 1、2、3…位置上，如图 5-16 所示。读取相应的声时值 t_1、t_2、t_3…，并测量每次两换能器边缘间的距离 l_1、l_2、l_3…每一测位的测点数不得少于 10 个，松动圈较厚时增加测点间距或测点数。

图 15-15　测试锚杆安装图

2）数据处理

求松动和未松动岩体的回归直线方程。

用各测点的声时值 t_j 和相应测距值 l_i 绘制时—距图，如图 15-17 所示。由图可得到声速改变所形成的转折点，该点前、后分别表示松动和未松动岩体的 l 和 t 相关直线。用回归分析方法分别求出松动和未松动岩体 l 与 t 回归直线方程：

松动岩体：

$$l_f = b_2 + a_2 \cdot t_f \tag{15-1}$$

未松动岩体：

$$l_0 = b_2 + a_2 \cdot t_0 \tag{15-2}$$

式中：l_f、t_f——拐点前各测点的测距和声时；

l_0、t_0——拐点后各测点的测距和声时；

a_2、b_2——回归系数，即松动和未松动岩体直线的截距和斜率。

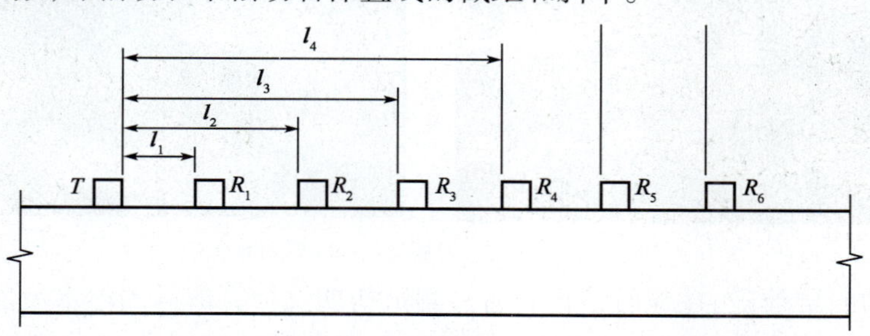

图 15-16　松动圈测点布置图

T-发射换能器；R_1-接收换能器第 1 测点

松动层厚度计算式：

$$l_0 = (a_1 b_1 - a_2 b_1)/(b_2 - b_1) \tag{15-3}$$

$$h_f = l_0/2 \cdot \sqrt{(b_2 - b_1)/(b_2 + b_1)} \tag{15-4}$$

式中：l_0——拐点处测距；

h_f——松动圈（层）深度。

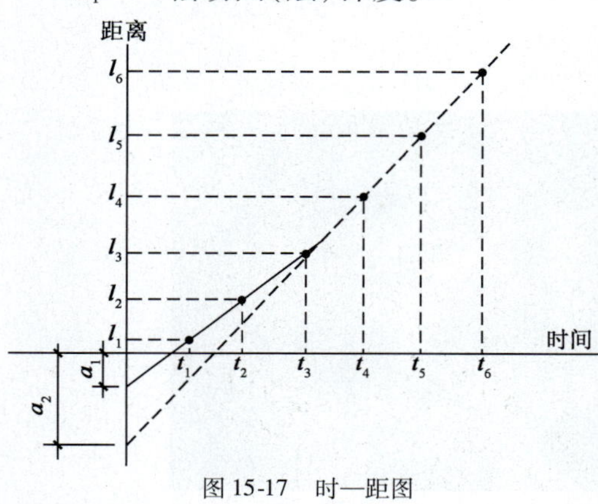

图 15-17　时—距图

3）测试仪器、软件系统

本次围岩声波测试采用了中铁西南科学研究院（原铁道部科学研究院西南分院）最新研制的 ZGS1610—3 型智能工程探测声波仪。

ZGS1610—3 型智能工程探测声波仪主机，系统最小分辨时间为 100ns，幅度分辨 16bit，记录长度 32K，最大量程 5V，四通道。发射、同步接收、量程等参数调节、数据传输等全部由便携式计算机通过并行口对主机实施控制，ZGS1610—3 型智能工程探测声波仪系统如图 15-18 所示。隧道围岩松动圈深度测试布置与现场测试分别如图 15-19 和图 15-20 所示。

(3)渗水流量监测

在选测渗水流量的断面,设置 4 个测点,分别在测试断面和测试断面前 20m 左、右边墙排水沟位置,如图 15-21 所示。采用三角堰进行监测。通过测试隧道 20m 内渗水流量的变化来反算测试断面附近隧道每延米的渗水流量。

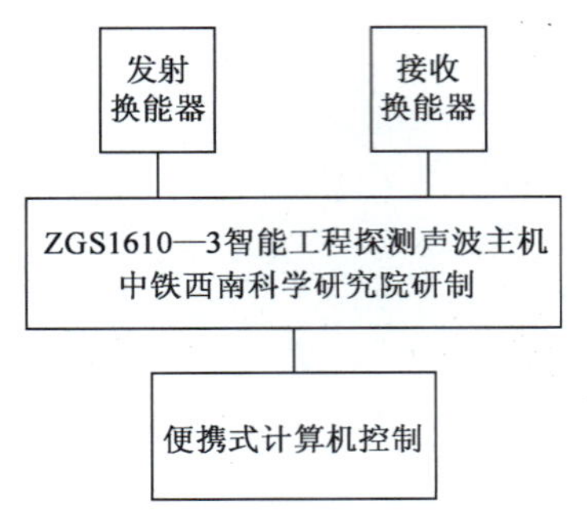

图 15-18　ZGS1610—3 型智能工程探测声波仪检测系统图

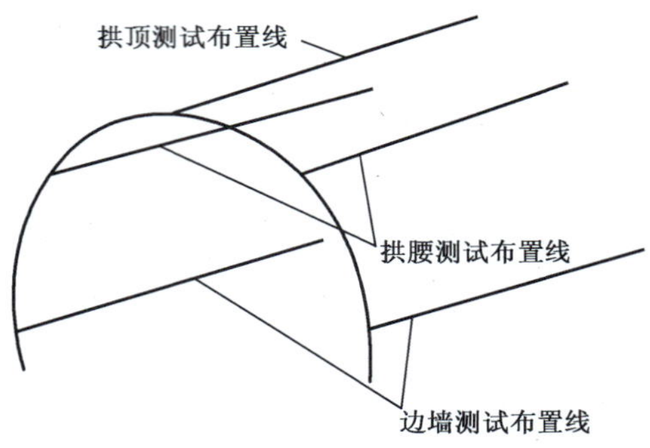

图 15-19　隧道围岩松动圈深度测试布置示意图

图 15-20　隧道围岩松动圈深度现场测试

对于超前注浆止水的断层地段,在地质钻孔后通过测试初期支护完成后的渗水流量反映注浆效果,更好地指导后续断层地段施工。超前探孔水压、流量测试与三角堰法流量测试分别如图 15-22 和图15-23 所示。

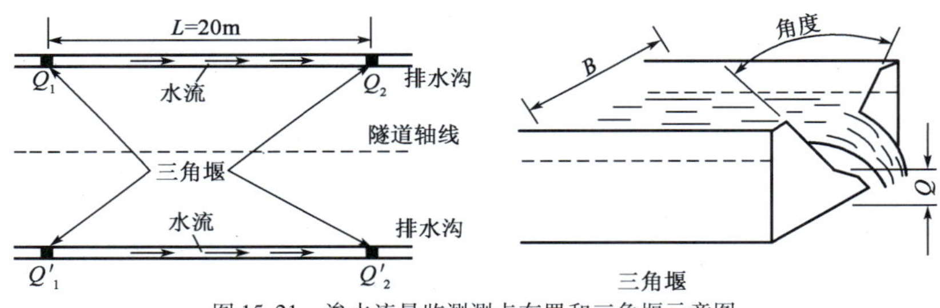

图 15-21　渗水流量监测测点布置和三角堰示意图

图 15-22　超前探孔水压、流量测试

图 15-23　三角堰法流量测试

15.4　监 测 成 果

15.4.1　必测项目

(1)隧道初期支护变形

初期支护变形共布置了 441 个断面(拱顶沉降共 1323 个点、收敛基线 882 条),其中 II ~ III 级围岩共布置断面 131 个,IV 级围岩共布置断面 273 个,V 级围岩共布置断面 37 个,监测数据共 30 多万组。

测试数据显示:II ~ III 级围岩拱顶沉降标准断面累计值在 8.00mm 内,平均值为 6.99mm;大断面累计值在 21.00mm 内,平均值为 19.97mm。IV 级围岩拱顶沉降标准断面累计值在 17.00mm 内,平均值为 15.98mm;大断面累计值在 25.00mm 内,平均值为 22.89mm。V 级围岩拱顶沉降标准断面累计值在 22.00mm 内,平均值为 20.03mm。

II ~ III 级围岩净空收敛标准断面累计值在 4.00mm 内,平均值为 3.03mm;大断面累计值在 10.00mm内,平均值为 8.98mm。IV 级围岩净空收敛标准断面累计值在 9.00mm 内,平均值为 7.87mm;大断面累计值在 12.00mm 内,平均值为 10.19mm。V 级围岩净空收敛标准断面累计值在 9.00mm 内,平均值为 8.01mm。隧道初期支护变形见表 15-12,各断面类型的沉降与收敛如图 15-24 ~ 图 15-35 所示。

初期支护变形测试成果汇总　　表 15-12

断面类型			标准断面			大断面	
测点布置图示							
围岩级别			II ~ III 级	IV 级	V 级	II ~ III 级	IV 级
水平收敛	最大	累积值(mm)	3.70	8.74	8.81	9.51	11.68
		速率(mm/d)	0.85	0.28	0.28	0.11	0.12
		部位	拱腰	拱腰	拱腰	拱腰	拱腰
		历时(d)	161	152	187	148	253
	最小	累积值(mm)	0.14	0.21	1.93	1.31	2.61
		部位	边墙	边墙	边墙	边墙	边墙

续上表

围岩级别			Ⅱ~Ⅲ级	Ⅳ级	Ⅴ级	Ⅱ~Ⅲ级	Ⅳ级
水平收敛	变形释放率(%)		95	98	97	98	99
	平均收敛值(mm)		3.03	7.87	8.01	8.98	10.19
拱顶下沉	最大	累积值(mm)	7.50	17.00	22.00	20.50	24.5
		速率(mm/d)	0.5	1.0	1.0	1.0	1.5
		部位	左拱腰	拱顶	拱顶	左拱腰	右拱腰
		历时(d)	163	161	158	231	253
	最小	累积值(mm)	3	4	6	9.50	5.00
		部位	拱顶左	拱顶左	拱顶左	拱顶中	拱顶中
	变形释放率(%)		99	94	97	93	95
	平均拱顶沉降值(mm)		6.99	15.98	20.03	19.97	22.89
初测时测试断面距开挖面距离(m)			1.0	1.5	1.5	1.5	1.0

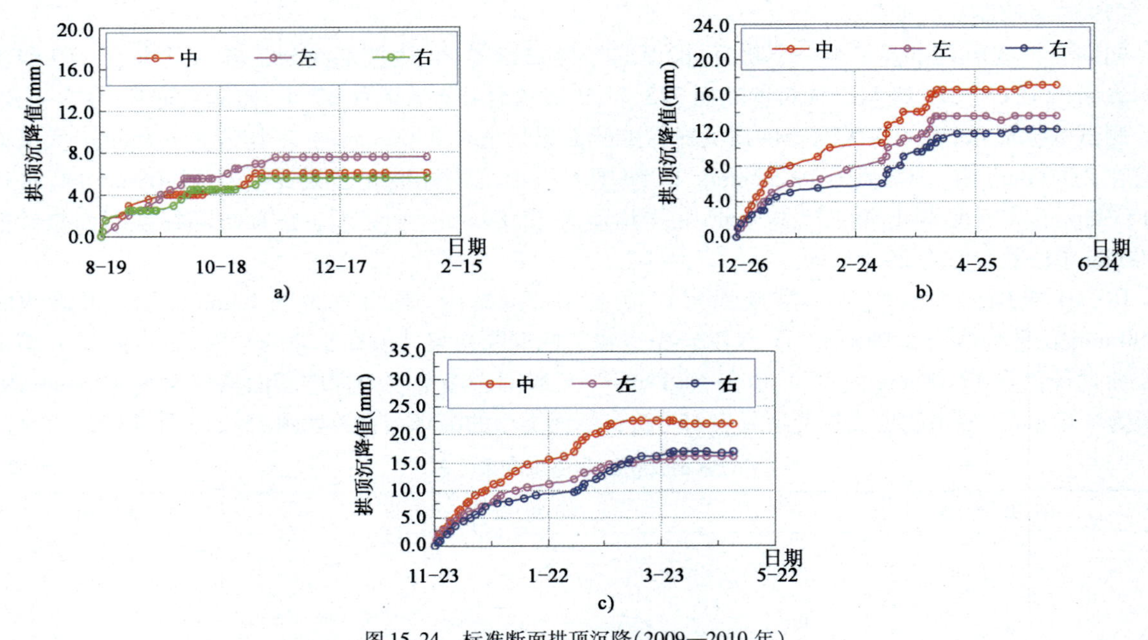

图 15-24　标准断面拱顶沉降(2009—2010 年)

a)Ⅱ~Ⅲ级围岩断面拱顶沉降;b)Ⅳ级围岩断面拱顶沉降;c)Ⅴ级围岩拱顶沉降

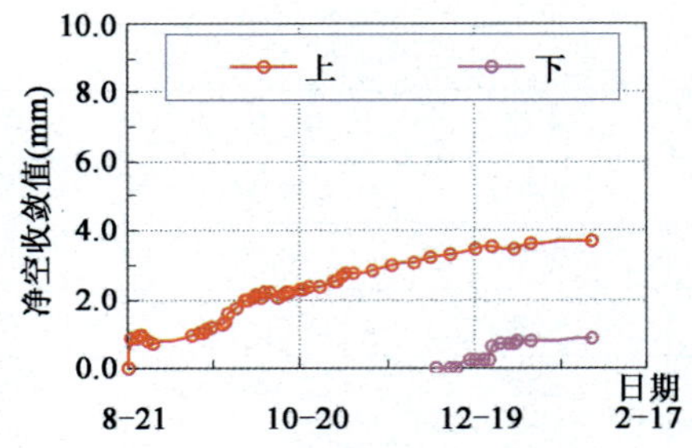

图 15-25　标准断面Ⅱ~Ⅲ级围岩净空收敛(2009—2010 年)

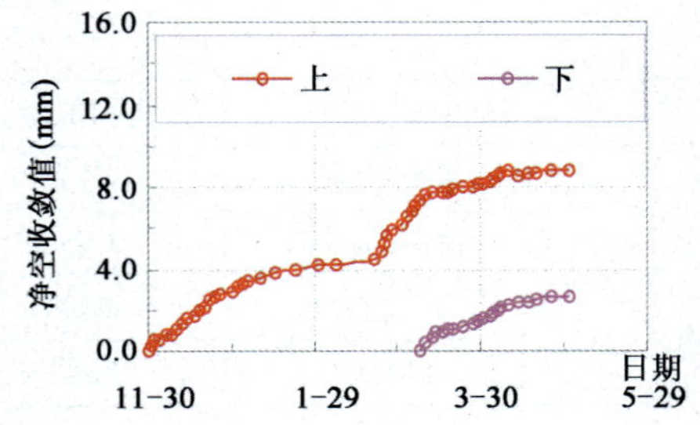

图 15-26　标准断面Ⅳ级围岩净空收敛(2009—2010 年)

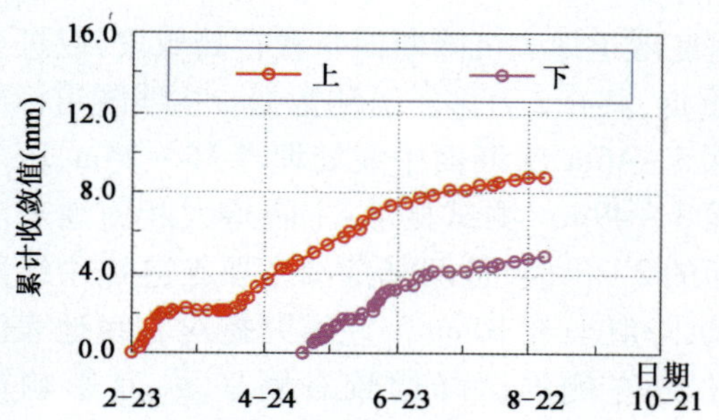

图 15-27　标准断面 V 级围岩净空收敛(2009 年)

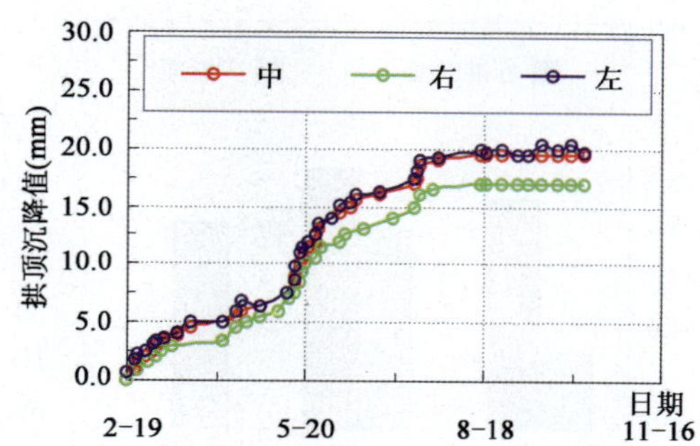

图 15-28　大断面 II ~ III 级围岩拱顶沉降(2010 年)

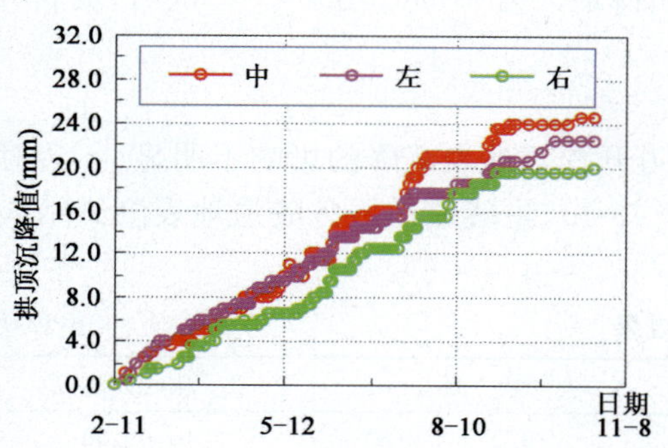

图 15-29　大断面 IV 级围岩拱顶沉降(2010 年)

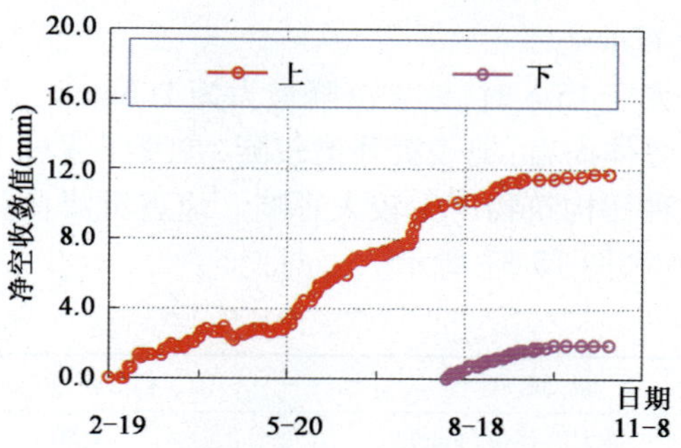

图 15-30　大断面 II ~ III 级围岩净空收敛(2010 年)

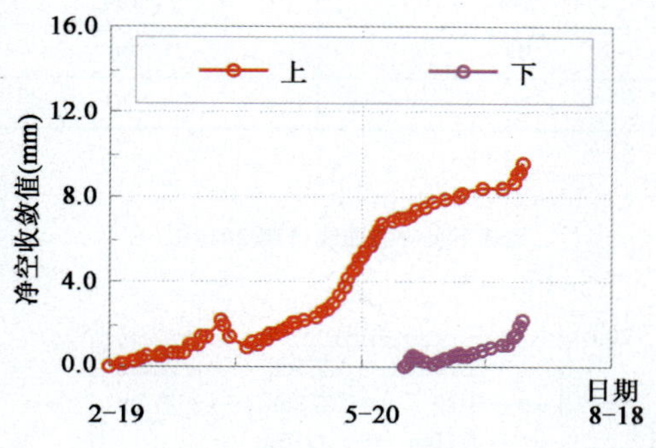

图 15-31　大断面 IV 级围岩净空收敛(2010 年)

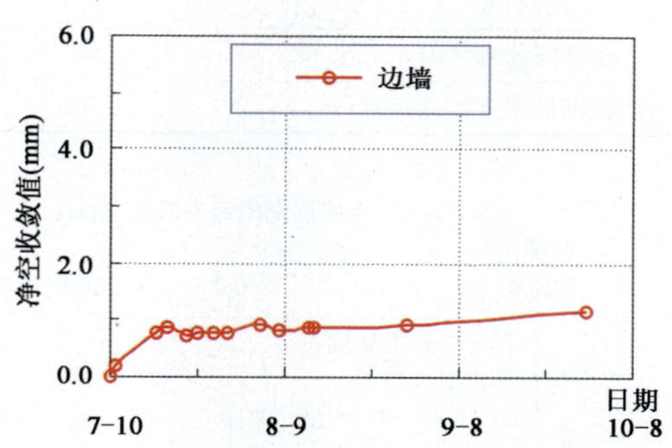

图 15-32　服务隧道围岩净空收敛(2009 年)

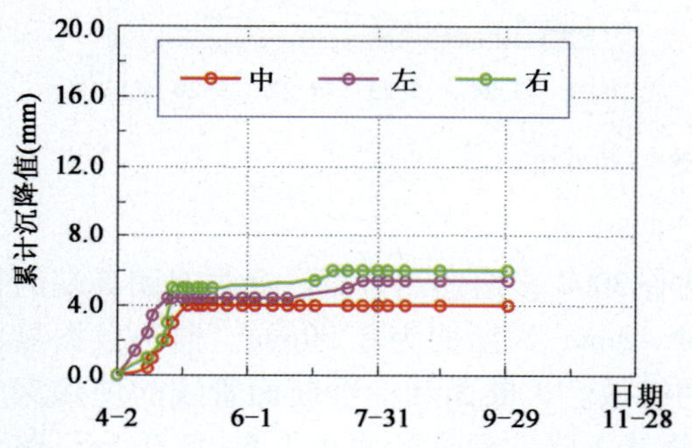

图 15-33　服务隧道围岩净空收敛(2009 年)

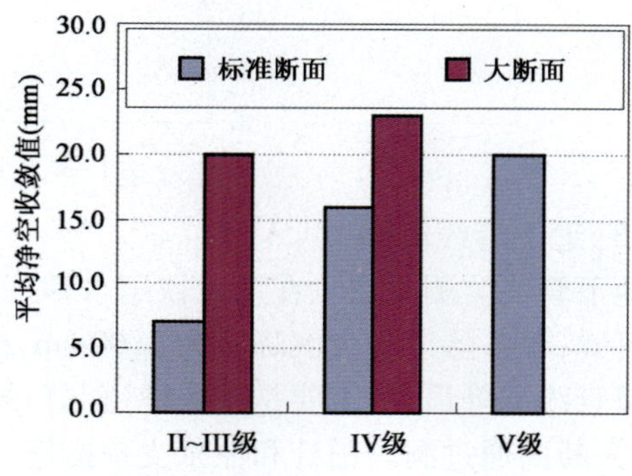

图 15-34　主线净空收敛对比图

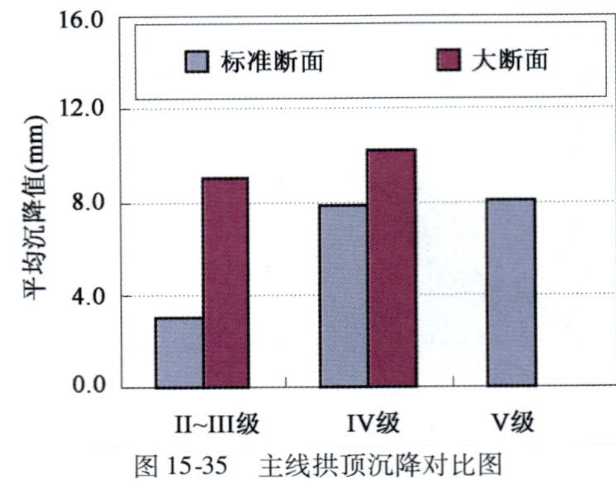

图 15-35　主线拱顶沉降对比图

(2)地表沉降

胶州湾海底隧道地表沉降断面布置在陆域段,以进口端(团岛端)为重点,共有2万多组监测数据。主线隧道标准断面中线处埋深5~46m,大断面中线处埋深15~24m,服务隧道中线处埋深3~49m。测试显示:主隧道大断面地表沉降值为标准断面的2~3倍,且沉降范围主要在隧道中线两侧10m范围内,沉降值小于10mm。左线开挖对右线地表沉降的影响使得右线左侧的沉降槽较右侧平缓,其影响量为1~2mm。

进口端服务隧道距离主线较远,地表沉降并未受到主线开挖的影响。监测显示服务隧道埋深在3~9m时,地表沉降最大为69mm;埋深9~15m时,地表沉降最大为17mm。

大于15m时,地表沉降最大为1.5mm。

总体而言:地表沉降槽较陡,在埋深超过15m时,隧道开挖对地表沉降的影响不明显,不会对地面的各种建构筑物产生较大影响。地表沉降测试成果见表15-13,主隧道与服务隧道地表测试结果如图15-36和图15-37所示。

地表沉降测试成果　　表15-13

断面类型	标准断面	大断面	服务隧道
最大沉降值(mm)	3.50	9.0	69.00
速率(mm/d)	1.00	1.00	5.0
位置	隧道中线	隧道中线	隧道中线
历时(d)	243	244	154
变形释放率(%)	99	97	94
初测时测试断面距开挖面距离(m)	50	20	20

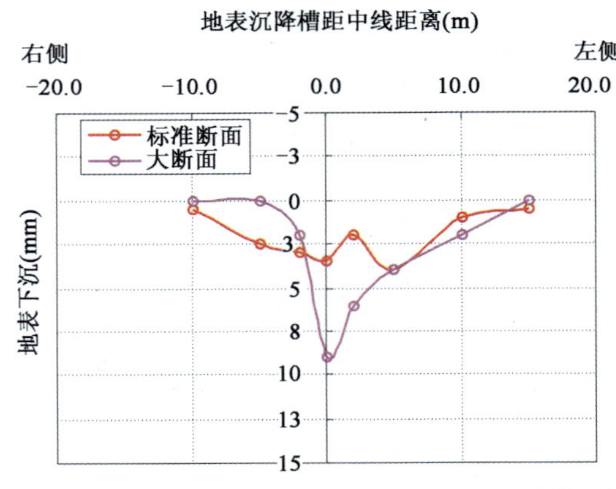

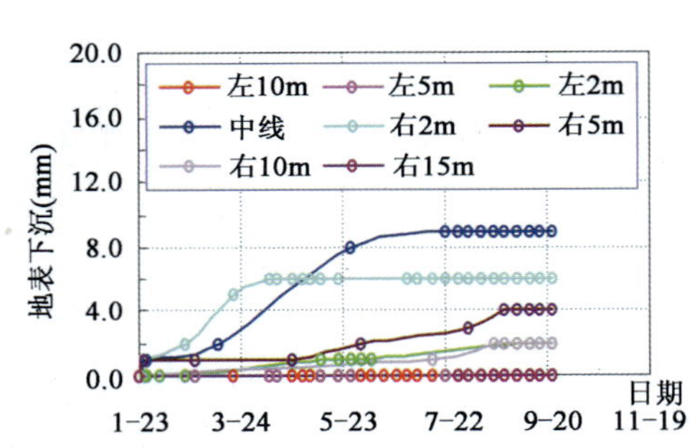

图 15-36　主隧道地表测试结果(2010年)

(3)地下管线沉降

地下管线监测重点放在居民饮用水和军用电缆上,共有3000多组监测数据。通过对团岛端的管线监测可知,服务隧道最大沉降量为7.00mm,标准断面为4.40mm,大断面为2.50mm。监测数据显示服务隧道管线沉降最大,主要是服务隧道洞口处埋深较浅的缘故。大断面和标准断面管线的埋深深度接近,但大断面通过洞内锚杆和注浆支护措施,使得大断面管线沉降比标准断面小1.5~2.0mm。整个工程施工期间未出现管线变形过大影响其使用功能的问题。地下管线沉降测试成果见表15-14,测试结果如图15-38所示。

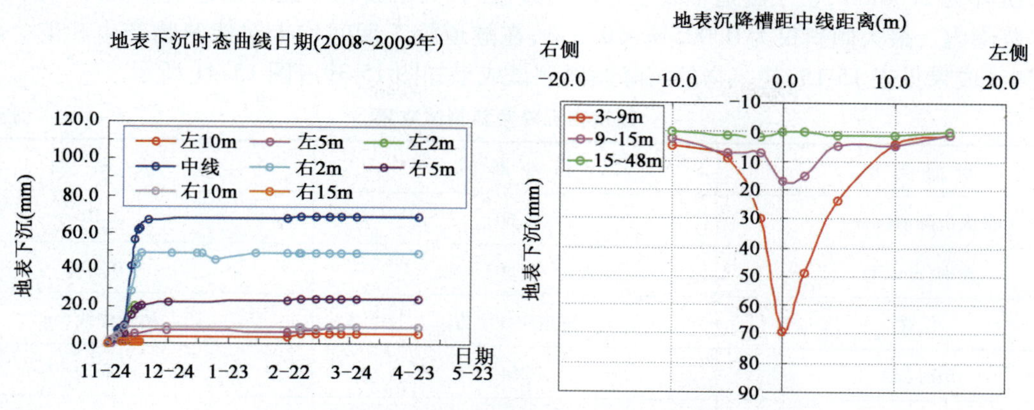

图 15-37　服务隧道地表测试结果(2008—2009 年)

地下管线沉降测试成果　表 15-14

断 面 类 型	标 准 断 面	大　断　面	服 务 隧 道
最大沉降值(mm)	4.40	2.50	7.00
速率(mm/d)	1.50	0.50	1.0
位置	隧道中线	隧道中线	隧道中线
历时(d)	243	76	177
变形释放率(%)	97	97	99
初测时测试断面距开挖面距离(m)	25	30	25

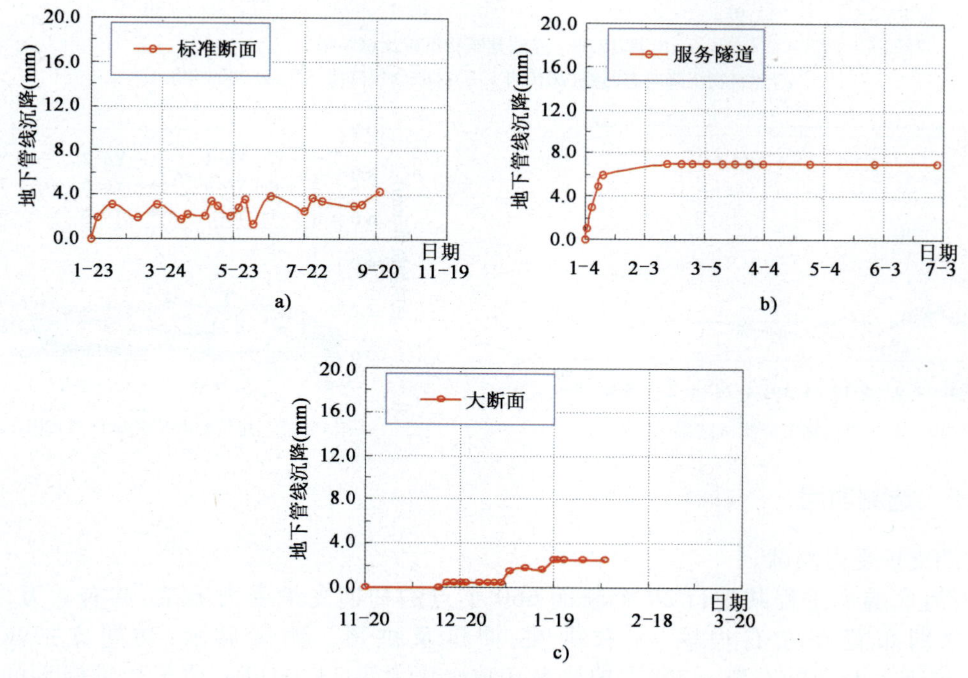

图 15-38　地下管线沉降测试结果(2009 年)

a)地下管线沉降时态曲线(2010 年);b)地下管线沉降时态曲线(2009 年);c)地下管线沉降时态曲线(2009 年)

(4)建筑物沉降及倾斜

胶州湾海底隧道建筑物监测以进口为重点,共有 1 万多组监测数据。通过对进口建筑物的监测可知，最大沉降为2.60mm，位于隧道中线上方。通过监测，大断面和标准断面建筑物沉降差别不明显，均在3mm范围内。最大倾斜仅为0.005% <0.3%，在隧道施工期间均未对建筑物产生影响。建筑物沉降倾斜测试成果见表15-15，建筑物的沉降倾斜测试成果如图15-39～图15-41所示。

建筑物沉降倾斜测试成果 表15-15

断面类型	标准断面	大断面
最大沉降值(mm)	2.60	2.10
速率(mm/d)	0.30	0.30
位置	隧道中线上方	隧道中线5m
历时(d)	264	87
变形释放率(%)	98	99
最大倾斜(%)	0.004	0.005
初测时测试断面距开挖面距离(m)	20	30

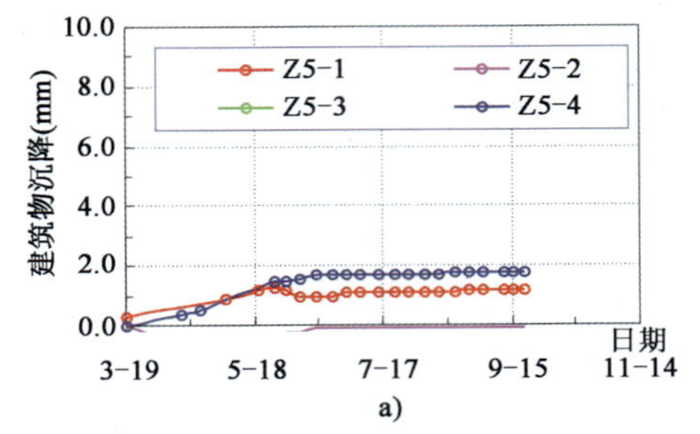

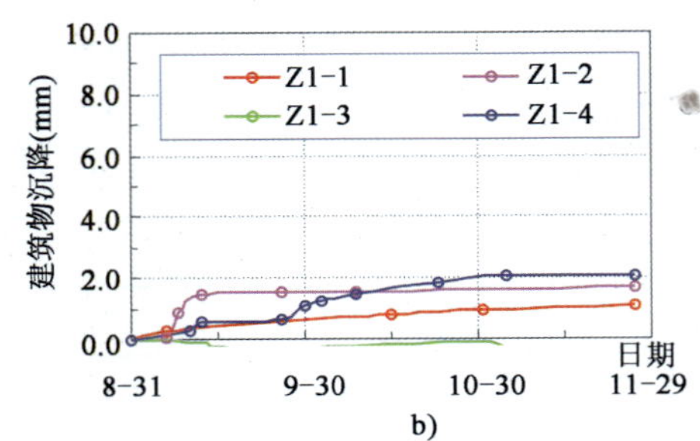

图15-39 左线建筑物沉降测试结果

a)建筑物沉降时态曲线(2010年)；b)建筑物沉降时态曲线(2009年)

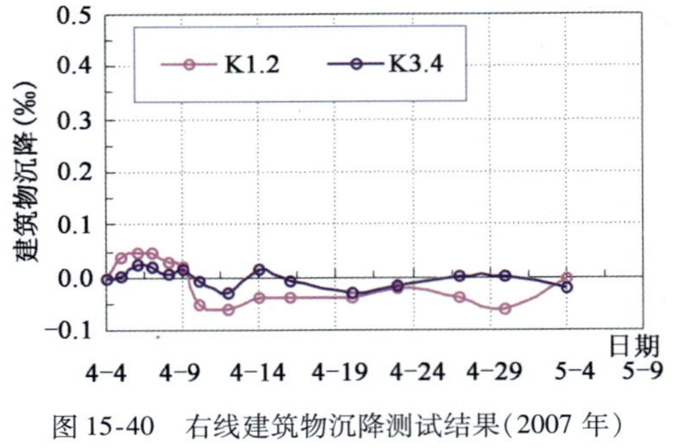

图15-40 右线建筑物沉降测试结果(2007年)

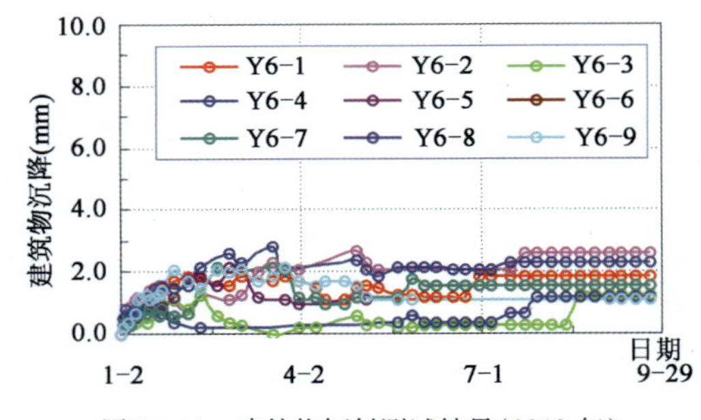

图15-41 建筑物倾斜测试结果(2010年)

15.4.2 选测项目

(1)初期支护受力测试

胶州湾海底隧道工程共进行20个断面660个点的初期支护受力测试，共有4万多组监测数据。测点分别布置在左右边墙、左右拱腰、仰拱及拱顶。测试显示：初期支护压力最大为21.93kPa，位于大断面的右侧；初期支护最大孔隙水压力为33.04kPa，位于标准断面的左侧；初期支护钢筋最大压应力为8.23MPa，位于标准断面的左侧，最大拉应力为16.22 MPa，位于大断面的左侧；初期支护混凝土最大拉应力为0.50MPa，位于标准断面的右侧，最大压应力为8.91MPa，位于大断面的右侧。

本工程初期支护受力测试成果见表15-16、表15-17，以及图15-42～图15-53。

初期支护围岩压力、孔隙水压力测试成果　表 15-16

断面类型	测试项目	部位	最大压力(kPa)	埋深(m)
标准断面	初期支护压力	左侧	16.04	28
		右侧	13.93	
	渗水压力	左侧	33.04	
		右侧	27.12	
大断面	初期支护压力	左侧	19.71	24
		右侧	21.93	
	渗水压力	左侧	30.93	
		右侧	36.77	

初期支护钢筋及混凝土应力测试成果　表 15-17

断面类型	测试项目	部位	最大拉应力(MPa)	最大压应力(MPa)	埋深(m)
标准断面	二次衬砌钢筋受力	左侧	—	-8.23	28
		右侧	8.65	—	
	二次衬砌混凝土应力	左侧	0.07	-1.97	
		右侧	0.50	-0.94	
大断面	二次衬砌钢筋受力	左侧	16.22	—	24
		右侧	7.66	-6.74	
	二次衬砌混凝土应力	左侧	—	-6.18	
		右侧	—	-8.91	

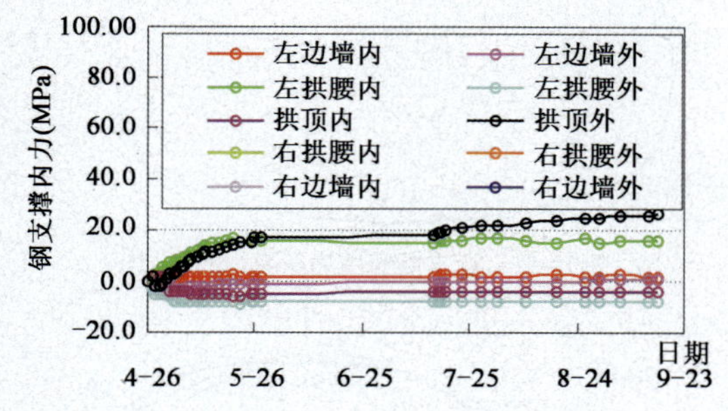

图 15-42　大断面初期支护钢支撑受力时态曲线(2010 年)

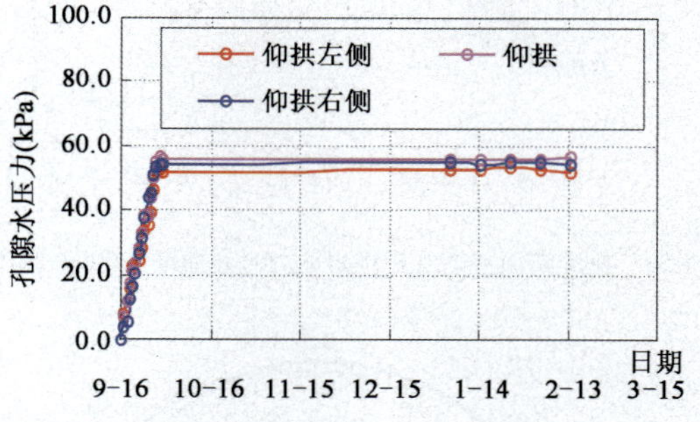

图 15-43　大断面初期支护仰拱孔隙水压力时态曲线(2010 年)

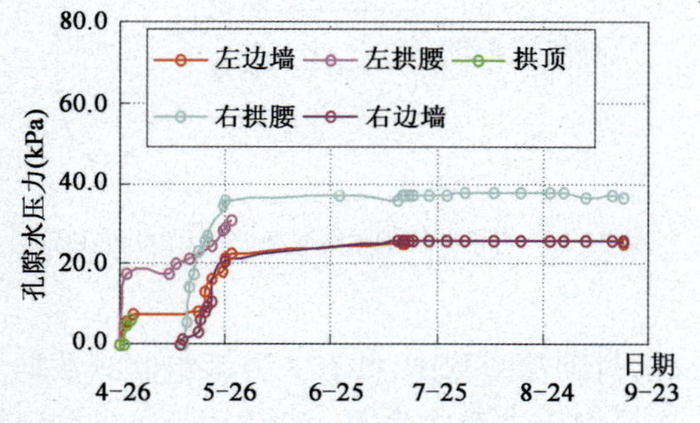

图 15-44　大断面初期支护拱墙孔隙水压力时态曲线(2010 年)

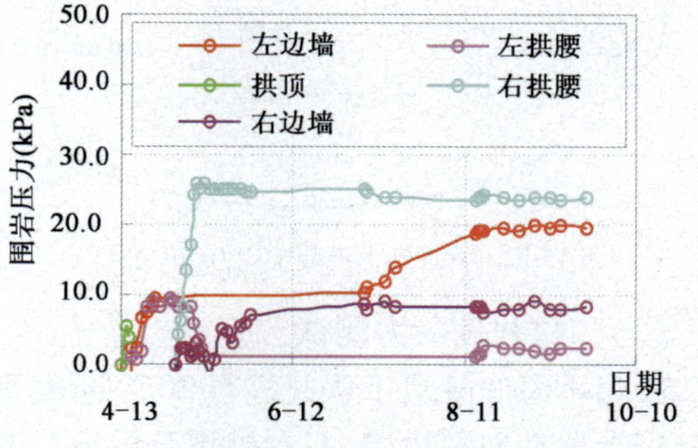

图 15-45　大断面初期支护围岩压力时态曲线(2010 年)

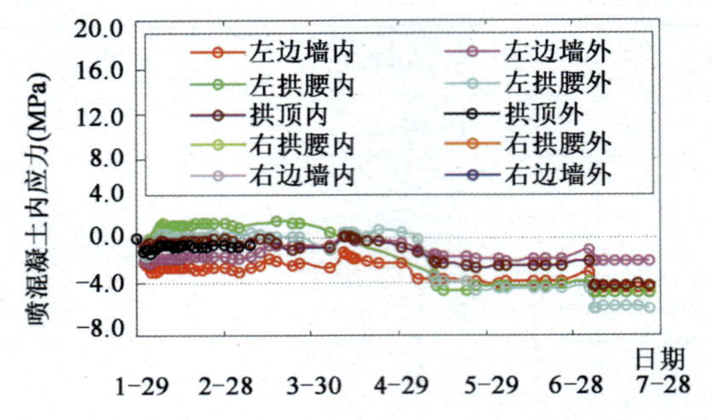

图 15-46 大断面初期支护喷射混凝土受力时态曲线(2010 年)

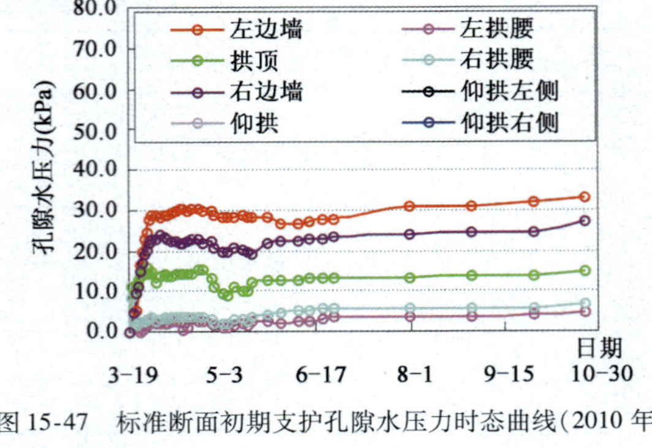

图 15-47 标准断面初期支护孔隙水压力时态曲线(2010 年)

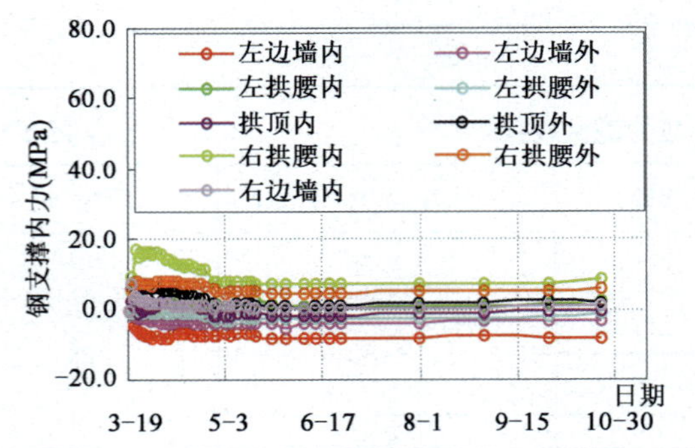

图 15-48 标准断面初期支护钢支撑受力时态曲线(2009 年)

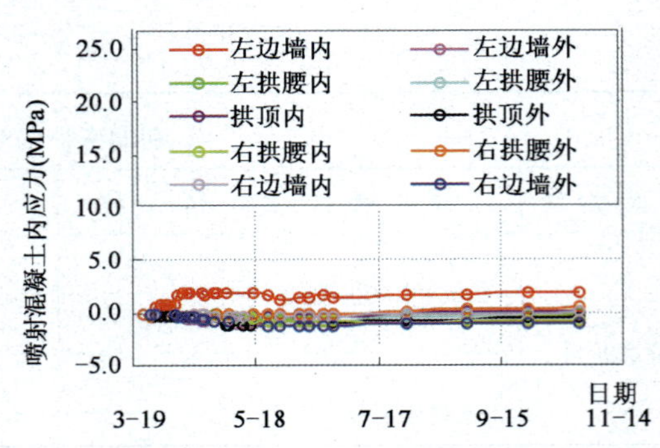

图 15-49 标准断面初期支护喷射混凝土受力时态曲线(2009 年)

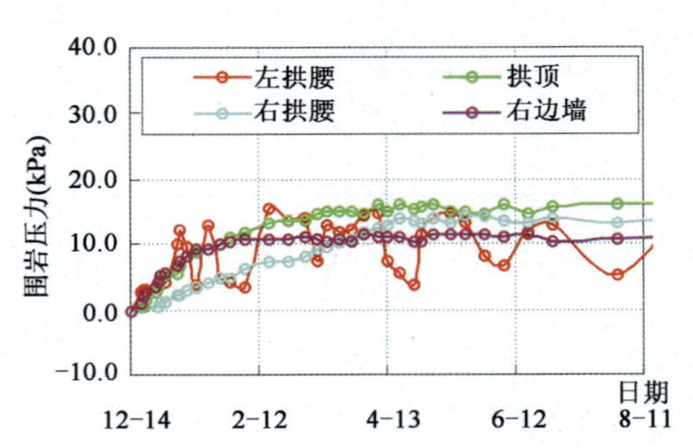

图 15-50 标准断面初期支护围岩压力时态曲线(2009—2010 年)

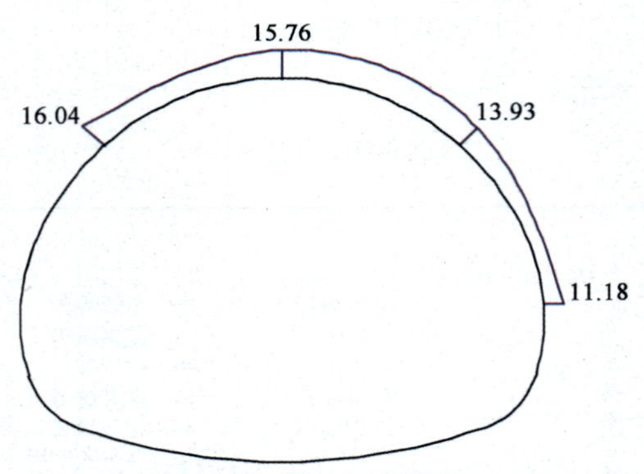

图 15-51 标准断面围岩压力(单位:kPa)

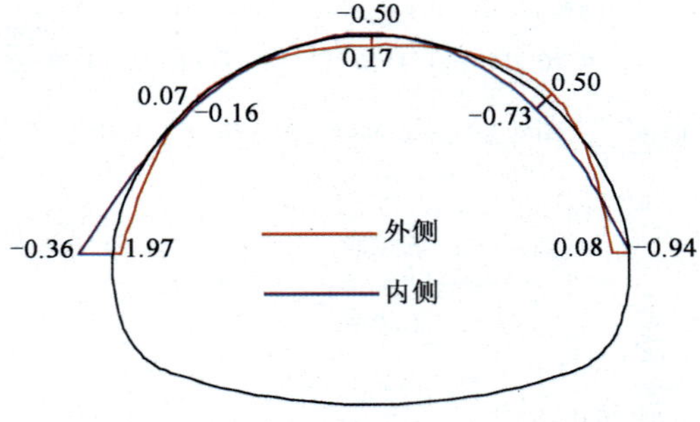

图 15-52 标准断面混凝土应力(单位:kPa)

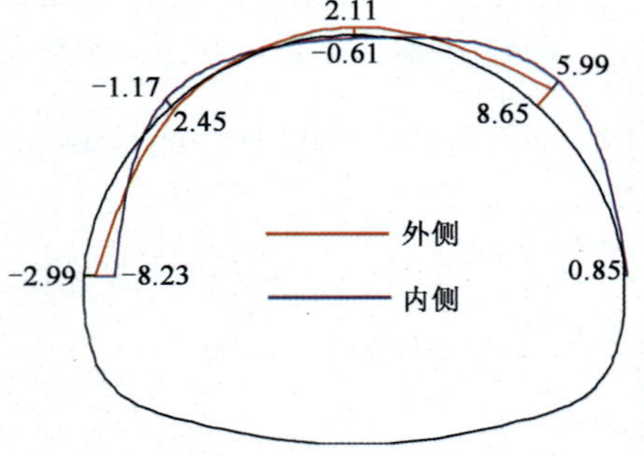

图 15-53 标准断面钢支撑混凝土应力(单位:kPa)

(2)二次衬砌受力测试

胶州湾海底隧道工程共进行 20 个断面 500 个点的二次衬砌受力测试,共有 3 万多组监测数据。测点分别布置在左右边墙、左右拱腰及拱顶。测试显示:二次衬砌压力最大为 19.94kPa;二次衬砌钢筋应最大压应力为 11.34 MPa,位于标准断面的右侧;二次衬砌混凝土最大拉应力为 0.13 MPa,位于标准断面的右侧，最大压应力为5.15 MPa，位于大断面的左侧。从监测数据上看，大断面二次衬砌钢筋受力与标准断面最大应力基本相同，但大断面混凝土受力比标准断面略大。

本工程二次衬砌受力测试成果见表15-18、表15-19，以及图15-54～图15-61。

二次衬砌压力测试成果　　表15-18

断面类型	测试项目	部位	最大压力(kPa)	埋深(m)
标准断面	二次衬砌压力	左侧	19.94	28
		右侧	16.22	
大断面		左侧	0.84	24
		右侧	5.43	

二次衬砌钢筋及混凝土应力测试成果　　表15-19

断面类型	测试项目	部位	最大拉应力(MPa)	最大压应力(MPa)	埋深(m)
标准断面	二次衬砌钢筋受力	左侧	—	-10.86	28
		右侧	—	-11.34	
	二次衬砌混凝土应力	左侧	0.01	-1.82	
		右侧	0.13	-1.82	
大断面	二次衬砌钢筋受力	左侧	—	-11.11	24
		右侧	—	-6.59	
	二次衬砌混凝土应力	左侧	—	-5.15	
		右侧	—	-3.47	

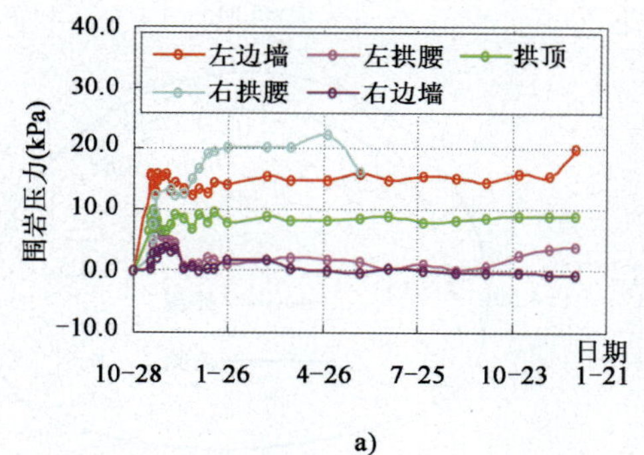

a)

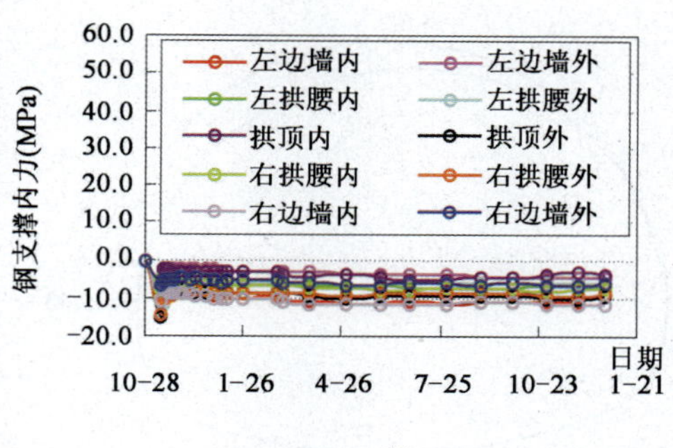

b)

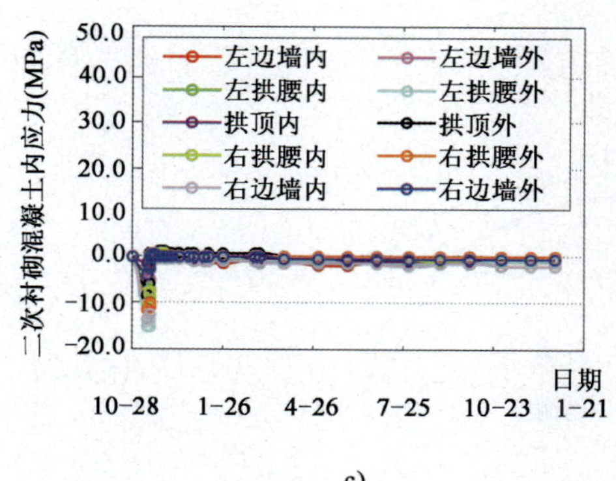

c)

图15-54　标准断面二次衬砌受力时态曲线(2009—2010年)

a)二次衬砌压力时态曲线(2009～2010年)；b)二次衬砌钢筋内力时态曲线(2009～2010年)；c)二次衬砌混凝土内应力时态曲线(2009～2010年)

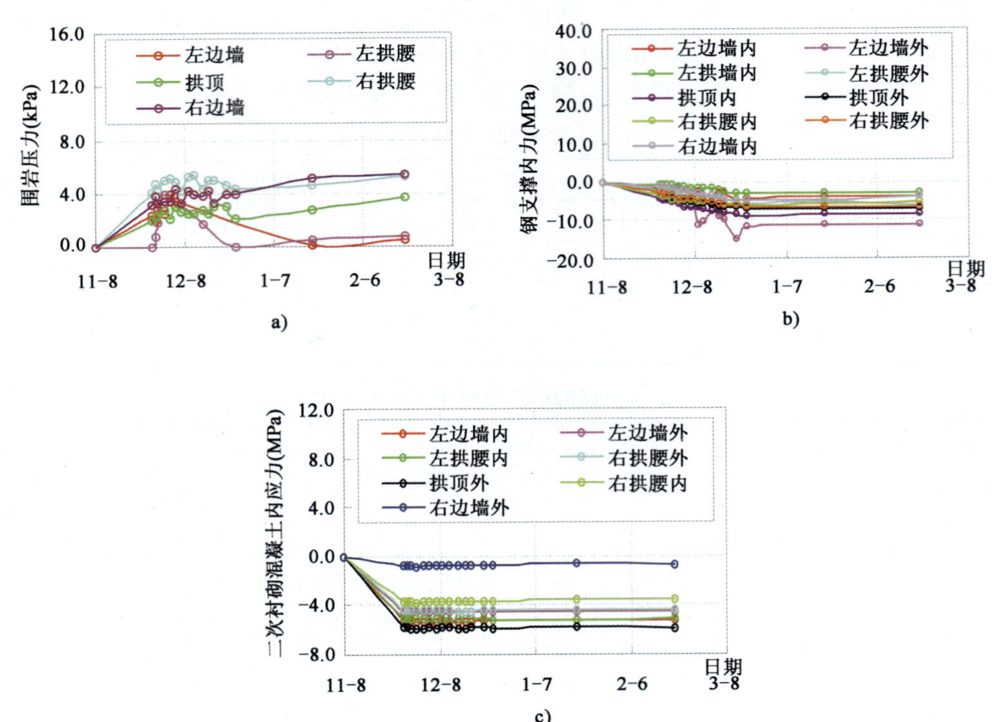

图 15-55　大断面二次衬砌受力时态曲线

a)二次衬砌压力时态曲线(2010 年);b)二次衬砌钢筋内力时态曲线(2010 年);c)二次衬砌混凝土内应力时态曲线(2010 年)

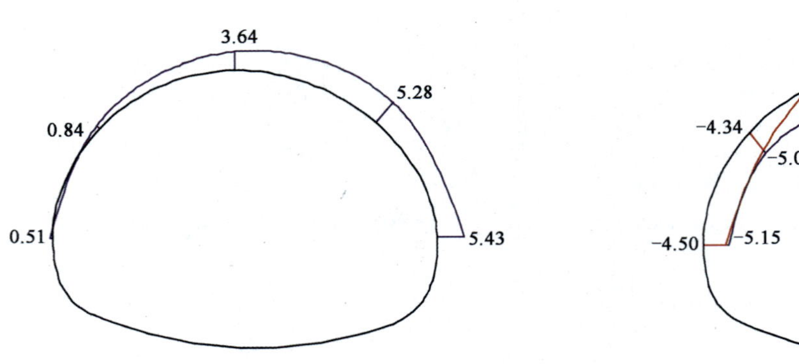

图 15-56　大断面围岩压力(单位:kPa)

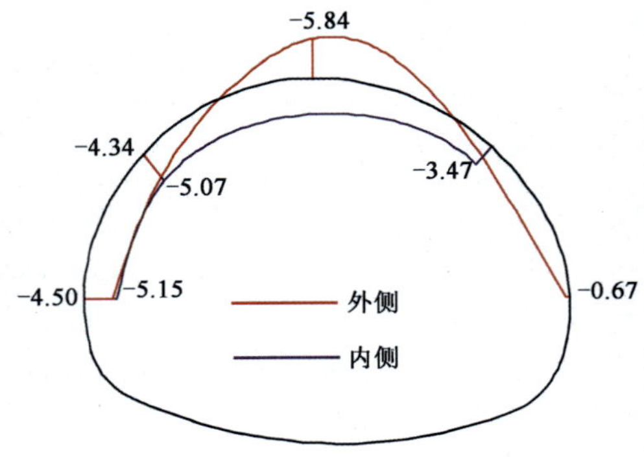

图 15-57　大断面混凝土受力(单位:kPa)

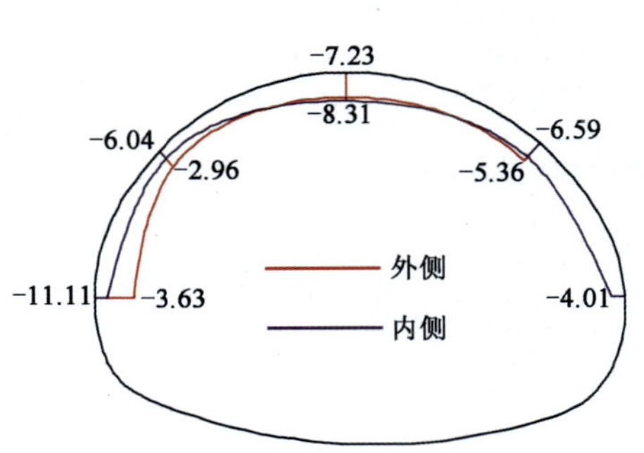

图 15-58　大断面钢筋受力(单位:kPa)

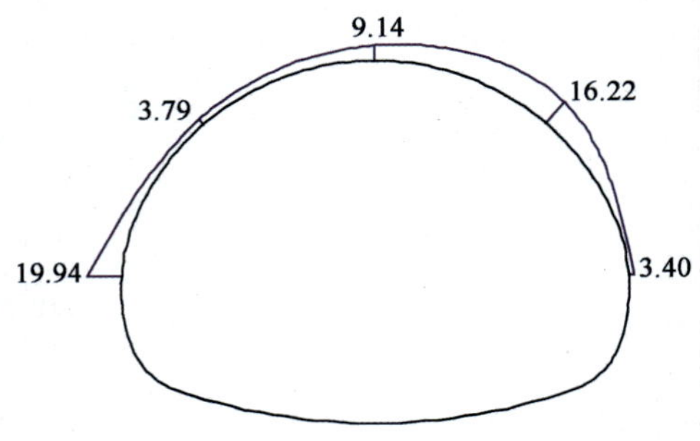

图 15-59　标准断面围岩压力(单位:kPa)

(3)锚杆轴力测试

胶州湾海底隧道工程共进行了 35 根锚杆的轴力测试,其中在标准断面处为 20 根,锚杆长度 3m,每根 4 个测点。大段面处为 15 根,锚杆长度为 7m,每根 8 个测点。共有 8000 多组监测数据。测试数据显示:标准断面最大锚杆轴力为 3.45kN,大断面最大锚杆轴力不到 1kN,大断面锚杆轴力偏小,这主要是由于大断面锚杆埋设较晚的缘故。大断面和标准断面锚杆轴力受力范围均在 2.0m 范围内,松动圈测试的松动范围在 1.6m 内,两者基本吻合。

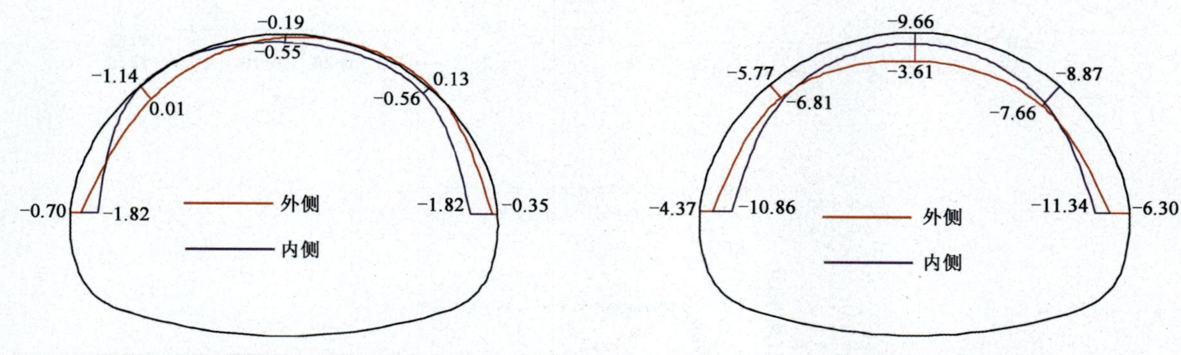

图 15-60　标准断面混凝土受力(单位:MPa)　　图 15-61　标准断面钢筋受力(单位:MPa)

本工程锚杆的轴力测试成果见表 15-20 和图 15-62 ~ 图 15-65。

锚杆轴力测试成果　　表 15-20

断面类型		左拱腰轴力(kN)	拱顶轴力(kN)	右拱腰轴力(kN)
大断面	0.5m	0.71	0.66	0.39
	1.1m	0.41	0.28	0.69
	1.8m	0.33	0.67	0.35
	2.6m	0.15	0.14	0.25
	4.1m	0.01	0.22	0.16
	4.6m	0.06	0.09	0.05
	5.3m	0.01	0.04	0.07
	6.1m	0.04	0.12	0.06
标准断面	0.5m	3.23	3.45	2.05
	1.1m	2.53	—	—
	1.8m	0.82	-0.01	0.07
	2.6m	0.13	-0.13	-0.09

(4)松动圈测试

胶州湾海底隧道工程共进行了 670m 的围岩松动圈测试,分别在左右拱腰、左右边墙、拱顶进行测试。测试数据显示:主线 II ~ III 级围岩松动平均深度为 1.00m;IV 级围岩松动平均深度为 1.27m;V 级围岩松动平均深度为 1.42m;服务隧道仅进行了 II ~ III 级围岩的测试,其松动平均深度为 1.58m。通过锚杆受力测试结果对比可以得出,本工程围岩松动范围在 2.0m 内。围岩松动圈测试成果见表 15-21 和图 15-66 ~ 图 15-68。

(5)渗水流量监测

胶州湾海底隧道工程渗水量采用三角堰法进行测试,上断面在隧道开挖后一周内进行测试,下断面渗水流量为仰拱开挖后的测试结果,整个工程的渗水量根据测试的 50 处测点进行推算而得(表 15-22)。测试数据显示:本工程每天渗水量为 3366.28m^3,其中主线左线为 1252.66m^3,主线右线为 1475.10m^3,服务隧道为 638.52m^3。右线隧道渗水量偏大,主要是 $f_{4\text{-}4}$ 断层段开挖后渗水较为严重的缘故,开挖后经过注浆止水,该段渗水量得到明显控制。

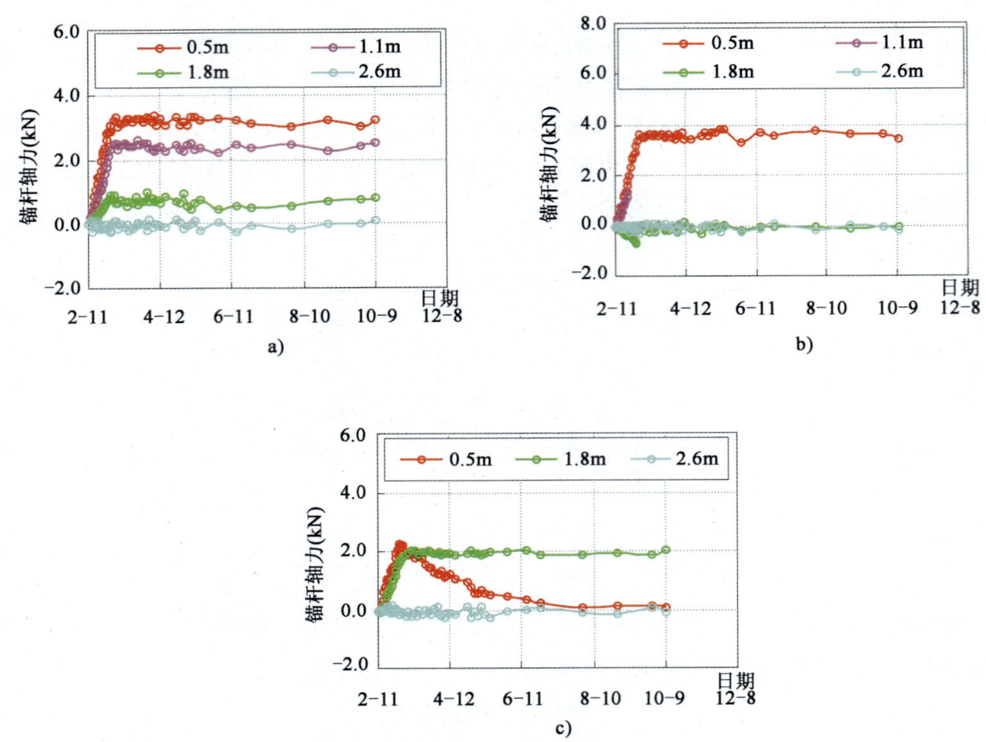

图 15-62　标准断面锚杆轴力时态曲线

a)左拱腰锚杆轴力时态曲线(2009 年);b)右拱腰锚杆轴力时态曲线(2009 年);c)拱顶锚杆轴力时态曲线(2009 年)

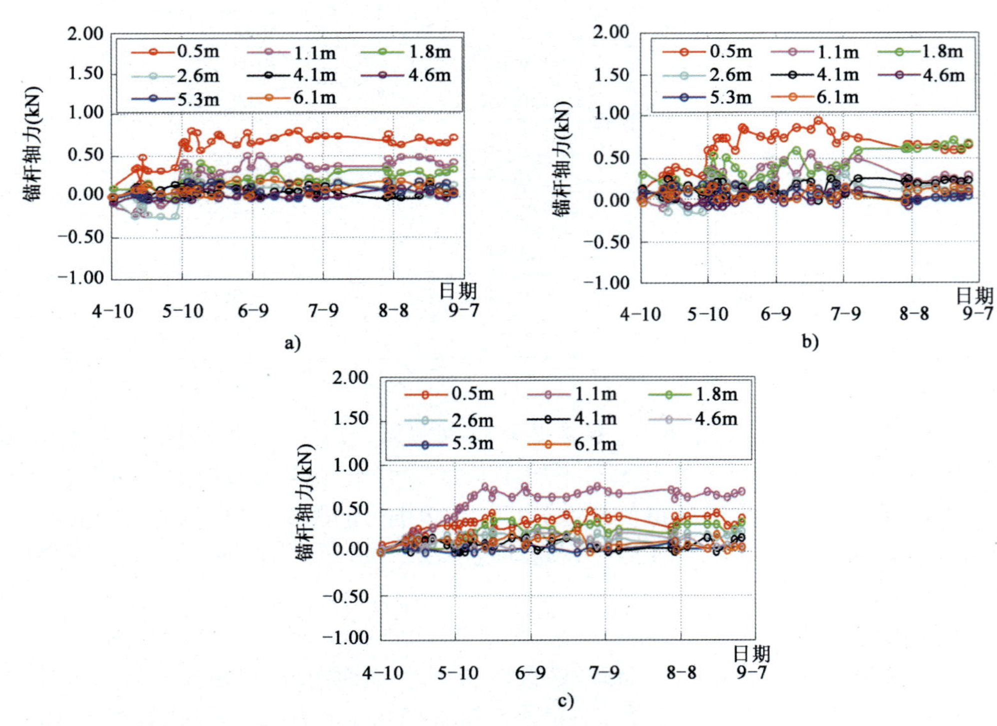

图 15-63　大断面锚杆轴力时态曲线

a)左拱腰锚杆轴力时态曲线(2010 年);b)右拱腰锚杆轴力时态曲线(2010 年);c)拱顶锚杆轴力时态曲线(2010 年)

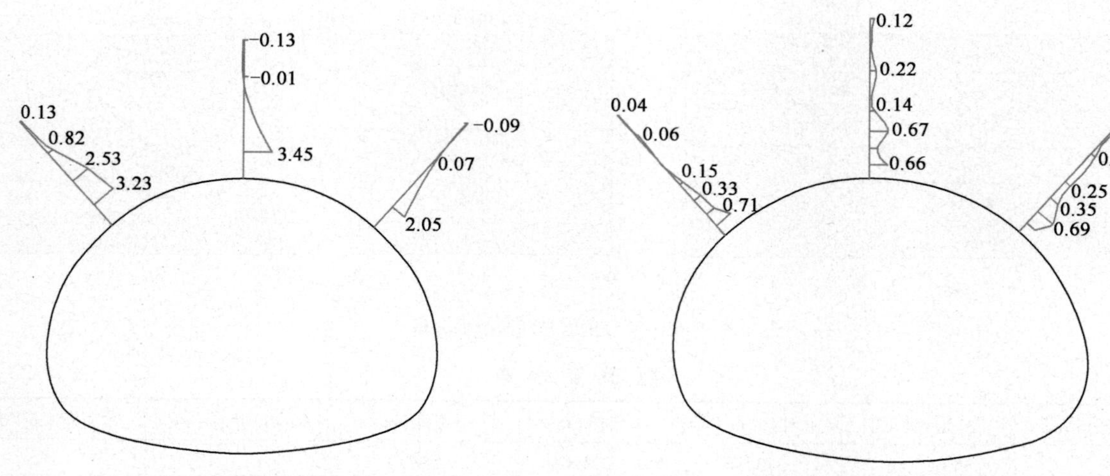

图 15-64　标准断面锚杆轴力(单位:kN)　　　　图 15-65　大断面锚杆轴力(单位:kN)

围岩松动圈测试成果表　　　　表 15-21

测试洞别	围岩级别	最　大	最　小	平　均
正洞	Ⅱ~Ⅲ	1.13	0.88	1.00
	Ⅳ	1.66	1.05	1.27
	Ⅴ	1.58	0.93	1.42
服务隧道	Ⅱ~Ⅲ	1.84	1.47	1.58

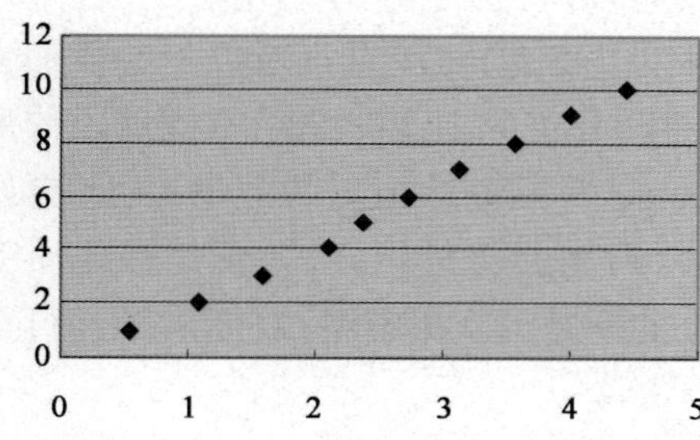

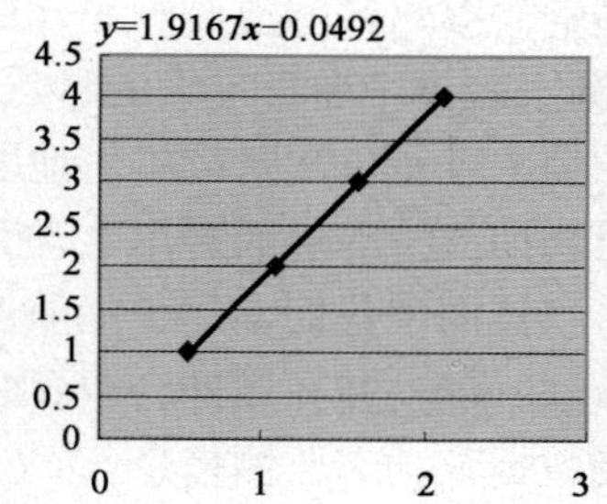

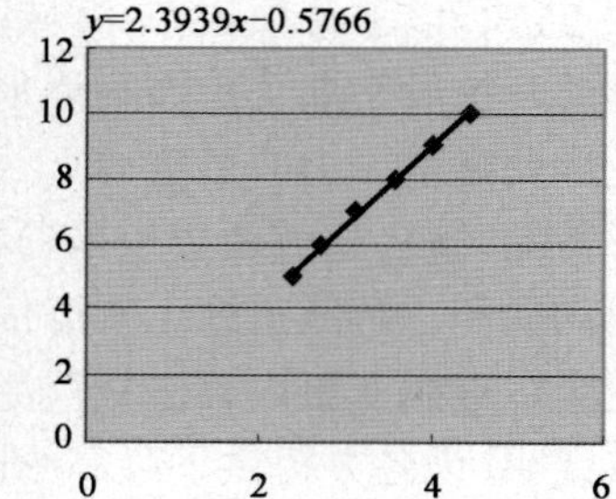

图 15-66　Ⅱ~Ⅲ级围岩松动圈数据分析

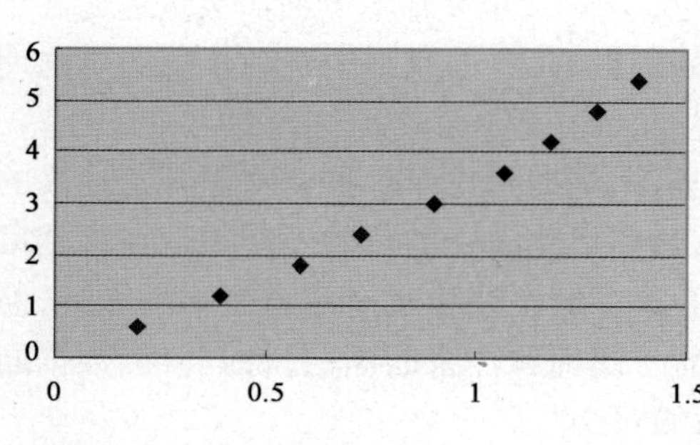

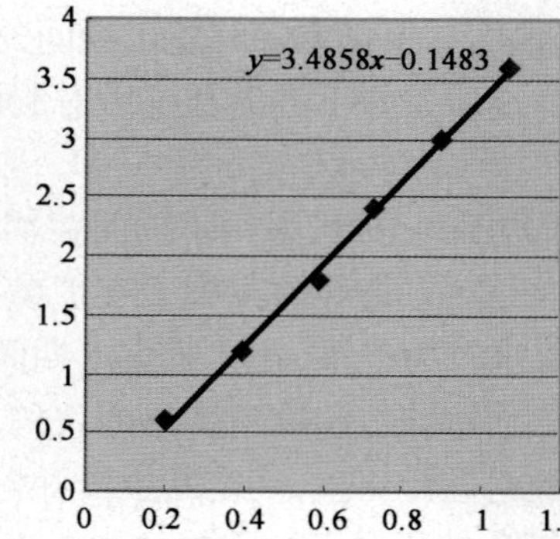

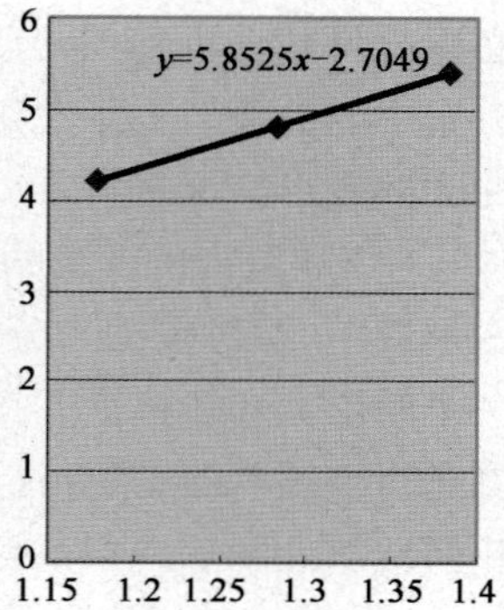

图 15-67　Ⅳ级围岩松动圈数据分析

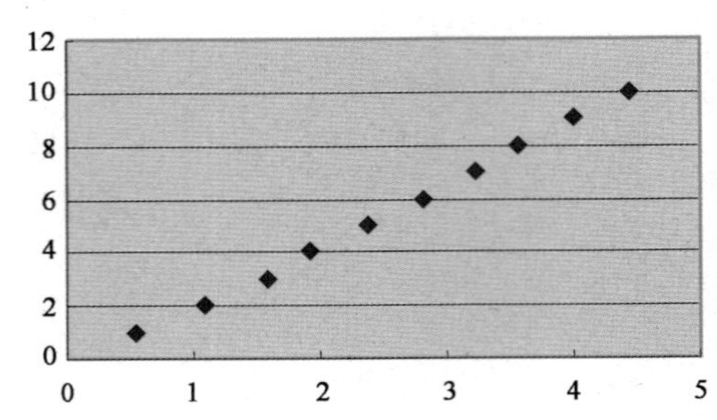

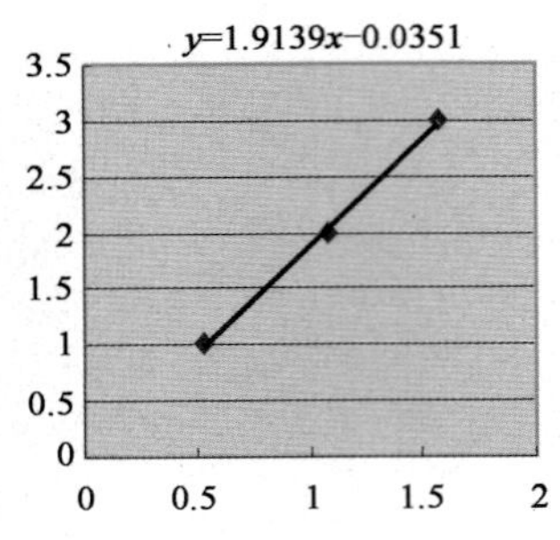

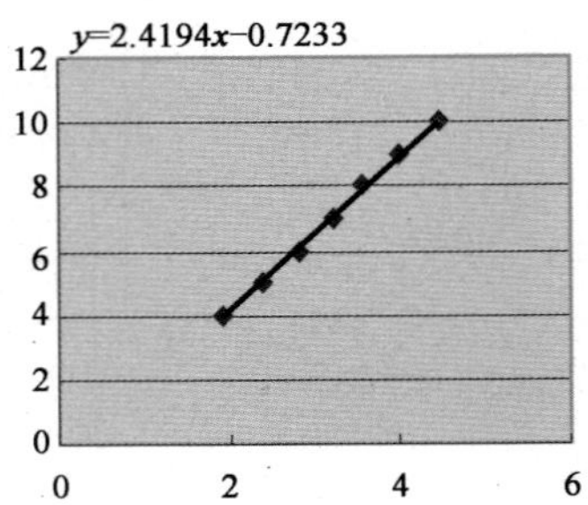

图 15-68　V 级围岩松动圈数据分析

隧道渗水量　　　　表 15-22

测试洞别	围岩级别	上台阶(m^3/d)	下台阶(m^3/d)	全断面(m^3/d)	每条隧道(m^3/d)	本工程(m^3/d)
正洞	进口左线	373.36	224.01	597.37	1252.66	3366.28
	出口左线	485.41	169.88	655.29		
	进口右线	424.49	169.79	594.28	1475.10	
	出口右线	533.83	346.99	880.82		
服务隧道	进口	352.82			638.52	
	出口	285.70				

15.5　监测总结

在隧道开挖期间，各项监测测点埋设及时，初始值的获得及时有效。针对青岛胶州湾隧道的特点，重点进行以下几项工作：海域段是青岛胶州湾隧道监测工作的重点地段，特别是隧道穿越断层破碎带，隧道开挖后初期支护面临渗水和断层破碎带变形过大的特点，针对以上特点，监测重点对以上地段加强变形及渗水压力的监测，对于开挖但未进行二次衬砌施作地段，从时间和空间上及时总结不同地段的变形情况，结合超前地质预报资料对初期支护的参数提出合理化建议，提高了隧道施工的效率；为了更好地沟通和了解隧道施工动态信息，在监测中我们参加了地质变更会、周例会及月例会，特别是在地质变更会中根据变更内容进行监测测点的调整，并在周例会中及时向业主等提供监测资料，对断层带进行重点说明，为各方提供了可靠的监测数据及动态监测信息。

15.5.1　必测项目

本工程必测项目共有 6 项监测内容，洞内 2 项变形监测，洞外 4 项变形监测。经过近 3 年的监测，必测项目共采集到 33 万多组数据。根据本工程施工期间的特点，洞内 2 项变形监测断面数量远远大于方案中的数量。为了总结青岛地质条件下隧道开挖后对洞内外的影响，布点原则围绕利于总结不同埋深下的变形情况进行。

(1)隧道内的变形根据围岩不同分级，采用不同间距加密监测，同时考虑爆破振动对已开挖地段的变形影响，及时按围岩分级进行总结，指导前方施工支护参数，达到优化设计的目的。特别是在穿越第一个断层 f_{4-2} 时，隧道开挖后渗水较为严重，在注浆止水期间，为了了解注浆止水对隧道变形的影响，监测进行连续观测，指导注浆压力，达到控制隧道变形的目的。对于超前预注浆的断层，将其监测数据同相同地质非断层地段的监测数据进行比较，确定断层段开挖后的安全性。

(2)隧道外周边环境的监测，按不同断面形式和埋深进行合理布点。考虑到一条隧道开挖后，另一条隧道对其地表的影响，应合理布点，尽量克服周边环境的影响。将监测结果按断面尺寸大小、围岩级别、埋深分别进行分析总结，对监测结果及时分析总结，为以后类似地质条件市政工程提供可靠地参考。

(3)在监测过程中,现场实测与计算相结合,模拟现场台阶开挖尺寸和支护参数等进行计算,把计算的结果和实测结果进行对比,以便了解青岛地质条件下隧道开挖后围岩的变形范围,确保安全。

(4)从监测数据平均值上看:II ~ III 级围岩大断面拱顶沉降是标准断面的 2.8 倍,IV 级围岩大断面拱顶沉降是标准断面的 1.4 倍,II ~ III 级围岩大断面净空收敛是标准断面的 2.9 倍,IV 级围岩大断面净空收敛是标准断面的 1.3 倍。

(5)监测显示服务隧道埋深在 3 ~ 9m 时,地表沉降最大为 69mm;埋深在 9 ~ 15m 时,地表沉降最大为 17mm;大于 15m 时,地表沉降最大为 1.5mm。总体而言:地表沉降槽较陡,在埋深超过 15m 时,隧道开挖对地表沉降的影响不明显,不会对地面的各种建(构)筑物产生较大影响。

(6)通过对进口建筑物的监测,进口建筑物最大沉降为 2.60mm。通过监测,大断面和标准断面建筑物沉降差别不明显,均在 3mm 以内。最大倾斜仅为 0.05‰ < 3‰,在隧道施工期间均未对建筑物产生影响。

15.5.2　选测项目

选测项目共 7 项,均在洞内布置,各项测点与变形测点布置在同一个断面上,达到相互印证的目的。经过近 3 年的监测,必测项目共采集到 8 万多组数据。

(1)隧道内的选测项目同变形测试断面一同布置,以便各个监测数据能够相互印证。同时按照断层、非断层和大断面分别布置,有利于更好地总结隧道受力状态。

(2)海底隧道渗水量是运营后比较受关注的,为此采用分段测试来估算整个隧道的渗水量。同时在初期支护背后布置孔隙水压计,了解运营后二次衬砌背后的水压情况。

(3)初期支护最大围岩压力大断面是标准断面的 1.4 倍;初期支护最大孔隙水压力大断面与标准断面比值为 1;初期支护钢筋最大压应力大断面是标准断面的 1.2 倍,最大拉应力大断面是标准断面的 1.9 倍;初期支护混凝土最大压应力大断面是标准断面的 4.5 倍。

(4)二次衬砌钢筋最大压应力大断面与标准断面的比值为 1,二次衬砌混凝土最大压应力大断面是标准断面的 2.8 倍。

(5)主线 II ~ III 级围岩松动平均深度为 1.00m;IV 级围岩松动平均深度为 1.27m;V 级围岩松动平均深度为 1.42m;服务隧道仅进行了 II ~ III 级围岩的测试,其松动平均深度为 1.58m。通过锚杆受力测试结果对比可以得出,本工程围岩松动范围在 2.0m 以内。

(6)本工程在隧道开挖期间每天渗水量为 3366.28m^3,其中主线左线为 1252.66m^3,主线右线为 1475.10m^3,服务隧道为 638.52m^3。隧道二次衬砌完成后每天渗水量将小于 3366.28m^3。

第四篇 交通工程与运营安全

第16章 隧道通风技术及防灾救援系统

16.1 研究目的与内容

本工程需要解决的关键技术问题之一是隧道的通风和防灾救援。我国特长公路隧道，特别是海底隧道营运通风、防灾方面的经验仍很少，应开展专项攻关，以确保营运通风、防灾系统的安全、经济、合理，避免浪费和不安全因素。研究目标是为胶州湾隧道的设计提供满足运营要求、经济可靠的通风和防灾救援方案。研究应注意本工程的地理环境和海底隧道的特点，注重环保要求和隧道防灾方案的有机结合；隧道防灾注重贯彻“以防为主、以人为本、因隧制宜”的思想。研究主要包括以下四个方面内容。

16.1.1 隧道运营通风系统主要设计参数及通风方式的研究

根据胶州湾海底隧道的特点，确定隧道通风计算的关键技术参数(如设计交通量、有害气体基准排放量、有害气体排放递减率、车型系数、行车速度、稀释空气中异味的需风量等)，确定胶州湾海底隧道不同时期、不同时间内各种运营状态下的新风量需求。对多种通风方案和隧道排污方案进行功能、造价、效益分析比较。通过理论分析及计算，拟订胶州湾海底隧道通风方案和隧道排污方案。

16.1.2 隧道通风系统的物理模型试验与计算机模拟研究

通过建立隧道1:10缩尺模型，对隧道既定的运营通风方案进行模拟研究，模拟本隧道在实际运营中的正常工况、阻塞、火灾等工况下的通风效果。通过反复试验和模拟，验证通风系统理论计算及设计的合理性，修正通风系统各关键设计参数；提出胶州湾公路隧道通风系统风量分配、风道连接形式、风机组合方式、气流组织模式等方面的具体建议，优化设计并指导运营。物理试验能保证研究结果的真实性，计算机模拟能够以较小的投入获取丰富的试验成果。

16.1.3 隧道防灾救援技术研究

针对胶州湾隧道的特点，对其火灾条件下的防灾救援开展研究。

(1)公路隧道火灾规律与危害

研究三车道隧道火灾的燃烧及发展过程，探寻各种火灾工况下的温度与烟雾场分布规律。

(2)公路隧道火灾自动报警系统试验研究

重点研究双波长火灾探测器、光纤火灾探测器、光纤光栅火灾探测器、热敏合金线传感器等火灾自动探测系统功能特性与交通隧道环境特性，提出各火灾自动探测器在交通隧道内应用的适用性、可靠性和经济性。

(3)公路隧道灭火系统研究

重点研究水喷雾自动灭火系统、泡沫水喷雾联用自动灭火系统灭火特性,提出各自动灭火系统的适应性、设计方法、配置方法。

(4)胶州湾隧道交通控制与救援策略研究

重点研究各种隧道交通工况下交通控制模式、控制方案、隧道内车辆分布与救援策略,提出各类工况下的救援与控制策略。

16.1.4 隧道衬砌耐火技术研究

针对胶州湾隧道衬砌结构的耐火问题,开展了以下研究:

①标准火灾曲线及场景;

②火灾对衬砌结构的损害形式及机理;

③超声波在高温受损后衬砌结构内的传播规律;

④隧道衬砌结构耐火方法;

⑤火灾对衬砌结构影响的评价方法。

16.2 隧道通风系统设计技术标准

采用的设计标准是在参考我国的《公路隧道通风照明设计规范》(JTJ 026.1—1999)及 PIARC 的推荐值基础上,结合胶州湾隧道作为城市隧道的特点综合确定的。

1)隧道卫生、安全标准,见表 16-1。

设计采用的通风卫生标准　　表 16-1

交通工况	车速(km/h)	CO 浓度(10^{-6})	烟雾浓度(m^{-1})
正常	80	100	0.005
慢速	30	125	0.007
全段阻塞	20	200	0.008
局部阻塞	10	200	0.009

2)阻塞工况:当阻塞长度达 1km、烟雾浓度达到 $0.012m^{-1}$时,应采取限制洞口车辆进入等交通管制措施。

3)为稀释隧道内空气中异味,隧道空气不间断换气频率为 3 次/h。

4)汽车尾排基准排放量及其递减率:CO 的基准排放量取 $0.01m^3$/(辆·km);烟雾的基准排放量取 $2.5m^2$/(辆·km);以 1995 年为起点,按每年 3% 递减。

5)火灾规模:选用 20MW 的火灾热释放率作为设计标准。

16.3 隧道设计通风需风量计算

隧道通风是以车辆在隧道内行驶排出废气中的 CO 气体和烟雾为主要对象,因此在隧道通风计算中,隧道通风量是以车辆在洞内行驶时排出的 CO 和烟雾达到允许标准时所需风量计算,并考虑隧道内的换气频率,选其中最大值作为隧道设计通风量,并验算隧道火灾工况所需要的通风量确定。隧道全长计算需风量见表 16-2。

根据上述计算,最大需风量出现于 2020 年,各分段设计风量见表 16-3。

各设计年限需风量汇总(单位:m/s)　　表16-2

工况	车速(km/h)	2010年		2015年		2020年		2025年		2030年	
		左线	右线	左线	右线	左线	右线	左线	右线	左线	右线
稀释CO、烟雾需风量	80	306	273	416	372	563	497	450	400	384	344
	70	347	321	471	438	638	586	510	471	435	405
	60	327	316	451	438	588	558	476	459	419	407
	50	367	376	506	520	646	654	533	545	470	483
	40	430	426	594	591	755	737	625	617	552	550
	30	429	411	593	570	751	714	623	596	551	530
	20	403	367	557	509	706	635	585	531	517	474
除异味		626	625	626	625	626	625	626	625	626	625
火灾		235.1	235.1	235.1	235.1	235.1	235.1	235.1	235.1	235.1	235.1

各通风区段设计风量　　表16-3

隧　道	通风区段1	通风区段2	通风区段3
左线	300	300	240
右线	260	300	240

16.4　营运通风模型试验研究

本章主要讨论运营通风模型的设计、模型基本性能试验及其结果的分析和各运营通风工况试验及其结果的分析,并根据试验结果提出一定的建议,指出试验中的不足之处。

16.4.1　模型设计的基本原则

为了提高模型试验的准确度和结果的可靠性,根据斜井排出式纵向通风的特性和相似条件的要求,在模型设计中考虑了以下原则。

(1)模型试验的规模是根据斜井排出式纵向通风系统的基本特征和形成有压均匀流动的基本必要条件决定的。

(2)一般而言,模型的横向比尺愈大,试验的准确性愈高,可靠性愈大。但考虑到经济因素,结合模型材料、设备能力和测试方法,确定模型采用透明有机玻璃制作,模型的几何比尺 λ_1 为1:10。

(3)模型试验运动相似,就是使速度比尺 λ_v 为1:1,这样就可通过控制运动的相似而实现动力的相似。

(4)模型与原型流动相似的基本条件是使模型流进入阻力平方区,这可通过对模型加糙而增大其表面摩阻力的办法实现。另外,模型的长度是有限的,为了正确地模拟原型流动,可采取纵向摩阻变态的办法,用摩阻损失的等量关系实现长度上的相似模拟。

(5)几种动力源相似,可根据等效增压效应对地下风机房中的轴流风机、隧道内的射流风机、汽车的活塞作用以及自然风采用轴流风机进行模拟。

16.4.2　模拟系统概况

(1)模型主体

根据模型设计原则所确定的各物理量的相似比尺见表16-4。

物理量的相似比尺 表 16-4

比尺名称	线性比尺 λ_l	面积比尺 λ_A	速度比尺 λ_v	压力比尺 λ_p
模型：原型	1∶10	$1:10^2$	1∶1	1∶1

隧道模型全长 115m，沿隧道纵向连接风道共布置了 66 个量测断面，34 个测速、34 个测压点。其中重点是主洞、短道和送排风口。为了按比例模拟隧道的长度，按等效摩阻损失的原理，在模型隧道入口段和出口段设置了 5 道有机玻璃制作的阻力隔栅。另外，为了确保模型沿程阻力损失系数与原型相同，沿隧道纵向采用铁丝和红绸带按 2.4m 的间距对隧道表面进行加糙。

在建模过程中，由于原设计中 2 号井、3 号井对应的吊顶送风口断面扩大较多（图 16-1），且在竖井联络风道与主洞相交处存在风口突变，会造成送风压力的较大损失，因此在建模期间，课题组选择了 2 号井的吊顶送风口进行改造（图 16-2），对比研究两种风口对通风系统的影响。

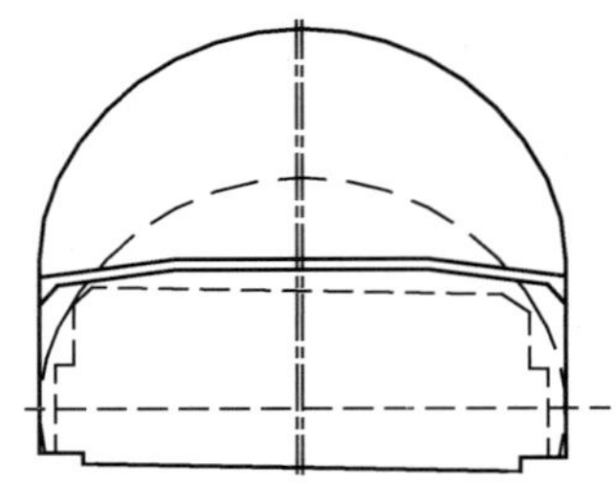
图 16-1 原设计 3 号井吊顶送风口断面图

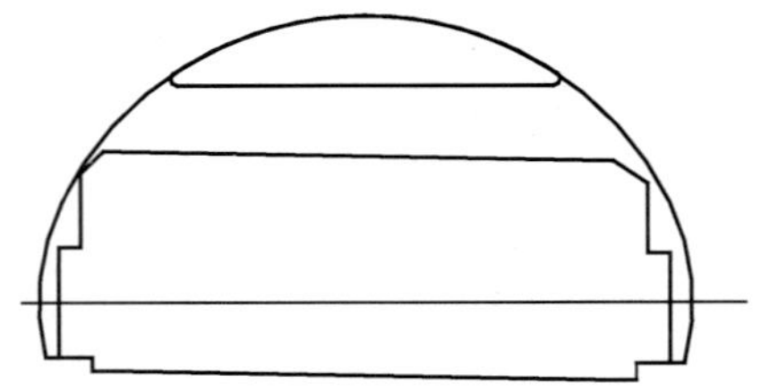
图 16-2 改造后 2 号井吊顶送风口断面图

（2）动力系统

共使用了 6 台 15kW 的可调速风机，分别布置在主洞入口、排风口和送风口作为射流风机、送风机和排风机使用。原设计于隧道进口端、出口端以及海底段均设置了射流风机，作为其重要的动力。本次试验关心的是这些射流风机在某些工况条件下的升压作用，且其位置距排风口较远，故试验中可采用一台主风机模拟升压效果。由于风机可调速，因而可实现对不同射流风机启动组数的模拟。

（3）测试系统

测试系统主要由 SD-1 型流体压力速度测试仪和 SD-2 型智能风速测试系统等组成，均为开展通风模型试验研究而专门开发的测试仪器。

1）智能风速仪量测系统

系统采用微型旋浆式传感器，数据处理和记录部分以袖珍式计算机为智能部件，配以打印机和监视屏，能同步显示 8 点风速值，并可输出打印，便于远距离检测分散在各处的风速。其显著进步是以周期法代替传统的计转速法，使其不仅可快速、精确地测量测定时平均风速，而且能测量非恒定风速及其变化过程。

工作原理：气流和机翼的相对运动，使机翼受到垂直向上的力，称为举力。同理，风作用于桨叶时，桨叶也受到垂直于桨叶径向的力的作用，作用于每只桨叶的力对桨轴的力矩使桨叶绕轴旋转。风速是旋桨转速速率或转动周期的函数。

根据旋桨转数测风速法的关系式为：

$$v = kn + c \tag{16-1}$$

式中：k，c——常数，通过质检中心标定来确定数值；

n——测量时间 t 秒内的信号数。

①主要技术指标

a. 风速测量范围：0.5～20m/s；

b. 桨叶回转半径：11mm；

c. 传感器检定公式均方差：2%。

②主机误差

a. 工作程式1∶1信号脉冲；

b. 工作程式2∶700μs/施测时间；

c. 工作程式3∶80μs/信号周期。

2）微压计测量系统

仪器由毕托管与微差压计组成，可测定总压和静压、动压。根据理想不可压缩流体的贝努利方程，通过动压可求得流速。

采用16只微压计，通过信号线连接到D/A转换器，D/A转换器将模拟电流量转化为数值量传给计算机，通过一定计算，就可以知道压力值，而通过测量动压还可以计算出风速。可以通过和毕托管的不同的连接方式来测量动压、静压、总压，同步显示16个点的数值。虽然只能测量正压，但是通过调整接线，也可以测量负压，需要保证微压计的高压端连接压力较高的一端。

工作原理：被检测的压力信号从引压管施加于压力传感器上，应变电阻因受压而改变，这个电阻信号经过放大转换成电压信号，再经过放大、补偿后处理成数字显示、报警和远传等。

①主要技术指标

a. 测量范围：（压力、差压）0～500Pa；

b. 精度等级：0.5级（满量程的0.5%）；

c. 工作环境：温度0～70℃，湿度不大于80%，无强烈振动；

d. 供电电源：24V/DC。

②校准

a. 将高压氮气通过减压阀调整到20～50kPa，接入浮球式压力计（输入压力12kPa，输出0.1～5kPa）。

b. 调节浮球式压力计的输入压力调节旋钮，使输入压力为12kPa，在浮球上加载500Pa的标准砝码，就可以得到500Pa的输出压力。

c. 配合万用表和微压计测量系统，先空载，调整零点旋钮，使读数为零。

d. 然后接上浮球式压力计输出的500Pa压力，调整满量程旋钮，使读数为500Pa。

e. 再卸载后，调整零点。一般两轮后，零点和满量程点就保持不变了。当微压计读数系统上显示空载时有读数时，就需要进行校准。

手持风速仪、直尺、温度计、秒表等。

16.5 物理模型工况试验

设计单位将2020年作为胶州湾隧道通风系统设计的近期，高峰小时交通量（小汽车）为4550辆；将2030年作为胶州湾隧道通风系统设计的远期，高峰小时交通量（小汽车）为4739辆。胶州湾隧道近、远期需风量见表16-5。

胶州湾隧道近、远期设计需风量表（单位：m^3/s） 表16-5

项目		近期（2020年）	远期（2030年）
左线	正常工况	755	552
	除异味工况	626	626
	火灾工况	235	235
右线	正常工况	737	550
	除异味工况	625	625
	火灾工况	235	235

由表16-5可以看出胶州湾隧道近期的设计需风量大于远期，设计单位以近期需风量作为营运通风系统总容量设计计算的依据。模型试验开展同样以近期工况作为验证的重点，且当近期工况满足营运需求时也能满足远期工况的通风需求。

16.5.1 原设计通风系统运行控制模式

表16-6为青岛胶州湾隧道工程隧道通风系统正常工况运行模式表中简表。在从设计单位的通风系统正常工况运行模式表中可知：在正常工况时2风井的5号送风机始终是不开启的。

通风系统运行控制模式表（左洞正常工况） 表16-6

工况类别		正常工况(km/h)			
设备位置	设备名称	80	70	60	50
1号风井	6号排风机	√	√	√	√
出口段	射流风机	三组	三组	三组	三组
2号风井	5号送风机				
	4号排风机	√	√	√	√
海底段	射流风机		一组	一组	两组
3号风井	3号送风机			√	√
	2号排风机				√
进口段	射流风机	四组	四组	四组	四组

隧道左线出口段和海底段即表中的 Q_1 段和 Q_2 段的需风量如表16-7所示。

通风系统运行控制模式表（左洞正常工况）（单位：m^3/s） 表16-7

车速	2010年		2015年		2020年		2025年		2030年	
	Q_1	Q_2	Q_1	Q_2	Q_1	Q_2	Q_1	Q_2	Q_1	Q_2
80	136.6	111.7	184.3	150.7	256.2	209.4	201.9	165.1	170	139
70	154.9	128.3	209.1	173.2	290.5	240.7	229	189.7	192.8	159.7
60	132.9	121.3	179.3	169.5	249.2	216.1	196.4	174.4	165.4	158.1
50	145.8	142.6	196.7	199.3	273.4	240.4	215.5	205.1	181.4	185.9
40	154	178.2	207.9	249.1	288.9	300.5	227.7	256.4	191.7	232.4
30	144.9	180.6	195.6	252.4	271.8	304.4	214.2	259.7	180.4	235.5
20	136.2	169.3	183.8	236.6	255.5	285.4	201.4	243.5	169.5	220.7
稀释异味	227.5	280	227.5	280	227.5	280	227.5	280	227.5	280
火灾工况	235.1	235.1	235.1	235.1	235.1	235.1	235.1	235.1	235.1	235.1

在物理模型试验过程中，课题组按照设计单位的运行模型开启通风系统。首先，开启3号风井的2号排风机使得进口段的风速达到设计风速；再开启3号风井的3号送风机，调节2号排风机和3号送风机的转速，使进口段和海底段的风速分别达到设计风速；开启主风模拟射流风机，使得3号风井短道段形成窜流。然后，开启2号风井的4号排风机，1号风井的6号排风机。此时，发现出口段的风流方向非常紊乱。随着1号风井的6号排风机的转速增加，在匝道段甚至会出现回流的情况。

在正常工况时，即使从2号风井的短道段有一部分风流窜流到出口段，也是在海底段被污染的空气，出口段没有新风来稀释汽车在出口段产生的废气。如表16-7所示，左线出口段即表中的 Q_1 段的需风量，除2025年和2030年是以70km/h工况作为控制工况，其他年份是以稀释异味作为控制工况，需风量分别达到了290.5m^3/s、229m^3/s 和227.5m^3/s。按照设计图纸中的青岛胶州湾隧道工程隧道通风系统正常工况运行模式表运行通风系统，没法提供稀释左线出口段中的 Q_1 段所产生废气所需的新风。

16.5.2　1 号井排风机作用试验

（1）未封堵隧道出口时

保持主风机转速 450r/min，2 号排风机转速 0r/min（3 号井排风口封堵），3 号送风机转速 700r/min，4 号排风机转速 250r/min，5 号送风机转速 600r/min。对 1 号排风井 6 号排风机进行调整，发现 1 号排风井排风口上游隧道各段的风速、压力和各井送排风速、风压变化甚微，并没有改变 1 号排风口上游隧道的风速和风量。当开启 6 号排风机，此处下游段隧道就会形成回流。增加 6 号排风机的转速时，下游段隧道的回流风量迅速增大。

在试验过程中，课题组通过加大 2 号竖井送风机送风量和利用主风机增加 2 号竖井的窜流量来模拟第三段射流风机的升压力两种方案，试图改变 1 号排风井排风口下游隧道的回流状态，但是都失败了。课题组通过对试验现象分析得出，1 号排风井排风口下游段长度不到 100m，与 1 号排风井排风口上游段相比沿程阻力较小，致使 1 号排风井排风口上、下游的压力分布不平衡，因此在 1 号排风井的负压作用下，下游段的风流大量从洞口回流，导致 1 号排风井失去了原设计意图。

（2）封堵隧道出口时

课题组在试验中发现上述现象后，决定封堵隧道出口，观察 1 号排风井对通风系统的影响。在封堵隧道出口后，隧道内气流只能通过 1 号排风井排出。当增加 6 号排风机的转速（即提高 1 号排风口处的负压力）时，2 号竖井短道段的窜流量、2 号竖井送风口的送风量、第三段隧道的风量以及隧道分叉部下游主隧道的风量都相应增大，匝道的风量相应减少，如图 16-3 和图 16-4 所示。

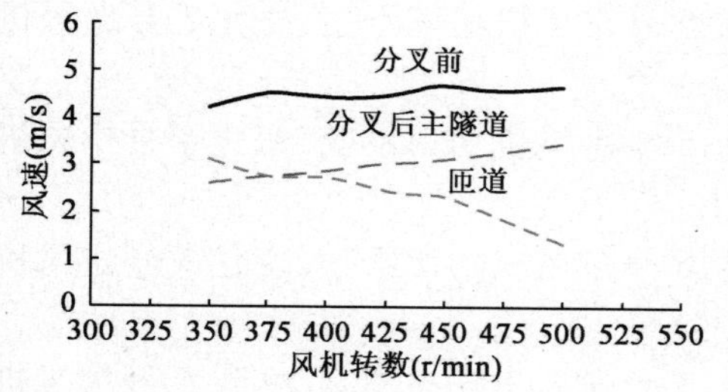

图 16-3　6 号排风机不同转速下，分叉部前后风速变化

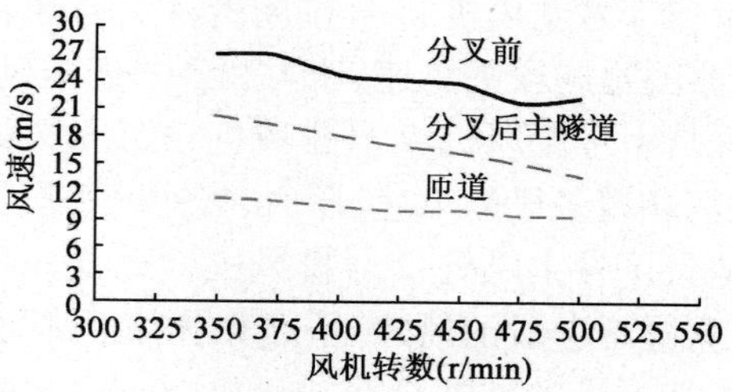

图 16-4　6 号排风机不同转速下，分叉部前后压力变化

结论：在没有交通通风力的情况下，隧道分岔下游主隧道和的匝道气流流量比为 3∶2。当主隧道出口被封堵时，通过调节 1 号排风井的风机转速来模拟正常营运时的情况，可以满足正常运营工况时对隧道分岔处气流的分配要求。应把 1 号排风井位尽量往上游方向移动（大桩号方向），从而可以增大此排风井的通风效率。

16.5.3　三井送排组合运行的近期工况

近期工况下各段计算需风量、设计需风量以及隧道断面风速分别见表 16-8。双井送排近期工况的风量、风速分别见图 16-5、图 16-6。

近期工况风量、风速　　表 16-8

区　段	长度(m)	计算需风量 Q_{req}(m^3/s)	设计需风量 Q_r(m^3/s)	断面风速 v_r(m/s)
第一段	1441.5	162	162	1.68
第二段	3433.5	300	380	3.94
第三段	2922	300	380	3.94
总计	7797	762		

开启3号竖井2号排风机和3号送风机，观察隧道内的气流流向，这时在短道段1出现回流；开启主风机，使短道段1回流消失，再调整送排风机的转速，使第一段的风速值接近设计风速。又开启2号竖井4号排风机和5号送风机，观察隧道内的气流流向，调整送排风机的转速，使各段的风速值接近设计风速。这时主风机转速550r/min，2号排风机不开，3号送风机转速700r/min，4号排风机转速250r/min，5号送风机转速600r/min，6号排风机不开。

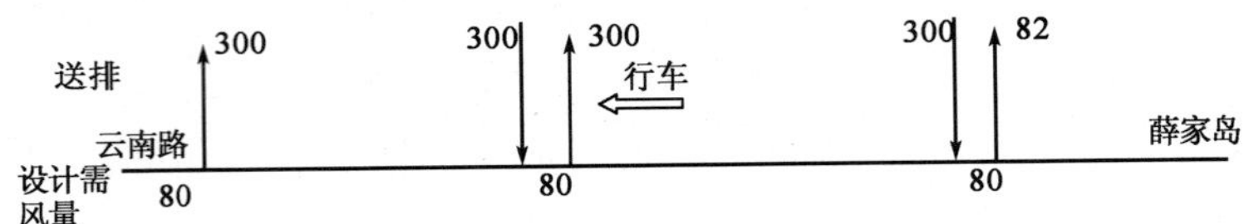

图16-5　双井送排近期工况的风量（单位：m^3/s）

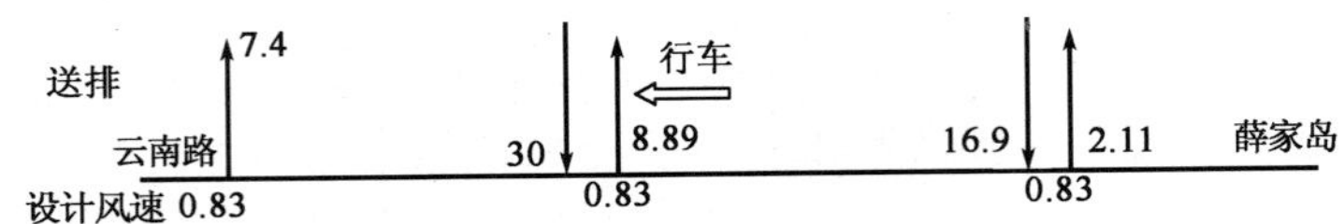

图16-6　双井送排近期工况的风速（单位：m/s）

保持2号排风机、3号送风机、4号排风机、5号送风机、6号排风机功率不变，变化1号主风机的功率，观察隧道各段的风速、压力和各井送排风速、风压变化；

保持1号主风机、3号送风机、4号排风机、5号送风机、6号排风机功率不变，变化2号排风机的功率，观察隧道各段的风速、压力和各井送排风速、风压变化；

保持1号主风机、2号排风机、4号排风机、5号送风机、6号排风机功率不变，变化3号送风机的功率，观察隧道各段的风速、压力和各井送排风速、风压变化；

保持1号主风机、2号排风机、3号送风机、5号送风机、6号排风机功率不变，变化4号排风机的功率，观察隧道各段的风速、压力和各井送排风速、风压变化；

保持1号主风机、2号排风机、3号送风机、4号排风机、6号排风机功率不变，变化5号送风机的功率，观察隧道各段的风速、压力和各井送排风速、风压变化；

保持1号主风机、2号排风机、3号送风机、4号排风机、5号送风机功率不变，变化6号排风机的功率，观察隧道各段的风速、压力和各井送排风速、风压变化。

试验目的：

通过对模拟射流风机的主风机不同转速的试验现象说明：主风机转速的增加，观察第一段、第二段、第三段、第四段和匝道段的风量变化，2号通风竖井的排风量、送风量的变化以及3号通风竖井的排风量、送风量的变化送风量。由此得出射流风机的升压效果。

通过对2号通风竖井送风机、3号通风竖井送风机不同转速的试验现象说明：2号通风竖井送风机转速的变化，对第二段、第三段、第四段和匝道段的风速影响；3号通风竖井送风机转速的变化，对第一段和第二段的风速影响。

通过对2号通风竖井2号排风机、3号通风竖井4号排风机和1号通风竖井6号排风机不同转速的试验现象说明：2号通风竖井2号排风机转速的变化，对第二段和第三段的风速影响；3号通风竖井4号排风机转速的变化，对第一段和第二段的风速影响；1号通风竖井6号排风机转速的变化，对第三段、第四段和匝道段的风速影响。观察排风机的升压效果是否明显。

（1）主风机功率变化

保持2号排风机不开（3号井排风口封堵），3号送风机转速700r/min，4号排风机转速250r/min，5号送风机转速600r/min，对主风机进行调整，分别调整为550r/min、500r/min、450r/min、400r/min、350r/min、300r/min。隧道各段的风速、压力和各井送排风速、风压变化如图16-7、图16-8所示。

主风机转速增大，第一段、第二段、第三段的风速和压力也都会随着增大，但是对第一段的影响最明显，第二段次之，而对第三段的影响已经较小了。

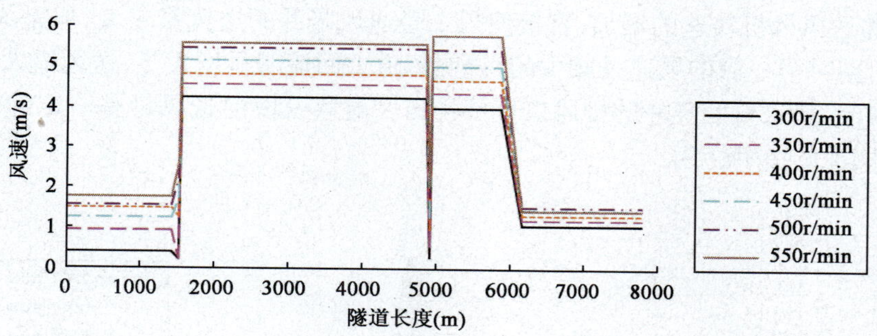

图16-7 主风机不同转速下，沿主风道纵向的风速变化

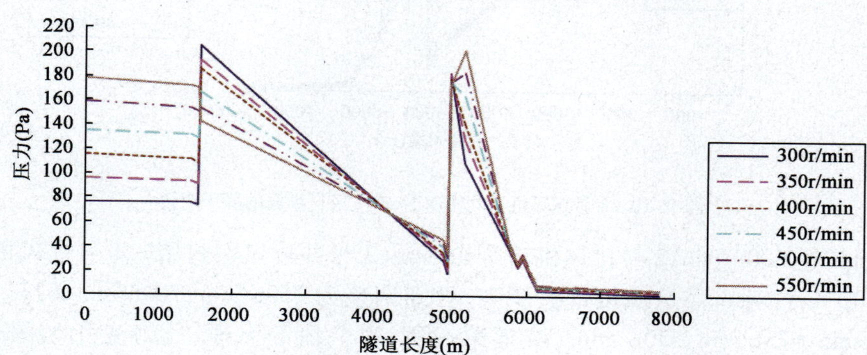

图16-8 主风机不同转速下，沿主风道纵向的静压变化

主风机增加转速，会使3号通风竖井的排风量增大，送风量减少，使得短道段的由回流变到窜流，窜流风量并逐渐增大。对2号通风竖井的送风量和排风量都减少。

(2)3号井2号排风机功率变化

在试验过程中发现，只要开启3号竖井2号排风机3号竖井的短道段就会形成回流，甚至是在不开启3号竖井2号排风机时，3号竖井的短道段也会形成回流，因此在试验过程中课题组封堵了3号竖井排风口。

(3)3号井3号送风机功率变化

保持主风机转速450r/min，2号排风机转速0r/min(3号井排风口封堵)，4号排风机转速250r/min，5号送风机转速600r/min，对3号送风机进行调整，分别调整为800r/min、750r/min、700r/min、650r/min、600r/min、550r/min。隧道各段的风速、压力和各井送排风速、风压变化如图16-9～图16-12所示。

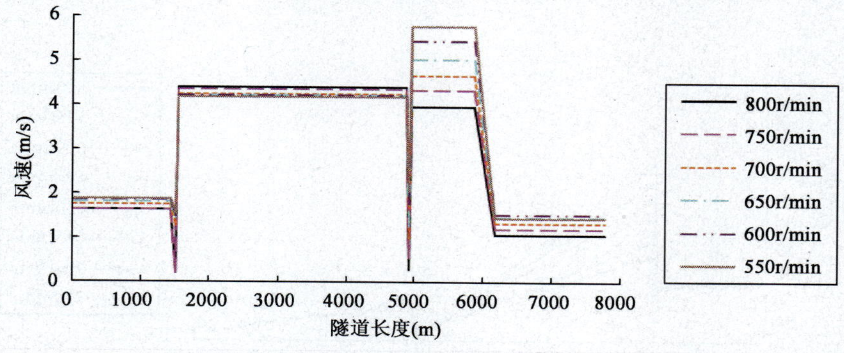

图16-9 3号送风机不同转速下，沿主风道纵向的风速变化

随着3号送风机转速的增加，第一段风速反而减小，而第二段和第三段的风速则会增大。转速的变化，对主风道出口和入口的压力改变很小，但是短道1、第二段以及短道2的总压会随3号送风机转速

的增加而增大。3 号竖井排风口风速随送风机转速的增加而增加。排风道的压力变化不是很明显。

3 号通风竖井送风风机转速的增加,直接使得 3 号通风竖井的送风量变大,但是 3 号通风竖井的排风量也增大了,而同时第一段的风速是减少的,说明短道 1 回流明显增大了,送风增大,使得送风口出口压力增大,容易回流,从入口处竖井的排风口直接排出。对第三段的送风量有一定的波动,但是对第三段的排风量没有明显的影响作用。

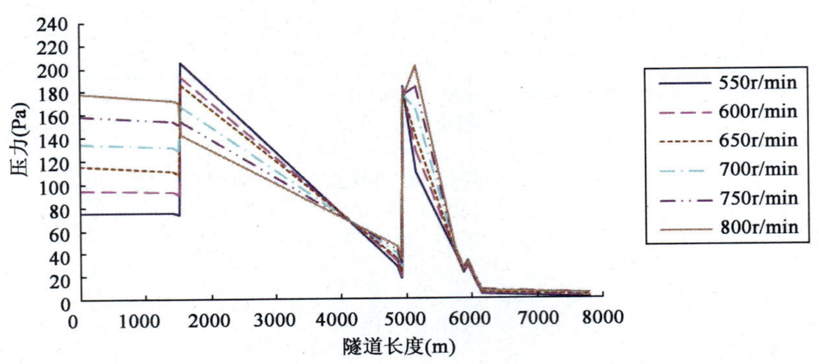

图 16-10　3 号送风机不同转速下,沿主风道纵向的静压变化

保持主风机转速 600r/min,2 号排风机转速 0r/min(3 号井排风口封堵),4 号排风机转速 0r/min,5 号送风机转速 0r/min,对 3 号送风机进行调整,分别调整为 750r/min、700r/min、675r/min、650r/min、625r/min、600r/min、575r/min、550r/min。隧道第一段、第二段的风速、压力变化如图 16-11、图 16-12 所示。

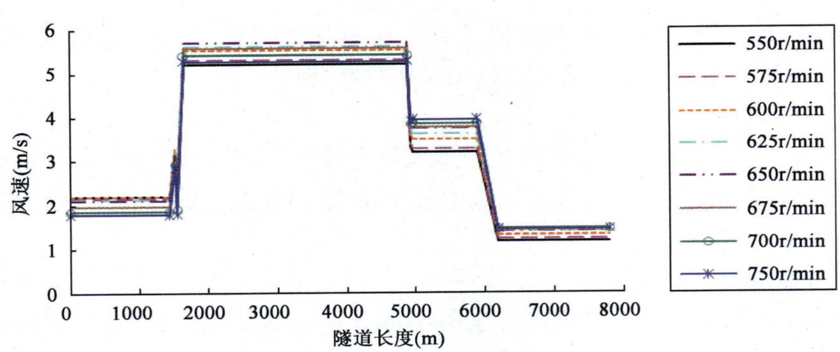

图 16-11　3 号送风机不同转速下,沿主风道纵向的风速变化

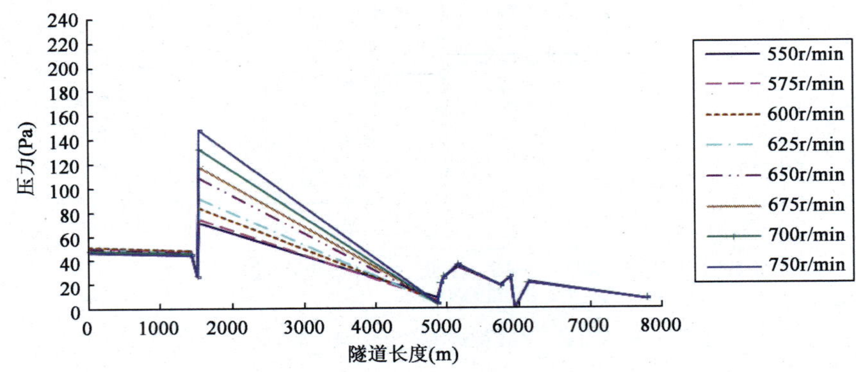

图 16-12　3 号送风机不同转速下,沿主风道纵向的静压变化

随着 3 号送风机转速的增加，第一段风速急剧减小，并确在试验过程中发现 3 号竖井送风口后的一段风道中的风流特别紊乱，回流、窜流交替出现，十分不稳定，并且 3 号送风机的送风量越大，第一段的流量和 3 号通风竖井短道段窜流量就越小。当 3 号通风竖井排风口开启时，在主风机保持相同转数的情况下，第一段的风速会较前一种工况（3 号通风竖井排风口封堵时）有较大的增加，3 号通风竖井短道段会出现回流。

（4）2 号井 4 号排风机功率变化

保持主风机转速 450r/min，2 号排风机转速 0r/min（3 号井排风口封堵），3 号送风机转速 700r/min，5 号送风机转速 600r/min，对 4 号排风机进行调整，分别调整为 300r/min、275r/min、250r/min、225r/min、200r/min、175r/min。隧道各段的风速、压力和各井送排风速变化如图 16-13 ~ 图 16-16 所示。

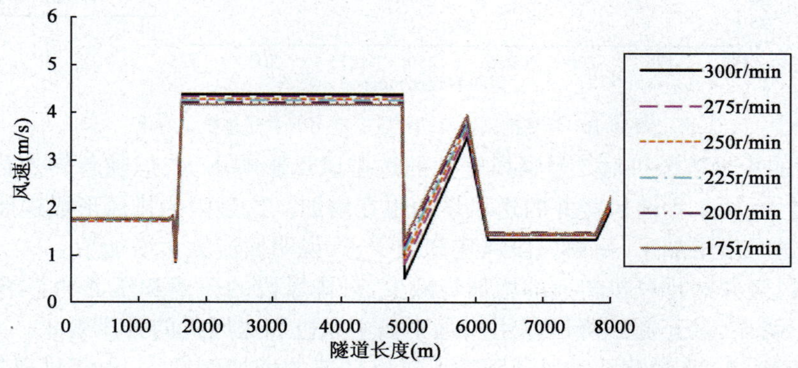

图 16-13　4 号排风机不同转速下，沿主风道纵向的风速变化

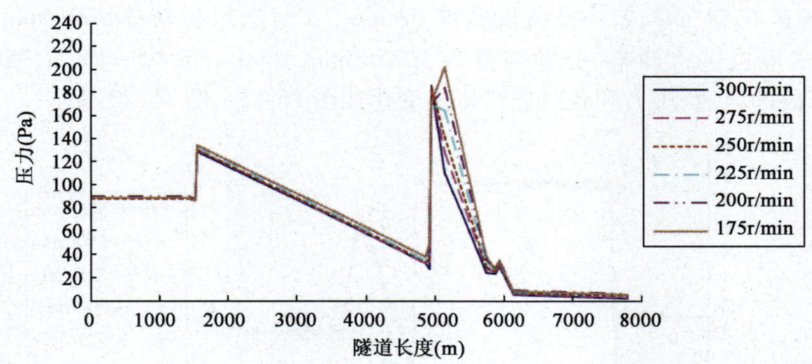

图 16-14　4 号排风机不同转速下，沿主风道纵向的静压变化

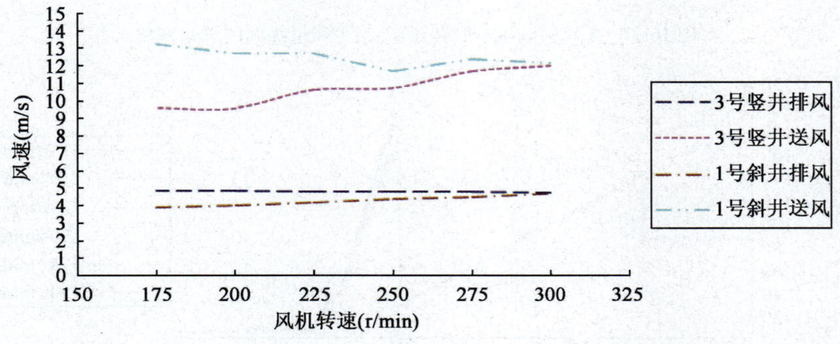

图 16-15　4 号排风机不同转速下，竖井送排风速变化

增加 4 号排风机的转速,第三段风速反而减小,而第二段的风速却有一定变大。第二段和第三段靠近 1 号通风竖井排风口部分的总压,都随着 4 号排风机转速的增加而减小(甚至出现负压)。这是因为排风机形成的是降压作用,虽然可以使得第二段的气流更容易过来增大风速,但是使得第三段的气流也容易过来形成回流。

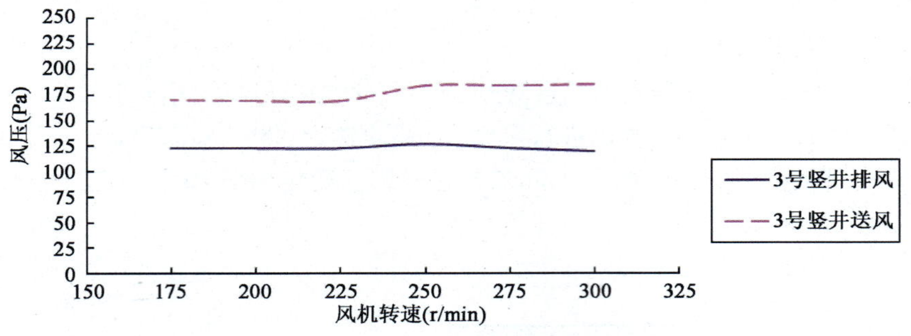

图 16-16 4 号排风机不同转速下,3 号竖井送排全压变化

2 号通风竖井的 4 号排风机对 3 号通风竖井的送排风量影响不大,但随着转速的增加,2 号通风竖井的排风量直接增大,而 2 号通风竖井的送风量却也在增加。这是因为排风形成送风口压力减小,送风更容易,但是虽然送风量增加了,而第三段风速却减少了,说明回流大大增加了。

由图可知,通风竖井的排风机转速的增加与减少,对排风段的风速和压力的影响都比较小,说明排风机的升压效果不明显(甚至起到降压作用),远不如主风机和送风机的升压效果。对接近排风口处的 29 号测孔的风速有影响,29 号测孔的风速随排风风机转速的增加而增大;由于排风风机转速的增加,2 号竖井短道段风流由原来的明显窜流向窜流风速逐渐变小的趋势发展。

(5)2 号井 5 号送风机功率变化

保持主风机转速 675r/min,2 号排风机转速 0r/min, 3 号送风机转速 900r/min,4 号排风机转速 300r/min,对 5 号送风机进行调整,分别调整为 1025r/min、1000r/min、975r/min、950r/min、925r/min、900r/min。隧道各段的风速、压力和各井送排风速变化如图 16-17 ~ 图 16-20 所示。

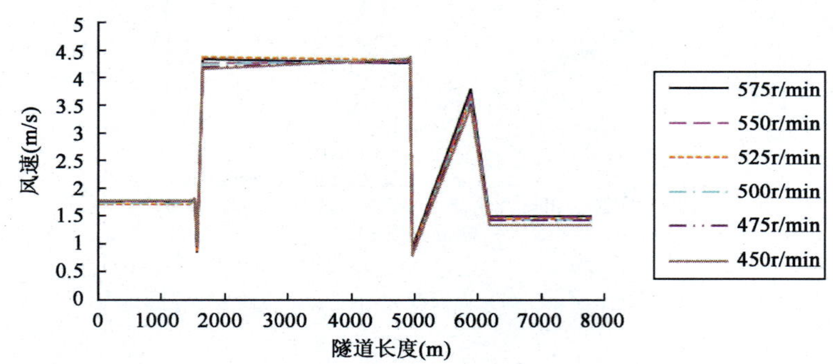

图 16-17 5 号送风机不同转速下,沿主风道纵向的风速变化

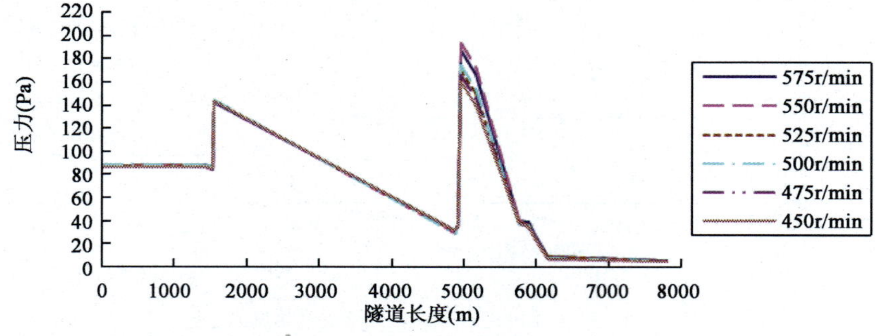

图 16-18 5 号送风机不同转速下,沿主风道纵向的静压变化

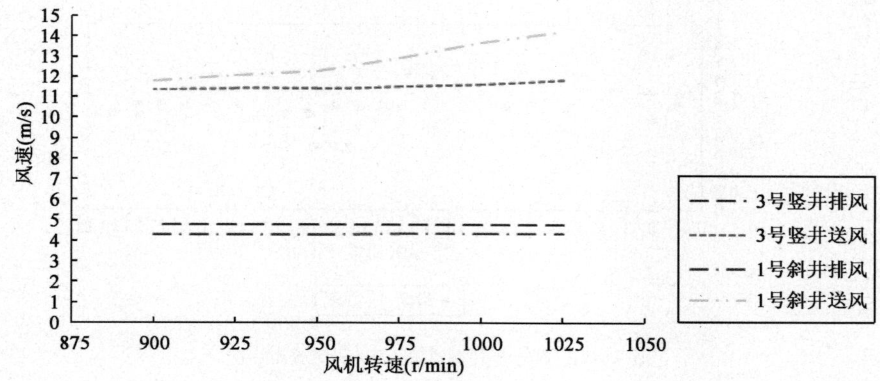

图 16-19　5 号送风机不同转速下，竖井送排风速变化

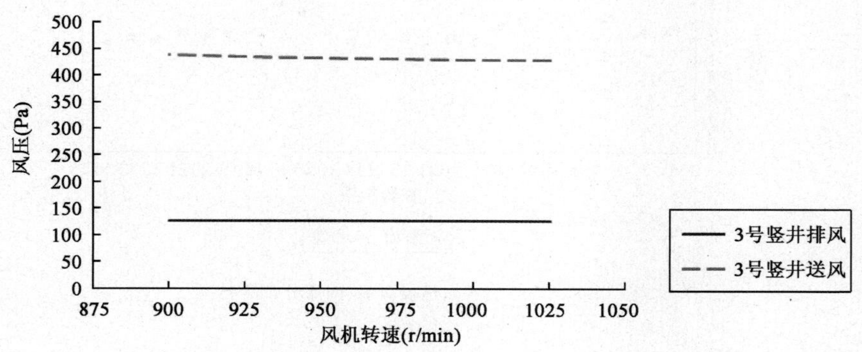

图 16-20　5 号送风机不同转速下，3 号竖井送排全压变化

5 号送风机转速的变化，对主风道入口的压力改变很小，对第一段的风速和总压影响不大，对第二段的风压的影响也很小。随着送风机转速的增加，第二段风速也增加，第三段的风速也随之会增加。但是，2 号竖井短道段和第三段的总压会随送风机转速的增加而增加。2 号竖井排风口风速随送风机转速的减小而减小。

2 号通风竖井送风机转速的改变对主风机、2 号通风竖井的排风量影响不大，只是直接影响到 2 号通风竖井的送风量。

16.5.4　窜流、回流分析

在短道上，如果窜流过大，就不能有效排出污染空气，会使隧道的下一段空气质量变差。但是也不能出现回流，那样送入的新风没有起到稀释污染空气的作用，而直接通过短道旁的排风口排风除去，不仅会增加送排风机的功率，也会减少下一段隧道的新鲜空气量，从而带来风机功率的浪费。对远期工况试验下的数据进行分析，通过将排风段风量减去排风量（不考虑排风量中可能包含的新风回流）除以短道段断面积的值，得到窜流风速值。通过肉眼观察风道内丝带的飘动状态来判断短道段窜、回流分布情况，将风速值和窜、回流分布情况绘制成图 16-21 ~ 图 16-28。

窜流、回流无法用仪器测量，都是通过肉眼观察风道内丝带的飘动状态来进行判断。由图 16-21、图 16-22 可知，当 3 号竖井短道段风速数值大于 1.0m/s 时主要为窜流，小于 1.0m/s 时主要为回流；当 2 号竖井短道段风速数值大于 1.2m/s 时主要为窜流，小于 1.2m/s 时主要为回流。

由图 16-25 可知，当 $Q_{s1}/Q_{r1} > 0.184$ 时，3 号竖井短道段 1 主要为窜流现象；当 $Q_{s1}/Q_{r1} < 0.184$ 时，3 号竖井短道段 1 主要为回流现象。

由图 16-26 可知，当 $Q_{s1}/Q_{r2} > 0.192$ 时，3 号竖井短道段 1 主要为窜流现象；当 $Q_{s1}/Q_{r2} < 0.192$ 时，3 号竖井短道段 1 主要为回流现象。

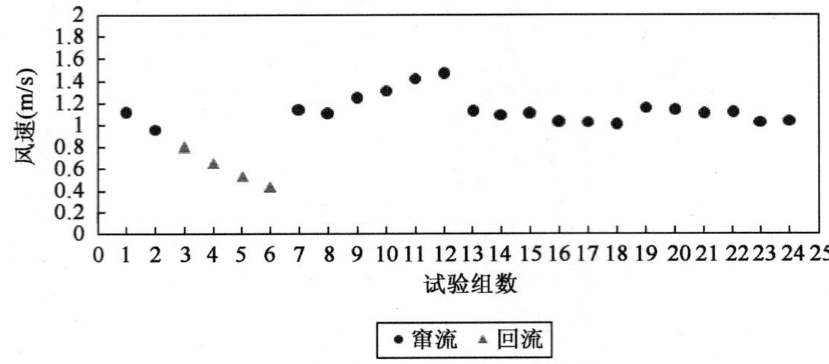

图 16-21　3 号竖井短道段 1 窜、回流分布情况

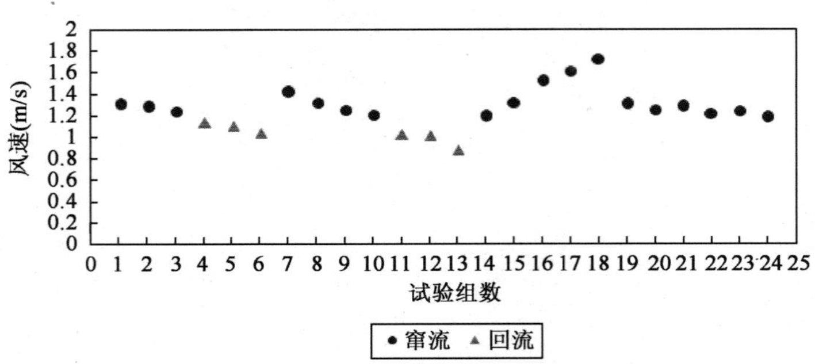

图 16-22　2 号竖井短道段 2 窜、回流分布情况

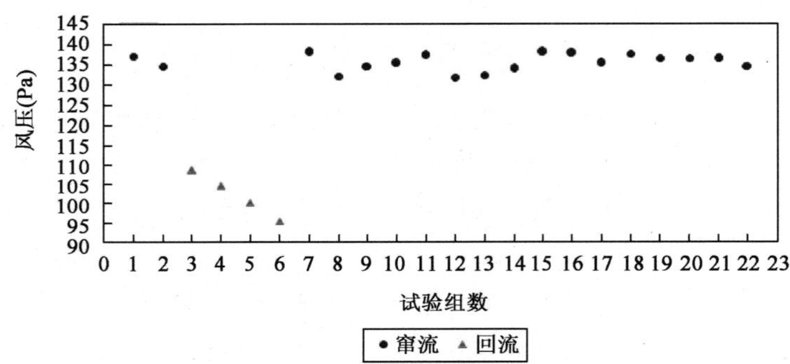

图 16-23　3 号竖井短道段 1 压力分布情况

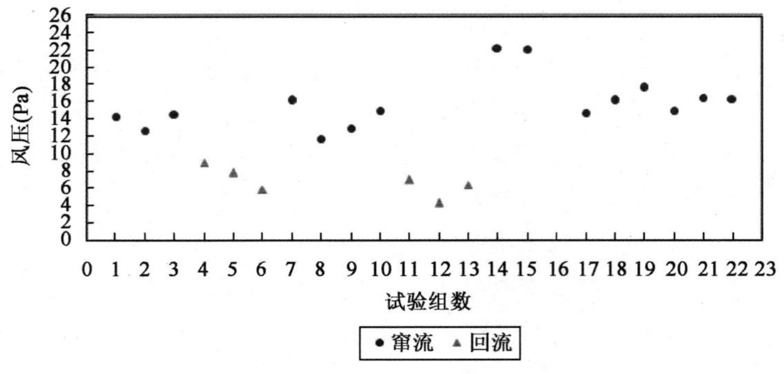

图 16-24　2 号竖井短道段 2 压力分布情况

由图 16-27 可知，当 $Q_{s2}/Q_{r2}>0.188$ 时，2 号竖井短道段 2 主要为窜流现象；当 $Q_{s2}/Q_{r2}<0.188$ 时，2 号竖井短道段 2 主要为回流现象。

由图 16-28 可知，当 $Q_{s2}/Q_{r3}>0.215$ 时，2 号竖井短道段 2 主要为窜流现象；当 $Q_{s2}/Q_{r3}<0.215$ 时，2

号竖井短道段 2 主要为回流现象。

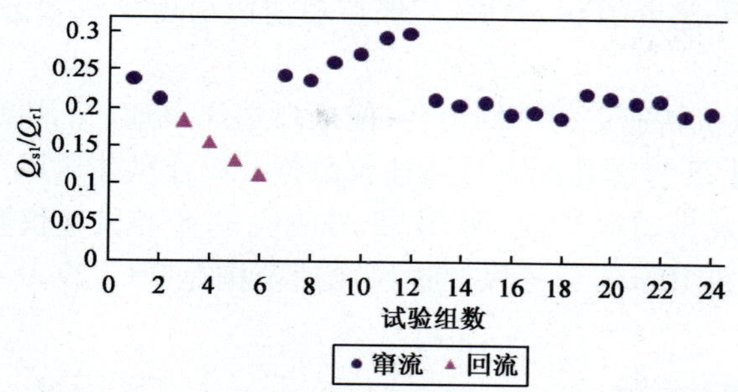

图 16-25　3 号竖井短道段 1 窜、回流分布情况

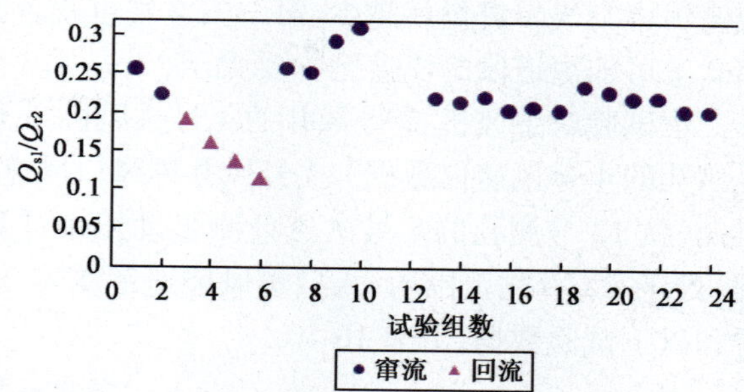

图 16-26　2 号竖井短道段 1 窜、回流分布情况

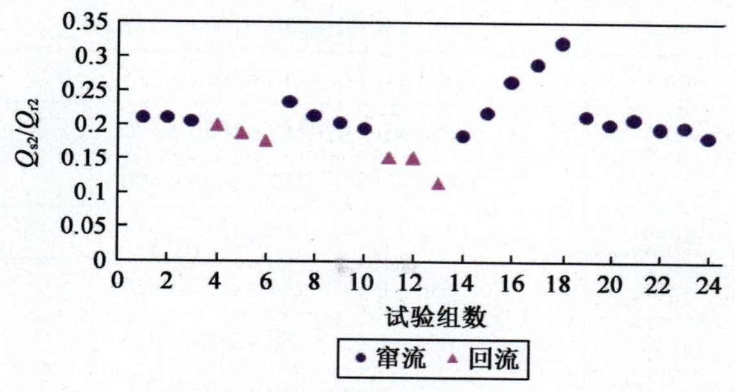

图 16-27　2 号竖井短道段 2 窜、回流分布情况

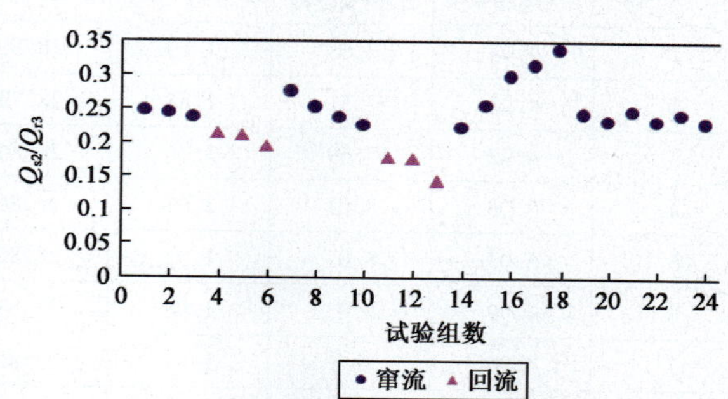

图 16-28　2 号竖井短道段 2 窜、回流分布情况

16.5.5　2 号井单井送排 +1 号井排风的近期工况

各段计算需风量、设计需风量以及隧道断面风速分别见表 16-9。双井送排近期工况的风量、风速见图 16-29、图 16-30。

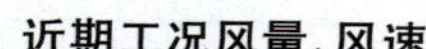

近期工况风量、风速　　表 16-9

区　段	长度(m)	计算需风量 Q_{req}(m^3/s)	设计需风量 Q_r(m^3/s)	断面风速 v_r(m/s)
第一段	4875	462	462	4.80
第二段	2922	300	444	4.61
总计	7797	762		

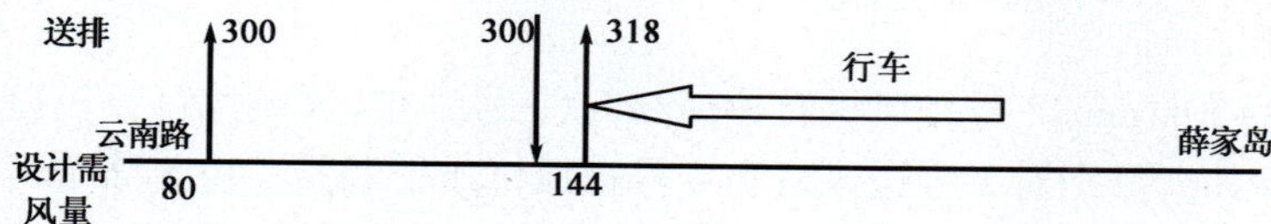

图 16-29　双井送排近期工况的风量(单位:m^3/s)

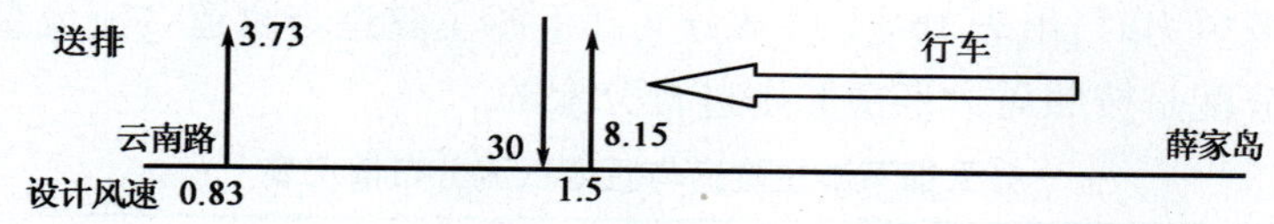

图 16-30　双井送排近期工况的风速(单位:m/s)

公路隧道运营通风设计的一个主要目的就是采用尽可能经济的方式排出(稀释)隧道中的污染气体,保证空气新鲜,具有良好的可见度。因此,首先要保证新风量,其次要尽可能多地排出污染气体。鉴于本隧道设计风量较小,可采用两段通风方式(单井):第一段的新风量要大于 462m^3/s(风速要大于 4.80m/s),竖井送风量要大于 300m^3/s(竖井送风风速大于 30m/s);而第二段风速则由第一段风量、竖

井排风量、竖井送风量共同决定，在保持第一段和竖井送风新风量达到要求的情况下，竖井排风量越大，短道污染空气串流量就越少，第二段空气也就越新鲜，风速也越低。但是要保持短道段出现窜流状态，由0节可知短道段的流速至少要大于1.2m/s。

本试验对主风机、2号风井的4号排风机、5号送风机转速进行不同组合，使入口送风风速（采用29号测孔的4号风速仪数据）、2号风井排风口风速（采用28号测孔的5号风速仪数据）、2号风井送风口风速（按12号测孔的8号微压计测量动压来计算）以及出口段风速（采用25号测孔的6号风速仪数据）处于5%变化范围内，入口送风风速范围是4.80～5.10m/s，2号风井送风风速范围是26～29m/s。得到以下试验数据，见表16-10。

满足新风量的试验组别 表16-10

序号	2号(29)号	3号(28)号	4号(27)号	8号(12)号	6号(25)号	转速（主 + P_3 + S_3 + P_2 + S_2 + P_1）
1	4.91	7.68	1.79	28.50	4.37	650 + 0 + 0 + 250 + 1000 + 375
2	4.92	7.51	1.88	28.73	4.43	650 + 0 + 0 + 250 + 1025 + 375
3	4.92	7.69	1.76	28.84	4.48	650 + 0 + 0 + 250 + 1050 + 375
4	5.03	8.07	2.01	28.86	4.64	650 + 0 + 0 + 250 + 1050 + 500
5	5.03	8.07	1.91	28.82	4.55	650 + 0 + 0 + 250 + 1050 + 475
6	4.99	8.03	1.98	28.84	4.67	650 + 0 + 0 + 250 + 1050 + 450
7	4.96	8.3	1.81	28.85	4.44	650 + 0 + 0 + 250 + 1050 + 425
8	4.93	8.21	1.86	28.86	4.41	650 + 0 + 0 + 250 + 1050 + 400
9	4.92	8.17	1.77	28.82	4.2	650 + 0 + 0 + 250 + 1050 + 350
10	4.86	8.30	1.81	28.08	3.94	650 + 0 + 0 + 250 + 975 + 375
11	4.89	8.22	1.74	27.61	3.88	650 + 0 + 0 + 250 + 950 + 375
12	4.85	8.40	1.75	26.48	3.73	650 + 0 + 0 + 250 + 925 + 375
13	4.83	8.40	1.68	26.08	3.68	650 + 0 + 0 + 250 + 900 + 375

结论：通过对模拟射流风机的主风机、2号通风井的送、排风机不同转速的工况试验数据和试验现象说明：采用不同的风机转速组合，可以使隧道各段得到接近的新风量，能够满足运营要求，但是排风量增大，容易出现回流，甚至第三段的实际新风量还会减少，因此必须合理使用射流风机进行调压。

16.5.6 分叉部气流组织研究

（1）未封堵隧道出口时

保持主风机转速450r/min，2号排风机转速0r/min（3号井排风口封堵），3号送风机转速700r/min，4号排风机转速250r/min，分别对5号送风机和6号排风机进行调整。由5.2节可知，发现6号排风机转速发生变化时，对1号排风井排风口上游隧道各段的风速、压力和各井送排风速、风压变化甚微。因此，本工况只对5号送风机进行调整。

在没有考虑交通通风力时，由表16-11可知分叉部下游主隧道与匝道气流流量之比约为3:2，这是因为气流在管道中的分配是按照压力平衡原则进行分配的。

分叉部下游主隧道与匝道气流分布情况表 表16-11

匝道风速(m/s)	1.24	1.27	1.37	1.49	1.56	1.61	1.67	1.74	1.76	1.80
主隧道风速(m/s)	1.19	1.18	1.26	1.37	1.47	1.48	1.56	1.59	1.61	1.61
匝道流量(m^3/s)	73.90	75.69	81.65	88.80	92.98	95.96	99.53	103.70	104.90	107.28
主隧道风速(m^3/s)	114.66	113.69	121.40	132.00	141.63	142.60	150.31	153.20	155.12	155.12
流量之比	1.55	1.50	1.49	1.49	1.52	1.49	1.51	1.48	1.48	1.45

在对 5 号送风机进行调整的过程中发现，分叉部上游处 300m 的加宽段设置的 15 号、16 号、17 号 3 处压力测试仪的读数变化甚微，并且通过观察飘带可知加宽段拱顶处气流比较紊乱。

(2)封堵隧道出口工况

保持主风机转速 650r/min，2 号排风机转速 0r/min(3 号井排风口封堵)，3 号送风机转速 0r/min，4 号排风机转速 250r/min，6 号排风机转速 375r/min，对 5 号送风机进行调整。通过调整 5 号送风机模拟 2 号井送风口对分叉部下游主隧道和匝道气流分别的影响。

由表 16-12 可知，调整 2 号风井送风机转数，对分叉部下游主隧道的流量几乎没有影响，而匝道气流流量再增加。

分叉部下游主隧道与匝道气流分布情况表　　表 16-12

流速(m/s)			分叉部后流量(m^3/s)		流量之比	转速(主 + P_3 + S_3 + P_2 + S_2 + P_1)
6 号(25)号	7 号(24)号	8 号(41)号	主隧道	匝道		
4.48	2.77	2.77	266.75	165.29	1.61	650 + 0 + 0 + 250 + 1050 + 375
4.43	2.77	2.8	266.75	167.08	1.60	650 + 0 + 0 + 250 + 1025 + 375
4.37	2.76	2.7	265.79	161.11	1.65	650 + 0 + 0 + 250 + 1000 + 375
3.94	2.78	2.50	267.71	149.18	1.79	650 + 0 + 0 + 250 + 975 + 375
3.88	2.77	2.40	266.75	143.21	1.86	650 + 0 + 0 + 250 + 950 + 375
3.73	2.77	2.23	266.75	133.06	2.00	650 + 0 + 0 + 250 + 925 + 375
3.68	2.76	1.95	265.79	116.36	2.28	650 + 0 + 0 + 250 + 900 + 375

由“工可报告”可知，匝道的车流分流量不到 10%，2020 年的交通量为 96250pcu/d，大车混入率为 31%，由《公路隧道通风照明设计规范》(JTJ 026.1—1999)计算分叉部下游主隧道的交通通风力值，见表 16-13。

分叉部下游隧道交通通风力计算表　　表 16-13

计算时速(km/h)		80	70	60	50	40
交通通风力(N/m^2)	主隧道	274.74	229.34	184.28	139.78	96.25
	匝道	13.79	11.94	10.08	8.22	6.37

由表 16-13 可知，在有足够交通量运营的条件下，分叉部下游主隧道的交通通风力有助于风量分配到主隧道，然后通过 1 号竖井集中高空排放。

保持主风机转速 650r/min，2 号排风机转速 0r/min(3 号井排风口封堵)，3 号送风机转速 0r/min，4 号排风机转速 250r/min，5 号送风机转速 1050r/min，对 6 号排风机进行调整。通过 6 号排风机模拟分叉部下游主隧道的交通通风力。

由表 16-14 可知，通过调整 1 号风井排风风机转数，可以达到调节分叉部后主隧道和匝道的目的。

分叉部下游主隧道与匝道气流分布情况表　　表 16-14

流速(m/s)			分叉部后流量(m^3/s)		流量之比	转速(主 + P_3 + S_3 + P_2 + S_2 + P_1)
6 号(25)号	7 号(24)号	8 号(41)号	7 号(24)号	8 号(41)号		
4.64	3.46	1.35	333.20	80.55	4.14	650 + 0 + 0 + 250 + 1050 + 500
4.55	3.32	1.86	319.72	110.99	2.88	650 + 0 + 0 + 250 + 1050 + 475
4.67	3.12	2.34	300.46	139.63	2.15	650 + 0 + 0 + 250 + 1050 + 450
4.44	3.03	2.45	291.79	146.19	2.00	650 + 0 + 0 + 250 + 1050 + 425
4.41	2.87	2.75	276.38	164.09	1.68	650 + 0 + 0 + 250 + 1050 + 400
4.48	2.77	2.77	266.75	165.29	1.61	650 + 0 + 0 + 250 + 1050 + 375
4.2	2.6	3.11	250.38	185.57	1.35	650 + 0 + 0 + 250 + 1050 + 350

16.5.7 风机组合方式的研究

设计文件对各种工况下的风机组合方式列出了通风系统运行控制模式表。针对开展模型试验研究的隧道左洞,课题组拟出了以下风机组合方式并开展了相应的模型试验,见表16-15、表16-16。

正常工况风机组合开启方式表　　表16-15

正常工况	第一通风区段			第二通风区段			第三通风区段		
	出口段—1号风井	1号风井—2号风井	匝道	2号风井—3号风井			3号风井—入口段		
	出口射流风机	1号井排风机	射流风机	2号井送风机	2号井排风机	海底段射流风机	3号井送风机	3号井排风机	入口段射流风机
50km/h	√	√			√		√	√	√
60km/h	√	√			√		√		√
70km/h	√	√			√				√
80km/h	√	√			√				√

由表16-15可以看出,在正常营运时,2号通风井的大型轴流送风机均未使用,仅开启了该井对应设置的轴流排风机;3号竖井的轴流送风机也仅在时速60km/h以下时方才使用,而3号竖井的轴流排风机仅在时速50km/h时开启。建议参考《青岛胶州湾隧道通风技术及防灾救援系统研究中间成果报告》的通风方案进行适当的方案优化。

火灾工况风机组合开启方式表　　表16-16

火灾工况	出口射流风机	1号井排风机	射流风机	2号井送风机	2号井排风机	海底段射流风机	3号井送风机	3号井排风机	入口段射流风机
ZI								√	√
ZII					√	√	√		
ZIII	反转		√	√		√			
ZIV	√	√	反转	√					
匝道	反转		√	√					

注:防灾区段的划分以行车方向一致,ZI为行车入口—3号井排风口段,ZIV为1号排风口—行车出口段,其余依此类推。

对表16-16的风机组合方式进行模型试验,从试验现象分析:

1)若仅开启3号竖井/2号竖井的轴流排风机,则3号竖井/2号井的通风方式变为竖井集中排风纵向式通风方式,改变了原设计采用的竖井送排纵向式通风方式,也使得隧道内3号井—2号井、2号井—1号井间无新风的来源,且不能合理利用交通通风力。

2)若仅开启3号竖井/2号竖井的轴流排风机+一定数量的射流风机,则3号竖井/2号井的通风方式变为分流型竖井分段排风纵向式通风方式,也使得隧道内3号井—2号井、2号井—1号井间无新风的来源,洞内污染空气不能得到有效稀释,污染物浓度沿隧道轴向逐渐递增,且每一排风口下游污染浓度将大于上游段,甚至可能出现超标情况。

3)火灾工况下火源点在左线第一防灾区段、第二防灾区段和第三防灾区段时风机的组合方式基本能满足通风排烟的需求;但是否需要开启2号井/3号井的轴流送风机则需要根据现场情况(如交通活塞风的影响等)判定。

4)火灾发生在左线第三区段时,根据表16-16的风机组合方式,不开启1号井轴流排风机,同时反转出口处的射流风机+开启2号井的送风机,导致烟气回流,不能及时由洞口或1号井排出,建议复核此风机开启组合方式。

16.5.8　3 号送风口与 2 号送风口（优化后）对比性能试验

送风口、送风联络风道原设计方案如图 16-31 所示。在制作试验模型的过程中，发现原设计方案中送风口、送风联络风道的连接处有许多突变结构形式，这会影响风流流态，导致阻力损失增大。因此，对送风口、送风联络风道原设计方案进行了优化，结构形式如图 16-32 所示。在本次试验中，对两种送风口、送风联络风道的结构形式进行对比试验。

图 16-31　3 号送风联络风道图

图 16-32　2 号送风联络风道图

在试验过程中课题组发现 3 号通风竖井的送风道和送风口的结构形式对通风系统的正常运营有较大的影响，因为从 3 号通风竖井送风口送出来的风流不是水平纵向的从送风口送出，而是与隧道横断面形成了一定的夹角，因而在 3 号通风竖井送风口的下游形成了流速较高气流阻断了从上游 3 号通风竖井短道段窜流而来的气流。

通过分别调整 3 号送风机和 5 号送风机不同的转速，研究 3 号送风口和 2 号送风口对下游段的升压作用。课题组进行了两组试验。

第一组试验：开启风机使隧道各段达到正常运营风速，并且保持 3 号短道段的窜流风速为 1.5m/s 左右，调整 3 号送风机的转速，观察海底段风速和风压的变化，见表 16-17。

3 号送风井试验组别　　表 16-17

送风量(m^3/s)	风速(m/s)			压力(Pa)		压力增量	
	1 号(32)号	4 号(6)号	4 号(29)号	4 号(6)号	5 号(9)号	沿程损失(Pa)	增加的静压(Pa)
311.57	1.6	14.44	4.41	125.07	32.92	8.84	12.41
325.96	1.61	15.10	4.59	136.89	33.46	9.58	11.24
339.94	1.54	15.75	4.64	148.88	34.89	9.79	12.19
350.39	1.76	16.24	4.76	158.18	37.61	10.30	13.71
361.97	1.7	16.77	4.84	168.81	37.13	10.65	12.43
382.59	1.66	17.73	4.93	188.59	37.94	11.05	12.31
395.75	1.63	18.34	5.05	201.78	38.66	11.59	11.76

第二组试验：开启风机使隧道各段达到正常运营风速，并且保持 2 号短道段的窜流风速为 1.5m/s 左右，调整 5 号送风机的转速，观察出口风速和风压的变化，见表 16-18。

2 号送风井试验组别　　表 16-18

送风量(m^3/s)	风速(m/s)			压力(Pa)		压力增量	
	1 号(32)号	4 号(6)号	4 号(29)号	4 号(6)号	5 号(9)号	沿程损失(Pa)	增加的静压(Pa)
288.42	1.61	28.84	4.48	499.10	41.54	9.12	20.37
287.31	1.59	28.73	4.43	495.29	41.16	8.92	20.47

续上表

送风量(m^3/s)	风速 (m/s)			压力 (Pa)		压力增量	
	1号(32)号	4号(6)号	4号(29)号	4号(6)号	5号(9)号	沿程损失(Pa)	增加的静压(Pa)
285.00	1.58	28.50	4.37	487.35	40.32	8.68	20.18
280.77	1.61	28.08	4.14	473.01	40.66	7.79	22.58
276.08	1.66	27.61	4.08	457.32	40.42	7.57	22.86
264.76	1.56	26.48	3.93	420.59	38.48	7.02	22.20
260.78	1.57	26.08	3.88	408.05	38.17	6.84	22.30

表16-17和表16-18中沿程损失是按照相同长度计算的(此处取3000m)。隧道中气流的压力由静压和动压两部分组成,同样高速送风口向下游隧道提供的升压力也由静压和动压两部分组成。由表16-17和表16-18可知,2号送风井在提供较低的风量的情况下仍能对测试点提供较高的压力。

可得出结论:经过优化后的2号送风井结构形式能够提供较大的压力,即为送风口下游隧道提气流供了更大的升压力。

16.5.9 正常工况试验结论

1)通过对模拟射流风机的主风机、通风竖井的送、排风机不同转速巧妙组合的工况试验数据和试验现象说明:通风系统能满足近期和远期的各种工况的运营要求。但各种工况下风机的组合方式直接关系到通风的效果,应通过合理组合充分考虑洞内污染空气的有效排出和新鲜空气的送入,以有效稀释污染空气。

2)通过对模拟射流风机的主风机不同转速的试验数据和试验现象说明:主风机转速的增加,会使排风段和送风段的风量都增加,还会使通风竖井的排风量增大,送风量减少,排风段、送风段的风速和压力也都会随着增大,但是对排风段的影响最明显,送风段次之。这一现象说明射流风机具有高效率的升压作用,升压效果很明显,随着射流风机开启的数量增多,能大大节约送、排风机的功率,提高通风效率。另外,通过试验观察短道段的通风仅依靠通风竖井的送、排风机的参与无法避免新鲜空气的回流,只有开启射流风机调压,才能有效地避免新鲜空气的回流。

为了防止短道段回流,射流风机在任何工况下都是必需的,而且要开启一定数量的射流风机才可以避免回流发生。

3)过对3号通风竖井3号送风机不同转速的试验数据和试验现象说明:通风竖井送风机转速的增加,对排风段的风速影响较大(排风段的风速会急剧下降,导致3号竖井的短道段窜流量下降),使得送风段风速变化不大,3号竖井的短道段和送风段(第二段)的总压会随3号送风机转速的增加而增大,2号通风竖井排风口风速随3号送风机转速的增加而增大。

这一现象说明送风量越大越有利于隧道通风的观点是非常片面的。不仅如此,送风机功率配置过大,会带来能源的浪费。

3号通风竖井的送风道和送风口的结构形式对通风系统的正常运营有较大的影响,因为从3号通风竖井送风口送出来的风流不是纵向水平的从送风口送出,而是与隧道横断面形成了一定的夹角,因而在3号通风竖井送风口的下游形成了流速较高的气流阻断了从上游3号通风竖井短道段窜流而来的气流。

由于3号竖井送风口送出高速气流,因而阻力损失较大,导致送风口的升压力骤减,3号竖井高速送风口升压力效果减弱。

鉴于3号竖井送风口结构型式对通风系统的影响,建议:

①对3号竖井送风道和送风口的结构形式进行修改,应减小送风道的断面面积使其流速达到经济流速13~18m/s。

②左线射流风机 JET—Z6 和 JET—Z7 的安装位置距 2 号竖井送风口距离不到 200m，这不利于送风口高速送风的扩散，反而会起到阻碍作用。因此，宜移动射流风机 JET—Z6 和 JET—Z7 的安装位置。

③在第二段通风段中部应增设 2 组射流风机，在近期最不利工况时应开启连同已有的 4 组风机共 6 组射流风机，使 2 号竖井的短道段出现窜流状态，从而满足正常运营工况。

④对 3 号送风井的结构形式按照课题组提出的试验方案 2 号送风井的结构形式进行修改。采用试验方案 2 号送风井的结构形式可充分合理地利用高速送风口的升压力，从而取消此段的调压射流风机。

4）通过对通风 2 号竖井排风机不同转速的试验数据和试验现象说明：通风竖井排风机转速的增加，排风段的风速和压力的影响都比较小，但是通风竖井的送排风量都在增大。这一现象说明排风机的升压效果不明显，甚至是降压作用，排风机转速的增加，易造成短道段新鲜空气的回流。通风竖井的送排风量都在增大，说明随着新鲜空气的回流，从送风口送入的新风有些没有起到稀释污染空气的作用，而直接通过短道旁的排风口排走，增加了送排风机的功率，形成了明显的浪费。因此，实际运营过程中不能用增大排风机功率的方法来片面追求增大污染空气的排出量。

建议在近期工况时同时满足 $Q_{s1}/Q_{r1}>0.184$、$Q_{s1}/Q_{r2}>0.192$、$Q_{s2}/Q_{r2}>0.188$、$Q_{s2}/Q_{r3}>0.215$ 时，就能很好地控制短道段的回流现象和排风机营运功率过高的情况。

5）根据试验数据和试验现象说明：适当增大窜流量（减少排风量），可以大大减少回流，减少送排风机的功率。

3 号竖井短道段至少需要 1.00m/s，才可能没有回流发生；2 号竖井短道段至少需要 1.20m/s，才可能没有回流发生。

6）风机开启顺序和气流稳定后的风速、压力无关，但是在开启时尽可能使初始气流顺着行车方向，避免回流紊乱。第一段风量的调节，通过主风机（射流风机）进行调节。第二段风量也尽量通过主风机进行，因为主风机的升压效果要比送风机好得多，即使第一段风量偏高一点，也不会有太高能量消耗，而且可以得到更好的空气质量，压力的升高，短道总压也升高，可以减少回流，同时也使得 3 号通风竖井 2 号排风机全压降低。第三段风速的调节则通过 5 号送风机来调节。

即使排风段风量偏高一点，也不会有太高能量消耗，而且可以得到更好的空气质量，压力的升高，短道总压也升高，可以减少回流。

7）在不考虑交通活塞风作用下，主风机、送风机的升压力因为隧道的沿程阻力损失而迅速降低，并且压降和速度的平方成正比，因此主风机的升压力对第一段的影响比较大，但是对第三段已经基本上没有什么影响了，而送风机则更是只影响到本身的送风隧道段。风速增大时，阻力损失成平方增大，可见各风机对隧道各段风量的影响不仅和该风机的升压力有关，更和阻力损失有关，当风道越长时，影响可能就越小了。在有交通风的作用下，升压力往往比沿程压力损失值还要大，主风机、送风机的升压力就可以不减少地保持到下一段隧道，那么对隧道其他段送排风量的影响就会比没有考虑交通升压力时大的多。而在有交通风的作用下，因为交通风升压力往往比沿程压力损失值还要大，所以要把通风系统与交通风升压力结合起来，才能达到最佳的通风效率。

8）排风口产生的升压力远比送风口升压力小得多。在纵向送排式通风系统中，起升压作用的主要是送风机和射流风机。

9）匝道上游处 300m 的加宽段断面面积由 96.35m^2 扩大到 223.9 m^2，由 15 号、16 号、17 号 3 点压力数据可知，在匝道上游处 300m 的加宽段的全压急剧下降，加宽段拱顶处气流比较紊乱，导致隧道分岔后气流流速较小。

鉴于匝道上游处 300m 的加宽段对通风系统的影响，建议：

①应把左线射流风机 JET—Z1、JET—Z2 和 JET—Z3 共 3 组射流风机安装位置移动到隧道分岔部下游端附近，以此增大隧道分岔后主隧道的压力加大气流流速，从而加少污染空气在加宽段顶部的滞留。同时，在火灾工况时也能增强通风系统的排烟能力（左线射流风机 JET—Z1、JET—Z2 和 JET—Z3 靠近 1 号排风井不能有效地发挥出该 3 组射流风机的调压作用）。

②在加宽段增设顶隔板，降低加宽段的高度减小加宽段的断面面积，从而降低此段的压力损失，提高通风效率。

③把1号排风井位尽量往上游方向移动，从而增大此排风井的通风效率。

10）在没有交通通风力的情况下，隧道分岔下游主隧道和的匝道气流流量比为3∶2。当主隧道出口被封堵时，通过调节1号排风井的风机转速来模拟正常营运时的情况，从而满足正常运营工况时对隧道分岔处气流的分配要求。

16.6 火灾排烟试验研究

16.6.1 火灾排烟试验

试验中对不同规模火灾工况的原型烟雾生成量和模型烟雾生成量见表16-19。为了进行隧道火灾中的各通风工况火灾排烟试验、火灾烟雾扩散试验，试验中采用Antaric—1250型烟雾发生器，模拟火灾产生的烟雾。

不同火灾工况下的原型烟雾量和模型烟雾量 表16-19

火　　源	原型烟雾量(m^3/s)	模型烟雾量(m^3/s)
小客车	20	0.02
公共汽车/长车	60	0.06
油罐车	100	0.1

试验中采用两台Antaric—1250型烟雾生成器模拟火灾烟雾效应，其出口最大烟雾速度为3～5m/s，出口烟雾直径约60mm。取出口烟雾速度为4m/s，则两台烟雾生成器的出烟量为$V_{\text{smog}}=2\pi r^2\nu=0.0226\approx0.02(m^3/s)$。可对热释放量为5MW的火灾工况进行试验。

为了合理地安排火灾时隧道内的气流组织，在本次试验中，结合模型及隧道的实际情况，对隧道内三个不同位置的火灾工况进行了模拟试验。

①单向行车在第一通风区段距入口1000m的范围内，射流风机逆转排烟工况（射流风机作用采用出口端送风机等效模拟）；

②单向行车在入口至排风口段内，竖井排风机+射流风机联合排烟工况（射流风机作用采用入口端送风机等效模拟）；

③单向行车在出口段1000m内时，纯射流风机排烟工况（射流风机作用采用入口端送风机等效模拟）。

（1）射流风机逆转排烟工况

从试验现象分析可知，当火灾发生在第一通风区段距入口1000m范围内时，如果不考虑车辆的活塞作用，只需逆转开启一组（3台）射流风机即可将烟雾完全吹向入口端一侧，从入口排出且没有烟雾回流。如果考虑车辆的活塞作用，对单向行车近期工况发生火灾时行车速度为30km/h，那么只需逆转开启三组（9台）射流风机即可将烟雾完全从入口排除而没有烟雾回流。对于单向行车远期工况，从试验结果来看，则至少需要逆转开启三组（9台）以上的射流风机才可完全避免烟雾回流的发生。

此工况只能在经现场判断，火灾下游段内无滞留车辆和人员时，方可采用。

（2）竖井排风机+射流风机联合排烟工况

根据对试验现象分析可知，火灾发生在入口—3号井排风口段内时，进口段射流风机及竖井井排风机的合理组合对控制烟流的扩散是相当重要的。考虑到车辆的活塞作用，仅靠入口段风机和竖井排风机控制烟流的扩散，是难以避免烟雾向第二通风区段窜流的。因此，需要在第二通风区段，增加一定数量的风机进行调压，以免烟雾窜流的发生。比如，在近期单向行车工况，为避免烟雾窜流，需在第二通风区段内启动 1 组射流风机进行调压；在远期单向行车工况时，需在第二通风区段内启动 1 组以上射流风机进行调压以免烟雾窜流的发生。

考虑到火灾发生后，隧道内运动的车辆数将逐渐减少，即车辆的活塞作用将逐渐减弱。因此，在火灾发生后，应逐步开启一定数量入口段内的射流风机进行调压，以将烟流吹向出口侧方向，并避免回流的发生。对单向行车近期工况，当隧道内车流完全停止运动时，应开启 2 组（6 台）射流风机进行调压；对单向行车远期工况，当隧道内车流完全停止运动时，应开启 3 组（9 台）射流风机进行调压，以免回流发生。

（3）纯射流风机排烟工况

根据对试验现象的分析可知，当火灾发生在此段时，火灾发生之初，仅凭车辆的活塞作用即可将烟气从出口排出。当隧道内车流完全停止运动时，为避免烟雾回流，应于火源点后方启动一组射流风机进行调压。

当利用 1 号竖井进行集中排烟时，具体开启方式参照上述“竖井排风机 + 射流风机联合排烟工况”执行。

16.6.2　通风防灾分区

以上试验结果的分析表明，为了便于控制烟流，对长大隧道应当设立几个独立的通风防灾分区。就胶州湾隧道而言，建议设立四/三个防灾分区，如图 16-33 所示。

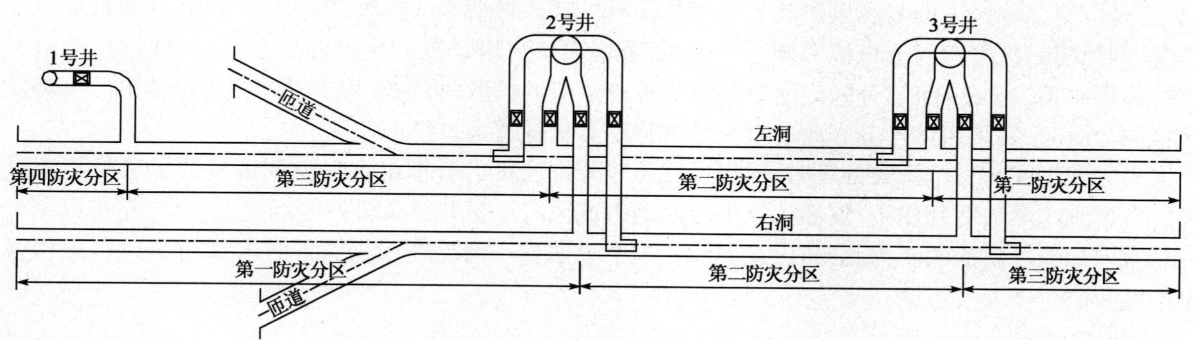

图 16-33　胶州湾隧道建议通风防灾分区示意图

火灾发生在第一分区时，采用第一分区内的射流风机和 3 号竖井排风机联合将烟雾从排风口经竖井排出。同时，应视具体情况，利用第二区段内射流风机的调压作用，以免烟雾窜向出口段。当火灾下游段内无滞留车辆和人员时，方可采用第一分区/第二分区内的射流风机逆转控制烟流的扩散，将烟雾从隧道入口排出。

火灾发生在第二分区时，采用第一分区/第二分区内的射流风机和 2 号竖井排风机联合将烟雾从排风口经竖井排出。同时，应视具体情况，利用第三区段内射流风机的调压作用，以免烟雾窜向出口段。

火灾发生在第三分区时，采用 1 号井排风机 + 第二分区/第三分区内的射流风机控制烟流的扩散，将烟雾从 1 号井排风口排出。

火灾发生在第四分区时，宜采用第三分区内的射流风机将烟雾从隧道出口排出。

16.6.3　火灾排烟试验结论

通过对试验研究的分析，有以下结论和建议：

该通风系统完全能够满足火灾工况下的火灾通风要求，能够有效控制烟雾流向，使烟雾按照预期方式排出，可以达到最小的排烟行程，在正确的操作下，可以避免烟雾回流和串流至前段的发生。

纵向通风系统火灾排烟的一些基本原则就是：保持烟雾在火灾初期的流向（一般是行车方向），避免烟雾回流和逆转发生，尽可能减少排烟行程，将烟雾从前面最近的一个出口排出；火灾初期，交通活塞升压作用显著，隧道内风速较高，而较高的风速会增大火势，应该调节射流风机和排风机，降低隧道内风速，而发生阻塞失去交通升压力后，就需要增大风速以防止回流的发生；在保证烟雾不会回流的情况下，采用尽可能小的通风速率。

青岛胶州湾隧道营运通风系统的设置，可通过不同的风机组合方式满足隧道火灾工况下不同火灾点的通风排烟需求，并通过防灾分区的划分提出了为保证火灾下游处于无烟状态下的风机组合形式建议。

在烟雾向前扩散的同时，冷空气从烟流底部以逆烟雾流动的方向进入烟雾区并与烟雾混合，空气与烟雾区的接触面为波纹状。而且，空气从烟层底部逆向进入烟雾区的速度明显大于烟雾向前扩散的速度。

烟雾将在很短的时间内将受到逆流而来的冷空气的不断冷却并与之充分混合，从而由层流状变为紊流状而迅速地充满整个横断面，以满断面的形式向前扩散。但总的来说，断面上拱部区域的烟雾浓度要比墙部区域的烟雾浓度大。

根据火灾排烟试验，胶州湾隧道设置三/四个防灾分区。火灾发生在第一分区时，采用第一分区内的射流风机和3号竖井排风机联合将烟雾从排风口经竖井排出。同时，应视具体情况，利用第二区段内射流风机的调压作用，以免烟雾窜向出口段。当火灾下游段内无滞留车辆和人员时，方可采用第一分区/第二分区内的射流风机逆转控制烟流的扩散，将烟雾从隧道入口排出。火灾发生在第二分区时，采用第一分区/第二分区内的射流风机和2号竖井排风机联合将烟雾从排风口经竖井排出。同时，应视具体情况，利用第三区段内射流风机的调压作用，以免烟雾窜向出口段。火灾发生在第三分区时，采用1号井排风机+第二分区/第三分区内的射流风机控制烟流的扩散，将烟雾从1号井排风口排出。火灾发生在第四分区时，宜采用第三分区内的射流风机将烟雾从隧道出口排出。

火灾发生在前三个防灾分区时，射流风机及竖井排风机的合理组合对控制烟流的扩散是相当重要的。考虑到车辆的活塞作用，仅靠火灾下游段的射流风机和竖井排风机控制烟流的扩散，是难以完全避免烟雾向短道段窜流的。为此，建议在实际工程中根据现场情况利用火灾下游段的射流风机进行压力平衡调节。

16.7 隧道火灾数值模拟研究

16.7.1 隧道火灾模拟

随着隧道火灾的日益增多，对火灾规模以及火灾控制的预测显得越来越重要。对火灾和烟雾控制的研究方法有全尺寸的试验、缩小比例的试验和计算机模拟。用流体力学计算软件CFD对火灾及其扩散进行模拟日益受到重视，本课题在开展物理模型试验的基础上，结合数值模拟方法开展隧道火灾的临界风速的研究。

当隧道内发生火灾事故时，带给人们最大的威胁不是火灾所释放的热量，而是烟雾。最近的研究发现，大风速的机械送风并不是一种最安全的措施，因为它将烟雾和新鲜的冷空气混合，破坏了烟气的分层，缩短了车辆和人员的逃逸时间并给救护人员接近火源带来更大的困难。

临界风速是指使烟雾不发生回流的最小风速。临界风速受多种因素的影响，如火灾源的大小、火灾在隧道内发生的位置、隧道内的通风情况、隧道结构特征等。报告用流体力学计算软件CFD对胶州湾隧道内发生火灾时烟气流动情况进行了三维瞬态的数值模拟计算，研究烟气在隧道内的分层扩散现象、不同火灾源情况下的临界风速的确定，进而研究烟气的流动情况和疏散方案。本文不研究火灾发生后的燃烧过程，只研究火灾产生的烟气在浮力效应下随时间不断传播和扩散的过程（以5MW的热源为例）。

1）隧道结构尺寸如图 16-34 所示，燃烧的车辆尺寸为 2m × 1m × 1.5m。

火灾规模：发热量 5MW；发烟量 18kg/s，图 16-35 为火灾模拟剖面图。

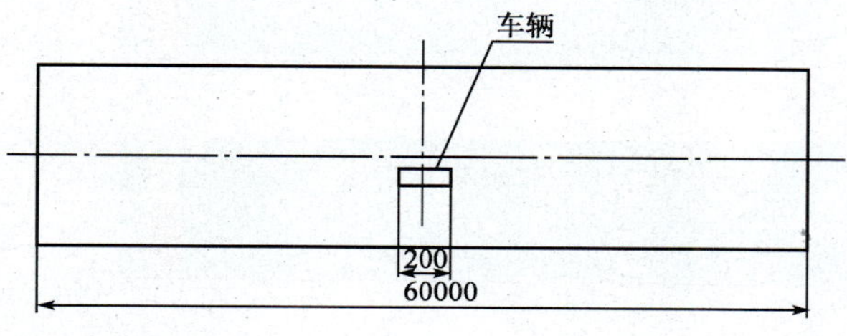

图 16-34　火灾模拟平面图

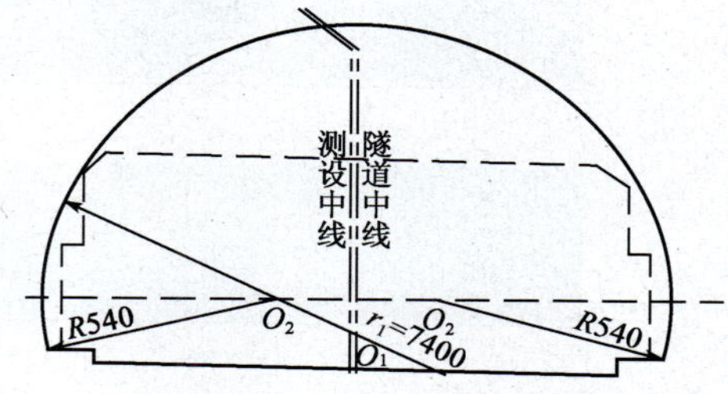

图 16-35　火灾模拟剖面图

初始条件：在 $t=0$s 时，隧道内相对压力 0.0Pa；隧道内平均温度 27℃；隧道内空气密度 1.2kg/m^3。

边界条件：出口相对压力 0.0Pa（设当地大气压 $P=101325$Pa）。

2）当隧道火灾热源为 5MW 时，烟气随时间的自然扩散分层过程如图 16-36、图 16-37 所示。

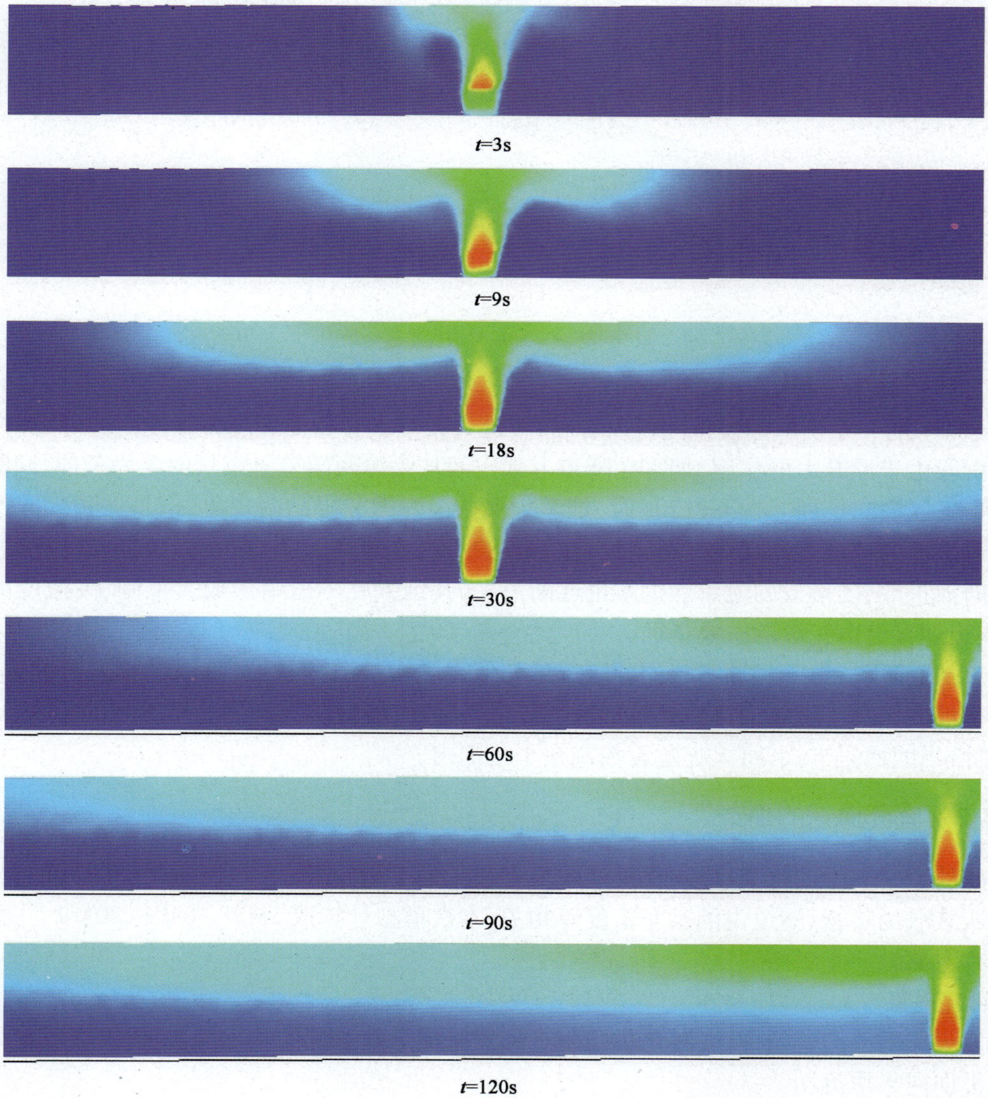

t=3s

t=9s

t=18s

t=30s

t=60s

t=90s

t=120s

图　16-36

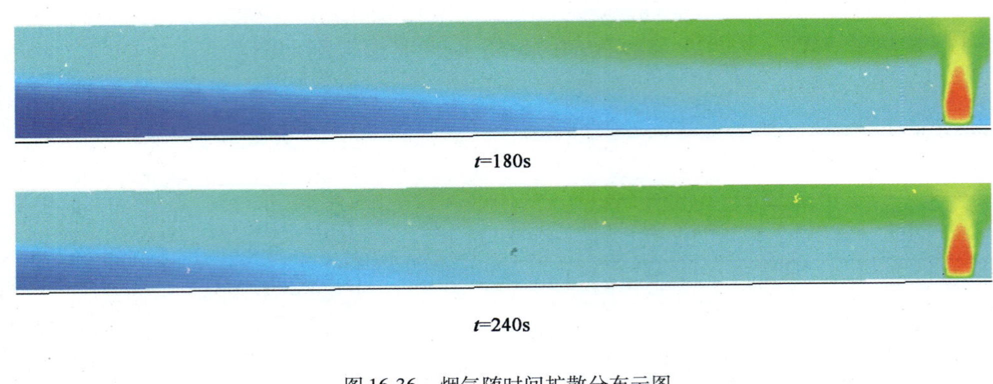

图 16-36　烟气随时间扩散分布云图

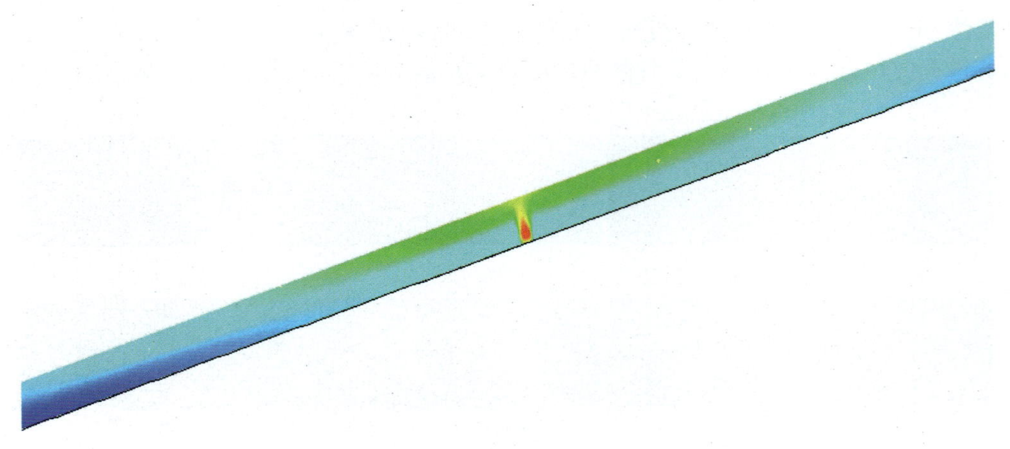

图 16-37　$t=240$s 时烟气扩散全景图

3）CFD 模拟结果分析：

由图 16-37 的一系列瞬态模拟图可以看出，隧道火灾烟雾其特征表现为缓慢而非稳定的扩散过程。火灾初起阶段由于浮升力的作用，烟雾在隧道上部空间从火源两端呈流束状的纵向廷伸，同时逐渐向下部空间的空气区横向扩展。在 $t=120$s 时，烟雾仍保持很好的分层贴附现象，但是这种烟雾空气的分层作用将随着烟雾的扩散逐渐减弱以至消失；在 $t=180$s 时，在距离火源 200m 附近烟雾已充满整个隧道，并且继续向前扩散，已形成的流束状烟雾也逐渐消失，其结果在隧道中形成大范围、高浓度的烟雾危害区，这是隧道烟雾自由扩散的主要特征。

在火灾初起阶段，由于烟雾空气的分层现象和烟雾缓慢扩散的特性，可以延长人员的逃逸时间，对防灾起到积极的作用。但是当自由扩散形成烟雾危害区后，将对防灾产生非常不利的影响，因此要综合考虑，采取恰当的通风方式，将火灾危害控制在小范围内。

16.7.2　临界风速的确定

在公路隧道中突发的火灾事故，火灾规模具有很大的不确定性，它不仅随燃烧的汽车类型变化，而且与车辆所装载的货物、隧道内的行车密度等相关，本次模拟计算取 5MW、10MW、20MW 三种发热量作为主要研究对象。

（1）回流现象

在突发火灾的公路隧道中，在隧道拱顶附近形成一层远离火源的热烟流和气流，而支持燃烧的空气从热烟层下面向火源流动。

通风系统强制风流通过隧道以压力风流方向改变热气流的平衡，如果通风的风量充足，则将所有的热气流流向下风方向；如果风量不足，上层的热风流将相反于压力通风的方向流动，这种现象叫“回流现象”，如图 16-38 所示。是否发生回流现象涉及许多因素，包括火灾规模、隧道坡度和隧道几何形状以及通风风流的速度等。

（2）临界风速

在应急通风情况下，为避免产生回流现象，使火灾烟雾顺着下游方向扩散的最小风速称为临界风速。

纵向通风系统的功能之一就是要保证火灾上游侧为无烟区，以备人员逃逸和火灾援救。几乎所有的试验结果都表明，当隧道内存在较高的纵向风速时，可以将烟气控制在火源的一侧，但纵向风速过大时，不仅带来设备投资的增大，而且加强了气流的紊流程度，在较短的时间内破坏了烟气的分层贴附现象，使烟气较早降至路面，隧道断面提前充满烟气。因此，采用临界风速控制烟气的流动，能延长烟雾在隧道顶壁的贴附时间，增加人员逃逸时间和安全性，如图 16-39 所示。

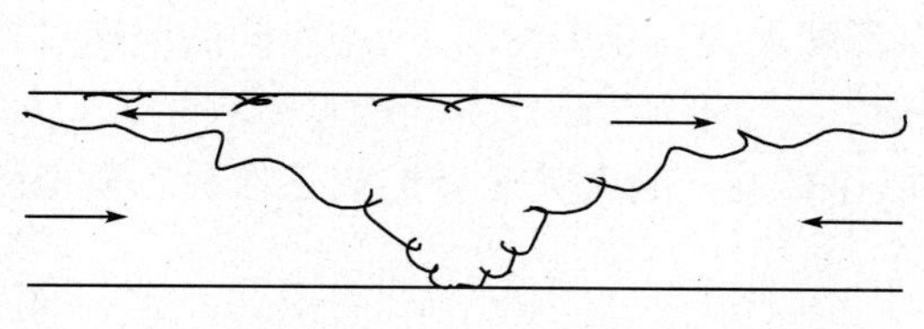

图 16-38　典型的不通风隧道火灾烟流

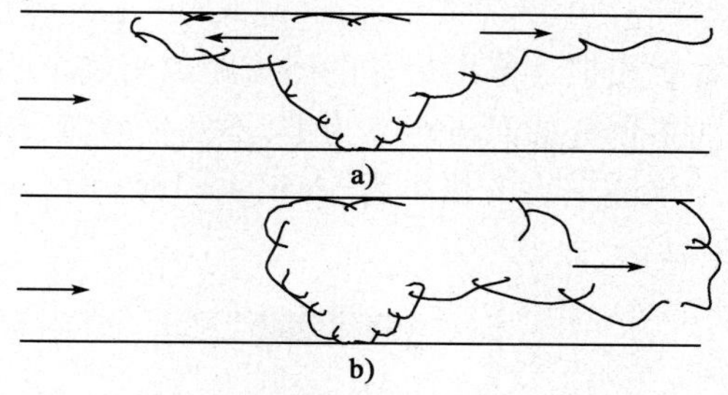

图 16-39　机械通风的隧道火灾烟流

a）产生回流—通风不充分；b）风流控制烟雾的流动

我国《公路隧道通风照明设计规范》（JTJ 026.1—1999）规定临界风速为 2 ~ 3m/s，它是按一般隧道火灾产生 20MW 的热量控制的排烟风速取值。实际上临界风速的确定受许多因素，如火灾规模、隧道几何形状、隧道坡度、隧道所处自然环境、火灾事故发生位置等的影响。对不同的公路隧道火灾，临界风速不是一个确定的值，而且它的大小对隧道通风系统的选择还有着重要的影响。利用通风系统成功地控制隧道内火灾烟气流向、避免回流现象，及时排除烟气，使隧道下半部保持足够的能见度和清洁度，及时疏散乘客，为消防人员提供便利是隧道通风系统的重要功能。因此，有针对性地研究不同火灾规模情况下的临界风速有重要的意义。

（3）临界风速的理论计算公式

根据美国矿业局研究的结果，临界风速由下列方程组确定：

$$v_c = k_g k\left(\frac{gHQ}{\rho_\infty C_p A T_f}\right)^{1/3} \tag{16-2}$$

$$T_f = \frac{Q}{\rho_\infty C_p A v_c} + T_\infty \tag{16-3}$$

式中：v_c——临界风速（m/s）；

C_p——在恒压下的空气比热［J/（kg · k）］；

g——重力加速度（m/s^2）；

H——隧道截面净高（m）；

Q——火源热量释放效率（W）；

ρ——隧道周围空气密度（kg/m^3）；

A——隧道通风断面积（m^2）；

T_f——热气体温度（K），$k = 0.61$（无量纲）；

k_g——坡度修正系数（无量纲），可由图 16-40 查得。把式（16-3）代入式（16-2）可得：

$$\rho_\infty C_p A T_\infty v_c^3 + Q v_c^2 - k_g^3 k^3 gHQ = 0 \tag{16-4}$$

解之得 v_c。

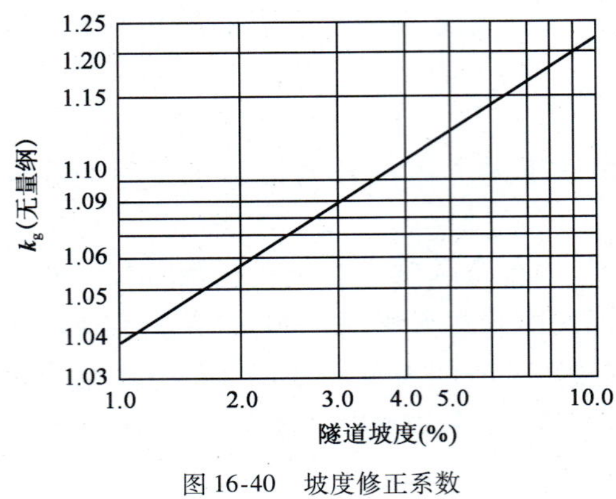

图 16-40 坡度修正系数

由公式可以看到,隧道的临界风速与火灾发热率的 1/3 成正比。然而,Bettis 在英国 Buxton 所做的全尺寸火灾试验表明,当火灾发热率比较低时,临界风速与之 1/3 成正比。但是当发热率增大时,临界风速受发热率的影响并不大,并且 Parsons Brinckerboff 通过试验也说明通过半经验公式计算出来的临界风速在 50 ~ 100MW 的范围内要增大 5% ~ 15%。用此公式来预测高发热率的火灾的临界风速显然是不合理的。因此,有必要对不同隧道、不同发热率情况下的临界风速作具体的研究。

(4)火灾热源分别为 5MW、10MW、20MW 时临界风速的确定

本次模拟计算用烟雾的回流距离来确定临界风速,在不同火灾发热率情况下,用不同的风速进行控制。如果烟雾的回流距离为零,不发生回流,即为临界风速。

1)当隧道火灾热源为 5MW、t = 180s 时,在隧道不同风速影响下的火灾烟雾扩散三维瞬态模拟图见图 16-41。

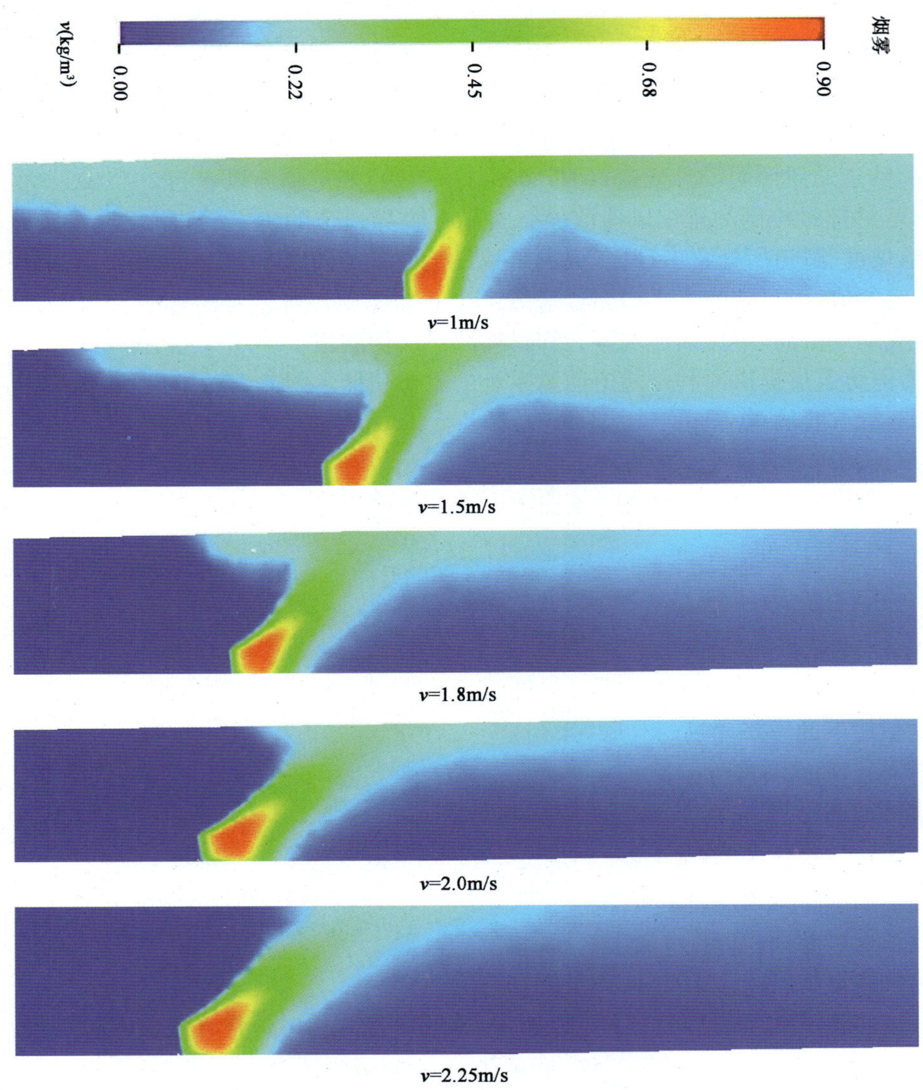

图 16-41 热源为 5MW、t = 180s 时烟雾在隧道不同风速影响下的扩散分布云图

2）当隧道火灾热源为10MW，$t=180$s时，在隧道不同风速影响下的火灾烟雾扩散三维瞬态模拟图见图16-42。

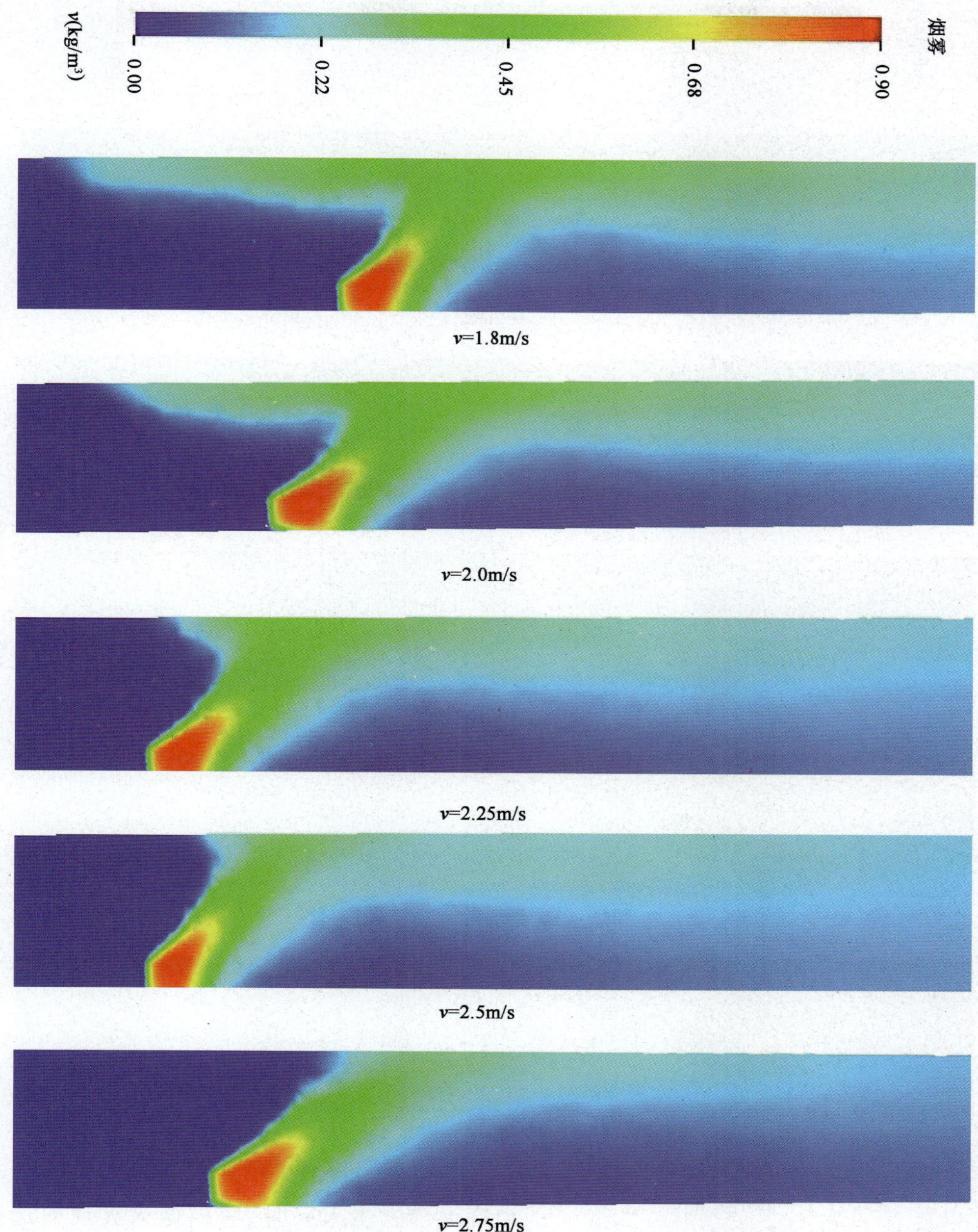

图16-42　热源为10MW、$t=180$s时烟雾在隧道不同风速影响下的扩散分布云图

3）当隧道火灾热源为20MW、$t=180$s时，在隧道不同风速影响下的火灾烟雾扩散三维瞬态模拟图见图16-43。

（5）CFD模拟结果与分析

由模拟结果可以看出，不同的火灾热源其临界风速不同，当火灾热源为5MW时，临界风速为2.0～2.25m/s；当热源为10MW时，临界风速为2.5～2.75m/s；当热源为20MW时，临界风速为2.75～3.0m/s。

在火灾规模比较小的时候，临界风速随发热率线性增长的比例比较大，如发热率为5MW时，临界风速为2.0～2.25m/s；发热率为10MW时，临界风速为2.5～2.75m/s，即发热率增大一倍，临界风速增加0.5m/s；当发热率为20MW时，临界风速为2.75～3.0m/s，即发热率比10MW热源增大一倍，临界风速增大 0.25m/s。当发热率增大到一定程度时，临界风速的增加变的缓慢，并不是简单的 1/3 关系。临界风速与火灾放热率之间的关系如图 16-44 所示。

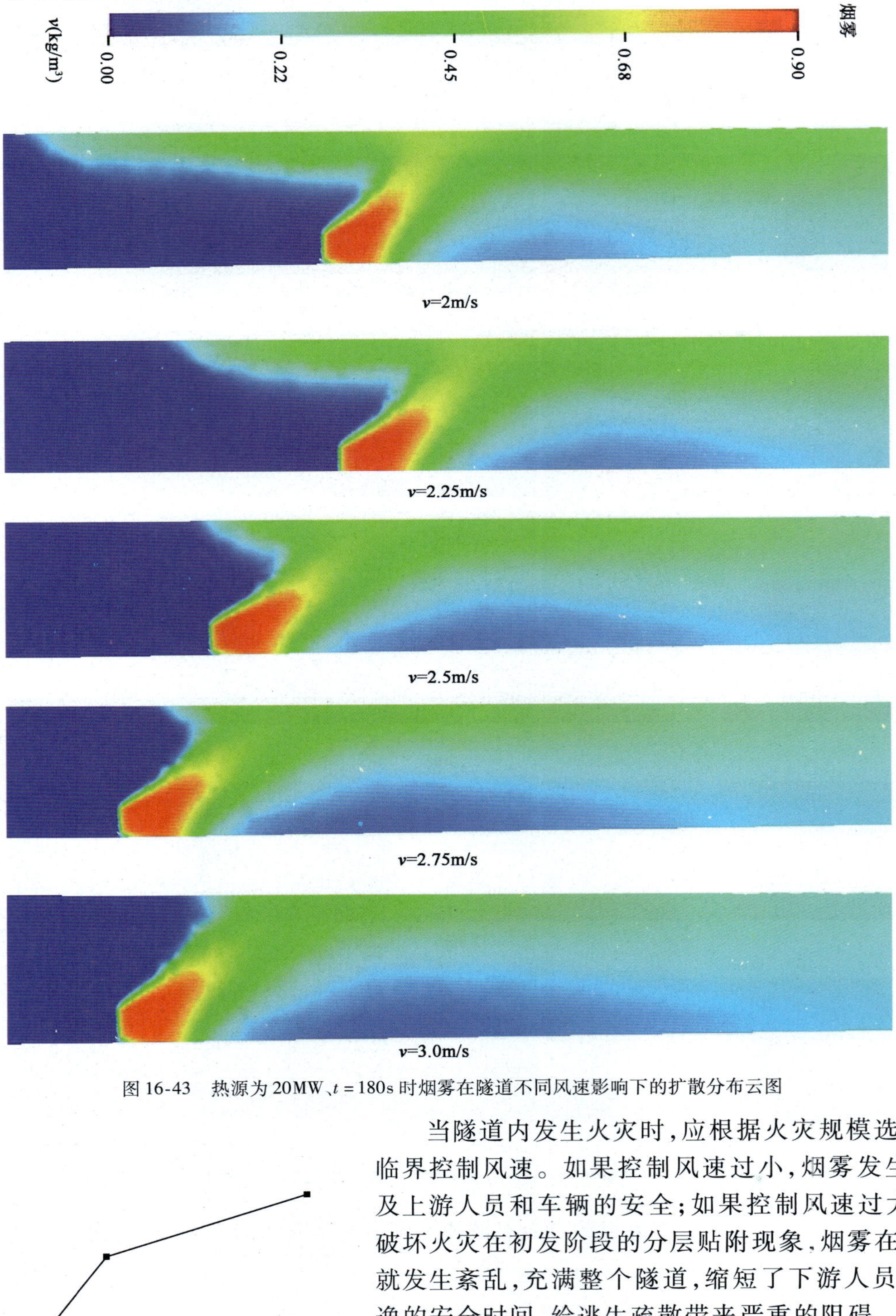

v(kg/m³)
0.00
0.22
0.45
0.68
0.90
烟雾
v=2m/s
v=2.25m/s
v=2.5m/s
v=2.75m/s
v=3.0m/s

图 16-43　热源为 20MW、t = 180s 时烟雾在隧道不同风速影响下的扩散分布云图

临界风速(m/s)
发热率(MW)
1.9
2.0
2.1
2.2
2.3
2.4
2.5
2.6
2.7
2.8
4
6
8
10
12
14
16
18
20
22

图 16-44　临界风速与发热率关系曲线

当隧道内发生火灾时，应根据火灾规模选择不同的临界控制风速。如果控制风速过小，烟雾发生回流，危及上游人员和车辆的安全；如果控制风速过大，将严重破坏火灾在初发阶段的分层贴附现象，烟雾在初始阶段就发生紊乱，充满整个隧道，缩短了下游人员和车辆逃逸的安全时间，给逃生疏散带来严重的阻碍。本文虽然是针对胶州湾隧道几何结构而模拟的三种不同火灾规模的临界风速，但从模拟结果可以看出临界风速随火灾规模变化而变化的趋势，可为火灾通风控制提供一定的参考和预测。

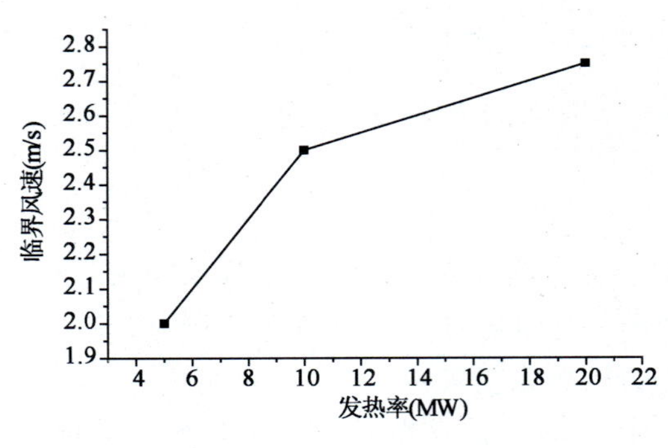

16.8　主要研究成果

16.8.1　通风计算基础理论

1)优化了通风计算重要基础参数汽车基准排放量取值。结合我国汽车工业技术发展趋势、我国车辆保有量、车辆实际运营与保养现状、燃料的质量状况等因素,运用理论分析、对比计算、工程类比等方法,提出了符合青岛胶州湾隧道特点的汽车尾排基准排放量参数值,大幅降低了隧道需风量,避免隧道通风规模过大,造成了资源浪费。

按照《公路隧道通风照明设计规范》(JTJ 026.1—1999)的规定,各设计年份的车辆有害气体排放量以 1995 年 CO 及烟雾的排放量为基准,年递减率按 1% ~2% 确定取值。根据课题组对我国汽车保有量及汽车排放状况的调查分析,汽车污染物的排放量在下降了 70% ~80%,柴油车的烟雾排放从 2000 年至 2020 年间更是达到了年平均递减 3.45%。PIARC 推荐的烟雾基准排放标准也有很大变化,在 1987 ~2000 年间年降幅达到 2.9%。但考虑到车辆生产的实际情况、车辆的实际运营情况、燃料的质量状况以及综合考虑将来隧道内卫生、舒适性标准提高的可能性、柴油车比例的大量增加,在保证行车安全并尽量减小通风系统的前提下,同时保证通风系统具有一定扩容性,课题组将对年递减率按《公路隧道通风照明设计规范》上限值取 2%,按目前相关研究的污染物排放量可达到的年递减率折中取 3% 来进行基准排放量计算,见表 16-20。

汽车污染物基准排放量　　表 16-20

递减率 \ 基准排放量	2020 年		2030 年	
	CO[m^3/(辆·km)]	烟雾[m^2/(辆·km)]	CO[m^3/(辆·km)]	烟雾[m^2/(辆·km)]
1995 年基准	0.01	2.5	0.01	2.5
2.0% 递减	0.00603	1.51	0.00545	1.36
3.0% 递减	0.00467	1.17	0.00401	1.00

2)优化了胶州湾隧道通风最不利工况的选择。引入公路服务水平、运行速度的概念,采用依靠隧道庞大、完善的监控设施控制隧道内最不利工况的理念,确定胶州湾隧道最不利运营工况,既可确保隧道营运安全,又有效地控制了通风系统设置规模,节约营运费用。

鉴于胶州湾隧道工程为城市快速干道,且为客运专用通道,设计行车速度为 80km/h,预测交通量较大,故课题组在研究过程中从隧道的服务水平和通行能力出发,研究认为当车速降为 10 ~20km/h 时,按照《公路隧道通风照明设计规范》的规定,取阻滞长度不大于 1km 进行计算,从而避免通风设备过于庞大,同时由于隧道设置有完善的监控设施,完全有可能控制洞内的阻滞段长度。

16.8.2　通风方式论证

提出符合胶州湾隧道特点的安全、节能运营通风方式:通过对纵向式、横向式及多种组合式通风方式优缺点、适用性、需风量及系统装机功率的计算对比分析,结合国内外工程类比结果和本工程特点,提出了胶州湾隧道采用分段纵向式通风方式,满足日常安全、节能、环保运营的通风需求;同时,提出土建工程、设施工程的相应优化配套方案,满足火灾等异常工况的通风、排烟需求。

课题组在科研阶段结合隧道计算需风量、隧道纵坡、洞内通风质量、湾口隧道地形地质等各种情况综合考虑,对拟定的 4 个通风方案进行了定性、定量的比较(见表 16-21)。

最终建议采用方案一的通风方案,即:

右线:两岸双竖井联合送排式 3 段纵向式通风。

左线:青岛岸双竖井分段送排式 + 集中排风 + 半横向(排烟)的 3 段纵向式通风。

表 16-21

胶州湾隧道左洞通风方案主要参数对比表

项目 \ 主要方案		方案一			方案二			方案三		方案四	
		1 号竖井		2 号竖井	1 号竖井		2 号竖井	1 号竖井	2 号竖井	1 号竖井	2 号竖井
		ZK1 +500（排风口）集中排风 + 半横向排烟		ZK3 +280（排风口）送排风	ZK1 +500（排风口）集中排风		ZK3 +830（排风口）送排风	ZK1 +500（排风口）送排风	ZK3 +280（排风口）送排风	ZK1 +500（排风口）送排风	ZK3 +830（排风口）送排风
排风段	长度 L(m)	480	1780	5609	480	2330	5059	1780	5609	2330	5059
	计算需风量(m^3/s)	146	332	756	146	513	576	332	756	513	576
	设计风量(m^3/s)	146	428	756	146	609	576	428	756	609	576
	设计风速(m/s)	1.52	4.44	7.85	1.52	6.32	5.98	4.44	7.85	6.32	5.98
送风段	长度 L(m)	—		1780	—		2330	480	1780	480	2330
	计算需风量(m^3/s)	—		332	—		513	146	332	146	513
	设计风量(m^3/s)	—		428	—		609	291	428	291	609
	设计风速(m/s)	—		4.44	—		6.32	3.02	4.44	3.02	6.32
风机房设置		地下风机房		地下风机房	地下风机房		地下风机房	地下风机房	地下风机房	地下风机房	地下风机房
洞口环境保护		行车出口段污风绝大部分可通过 1 号竖井高空排放，减少对主城区的污染						行车出口段污风部分通过洞口排出，对主城区的污染较大			
井位合理性		方案一的 2 号竖井较方案二更靠近主城区，在非主导风向时对城市环境影响稍大，但能有效减少城市中心 1 号竖井的集中排放量，总体来说更利于城市环境保护						方案三的 2 号竖井较方案四二更靠近主城区，在非主导风向时对城市环境影响稍大，但能有效减少城市中心 1 号竖井的集中排放量，总体来说更利于城市环境保护			
隧道分段合理性		很合理，能大大减少出口段污风排放量			合理，但各段风机装机功率均较方案一大			合理，能减少出口段污风排放量		合理，但各段风机装机功率均较方案三大	
防灾性能		很好，全线分为 4 个排烟区段，即使出现洞外阻滞工况，也能有效组织排烟和人员疏散						一般，全线分为 4 个排烟区段，出口段发生火灾并出现前方阻滞时，不利于人员逃生			
推荐顺序		1			2			3		4	

注：表中各竖井排风口位置桩号根据课题组现有资料确定，最终井位可根据现场情况、征地范围等进行局部调整。

青岛端接线隧道左线设置 1 号竖井集中排风；青岛岸 2 号竖井左右线合并设置；黄岛岸右洞设置 3 号竖井兼左线排烟；全线共设置 3 座竖井。具体方案见图 16-45。

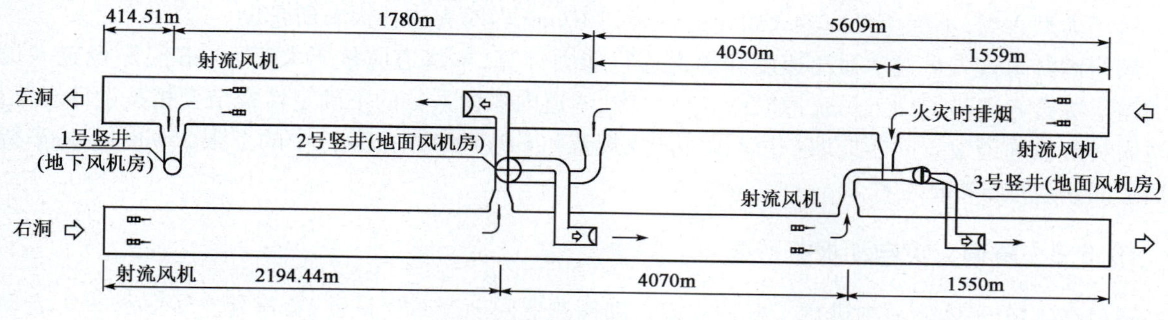

图 16-45　建议通风方案示意图

16.8.3　通风物理模型试验研究

(1)首次建立了分岔隧道 1∶10 大比尺四单元分段纵向式通风物理模型系统，为模拟胶州湾隧道实际运营时的多工况通风效果、气流组织模式提供了平台，验证了通风系统理论计算及设计的合理性，提出了优化修改建议。图 16-46 为通风模型全景照片。图 16-47 为隧道分岔部模型照片。

图 16-46　通风模型全景照片图

图 16-47　隧道分岔部模型照片

(2)首次提出了大断面公路隧道 3 座竖井分 4 段联合纵向式通风保证正常运营的井底窜流量取值范围，修正了隧道理论设计的风量分配，以确保隧道通风系统“吐故纳新”的有效性。

(3)通过对通风系统联络风道连接方式、断面大小等方面进行多组测试试验，提出了优化建议，避免通风动力的无效损失，提高了系统的运营效率，有利于节能。

(4)通过分析模型试验效果及数据，提出正常运营时采用分 3 段送排式通风运营方案，在保证行车安全的同时有利节能。

(5)通过隧道分叉部多组物理模型试验效果分析，提出分叉部气流组织及风机配置方案，从而确保洞内空气质量和通风效果。

(6)通过模型隧道的火灾排烟试验，提出了各防灾区段发生火灾时的风机组合和气流组织方式建议，为制订火灾救援预案提供了依据。

16.8.4　隧道火灾规律与危害

通过隧道火灾规律与危害研究，分析了隧道火灾时的烟雾、温度分布场及人员逃生生理特性，确定了胶州湾海底特长隧道内的人员逃生通道和车辆逃生通道设置的合理间距。

两辆车碰撞引起的 20MW 火灾，8min 后从隧道火灾下游方向逃离比较困难。

通风风速为 1.5m/s 时，1.5 ~ 1.8m 隧道下层空间温度低于 80℃，满足逃生需求，火灾上游影响距离 20 ~ 24m；风速大于或等于 2m/s 时，影响距离小于或等于 18m。火灾上游车辆与火场保持 30m 以上距离基本是安全的。

对于大型火灾，不期望任何救火组织能在最初 10min 内对火灾扑灭有所帮助。

胶州湾隧道按人员逃生撤离速度和通道通行能力计算，本隧道应按不大于 300m 间距设置人员逃生通道。综合考虑隧道内人员疏散时的各种反应、隧道内滞留人员的不确定性及结合相关设计规范，本隧道人员疏散通道设置间距应取《建筑设计防火规范》(GB 50016—2006)中的下限 250m 左右，车行逃生通道间距应取 500m 左右。

16.8.5 隧道火灾自动报警系统

通过在 1∶1 实体隧道内进行了多种火灾自动探测器同工况对比试验，首次建立了多种火灾自动探测系统同工况下报警响应指标数据库，提出了公路隧道火灾报警探测系统的适用条件和选型原则。

4 种火灾探测系统由于报警原理不同，必然使它们在不同的工况下有不同的反应，有不同的优、缺点，存在“优点突出、缺点也突出”的现象。从现场试验数据和试验现象可以得出以下基本结论：

(1)光纤感温探测系统具有较多的设定工况，报警分区设置方式灵活多样，特别适合准确的定温报警。

(2)热敏合金线感温探测系统具有灵敏度高、对温度变化特别敏感等特点，特别适合差温报警。

(3)双波长火焰探测器探测系统对燃烧的明火特别敏感，不受风速影响，适应工况多，特别适合火灾初期有明火燃烧工况。

(4)光纤光栅火灾探测系统具有灵敏度高、对温度变化特别敏感，特别适合长距离探测。

(5)如果采用线型报警系统，应该收集隧道内每一天温度变化数据，建立一个温度数据库，以便正确设置定温报警值。在温差较大地区，昼夜温差超过 20℃的地区，建议不采用线型感温定温报警系统。

胶州湾海底隧道火灾报警系统推荐方案：基于海底隧道火灾初期探测的重要性及各种探测产品原理的不同及其局限性，本隧道推荐以感温型报警系统为主，辅助其他报警系统综合设置，以下给出两个建议方案。

方案一：感温光纤光栅探测系统和双波长火焰探测器复合使用；

方案二：感温光纤光栅探测系统和交通视频事件检测系统(具有火灾报警功能系统)复合使用。

16.8.6 隧道灭火系统

通过在 1∶1 实体隧道内大量试验实测得到了水喷雾自动灭火系统、泡沫水喷雾联用自动灭火系统的灭火效果以及对火灾的影响，提出了各自动灭火系统的适应性、设计方法。

水喷雾—泡沫联用自动灭火系统灭火效果优于水喷雾灭火系统。

提出了青岛胶州湾隧道消防系统配置方案：灭火器 + 消火栓系统 + 水成膜泡沫灭火系统。同时，结合地方消防站制订详细的事故应急救援预案。图 16-48 为青岛胶州湾隧道应急救援流程图。

16.8.7 交通控制与救援策略

基于交通隧道、服务隧道、横通道、紧急疏散口等逃生通道，建立了胶州湾海底防灾分区、异常运营控制与救援策略，首创了静态 + 动态组合策略生成综合控制技术。

首次提出单向三车道公路隧道具有 34 种常用运营工况和控制模式以及基于横通道控制的双洞单向交通、单洞双向交通的交通疏导和救援策略，提出火灾时以人员逃生为主，火灾点相临两个横通道无论是车行横通道还是人行横通道，都应作为人行横通道使用。

针对该项目的特点提出了正常交通、交通拥挤、交通事件、火灾 4 种工况下各种策略方案。

通过各种策略的研究，对后期软件开发提供了有效的技术支撑。

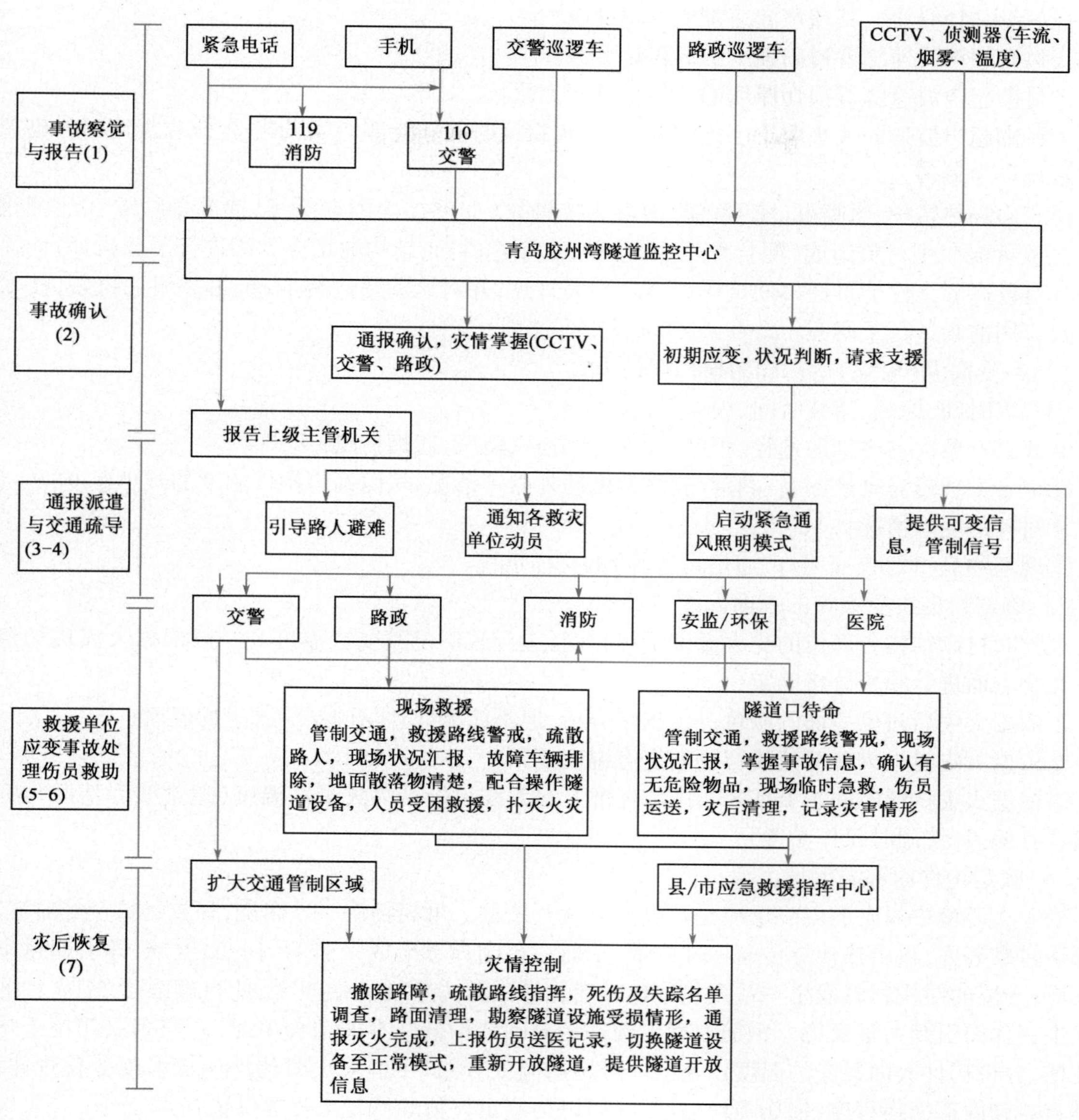

图 16-48　青岛胶州湾隧道应急救援流程图

16.8.8　结构耐火

建立了隧道衬砌结构耐火设计标准火灾场景。通过国内外调研和理论分析，对大量火灾案例和火灾试验成果的统计分析，给出了确定隧道火灾场景的关键参数（包括升温速率、最高温度、持续时间、温度在隧道内的横向及纵向分布），建立了较全面反映隧道火灾特点和影响因素（包括隧道长度、通风、主动消防措施、地层条件及隧道结构重要性等因素）的完整火灾场景（包括温度—时间曲线、温度横向分布及温度纵向分布）及其设计方法。

（1）隧道衬砌结构温度场的理论计算方法

从衬砌混凝土爆裂、耐久性降低、力学性能劣化、承载力降低、结构体系变形等方面研究了隧道衬砌结构的火灾损伤形式及机理。

通过研究，超声波的传播规律总体上是随衬砌损伤程度的增大而降低。其具体传播规律如下：

①在火灾条件下，衬砌超声波速随着火灾温度的升高而呈明显的线性下降。在同一火灾温度条件

下，衬砌受火时间越长，其超声波速降低的幅度越大。

②衬砌超声波速随着衬砌强度的成正比关系。

③衬砌超声波速随着损伤厚度的增加呈幂指数增长。

④衬砌超声波速的大小取决于火灾温度、火灾持续时间和隧道通风风速，但火灾温度对衬砌超声波速的影响最为显著。

对表面隔热防护、水喷淋（雾）降温、混凝土抗爆裂（如掺加聚丙烯纤维、掺混合纤维、增设钢筋（钢筋网）、改善混凝土材料组成（配合）、增大截面尺寸等）等衬砌结构的耐火方法进行了分析评价，提出了一种具有较高耐火性能且经济的抗爆裂复合耐火管片，并对该管片的构成、抗爆裂耐火机理、技术经济评价及应用前景进行了研究。

（2）经受高温（火灾）后衬砌的损伤评估内容

①起火时间、原因、持续时间、灭火方式；

②起火点及火灾蔓延的途径、程度、火灾时的通风情况、通烟情况；

③记录火灾后衬砌的爆裂、剥落、裂缝及钢筋外露等情况，从而确定构件刚度的减小程度；

④衬砌的变形情况；

⑤现场物品（风机、照明灯、通信设备等）的烧损情况。

（3）确定衬砌遭受火灾的表面温度

火灾时衬砌结构各部位的受火温度不尽相同，应分区确定其受火温度。一般根据火灾现场情况按以下几个方面进行综合分析确定：

①依据火灾后衬砌表面的颜色进行粗略分析，但不能据此评估内层混凝土的温度；

②依据火灾时衬砌各部位残留物的变态温度判断；

③根据火灾持续时间查 ISO 834 国际标准升温曲线得经受火灾最高温度（通常实际情况与标准升温曲线有偏差，使用时仅作参考）。

（4）确定构件内部温度场

处于火环境中衬砌的温度反应是从起火时就开始的。可燃物质一旦燃烧，释放的热量经对流、辐射作用于衬砌表面，再由热传导传向构件内部，从而在衬砌内部形成一非均匀的温度场，即引起衬砌的温度反应；升温的结构材料发生一系列物理化学变化导致其力学性能的改变，使衬砌强度、刚度和变形能力发生变化而引起力学反应。钢筋混凝土构件是衬砌结构最基本的结构单元，研究高温作用下构件的温度场，分析构件表面经受的温度以及内部经历的温度分布，了解火灾时构件内部温度变化规律，有助于判定衬砌内部损伤程度，损伤疏松层厚度，可以为鉴定评估和修复工程提供依据。

（5）确定损伤级别

对火灾后衬砌混凝土的强度进行检测，进行承载力分析，并初步确定损伤级别（表 16-22）。如果损伤级别达到表 16-22 所示时，应采取相应的措施进行加固和修复。

火灾后钢筋混凝土结构损伤分级表 表 16-22

级　别	钢筋混凝土损伤情况	修复方法
一级	装修层开裂，残留较多烟灰，钢筋混凝土表面受灾温度低于 500℃	重作装修层
二级	装修层脱落，有微裂纹，混凝土变粉红色、棕色或浅紫色，混凝土表面受灾温度 500～600℃以上，钢筋保护层范围内受损	凿至所定深度，重新浇筑混凝土或喷混凝土修复
三级	装修层完全脱落，梁有数毫米宽裂缝，棱角处有混凝土爆裂，混凝土呈灰白色或黄色，混凝土表面受灾温度达 800℃以上。主筋处温度超过 600℃，黏结力受损	使主筋露出，重新浇筑混凝土至规定厚度
四级	构件损伤严重、变形大。混凝土大范围爆裂。有一个以上主筋压屈混凝土表面温度在 900℃以上	折除破坏构件，重新修建，恢复设计状态

(6)火灾对衬砌结构的损伤评价方法

根据上述分析,火灾衬砌的损伤评价可按如图 16-49 所示步骤进行。

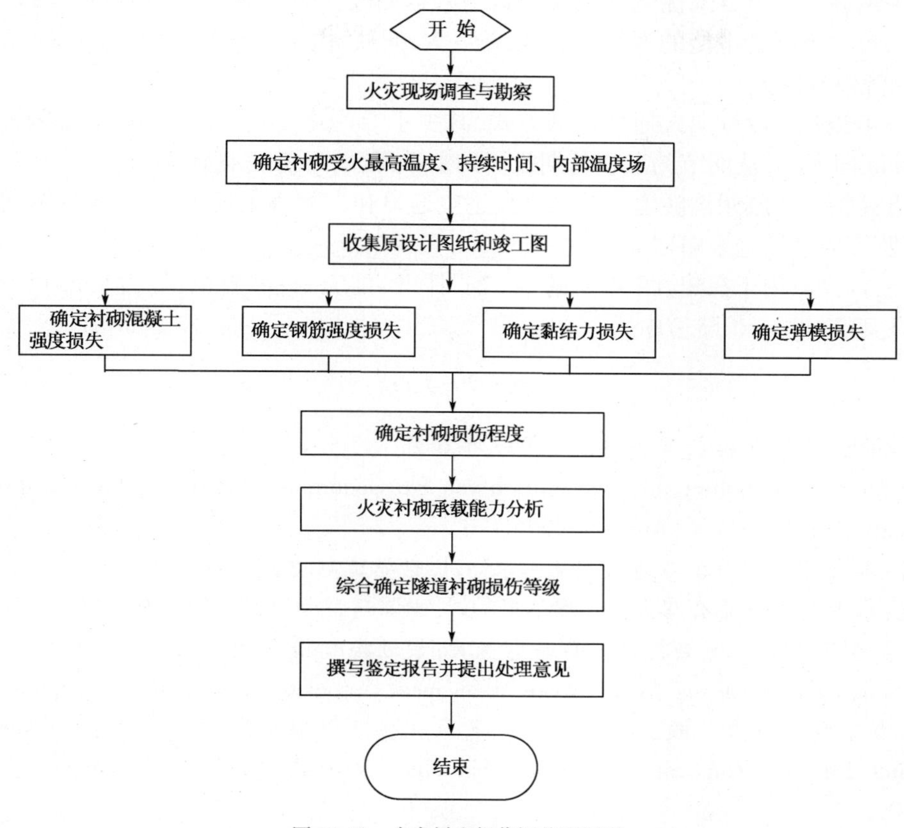

图 16-49 火灾衬砌损伤评价流程图

16.9 主要创新点

(1)首次建立了分岔式海底隧道 1:10 大比尺四单元分段纵向式通风物理模型系统,为模拟和验证隧道实际运营时的多工况通风效果、气流组织模式、系统设计合理性等提供了技术平台,并根据试验结论提出了较多实用的优化建议结论。

(2)首次针对隧道分岔部开展物理模型试验分析,提出了分岔部气流组织及风机配置方案,以确保洞内空气质量和通风效果。

(3)提出了特长海底公路隧道逃生通道设置原则、自动火灾报警系统选型原则、灭火系统方案以及基于静态 + 动态组合策略生成综合控制技术,填补了国内空白。

16.10 推广应用及社会经济效益

胶州湾隧道单洞长约 7.8km,是国内第一座右洞采用 2 座竖井分三段两单元送排式通风、左洞采用 2 座竖井分三段送排风 +1 座竖井集中排风的 3 单元纵向式通风。研究工作始终紧密结合胶州湾隧道工程的建设及运营需求,其阶段成果在胶州湾隧道通风系统的各设计阶段均得到了较好的应用,为确保胶州湾隧道建设和将来的安全、节能、环保运营提供了科学依据和技术保证。部分结论将被推广应用于其他类似隧道工程的建设中,具有巨大的社会效益和经济效益。具体分析如下:

(1)通过结合工程特点,提出的优化关键计算参数、风道型式等研究结论,使得胶州湾隧道的需风量降低约31%,隧道通风系统的装机功率与风量的三次方成正比,大大降低了系统的风机总功率,在设计阶段有效控制了系统规模,有利于运营期间的节能降耗。

(2)通过采纳隧道通风方式优化结论及风机组合运营建议方案,胶州湾隧道通风系统的总装机功率降低约15%,可大大减少电能的消耗,社会效益巨大;同时,由于功率的降低,可实现节约年运营费用约400万元,经济效益巨大。

(3)由于采用竖井分段纵向式通风排烟方式,减少了专用排烟道的设置;由于需风量降低,减小了联络风道、竖井断面大小,从而节约工程初期投资约上千万元,经济效益显著。

(4)成果直接指导了胶州湾隧道工程的人员逃生通道和车辆逃生通道、火灾自动报警系统、灭火系统设计和隧道监控软件控制策略建立。

研究成果已直接应用于福建、四川、云南、广东、甘肃、重庆等省(自治区、直辖市)5座6km以上特长公路隧道、23座3~6km长隧道中。

参考文献

[1] 临界速度的过去、现在和未来. 肯尼迪. 1997年6月.

[2] Richtlinie für die Ausstattung und den Betrieb von Strassentunneln (RABT), Forschungsgesellschaft für Strassen-und Verkehrswesen, Ausgabe 2006.

[3] 公路隧道:车辆污染物排放与通风空气需求[C]. 世界道路协会, 2004年.

[4] 公路隧道:第十九届世界公路大会, 摩洛哥[C]. 世界道路协会 PIARC,1991,9.

[5] 北京现有轻型汽油车辆污染物排放的遥感监测:最近控制措施的影响[C]. Yu Zhou, Lixin Fu and Linglin Cheng, Journal of the Air & Waste Mnagement Association, Volume 57, September 2007.

[6] 中国城市汽油车队一氧化碳、碳氢化合物、氮氧化物排放特点[C]. Guo Hui, zhang Qing-yu, Shi Yao, Wang Da-hui, Dng Shu-ying, Yan Sha-sha, Journal of Zhejiang University SCIENCE B, March 2006.

[7] 北京与上海车辆活动与污染物排放情况对比[C]. Huan Liu et al., Journal of the Air and Waste Management Association, Volume 57, October 2007.

[8] 欧洲议会和跨欧洲公路网隧道最低安全要求委员会指导性规定2004/54/EC. 布鲁塞尔,2004年4月29日.

第17章 隧道通风和运营安全风险评估

17.1 新鲜空气需求情况

17.1.1 车辆排放估计

重庆交通科研设计院提供了2005年的一氧化碳和微粒的基本排放数据，并根据废气排放立法假设的排放减少情况计算了后续年份的情况，数据见表17-1。

重庆交通科研设计院报告提供的基本排放数据 表17-1

项　目	一氧化碳[m^3/(km,pcu)]	微粒[m^3/(km,pcu)]
2005年	0.01	2.5
2020年，每年递减2%	0.00603	1.51
2030年，每年递减2%	0.00467	1.17
2020年，每年递减3%	0.00545	1.36
2030年，每年递减3%	0.00401	1.00

2020年的排放量很低，这些排放量实际上是2025年的。查找了最近的有关中国车辆基本排放数据的出版物，建立了一个用于估计排放的模型。为了估计排放，必须根据不同的排放立法来核计车辆的数量。要进行这项工作，必须对车队的寿命分布做一些假设：

1)青岛市车队的平均寿命为五年。这一数字基于如下估计：北京市的车队的平均寿命为四年。由于青岛的经济状况不如北京，车队的平均寿命可能稍微长些。

2)现役的车队没有超过14年的。这一数值是根据杭州市的数据得到的。

3)0~6年龄的车辆占总车辆数的10%，而6~14年龄的车的相对数量从10%~0%线性减少。但是直接使用哪个报告中的年龄分布是不合适的，因为它们代表了不同国家的车队情况，可能不适用于中国这样的国家，因为这类国家车队增长迅速更新快，低污染车辆占车辆总数目的比例高。

4)中国车辆排放规定根据欧盟标准引入：

①从2000年起，汽车(使用汽油发动机和汽化器)必须进行更新，使用三元型催化式排气净化器(排放水平相当于ECE15/04)；

②从2000年1月1日起，引入国家一级标准，相当于欧盟一级标准；

③从2004年7月1日起，引入国家二级标准，相当于欧盟二级标准；

④从2008年1月1日起，引入国家三级标准，相当于欧盟三级标准；

⑤从2008年1月1日起，引入国家四级标准，相当于欧盟四级标准。

北京的现场测量结果显示：按照国家一级标准和更高标准的车辆一氧化碳排放比按照等价的欧盟

标准理论计算的排放高 10 ~ 15 倍。浊度排放等级是三阶的高阶因数(图 17-1)。有人认为这些差异是由欧盟与北京的车队构成变化性、燃料性质、排放控制装置的耐久性、车辆维护方式和当地的驾驶方式的不同导致的。模型中应考虑这些差异。表 17-2 综述了中国采用 ECE 标准和欧洲标准所需的修正系数。

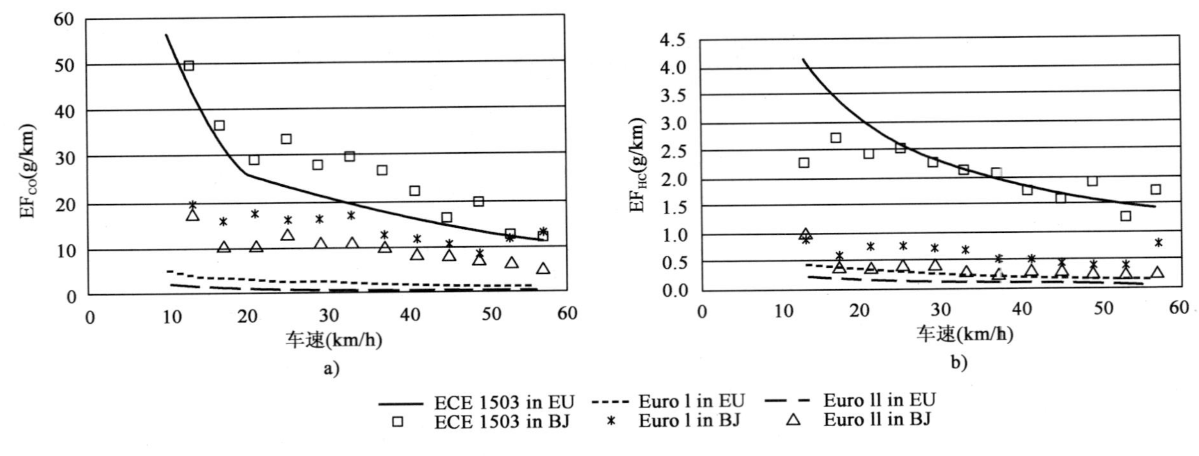

图 17-1　速度对车辆排放系数的影响

a)一氧化碳;b)微粒

(2004 年春天北京记录的实际排放与欧洲标准的对比)

表 17-2 为中国排放标准(给出了实施日期)、根据收集的数据确定的模型采用欧洲标准的实际修正系数、基准速度为 60km/h。没有关于带星号(*)标准的数据;修正系数根据可月的数据进行外推得到。

中 国 排 放 标 准　　表 17-2

标　　准	实 施 日 期	相应于 ECE 标准和欧洲标准的排放修正系数	
		一 氧 化 碳	微　　粒
更新	2000 - 01 - 01	1	1
国家一级	2000 - 01 - 01	15	3
国家二级	2004 - 01 - 06	10	3
国家三级*	2008 - 01 - 01	10	3
国家四级*	2010 - 01 - 01	10	3

根据上述的寿命分布、实施日期和修正系数来计算汽油汽车、柴油汽车和载重汽车(巴士)的平均基准排放系数,根据世界道路协会的表格计算隧道的年一氧化碳排放和浊度(2005 年、2009 年、2020 年和 2030 年)。表 17-3 给出了排放数据结果,将时间坐标转化为距离坐标以便于对比,需要注意的是,贝利公司的模型区分了汽油汽车、柴油汽车和载重汽车,贝利公司的数据是按照在海平面的平路上以基准速度 60km/h 行驶得到的。重庆交通科研设计院报告中的基准排放系数与贝利基础设施有限公司计算的排放系数的对比情况见表 17-3。

需要注意的是用贝利公司的模型得到的排放量随着时间的推移比重庆交通科研设计院假设的情况减少得多,这点很重要。这是由于贝利公司的模型考虑了 2010 年正式引入国家四级标准,而重庆交通科研设计院报告中的数字是在假设排放系数以恒定速率减少的基础上得到的。这一模型已经被用于确定隧道需要的新鲜空气量,但是没有考虑周围空气环境的一氧化碳浓度和微粒浓度。

排放数据结果　　表 17-3

项　目	单　位	年份	2005	2009	2020	2030
一氧化碳 [m^3/(km,pcu)]	重庆交通科研设计院	3% 速率	0.0100	0.0089	0.0063	0.0047
	贝利基础设施有限公司	汽油汽车	0.0071	0.0071	0.0027	0.0025
		载货汽车	0.0089	0.0092	0.0030	0.0029
微粒 [m^3/(km,pcu)]	重庆交通科研设计院	3% 速率	2.50	2.21	1.58	1.17
	贝利基础设施有限公司	柴油汽车	0.86	0.80	0.17	0.14
		载货汽车	3.10	2.40	0.40	0.36

17.1.2　新鲜空气要求

现在的新鲜空气需求量是根据德国公路隧道运营与设备指导方针(RABT)中描述的方法,采用上述的基准排放系数计算的。

中铁隧道勘测设计院和重庆交通科研设计院的报告中的交通资料将车辆区分为大型车、中型车和小型车,而德国标准和所有欧洲标准一样,将车辆仅仅分为小汽车和载重汽车(巴士),并对超过 10t 的载重汽车(巴士)使用权重修正系数。因此,需要对现有数据按照欧洲系统进行换算:所有大型巴士和所有的柴油机驱动的小型巴士均归类为载重汽车(巴士)。

换算后的交通车辆情况见表 17-4。

详细的交通数据　　表 17-4

年份	年均日交通流量(高峰小时交通量/d)	载重汽车(巴士)	轿车	柴油发动机车辆所占的百分比	
				载重汽车/巴士	轿车
2009	37500	24.0%	76.0%	100%	13.0%
2015	62500	22.5%	77.5%	100%	16.7%
2020	87500	19.5%	80.5%	100%	25.3%
2025	96250	17.0%	83.0%	100%	24.6%
2030	101250	15.0%	85.0%	100%	24.2%

表 17-5 给出了高峰时期的车辆分布情况和用于根据[1]计算新鲜空气量的柴油发动机车辆所占的百分比。

高峰时期每条隧道车辆所占百分比　　表 17-5

年　份	交通流量		高峰时期的车辆分布			
	(高峰交通量/小时)	(辆/小时)	巴士	轿车	轿车(柴油发动机)	
			(辆/小时)	(辆/小时)	(辆/小时)	(%)
2009	1950.0	1572.6	377.4	1195.2	155.4	13.0
2015	3250.0	2653.1	596.9	2056.1	343.4	16.7
2020	4550.0	3807.5	742.5	3065.1	775.5	25.3
2025	4504.5	3850.0	654.5	3195.5	786.1	24.6
2030	4738.5	4120.4	618.1	3502.4	847.6	24.2

左线隧道和右线隧道的最大向上坡度分别为 3.5% 和 3.9%。两条隧道线路所需的总的新鲜空气量是时间的函数,表 17-6 对此进行了总结。由于隧道外部采取了措施来防止隧道内的交通拥挤,车速低于 30km/h 的情形不予考虑。从 2009 年到 2015 年,设计速度为 60 公里/小时需要更多的新鲜空气。两条隧道需要约 $580m^3/s$ 的新鲜空气来稀释车辆排放出来的气体和微粒。这比中铁隧道勘测设计院和重庆交通科研设计院的报告中的新鲜空气需要量低了约 20%。

两条隧道稀释污染物所需要的总的新鲜空气量　　表 17-6

年　　份	设计速度(km/h)	右　　线		左　　线	
		一氧化碳	微粒	一氧化碳	微粒
2009	30	379	555	368	556
	60	336	575	327	579
	80	382	500	382	501
2015	60	319	397	309	400
2020	30	329	263	319	263
2030	30	340	215	327	215
最大值	80	575		579	

这些数字的一个突出特点就是总的新鲜空气需求量随着时间显著减少。与设计和科研报告中的新鲜空气需求量对比明显,这两份报告中 2030 年的稀释排放污染物所需的新鲜空气量仅比 2009 年的 $580m^3/s$ 少 5%。这是由于贝利公司引入了国家三级和四级标准规定,从而快速减少了排放量。

贝利公司建议换气量为隧道体积的三倍,这是瑞士隧道通风设计的指导方针。通风系统必须具备在每小时内提供三倍隧道体积的换气能力。按照这一要求,隧道右线为 $625m^3/s$,隧道左线为 $635m^3/s$。在隧道布置通风之后必须审核每个隧道段是否能满足这一要求。

上述换气准则也同样适用于服务隧道。因此,要提供每小时三倍的隧道体积换气量,$65m^3/s$ 的体积流量是必须的。服务隧道的通风量的确定也要考虑超压要求和冷却夹层地板下的电缆管道的要求。

17.2　隧道内的火灾模拟

由于隧道仅用于客运(轿车和长途汽车),设计火灾热功率为 20MW。需要区分火灾的总功率和气流的对流功率(约占液态燃料火灾总功率的 70%),以便根据[1]计算临界速度。由于各数据来源的区分不明确,我们将 20MW 理解为总功率。对流功率就是 14MW。隧道的坡度介于 -3.9% ~ +3.9%。因此,高度 8.2m 的隧道上坡和水平隧道段的临界速度为 2.02m/s,最陡的下坡段的临界速度为 2.27m/s。中铁隧道勘测设计院设计中采用的 2.43m/s 是根据隧道的液力直径由公式计算得出的。这一数值是承包商规定的设计值。

表 17-7 反映了隧道不同区段达到临界速度所需的气流情况,这些气流必须由通风系统单独提供,车辆的活塞效应引起的气流不包括在内。此外,通风系统必须提供至少 1m/s 的气流,吹向火灾下游一侧的抽烟点。也就是说,如果隧道左线的海底段发生火灾,从 3 号竖井吹向抽烟点 2 号竖井的气流最低为 2.43m/s,从青岛接线隧道吹向抽烟点 2 号竖井的气流最低为 1m/s。

这就要求通风站的排风机在应急运行时的工作能力必须达到 300 ~ $350m^3/s$。这些风机可以单独运行或者并行。

隧道交叉部分达到临界速度所需的气流情况　　表 17-7

区　段	左　线		右　线	
	最小坡度(%)	气流(m^3/s)	最小坡度(%)	气流(m^3/s)
青岛连接段	+0.3	200	-3.5	235
海底段	-3.9	235	-3.5	235
薛家岛连接段	-3.9	235	+2.6	200

海底隧道运营期间的风险，主要来自于“水”，水的渗漏、水的腐蚀、水压的增加、排水系统的堵塞以及火灾等。本课题重点研究车辆运行中可能出现的风险及其减少或消除风险的基本措施。

17.3　通风方案

17.3.1　通风策略

(1)正常运营

两条线路利用 1、2、3 号竖井进行区段式纵向通风换气。此外，采用射流风机从隧道入口往隧道出口方向吹入纵向气流。对井筒的换气进行优化，以便达到正常运营所需的通风目标。沿着隧道布置传感器，用于监测排气污染物的浓度。如果达到或者超过任一个排气污染物限值，隧道运营中心就会注意到。通过增加井筒内的换气速率，使排气污染物浓度降到可以接受的水平。

1)左线

新鲜空气由黄岛入口进入隧道，通过射流风机和车辆交通驱动气流。这些新鲜空气的一部分在 2、3 号竖井换气，一部分经过隧道在青岛入口处通过 1 号井筒排出。

2)右线

新鲜空气由青岛入口进入隧道，通过射流风机和车辆交通驱动气流。这些新鲜空气的一部分在 2、3 号竖井换气。空气从黄岛入口排出隧道。

3)服务隧道

服务隧道上部在正常运营时始终处于加压状态，以便保持高的安全等级。服务隧道下部维持比上部低的压力，以便限制电缆管道发生火灾时，火蔓延到隧道上部。

(2)应急运营

隧洞控制中心收到应急警报后，首要的事情是关闭隧洞。发生应急情况的线路和区段确定之后，通过控制该线路的通风(轴流风机和射流风机)将烟尘限制在该区段，使火灾上游达到临界速度。表 17-8 和表 17-9 给出了每条隧道线路和每个区段的通风策略。

服务隧道在应急运营时，继续保持正常运营时通风模式。

右线隧道出现应急情况时的风机控制情况　　表 17-8

右　线		应急情况出现的位置		
		青岛联络通道	海底隧道	薛家岛联络通道
需要采取的措施	1 号井筒	—	—	—
	青岛联络通道	射流风机，全功率运行	射流风机，全功率运行	射流风机，全功率运行
	2 号井筒	排气装置全功率运行；空气射入装置关闭	排气装置关闭；空气射入装置全功率运行	排气装置关闭；空气射入装置关闭
	海底隧道	反向射流风机	射流风机，全功率运行	射流风机，全功率运行
	3 号井筒	排气装置关闭；空气射入装置关闭	排气装置全功率运行；空气射入装置关闭	排气装置关闭；空气射入装置全功率运行
	薛家岛联络通道	反向射流风机	反向射流风机	射流风机，全功率运行

左线隧道出现应急情况时的风机控制情况 表 17-9

左线		应急情况出现的位置		
		青岛联络通道	海底隧道	薛家岛联络通道
需要采取的措施	1 号井筒	排气装置全功率运行	排气装置关闭	排气装置关闭
	青岛联络通道	射流风机,全功率运行	反向射流风机	反向射流风机
	2 号井筒	排气装置关闭;空气射入装置关闭	排气装置全功率运行;空气射入装置关闭	排气装置关闭;空气射入装置关闭
	海底隧道	射流风机,全功率运行	射流风机,全功率运行	反向射流风机
	3 号井筒	排气装置关闭;空气射入装置关闭	排气装置关闭;空气射入装置全功率运行	排气装置全功率运行;空气射入装置关闭
	薛家岛联络通道	射流风机,全功率运行	射流风机,全功率运行	射流风机,全功率运行

17.3.2 通风系统布置图

贝利公司设计的隧道通风方案(图 17-2)包括三部分:青岛接线隧道、海底隧道和薛家岛接线隧道。

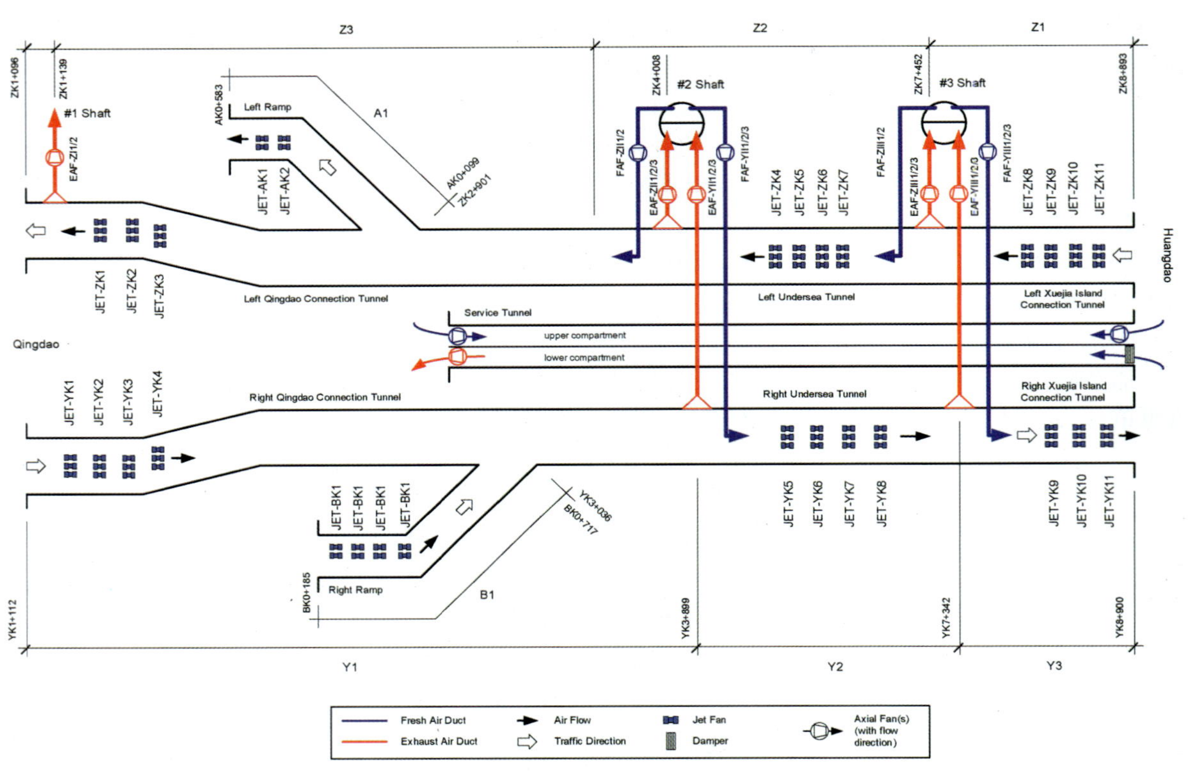

图 17-2 贝利公司设计的隧道通风系统

(1)正常运营

前面对设计情形进行了定义,这里给出的布置图是根据每个隧洞的新鲜空气总量为 600m^3/s 而设计的。表 17-10 给出了隧道正常运营时轴流式风机的最大空气流量。风机的最大新鲜空气流速与表 17-10 中数字相符。排风机的最大流速根据应急情况计算,达到 350m/s。对于超过 100m^3/s 的气流,假定气流由并联运行的风机提供。负号表示排气气流。空气交换站的气流分配应允许新鲜空气风机和排风机独立设计与运行,隧道内新鲜空气风机的公称流量约为 100m^3/s,排风机的为 200m^3/s。左线

EAF—ZIII 和右线 EAF—YII 的废气在正常运营是不需要使用的；应急运营时用它们排出烟尘。按照布置图，每个隧洞需要 14 台射流风机。

正常运营时通风设备的气流　　表 17-10

竖　井	右　线		左　线	
	风机	气流（m^3/s）	风机	气流（m^3/s）
1 号	—	—	EAF—ZI	-200
2 号	EAF—YII	0	FAF—ZII	200
2 号	FAF—YII	200	EAF—ZII	-200
3 号	EAF—YIII	-200	FAF—ZIII	200
3 号	FAF—YIII	200	EAF—ZIII	0

表 17-10 中缺少了总计 $600m^3/s$ 新鲜空气供给的 $200m^3/s$，这 $200m^3/s$ 来自各个入口（由交通通风力和射流风机夹带走）。

图 17-3 和图 17-4 左线隧道中的污染物浓度展示了这一通风分布情况下的隧道线路中的浓度分布情况。从这些图上可以看出，通风系统满足要求，通风系统的尺寸界限根据微粒稀释情况确定。隧道中的最大空气速度为 5.8m/s。

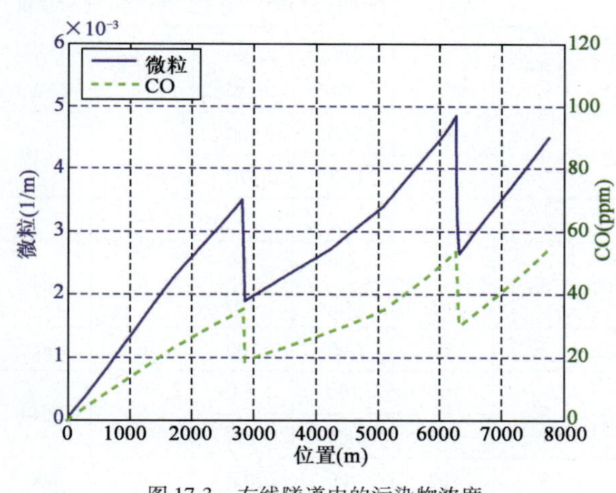

图 17-3　右线隧道中的污染物浓度

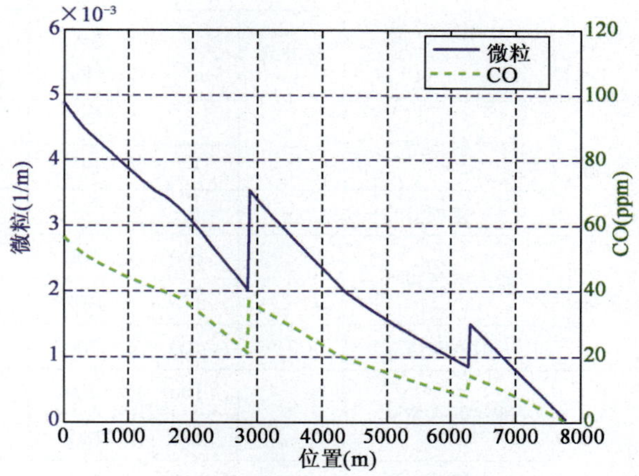

图 17-4　左线隧道中的污染物浓度

（2）应急运营

前面确定了隧道应急通风需要的新鲜空气量（比较 17.1.2）。两条隧道线路的三个区段的废气气流均低于 $350m^3/s$。正常运营时，新鲜空气流量可以保持 $200m^3/s$。表 17-11 总结了主线路在应急情况下的空气流速。

应急运营期间通风设备的空气流量　　表 17-11

竖　井	右　线		左　线	
	风机	流量（m^3/s）	风机	流量（m^3/s）
1 号	—	—	EAF—ZI	-350
2 号	EAF—YII	-350	FAF—ZII	200
2 号	FAF—YII	200	EAF—ZII	-350
3 号	EAF—YIII	-350	FAF—ZIII	200
3 号	FAF—YIII	200	EAF—ZIII	-350

17.3.3 装机功率

(1)轴流式通风机

2号和3号竖井中并行运行的新鲜空气轴流风机(视为后面描述的第一类风机)(表17-12)在位于设计点时在总压力差为700Pa时每台可输送空气$100m^3/s$。1号竖井中并联运行的排风机在总压力差为1920Pa时每台可以输送空气$175m^3/s$(视为后面描述的第二类风机)。2号和3号竖井中并联运行的排风机在总压力差为1800Pa时每台可以输送空气$175m^3/s$(视为后面描述的第三类风机)。在所有情形下,总压力差从没有吸入喷嘴或扩散器的风机罩上方测量出。在正常运行时,所有非风机必须能输送空气约$100m^3/s$。由于100Pa的热力,上述所有数字包括了反压,排风机的数值包含了50Pa超压,隧道内的新鲜空气风机的数值包含了100Pa超压。在计算压力损失时假设墙壁(混凝土)粗糙度为3mm。

假设第一类风机的空气动力效率为80%,总的机电效率为90%,那么2号和3号竖井中的第一类风机的单机名义电功率为100kW。1号竖井中的第二类风机的单机名义电功率为470kW,竖井2号和3号中的第三类风机的单机名义电功率为440kW。每个风机室内安装3台风机,大多数运行情况下至少2台运行,1台备用。因此,除了竖井1号和3号每个安装3台风机外,每个井筒安装12台风机。总共需要安装27台轴流式风机。轴流式风机的总装机功率为7890kW。

轴流式风机工作点及装机功率总结 表17-12

竖井	工作状态	右线(每台风机)				左线(每台风机)				每个井筒的总量	
		竖井号	v (m^3/s)	Δp_{tot} (Pa)	$\dot{P}$ (kW)	竖井号	v (m^3/s)	Δp_{tot} (Pa)	$\dot{P}$ (kW)	竖井号	$\dot{P}$ (kW)
1号	排气射入空气	—	—	—	—	3	100	700	100	3	1410
			—	—	—		175	1920	470		
	排气	—	—	—	—	—	—	—	—	—	—
2号	射入空气排气	3	100	700	100	3	100	700	100	6	2640
			175	1800	440		175	1800	440		
	射入空气	3	100	700	100	3	100	700	100	6	600
3号	排气射入空气	3	100	700	100	3	100	700	100	6	2640
			175	1800	440		175	1800	440		
	排气	3	100	700	100	3	100	700	100	6	600
总计		—	—	—	—	—	—	—	—	27	7890

(2)射流风机

为了满足隧道线路的气流推力要求,每条主线路需要安装15台射流风机。根据车辆行驶的方向,6台安装在第一段内,3台安装在中间段内,6台安装在最后一段内。默认的气流吹向是沿着车辆行驶的方向。每个匝道需要额外安装4台同样类型的射流风机。这样,每个隧洞需要19台射流风机,总共需要38台射流风机。射流风机应满足下面的技术要求:

1)主线路(每条15台)

静推力:1800 N @ $=1.2kg/m^3$

出口处的速度:35.8m/s

发动机的名义功率:45kW

耐火性能:250 ℃温度下2h

外部尺寸:4m×1.5m×1.5m(长×宽×高)

叶轮直径:1250mm

2)匝道(每条4台)

静推力：980 N @ ＝1.2 kg/m^3

出口处的速度：46.50m/s

发动机的名义功率：37kW

耐火性能：250℃温度下 2h

外部尺寸：2.8m × 0.9m × 0.9m（长 × 宽 × 高）

叶轮直径：710mm

安装的射流风机的总名义功率为 1646kW。这类反向运行模式的风机只能达到名义推力的 30%。

（3）服务隧道

服务隧道长 5950m，其横断面划分为三部分：上部通过 21 条横向联络通道与左右线连接，联络通道间距约为 250m，可以用作逃生通道。根据我们收集到的资料，服务隧道采用射流风机进行通风，主隧洞的超压定为 30～50Pa，上部最大空气速度定为 2.5m/s。我们不清楚如何用射流风机进行隧道通风。唯一可能的通风方式是从隧道口到隧道口通风。

下面的两部分用作电缆管道，一个用于电力、供水、排水管道，另一个计划安装一条 220kV 动力电缆，但是图纸上并没有标明。间隔 200m 设置防火墙和从上部通往下部的检修孔。电缆管道采用自然对流换热的通风方式，低处的热量通过检修孔上升到上部。

（4）对上述通风概念的评价

射流风机用于服务隧道通风的做法不常见，当风量需求固定时，难以控制。电缆管道只采用自然对流通风是不够的。

17.3.4　服务隧道通风概念

（1）通风系统的目标

服务隧道通风系统将实现如下目标：

1）一般目标

①服务隧道的通风系统与隧道内的其他（通风）系统相互独立。

②服务隧道的通风系统应有高度冗余，以保证系统安全。

2）正常运营

①服务隧道上部相对于主线增压至少 50Pa（防止主线中的尘土和烟进入服务隧道）。

②服务隧道上部相对于下部增压（防止电缆管道发生火灾时有烟进入）。

③上部的最大空气速度为 2.5m/s。

④下部采取主动通风。

⑤横向联络通道的门开启时，或者上部的压力降低时，将通风系统切换到应急运行模式。

3）应急运营（主线中出现紧急情况）

①服务隧道上部相对于主线增压至少 50Pa（主线中的尘土和烟就不会进入服务隧道）。

②同时开启三条通往主线的横向联络通道时，空气经联络通道门进入主线，流速在稳定状态时不低于 1m/s。

（2）贝利公司的服务隧道通风方案

贝利公司根据上述目标设计了主隧道通风方案和具体的服务隧道通风方案，分别如图 17-5 和图 17-6 所示。

为了保证上部每小时内换气三次，新鲜空气流速应为 66m^3/s。如果新鲜空气全部由服务隧道一端注入，局部空气速度可达到 5m/s。因此，上部空气供给可分为两部分：从服务隧道两端注入 33m^3/s 的新鲜空气。这些空气从服务隧道泄露入主线，每个联络通道门处的平均流速为 1.5m^3/s，即每个联络通道内的平均空气流速为 3.0m^3/s。

下部每小时换气一次：从下部抽取 14m^3/s 的新鲜空气（例如在服务隧道的青岛入口，新鲜空气从另一端进入隧道)，或者从上部泄露到下部 $14m^3/s$ 的新鲜空气。这样能保证所有上部空间的静压力比下部高(图 17-6)。下部发生火灾时，烟就不能进入上部。空气量足以保证隧道正常运营和应急运营。

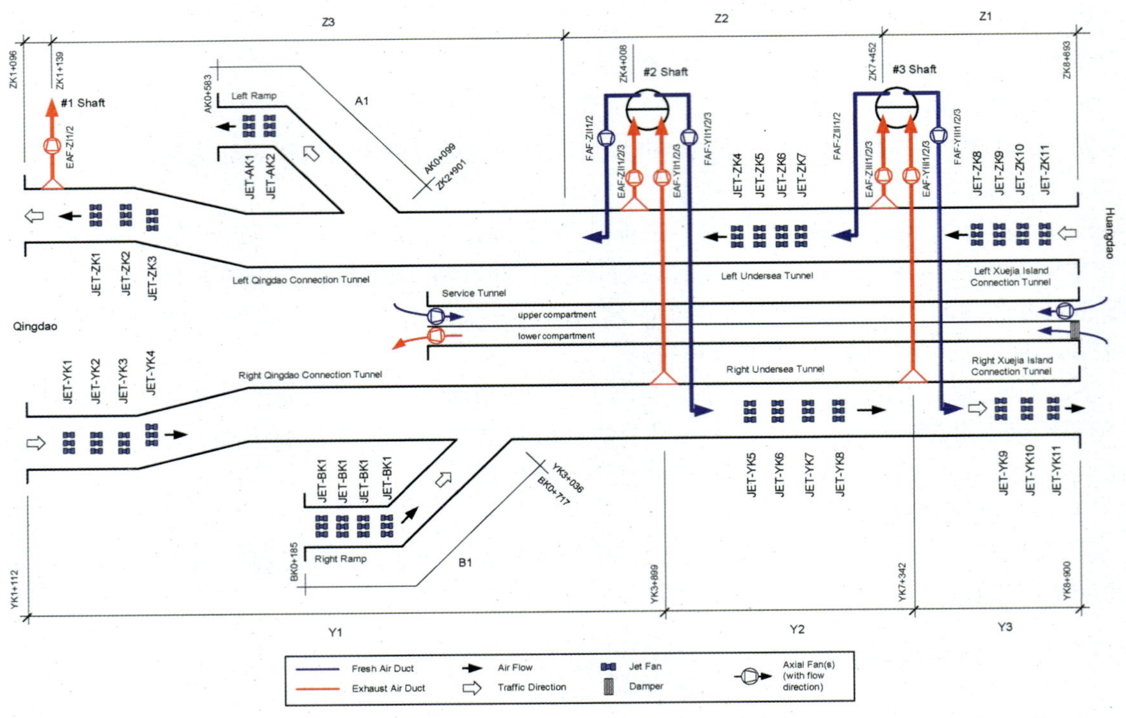

图 17-5　贝利公司的总体隧道通风方案

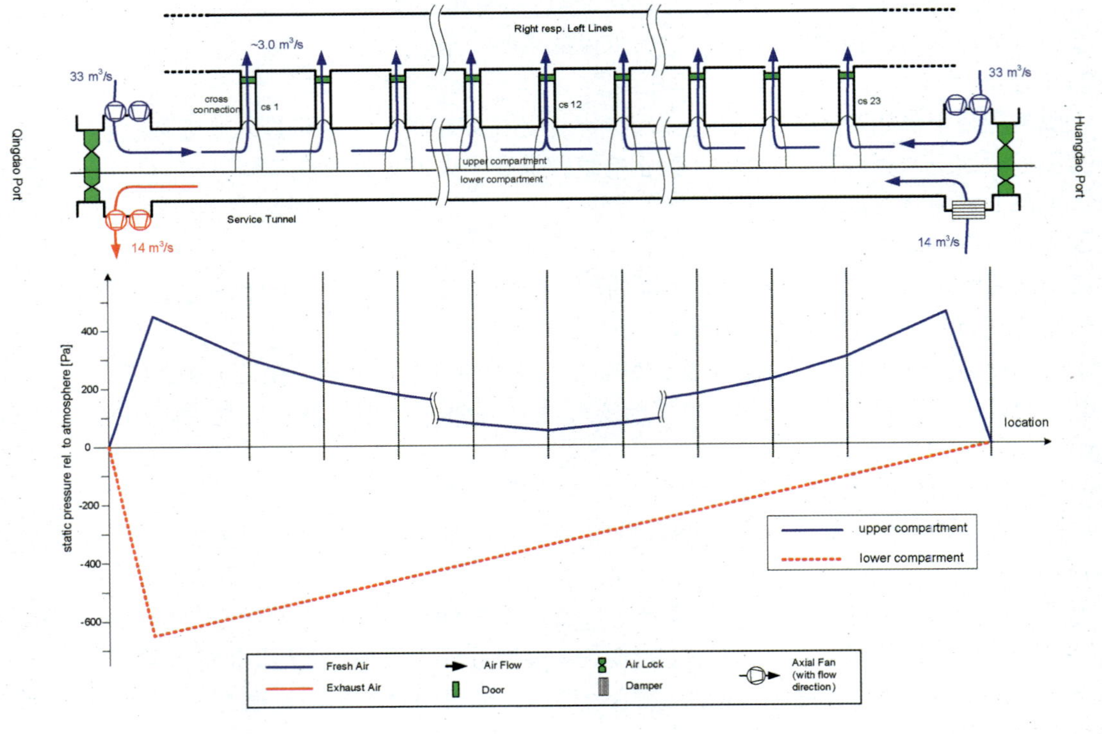

图 17-6　贝利公司的服务隧道通风方案

通过分离的空气闸门进入服务隧道的上部和下部，避免了风流短路，确保了风机运行。每个风机站完全冗余（一用一备）。运行的风机出故障时，另一台备用风机启动，不需要关闭隧道。所有风机入口与出口均安装调节风门。

连接服务隧道与主线的门均应安装可以遥控的调节风门。正常运营时，这些调节风门敞开，空气从横向联络通道进入主线，每条横向联络通道的空气流速为 $1.5m^3/s$。应急运营时，关闭所有调节风门，以便增加隧道压力，为主线的逃生通道提供足够的空气。

服务隧道下部每隔 200m 设置防火墙。这些防火墙上安装防火挡板，从隧道一端进入的空气可以经过防火挡板到达隧道另一端。这些防火挡板在正常运营时开启，当电缆管道出现紧急情况时防火挡板自动关闭。

在青岛入口处，上部新鲜空气供给与下部废气抽放必须分开，以避免空气动力学作用，将它们间隔至少 50m 或者采用其他途径防止气流再循环。

1）风机参数

上部采用 4 台轴流式风机，每台的工作参数为：

$$v = 33.0m^3/s, \Delta p_{tot} = 450.0Pa, \dot{P}_{el} = 21.0kW$$

上述工作参数考虑了通风站、上部、门的压力损失和主线的反压力。给定的电功率值是在空气动力效率为 80% 和机电效率为 90% 的基础上得出的，适用于下面的所有风机。这类风机的直径约为 1400mm，转速约为 1450r/min。上部墙壁的摩擦系数定为 0.051。

下部采用两台轴流式风机，每台的工作参数为：

$$v = 14.0m^3/s, \Delta p_{tot} = 650.0Pa, \dot{P}_{el} = 13.0kW$$

上述工作参数考虑了通风站、下部摩擦力（摩擦系数为 0.051）、每座防火墙上 2 × 29 个防火挡板造成的压力损失。这类风机的直径约为 1000mm，转速约为 1500r/min。

2）辅助设备要求

辅助设备及其要求如下：

①风机动力供给：每个通风站 1 台中低压机组；每台风机一个变压器；风机速度和叶片角度固定。

②通往主线的门（14 个可以行车的门，28 个人行联络通道门）：关闭时的设计压力差为 ±1000Pa；在 100Pa 关闭时的空气泄漏小于 $50m^3/s$；自动关闭；防火性能：400℃下 2h。

③通往主隧道的门处或门内的防火挡板（42 个）：关闭时的设计压力差为 ±1000Pa；空气流量为 $1.5m^3/s$ 时的压力损失小于 50Pa；遥控；电力故障时自动关闭；防火性能：400℃下 2h。

④下部的防火挡板（58 个）：关闭时的设计压力差为 ±1000Pa；空气流量为 $7m^3/s$ 时的压力损失小于 10Pa；遥控；电力故障时自动关闭；防火性能：400℃下 2h。

⑤空气阀门（2 个门设置 4 个）：关闭时的设计压力差为 ±1000Pa；在 100Pa 关闭时的空气泄漏小于 $50m^3/s$；自动关闭；防火性能：400℃下 2h。

⑥风机调节风门的关闭：关闭时的设计压力差为 ±1000Pa；在 100Pa 关闭时的空气泄漏小于 $50m^3/s$；全流量时的压力损失最大；遥控；电力故障时自动关闭。

与服务隧道相连的 6 条横向联络通道（3 条行人、3 条行车）的门和调节风门不包括在内。

17.3.5　工程量与装机功率

（1）青岛入口

2 台新鲜空气风机：50.0kW

2 台排气风机：30.0kW

6 个调节风门：3.0kW

2 个电源：5.0kW

(2)黄岛入口

2 台新鲜空气风机:50.0kW

5 个调节风门:2.5kW

1 个电源:2.5kW

(3)服务隧道上部

14 个行车联络通道门:0.0kW

28 个人行联络通道门:0.0kW

42 个通往主隧道的防火挡板:21.0kW

(4)服务隧道下部

58 个防火分区之间的防火挡板:29.0kW

(5)服务隧道总装机功率:193.0kW

通风系统的工程数量见表 17-13。

通风系统的工程数量表　　表 17-13

类　别	设　备	数　量	安装位置	描　述
轴流式风机	第一类	12	新鲜空气注入 2 号和 3 号竖井	风量,100m³/s,700Pa,100kW
	第二类	3	1 号排气竖井	风量 175m³/s;1920Pa, 470kW
	第三类	12	2 号和 3 号排气竖井	风量 175m³/s;1800Pa, 440kW
	风机减震器	54	1 号、2 号和 3 号竖井	每台风机 2 个
	消音器	54	1 号、2 号和 3 号竖井	每台风机 2 个
	出口扩散器	27	1 号、2 号和 3 号竖井	每台风机 1 个
	进口整流罩	27	1 号、2 号和 3 号竖井	每台风机 1 个
射流风机	射流风机	30	右线和左线	叶轮:直径 1250mm; 45kW
	射流风机	8	右线、左线和匝道	叶轮:直径 710mm; 37kW
电源	第一类轴流式风机	4	2 号和 3 号竖井	每三台风机一组:变压器、电源、控制与监控
	第二、三类轴流式风机	5	1 号、2 号和 3 号竖井	每三台风机一组:变压器、电源、控制与监控
	射流风机	12	射流风机附近	每条线路 6 个;每 3 台大型风机 1 个;每 4 台小型风机 1 个
其他	气流调节器	9	隧道沿线	用于将隧道与通风管道分离
	导向叶片		安装在需要的位置	用于降低管道弯曲处的压力损失
	天窗	5	—	每个井筒与通风孔 1 个
传感器	气流速度	24	每个隧道段和匝道内安装 3 个	例如:超声波流速测量仪
	一氧化碳浓度	16	每条匝道内每 1km1 个	可以结合能见度传感器使用
	能见度	16	每条匝道内每 1km1 个	可以结合一氧化碳传感器使用
	烟尘探测器	160	每 100m1 个	可以快速的探测烟尘
控制	控制系统	1	控制中心	

17.3.6　通风系统的其他方面

(1)射流风机的安装位置

射流风机的安装位置要根据隧道其他部分和隧道内安装设备的位置确定,以保证风机的工作效率。

射流风机安装位置的确定应考虑如下因素：

①风机的横向间距至少为一倍的风机直径；

②风机的纵向间距至少为 100m；

③风机距离隧道入口至少为 100m；

④风机距离任一隧道横断面改变处至少 100m。

此外，风机附近不能安装标志和信号，以避免影响气流，降低射流风机的效率。

(2)隧道入口处的气流再循环

从一个隧洞排出的气体可能会回流入另一个隧洞中，这将增加另一个隧洞的通风流量需求。在某些情况下，尤其是有风从入口吹进或者吹出时，实测结果显示：从一个隧洞排出的废气气流有 50% 以上再循环流入另一个隧洞。同样，在发生火灾时，从隧道出口吹出的烟尘会再进入另一个隧洞，这就对该隧道中逃生的人的安全造成影响。

根据道路线形，正常情况下隧道出口不会在横向上分开。当行车道相距近时，有三种途径来减少废气循环：

①将入口错开，这样一个入口就比另一个入口长；

②在入口处设置物理障碍，以此来限制废气循环；

③入口错开和物理障碍结合使用。

(3)竖井处的气流循环

通风站内将安装新鲜空气入口和废气排放出口。这些通风站的位置必须合理选择，以便在任何气候条件下，废气气流都不会被吸进新鲜空气入口。通常采用将新鲜空气入口与废气出口在横向上和纵向上分离的措施。

17.4　运营期间的危险及风险

人们经常混淆危险与风险这两个词。危险是指可能造成人员伤亡或损害隧道结构及(或)隧道系统及(或)环境的事物。风险取决于危险发生的可能性和发生后产生的后果。

17.4.1　运营期间的危险

公路隧道正常运营期间有许多可能发生的危险，例如：

(1)与车辆有关的事件，包括小型车辆发生火灾、大型车辆发生火灾、爆炸或沸腾液体膨胀蒸汽爆炸、车祸、故障停车、车辆排队、装载物泄漏、车辆超高。

(2)与车辆无关的事件，包括车辆以外的火灾、道路上的垃圾碎屑、进水、隧道内有行人及(或)动物、蓄意破坏和恐怖袭击。

(3)一般故障，如照明故障、通风故障、抽水故障、信号或通信故障、电话故障、工业电视故障、任一或全部控制系统故障、空气质量参数超标。

(4)车辆装载，如危险装载、慢速移动负荷、宽装载和不正常的不可见装载。

(5)天气危险，如大风、雾、冰、雪、洪水、阳光耀眼(特别是当车辆在隧道内由东向西行驶时)、蒸汽在挡风玻璃和反光镜上快速冷凝。

除了这些上述的危险之外，在隧道运营期间也会产生危险，例如在按照计划对隧道进行维护时造成的行车道封闭、隧洞封闭、整个隧道封闭、空气对流、临时信号与车辆改道。例如：在进行维护时，一条隧洞封闭，另一条双向行车运营。在这期间，运营隧道中可能存在车辆迎面碰撞的危险。而在正常运营时，两条隧洞都单向行车，就不存在车辆迎面碰撞的危险。

上述的一些危险的发生会导致其他危险：如故障停车会导致交通排队，而排队的车辆可能导致火灾的发生。

17.4.2 运营期间的风险评估

危险的风险取决于它们发生的频率与后果。进行风险评估的一种方法是依次考虑不同危险，估计它们发生的可能性和后果，进而估计总的可能性与后果，以此来确定各种危险对隧道及其使用者的影响。

有时可以根据历史数据评估风险，但是也有许多情况需要根据危险发生的频率和后果来评估风险，应该由经验丰富的专家组成的评估小组进行风险评估，通常包括经验丰富的应急服务人员。可以借助于下面两个表格进行风险评估。这两个表格中的数据取自于《香港公路局道路与桥梁设计手册》[2]中的“公路隧道设计”部分。

表17-14给出了危险事件发生频率的得分情况，表17-15给出了危险事件后果的得分情况。

事件概率/事件可能发生的频率 表17-14

描　述	发生情况	概　率	频　率	界　定	得分
很可能	很经常的发生	大于85%	1次/100h以上	每周1次以上	16
可能	比均等机会大	51%～85%	1次/100h～1次/1000h	每周1次到每月1次	12
相当可能	相当经常	21%～50%	1次/1000h～1次/10000h	每月1次到每年1次	8
不可能	可能发生	1%～20%	每10000h1次到每10^6h1次	每年1次到每1百年1次(每30年1次)	4
很不可能	可以认为不发生	小于1%～0.01%	每10^6h1次到每10^8h1次	每100年1次到每10^4年1次(隧道寿命期限内低于1次)	2
极不可能	仅仅是有可能发生，如果发生，会让人感到惊讶	小于0.01%	大于10^8h1次	每10000年1次	1

注：中间值可以内插得到。

事件影响(严重性或后果) 表17-15

描　述	隧道运营情况	对隧道使用者和公众的影响	对隧道运营人员的影响	得分
灾难性的	隧道不能继续运营； 隧道需要关闭一个月以上； 需要立即对结构进行维修	很可能导致多人死亡		1000
严重的	对隧道运营造成严重威胁； 隧道需要关闭数小时； 需立即进行非预定维修	可能导致多人死亡； 很可能导致一人死亡； 很可能导致多人受伤	很可能导致多人死亡	100
实质性的	实质性地增加了运营成本/困难； 需要在一天内进行非预定维修	可能导致一人死亡； 可能导致多人受伤； 很可能导致一人重伤； 严重降低能见度	可能导致多人死亡； 很可能导致一人死亡； 可能导致多人重伤	20
临界的	小幅增加运营成本/困难； 需要在一个月内进行非预定维修	可能导致一人重伤； 稍微降低司机的能见度； 减少行车路线的宽度	可能导致一人死亡； 很可能导致多人受伤	3
可忽略的	影响甚微； 在方便的时候进行非预定维修	影响非常小的一次性轻伤	可能导致多人受伤	1

注：中间值可以内插得到。

17.6　隧道内采取的安全措施

人们普遍认为：为了确保公路隧道内足够的安全等级，必须注意四个方面，即基础设施、车辆、运营和公路使用者（虽然在最后，但并不是最不重要的一方面），只有这四个方面都没有问题，才能确保隧道的安全等级足够高，如图 17-7 所示。

隧道设计者和运营者几乎不能影响车辆驾驶者的行为，也不能直接影响车辆的安全。但是，隧道运营者可以在一定程度上影响使用隧道的车辆，他们与设计者一起通过基础设施（隧道本身）设计和隧道内部以及他们运营和管理的道路上的设施与系统的设计来大幅度提高隧道的安全等级。

隧道设计者和运营者采取的措施可以划分为两类，一类是减少危险事件的发生概率，另一类是减少危险发生导致的后果。所有措施也可以划分为如下两类：

被动措施：与外部系统独立或没有人员输入（也就是内在安全）；主动措施：人们采取一些有效的行动（安全系统和安全程序等）。

图 17-8 对公路隧道常用的安全性改善措施进行了分类，一类是改善隧道内在安全的措施（这些措施将一直采用），其他两类分别改善隧道的安全系统和安全程序。

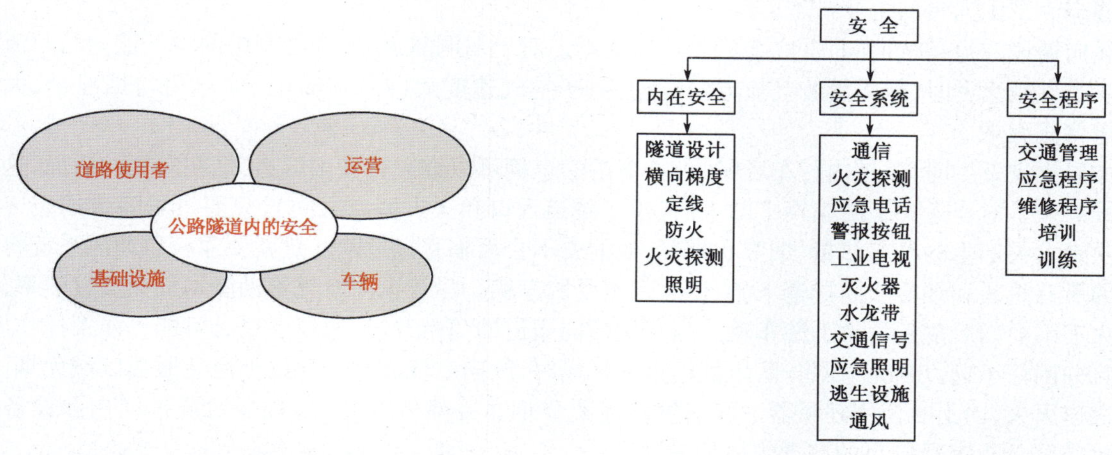

图 17-7　对公路隧道安全影响强烈的因子群

图 17-8　隧道安全措施

图 17-8 仅说明了公路隧道发生事故时通常有多少措施可以用于减轻事故后果，如紧急备用电话、横向联络通道、灭火器、消防栓系统、逃生标记等，许多措施仅仅是为火灾事故准备的。

17.6.1　隧道运营原则

隧道正常运营时，每个隧洞中为两车道单向自由车流。由于隧洞中可能发生诸如车辆故障、事故和火灾等，这些事件会妨碍正常的交通流量，因此隧洞中需要进行一些维护和维修工作。当不正常交通情况出现时，车辆可以经过横向联络通道从一个隧洞转入另一个隧洞，以此来改善交通状况。交通转向的隧洞有时候需要继续原来的行车方向（为受影响的隧洞内双向行车），有时车辆需要返回（未受影响的隧洞内单向行车），有时前面两者情况并存。

这些隧道运营模式需要各自不同的通风控制程序，以确保隧道内的空气质量符合要求。隧道在这些运营模式下也将不可避免地造成交通拥挤，当发生火灾时，隧道的纵向通风系统不能满足通风要求。

按照国际惯例，隧道中的交通运营方式不应发生改变。如果采用单车道或者双向行驶的运营模式，整个隧道都要采用这种模式；而不是隧道的一部分。

建议在隧道开始运营时和积累足够经验之前，仅仅考虑如下 5 种基本的交通运营模式：

1）两个隧洞中均保证两条车道自由行车。

2）一个隧洞保证两条车道自由行车，另一个隧道保证一条车道自由行车。

3）两个隧洞中保证一条车道自由行车。

4）一个隧洞保证双向自由行车，另一个隧洞关闭。

5）两个隧洞均关闭。

通常情况下使用1）模式。当发生小的事件（车祸并阻塞了一道车道）时，使用2）模式。当发生大事件时，如车祸或者火灾时，立即关闭两个隧洞，一旦事件稳定并且未受影响的隧洞中没有车辆时，受困车辆可以通过车辆联络通道疏散。完成疏散之后，随到立即恢复运营，可以根据具体情况采用1）、2）、或4）模式。当一个隧洞中进行小规模维修和维护时，采用2）模式。当两个隧洞中进行小规模维修和维护时，采用3）模式。当一个隧洞进行清理净化或者进行大规模维修或者维护时，另一个隧洞采用4）模式。无论何种原因隧洞内发生交通拥挤时，隧洞应完全关闭，或者至少关闭入口处的一条车道来限制交通流量。必须将隧道交通拥挤的程度减小到最低。

17.6.2 发生火灾时的通风

当隧道发生火灾时，大部分伤亡是由烟而不是火灾本身造成的。少量的烟也能显著地降低能见度和人的视力，影响人们发现逃生通道。高浓度的烟会导致窒息。通风是唯一能控制烟扩散的措施，也是保护隧道内受困人员的主要措施。

纵向通风隧道运营期间，空气会沿着隧道流动。对于双洞隧道，每个隧洞中的空气流向与车流方向相同。当发生火灾时，烟将沿着气流方向流动，由于空气速度大（4～10m/s），空气将与烟混合，火灾下游隧道将充满烟。

如果火灾发生时，隧道内行车顺畅，火灾下游的车辆可以继续行驶出隧道，烟在车辆的后面，这种问题不难处理。对于火灾上游车辆中的人们（位于隧道入口和火灾地点之间），只要沿着隧道的空气流量足以吹走火灾产生的所有热量、烟雾和烟气，他们就不会面临直接危险。这就要靠应急通风系统将火灾产生的所有热量和烟雾吹向隧道下游，使之远离受困车辆。尽管纵向空气流动能增加火灾放热率，也要确保火灾不会向后蔓延危及上游车辆。当车辆横向通道的门敞开时，通风系统有可能不能发挥作用，烟会逆流并困住车辆。当应急服务队伍到达火灾现场时，纵向空气流动也要确保应急服务区域无烟，以便他们快速灭火，而不必使用呼吸器。纵向气流能稀释烟雾并降低其温度（减轻对隧道结构和设备的损害），也能降低火灾释放出的有毒气体的浓度。

当隧洞交通拥挤或者双向行车时，如果发生火灾，情况就非常不同了。火灾发生地点的两侧都有车辆受困，隧洞中的气流从火灾一侧吹向另一侧时，烟雾将经过另一侧的车辆。这种情况在纵向通风的隧道中是不可避免的。那些车辆中的人必须快速下车并经过横向联络通道逃入对面隧洞中。在这些情况下，隧洞通风有两种方案：纵向空气流动维持原来的方向；降低纵向空气流动的速度或者停止。在第一种方案中，纵向空气流动能保护人员，阻止火灾蔓延到上游，但是火灾也有可能蔓延到下游的车辆。尽管纵向空气流动能增加火灾的热释放率和烟雾释放率，但是纵向空气流动也能稀释热量和烟雾。第二种方案是降低纵向空气流动的速度，阻止热量和烟雾的稀释，使烟雾在隧道洞顶分层，通过热传递进行冷却。在这种方案中，火灾上游的人员不再受到纵向空气流动的保护，他们必须离开车辆并逃生。由于不受气流作用，火灾释放的热量更少，火灾向下游蔓延的可能性减少，但是也能向上游车辆蔓延。火灾地点两侧均有烟雾，应急服务人员需要使用呼吸器来进行灭火。必须指出的是：对于青岛胶州湾隧道之类的长隧道，纵向空气流动速度难以迅速降低，惯性很大，需要数十分钟从5～6m/s减低到1.5m/s以下，在这个速度以下烟雾才分层。烟雾将和纵向气流混合并被冷却，烟雾不会再次在隧道洞顶分层；烟雾将布满整个隧道断面。当纵向空气流量小时，对烟雾的冷却和稀释程度小，会对靠近火灾发生位置的隧道结构和设备造成更大的损害。

两种方案均有各自的优缺点，难以选择采用哪一种。尽管如此，世界道路协会的专家小组成员根据他们多年的经验建议：在所有人员逃到安全隧洞（所谓的逃生阶段）之后采用第二种方案。逃生阶段之后是消防阶段，通风系统也要启动，从任意一个方向吹烟，帮助应急服务人员灭火。世界道路协会在其最近的报告中对这一建议进行了总结，见表 17-24。

方案总结　表 17-24

纵向通风	逃生阶段	消防阶段
单洞双向行车	烟雾分层不能受到干扰； 纵向空气流速很小； 烟雾区域没有射流风机	避免烟雾回流； 较高的纵向速度； 气流方向可以改变
双洞单向行车	正常的顺畅行车； 避免烟雾回流：与车流同方向纵向空气速度应足够； 交通拥挤或者因车祸而排队的车辆队伍末端发生火灾或者一个隧洞双向行车； 两个阶段均与一个隧洞双向行车的情况相同	

17.6.3　横向联络通道门的开启与关闭

根据拟采用的应急程序，车辆横向联络通道门应该在事故发生后立即开启，车辆从出事隧洞转入另一个隧洞，另一个隧洞改为双向行车。应急程序也提出了火灾发生时应采取的措施。

强烈建议重新考虑发生火灾时拟采用的车辆联络通道门开启与闭合方案。

强烈建议重新考虑发生除火灾之外的其他事故时拟采用的车辆联络通道门开启与闭合方案。

实现上面建议的隧洞应急通风至关重要。开启任一扇车辆联络通道门都会危及隧道通风，尤其是把对隧道内的空气产生作用的全部潜在空气动力和压力考虑在内的时候。此外，当开启任一扇联络通道门时，烟雾可能进入没有出事的隧洞(人员从发生火灾的隧洞进入该隧洞)。

即使在非火灾事故期间按照上述建议使用车辆联络通道，由于联络通道的行车能力比隧道的一条车道小得多，仍然有车辆停在隧道内。1999 年的奥地利陶恩隧道火灾造成 12 人死亡，当车辆在隧道内排队，并有车辆不断驶入隧道并继续排队时，就存在陶恩隧道火灾这样的风险，因此，火灾发生时，要阻止车辆继续驶入隧道。这对于青岛胶州湾隧道同样重要，因为其不适合采用纵向通风，如果采用纵向通风，当火灾发生时，烟雾会被吹向火灾下游，危及下游车辆。另外，必须保证两个隧洞在所有运用模式下的通风效果。必须建立通风控制模型来模拟隧道在所有可能的因素组合(门的开启、交通状况、隧洞受到的所有潜在空气动力和压力)作用下的通风效果。

当一条隧洞需要双向行车时，整个隧洞均匀双向行车，而不仅仅是隧洞的一部分双向行车。受到影响的车辆在驶入隧道之前转入其他行车道，在驶出隧道之后返回原来的行车道。这样，只在隧道外部有车辆排队的现象，整个隧道内的车流顺畅，只需要建立一个通风控制模型。

17.6.4　隧道内发生火灾事故时的应急预案

隧道内发生事故时，现场只有隧道使用者。经过培训的应急队伍应该能够在十分钟之内从任一个隧道入口到达事故现场。专业应急队伍如果不受交通拥挤的影响，应该能够在接到警报二十分钟内达到火灾现场。

隧道的应急队伍和专业应急队伍都不能及时到达或者现场救援受困人员的情形不太可能出现。每个国家都提倡受困人员采取自救。

建议隧道应急队伍使用消防车，以便能够迅速将事故车辆从行车道移到路侧的停车带或者隧道外部。

17.6.5　维护程序

隧道内的所有设备和隧道结构均需要进行维护和维修。隧洞内安装的设备越多，进行维护和维修时就越容易限制交通流量。设备尽可能地安装在隧洞外部(如联络通道或路侧停车带的设备室),这样能减少维护和维修工作对交通流量的限制,隧道的运营也更加安全。

由于隧洞需要进行清理和整洁工作,这时候需要关闭隧洞。如果使用清洗机,隧道墙壁上安装的大部分设备(如 CCTV 监视器和道路标志等)必须移走,并在清洗之后,安装回原来的位置。因此,需要认真考虑设备安装和接线盒的设计,以便尽可能快地移走和重新安装设备。

在瑞士,隧道是在夜间采用机械进行清理,一晚上可以清洁一公里隧洞。

17.6.6 人员

(1)司机与交通信号

世界各地的许多隧道事故表明:在许多国家,司机要么忽视隧道入口的交通信号,要么是看不到交通信号。要解决这个问题,可以在隧道入口安装遥控栅栏,人为地阻止车辆进入封闭的隧洞。

(2)司机在紧急情况下的行为

当司机和乘客不能驶出发生火灾的隧道时,他们应下车,尽力逃生。

许多近期的灾难性公路隧道火灾造成多人死亡,一部分死者是因为待在车辆中,其他死者是因为不知道该做什么或者不知道逃到哪里。青岛胶州湾隧道也可能发生这种情况,除非司机被告知该怎么做。应该告知司机如何正确行驶,以便减少事故发生率,从而提高隧道安全等级。告知司机的信息应该简洁明了。

欧盟已经编写了一本小册子,给司机提供了一些信息,告诉司机在隧道中遇到不同类型的事故时该如何做。

我们可以在收费站给司机发放小册子;可以通过电视节目、媒体报道和广告(尤其是隧道运营时)来宣传如何在隧道中正确驾驶,以及在不同紧急情况下该做什么。

我们强烈建议:应该努力教导隧道使用者,使他们知道在隧道中该如何驾驶和发生火灾之类的事故时该做什么。

(3)培训与训练

为了确保隧道运营人员与应急服务人员有效的应对各种事故,有必要对他们定期培训,培训他们在各种运营情况和发生各种紧急情况时该做什么。他们必须熟悉隧道和隧道内的所有设施,熟悉隧道发生事故时的各种特殊问题,知道该如何开展工作。每个人要明确自己的责任,要知道别人能做什么和将做什么。

17.6.7 降低风险

(1)降低事故风险

1)降低事故发生频率

中国的公路交通事故发生率较高,运营者几乎不能直接减少交通事故发生率,除非严格执行交通法规,使司机更安全地驾驶车辆。

交通事故可能是由隧道本身造成的,而隧道设计者、投资者和运营者可以采取措施来降低事故发生率。隧道设计的许多方面和隧道运营模式都会导致事故的发生,包括隧道内部设计、线路布置、照明和标志等。

隧道运营者可以减少或者消除使事故频率更高和事故后果更严重的行车状况,比如交通拥挤和双向行车,以此来影响事故发生频率。

2)降低事故后果

事故发生后将不可避免地造成交通拥挤,部分隧道或整个隧道将被堵塞。运营者必须派应急服务人员到达事故现场,应急服务人员完成任务之后,对隧道进行清理,尽快恢复正常运营。运营者也必须使用交通信号来尽可能减少初始事故导致其他事故,甚至火灾的可能性,否则伤亡人数将显著增加。

(2)降低火灾风险

1)降低火灾发生频率

隧道内的火灾通常与使用隧道的车辆有关,主要是由车辆电气缺陷,尤其是轻型车辆引起的,车闸过热,尤其是卡车等缺陷导致车辆自燃。通过研究,可以发现由于火灾的发生与车辆直接相关,隧道投资者和运营者不能控制车辆,因此他们几乎不能降低隧道火灾发生的频率,除非在车辆进入隧道之前对车辆逐一检查。

重大火灾的起因与普通火灾的起因不同,主要起因有引擎与变速器(45%)、碰撞(36%)、制动器与车轮(15%)和缺少零部件(3%)。对于重大火灾的大部分诱因,隧道投资者和运营者不能对其进行控制,但是可以降低车辆碰撞诱发的重大火灾的发生频率。

2)降低火灾后果

与隧道火灾具体相关的危险可以分类如下:火灾本身对人的直接危险是人暴露在热气中;火灾对隧道结构和隧道内各种系统的危险,如混凝土在高温作用下剥落,甚至可能坍塌;暴露在火灾烟雾中的产生危险如失明、毒烟窒息等。

为了了解这些危险的程度,以便确定它们的后果和如果减轻后果,有必要弄清楚隧道在火灾情况下会发生什么事情。

当隧道发生火灾时,可以为车辆司机及乘客提供安全线路和安全地点,便于他们开展自救。安全地点为没有出事故的那个隧洞。火灾发生时,人们可以从火灾上游最近的紧急出口进入另一个安全隧洞。

人们普遍认为,当隧道内发生火灾时,应急服务人员几乎不可能及时到达火灾现场营救受困人员;受困人员必须自救,隧道的设计和标志应尽可能简单明了,便于隧道使用者识别理解。

(3)降低隧道交通拥挤和双向行车时的火灾风险

有几种方法来提高隧道防火安全,减少火灾风险,降低火灾后果:如果隧道内发生火灾,应减少车辆拥挤;防止隧道内出现交通拥挤的现象;沿隧洞布置中间点,从这些中间点排烟;从靠近火灾地点的隧洞排烟;提高受困人员逃生的可能性;安装灭火系统。

1)减少车辆拥挤

当交通拥挤时发生火灾,交通管理系统应该能保证火灾下游所有车辆驶离隧道,防止它们被烟吞噬。为此,车辆驶离隧道的速度应大于 4m/s(15km/h),这一速度是空气流动的速度和烟雾扩散的速度。交通拥挤时,1km 隧道范围内每条车道停有 140 辆车。在车速为 15km/h 的情况下,每条车道的高峰通行能力为 1200 辆/h,如果不考虑司机的反应时间和车辆加速时间,140 辆车(1km 隧道)理论上可以在 7min 内驶离隧道。在这 7min 内,烟雾能扩散 1700m 左右,这意味着有些车辆会被烟雾困住,而不能驶离隧道。为了保证 140 辆车在烟雾扩散 1700m(250s)之前安全驶离隧道,车流量应达到 2000 辆/h,这比车道的高峰通行能力高。此外,上述考虑是有前提条件的,即车辆驶出隧道之后有空间继续行车。

2)防止交通拥挤

这对于简单采用纵向通风的隧道而言是最好的办法,可以完全消除危险及相关风险。城市的交通管理系统必须始终确保每个隧洞都不会出现交通拥挤的现象。如果车辆不能顺畅地驶出隧道,交通拥挤隧洞的入口必须关闭,直到车辆可以自由行车为止。当隧道下游发生交通拥挤或者任一隧洞存在影响顺畅行车的事故时,可以采用上述方案。

如果使用这一方法来减少交通拥挤时的火灾风险,用于减少风险的措施必须有效,且一直持续,而不仅仅是缓解拥挤的应急措施。

3)从隧道中间点排烟

每个隧洞中布置许多排气井进行排烟。烟雾可以经排气井排出,防止了烟雾从火灾点沿隧道弥漫到出口。尽管这样可以减少受烟雾影响的车辆总数,但是仍然有许多车辆(双车道隧道交通拥挤时,每千米约 300 辆)受烟雾影响,这些车辆中的人员必须自救,逃到对面隧洞中。

4)从火灾点附近排烟

从靠近火灾的地点排烟是排烟系统的关键所在。为此,沿隧道全长布置一根排烟管道,管道每隔100m设置一个开口。每个开口处安装一个遥控式挡板。当发生火灾时,开启靠近火灾点的许多挡板,用连在排烟管道末端的风机把烟雾从敞开的挡板处吸入,沿着排烟管道排出隧道。

在火灾被探测到之前,烟雾将向火灾下游弥漫很长一段距离,在排烟系统充分运行之前,烟雾可能弥漫得更远。当排烟系统充分运行后,许多车辆将笼罩在烟雾中,所有烟雾将被吹到一段很短的隧洞内(通常为300m)并排出隧道。从火灾发生到火警信号响起的时间长短直接决定着有多少车辆会受到烟雾的影响,如果用烟雾探测系统代替热量探测系统,如果隧道内设置永久性人工控制室,就能更快地发现火灾。

5)提高逃生可能性

逃生设施相对于其他减灾措施的最大优势是它们的被动性,隧洞系统不会发生任何事情,也不需要做任何事情,就能有效减灾。许多减灾措施在生效之前需要系统主动做一些事情,并且经常是许多事情。因此,主动系统的有效性在很大程度上取决于要对隧道经常维护和检验,在很多情况下,需要对隧道应急服务人员进行培训和训练。

在隧道初步设计方案中,隧道每隔250m设一个紧急出口。那些逃生的人员不得不步行到紧急出口,最长步行距离为250m,假设他们的步行速度为1m/s,250m的距离大约需要4min。在这段时间内,他们可能暴露在烟雾中,烟雾会损耗他们的视力,进而降低他们步行的速度,甚至会令其窒息。减少紧急出口的间距能减少他们逃生所需的时间,也就减少了他们暴露在烟雾中的时间。

6)安装灭火系统

青岛胶州湾隧道如果安装灭火系统,在隧道交通拥挤发生火灾时,就能对受困人员进行营救。但是,根据目前的技术,必须设置一个专门的控制中心,以便于训练有素的运营人员全天候工作。灭火系统能降低火灾的强度,防止火蔓延到其他车辆。灭火技术发展迅速,或许在将来,人们会发明一种全自动或半自动灭火系统。也许这一系统可以为青岛胶州湾隧道采用,即使不设置专门的控制中心,也能有效灭火。青岛胶州湾隧道的设计应考虑到将来有可能安装这样的灭火系统。

灭火系统能减少火灾对隧道结构的损害,这一点已经得到公认,因此青岛胶州湾隧道也应该安装灭火系统。

(4)应急运营时的通风策略

隧道控制中心收到应急警报后,首要的事情是关闭隧道。发生应急情况的线路和区段确定之后,开启事先准备好的射流风机换气,沿着行车方向提供足够的新鲜空气,通过控制该线路的通风(轴流风机和射流风机),将烟尘限制在该区段,确保将火灾产生烟雾全部吹向隧道出口,防止烟雾逆流困住位于隧道入口和火灾地点之间的车辆,使火灾上游达到临界速度。

1)行车顺畅时发生火灾

当隧道内行车顺畅时发生火灾,射流风机从入口吹入新鲜空气,保护火灾上游的受困人员,冷却火灾产生的烟雾。尽管火灾下游隧道(从火灾地点到风井或出口)全断面充满烟雾,但是火灾下游(从火灾地点到出口)所有车辆均能安全驶出隧道。在火灾被探测到之前的初始阶段,烟雾受纵向气流作用吹入下游隧道。

由于火灾上游的车辆停止行驶,下游的车辆驶离隧洞,纵向空气流速自然降低,烟雾扩散速度也随之降低,但烟雾仍被吹到火灾下游。即使火灾在警报器响起之前仍未被探测到,通风控制系统将自动启动一些射流风机来增加隧洞中的气流。当火警信号响起的时候,射流风机和换气风机将自动启动,确保将全部烟雾吹向火灾下游,排出隧道。

应该注意的是,感温火灾探测技术难以迅速可靠地对隧道火灾进行自动探测和定位。隧道内大量的纵向气流能迅速冷却烟雾,从发生火灾到探测到火灾这段时间可能很长,在这期间将产生大量烟雾。纵向气流无疑能助长火势,从而增加放热率,但是只有当放热率高时,火灾探测器才能根据火灾的热辐射对其自动快速准确的定位。由于火灾是通过气流对流传热的，在隧道顶部空气温度达到火灾探测所需温度之前，热对流可能已经持续一段时间了。在这种情况下，探测到的火灾位置可能位于火灾实际位置的下游某个位置。

无论如何，没有人会受到烟雾的影响，并且可能受火灾直接影响的人数也最少，只有那些事故车辆和靠近火灾地点车辆中的人可能受火灾直接影响。为了避免受到火灾影响，车辆中的人员必须离开车辆，并向火灾上游行动以便远离火灾现场，到达安全地点；他们没有必要逃离出事故的隧洞。

2）交通拥挤时发生火灾

根据预计，隧道运营第一年的交通流量低于隧洞容量，因此不太可能发生交通拥挤。但是，交通流量在几年后会增加，将产生交通拥挤，尤其是在高峰时间。当交通拥挤时发生火灾，根据上面描述的通风构思，烟雾将被吹向下游，覆盖从火灾地点到下个风井或出口之间的所有车辆。在一般的火灾中，那些靠近火灾的人面临更多的风险，如果火灾会产生特殊的有毒烟雾，所有人都会受到影响，除非他们能够安全逃到对面的隧洞中。

此外，由于纵向通风将火灾释放的热量吹向下游，火灾将从事故车辆蔓延到其他下游车辆，扩大了火灾规模，延长了火灾持续时间。因此，下游车辆不能靠火灾地点太近。

但是，应防止出现隧道在交通拥挤时还在运营的情况，如果隧道允许在交通拥挤的情况下运营，不能认为隧道的安全等级是足够的。

隧道发生火灾时的纵向通风系统运行建议见表 17-25。

隧道发生火灾时的纵向通风系统运行建议 表 17-25

纵向通风	逃生阶段	消防阶段
单洞双向行车	烟雾分层不能受到干扰； 纵向空气流速很小； 烟雾区域没有射流风机	避免烟雾回流； 较高的纵向速度； 气流方向可以改变
双洞单向行车	正常的顺畅行车； 避免烟雾回流，与车流同方向纵向空气速度应足够； 交通拥挤或者因车祸而排队的车辆队伍末端发生火灾或者一个隧洞双向行车； 两个阶段均与一个隧洞双向行车的情况相同	

3）双向行车时发生火灾

交通拥挤时若发生火灾，隧道面临许多危险。如果在双向行车时发生火灾，隧道也面临同样的危险。在两种情形下，火灾两侧均有车辆受困。双向行车交通拥挤与单向行车交通拥挤面临同样的危险，因为受影响的人数是一样的。火灾发生时，如果双向行车顺畅，受火灾影响的人数就少，风险也少。

如果火灾发生时行车顺畅，简单的纵向通风能增加火灾放热率，但也为火的燃烧提供了新鲜空气，纵向通风将所有烟雾吹离上游受困人员，冷却了烟雾并将火产生的热量吹走。没有人员受烟雾影响，只有那些靠近火灾现场的人员需要离开车辆，远离火灾现场。他们可以安全地待在同一个隧洞中，没有必要逃到对面隧洞中。

然而，如果在交通拥挤或者双向行车时发生火灾，同样的新鲜空气将使火灾向下游车辆蔓延，可能造成更大的火灾。下游车辆中的所有人员必须离开车辆，通过紧急出口逃到对面隧洞。探测到火灾之后，降低纵向空气的速度，火灾新产生的热烟雾将在隧洞顶部分层（知道冷却并下降），但是先前产生的烟雾将继续蔓延并弥漫整个隧道断面，火灾地点两侧均有烟雾存在。隧道所有车辆中的人员都必须逃生。火灾附近的隧道结构处于高温环境中，可能导致其他危险的发生。

第 18 章 | 隧道节能照明系统比选

18.1 隧道照明现状

目前,隧道照明所采用的光源主要有高压钠灯、直管型荧光灯、金卤灯等。其中,高压钠灯光效高、紫外辐射少、可在任意位置点燃、耐震、寿命长,在隧道照明特别是山地等城市外的隧道中大量使用,而荧光灯、金卤灯等近年来在城市隧道照明中也获得大量的应用。LED 作为第四代照明光源,近几年得到了巨大的发展,其光效等性能指标快速提高而价格快速下降,已经突破了显示、景观照明等常规的应用领域,在道路照明、隧道照明等定向照明中应用的越来越多,越来越具有竞争力。表 18-1 是目前隧道照明中几种主要光源的性能比较。

隧道照明中几种主要光源的比较　　表 18-1

比较项目	荧光灯	金卤灯	高压钠灯	LED
发光效率(lm/W)	90	85	120	100
寿命(kh)	8~10	12	10	30
显色指数	80	80~90	23	80
驱动电路复杂度	中等	复杂	复杂	中等
安全性	一般	差	差	高
可靠性	差	一般	一般	高
调光性能	差	差	差	好
方向性	很差	差	差	好
环保性	汞污染	汞污染	汞污染	好
价格	一般	较高	一般	高

隧道照明属于定向照明的范畴,即期望光线照射在道路及周边一定的范围内。高压钠灯、金卤灯和荧光灯都有一个特点,即光源发光体较大,且光源是空间 360°发光,因而灯具效率低,仅为 60%~70%,用于隧道照明等定向照明时的有效光利用率等更低,约 40%~50%。因此,尽管 LED 当前的光效仅 100lm/W 左右,比高压钠灯的 120lm/W 低,与金卤灯和荧光灯相近,但用作隧道照明等定向照明时,通过合理的灯具光学设计,使用 LED 光源的灯具与高压钠灯、金卤灯和荧光灯灯具相比拥有更高的光利用率。另外,理论推导得出的 LED 潜在光效可达 350lm/W 甚至更高,因而在光效指标方面 LED 的发展尚具潜力且前景广阔。随着 LED 价格的快速下降,与传统光源相比,LED 的优点所造就的灯具效率高、使用方便、环保性好、寿命长等特点将更加突出,特别是在定向照明,包括隧道照明等领域将迅速得到推广。

复旦大学电光源研究所对目前主要的隧道照明光源高压钠灯、金卤灯和新光源 LED 进行了一系列的试验研究，并通过较长时间的试挂，做了大量的测试工作，从效果、节能及经济性等方面验证三种光源用于隧道照明的优缺点，以期综合各方面性能表现，选取最优秀的照明光源。

18.2　胶州湾隧道灯具样品性能检测

隧道灯具作为将投入实地应用的产品，必须满足应用场合对灯具提出的普遍性要求，例如：IP 等级、配光形式和基本电学参数。考虑到青岛胶州湾隧道工程的重要性，由科研单位复旦大学电光源研究所承担对各厂家送检灯具进行光、电两部分的测试工作，测试数据的汇总见表 18-2。

隧道照明灯具关键指标测试数据汇总表　　表 18-2

序号	厂家	光源	功率(W)	光通量(lm)	整灯光效(lm/W)	显色指数	色温(K)
1	厂家 1	高压钠灯	171.3	10391	60.66	17.0	1934
2	厂家 2	高压钠灯	165.2	10276	62.20	12.3	2000
3	厂家 3	高压钠灯	165.2	10909	66.04	12.9	1952
4	厂家 4	金卤灯	69.5	5606	80.66	69.2	2846
5	厂家 5	LED	103.1	6922	69.22	73.6	6119
6	厂家 6	LED	98.5	5624	57.1	67.8	6154
7	厂家 7	LED	68.3	4755	72.05	71.4	5910
8	厂家 8	LED	60.4	4711	78.52	69.3	5016

在对各厂家送交的样灯进行光、电的分项测试后，课题组还对厂家提交的整体照明方案进行了评估。评估过程是在照明设计模拟软件中建立隧道内部的室空间模型，根据之前的测试结果建立灯具（光源）库，按照厂家提供的方案布灯，进行光线追迹，得到最终的隧道内模拟照明效果。该种评估旨在从整体的角度评价各参与单位的产品，主要模拟节能指标和照明效果。

18.3　隧道现场试验段跟踪测量

根据实验室测得的灯具性能参数和进行的模拟试验，无法断定哪种光源是最适合隧道照明的。因此，在确定工程照明方案前有必要对各厂家的产品进行长时间的现场试挂，试挂的效果和结论最能证明采用哪种照明光源的隧道照明方案是最可行的。

在实验室所测三种光源性能指标均合格的前提下，对 8 家厂商的灯具进行了 4 ~ 5 个月的现场试挂，全面评估产品的可靠性、节能性、舒适性等各项指标。为每家厂商提供 50m 的隧道内部段，并按照厂商提交的隧道内部段正式方案进行挂灯，给每段分装电表考核用电量。现场测试段于 2009 年 10 月 10 日完成安装并亮灯，总亮灯时间：182d，近 4400h。数据采集始自 2009 年 10 月 27 日，直至 2010 年 3 月 5 日，共 19 组数据，总计 129d，约 3100h。

8 个试挂段硬件条件基本相同，在测试前期于各试验段的中间段净空区相邻两灯正下方路面布置横纵大小为 1m × 1.7m 的测试网格，在该段对应 2m 高范围墙面，以 0.5m 为间隔布置 1m × 0.5m 的测试网格，网格线交点即为照度及亮度采集测试点。试挂段测试点布置如图 18-1 所示。测试段所有灯具编号，以方便故障记录。

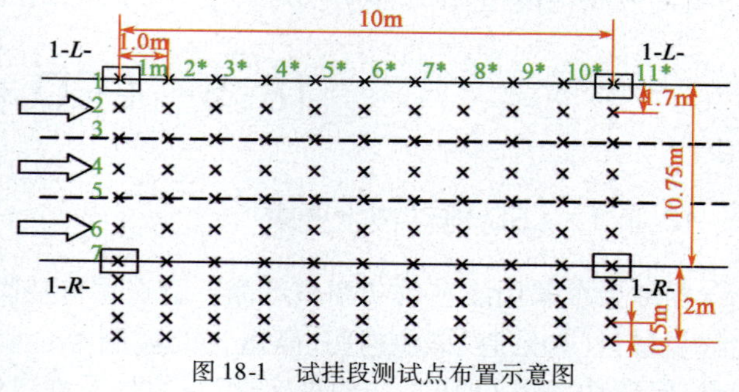

图 18-1　试挂段测试点布置示意图

课题研究组定期对各段路面测试网格点照

度，墙面测试网格点照度，电表读数及现场温度进行测量，通过所测数据分析得出路面平均照度，路面照度总均匀度，路面照度纵向均匀度，墙面平均照度，各试验段电力消耗和温度的变化曲线等，为后期的评估提供科学可靠的参考。灯具试挂段现场效果如图 18-2 所示。

图 18-2　灯具试挂段现场效果

18.4　试验段跟踪测量结果分析

通过对约 3100h 试挂期内所测的数据的分析，我们可以对三种光源，八个试挂段的照明效果、节能效果和可靠性等方面性能得出比较科学的结论。

18.4.1　照明效果评估

平均照度与布灯方案有关，只需调整布灯方案，三种光源都能够满足要求。

三种光源在纵向均匀度上非常接近，均能达到较高的水平；对于路面总均匀性，根据实测数据，LED 优于高压钠灯，高压钠灯优于金卤灯，但三者都是能满足要求的。

18.4.2　节能效果评估

采用以 $P/L/E$（P 为单位耗电量，L 为布灯间距，E 为路面平均照度）为指标来评价节能效果。这样根据实测数据，就可以将三种光源灯具换算到相同间距相同照度水平下，LED 比金卤灯节能 13.4%，比高压钠灯节能 32%；金卤灯比高压钠灯节能 21.4%。根据试验数据得到初步结论：在节能效果上，达到相同照明效果的情况下，LED 优于金卤灯，金卤灯优于高压钠灯。

18.4.3　可靠性评估

试验灯稳定工作后，光输出维持率高。在接受测试的八家灯具中，有两家发生灯具故障情况（一家高压钠灯和一家 LED）。

为了保证重点工程的稳步推进，结合胶州湾海底隧道工程，在综合考虑照明效果、节能效果、可靠性、可控性以及舒适度等方面的因素后，决定采用 LED 作为青岛胶州湾隧道的中间段照明光源，并发布了“青岛胶州湾隧道 LED 照明及灯具技术要求”，对光、电、热等各项参数进行了细化规范。

18.5　LED 灯技术要求

18.5.1　LED 器件技术要求

器件要求采用成熟的功率型产品。宜选用低热阻、散热良好、低应力的封装结构及高折射率、抗劣化封装材料（如硅胶、硅酮树脂、高透光的玻璃等合成材料），具有导热率高、光衰小、光色纯、无重影等特点，保证功率型 LED 工作的稳定性、可靠性及高效性。

1)采用功率型LED,推荐单个额定功率不小于1W。

2)允许工作结温 ≥125 ℃。

3)在整灯安装高度不低于6.0m的情况下,照到路面上的光效不低于70lm/W。

4)PN结至封装底座的热阻:≤ 11℃/W。

5)灯具与器件装配后,在25℃时,满负荷稳定工作,其LED器件的结温的温升≤ 30℃。

6)使用寿命:≥ 30000h时,光衰小于初始值的30%;灯具使用8760h,光衰小于11%;要求灯具使用寿命不小于30000h。

7)色温4000K < T_c < 5700K。

8)色温一致性小于500K,即最大色温与最小色温之差小于500K。

9)可靠性的标准应不低于第三方认证的国际知名品牌的可靠性标准。

18.5.2　LED灯具技术要求

LED灯具可采用与驱动器一体组装的,也可以采用分离式的,采用分离式的有关电气参数见LED驱动电源特性。(要求驱动装置便于更换,凡是因为驱动器更换引起灯具更换的,费用由厂方全部负责)灯具整体结构宜考虑现场的可维护性。

(1)灯具使用环境条件

1)环境温度:-15~50℃,24h最高平均温度40℃。

2)湿度:最热月平均相对湿度不大于95%。

(2)交流电源基本参数

交流输入电压为:AC220V(±15%),频率:(50±1)Hz

(3)灯具电气性能

1)额定值

额定工作电压:AC220V。

额定绝缘电压:AC500V。

额定频率:50Hz。

额定功率:产品包装予以显示。

2)湿态绝缘电阻:用500V摇表测量湿态绝缘电阻不小于2MΩ。

3)湿态介电强度:能承受交流50Hz,1500V(有效值)试验电压历时1min无击穿或闪络现象。

4)防触电保护类别:I类。

5)接线方式:单相三线制。

6)电气性能:I级。

7)抗冲击性能:6J。

8)防震:灯具经过2g重力加速度三维100000次机械动测试无应用安全顾虑。

(4)灯具光学性能

1)使用寿命:≥ 30000h时,光衰小于初始值的30%;灯具使用8760h,光衰小于11%;要求灯具使用寿命不小于30000h。

2)灯具效率:≥ 80%(灯具输出光通量不小于封装器件输出光通量的80%)。

3)提供LED灯具的出光角度和配光曲线,据此设计的照明方案满足前述有关标准的光度要求。

4)批量产品应保证光电性能的一致性;同一型号、同一功率的LED灯产品,其输出光通量误差不超过5%。

18.5.3　灯具外壳性能

(1)灯具材质和外形:灯具外壳采用优质防腐材质制成,主体厚度不小于2.0mm,所有金工成品表面应能承受机械压力，同时外壳材质要满足耐盐雾、汽车废气及清洗剂的腐蚀，灯具的外壳后部应能结合支撑架。

(2)外壳表面进行如阳极氧化防腐处理，结构紧凑美观，防护等级达到 IP65 标准，防腐、防水、防尘性能好。

(3)灯具外壳耐腐蚀性能：II 类。

18.5.4 LED 灯具的其他技术要求

(1)要求提供灯具在使用条件满足技术要求(灯具的使用环境)下，使用寿命≥ 30000h，光衰不超过 30%(光输出维持达 70% 以上)。

(2)隧道照明设备所用的相同类型的灯具应能互换，灯具(不含光源及驱动器等)的使用寿命应达 15 年以上，10 年内非外力因素损坏，由厂方免费更换。

(3)灯具配件安装应易操作，并能调整配光角度，应能满足本隧道安装限界的要求。灯具设备底盘应衔接在外壳上，配有安全接地线，并具有抗震功能。

(4)灯具正面采用不散光耐高温钢化玻璃作面盖，钢化玻璃四周应衬以耐高温及耐老化材料制作的密封垫片。灯具结构坚固，能经受清洗，搬动不变形。

(5)灯具应具备短路保护功能。

(6)灯具进线孔应与设计采用的电缆及不锈钢软管接头相配，并应设有导线出(入)口密封装置，密封等级 IP65。

(7)LED 灯的电源转换器应能在电网发生电压(频率)异常波动时(指超过正常工作范围)实行自我保护方式运行(自锁或降功率)，避免受到损害。

(8)灯具的外型尺寸要求保持统一，每一隧道的灯具高度(面对灯具正面)、宽度、厚度(包括安装支架高度)要求保持一致性。

(9)灯具应模块化，企业生产的产品应为批量生产的产品。

18.5.5 功率型 LED 驱动电源

系统驱动电源模块(包括但不限于 AC/DC、DC/DC 模块、恒流模块、电容等影响其品质的关键部件)选用优质产品，不允许因个别组件的性能降低，而影响整个电源驱动系统的安全性和可靠性，造成驱动电源的损坏和故障。

交流输入电压：AC220V(±15%)。

输入电压频率：50±1Hz。

功率因数：≥0.90。

从交流电源至芯片的电功率效率：≥85%。

谐波含量：THD≤20%。

工作环境温度：-15~50℃。

通道间电流差：≤±3%。

使用寿命：≥ 30000h，要求易于更换，凡是在 30000h 内正常损坏的，厂方应免费更换。

外壳防护等级：IP65。

驱动器外壳耐腐蚀性能：II 类。

灯具光源应达到亮度均匀，眩光指标不超过控制标准，在质量保证期内，若光斑中出线暗光圈或光色差异，则视为不合格产品。

要求驱动器具备调光功能。

18.6 创新性和成果意义

隧道基本照明全天 24h 亮灯,所以照明负荷在隧道运营时占很大比例的能耗,而且对光源的节能性和可靠性也有更严格的要求。本着严谨和公正的原则,在项目初期就对 LED 和传统光源(高压钠灯、金卤灯)在各方面的性能进行了比较,通过在实验室对三种光源样品灯具关键性能的测试,以及长达 4400h 的现场试挂,耗费了大量的人力、物力,得到了令人信服的数据。对 LED 与传统光源的性能和发展趋势进行了比较,分析 LED 与传统光源用于隧道照明的优缺点,最终选定 LED 作为胶州湾隧道的主照明光源。进而分析 LED 用于隧道照明的单个灯具的形式与适宜功率(包括单个 LED 的功率与 LED 的个数等),研究总体照明效果与方案,方案同时考虑 LED 快速发展后照明系统的可替代性。在上述研究的基础上,提出了 LED 用于隧道照明的各项指标要求,公布胶州湾隧道照明 LED 灯具技术要求草案,并确定相应指标的检测方法与手段。

LED 是接近于点光源的光源,通过合理的二次光学设计可使灯具效率达到较高的水平,从而能实现节能的效果;同时,灯具的外形可灵活多变,LED 可随意组合成某种形状,通过试挂阶段的主观调查,综合考虑灯具美观性,人体舒适度和路面照度均匀度等各方面因素,最终决定采用长条形的灯具外形,不仅外观优美,照度均匀度更高,更能最大限度降低不舒适眩光。此外,由于单个 LED 的功率与光通量都较小,LED 用于隧道照明都是大规模成组使用,因此,照度的在线监测及调光技术是很重要的,为实现进一步节能的目的,拟采用多级调光技术使隧道内照度呈曲线变化,需实地试验确定对人体功效影响最小的变化趋势,对现有的相关技术进行效果评估。

通过对 LED 在胶州湾隧道工程中的应用研究,选定了适合本工程的 LED 灯具,能有效地降低隧道照明总功耗,最终又能达到良好的照明效果,具有明显的经济效益。在此期间所做的大量细致的研究工作,可为 LED 在隧道照明中的应用提供充分的理论依据和完备的技术保障。

采用 LED 绿色照明,响应了国家节能减排的号召,达到了推广半导体照明绿色节能产品的效果,社会效益显著。建立了 LED 隧道照明应用技术标准,为今后 LED 在隧道照明的应用创造了条件,同时也可以促进 LED 其他相关标准的出台。

LED 在胶州湾隧道的成功应用,必将对 LED 在隧道照明中的应用起到巨大的推动作用和深远的影响。

第19章 隧道路面结构及施工质量控制

19.1 项目总体目标

本课题研究在综合现有隧道路面研究成果及工程实例的基础上,结合胶州湾的气候、材料条件,通过理论计算和试验研究,把解决如下三个技术问题作为主要目标:

(1)解决胶州湾海底隧道沥青路面结构的使用耐久性和安全性问题

通过对隧道沥青路面使用环境及病害情况调查,分析大纵坡隧道沥青路面结构中各结构层的受力特点和力学响应,确定隧道沥青路面的合理沥青层厚度,为隧道沥青路面的结构、材料的选择和材料性能指标的提出提供理论依据;通过试验研究,完善现有隧道沥青混凝土路面铺装材料及结构体系,开发应用新的铺装材料与技术,解决胶州湾海底隧道沥青路面在耐久、阻燃、抗滑、降噪、抗盐雾、节能等方面的耐久性和安全性问题。

(2)解决胶州湾海底隧道沥青路面施工工艺和质量动态控制问题

结构合理,质量过硬的沥青路面,除了一流的科研和设计,还离不开一流的施工控制。胶州湾海底隧道沥青路面的顺利实施,离不开施工工艺和施工中的质量动态控制两方面的要素。施工工艺主要是针对隧道内封闭的施工环境和冬季施工的特点,研究沥青路面的温拌技术和冬季施工技术。质量动态控制则是通过动态控制技术,建立科学合理的预警机制,监控整个施工过程,及时发现并解决沥青路面施工中出现的偶然和系统误差,保证施工质量。

(3)进行全面的工后质量评价,并编制工后胶州湾海底隧道沥青路面预养护指南

总的来说,本次研究将胶州湾海底隧道的特点,通过系统研究,以形成胶州湾海底隧道沥青铺装成套技术为最终目标。

19.2 项目主要研究内容

本项目在总结目前国内外隧道路面铺装技术研究的基础之上,结合胶州湾海底隧道的具体情况开展了隧道沥青路面结构和材料的研究,通过隧道路面调查、力学分析、结构与材料研究、隧道沥青路面施工工艺及施工质量控制方法等方面的研究,提出一种便于施工、路用性能良好、安全可靠的沥青路面结构作为胶州湾海底隧道沥青路面的推荐方案。同时,提出该推荐方案的合理施工工艺及施工质量控制措施,以最终解决胶州湾海底隧道路面修筑和使用中可能遇到的各种技术问题,保障胶州湾海底隧道沥青路面的施工质量和使用中的耐久性及安全性。为达到此目标,本课题分为三个子课题进行研究:

(1)子课题一:胶州湾海底隧道沥青路面铺装结构与材料研究

1)国内隧道路面的使用情况调查与病害原因分析

2)大纵坡隧道沥青路面结构有限元分析

3)胶州湾隧道沥青路面的防水黏结技术研究

4)胶州湾隧道沥青路面铺装结构层材料研究

5)胶州湾隧道沥青路面铺装结构研究

(2)子课题二:胶州湾隧道沥青路面施工工艺及施工动态控制技术研究

1)胶州湾海底隧道沥青路面温拌施工技术研究

2)胶州湾海底隧道沥青路面冬季施工技术研究

3)胶州湾海底隧道沥青路面施工质量动态控制技术研究

(3)子课题三:胶州湾隧道沥青路面施工工后评价

1)沥青路面施工工后质量评价

2)胶州湾海底隧道沥青路面预养护指南编制

19.3　隧道沥青路面明色化节能铺装技术

19.3.1　研究的目的和意义

由于沥青路面具有柔性、连续及低噪等优点,目前我国道路隧道路面开始向沥青混凝土铺装结构发展。但是隧道内沥青路面能见度不足,能见度不足容易引发交通事故,不利于安全运营,因此必须加强照明,因此会消耗大量能源。

虽然沥青路面具有的技术优势令其在土木工程中的应用愈发广泛,但是由于各方面的原因,我国目前针对隧道沥青路面的专项研究仍比较欠缺。通过近十年来的研究与应用,对于隧道沥青路面存在技术薄弱环节,如隧道沥青路面施工烟雾大、防水性差、阻燃性不良等问题已逐步得到改善和解决,唯独隧道沥青路面亮度不足的技术劣势,除加强照明外,一直未能找到良好的解决办法。面对隧道在运营中由于路面能见度不足而消耗大量能源,屡次造成交通安全事故等严峻问题,在本次研究当中,首次提出隧道沥青路面明色化节能铺装技术。

隧道沥青路面明色化节能铺装是一种在不改变沥青路面行车舒适性的前提下,显著提高隧道内沥青路面明亮程度的施工技术。该技术不仅保留了沥青路面的技术优势,更能够增加路面亮度、降低光照输出,节能减排的同时保障隧道安全运营,具有重要的研究意义。

19.3.2　国内外研究的现状

明度表征的是色彩的明暗程度,不同的颜色之间存在着明度的不同。现阶段常见的隧道路面结构主要为水泥混凝土路面和沥青混凝土路面两大类,水泥混凝土路面通常呈明亮的灰白色,沥青混凝土路面则呈暗淡的黑褐色。目前欧洲及日本等发达国家已开展了相关的技术研究。德国的隧道路面普遍采用的是浇筑式沥青混凝土路面结构,为提高路面的抗滑性和亮度,在浇筑式沥青混凝土表面撒布了一层煅烧白色燧石,其路面使用性能优良,照明度好且使用寿命长。但目前国外对于碾压式沥青混凝土铺装如 SMA 或 AC 等表面明色化技术尚未见文献资料和报告。

我国公路隧道建设,特别是长大隧道起步较晚,对隧道道面铺装技术的研究不足、成果经验较少,尤其是在材料方面没有取得突破性进展,国内目前尚未形成隧道沥青路面明色化铺装的概念。

19.3.3　明色化铺装具体方案

(1)方案一:嵌入式明色化铺装方案(图 19-1 ~ 图 19-3)

嵌入式明色化铺装方案指将明色化材料在沥青混合料摊铺后,撒布在其表面上,与混合料一并压实成型的工艺。该方案的优点在于实施简便,不增加额外的成本,明色化材料集中在路表面,是明色化效果显著的铺装方案。技术难点在于解决嵌入材料的稳定性,保证使用过程中不出现飞散和脱落。本方案从明色化碎石嵌入工艺、碎石嵌入粒径、碎石覆盖率、表面黏结材料及工艺选择等多方面进行了详细研究,最终选择了最佳嵌入碎石粒径为 5 ~ 10mm,碎石最佳覆盖率为 50% ~55%,浅色高分子类树脂表面胶结料施工工艺优选出先压后洒工艺。

图 19-1 浇筑式沥青混合料 GA-10 嵌入式明色碎石效果

图 19-2 SMA-13 嵌入式明色碎石效果

图 19-3 嵌入式明色化铺筑技术试验效果

(2)方案二:明色化功能层铺装方案(图 19-4、图 19-5)

明色化功能层铺装方案是当路面铺装成型后在其表面额外铺筑特殊的明色化功能性结构层,利用功能表层使沥青路面明色化。由于不需要与沥青路面同时施工,故明色化功能层能够适应各种类型的沥青路面,因此选用典型的 SMA—13 结构进行表面明色试验。本方案从明色化碎石拌和工艺、碎石粒径、碎石覆盖率、拌和黏结材料选择等多方面进行了详细研究，最终选择了最佳嵌入碎石粒径为 1 ~ 3mm，碎石最佳覆盖率为 70% ~ 80%，浅色高分子类树脂表面胶结料施工工艺优选出先压后洒工艺。

图 19-4　层铺法明色化功能层方案试验效果

图 19-5　碎石撒布率分别为 60%、80% 和 100% 的遮盖效果

19.3.4　明色化铺装路用性能

（1）明色化铺装的表面功能（表 19-1）

本项目研究了明色化铺装对沥青路面表面功能的影响，包括抗滑性能、封水性能等，主要采取的试验有：表面构造深度、摩擦系数摆值和路表渗水系数。

各种路面结构表面功能试验结果　　表 19-1

试验内容		规范要求	SMA—13	SMA—13 嵌入式明色铺装（5 ~ 10mm）	功能层明色铺装（1 ~ 3mm）
抗滑性能	构造深度（mm）	≥0.45	0.93	1.63	1.01
	摩擦系数摆值（BPN）	≥42.0	66.8	50.4	99.6
封水性能	渗水系数（ml/min）	≤200ml/min	82.4	87.0	78.0

通过对表面功能试验结果分析可知，明色化铺装对沥青路面的表面功能均有不同程度的影响，其各项表面功能均能满足规范使用要求。

（2）明色化铺装的整体结构性能（表 19-2）

各种路面结构稳定性试验结果

表 19-2

试验内容		技术要求	SMA—13	嵌入式明色铺装(5～10mm)		功能层明色铺装(1～3mm)
				SMA—13	GA—10	
高温性能	动稳定度	≥3000	5278	5432	4516	5341
低温性能	低温弯曲	≥2500	3289	3198	4282	3127
抗水损坏	浸水车辙	≥3000	5122	5207	4408	5184

通过试验结果分析可知,明色化铺装仅作用于沥青混凝土面层结构表面,并不会对沥青混凝土结构产生较大的影响,采用明色化铺装过后的沥青混合料与普通沥青混凝土路面的试验结果差异不大,并且由于增加了碎石,对于混合料的高温性能还有一定程度的提高。

(3)明色化铺装的结构耐久稳定性

明色化铺装耐久性试验模拟了各种路面结构在长时间浸水的情况下抵御磨损破坏的能力。通过试验数据可以看出,耐久性试验中各结构耐磨耗性能:浇注式嵌入式明色化 > 传统 SMA—13 路面 > 施作了保护层的 SMA—13 嵌入式明色铺装路面 > CRM 和 Topever 等明色化功能层。

19.3.5 明色化铺装的节能效应

(1)亮度测试

课题组在试验隧道中部,模拟实际灯照强度,利用亮度测试仪对各种路面材料进行亮度检测,各种路面的亮度检测结果见表 19-3。

各种路面亮度检测结果

表 19-3

路面种类	技术特征	亮度值(cd/m^2)	亮度增加(%)
SMA-13	普通沥青混凝土路面	6.8	—
水泥混凝土	普通水泥混凝土路面	12.7	87
嵌入式明色化铺装Ⅰ号	有明色底漆	26.3	287
嵌入式明色化铺装Ⅱ号	无明色底漆	7.8	15
明色化功能层Ⅰ号	采用明色胶结料	18.6	174
明色化功能层Ⅱ号	采用暗色胶结料	9.7	43

通过试验得出,在相同光照条件下,普通沥青混凝土路面的亮度最小,各种明色化铺装方案均能显著提高路面亮度,采用明色底漆的嵌入式明色化铺装方案和采用明色胶结料的功能层铺装方案亮度均大于水泥混凝土路面。

(2)反射系数测试

在试验隧道中部,模拟实际灯照强度,利用照度测试仪对各种路面材料进行照度检测,并计算出反射系数,各种路面的照度检测结果见表 19-4。

各种路面照度检测结果

表 19-4

路面种类	技术特征	入射照度值(lx)	反射照度值(lx)	反射系数	反射率增长(%)
SMA—13	普通沥青混凝土路面	145.2	11.6	0.08	—
水泥混凝土	普通水泥混凝土路面	145.6	34.9	0.24	200
嵌入式明色化铺装Ⅰ号	有明色底漆	145.2	65.3	0.45	463
嵌入式明色化铺装Ⅱ号	无明色底漆	145.1	20.3	0.14	75
明色化功能层Ⅰ号	采用明色胶结料	145.2	47.9	0.33	313
明色化功能层Ⅱ号	采用暗色胶结料	145.2	27.6	0.19	138

通过试验得出，各种材料的反射系数均不相同，明色化铺装能够显著改变沥青混凝土路面表面材料的反射系数，并且采用明色底漆的嵌入式明色化铺装方案和采用明色胶结料的功能层铺装方案比普通水泥混凝土路面更高。

(3)节能效果测试

通过试验得出，与普通沥青路面相比，水泥路面的节能比为43.4%，而采用了明色化铺装技术之后，嵌入式明色化铺装路面的节能比达到59.4%，明色化功能层的节能比达到了57.6%。

19.3.6　明色化铺装的效益分析

由于隧道明色化铺装产生的经济效益主要来源于隧道投入运营后灯具的能耗值，课题组采用寿命周期成本分析法对隧道沥青路面明色化铺装进行了计算。

(1)在未考虑明色化节能效果的前提下，传统隧道沥青路面，虽然初期投资较少（为本次方案的60.1%），但寿命周期的费用是本次方案的1.03倍。

(2)考虑在维修路段自由通行的情况下，传统方案是本次方案的1.5倍，若再考虑维修路段非自由通行，则前者的用户成本将更高。

(3)本方案的隧道路面结构预期的成本效益指标CE是传统隧道沥青路面铺装方案的2.4倍。

(4)采用明色化铺装方案之后，隧道路面结构预期的成本效益指标CE是传统隧道沥青路面铺装方案的3倍。

由此可见，随着隧道使用年限的增长，明色化铺装的经济效益将会日益显著，由其带来的交通安全、节能减排等社会经济效益更是巨大。

19.3.7　明色化铺装方案的应用推荐

本次项目共研究了以下三种明色化铺装方案：

浇筑式明色化铺装方案；MA—13嵌入式明色化铺装方案；嵌入式明色化功能层铺装方案。

(1)性能：由于方案1与方案2同属于嵌入式结构，其良好的嵌入性保证了其与原有路面的一致性，基本对原有路用性能不会有显著影响；方案3是在原有路面基础上施加的路面保护层，原有路面结构将发生变化，尤其是路表功能变化明显。

(2)明色化效果：由于浇筑式沥青混凝土特殊的成型工艺，方案1的明色化效果最佳，并且明色碎石嵌入牢固，明色效果持久；方案2明色化效果与明色效果持久性次之；方案3与方案2明色化效果较为接近，但其明色效果持久性相对较弱。

(3)工程成本：三种明色化铺装方案中，方案1成本最高，方案2与方案3成本较为接近。

综上所述，从以上因素综合考虑，本次课题组优先推荐SMA—13嵌入式明色化铺装方案。在重点工程或者特殊路段，可考虑采用浇筑式嵌入式明色化铺装方案。

19.3.8　技术创新性

(1)以青岛胶州湾海底长大隧道为项目依托工程，针对隧道内沥青路面铺装，在国内首次提出隧道沥青路面明色化铺装技术的新理念。

(2)通过室内试验研究，明确了明色化铺装实施的各个流程，包括混合料级配的选择、明色碎石粒径的选择、碎石撒布量的选择、黏结材料的选择、黏结材料用量的选择、明色化保护层的选择等，从而形成了成套的自主研发的嵌入式明色化铺装技术与明色化功能层铺装技术，填补了国内在该领域研究的空白。

(3)在国内首次进行了系统的明色化沥青路面路用性能的验证性试验，包括表面功能（构造深度、摩擦系数、渗水系数）、结构性能（高温性能、低温性能、抗水损性能、稳定性、耐久性），试验结果证明，明色化的实施，在保证自身铺装层稳定性的前提下，并未以牺牲路用性能为代价，相反在路面摩擦系数、高温性能等指标上，还起到了一定的提高和改善作用。这些试验成果，对于沥青路面明色化铺装技术的成果推广应用，起到了极其重要的作用，也为日后国内相关指南、规范的编制提供了参考依据。

(4)首次在实体隧道中，对明色化沥青路面的亮度、反射系数等指标进行了检测，以此换算出节能效应值。检测数据表明，明色化沥青路面的实施，能够提高沥青路面亮度50%以上，节约隧道照明能源30%以上，研究成果将十分有利于隧道的安全运营和节能减排。

19.4 沥青混合料耐碱性能试验研究

19.4.1 研究的目的和意义

胶州湾海底隧道下穿胶州湾湾口，连接青岛和黄岛。由于地处海边，隧道两端空气湿度大，空气中富含大量的Cl^-以及微小的海盐颗粒和海水水珠，使得整个空气中含盐量较高。根据现代研究表明，沿海地区的盐雾对于水泥混凝土结构和钢结构具有较强的腐蚀作用，长期暴露于盐雾环境中，水泥混凝土和钢结构由于受到腐蚀，结构强度会降低，影响结构的安全。但是，对于沥青混凝土，盐雾是否仍然存在腐蚀作用，影响路面结构的稳定，还有待研究。此外，尽管胶州湾海底隧道在结构上采用了多种防渗措施，但是由于隧道位于海底深处，仍然可能有少量海水渗透到隧道内部。海水中含盐量高，这些盐分对于沥青路面是否存在不利影响，也值得我们研究。因此，在本次项目研究当中，课题组将针对沥青混合料的耐碱性能进行试验研究，这也是国内首次对海底隧道用沥青混合料的耐碱性能进行试验评价。

19.4.2 沥青混合料耐碱性试验

为了考察盐雾和海水等可能遇到的含盐环境对胶州湾海底隧道沥青路面的影响，本课题设计了盐雾加速腐蚀试验和盐水浸泡加速腐蚀试验，对拟作为胶州湾海底隧道沥青路面上面层材料的阻燃改性沥青SMA—13和阻燃高黏沥青OGFC—13混合料进行了人工模拟加速腐蚀。

(1)盐雾试验

为了考察盐雾对沥青混合料的黏附性和结构强度的影响，本课题选用了人工加速腐蚀前后的沥青黏附性试验(水煮法)、沥青混凝土抗飞散性能以及沥青混凝土的马歇尔试验进行评价。试验结果表明，人工加速腐蚀前后沥青混合料的试验结果表明盐雾环境对沥青路面的腐蚀作用不明显，对沥青路面的结构强度、整体性和水稳定性也没有明显的不利影响。

(2)盐水浸泡试验

为模拟可能进入隧道的少量海水可能对沥青路面的腐蚀作用，课题组采用浓度为5%，即水:盐=20:1的盐水对沥青混凝土试件进行浸泡，两周后取出进行试验，并与未浸泡的试件试验结果进行比较。人工加速腐蚀前后沥青混合料的试验结果表明盐水浸泡环境对沥青路面的腐蚀作用不明显，对沥青路面的结构强度、整体性和水稳定性也没有明显的不利影响。

19.4.3 技术创新性

(1)以青岛胶州湾海底长大隧道为项目依托工程，针对海底隧道内的盐雾环境，在国内首次对沥青混合料的耐碱性能进行试验研究。

(2)首次自主设计了沥青混合料耐碱性能试验:盐雾加速腐蚀试验和盐水浸泡加速腐蚀试验，弥补了我国在沥青混合料耐碱性评价方法上的空白，这也为日后相关指南以及规范的编制提供了参考依据。

(3)首次对沥青混合料的耐碱性能进行了系统的试验评价，进行了沥青的黏附性试验、沥青混凝土飞散试验以及沥青混合料马歇尔试验。试验结果表明，盐雾环境和盐水浸泡对沥青路面的腐蚀作用并不明显，对沥青路面的结构强度、整体性和水稳定性也没有明显的不利影响。

19.5　环保型溶剂型黏结剂在长大隧道路面中的应用

19.5.1　研究的目的和意义

由于青岛胶州湾海底隧道埋深较大，最大路面的纵坡达到 4%，针对这一特点，分析了长大纵坡路面结构受力模式，通过建立仿真的三维隧道路面有限元模型，对长大纵坡隧道复合式沥青路面的界面容许剪应力进行了计算和研究，得出：当纵坡大于 3% 时，界面抗剪强度为 0.32MPa；当纵坡小于 3% 时，界面抗剪强度为 0.24MPa。从力学分析的结果可以看出，长大纵坡隧道对沥青路面界面的黏结效果提出了较高的要求。在本次项目研究当中，课题组首次将环保型溶剂型黏结剂用于长大隧道路面当中，并与其他传统的黏结材料进行了对比。

19.5.2　黏结层的黏结强度

界面防水黏结层与基面之间的黏结强度试验结果见表 19-5。

四种方案黏结强度的平均值　　表 19-5

试验温度（℃）	方案一	方案二	方案三	方案四
	改性乳化沥青（MPa）	改性乳化沥青稀浆封层（MPa）	环保型溶剂型黏结剂（MPa）	SBS 改性沥青碎石封层（MPa）
25	0.36	0.48	1.38	0.79

19.5.3　组合铺装结构的黏结强度

组合铺装结构指为了模拟现场使用情况，在黏结层上铺筑一层改性沥青 SMA－13 的结构，以检测沥青混凝土与水泥板层之间的黏结强度。试验结果见表 19-6。

四种方案组合结构黏结强度的平均值　　表 19-6

试验温度（℃）	方案一	方案二	方案三	方案四
	改性乳化沥青（MPa）	改性乳化沥青稀浆封层（MPa）	环保型溶剂型黏结剂（MPa）	SBS 改性沥青碎石封层（MPa）
25	0.5	0.62	1.44	0.84

19.5.4　组合铺装结构的剪切强度

与组合铺装结构黏结强度试验一致，剪切试验组合结构采用的沥青铺装层混凝土也是改性沥青 SMA－13，且油石比和级配均相同。试验结果见表 19-7。

四种方案剪切强度的平均值　　表 19-7

试验温度（℃）	方案一	方案二	方案三	方案四
	改性乳化沥青（MPa）	改性乳化沥青稀浆封层（MPa）	环保型溶剂型黏结剂（MPa）	SBS 改性沥青碎石封层（MPa）
25	0.33	0.44	1.42	0.83

19.5.5　技术创新性

（1）首次将环保型溶剂型黏结剂应用于隧道沥青路面铺装，有效解决了普通溶剂型黏结剂毒性大，无法用于隧道路面铺装，并且大幅提高了隧道沥青路面防水黏结材料的黏结强度与剪切强度，有效解决了隧道沥青路面，尤其是大纵坡隧道沥青路面防水材料抗剪切能力不足的缺点，大大提高了大纵坡隧道沥青路面的使用耐久性。

(2)首次对隧道沥青路面用环保型溶剂型黏结剂进行了系统研究,并与目前国内常用的技术方案进行了对比,研究成果表明,环保型溶剂型黏结剂的使用性能远远优于现有方案,这也为日后长大隧道的界面黏结材料提供了一个全新的参考方案。

(3)首次对隧道用环保型溶剂型黏结剂的施工工艺进行了成套技术研究,包括喷洒前的水泥板喷砂处理工艺、喷洒用量等,从而为日后该材料在隧道路面中应用的推广提供了借鉴。

19.6 引入单轴贯入试验的沥青混合料设计新方法

19.6.1 研究的目的和意义

在沥青混合料设计的传统理念里,无法突出抗剪切性能这一技术指标,结合青岛胶州湾长大纵坡的特点,抗剪切性能恰恰是混合料设计时一个不可忽视的重要指标。针对这一实际情况,首次将单轴贯入试验引入长大隧道路面沥青混合料的设计当中,并与 ANSYS 有限元分析计算结果结合起来,形成了隧道路面沥青混合料设计的新方法。

19.6.2 隧道沥青路面内的最大剪应力计算分析

沥青混凝土内部的抗剪能力不足,将导致沥青路面内部发生剪切破坏。为了保证不发生沥青路面内部的剪切破坏,计算了沥青路面抗剪切能力较差时的高温条件下(40℃)的沥青路面内部最大剪应力的竖向分布。根据计算结果,胶州湾海底隧道沥青路面内部计算最大剪应力为 0.392MPa。

19.6.3 隧道沥青路面材料抗剪强度试验分析

试验结果可以得出,SMA13 混合料在 40℃时的抗剪切强度为 1.59MPa,OGFC—13 混合料在 40℃时的抗剪切强度为 1.47MPa,浇筑式 GA—10 混合料在 40℃时的抗剪切强度为 3.26MPa,即 SMA13、OGFC—13、GA—10 混合料在 40℃时的抗剪切强度达到了胶州湾隧道沥青路面内最大剪应力的 3.75、4.06 和 8.32 倍,可以满足胶州湾海底隧道的使用要求。

19.6.4 技术创新性

(1)首次将单轴贯入试验引入到长大纵坡隧道沥青路面混合料设计中。

(2)将单轴贯入试验与 ANSYS 有限元结合起来,形成了长大纵坡隧道沥青混合料设计新方法,这也为日后长大纵坡路面沥青混合料的设计体系提供了新的研究方向。

第五篇 安全与建设理论

第 20 章 隧道工程安全预评价

20.1 评价目的

安全预评价的目的主要有：

(1)贯彻“安全第一、预防为主、综合治理”的方针，为胶州湾海底隧道下一步设计提供科学依据，以利于提高隧道的安全程度。

(2)根据工程资料和现场考察结果辨识该工程可能存在的危险有害因素，应用系统工程的方法，对危险有害因素进行分析，提出消除、预防和降低危险有害后果的措施，为建设项目的运营安全管理实现系统化、标准化和科学化提供依据和条件。

(3)为安全生产监督管理部门实施安全监察、管理提供依据。

20.2 危险有害因素辨识与分析

危险因素是指能对人造成伤亡或对物造成突发性损坏的因素。有害因素是指能影响人的身体健康，导致疾病，或对物造成慢性损坏的因素。危险、有害因素辨识和分析是安全评价的基础。本部分通过对青岛海底隧道工程的工程本质、隧道施工中、运营期中存在的危险有害因素进行分析，得到如下结果。

20.2.1 地质因素对海底隧道安全的影响

(1)对隧道安全有利的综合地质因素

隧道线路区域地层和岩性条件较好，地层多为岩浆岩和火山岩以及不同历史时期的侵入体。岩性主要由正长斑岩、辉绿岩和英安玢岩组成，岩性具有较好的强度。

第四系地层较薄，隧道两端的出入口开挖时，因地层岩性条件较好而具有较好的边坡条件，可减小地表开挖范围。

隧道位于区域新构造运动的稳定地带，无发生大地震的条件，场区地震基本烈度为Ⅵ级，隧道支护可按Ⅶ度抗震设防。

场地内未发现严重不良地质现象，隧道线路在海底部分全由坚硬的岩石构成，单块岩体剪切波速普遍大于 500m/s，场地类型属Ⅰ类，因此场地是稳定的。

断裂带内裂隙都被方解石和其他物质填充，未在断层带内发现对施工有影响的断层泥等松软地质体。

对隧道工程项目有重大影响的 F_3 断裂带，自晚更新世以来未发现有活动过的迹象，可初步认定 F_3 断裂为“非全新活动断裂”，其活动性对隧道工程建设不会产生较大危害。

(2)对隧道安全不利的综合地质因素

从地形上看,由于胶州湾湾口隧道线路所处海底地形呈"V"形,而导致隧道线路也呈"V"形,形成上坡路与下坡路,给施工和车辆运行带来一定困难。

隧道围岩都由坚硬岩石组成,但岩石的节理、裂隙较发育,一般都有三组节理,岩体都处在微风化至强风化带内,给施工和隧道安全带来隐患。

胶州湾地区地质构造发育,特别是NE向断裂对区域影响较大,以沧口、劈石口和北九水这三条断裂最为典型。除此之外,在隧道中轴线共有6条断层与隧道相交,其中F_3断裂带在线路内发育宽度近100m,对隧道安全有一定的影响。

由于岩体受风化作用和断层破坏作用,再加上岩石本身的节理、裂隙发育,隧道施工掘进时有产生坍塌失稳或冒顶事故的可能性,因此应加强隧道施工中的支护措施。

在风化裂隙带有风化裂隙水存在,据地质资料,经抽水试验测定的水文地质参数计算,隧道每延米涌水量为5~12m^3/d。隧道作业面长10m时,涌水量为50~120m^3/d,应加强隧道施工中支护及密封措施。

由于海底地下水直接由海水补给,因此基岩裂隙水为高矿化度的盐水,对混凝土具有弱腐蚀性,对混凝土结构中的钢筋具有弱腐蚀性。

海水对混凝土具有强腐蚀性,对混凝土结构中的钢筋具有弱腐蚀性,其干湿交替段为强腐蚀性,对钢结构具有中等腐蚀性。

20.2.2 围岩稳定性对海底隧道安全的影响

胶州湾海底隧道基本上是在含水岩层内作业。根据隧道施工经验,在承压水作用下,与无水岩体相比,水的作用会改变隧道周围应力场和应变场,使岩体的残余黏聚力减小。试验经验表明,无论是在塑性地带或弹性区,有水隧道的净空面和移近量都要比干燥岩体的大。隧道周围在承压水作用下,不仅明显地影响着应力状态和移近量,而且还会使围岩内部塑性地带进一步扩展,增加岩体的不稳定性。

隧道线路的局部为F_3断裂带,其围岩节理、裂隙发育,节理以密闭型为主并有方解石填充。

F_3断裂带处基岩岩性主要有微风化正长斑岩、辉绿岩、英安玢岩,岩质较硬,纵波波速在3500~4200m/s,完整性系数为0.41~0.55、0.69~0.72,因此,F_3断裂带岩性可分为"较破碎"和"较完整"两类,在"较完整"岩体内呈条带状分布"较破碎"岩带。

湾口隧道F_3断裂带围岩按工程地质特征、岩体结构特征和完整状态评价,岩体纵波波速等可以划分为III~IV类,但因隧道位于海底风化岩层内,同时受地下水和海水共同作用,对围岩的稳定性存在一定的不利影响,故围岩类型降低一级为IV~V类。

分析表明,F_3断裂带自稳能力稍差,隧道临空面较大,在支护措施不利的情况下,存在岩体坍塌和透水危险。

20.2.3 地震对海底隧道安全的影响

胶州湾周边地区历史上曾多次出现地震影响,共发生9次有感地震。地震和具有活动性的断裂地质构造对海底隧道的建设和运营会有直接影响,因此对断裂性质的研究和设防对保证工程的安全具有重要意义。

青岛地区发生的有感地震震级都比较小,一般为3.0~6.0级,震中均位于不同方向的断裂构造的交汇部位。但邻区发生的地震对本区影响较大,特别是强构造地震带——郯庐大断裂带发生的强震会对本区有严重影响。

场区地质构造研究表明,隧址区构造地震以NE向为主,断裂数量较多,规模较大,对区域稳定性起控制作用;NW向断裂规模较小,活动相对较弱。F_3断裂受沧口断裂的错动影响而南移500m,断层带内有岩脉侵入。断裂带为密集剪切带,节理裂隙均较发育,但多被后期方解石脉充填胶结。据以上对F_3

断裂的特性分析可知，自晚更新世以来未发现有活动迹象，所以可以确定 F_3 断裂为“非全新活动断裂”。

隧址区域内，新构造运动以长期间歇性抬升运动为主，处于稳定、缓慢的整体上升运动之中，故该区内无强震的发震条件。历史上发生的地震与 F_3 断裂均无联系。按区域地震资料确定场区地震基本烈度为Ⅵ度，隧道工程建设可以按Ⅶ级设防。因此，本工程应加强对海底隧道周边地区主要断裂的调查，尽可能避开潜在震源区。

(1)在隧道选线周围主要有 NE 向的沧口断裂和劈石口断裂、NWW 向的红石崖断裂。要加强对这些断裂的几何学特征、活动宽度、活动年代、活动性质、活动方式、滑动速度、未来一定时期断裂错动量的评估。以及活动的分段性应有切实的评价。

(2)潜在震源区是指未来可能发生破坏性地震的地区。根据潜在震源区划分的原则、标志，将近场和周围区域划分出潜在震源区 16 个。其中，8.5 级潜在震源区 1 个，7.5 级潜在震源区 3 个，7.0 级潜在震源区 3 个，6.5 级潜在震源区 7 个，6.0 级潜在震源区 2 个。在 16 个潜在震源区中，可能对海底隧道产生影响的有安丘 7.5 级、临沭 8.5 级、蓬莱—烟台 7.0 级、盘石 6.5 级、千里岩 6.5 级和南黄海北部 6.5 ~7.0级等 7 个潜在震源区。

20.2.4 埋深对隧道安全的影响

隧道最小岩石覆盖层厚度(海域段)按照水深分段确定，水深在 20 ~40m 的，最小岩石覆盖厚度为30m，水深小于 20m 的为 25m。局部近陆域地段不能满足时，应考虑水深较浅，采取可靠措施保证隧道的安全。

胶州湾隧道隧址大部分海域基岩裸露，整体地质条件较好，只有少量地段穿越断层破碎带(F_3、F_2、F_4 断层)。这些破碎带上覆岩层全风化、强风化层较厚，是决定隧道最小岩石覆盖厚度的主要因素。如果埋深过浅，有可能出现冒顶、塌方等重大事故；如果覆盖层太厚，随着静水压力的增大，有可能出现突水事故，为此不得不提高隧道衬砌结构的设计要求，同时增加了隧道长度。因此，合理确定最小埋深是保证胶州湾隧道施工、运营安全的重要因素。

目前，隧道最小埋深的确定还没有成熟的理论公式或计算方法，主要采用工程类比法、数值分析法确定。通常采用的工程类比法有挪威建设经验法、日本最小涌水量法和国内顶水采煤法。

(1)矿山法施工对隧道埋深的影响

矿山法施工是采用凿岩爆破的形式进行隧道掘进，存在爆破开挖岩石与保护围岩的矛盾。炸药在岩体内爆炸时，在将岩石爆破下来的同时，必然要对保留的岩体造成损伤和破坏，从而影响围岩(包括覆盖层)的稳定性和渗透性。

爆破对海底隧道覆盖岩体或围岩的影响主要由于两方面原因造成，即开挖卸荷和爆破振动，体现在以下方面：

1)使岩石的力学性能劣化，岩石的强度和弹性模量降低。

2)在围岩内产生裂纹或使原生裂隙扩展，从而影响围岩的稳定性和渗透率。

3)沿炮孔产生一些径向裂纹或在孔底周围生成多组随机裂纹。

4)隧道周边环向应力的瞬间增大。

(2)日本最小涌水量法确定最小埋深分析

日本最小涌水量法确定最小岩石覆盖厚度，是假定海底海水渗漏到隧道的过程中，穿过的岩石透水性是均匀的。严格来说，这种理想化地质条件是不存在的，因此在确定岩石覆盖层厚度时，会产生一定的误差，即海水越深，所取的岩石覆盖厚度越大。对于渗透性高的围岩，涌水量直接影响施工安全和排水费用。而对于渗透性很小的围岩，涌水量也小，不同岩石覆盖厚度对应的隧道涌水量绝对差值也小，涌水量法确定的最小岩石覆盖厚度的意义也就越小。

(3)国内水体下采煤经验确定最小埋深分析

国内水体下采煤几十年来已经积累了丰富的实践经验。水体下采煤安全开采上限的确定要考虑许多因素,例如要考虑冒落带高度、裂隙带高度、水体类型以及上覆岩体有无隔水层等诸多因素,另外还应考虑保护层的安全厚度。

对海底隧道安全施工与运营产生影响的有地表海水、松散层水体或基岩含水层水体,海底隧道最小岩石覆盖厚度的确定和水体下采煤有异曲同工之处。因此,确定最小岩石覆盖厚度应从分析上覆水体的类型、特征、储存条件及上覆岩层的水文地质条件、地层结构入手,并根据隧道施工围岩的破裂规律,包括破裂形态和破裂范围,确定最小岩石层覆盖厚度。

结合隧址区的工程地质和水文地质,本区岩性和地质条件相对较好,有利于布置较小的隧道埋深。

(4)挪威隧道建设经验法确定最小埋深分析

采用挪威海底隧道建设经验确定的岩石最小覆盖厚度,比较世界上其他国家,偏于保守。一方面是由于挪威的地层特点决定的。虽然挪威岩层以硬岩为主,即多为古老的火成岩和变质岩,但由于经历了几次地壳构造运动,产生了许多断层、软弱带,所以挪威许多隧道在修建时,为了避免在开挖中出现困难,尽量少穿越或不穿越软弱带,从而增加了一定的岩石厚度。另一方面,随着海底隧道施工技术的发展,挪威近年来修建的海底隧道岩石厚度取值越来越小。

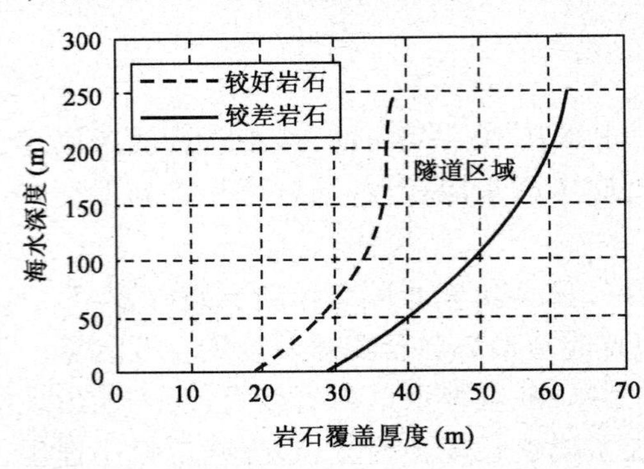

图 20-1　隧道最小埋深与水深关系图

挪威修建海底隧道已有 80 多年的历史,绝大多数都采用矿山法施工。挪威修建的隧道总共有 80km,最短的为 0.4km,最长的为 7.7km。离海平面最近点为 56m,最深点达 275m,确定最小埋深经验如图 20-1 所示。

从图 20-1 可知,随着海水深度的增加,岩石覆盖深度也相应增加。岩性好坏对确定岩石覆盖厚度有明显影响,相同的海水深度对应的较好岩石与较差岩石,覆盖厚度相差较大(海水深度从 0 ~ 200m,岩石覆盖厚度相差 10 ~ 20m)。挪威修建的海底隧道岩石覆盖厚度在较差岩石中一般不会超过 70m,而在较好岩石中,其岩石覆盖厚度一般也不会超过 40m。

胶州湾隧道隧址局部地段穿过断层破碎带,总体地质条件较好,采用挪威经验法确定隧道最小埋深时,应采用其他方法进行对比优化。

20.2.5　行车横道间距对隧道安全的影响

湾口海底隧道系统由上下行隧道、服务隧道和连接横道组成,上下行隧道之间设车行横洞和人行横洞。

横洞的连接使行车隧道和服务隧道在海底形成一个隧道网。横洞越多,网密度越大,则对隧道的安全稳定越不利,施工难度越大。因此,横洞的数量和间距的设计除考虑人员疏散外,还应考虑隧道围岩的稳定因素。横洞应尽量布置在围岩稳固地带,在施工中可根据实际地质情况适当调整横洞位置。

20.2.6　隧道施工中存在的危险有害因素

胶州湾隧道要穿过地区的围岩主要有二长花岗岩、微风化侵入岩,节理、裂隙较发育。采用矿山法施工,在施工作业中存在围岩失稳坍塌、透水、爆破伤害、触电、物体打击、中毒窒息、火灾、车辆伤害、海水倒灌等危险有害因素。

(1)坍塌

隧道开挖过程中导致坍塌的原因主要有两类:一是地质因素,即围岩本身的稳定状态;二是人为因素,即不适当的设计或不适当的施工作业方法等。

1）不良地质及水文地质条件

胶州湾湾口隧道多处穿越断层及破碎带，断层一经开挖，潜在应力迅速释放、围岩失稳，轻则引起岩石掉块、坍落，重则引起坍塌，甚至导致海水涌入。

隧道穿越覆盖层过薄的地段时，在地下水和海水综合作用下易发生坍塌、海水涌入。

围岩软硬相间或有软弱夹层的岩体，在地下水作用下，软弱面强度降低，可能会发生坍塌。

2）隧道设计考虑不周

隧道选定位置时，由于条件限制（如水下）导致地质勘察不细，未能作详细分析或未能查明可能坍塌的原因，没有绕开可以绕避的不良地质地段，使得隧址选择不合理。在设计过程中，应避免这些因素。

3）施工方法和措施不当

施工方法与地质条件不适应；地质条件发生变化时，没有及时改变施工方法；工序间距安排不当，致使支护应该尽快闭合而没有闭合。

锚喷支护不及时，围岩暴露时间过久；喷射混凝土的质量、厚度不符合要求。

没有科学进行控制爆破，用药量过多，爆破振动超标，引起坍塌。

对危石检查不重视、不及时，或处理危石措施不当，引起岩层坍塌。

施工过程中，应通过科学管理，合理安排施工进度，杜绝以上因素引起的施工安全问题。

（2）透水

胶州湾隧道共穿过5个海底断层和6个陆地小断层，且在40多米深的海水作用下，隧道施工过程中会有一定量的涌水量出现。

一般突水是由于遇到大的裂隙或断层引起，可以采取措施来封堵涌水裂隙和断层，同时加强排水以避免淹没隧道。

如果是伴随塌方出现恶性突水，甚至把海水导入，将会出现淹没隧道的危险。此时，应立即采取补救措施，避免人员伤亡和财产损失。

勘探钻孔封堵不当，也可能造成透水事故。

（3）爆破伤害

爆破伤害事故包括早爆事故、拒爆事故、飞石事故、警戒疏漏事故、毒气事故和爆破次生事故等。造成上述事故的主要原因有：

1）炸药、导爆管质量不合格或过期失效，未严格按照规定使用爆破器材。

2）无爆破设计或爆破设计不合理。

3）爆破施工不合理。

4）起爆前未进行安全确认。

5）现场管理混乱，职责不清，警戒人员未尽职责。

6）放炮时人员未按照规定撤到安全地点躲避，放炮后炮烟未排除完毕进入工作面或通风不良。

7）未按规定处理盲炮。

8）选用的爆破器材与岩性不适应，爆破效果不佳，也是导致爆破伤害事故发生的原因之一。

另外，爆破器材储存、运输、管理不当，也会发生爆炸事故，造成人员伤亡和财产损失。

（4）触电

海底隧道施工使用的电气设备较多，如管理不当，极易发生触电事故。造成触电事故的原因主要有：

1）在带电设备附近进行作业，安全距离不符合要求或无监护措施。

2）跨越安全围栏或超越安全警戒线，误碰带电设备，在带电设备附近使用钢卷尺等进行测量或携带金属超高物体在带电设备下行走。

3）线路磨损、压破绝缘层使外壳带电，设备缺少漏电保护等防护装置。

4）绝缘胶鞋破损透水，作业者身体或工具碰到带电设备或线路。

5）缺少安全标志或标志不明显。

6）工作面不使用安全电压照明。

7）在潮湿地点工作未穿绝缘鞋，无绝缘垫，无监护人。

8）电气作业的安全管理工作存在漏洞。

（5）中毒窒息

隧道掘进中发生的中毒窒息事故，主要是炮烟中毒和发生火灾时烟雾中毒，尤其是服务隧道施工时进行独头掘进，如果通风排烟效果不好，极易发生中毒窒息事故。保证良好的通风效果是避免发生此类事故的有力措施之一。造成中毒窒息的原因主要有：

1）使用不合格炸药。

2）装药、填塞质量不符合要求，造成半爆或爆燃。

3）爆破后未及时通风或通风不畅。

4）爆破后通风时间不足就进入工作面查炮。

5）人员没有按照要求撤到安全地点，炮烟进入人员避炮巷道导致中毒窒息。

6）通风设计不合理，使炮烟长时间在作业区域滞留。

7）独头掘进时未设置局部通风，没有足够的风流稀释炮烟。

8）警戒标志不合理或没设置警戒标志，人员意外进入通风不畅或长时间不通风地段等。

9）意外风流短路，意外进入炮烟污染区并长期停留。

10）发生火灾时，烟流造成人员中毒窒息。

（6）火灾

火灾主要有电气火灾、设施设备火灾和人为因素引起的火灾。

1）电气火灾

隧道施工中用电设备较多，一旦用电设备超负荷，或是设计电缆的容量不够，或者使用劣质电缆，极易引起电气火灾。

电气火灾一般情况下是由于电气短路造成的，其主要原因有：

①电缆老化，造成相间短路，酿成火灾。

②电缆超负荷，造成电缆过热，绝缘损坏，导致短路。

③电气设备超负荷运转，造成电缆、电气设备过热，而电气设备又没有过热或过流保护，导致绝缘失效，最终短路。

④电缆在安装过程中，没有充分考虑电缆的散热，导致在运行的过程中电缆过热，直至绝缘失效，造成短路。

⑤变压器线圈老化，在运行过程中被击穿，造成短路。

⑥变压器散热不好，造成变压器过热，导致线圈绝缘程度降低，导致短路。

⑦对电缆经过的孔洞没有按照要求进行封堵，造成火灾蔓延。

⑧其他原因。

2）设施设备火灾

3）人为因素引发的火灾

人为因素引起的火灾各种各样，原因很多。如违章使用电炉等明火、吸烟等明火引燃地上泄漏的汽油等。

地下设施火灾除了具有一般场所火灾的特点外还有一些特殊之处：

①起火点隐蔽。发生火灾时，烟雾很快充满地下空间，被困人员视线不清，起火点难以发现。

②烟雾浓，久聚不散。

a. 可燃物质多，供氧不足，导致燃烧不充分，发烟量大、烟雾浓。

b. 出入口少，空气流通受阻，烟雾集聚不散。

c.高温增压,易造成火势蔓延。地下压力随着温度升高而增大,高温烟气在压力作用下向四周迅速扩散,加热可燃物使其达到着火点,加快蔓延速度。

③疏散困难,易造成人员伤亡。

a.发生火灾时大量被困人员会过分集中在出入口处,易造成人员伤亡。

b.浓烟、毒气等燃烧产物易造成人员窒息、中毒。

④灭火救援难度大。

(7)海水倒灌

本隧道穿越湾口海域,建成后存在长期排水事实,外围水体会向隧道方向渗流。

海域段基岩裂隙水与海水连通,隧道排水会很快吸引海水下渗。

团岛岸地势较低,海水对强渗透性海积砂层和填土层的补给丰富,隧道排水可吸引海水从覆盖层中垂直下渗或通过基岩裂隙侧向补给,该段存在海水倒灌问题。

薛家岛岸隧道段位于丘陵区,除紧邻海边地带,地下水接受降雨补给。自然状态下,地下水从地势较高的丘顶向海边渗透,但由于隧道埋深多在海平面以下,隧道内长期排水仍有可能吸引一定范围内的海水入陆域渗透。根据有关规范推荐的地下降水影响半径计算公式 $R=2sKH^{\frac{1}{2}}$[其中,H 为含水层原始静水位到含水层底板的距离(m),K 为渗透系数(m/d),S 为水位降深(m),K 取陆域破碎岩体抽水试验得出的大值0.6m/d]进行试算,结果为:隧道排水有可能导致距海边300m范围内FK5+300以北隧道段出现海水倒灌现象,而对FK5+300以南隧道段无影响。

综上所述,除FK5+300以南隧道段排水不会引起海水倒灌外,其余段会(或可能)吸引海水渗入隧道。

(8)职业危害

职业有害因素包括粉尘、噪声。

1)粉尘

粉尘是隧道掘进中的有害因素之一。粉尘按浓度测定方法可分为全尘和呼吸性粉尘两类。全尘是各种粒度的岩尘总和,呼吸性粉尘指粒径小于5μm的粉尘。呼吸性粉尘有80%~90%能随人的呼吸进入肺泡,对肺危害很大,长期接触粉尘易患尘肺病,若粉尘达到较高浓度时会影响视野,操作中易造成机械伤害事故。

隧道穿越区域围岩岩性为花岗岩等,粉尘中含有大量的游离二氧化硅,长期吸入这种粉尘易患矽肺病。粉尘主要产生在凿岩、爆破、装卸石渣等过程中。粉尘危害程度分为五级,其中0级为安全作业,I级为轻度粉尘危害作业,II级为中度粉尘危害作业,III级、IV级分别为重度、极度粉尘危害程度作业。国家严格控制III级、IV级粉尘危害作业,对于存在III级、IV级粉尘危害作业的岗位必须进行限期治理。进行粉尘检测后,确定各岗位粉尘危害的等级,能够比较清楚地了解各岗位粉尘危害具体的状况,从而为制定有效的防尘措施和改善作业条件提供必要的依据。

2)噪声

噪声分为空气动力噪声、机械性噪声和电磁性噪声。作业人员长期暴露于噪声下会造成噪声性耳聋,同时对心血管系统、神经系统及消化系统产生影响,如高血压、心脏疾患、失眠烦躁、消化不良、胃溃疡等。本工程噪声主要产生于机电设备,如铲运设备、凿岩作业、风机(局扇)等。

(9)其他危险因素

1)高处坠落

高处坠落是指在高处作业中发生坠落造成事故。造成高处坠落的主要因素有:

①没有按要求使用安全带;

②使用梯子不当;

③高处作业时安全防护设施损坏;

④工作责任心不强,主观判断失误;

⑤使用安全保护装置不完善或缺乏的设备、设施进行作业；

⑥作业人员疏忽大意，疲劳过度；

⑦安全管理不到位。

2）机械伤害

隧道掘进工作空间狭小，设备相对集中，易发生机械伤害事故。机械伤害事故主要是由于设备缺陷和人的违章指挥、违章操作造成的。常见的因素有：

①石渣、设备、人员运输过程中，人员挤伤、碰伤等；

②违章操作，穿戴不符合安全规定的服装进行操作；

③机械设备安全防护装置缺乏、损坏、被拆除等，导致事故发生；

④操作人员疏忽大意，身体触碰机械危险部位；

⑤在检修和正常工作时，机器突然被别人随意启动，导致事故发生；

⑥在不安全的机械上停留、休息，导致事故发生；

⑦安全管理上存在不足。

20.2.7 运营期存在的危险

胶州湾隧道运营期运营管理方面的危险因素主要有火灾和交通事故以及由此产生的再生性灾害，运营养护方面的危险主要来自隧道结构。

胶州湾隧道是客车专用通道，正常情况下不允许货车通行，也不存在危险品运输风险问题。

隧道设计服务年限为100年，在100年内可能出现不可预见的风险，如地震灾害是难以预料的，但设计中已考虑了按Ⅶ度地震烈度设防，隧道工程本身可以抵御烈度小于Ⅶ度的地震。因此，除不可预见的风险外，运营期出现的风险主要是服务设施失效、交通事故和火灾。

（1）火灾

火灾及其次生事故是影响隧道安全运营的主要因素之一。例如：先行车辆发生事故后，后续车辆来不急绕行、避让及急停而与先行车辆发生冲撞，并可能导致后续车辆接连冲撞甚至起火等。

1）火灾来源

车辆火灾是隧道火灾的主要来源。引起火灾的主要原因，一般是电气线路燃烧、汽化器起爆、车辆冲撞和倾覆引起的火灾。

2）火灾危害及特点

隧道结构和设施复杂、出入口少、疏散线路长、通风照明条件差，在通风的隧道内一旦发生火灾，其危害性极为严重。

①浓烟高温。

隧道内一旦起火，会迅速传播并加热空气，炽热的空气在经过途中可把热传递给易燃或可分解的材料。火能从一个燃料点的火源跳跃相当的隧道长度，传到下一个燃料点。隧道火灾会出现两种不同的类型即富氧型和燃料丰富型。两者中，燃料丰富型的火灾会产生浓度很高的CO及很高的空气温度。

a. 烟气流动速度快。由于隧道是近乎封闭的空间，在隧道内任何地方发生火灾，由燃烧产生的包含高毒性的气体都会随通风气流传播到整个风道，造成烟雾地带长，而烟热容易集中等。

b. 能见度低。隧道发生火灾时，一旦切断电源，即使采用事故照明，但由于浓烟遮光，能见度仍然很低，隧道内人员不易辨别方向和路线，影响疏散和灭火速度。

c. 易造成人员伤亡。隧道火灾产生的浓烟和高温是造成人员伤亡的主要原因。火灾时，CO含量上升，氧含量降低，热烟温度高，威胁隧道内人员的生命安全。

②疏散困难。a. 隧道狭小，拥挤踏伤。当火灾发生时，由于隧道内径较小，惊慌失措的逃难者从车辆中逃出后，因无法辨别方向而乱冲乱撞，易造成跌倒踏伤。

b. 疏散速度慢。隧道发生火灾后，可能会造成部分车辆无法行驶。隧道内骤停大量车辆，加上照明昏暗，人员疏散速度必然会放慢。

③扑救艰难。

a. 指挥决策实施慢。由于隧道线长面广，一旦发生火灾，指挥员靠传统的火场指挥方法难以确定起火点和遇难人员集中点，且火情侦察又非常艰难，加上地下通信联络不便，不易快速集中供水、供电、排烟等方面的工程人员，使灭火准备时间延长。

b. 灭火难度大。由于隧道能见度低，能深入火场内部的消防人员有限，这显然与隧道火灾扑救需要在大范围内排烟灭火和长距离救人相矛盾。另一方面，隧道经长时间的烘烤，辐射出大量的热量，消防人员面临高温考验，射出的水流也会很快气化并形成反扑的热浪，消防人员极易被熏倒烫伤。

（2）交通事故

发生在隧道内的交通事故，除驾驶员人为原因外，隧道内路面、进出口的黑洞、白洞效应，也是交通事故产生的主要诱因。

1）隧道路面摩擦系数低导致车辆打滑，发生事故

隧道内夏季气温比洞外低，冬季气温较洞外高，全年保持在一个较低温度的状态。胶州湾隧道采用水泥混凝土复合路面，由于隧道是相对封闭环境，尘埃和车辆排出的废气沉积在路面上，如果长期未冲洗，会降低路面的摩擦系数。摩擦系数低，车辆进入隧道的行驶速度稍有变化（加速或减速），车辆就会打滑使方向失去控制，发生撞击隧道壁、原地掉头、横卧路中随即与后车相撞等事故，发生追尾事故的概率更高。

2）隧道进口处人眼和心理的不适应，导致事故发生

进口处事故多发，是隧道交通事故的一大特点。其原因是人眼在明暗交替变化的过程中，由于明暗度变化太大，变化过程时间太短，人的视觉不能立即适应。驾驶员在进入隧道内往往眼前一黑，看不清路面上的情况，本能反应就是突然松油门，条件反射性地猛踩刹车，易使车辆突然减速失去平衡，就会产生"甩尾"、方向跑偏。驾驶员由于惊慌进一步的本能反应——踩死刹车，这样车辆的方向就容易失控，发生撞上隧道壁或后车追尾事故。

3）隧道内缺少防护设施，导致事故伤亡增加

从隧道交通事故人员伤亡统计分析看，车辆撞击隧道壁造成驾乘人员伤亡占有相当的比例。目前，隧道内的防护措施主要采用的是加高路缘石。因为车辆方向一旦失控就会成一定的角度撞击路缘石，如果车辆碰撞路缘石的角度过大，车辆的碰撞力就会很大，驾乘人员就会受到很大的伤害。车辆撞击速度如果过快，容易翻越路缘石直接与隧道壁相撞造成更大的损害。在隧道内增设防护性护栏，用于减缓车辆的横向撞击力，保护驾乘人员免受伤害或减轻伤害程度，撞击时在护栏的弹性作用下使车辆回到正常行驶方向，还能增加驾驶员的视觉诱导功能。

隧道距离过长的，一般在隧道内设置紧急停车带、消防通道、紧急疏散通道等。因为这些部位与主线连接处形成的平曲线往往是有棱有角的，其垂直墙壁就与行驶方向形成了较大的角度，有些几乎成直角，因此车辆在这些部位高速行驶时方向一旦失控，就会正面撞击隧道壁。如2001年2月27日，一辆小型客货两用车行驶至高速公路甬台温线黄土岭隧道内，因雨天隧道内路面潮湿，车辆打滑方向失控，碰撞到紧急停车带出口处的墙壁上，致使驾驶员和三位乘客死亡，一人重伤。因此这些部位路段的设计应尽量考虑线条的平滑过渡，特别是这些部位的出口处的平曲线与行车道之间的角度 a 取值要小，并在这些过渡的部位上设置弹性防撞设施，如防撞水箱、废车胎等物，用于进一步缓冲车辆的横向撞击力。

4）隧道内的标志标线和照明灯光有缺陷，导致车辆追尾

隧道内因为环境单调，旁边的参照物又少，驾驶员对自己的车速往往估计不足，与前车的跟车距离容易产生判断失误，遇到紧急情况来不及采取措施。再则，隧道距离过长，通风不良，不能有效地排出车辆的废气，形成烟雾，降低了隧道内的能见度，使驾驶员不能及时发现前方车辆。为预防隧道

内追尾事故，首先应在隧道壁两侧每间隔一段距离(30～50m)设置明显的标线、图案或者标语等，路线带、路线石上也应用黄黑或白黑间隔的标线，行车道的路面上用白色条纹线条，便于驾驶员正确判断前车的距离，正确地估计自身车辆的速度。其次，应改进隧道内灯光照明的方法。目前隧道照明灯光是顶端从上至下照到行车道上的，得到灯光照明最有效的部位是车辆的顶部，而后车驾驶员需要看到的前车最重要的部位是前车的尾部横断面，光线利用率非常低。将设置在隧道顶端的照明灯改在隧道壁上与车辆等高的部位，并将照明方向朝向前车的尾部，以便后车驾驶员更清楚地看清前车。而且由于灯光都是向一个方向的，相邻的灯光效果可以叠加，因此可以少装一些灯具，节省经费。第三，应尽量提高隧道内路面和其他设施的反射率，提高标线的视线诱导作用。可以在行车道的两侧及中心线上安装反光道钉。

(3)结构缺陷

结构缺陷包括隧道漏水、衬砌破损等。

1)隧道漏水

地下水通过衬砌的薄弱处渗漏，使衬砌腐蚀、风化及洞内设施锈蚀。漏水的原因可能是衬砌抗渗能力差、防水设备不足或失效、衬砌裂损或腐蚀，以及施工原因造成的衬砌缺陷。

2)衬砌侵蚀

衬砌侵蚀是指由于环境作业，而遭受的化学和物理侵蚀。隧道侵蚀主要与地下水含氯化物、硫化物或其他化学污染有关。

3)衬砌破损

衬砌破损按裂隙的成因分为结构性裂缝和非结构性裂缝。结构性裂缝表示结构整体和局部的稳定、安全已经受到影响。其原因可能是设计不当、施工质量差或其他未预测到的因素，如施工和长期运营中过大的隧道纵向变形；荷载沿隧道轴线变化，导致隧道的纵向不均匀沉降；隧道在长期运营中的沉降以及隧道在地震、水位变化和车辆振动下的不稳定性等。非结构性裂缝的成因，有温度收缩、干缩等。

其他因素导致的结构破坏包括地震诱发地基沉陷和液化，从而破坏隧道结构体系；爆炸冲击、高温等对隧道结构体系的破坏(主要由于恐怖袭击、战争威胁及交通事故造成的火灾等)；海流演变造成海床冲刷，减薄隧道覆盖层厚度，从而威胁隧道结构安全。

20.2.8　其他危险因素

当供电、照明、通风、给排水、消防等服务设施发生故障，导致供电中断、风机停转或风量不足、风流紊乱、排水系统停止运行或排水能力不足时，隧道运营可能中断，造成隧道交通堵塞或交通事故，导致人员伤亡。

胶州湾隧道车流量大，产生的噪声对周围环境有一定影响。

20.2.9　重大危险源辨识

重大危险源主要根据《关于开展重大危险源监督管理工作的指导意见》(安监管协调字[2004]56号)和《危险化学品重大危险源辨识》(GB 18218—2009)进行辨识。

库区(库)重大危险源是指储存如表20-1所列类别的危险物品，且储存量达到或超过其临界量的库区或单个库房。

胶州湾海底隧道施工期36个月，爆破器材库房属于临时库房。按照《爆破安全规程》(GB 6722—2003)的要求，临时库房最大储存量炸药为10t，雷管20000发，导爆索10000m。因此，爆破器材库区不构成储存区重大危险源。

本工程不使用危险化学品，不存在储存、使用危险化学品的重大危险源。

综上所述，胶州湾隧道工程不存在重大危险源。

库区(库)临界量表 表 20-1

类 别	物质特性	临界量	典型物质举例
民用爆破器材	起爆器材①	1t	雷管、导爆管等
	工业炸药	50t	铵梯炸药、乳化炸药等
	爆炸危险原材料	250t	硝酸铵等
烟火剂、烟花爆竹		5t	黑火药、烟火药、爆竹、烟花等
易燃液体	闪点 < 28℃	20t	汽油、丙烯、石脑油等
	28℃ ≤ 闪点 < 60℃	100t	煤油、松节油、丁醚等
可燃气体	爆炸下限 < 10%	10t	乙炔、氢、液化石油气等
	爆炸下限 ≥ 10%	20t	氨气等
毒性物质	剧毒品	1kg	氰化钾、乙撑亚胺、碳酰氯等
	有毒品	100kg	三氟化砷、丙烯醛等
	有害品	20t	苯酚、苯肼等

注:起爆器材的药量,应为其产品中各类装填药的总量。

20.2.10 小结

胶州湾隧道的安全问题主要是隧道的结构安全。影响隧道安全的主要因素有隧址区域的工程地质和水文地质条件、隧道埋深及地震的影响。海底工程地质岩性、岩层破碎带及裂隙的渗透性是影响海底隧道埋深的重要因素,尤其以断层破碎带的性质对隧道埋深影响最大。

隧道施工过程中存在的危险有害因素有坍塌、透水、爆破伤害、触电、中毒窒息、火灾、海水倒灌、高处坠落、机械伤害、物体打击、粉尘、噪声。

运营期存在的危险有害因素主要是隧道结构破坏、服务设施(包括照明、排水、通风、消防)带来的风险及交通事故,尤其是隧道火灾。

胶州湾隧道工程不存在重大危险源。

20.3 评价单元划分和评价方法选择

评价单元是在危险有害因素分析的基础上,根据评价目标和评价方法的需要,将系统划分为若干个有限的确定范围而分别进行评价的相对独立的子系统。

20.3.1 评价单元

本报告针对胶州湾海底隧道工程在安全方面的主要内容进行评价,力图抓住重点,分清主次,区别对待,既不漏掉主要危险,又不夸大整个系统的危险性,从而提高预评价的准确性。按功能划分为如下单元:

(1)总体布置与选址单元;

(2)隧道主体单元;

(3)隧道施工单元;

(4)通风单元;

(5)给水、消防和排水单元;

(6)供配电单元;

(7)交通安全单元。

其中机械、电气分布于工程各单元,其评价也相应与其他各单元有所交叉。

20.3.2 评价方法选择

以上所划分的评价单元的功能与单元中存在的主要危险有害因素差别较大，相互之间的可比性受到限制，所以在不同评价范围内，分别采用安全检查表法(SCL)、预先危险性分析法(PHA)、事故树分析法(FAT)对胶州湾湾口隧道工程进行安全预评价。

各单元选定的评价方法见表20-2。

各单元选定的评价方法　　表20-2

序号	评价单元	安全检查表法(SCL)	预先危险性分析法(PHA)	事故树法(FTA)
1	总体布置与选址单元	√		
2	隧道主体单元		√	
3	隧道施工单元		√	√
4	通风单元	√	√	
5	给水、消防和排水单元	√		√
6	供配电单元		√	
7	交通安全单元	√		

20.4 定性定量评价

20.4.1 总体布置与选址单元

本单元安全检查表共检查8项，其中6项作了论述，2项尚需下一步设计时完善，尤其设计中应考虑风机等大型设备在隧道中的运输空间和通道。

本单元主要采用安全检查表法，对隧址的选择和总体布置进行了评价。总体布置和选址单元主要评价隧道位置选择的合理性和安全性。湾口隧道通过地段为微风化的二长花岗岩和白垩系火成岩，岩性较好，且基本为弱透水性。F_3断层透水性较弱，对隧道施工和运营影响不大，因此相对于其他位置，从安全角度讲，湾口隧址更为合理。

20.4.2 隧道主体单元

胶州湾湾口隧道结构设计考虑了沿线水文地质与工程地质条件，确定了隧道设计参数，选择了结构形式和施工方法。隧道埋深的确定考虑了隧址的工程地质、水文地质、断面形状等因素，采用了工程类比法和数值计算法，并从断裂损伤、爆破等对隧道埋深的影响进行了分析验证。专题报告对埋深的影响因素考虑全面，提出的埋深建议值较为合理，建议设计部门在隧道纵断面设计时参考。

20.4.3 隧道施工单元

隧道施工作业中冒顶片帮、水灾、爆破伤害风险度较大，均为III级。冒顶严重的，可能引发海水进入隧道，造成灾难性后果。在设计中，应明确控制这些危害因素的措施。

隧道掘进机械化程度比较高，要投入和使用大量的电气设备，用电地点多，设备使用电压高，电气设备维护难度大，导致触电危险的可能性加大。所以，不能忽视对此类事故的预防，可以从以下方面采取措施：一是必须使用合格的电气设备；二是定期对机电设备进行检查维修；三是坚持正规操作，按章作业；四是机电设备安装布置位置要符合规定，各类保护齐全。

20.4.4　通风单元

海底隧道掘进过程中,独头掘进地段占相当大的比例。施工中通风安全至关重要,通风系统不完善,风量不足,易造成中毒窒息事故或影响工作人员的身体健康。通风事故中,以主风机停转影响最为严重,风险等级为III,应重点控制。

海底隧道运营中的通风,主要目的为稀释隧道内的有害气体和烟雾,减少废气对人体的危害,避免烟雾对行车安全的影响。本单元通过采用安全检查表评价法,对通风方式、风机及通风设施布置、风井、通风监控和火灾工况下的通风系统的标准符合性进行了检查。通过评价,发现应补充以下方面:

(1)应规定进行隧道维护工作时的烟雾允许浓度和采取交通管制时的烟雾允许浓度。

(2)送风机前后附近的风道内应设置导流叶片。

(3)应有减少隧道入口废气循环的措施。

20.4.5　给水、消防和排水单元

给水、排水和消防单元采用安全检查表法和事故树法进行了评价。检查表法共检查30项,其中4项需要在下一阶段设计中完善。

采用事故树法对运营期火灾进行了评价,发现导致运营期火灾贡献最大的是隧道内装修采用可燃物。

20.4.6　供配电单元

本单元采用预先危险性法对电源线缺陷、过电压、断路器开断容量缺陷、闭锁缺陷、继电保护装备缺陷、雷电波侵入等产生的危害进行了分析评价。其中,过电压、闭锁缺陷、雷电波侵入、接地电容电流超标等危险等级为Ⅲ级,在设计时应全面考虑安全防范措施。

20.4.7　交通安全单元

本单元通过安全检查表对项目情况检查了25项,其中1项未进行说明,在施工图设计中,应对此部分进行详细设计说明。

20.5　安全对策措施与建议

20.5.1　工程资料中已提出的安全对策措施

(1)结构方面

1)结构体系。结构体系的安全性对灾后人员的生存具有决定性的意义。所以在工程结构设计中,经不同区段、不同工况条件下的分析计算,结构不但能满足强度、刚度及裂缝开展控制的要求,而且主体钢筋混凝土结构的保护层处理除符合耐久性外,还考虑有足够的耐火能力。

2)隧道的埋深、防水措施。衬砌结构以自防水为根本,接缝防水为重点,多道设防,确保高水压下接缝张开时的长久防水。隧道采用全包分仓式防水,每50m采用背贴式止水带进行分仓隔断。水平施工缝采用200mm钢板腻子止水带;环向施工缝采用300mm中置式止水带密封防水。变形缝设三道防水带进行防水。第一道为结构外防水层,第二道为在结构混凝土中部埋设50×10内置式膨胀橡胶止水带,第三道为后装止水带和接水槽。

3)结构耐久性。采用C30高性能耐水混凝土,抗渗等级≥S10,渗透等级$K \leqslant 5\times10^{-13}$m/s,氯离子扩散系数$<10^{-8}$cm^2/s,以保证结构的耐久性。混凝土采用矿渣耐硫酸盐水泥,提高混凝土的耐海水性。

(2)建筑方面

1)设置服务隧道。

2)设置横通道。

3)隧道内设有安全疏散标志和安全口指示标志。

4)为确保行车安全,在隧道进洞口(或出洞口)设置光过渡段,能有效消除驾驶员的黑洞效应(或白洞效应)。

5)为确保行车安全,车道两侧采用防冲击侧石。

6)隧道内的装修材料均采用不燃材料。

7)为防止火灾对隧道结构的破坏作用,在暗埋隧道的顶部设置了防火内衬(该内衬同时兼有消除隧道内噪声的作用)。

8)除上述防灾措施以外,在隧道设备的配置上还考虑了一整套的防灾设施,如消火栓、灭火器、消防泵房、火灾探测器、监控摄像机、报警按钮、紧急电话、紧急广播、隧道排烟系统和事故照明等。

(3)给排水和消防系统

1)全线隧道设有灭火器箱,在灭火器箱内设置磷酸铵盐和泡沫两种不同类型的组合灭火器。

2)两隧道主干管在两端及中间联络道处连通,以形成消火栓供水系统。每条隧道的单侧间隔45m设两只单口单阀消火栓及配套设施,在常规消防箱内,辅设管径小、压力低的自救式灭火喉,用于一般人员的消防自救。

3)配备训练有素、熟练掌握隧道内各种消防设施的专业消防梯队,以适应大长隧道的消防安全的需要。

4)设有适应长大隧道消防特点的水雾—泡沫联用系统。

5)设置排水系统。

(4)供电照明系统

1)隧道进出口、风机房及隧道内分别设置主要变电所。每个变电所从电力网引入两路35kV电源,每路电源容量要能确保当该隧道一路外电源因故退出运行时,隧道内一、二类负荷能正常运行。

2)两路电源通过敷设于隧道内的两根35kV电缆采用环网型式进行联络,达到相互备用。

3)消防泵、水雾喷泵及废水泵达到末端自切。

4)隧道内对所有消防设备的联动控制电缆与信号电缆(电线)以及应急照明的缆线,采用耐火电缆。其他在隧道内使用的强、弱电缆均采用无毒、无烟(或低毒、低烟)型阻燃电缆。

5)隧道设备设有UPS或EPS蓄电池组应急照明电源。该电源能在外电源全部失去时,提供不间断的交流电源,切换时间小于0.3s,应急时间为1.5h。

6)车道应急照明设置在隧道上方。避灾引导标志设置与于连接通道、安全门上方,在隧道逃生口的避灾引导标志设置于车道防撞石上方。

(5)通风系统

隧道采用竖井分段纵向通风方式,系统兼具有排烟功能。排烟设计和隧道通风统一考虑,同时将隧道划分为5个通风排烟防火区段。

(6)监控系统

1)两级火灾报警系统采用隧道火灾探测器,并在安全通道、隧道连接通道等关键处设置引导显示器,为救援者、逃生者提供引导指示;同时在检测出隧道火灾的情况下,第一时间启动相应的排烟、消防设备,唤醒疏散标志,并在控制中心、分控室发出声光警报和救援指令。

2)建立完善的有线与无线通信网络,以保证事故工况下的通信畅通。

20.5.2 工程资料中应补充的安全对策措施

(1)隧道施工方面的安全对策措施及建议

隧道施工应委托具有相应资质的建设单位和工程监理单位进行专业施工和监理，以确保施工质量。本报告从隧道掘进、预防爆破事故、水灾预防、火灾预防、防触电等方面提出相应的安全对策措施。

（2）掘进方面的对策措施和建议

1）施工期间应严密监控沿线建构筑物，一旦发生地面沉降等危及建筑安全的事故，应立即疏散人员，组织抢救，严防事故扩大。

2）在施工及运营期间，隧道内应设有消防、通风、排水及人员疏散措施和设施，一旦发生火灾事故，应能迅速灭火、排出有害气体，及时疏散人员，严防事态进一步扩大。

3）建议首先施工服务隧道，代替水中地质勘察，进行超前水文地质预报，对其岩性、裂隙、含水特性查明现场围岩，提早加固，为运营隧道安全施工起到保驾护航的作用。

4）掘进工作面通过断层等构造变化带时应采取的安全措施主要有：

①施工中严格执行操作规程、交接班和安全检查制度，随时注意观察围岩稳定状况的变化，及时掌握断层等构造带状况。一旦发生异常征兆应及时处理，防患于未然。

②在破碎带中施工要采用光面爆破、预裂爆破等控制爆破，减少对围岩的破坏。

③断层带处顶板松软破碎时，采用预注浆支护；掘进工作面在邻近或穿越断层带时，采用特殊支护方式。

5）建立检查浮石、处理浮石制度，并认真执行。每班进行“敲、帮、问、顶”，检查浮石时要有良好的照明，不准进行其他作业。浮石处理必须及时、细致，不能半途而废。

（3）爆破方面的对策措施和建议

1）按照设计凿岩，炮孔经验收合格后方可进行爆破施工，不合格的炮孔应采取补孔、补钻、清孔或填塞等措施。

2）严格按照相关规定、规程施工，施工完毕后应检查施工质量，以便采取相应措施。

3）使用符合国家标准或部颁标准的爆破器材。

4）作业前应明确相关人员职责。起爆前应确认人员、设备等已撤至安全区域、所有警戒人员到位，具备安全起爆条件后方可发出起爆信号。

5）警戒人员应按照指令要求到达指定地点，并坚守工作岗位。

6）按照《爆破安全规程》（GB 6722—2003）的要求处理盲炮。

7）应明确预警信号、起爆信号、解除信号，使爆破警戒区域内及附近人员能清楚看到或听到，并了解其含义。

8）爆破后按照规定等待时间进入爆区。

9）使用合格的运输工具运送爆破器材。

10）工作面所用雷管炸药应分别存放在加锁的专业爆破器材箱内，不应乱扔乱放。爆破器材箱应放在顶板稳定、无机械电气设备的地点，起爆时应放于警戒线以外的安全地点。

11）爆破网络联结完成后应检查有无漏接或中断破损；有无打结或打圈；雷管捆扎是否符合要求；线路联结方式是否正确、雷管段数是否与设计相符等。

12）若采用爆破法贯通，在两工作面相距15m时，只准许一个工作面向前掘进，并应在双方向通向工作面的安全地点派出警戒，待作业人员撤至安全地点后方可起爆。

（4）水灾预防措施

1）建立完善的施工排水系统。

2）有防止地表水进入工作面的措施。

3）隧址断层裂隙比较发育，这些断层存在导通含水层或海水的可能，因此在掘进过程中，接近和揭露落差较大的断层时，应当采取探放水，并编制探放水和注浆防水措施。

4）切实做好职工的安全教育和技术培训，提高职工的安全知识和技术素质，使职工能懂得透水前各种征兆和规律，在发现透水预兆发生时及时汇报、处理。

(5)火灾预防措施和对策

1)隧道内放置炸药、柴油及其他易燃品的地点严禁抽烟和明火。

2)各作业场所的动力线路开关、电气设备必须按规程安设,严禁超负荷。

3)电气设备的开关熔断器只允许使用符合安全规定的熔断丝(片),严禁使用其他金属丝(片)。

4)作业场所的照明动力线路,必须正规架设,经常保持其绝缘良好。在电线或电缆接头附近禁止存放炸药或易燃品。

5)禁止采用灯泡加热器、阻抗器或电炉烘烤爆破器材、衣服及其他易燃材料。

6)电灯泡和电线接头裸露部分、电器设备的发热部分,禁止与木材、油毡纸及其他易燃品接触。

7)对炸药、雷管等的存放、保管、运输和使用一定要严格执行有关规定和规程,防止电气短路、杂散电流、静电及冲击、摩擦、挤压等容易导致爆炸品出现意外的因素出现。

8)定期检查电缆和其他设备的使用状况,当发现电缆绝缘存在问题时,要及时处理或更换。

9)加强对变压器等容易出现故障火花的设备的检查维修,选用质量合格安全可靠的设备。

(6)防触电对策措施

1)隧道内配电所中性点禁止接地,电气设备采用保护性接地。

2)接地装置及其埋藏深度要符合有关规定。

3)隧道内电缆必须安装检漏保护装置,并要正常使用。

4)电气设备的外壳与盖之间设有闭锁装置,保证不合盖打不开电源,打开电源则不能拆卸盖。

5)电钻等手持电气设备、照明设备及信号电源采用的供电额定电压不得超过127V。远距离控制线路的额定电压不超过36V。

6)加强对手持电动工具和移动手提式电气设备的绝缘性能,避免触电伤人。

(7)运营方面的安全对策措施及建议

1)胶州湾海底隧道作为城市一级快速干道,车速快,交通流量大,应做好预防交通事故的工作,避免带来人员伤亡、财产损失。

2)在营运期,海底隧道作为客车专用道,应禁止一切危险品运输车辆和货车通行(包括运输武器弹药的军用车辆),严禁各种泄漏、超载车辆进入。

3)应充分采用现代科学技术手段,实现交通管理的现代化,借鉴高速公路安全管理的经验与手段,设置监控管理系统。

4)隧道运营期间发生车辆事故、火灾事故造成的影响和危害要大于敞开的公路,因此,建议成立专门的隧道消防机构(救援机构),针对隧道火灾的特点配备消防救援设备、设施,针对长大隧道的特点配备救援设备,进行有针对性的训练,并与当地消防机构(救援、救护机构、医院)进行协作训练,以便于在隧道火灾时密切配合,减少火灾损失。

消防机构(救援机构)应位于隧道附近,建议设在管理中心附近,以方便及时救援。

隧道青岛端有青岛医学院附属医院、市南区医院、铁道医院、青岛市救护中心、青岛市中医院等医疗机构,最近的医院距隧道口不足2km。这些医院均在15min车程之内,可以作为隧道事故的救护单位。

5)对于火灾自动报警系统,建议采用光纤光栅型火灾报警与双波长火焰探测器复合使用的方式实现自动报警功能。

6)隧道内及隧道口应设置可变信息电子显示标志及限速板,及时提供交通通行、气候(如台风、雨、雾)与车辆变速管制等情况。

7)隧道入口外100~150m处,应设置火灾事故后提示车辆禁止进入隧道的报警信号装置。

8)应设紧急报警电话,出现重大事故时,能迅速联络消防、救护、公安等有关部门及时处理。

9)定期进行隧道检查,并将检查结果纳入技术档案。检查内容包括拱、墙、衬砌、排水设施、道路等。

10)定期进行渗漏水检查,并做好检查记录。当隧道渗漏水明显时,建议测定渗漏水量,一般每月一次，并做好记录。隧道渗漏水较严重时建议进行注浆（回填注浆或固结注浆）。

11）供电系统应配置避雷器、避雷针等过电压保护装置，并定期检定。

12）禁止在隧道内修理车辆。管理部门应有救援设施以便迅速拖出发生事故的车辆。

13）隧道内线条以简洁流畅为主，过多的线条和图案会扰乱驾驶员视觉。为了行车安全，隧道内禁止设置广告牌。

14）按照道路交通照明设置技术要求对隧道进行灯光照明设计，避免产生眩光现象，提高通行安全性。

15）隧道火灾预防措施

①应规定隧道内不得随意停车和超车，小车的最小间距是50m，大客车最小间距为100m，大客车应安排距离警告设备，同时限制车距，有利于被围人员的撤退和消防人员迅速到达火场及时灭火。

②车辆进入隧道前需要减速，隧道内限制车速，避免一旦事故发生时，车辆拥堵不堪，造成更大的伤亡与损失。

③强制采用车队警告电子设备，并有相应车速限制与监视。

④自动进行交通管制，当隧道发生事故时应迅速阻止洞外车辆进洞，以利于快速组织救援，减小损失。

⑤在隧道进口外1km处设置观察检查站，通过人工和仪器观察进洞车辆，防止病车和具有危险性的车辆进入隧道。

⑥若车辆发生故障应尽量让其停靠在紧急停车带，不致阻塞后续车辆。

⑦采用预防隧道火灾设计方法。

⑧隧道内的变电所配备消防灭火器材。

⑨隧道内禁止超车，禁止变换车道，以防发生交通事故。

⑩随时对洞内交通状况进行监控，尽量避免隧道内发生交通堵塞的情况。

⑪当关闭一条隧道进行养护维修时，制定详细完备的交通组织预案；如果允许另一条隧道双向行车时，宜仅允许公交车辆通行，并严格限制车速。

⑫由于通风系统失效时火灾风险较高，日常应加强通风系统维护保养，加强隧道通风系统管理员的培训，减少人为疏忽的几率。

（8）预防隧道火灾对隧道设计的要求

1）主体钢筋混凝土结构的保护层应具有足够的耐火能力。

2）隧道轴线选择和出入口规划布局应考虑行车安全和火灾时烟雾的蔓延。

3）出入口设计在技术上应可识别并阻止载有危险品的车辆进入隧道。

4）隧道内的装修材料应采用不燃材料。

5）隧道内每隔一定距离设置一电视摄像头，出入口外设置电视监控装置。隧道内设自动喷水灭火起动装置，排风管考虑耐高温要求。

6）隧道内应备有足够的水源（消防给水）。

7）隧道内应设有防火隔离设施。

8）通风设计应考虑隧道火灾时的排烟。

9）必须设有可靠的电源（设置自备发电机组，在30s内自动投入运转，考虑消防电源，配备耐火线或阻燃电缆）。

10）设有可靠的控制和显示设备；隧道内设置紧急诱导和避难设施；选择可逆型风机（用于排烟）。

（9）交通事故预防措施

1）提高隧道路面摩擦系数，缩短车辆制动距离，预防车辆打滑。提高隧道内行车道的摩擦系数是减少隧道交通事故的关键。隧道内水泥路面防滑刻槽、微小的坑洼被污垢填平后得不到雨水的冲洗，影响了轮胎的附着力。定期对隧道路面进行清洗，能有效地提高路面的摩擦系数。如果采用消防水管的水源，沿行车道两侧铺设喷水管，让水流喷洒在路面上，利用车辆的轮胎与路面的接触力自然清洗路面，从技术和费用两方面来看都是可行的。海底隧道内采用这项措施时，要考虑冬季路面结冰的问题。

2）解决隧道进口处人眼和心理的不适应问题，预防进口处事故。消除隧道进口的事故隐患，必须从隧道进口的设计上充分考虑驾驶员的生理和心理因素。根据《公路隧道通风照明设计规范》采用适当的明暗交替过渡长度，其基本原理是让洞外光线逐渐变暗，到洞口时光线的亮度基本接近洞内的光线，以解决人眼的不适应问题。具体可以采取在进洞口处设置遮阳棚、减光格栅，在远离洞口的路旁铺植草坪、栽种常青高大乔木等方法，能有效地缓解人眼的不适应，还能缓解驾驶员的压抑感。隧道进口处的路面要尽量与洞口外的路面同宽，或大于洞外宽度，再逐渐变窄，这样就更有利于驾驶员的心理变化。白天车辆接近隧道出口时，驾驶员看到的外部亮度极高，如果车速过快，隧道内外明暗对比度大到一定程度就会出现眩光。夜间与白天正好相反，隧道出口处看到的是微光或黑暗，这样就看不清外部道路的线形及路面上的障碍物。为此，出口处应设置必要的照明。

3）注重隧道内防护设施建设，尽可能减少人员伤亡。

4）合理设置隧道内的标志标线和照明灯光，预防车辆追尾事故。

5）当中远期交通流量发生重大变化时，按设计标准控制隧道的通过能力，对超出隧道通行能力的交通流量实行分流措施（分流方向为跨海大桥、环胶州湾高速公路、同三高速公路）。

6）隧道内应急引导标志要大而清晰，含义明了，高低位置应考虑烟雾影响因素。

（10）安全管理方面的对策措施

1）建议设置隧道安全管理机构，配备专职安全管理人员，负责隧道正常运营的安全管理工作。安全管理人员应包括负责风机等隧道机电设备运行、维护安全的安全管理人员，负责隧道检查、养护工作安全的安全管理人员，负责隧道交通安全的安全管理人员。

2）建立隧道管理各部门的安全运营责任制和各工种、岗位的安全运营责任制。制定安全运营管理制度，制定机电设备使用维护规程、安全规程、隧道检查和养护相关安全规程等技术规程。

3）建议参照《生产经营单位安全生产事故应急预案编制导则》的要求编制以下几种应急救援预案：

①隧道火灾应急救援预案；

②隧道交通事故应急救援预案；

③隧道交通堵塞应急救援预案；

④排水系统故障（水灾）应急救援预案；

⑤通风系统故障应急救援预案；

⑥供电系统故障应急救援预案；

⑦地震应急救援预案；

⑧公共安全事件应急救援预案。

以上应急救援预案属于专项应急救援预案，应明确以下内容：

①事故类型和危害分析。应明确可能发生的事故类型及严重程度，如隧道火灾应明确是交通事故引发的车辆火灾或是隧道电气设备火灾，以便有针对性地组织扑灭和救护。

②组织机构及职责。应明确应急组织的形式，构成单位或人员，以结构图形式表示。明确应急救援组织机构总指挥、副总指挥以及各成员单位或人员的具体职责。应急救援机构可以设置相应的应急救援工作小组，明确各小组的工作任务及主要负责人职责。

③预防与预警。明确隧道监控系统的组成及分布，明确与消防、救护（医院）、公安等部门的24h联系方式，明确应急组织人员向外求援的方式。

④应急处置。按严重程度、影响范围和隧道管理中心控制事态的能力，将事故分为不同的响应等级，按照分级负责的原则，明确响应级别。明确事故报警、应急措施启动、应急救援人员引导、伤员救护、事故扩大及同上级预案衔接的程序。明确事故发生时的交通控制方案、横通道控制方案、通风系统控制

方案、照明控制方案、消防控制方案、广播控制方案。明确与上级管理部门、相关救援救护单位的联络方式和联络人员，事故报告的基本内容和要求。

⑤应急物资与装备保障。明确应急处理所需的物资及装备数量、管理、维护和使用方法。明确佩戴个人防护用具方面的注意事项、使用抢险救援器材的注意事项、采取救援对策措施的注意事项、现场救护注意事项等。

⑥应急救援关闭程序。明确应急救援结束后现场处理事项及处理要求等。

对应急预案应按照规定进行定期演练、总结、改进，以提高预案的针对性和有效性，在事故发生时能有的放矢，将损失降到最小。

(11)设计方面的建议

1)建议设计中说明隧道两端洞口的汇水面积和青岛地区计算暴雨强度的重现期，并计算两端洞口的实际雨水量，然后根据实际雨水量，选择排水设备。建议参照《地铁设计规范》(GB 50157—2003)，按照50年一遇的暴雨强度进行计算。

2)隧道废水泵房的排水量应为消防废水量和隧道渗漏水量之和，根据总排水量选择排水设备能力。如果有海水倒灌的可能，这部分倒灌水量应考虑在两端洞口的雨水量之内。

3)对柴油发电机房宜采用气体灭火系统或水喷雾灭火系统，建议控制中心采用气体灭火系统。

4)消火栓系统采用湿式给水系统应有可靠的防冻措施，建议给排水管道4℃以下时采用电伴热防冻保温系统。

5)隧道内给排水管道穿过结构缝或伸缩缝时应采用防止纵向或竖向变形的接头，建议采用不锈钢软管接头。

6)在设计消防给水系统时，建议考虑平时利用城市自来水压进行稳压的措施。

7)设计时应考虑隧道大修、火灾工况下的短期或临时"单洞双向"运营模式，以及这种情况下通风参数的调整和通风控制程序。

8)设计时应考虑风机等设备的运输、安装、更换、维修所需的空间及通道。

9)确定进行交通管制和隧道养护时的烟雾浓度。

10)送风机前后附近的风道内应设置导流叶片。

11)人行横洞和车行横洞尽量设置在围岩稳固的地段，当实际地质情况有变化时，可适当调整横洞位置。横洞与主隧道连接处施工时，应注意施工方法，尽量减少对围岩的扰动。

12)供电系统应按要求设计避雷器、避雷针等过电压保护装置。

13)建议风机房、变电所等主要设备用房设置火灾自动报警装置。

14)胶州湾隧道断面较大(设置仰拱段隧道断面内轮廓面积有120.1m^2和125.8m^2两种)，应考虑大断面对最小岩层覆盖厚度的影响；主隧道和匝道渐变处由于埋深浅，地质较差，开挖跨度大，建议根据功能变化优化匝道进入隧道位置及接线隧道的车道数量。

15)建议对断层处、围岩刚度突变处及隧道出入口等抗震薄弱环节加强抗震措施。

16)建议在监控系统中增设结构安全性和耐久性检测系统。

17)隧道洞口高程高于最高高潮位(大港验潮站，5.51m，1997年8月)，一般不会危及隧道安全，但建议设计考虑台风季节的风暴潮危害。

20.6 安全预评价结论

青岛胶州湾隧道主要包括两条行车主隧道和一条服务隧道。本评价报告采用预先危险性分析法(PHA)、事故树法(FTA)和安全检查表法(SCL)进行了分析评价。

20.6.1 存在的危险有害因素

通过危险有害因素辨识，隧道运营期和施工期存在的主要危险有害因素有结构缺陷(衬砌侵蚀、破损、隧道漏水)、火灾、交通事故、坍塌、水灾、爆破伤害、中毒窒息、触电、粉尘、噪声等。

20.6.2 应重点控制的危险有害因素

合理的隧道埋深是保证隧道安全经济的重要因素之一,隧道覆盖层过薄,隧道强度差,易发生海水溃入隧道事故;埋深过大,隧道增长,导致造价提高。

隧道运营期间应重点控制的危险有害因素主要是隧道火灾和交通事故。供电系统故障直接影响隧道照明、排水、监控、通风等系统的正常运行,在安全管理中也不容忽视。

隧道施工穿过破碎带,如处理不当,会发生顶板大面积冒落甚至与海水沟通,造成严重事故,风险等级为Ⅲ级,因此应采取积极措施,重点控制。采用钻爆法掘进,可能会发生爆破伤害事故,风险等级为Ⅲ级,也是重点控制的危害因素之一。施工中产生的粉尘、噪声是本工程的主要职业危害,所以必须采取有效的职业卫生技术与管理措施,改善工作场所的作业条件,保障施工人员的健康。

20.6.3 危险有害因素受控程度

青岛胶州湾湾口隧道隧址是在进行了大量地质工作、方案比选和专家论证的基础上确定的。隧址穿越微风化二长花岗岩和火山岩,地质条件较好。虽然节理裂隙较发育,并要通过不足200m的破碎带,但以目前的施工技术,是可以安全通过的。

湾口隧道采用矿山法施工,由于采用凿岩台车,加快了施工进度,减轻了工人的劳动强度,减少了职业危害程度。为了防止透水、突水事故的发生,保证工程质量,施工中采取超前地质预报、预注浆堵水等措施。

胶州湾海底隧道采用复合式衬砌结构,三心拱形断面。在不同地段采用了不同的衬砌结构参数。采用分仓防水方式,分仓各段用背贴式止水带,在初期支护和二次衬砌之间设防水卷材和无纺布。

在通风系统设计中,考虑了火灾工况下的通风模式,设置了排烟设施。此外,设置了人行横洞和车行横洞,横洞均有防烟门,配置了逃生诱导标志,增加了人员逃生的可能性。

隧道供电电源分别引自青岛端和黄岛端的城市电网,正常时两路35kV电源同时独立供电,当一路失常时,另一路能够负担全部负荷供电。

胶州湾隧道隧址经过详尽的地质勘察,进行了可行性研究,数次组织国内知名专家进行论证,并就多项技术问题进行了专家咨询。对海底隧道最小岩石覆盖厚度、通风技术及防灾救援系统、防排水系统和防排水结构等专题进行了研究,设计中吸收了这些研究成果。设计文件提出了有针对性的安全防范措施和建议,本报告经过危险有害因素辨识、分析和评价,补充完善了这些措施和建议。在下一步设计中落实设计文件和本报告中提出的措施建议,可使工程风险控制在可接受范围之内。

20.6.4 应重视的安全对策措施

由于青岛胶州湾隧道工程的特殊性,业主委托山东大学进行了隧道最小岩石覆盖厚度的专题研究,委托重庆交通科研设计院进行了通风技术和防灾救援系统的专题研究,委托中铁西南科学研究院进行了防排水系统、防排水结构的专题研究,委托瑞士贝利公司对通风和排烟方案(中铁隧道设计院和重庆交通科研设计院编制)进行了技术审核。建议在下一阶段设计中充分消化吸收以上成果,完善通风排烟系统、隧道结构、防排水系统的设计。

建议首先施工服务隧道,代替水中地质勘察,进行超前水文地质预报,查明围岩岩性、裂隙、含水性,提早加固,为主隧道施工起到先导作用。

合理确定施工期排水、通风方案,保证施工期安全。制定防突泥突水、防塌方的应急救援预案,减少事故损失。

隧道两端及通风塔应有防止废气重新进入隧道的措施或设施。

由于我国采用竖井结合射流风机进行分段组合通风的经验很少,因此业主委托科研单位对胶州湾隧道通风技术进行了专题研究。在设计中,应对组合风压、风量、分段风速、送风和排风风压、风口与风道构造形式等进行详细计算与论证;在施工图设计阶段,应确定通风系统的细部构造,精确计算所需风压和风量,预测计算隧道投入运营后的各种通风状态(如短期单洞双向交通、火灾工况等),以满足隧道投入运营后的安全要求。

20.6.5 安全预评价结论

(1)胶州湾隧道工程是青岛市 1995~2010 年城市总体规划的重大工程项目,符合青岛市城市总体规划的要求。青岛市城市总体规划已经国务院批准(国函[1999]44 号),胶州湾隧道工程经国家发展和改革委员会以发改投资[2006]95 号文件批准,建设用地经国土资源部批准。

(2)本报告对胶州湾隧道工程存在的危险有害因素进行了辨识和分析,按照标准规范的要求,提出了控制措施和建议,这些措施和建议可以作为下一阶段设计的参考依据。

综上所述,青岛胶州湾海底隧道工程从安全角度符合国家的有关法律法规、标准、行政规章、规范的要求,在采取设计文件和本报告提出的安全措施后,能够保证安全运营。

第 21 章 隧道工程建设实施大纲

21.1 研究的目标和意义

为实现“加强建设管理,建造精品工程,提高投资效益,提供优质服务,创建公司品牌”的管理目标,立项进行了“胶州湾海底隧道工程建设管理指导性实施大纲专题研究”。本课题涵盖了对工程特点及难点的初步分析、实施方法的筹划和工程建设过程控制管理的全部内容。

本课题侧重以国内类似工程成功管理案例分析及经验总结并考虑现代项目管理基本理论及发展趋势的方法进行研究,对部分内容进行了多方案比选。研究成果系统、全面,针对性和可操作性强,对于我国海底隧道建设管理具有一定集成创新的作用。

本课题成果达到了国内先进技术水平,体现了“管理是生产力”和“以人为本”的现代工程管理理念,为胶州湾海底隧道工程建设管理提供了重要的参考意见和指导,为未来海底隧道和类似大型工程项目的建设管理积累了成套经验,推动了我国大型工程项目建设管理技术的进步。

21.2 研究内容

本课题涵盖了对工程特点及难点的初步分析、实施方法的筹划和工程建设过程控制管理的全部内容,共分工程筹划研究和工程管理研究两部分:

21.2.1 工程筹划研究内容

主要结合初步设计,对工程实施组织的有关环节及工期计划进行研究,提出实施组织的指导性方案。主要内容有:

(1)工程建设规模、标准、特点、难点及重点分析。

(2)工程进度计划和工期安排方案研究。

(3)关键工程施工方法和技术措施研究。

(4)工程招标及材料设备采购方案研究。

(5)工程施工组织方案研究。

(6)工程科研组织方案研究等。

21.2.2 工程管理研究内容

主要根据本工程特点和青岛国信实业有限公司的实际情况,并结合国内类似工程管理的经验,对本工程管理的模式和方法进行研究,为项目管理实施大纲的编制提供指导。主要内容有:

(1)管理模式与管理目标研究。

(2)管理体系及组织机构方案研究。

(3)工程招标管理方案研究。

(4)项目前期准备和征地拆迁管理方法研究。

(5)设计与咨询管理方法研究。

(6)工程质量管理方法研究:

1)工程进度管理方法研究;

2)工程费用管理方法研究;

3)合同管理方案研究;

4)施工安全管理方法研究;

5)环境保护与文明施工管理方法研究;

6)信息管理方法研究;

7)施工风险评估与管理方法研究等。

21.3　主要研究成果

依据本工程详勘地质报告和初步设计方案,概要陈述了本工程项目立项背景、建设规模、技术标准、环境及地质条件,类比国内外类似工程建设经验对工程建设条件进行了研究,提出了本工程建设难度大、风险高及防范海域段发生突水、突泥灾害为施工突出重点的认识。

根据本工程特点、难点和重点,结合以往工程经验,研究提出了工程施工进度指标。根据工程开工时间要求、进度指标、施工场地布置条件,结合合同标段划分,对工程施工组织及进度计划拟设了五个方案进行研究,并进行了对比分析,提出了各方案主要特征及评价表。

21.3.1　工程进度建议指标

本工程主隧道开挖断面及开挖方量大,围岩总体评价较为稳定,适合于大型机械配套施工。考虑到海底隧道施工与山岭隧道施工的区别,不能出现涌水和较大塌方,注浆止水与超前地质预报相对要求较高。因此,在安排施工计划时,尚应为超前地质预报、注浆止水、配合科研试验等预留足够的时间。根据工程实际情况和类似工程的施工经验,施工准备时间和综合成洞指标选取建议如表21-1所示。

施工进度指标　表21-1

施工项目	施工进度			
	Ⅱ级围岩	Ⅲ级围岩	Ⅳ级围岩	Ⅴ级围岩
主隧道施工	120m/月	100m/月	60m/月	40m/月
服务隧道施工	平均130m/月,锚喷支护180 m/月			
匝道隧道主体施工	平均60m/月			
风井及风机房主体施工	准备时间2个月,主体施工8个月			
附属工程施工	10~12个月(这当中包含了2~4个月富余及储备时间)			
调试和试运行				

21.3.2　重点地段施工建议

通过对工程特点、难点、重点和工程风险的分析,结合国内外类似工程经验,对海域断裂破碎带、下穿既有建筑、匝道岔口跨度等关键地段工程的施工方法及技术措施进行研究,提出了如下参考建议。

(1)海域断裂破碎地段隧道的施工

1)超前地质预测预报。在海域地段施工中必须坚持做好这项工作,将它作为施工的主要工序。预测预报的目的是进一步复核落实、补充、修正、完善设计的地质资料,提供准确的施工基础资料,决策正确的施工方案。

2)超前预注浆堵水。在海底下岩层中构筑隧道,直接处于水下的部分,其突出的问题是防止塌方通天,不让海水涌入到隧道内。因此,施工中做好防涌水、防塌方,是该隧道实施的关键。在海底隧道施工中,为做好防水、防塌,除需采用超前钻探,适当开挖、支护紧跟,加强排水等措施外,还必须辅以特殊的施工方法。根据国内外的经验,在水下岩层中修建隧道,注浆法是防涌水、防塌方的一种常用的有效方法。

(2)下穿房屋地段隧道的施工

在薛家岛端隧道洞口地段,洞身下穿多层砖混结构房屋群,该处埋深浅,岩石破碎风化严重,其施工要点为:

1)采用分部开挖微振爆破施工,振动波速控制在1.5~2.5 cm/s。

2)对围岩软弱地段,在洞内采用注浆加固岩体,开挖前在拱部设置超前长大管棚支护。

3)在地表和建筑物上布置监控量测点进行变形量测,其变形控制值参照有关规范要求办理。

(3)匝道岔口大跨度隧道的施工

团岛端主洞左线与匝道分岔口最大开挖跨度达28.92m,埋深浅。对这种围岩较软弱、施工容易坍塌的地段,其施工要点为:

1)对洞身围岩进行预加固,在岔口前后各20m范围,进行注浆加固,并设置长大管棚支护结构,对岔口三角带从主洞和匝道洞身双向打长锚杆支护。

2)开挖采用双侧壁法或CRD法分部施工,短进尺,早封闭。

3)洞内外设置变形监控量测点,进行信息化施工。

4)先施工岔口前后20m范围的主洞二次衬砌,然后再施工岔口处的二次衬砌。

(4)根据招标范围、标段划分原则,结合工程进度计划方案研究和以往工程经验,对施工及采购合同标段划分拟设多个方案进行研究分析,提出了意见和建议。

(5)根据施工组织进度计划推荐方案,研究提出了工程设计及咨询计划、土建工程招标及施工计划、机电设备系统及装修工程招标及施工计划、施工监理招标实施计划;提出了施工用地、施工准备、施工期间交通疏解、施工弃渣处理、施工期间环境保护及文明施工等总体要求和方法。

(6)鉴于本工程的特点和难度,根据以往工程建设的成功经验,提出了对工程关键技术问题立项进行科学研究的必要性;强调了科研与设计及施工相互结合、防止脱节的重要性,以真正达到"科研围绕施工,成果指导施工且能够施工,确保工程质量,为以后海底隧道建设积累经验"的目的;并对项目及科研成果申报各级奖项提出了规划目标和建议。

21.3.3 工程管理

以现代项目管理理论为指导,针对本工程实际情况,并结合以往工程管理成功经验,提出了"小业主大社会"的金字塔式三级管理模式,提出了本工程管理的目标。

(1)工程管理总体思路。

1)充分认识管理对象的特点,并以其作为管理工作的重点,不断提高管理工作的针对性、科学性和有效性。

2)坚持以人为本,以安全质量为中心,十分重视对客观规律的把握和策划环节的工作,将工作主体的积极性、创造性的有效发挥作为安全质量保证的基石。

3)坚持运用制度进行管理,按程序推进工作的方法,不断提高管理工作的质量,营造重视管理工作的良好氛围,实现宏观与微观管理的有机结合和管理工作绩效最大化目标。

4)贯彻"小业主大社会"的精神,组成以业主为核心、目标一致、协调运作的项目团队,充分发挥和调动社会力量的积极性,努力建设各岗各平等法人间相互理解、尊重、支持的良好氛围,在实现工程建设共同目标的工作中尽职尽责并互利共赢。

(2)工程管理模式。以精简高效和资源配置最佳化为目标,组织项目团队,形成一点(业主为核心)、两线(设计及咨询、施工监理)、一片(所有施工承包人和设备材料供应商)的金字塔式三级管理格局。

(3)工程管理目标。成立项目管理公司,严格公司治理、细化工作程序、加强施工管理,高起点、高质量地完成海底隧道建设工作。具体目标为:

1)推行优化设计为主旨的限额设计;确保设计文件的深度和质量;积极采用新技术、新工艺和新材料,推进设计取得最佳的经济、社会和环境综合效益;加强计划管理,确保勘察设计的及时性;勘察设计成果成功申报青岛市、山东省、国家优秀成果奖和行业"詹天佑奖"。

2)按照公平、公正和公开的原则,采用招标形式和合理价格选择优秀的施工承包人、监理单位、设备及材料供应商,为工程优质顺利的进行奠定基础,同时确保在招标过程中不出现违法违纪事件。

3)确保工程严格按项目《技术规范》质量标准和国家有关工程技术规范及标准、按计划保质保量完成。施工技术成果成功申报"鲁班奖"和其他形式的工程奖或管理奖,项目成功申报数项国内工程纪录、工法和专利。

4)推进参建各方建立健全安全责任制为核心、配套的管理制度为支撑的安全保障体系,避免发生重大安全责任事故,减少一般事故。加强文明施工和廉政建设宣传教育,重视环境保护,创建"文明工地"、"廉洁工程"典范。

5)积极推进科研与设计、施工等各方工作的有机结合,形成业主、科研、勘察、设计、设计监理、施工、施工监理、第三方监测等多方协作、联合攻关的良好局面;鼓励各单项科研成果成功申报省部级科技进步奖、行业协会创新成果奖。

6)开展项目后评估,对各方面成果进行整理并形成项目整体技术成果,为我国海底隧道建设和公司发展积累经验,并成功申报国家年度建设成就奖、科技进步奖。

7)引进世界先进管理模式及管理系统,全面承担海底隧道的日常管理及运营工作;积极开发项目衍生资源,有计划地实施土地、景观绿化及旅游等附属项目的开发工作。

8)成功运作海底隧道建设项目,积极促进国信及本项目管理公司未来发展:创造可观的经济效益和业绩,为公司创造在资本市场继续发展的良好条件;促进公司业务向城市轨道交通、高速公路和房地产领域延伸;通过参建各单位、社会专家、政府各相关部门的参与,进一步提升公司的知名度和社会影响力。

(4)根据项目特点、管理思路和模式,结合以往成功经验,研究提出了业主项目公司机构设置原则、职能分工和人员配置。

按照"小业主、大社会,精干、高效"的机构设置原则,本项目管理公司实行总经理负责制,下设工程技术部、安全质量部、计划合约部、采购管理部、外协部和综合部六个部门。公司机构框架见图21-1。

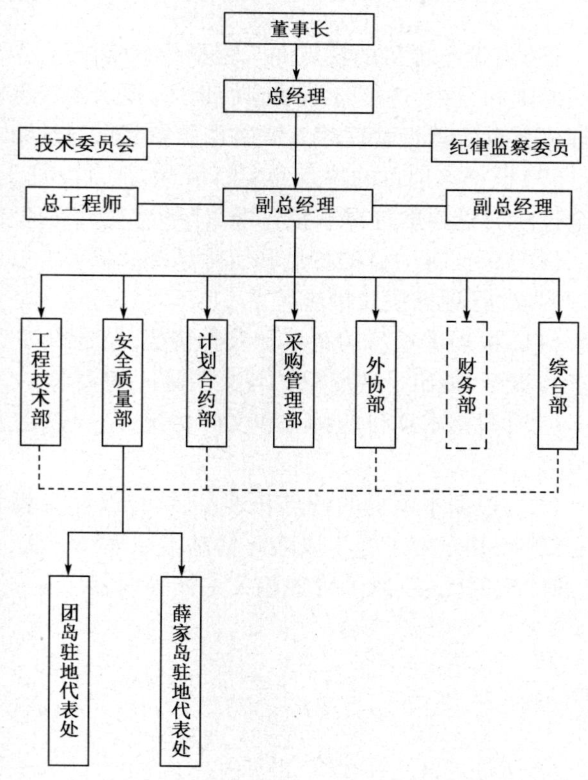

图21-1　公司机构框架图

1)工程技术部负责项目技术管理,项目设备管理,项目风险管理,项目信息管理,项目竣工收尾、验收、管理考核评价等方面的管理。

2)安全质量部负责项目质量管理、进度控制、项目职业健康安全管理、项目保修管理。下辖两个驻地代表处,其主要职责是:对工程现场实施全面的监督,及时反馈情况,协助各部门处理现场发生的各种问题。

3)计划合约部负责项目合同管理,项目进度管理,项目成本管理,项目竣工结算、决算管理等。

4)采购管理部负责项目采购招标管理、可调价材料管理、碎石加工场及石渣管理。

5)外协部负责项目环境管理,征地拆迁,施工用电、用水、用气等的供应,协调政府及社会有关方面。

6)综合部负责项目人力资源管理,资金管理,项目沟通管理,后勤保障,固定资产管理,对外宣传、接待等。

7)技术委员会由业主、设计、设计咨询、施工监理有关负责人和社会专家组成,主要负责对本项目重大技术方案、设计变更申请报告进行审查,为项目技术决策提供技术支持。

8)纪律监察委员会由业主和上级主管部门纪检人员和主要负责人组成,负责对本项目施工过程中的廉洁性、公正性进行监督检查,防止发生违法违纪问题。

管理框架中可不单独设置项目公司财务部,项目财务管理相关工作可由计划合约部和国信公司(总公司)财务部协同完成。各岗位职责分工,可根据具体配置逐步分解、细化、明确。

(5)根据国家和地方有关管理办法,借鉴以往工程管理经验,提出本项目招标机构设置方法、分工职责、招标方式和合同签订管理流程。

(6)项目前期准备和征地拆迁,是城市工程建设管理工作的一个重点和难点,提出了需要根据国家的法律、法规及工程项目基本建设程序的要求,抓紧完成工程建设前期准备工作的重要性;提出了征地拆迁管理的基本原则和工作程序;提出了项目报建及施工准备管理、开工管理的要求和方法;强调了加强沟通协调管理的重要性。

(7)根据本项目的特点,结合国家和地方有关工程质量管理的法律、法规,提出了本工程质量管理的目标和要求、程序和方法,提出了质量保障体系有效运行管理要求及方法,提出了质量奖惩与约束方法。

(8)根据本项目的特点和工程指导性实施计划要求,结合以往工程管理经验,提出了本工程进度管理的原则和目标、进度计划编制的程序,提出了进度动态控制和纠偏方法、进度管理的程序和方法、进度管理体系有效运行管理的方法以及质量奖惩与约束方法。

(9)根据本项目的特点和实际情况,结合以往工程管理经验,提出了本工程建设资金筹措及管理、资金投放时机强度选择掌控管理、计量与支付管理和变更设计的管理等方法。

(10)根据本项目的特点和实际情况,结合以往工程管理经验,提出了本工程合同管理的职责范围、管理内容、管理方法及措施等。

(11)根据本项目的特点和实际情况,结合以往工程管理经验,提出了本工程施工安全管理的内容、要求和程序,提出了环境保护与文明施工的要求。

(12)根据本项目的特点和实际情况,结合以往工程管理经验,提出了本工程信息管理的任务、内容和方法。

(13)根据本项目的特点和难点,结合以往工程管理经验,提出了本工程开展施工风险评估与管理的必要性,并介绍了施工风险评估基本原理和方法,介绍了施工风险管理的原则、基本程序、风险处理措施、风险实时监控、风险管理相关主体等内容。

第 22 章 隧道经营管理模式和运行系统

22.1 研究目的、内容

为保证胶州湾隧道工程有序、高效运营，考察、调研了境内外有代表性的公路隧道的运营管理现状，进行了项目经营管理模式和运行系统研究。主要内容由五部分组成：

(1)公司组织架构模式；

(2)公司人力资源管理模式；

(3)公司运行管理模式；

(4)公司设备管理模式；

(5)公司收费及资金管理模式。

22.2 研究成果

22.2.1 组织架构方案

按照战略导向突出重点原则、稳定性和弹性相结合原则、管理层次和管理幅度均衡原则、精简高效原则、专业分工与协作原则和 CHORT 原则的组织架构设计六大原则，咨询公司在深入分析以客户为导向的核心业务、以效益为导向的支撑业务、以效率为导向的辅助业务的国信交通公司运营管理需求的基础上，参照国内外同类项目运营管理模式，分别拟订了两套组织架构设计方案：职能主导型组织架构和流程主导型组织架构。前者基于隧道运营管理任务分解后的主要职能划分设置部门及安排人员，后者基于隧道经营管理的运行流程进行组织设计及人员配备。两套方案的部门设置数量及其职能、人员编制及其构成、架构运转模式等均有所差异。经综合权衡该两套方案，比较优劣，并结合国信交通公司实际情况和自身特点，同时考虑隧道经营管理的效率、处置例外事故的能力和速度，采用流程主导型组织架构及人员设置方案。

(1)流程主导性组织架构方案

按照流程主导性组织架构设计方案，如图 22-1，国信交通公司隧道经营期设置 4 个部门，其中隧道经营管理业务部门两个：运营管理部、工程部；支持职能部门两个：计划财务部、综合部。

综合部主要负责人力资源、党群、文书、行政、后勤、战略管理、辅业开发、法律事务等方面的工作；负责协调管理中心物业管理及隧道周边绿化、接待中心经营(含后勤管理)、加油站、展览馆运行维护等业务承包单位及辅业经营单位。

计划财务部主要负责会计核算、预算管理、资金管理、资产管理、成本控制、内部控制制度建立及监控、税务管理、票卡管理、经营计划统计、工程造价审核等方面的工作。

工程部主要负责公司隧道土建、设备及设施的日常监测、日常维护、设备日常保养等方面的工作；负责协调隧道土建主体、强电、弱电、变电站等专业外包单位。

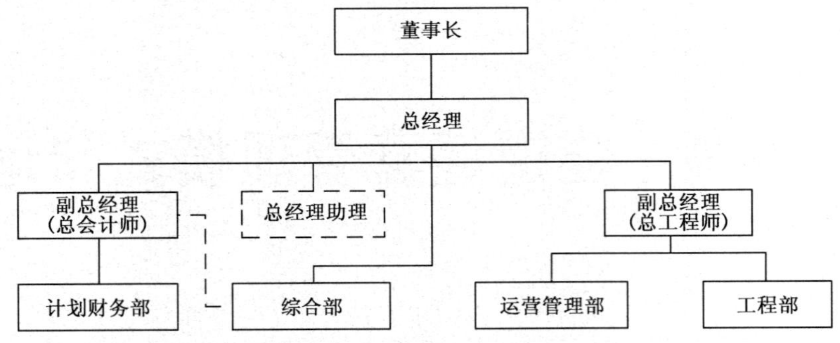

图 22-1 流程主导型组织架构设计方案

运营管理部主要负责隧道运营的交通管理、路政管理、安全管理、应急处置等方面的工作，是公司安全管理的职能部门；此外，还负责协调交警、路政、消防和武警（如有）等部门。

（2）岗位设置

在岗位设置上，咨询公司针对组织架构中的各个部门和职位进行详细描述，出具职责分析说明书，对各个部门和职位工作内容进行了详细描述，尤其是对相互之间界面的划分，界定了各自责任范围，同时提出了各个职位人员应具备的能力和素质要求。

在人员安排上，咨询公司充分考虑国信交通公司特点，本着"因岗设人为主"的原则，采用现有人员留用、外部招聘、劳务派遣、服务外包等多种方式，给出最适合国信交通公司的人员安排解决方案。按照此种思路，咨询公司对国信交通公司进行了人员定岗定编，共编制人员 148 人，其中经营班子成员 3 名，占 2%；中层管理人员 8 名（正职 4 名，副职 4 名），占 6%；基层管理人员 33 名，占 22%；作业人员 104 名，占 70%，基本上达到了国内隧道运营管理企业人员配置最低，有效节约了人力成本。

22.2.2 人力资源方案

"人"的问题是保证胶州湾隧道顺利运营的核心问题之一。咨询公司着重对国信交通公司的人力资源管理模式进行论证分析，确定了公司采用的招聘和培训计划、薪酬管理和绩效考核方式等，以最大限度地激发员工潜能，发挥主观能动性，同时又合理地控制经营成本。

（1）招聘方案

本着提前思考、早做准备、分步实施的指导思想，根据组织架构配置的岗位性质和社会资源的情况，结合各类专业人员培养周期及胶州湾隧道建设进展，坚持按工作需要引进人才，保证"事事有人做、人人有事做"，实现既满足工作需要又节约人工成本的目标，制定了详细的招聘方案，为国信交通公司人员招聘提供了依据。

（2）培训方案

隧道运营筹备阶段的培训工作量大、面广、任务重。咨询公司提出国信交通公司的培训应遵循全面系统原则、三位一体原则、实用高效原则；在培训实施上，咨询公司提出内外部培训有机结合、送外培训前进行岗位认知性培训、上岗证取证培训；为保证培训质量，咨询公司提出建立健全培训体系和培训管理办法、保证关键岗位的总体培训时间、注重特殊工种取证培训三大保障措施。例如监控值班员、土建养护工班、强弱电管养工班、排障工班的培训时间一般为 2 个月；收费员的培训时间一般为 1 个月。特殊工种取证培训的项目主要包括：电工操作证（培训时间 1 周）、焊工操作证（培训时间 1 周）、登高作业许可证（培训时间 1 周）。

（3）薪酬体系

薪酬体系是确保队伍稳定，员工各尽其职的一个重要保障体系。薪酬体系不但包括了员工的固定薪金、福利，还包括相应的考核机制及奖励机制，是引导企业员工努力向上的一个体系。

在薪酬体系和绩效考核体系设计上，咨询公司着眼于确保隧道通行的安全这一首要责任，体现隧道经营特点，采取了分层次、差异化管理模式，对经营层、管理层、作业层实行不同的薪酬管理和绩效考核模式，制定了一套完整的薪酬管理和绩效考核制度。

隧道运营期员工薪酬包括工资和福利两部分。工资由岗位工资、技能工资、津贴补贴、绩效工资和运营安全责任专项奖五个工资单元构成，其中前三个单元为固定工资，后两个单元为变动工资。经营层、管理层、作业层的固定工资与变动工资的比例分别约为4:6、5:5、6:4。

(4)绩效考核体系

绩效考核实行考核委员会领导下的三级考核制。

部门年度考核指标由公司下达，主要分为关键性指标、合格性指标两大类，总分100分。关键性指标80分，内容为根据公司年度经营目标计划的分解和本部门的工作职责确定的绩效指标。合格性指标20分，主要包含职能范围内的常规工作以及由机关作风建设、行政效能建设、内部管理等内容组成的综合项指标。

员工绩效考核是以员工业绩和能力为导向，对其业绩考核、行为考核、能力评估、例外事项考核表四方面内容完成情况的综合评价。得分由两部分组成，分别为员工月度绩效考核评分和年度目标责任评分，所占权重由各部门自行确定。

绩效工资采用两级分配体制：部门的绩效考核得分用于计算部门的绩效工资，员工的绩效考核得分用于计算员工的绩效工资。公司各部门绩效工资由各部门负责人进行二次分配，考核委员会办公室负责监督管理。其中月度考核权重为0.3，年终考核权重为0.7。

每次考核结束后12d内，部门根据本部门绩效工资总额，结合员工考核得分情况，计算员工绩效工资。

1) Σ部门员工绩效工资≤部门绩效工资。

2)绩效工资=绩效工资基数×绩效考核系数。

3)绩效考核系数表，如表22-1所示。

国信交通公司绩效考核系数表　　表22-1

绩效考核等级	A(优秀)	B(良好)	C(可接受)	D(需改进)	E(难接受)
考核得分	95分以上	85~95分	80~85分	70~80分	70分以下
考核系数	1.0~1.1	0.9~1.0	0.8~0.9	0.7~0.8	≤0.7

22.2.3　运行管理方案

依据隧道工程安全运营管理的需要，着重对隧道运营期的运行管理模式进行论证分析，协助建立各种必需的规章制度，以满足公司日常管理的需要，建立了多项应急预案，能够满足各种突发事件做出快速准确有效响应的要求，具体的运行管理方案包括如下四个部分。

(1)拟定《青岛市胶州湾隧道管理办法》

咨询公司充分吸收借鉴上海延安路隧道、南京长江隧桥、西安终南山隧道、厦门翔安隧道等国内典型隧道管理经验，结合青岛本地实际，对隧道及其附属设施和安全保护区域的管理、接线工程的管理、消防、治安管理、交通管制、通行车辆限制以及相关执法管理予以初步明确。

(2)建立隧道经营管理规范

围绕着隧道运营管理平稳高效有序的目标，结合咨询公司相关经营管理经验，分别建立健全《隧道经营安全与风险管理办法》、《隧道收费操作规程》、《收费操作控制程序》、《收费业务管理办法》、《IC卡管理办法》、《收费稽查规定》、《收费员文明优质服务规范》、《文明服务考核细则》、《养护工班考核细则》、《调度监控中心工作程序》、《调度监控中心设备使用管理办法》、《调度监控中心岗位作业规程》、

《可变情报板系统信息发布管理办法》、《交通运行信息报告程序》等规范和流程，做到有章可循。

（3）建立应急预案

咨询公司从突发事件应急管理的角度展开对隧道突发事件与紧急救援预案的研究，从构建体系的高度，强调应急体系的完整性、可操作性、实用性、科学性，进行了应急体系的系统设计，各类预案包括总则、适用范围、组织领导、工作分工、应急处置、应急保障、调查报告、培训与演练、附则、应急预案流程图10个方面。

其中对于突发事件分级是应急处置的核心。突发事件的分类是根据事件的特征，把各种突发事件划分为不同的类别。对事件的分类是应急管理工作的基础，只有首先确定事件的类别，才能更快地找到处理问题的应对方案。咨询公司从事件自身和应急管理两个方面考虑，归纳了8个维度的影响要素。事件要素包括以下4个维度：①影响范围，包括地域因素、危害被盖面积等。②危害/损失程度，例如人员伤亡、经济损失等。③扩散要素，主要包括天气或气候状况、传输渠道等。④时间要素，一是指发生时刻的特性，例如是白天还是夜晚，是工作日还是节假日等；二是指突发事件可能持续的时间。管理要素包括以下4个维度：①认知程度，在现有的科学知识水平下，对突发事件发生机理以及处置机理的研究情况。②社会影响程度，不同级别的突发事件对社会经济发展和人们生活造成的影响也会不同。③公众心理承受度，如果公众对该类突发事件心理承受度低，那么这类突发事件容易造成社会恐慌，所定的级别应该相应提高。④资源保障度，指在现有的人员、设备、其他社会救济协助力量的情况下，能够在一定时间内处理突发事件的保障度。如果保障度高，那么救援成功的可能性就大，在一定程度上也会影响其级别。

如《大雾天交通应急预案》，咨询公司按照大雾天气下的能见度，分为能见度小于500m大于200m的薄雾、能见度小于200m大于100m的中雾、能见度小于100m大于50m的大雾、能见度小于50m需要实施隧道封闭的浓雾四个级别。根据能见度等情况实行分级管制，制定了相应的处置原则和现场处置办法。能见度不足50m实行一级管制，除重要领导特别紧急公务、紧急抢险救护等特殊车辆在警车带道下通行外，禁止其他各类车辆驶入隧道内，已驶入隧道的车辆必须开启雾灯、近光灯、示廓灯、前后位灯及危险报警闪光灯，并以不超过20km/h的行驶。能见度在50m以上100m以下不能保障车辆安全通行时，实行二级管制，禁止危险品运输车辆、“三超”车辆、大型客货车辆和后尾灯不亮的小型车辆驶入隧道内，管制路段临时限速30km/h、禁止超车；通行车辆必须开启雾灯和近光灯、示廓灯、前后位灯、危险报警闪光灯，保持车间距不小于80m。能见度在100m以上200m以下时，实行三级管制，禁止危险品运输车辆、“三超”车辆及重载大型货车驶入，管制路段临时限速40km/h；通行车辆必须开启雾灯和近光灯、示廓灯、前后位灯，保持车间距不小于50m。能见度在200m以上500m以下时，实行三级管制，管制路段临时限速60km/h；通行车辆必须开启雾灯、示廓灯和前后位灯，保持车间距不小于30m。通过上述分级，可以有效指导现场作业。

根据隧道运行中可能遇到的故障或事故的影响程度、涉及面、外部联动与密切情况将预案进行分类，咨询公司分别设定了A、B、C三类应急预案及应急预案管理办法。

A类应急预案为影响程度大、涉及面广、与外部联系密切、需要与外部单位联动才能有效完成的预案。它主要包括《防汛抗台应急预案》、《大雾天交通应急预案》、《冰雪天交通应急预案》、《隧道火灾应急预案》、《重大交通事故应急预案》、《隧道反恐应急预案》、《重要保卫任务预案》和《治安保卫突发事件应急预案》等。

B类应急预案为影响程度较大，与外部联系相对较少、原则上公司内部各个部门协作即能有效完成的预案。它主要包括《变电站供电突发事件处置预案》、《人员意外伤亡事故应急预案》、《隧道化学危险品泄漏、倾翻应急预案》、《设施、设备抢修应急预案》、《超限车辆误入隧道应急预案》和《管理用房火灾应急预案》等。

C类应急预案为影响程度相对稍轻，与外部联系相对较少，原则上公司内某个部门独立负责即能有效完成的预案。它主要包括《水管爆裂应急预案》、《收费、监控系统电脑病毒应急预案》、《食物中毒应急预案》、《节日交通高峰应急预案》、《隧道结构损坏应急预案》和《隧道防水堵漏预案》等。

(4)隧道数据档案馆管理制度

与胶州湾隧道同步建设的隧道数据档案馆，是隧道建设成果的集中展示。为管好、用好档案馆，充分发挥档案馆的经济效益和社会效益，更好地宣传胶州湾隧道的建设成果，咨询公司协助国信交通公司制定了《青岛国信胶州湾交通有限公司档案馆管理办法》和《青岛国信胶州湾交通有限公司档案馆接待工作准则》。

22.2.4　设备管理方案

胶州湾隧道是青岛市的第一条海底隧道，2011 年 5 月建成后交由国信交通公司运营。国信交通公司除了承担胶州湾隧道的运营管理任务，还要负责对隧道的附属设施、设备进行维护保养，以保证运营的可靠性和安全性。由于国信交通公司新招聘员工缺乏隧道设施、设备维护的经验，而且隧道内机电设备系统庞杂，土建设施技术含量高，且所处环境较为特殊，受海水的湿气和盐分影响较大，维护保养工作要求高。因此，为了更好地实现“安全、高效、经济”的隧道运营管理基本目标，咨询公司在隧道运营管理过程中着力为国信交通公司探讨利用市场化维保手段经营和管理隧道的理念与方法，通过安全性、经济性、风险性和应急能力评估等多个层面对各个专业系统的维保外包模式进行综合评价研究，并结合对山东高速集团有限公司，负责承建胶州湾隧道的中铁十六局（一标）、中铁二局（二标）、中铁十八局（三标）、中铁隧道局（四标）四家施工单位及青岛海信网络科技公司进行的实地和书面市场调研结果，测算各专业系统委外维保工作的价值和市场化保障方案。

(1)维保模式评价基本思路

胶州湾隧道设施、设备维保模式评价的基本方法是通过调研和资料收集，从安全性、经济性、风险性等角度建立维保模式评价指标体系及其各自的权重，在此基础上对于不同维保模式进行打分，得到不同维保模式下综合评判结果，从而为各子系统维保模式的选择提供决策依据。维保模式评价基本思路如图 22-2 所示。

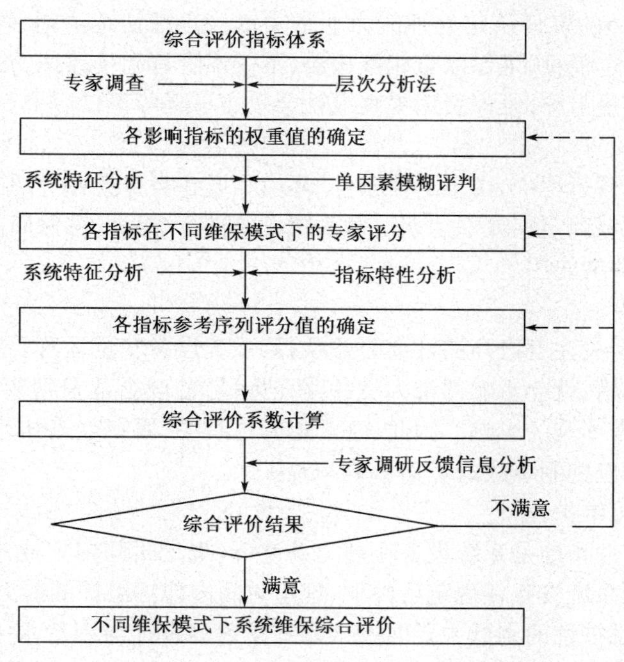

图 22-2　维保模式综合评价基本思路

(2)维保模式评价指标体系

综合评价的主要特点就在于全面、系统和综合，也就是说维保模式的选择不能仅取决于安全性评价，还要综合考虑经济性、风险性等多个方面。因此，只有进行综合评价，才能对各种维保模式的总体优劣有一个比较全面完整的了解，以保证决策的正确、合理。维保模式评价指标体系如图22-3所示。

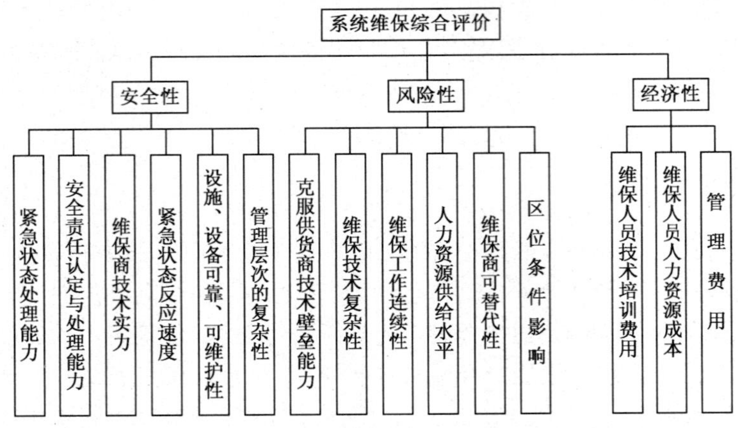

图22-3　系统维保综合评价指标体系

系统维保模式的选择在许多情况下不能仅以价值形式表示的个别指标来衡量，一些不能用价值指标和定量指标来反映但确实又存在的效益或影响需要用多目标的综合评价来确定。

综合评价涉及的影响指标很多，分别对应于安全评价、风险评价和经济评价的影响指标。

1）安全性指标

①紧急状态处理能力。系统设备正常运营过程中，出现的紧急故障，不仅需要维保商能够迅速做出反应，更重要的是能够迅速地排除故障或者寻找出有效的紧急处理措施，以保证隧道内车辆安全驶离隧道，并尽可能地减少故障造成的损失。

②安全责任认定与处理能力。安全运营是隧道运营管理和维保工作开展过程中头等大事。隧道系统设备运营过程中，系统设备出现故障而危及运营安全的情况是可能会发生的，出现故障时的维保双方（维保商与国信交通公司）的责任认定处理能力非常关键。责任认定清晰，维保时效性好，有利于及时诊断与排除故障；责任认定模糊，维保双方相互推诿，不仅不会有利于故障的排除，而且会影响系统设备的正常运营，造成维保质量下降、维保费用提高或社会效益下降等不良后果。

③维保商技术实力

隧道设施、设备在运营过程中，由于运营条件、环境和设备自身损耗等原因会产生故障，为了降低或减少故障的发生，需要维保商定期或不定期地对系统设备进行维保。维保商技术水平对于延长设施、设备正常使用期起着关键性的作用。

④紧急状态反应速度

海底隧道是一个社会关注度极高的社会公益项目，系统设备安全运营要求非常高；一旦运营过程中出现问题，产生车辆的拥堵，就会影响驾乘人员的路径选择，甚至会危及驾乘人员的人身、财产安全，给今后的运营管理造成非常不利的影响。因此，正常运营过程中，系统设备出现紧急故障时，需要维保商具备非常快的反应速度，以控制事故的负面影响不致扩大。

⑤设施、设备可靠、可维护性

系统设施、设备可靠性指的是系统设备在规定条件下、规定时间内完成规定功能的能力，而系统设施、设备可维护性指的是系统设备在规定条件下、规定时间内能够维护的能力，二者是紧密相连的。

设施、设备可靠、可维护性的高低主要取决于系统设备的设计与制造水平，而要维持或尽可能降低设备可靠、可维护性的下降速率则取决于系统设备维保商的技术水平和维保计划。建立以可靠性为中心的维保制度，以之取代常见的计划预防维保制度将更加有利于维持系统设备的正常运行。

⑥管理层次的复杂性

系统设备维保过程中维保工作的组织实施、维保质量监管等项工作是维保过程中的重要环节，要达到良好的维保质量，需要维保管理层次清晰、调度有方、令行禁止。

2）风险性指标

①克服供货商技术壁垒能力

供货商维保技术壁垒是制约设备故障迅速诊断和排除的重要因素，为了降低技术风险，需要维保商具备克服供货商技术壁垒的能力。不同维保模式下，维保商克服供货商技术壁垒的能力是不一致的，具体情况需视供货商设备技术含量、国内相关系统产品市场竞争情况及国家相关政策法规而定。

②维保技术复杂性。维保技术复杂性指的是系统维保时的技术水平要求和相关的维保质量保障的复杂程度。维保技术复杂性同维保检测设备供给水平、维保人员技术水平和维保管理层次等有着较为密切的关系。

③维保工作连续性。维保工作连续性主要是考虑到维保单位可能存在的效益下降、陷入困境，不能继续承担维保工作的情况。维保工作连续性是市场风险中较为重要的影响指标，可以根据维保单位的注册资金、盈利状况、技术资质、信用等级和负债率等方面综合考虑。

④人力资源供给水平。维保人力资源供给水平的高低直接影响着系统设备的维保质量，对于系统设备的运营安全影响巨大。

人力资源供给水平主要指的是在维保商进行系统设备维保过程中，依据维保计划或维保合同要求提供的维保人员组成与值守情况。这些维保人力资源不仅包括不同层次的维保技术人员，也包括维保管理人员。

⑤维保商可替代性。维保商可替代性指的是目前系统设备维保市场上具备维保能力的维保商的替代程度。也就是说，系统设备维保市场竞争充分，维保商可替代性好，反之，替代性坏。

维保商可替代性的好坏直接关系到市场风险的大小。市场竞争充分时，满足维保要求的维保商易于寻找，而市场竞争不充分时，国信交通公司在系统设备完全委外维保或联合维保时将会在很大程度上依赖于维保商，也会在一定程度上受制于维保商，从而带来较大的市场风险。

⑥区位条件影响。区位条件指的是维保商所处的地理位置和交通配套条件。

隧道运营时安全性要求较高，系统设备出现故障时需要维保商不仅要有一定故障处理能力，而且需要有较快的反应速度，因而维保商区位条件也在很大程度上限制了故障维修周期，从而给系统维保带来了较大的安全隐患和环境风险。

3）经济性指标

①维保人员技术培训费用。维保人员技术培训费用指的是维保过程中，维保商为了提高维保人员技术能力而进行的技术或技能培训所支出的费用。隧道的各子系统都比较复杂，相关系统设备的技术培训费用在整个维保费用中占据着非常重要的地位。

②维保人员人力资源成本。维保人员人力资源成本重点指的是参与隧道各子系统设备维保的相关人员（项目主管工程师、技术工人和外用工等）的工资收入和福利待遇。维保模式不同，维保人员组成和工资、福利待遇也不同。

该指标是不同维保模式下经济评价的重要影响指标。具体计算时，需要根据系统设备维保计划和人员安排情况、人员工资水平和福利情况等进行。

完全委外维保时，维保人员全部是维保商的相关人员，他们的工资收入和福利待遇需要参照维保商单位人力资源标准，依据维保商给定的维保人员组成情况进行计算。

国信交通公司独立维保时，维保人员全部是国信交通公司的相关人员，他们的工资收入和福利待遇需要参照该公司人力资源标准，依据国信交通公司各子系统设备维保人员配备情况进行计算。

联合维保时，根据双方维保合同界定维保工作划分，双方配备的维保人员的工资收入和福利待遇情况可分别参照双方单位人力资源标准进行计算得到。

③管理费用。管理费用指的是计入成本的税费及工会经费、办公费、差旅费、咨询费、招待费等。

4）维保模式评价指标体系及权重

维保模式评价指标体系及其权重如表 22-2 所示。

维保模式评价指标体系及其权重　表 22-2

维保模式评价指标		权重
安全性 0.5	紧急状态处理能力	0.15
	安全责任认定与处理能力	0.04
	维保商技术实力	0.1
	紧急状态反应速度	0.15
	设施、设备可靠、可维护性	0.03
	管理层次的复杂性	0.03
风险性 0.3	克服供货商技术壁垒能力	0.1
	维保技术复杂性	0.04
	维保工作连续性	0.03
	人力资源供给水平	0.05
	维保商可替代性	0.05
	区位条件影响	0.03
经济性 0.2	维保人员技术培训费用	0.05
	维保人员人力资源成本	0.1
	管理费用	0.05
	总计	1

(3)维保模式评价方法

采用的评价方法是线性加权评价模型。线性函数计算公式为

$$Y = \beta_1 y_1 + \beta_2 y_2 + \cdots$$

在一个线性综合评价模型中，如果①$y_1, y_2, y_3, \cdots, y_n$ 之间没有因果关系，且互不包容；②Y 只是对 $\{y_1, y_2, y_3, \cdots, y_n\}$ 的一个综合概括，没有必然的客观函数关系，从而系数 $\beta_1, \beta_2, \cdots, \beta_n$ 只反映了价值主体的一种主观偏好特征，则这时的线性综合评价模型称为线性加权评价模型，β_j 为指标 y_j 的权重。

通过这种线性综合评价模型可以给每一个可行性方案一个 Y 的值，即给定一个综合概括，通过对 Y 值的比较，就可以确定最终的最优方案。

每一个维保模式，在每一个评价指标上的得分范围为[1,5]，其中"5"分代表该维保模式在本指标上表现最佳，而与之相反，"1"分则代表该维保模式在本指标上表现最差。通过计算线性函数即可得出各维保模式的综合表现，取其中得分最高的作为推荐的维保模式。隧道各系统推荐维保模式见表 22-3。

胶州湾隧道各系统推荐维保模式汇总表　表 22-3

系统名称	委外维保项目	推荐的维保模式		推荐维保商	委外节省人力资源费用
		独立完成	联合维保		
监控、通信、收费	日常巡检	√		青岛海信网络科技公司	11.3552 万元/年
	定期维护		√		
	应急维修		√		
隧道机电系统	日常巡检	√		中铁电气化局城铁公司	117.4468 万元/年
	定期维护		√		
	应急维修		√		

续上表

系统名称	委外维保项目	推荐的维保模式		推荐维保商
		独立完成	项目委外	
土建设施	日常巡检	√		山东高速有限责任公司
	结构定期检测		√	
	应急抢修		√	

22.2.5　收费及资金管理方案

咨询公司首先分析了青岛胶州湾隧道工程可行性研究报告、青岛胶州湾隧道主线收费站施工图设计文件，按照国信交通公司隧道运营期组织架构设计方案，提出收费站人员配置、收费管理模式及各职能岗位职责建议；并结合现金支付的人工半自动收费、非现金支付的人工半自动收费及 ETC 收费方式的优缺点，提出本项目不同收费方式的合理配置；同时以山东省高速公路 ETC 收费为例，分析 ETC 收费系统实施的关键技术及技术难点，提出本项目非现金收费的技术可行性、交通量与收费车道配置以及收费车道、收费站及隧道管理中心各级收费相关硬件配置建议等；最后协助国信交通公司制定了收费管理流程、收费系统应急管理预案和收费资金结算方式。

(1)收费方式

根据工可交通量的预测，如果采用传统的人工半自动收费方式，通车初年高峰小时收费车道使用就会达到饱和，未来随着交通量的增长，隧道收费站的通行压力会越来越大，而非现金交易的人工半自动收费方式及 ETC 收费方式可以极大地提高收费站通行能力。

记账/储值卡及 ETC 收费需要建立一套完善的安全解决方案，除了在商业银行开设专户、建立结算中心及资金划拨各项规则、设置高安全级的网络解决方案外，还需要建立客户服务中心和客户服务网点，并就专用电子支付、月票及 ETC 收费进行推广。

目前，以山东省交通厅高速公路联网收费结算中心为主体，联合交通厅所辖高速公路及山东省高速公路集团公司，正在逐步完善记账/储值卡即“鲁通卡”以及 ETC 收费中心，包括覆盖全省的服务网点、密钥系统、银行资金清算系统。通过一段时期的推广，“鲁通卡”以及 ETC 收费已经具有一定量的用户。

“鲁通卡”及 ETC 收费目前主要集中在交通厅所辖高速公路及山东省高速公路集团公司，主要用于封闭式高速公路联网收费。电子支付卡以及 ETC 收费系统建设是一个巨大的投资，且运营管理成本也很高。本项目电子支付卡及 ETC 收费不建议单独设置一套收费系统，如果接入山东省高速公路现有的 ETC 收费系统，需要与山东省交通厅联网收费结算中心协商，购买读卡器及 Sim 卡，实现与电子支付卡中心的数据交换格式、数据库定义，按 ETC 收费的有关技术要求进行编码等，并就现金划拨方式进行、服务费用进行协商。

根据青岛国信胶州湾交通有限公司与青岛银行、琴岛通卡公司达成的有关 ETC 收费协议，建议与青岛银行、琴岛通卡公司进行合作，实施 ETC 收费。

现阶段，国内开放式公路收费站每车服务时间通常为 14 ~ 18s，如果本项目的收费站采用传统的现金半自动收费方式，则收费站的收费车道规模仅能满足通车后 3 年左右的交通量需要。未来交通量的增长仅仅通过扩建收费车道是不能满足需要的，必须提高车道的通行能力。

ETC 收费每辆车的服务时间为 2 ~ 3s，非现金支付的人工半自动收费方式每辆车的服务时间为 6 ~ 8s，可以有效提高本项目的收费站通行能力。如果本项目开通后逐步推广非现金收费和 ETC 收费，将每辆车的平均服务时间从传统的 14s 逐步提高到 6s，则可以保证本项目收费站整个收费年限高峰小时均不出现拥堵。因此，本项目的主线收费站应积极推广非现金收费和 ETC 收费。

(2)收费车道需求

表22-4中的"四阶段法"模型预测结果可以作为最终预测结果。即建成年通道越江流量为37500pcu/24h,最终规模为101250pcu/24h。最终规模通道高峰小时交通流量为双向8000标准小汽车。根据交通需求预测(表22-5),2030年海底隧道交通流量将达到10万左右。因此,建议海底通道建设规模为双向6车道,这样既能保证车辆通行要求,也能便于今后交通管理措施实施。

海底隧道交通量综合分析 表22-4

方法 \ 年份		2009年	2015年	2020年	2025年	2030年
"四阶段法"模型		37500	62500	87500	96250	101250
弹性系数法	经济发展高态势	14912	40666	75590	103080	119498
	经济发展中态势	12747	30105	50273	66017	74692
	经济发展低态势	10850	22114	33099	41843	45077
类比法		80000～10000				
综合分析		37500	62500	87500	96250	101250

海底隧道特征年份收费车道需求表 表22-5

特征年份	AADT	DHV	车道数(服务时间:8s)	车道数(服务时间:10s)	车道数(服务时间:14s)
2009年	37500	1950	6入/6出	7入/7出	9入/9出
2015年	62500	3250	8入/8出	10入/10出	14入/14出
2020年	87500	4550	11入/11出	14入/14出	19入/19出
2025年	96250	5005	12入/12出	15入/15出	21入/21出
2030年	101250	5265	13入/13出	16入/16出	22入/22出

(3)收费管理体制

1)管理体制

与隧道收费系统业务直接相关的部门为运营管理部、计划财务部及工程部。岗位包括计划财务部票卡管理员,工程部强电工程师、弱电工程师及运营管理部所有岗位。收费业务采用四班三运转,设部门经理1人、副经理1人、运营主管4人、工班长8人、作业工班人员100人(图22-4)。

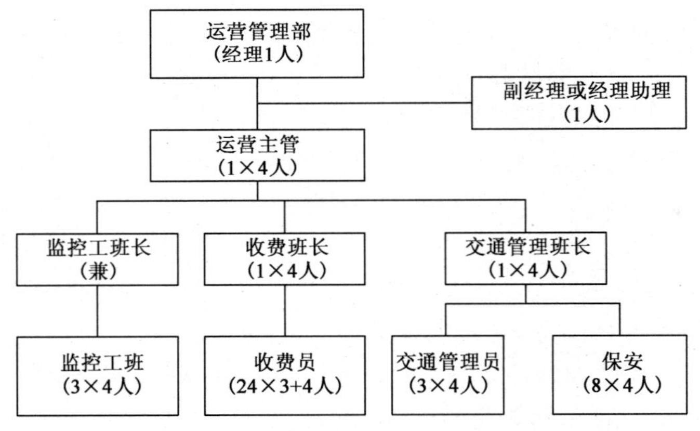

图22-4 运营管理部组织结构及人员配置结构图

2)收费系统软硬件资源配置

收费系统设备按人工判别车型、人工收费、检测器核对、闭路电视监控、计算机管理的模式配备,并对普通收费车道设备、ETC收费车道设备、收费站设备、收费监控系统、内部对讲系统、紧急报警系统等系统的软硬件资源配备进行了明确。

对于特殊车辆(如免费车、违章车)静态图像的抓拍,咨询公司网提出两个方案。在方案比较的基础上,推荐采用由车道控制机对特殊车辆的图像进行抓拍。即在收费亭前埋设存在线圈,当车辆经过时通过车道控制机内的视频捕捉卡将此帧图像抓拍在图形缓冲区中,当收费员或车道控制机判断此车为特殊车辆时,即将抓拍下来的图像上传多媒体计算机进行处理。

(4)收费系统应急管理预案

为有效控制收费负面影响和灾害损失,避免大范围堵车,确保正常的生产秩序,咨询公司针对不同情况制定了收费系统突发事件应急预案,包括收费现场发生火灾、车道发生交通事故、收费现场发生刑事治安事件、发生堵道事件、收费站区发生触电事件、收费系统发生故障(如系统大面积死机、收费系统中病毒、自然灾害导致收费系统出现故障、供电系统出现故障)、车道发生拥堵但未达到免费放行标准(如发生事故、恶劣天气、警卫任务)、拥堵导致车辆免费放行、收费网络安全管理预案9个预案。

(5)资金结算方式

1)资金结算方式

本项目收费方式主要存在人工收费、电子支付卡收费及ETC收费等。收费方式的不同,与银行之间的结算模式也不同。

其中电子支付卡收费及ETC收费由于不存在现金交易,且主要由电子支付卡结算中心及ETC收费结算中心负责与银行进行账户资金划拨及管理业务。因此,本项目运营方的责任及义务包括:将IC卡收费数据及ETC收费数据按时间及数据格式要求分别上传至各自结算中心;获得的权利包括:下载本路段拆账数据,与银行划拨指令及本地拆账数据进行对比,遇到三者之间的数据误差,有与IC卡收费结算中心及ETC收费结算中心进行数据校准的权利。

人工收费由于存在与商业银行之间的现金交易而涉及国信集团的财务制度,包括本项目的现金收费需满足国信集团的财务制度、本项目与商业银行之间协商现金交接流程及办法、商业银行需要承担的责任和义务、本项目收费管理部门需要承担的义务和责任、通行费入账五个方面。

2)收费收入财务制度

根据《青岛国信胶州湾交通有限公司财务管理制度汇编》,本项目收费收入建议执行“收支两条线”管理。所谓“收支两条线”,是指主线收费站按规定委托指定代收银行代收代缴并全额上缴资金到指定银行账户;隧道管理部门和单位的人员经费、公用经费和办公所需的特殊经费等,由财务部门根据实际情况纳入本级综合财政预算统筹安排。

根据国信胶州湾交通有限公司财务制度,在商业银行开设一个车辆通行费收入汇缴账户,该账户除了办理车辆通行费收入划缴财政专户支出外,不得发生其他支出业务。未经国信胶州湾交通有限公司批准,收费站及开户银行不得擅自更改收入汇缴账户。收取的车辆通行费,需全额解缴指定商业银行账户,实行“收支两条线”管理。

财务管理体系将加强公司的收费收入情况和财务行为的财务管理和监督,实行“统贷统还”、“收支两条线”政策。公司各部门所需资金通过编制预算,经过公司审核后下拨,各部门在预算额度内使用资金。对于不符合规定的各种支出将不予批准。通过集中管理和有效的预算管理,将上缴的车辆通行费收入进行合理安排,保证专款专用,有利于防止资金的挪用和成本虚增等违规违纪现象,保证资金支出使用到位、不浪费,保证成本费用不超支和车辆通行费收入不会被转移或挪用,最终确保贷款本息按期偿还。

3)通行费征收制度

咨询公司制定了通行费征收、解缴,通行费报表管理要求。

4)收费票据管理制度

收费票据管理制度包括公司相关部门及人员职责、工作程序。

5)票据管理制度

票据管理制度包括票据人员接班制度、票据人员交班制度,并明确了票据员当班工作内容。

22.3　成果创新点

(1)结合国信交通公司经营管理期的任务要求,采用现代最先进的组织结构优化理论,适用CHORT原则(个性化、横向、纵向、区域和时间原则),引入波特的价值链管理模型,提出基于流程再造理论的流程式组织结构方式与人员配置方案。

(2)结合国内外隧道运营公司的调研结果,采用多项式数据拟合和MATLAB计算方法,科学构建收费员年薪基数测算模型。在此模型基础上,适用激励原则和公平原则,在薪酬方案体系中引入级差、薪等和薪档概念,提出适应于青岛胶州湾隧道经营管理任务需求的薪酬配置体系。

(3)合理界定突发事件级别,实行分级处置:为确保应急预案实用、可操作,在应急预案编制过程中依据事故后果严重性、影响程度、协同难度和范围,引入可靠性分析的基本理念,将应急预案等级分为A、B、C三类,并分别就每一类别预案的响应等级及必备条件进行了重点论述,从而可以更加高效地配置应急保障资源,尽可能避免不必要的浪费,尤其是关键岗位的关键技能人力资源的优化配置能力可得到有效加强。

(4)综合评价影响因素,科学选择设备维保模式:大型工程机电设备维保模式选择历来靠经验居多,如何科学选择设备维保模式一直是设备管理企业和设备管理研究部门关注的重点。隧道机电设备系统的科技含量高,维保的质量要求高,影响维保模式的因素多,单一的评价模式不足以反应隧道各系统结构特征和维保模式特性,因此在评价胶州湾隧道各系统维保模式时,咨询公司在充分市场调研的基础上,开创性地引入模糊综合评价法和层次分析法相结合的方法,通过建立评价指标体系和线性加权评价模型,结合市场调研情况,分别从安全性、经济性、风险性等角度对影响设备维保外包模式的各影响因素进行综合评价,从而为各子系统维保模式的选择提供最优决策依据。

(5)在充分分析青岛胶州湾隧道工程可行性研究报告、青岛胶州湾隧道主线收费站施工图设计文件的基础上,分析现金支付的人工半自动收费、非现金支付的人工半自动收费及ETC收费方式的优缺点,提出本项目不同收费方式的合理配置;并引入交通流量预测的“四阶段法”模型,分析了ETC收费系统实施的关键技术及技术难点,从而提出本项目非现金收费的技术可行性和收费车道优化配置方案。